AF750602

Le pouvoir de décision du Comité des droits de l'homme des Nations Unies

Entre légitimité, autorité et effectivité

Logiques Juridiques

Fondée par Gérard Marcou
Dirigée par Jean-Claude Némery et Thomas Perroud

Le droit n'est pas seulement un savoir, il est d'abord un ensemble de rapports et pratiques que l'on rencontre dans presque toutes les formes de sociétés. C'est pourquoi il a toujours donné lieu à la fois à une littérature de juristes professionnels, produisant le savoir juridique, et à une littérature sur le droit, produite par des philosophes, des sociologues ou des économistes notamment.

Parce que le domaine du droit s'étend sans cesse et rend de plus en plus souvent nécessaire le recours au savoir juridique spécialisé, même dans des matières où il n'avait jadis qu'une importance secondaire, les ouvrages juridiques à caractère professionnel ou pédagogique dominent l'édition, et ils tendent à réduire la recherche en droit à sa seule dimension positive. À l'inverse de cette tendance, la collection « Logiques juridiques » des éditions L'Harmattan est ouverte à toutes les approches du droit. Tout en publiant aussi des ouvrages à vocation professionnelle ou pédagogique, elle se fixe avant tout pour but de contribuer à la publication et à la diffusion des recherches en droit, ainsi qu'au dialogue scientifique sur le droit. Comme son nom l'indique, elle se veut plurielle.

DERNIERES PARUTIONS

Togbé Agbessi ALANGUE, *Le Togo et les traités internationaux, La pratique conventionnelle togolaise de 1960 à nos jours*, 2023.
Paraclet NKUTI, *Le droit à la liberté religieuse en RD Congo. Étude juridique des fondements, implications et perspectives africaines*, 2023.
Samir ZIME YERIMA, *Le droit face au surnaturel. Approche juridique de la question sorcellaire en Afrique*, 2023.
Héritage Bita Heyeghe, Placide Lasmothey (dir.), *La « rébellion » en droit public et science politique*, 2023.
Rabiaa BOURHIM, *La régulation des conflits dans l'espace collectif marocain. Entre l'endogénéité du droit et le positivisme,* 2023.
Nader ZGHAL, *L'arbitre et les méthodes de détermination du droit applicable au fond*, 2023.

Komla Bassah

Le pouvoir de décision du Comité des droits de l'homme des Nations Unies

Entre légitimité, autorité et effectivité

Préface de Louis Balmond

L'Harmattan

© L'Harmattan, 2023

5-7, rue de l'École-Polytechnique – 75005 Paris

www.editions-harmattan.fr

ISBN : 978-2-14-031668-5
EAN : 9782140316685

REMERCIEMENTS

De prime abord, je tiens à exprimer ma profonde gratitude au Prof. Louis BALMOND de m'avoir accompagné dans cette entreprise. Je le remercie particulièrement pour sa patience, ses précieux conseils et son suivi qui ont été déterminants pour mener à bien cette étude. Sa confiance, sa bienveillance et sa disponibilité ont été permanentes durant toutes ces années.
Toute ma reconnaissance s'adresse ensuite au CCPR-Centre, à son Directeur Dr. P. MUTZENBERG et à tout son personnel de m'avoir offert la première occasion d'assister aux sessions du Comité des droits de l'homme dès les débuts de cette étude. Je témoigne la même reconnaissance au HCDH des Nations Unies de m'avoir donné l'opportunité de me familiariser avec la pratique du rôle des organes des traités et des mécanismes de la charte. Cette opportunité m'a permis de bénéficier d'une riche expérience de travail à Genève. Toute ma reconnaissance à mes maitres de stage notamment au Dr. Marie-Joseph AYISSI et Mme. Maja ANDRIJASEVIC-BOKO pour leurs partages d'expériences et conseils qui m'ont permis de travailler dans les meilleures conditions.
Aussi, je voudrais adresser une pensée particulière au Dr. Komlan SANGBANA et son épouse, ainsi qu'à M. Issaka DANGNOSSI sans oublier tout le personnel de la Mission permanente du Togo auprès de l'ONU à Genève pour leurs soutiens durant cette période. Au Professeur Akodah AYEWOUADAN, recevez mes remerciements pour vos encouragements.

Je tiens à remercier sincèrement la Professeure Hélène TIGROUDJA pour son soutien technique et sa disponibilité durant ces années et d'avoir accepté de me faire l'honneur d'évaluer cet ouvrage dans sa première version avec les Professeurs Maurizio ARCARI, Adama KPODAR ainsi que Messieurs Éric TISTOUNET et Sètondji Roland ADJOVI.

Par ailleurs, je suis très reconnaissant aux personnels de la BU de Toulon, notamment à Mme Gaelle CHAPDELAINE et à M. Jean-François BRUZI. Je remercie, à l'occasion, les membres du CDPC de la Faculté de droit de Toulon.
Que tous mes proches parents et ami(e)s : dont le soutien sans faille et les encouragements ont contribué à nourrir la réflexion et d'encourager la motivation, trouvent également ici mes remerciements.

PRINCIPALES ABRÉVIATIONS

AFDI	*Annuaire français de droit international*
AGNU	*Assemblée générale des Nations Unies*
AJDA	*Actualité Juridique de droit administratif*
CAT	*Comité des Nations Unies contre la Torture*
CDH	*Comité des droits de l'homme des Nations Unies*
CDI	*Commission du droit international*
CDPH	*Convention de l'ONU des droits des personnes handicapées*
CEDAW	*Comité de lutte contre la discrimination des femmes*
CEDEAO	*Communauté des Etats de l'Afrique de l'Ouest*
CEDH	*Convention européenne des droits de l'homme*
CERD	*Comité de lutte contre la discrimination raciale de l'ONU*
CIJ	*Cour internationale de Justice*
CJCE	*Cour de Justice des Communauté européenne*
CJ-CEDEAO	*Cour de Justice de la CEDEAO*
CJUE	*Cour de justice de l'Union européenne*
Comité DESC	*Comité des droits socio-économiques et culturels*
Comité DPH	*Comité des droits des personnes handicapées*
Comm. ADHP	*Commission africaine des droits de l'homme et des peuples*
Comm. IADH	*Commission interaméricaine des droits de l'homme*
Cour ADHP	*Cour africaine des droits de l'homme et des peuples*
Cour EDH	*Cour européenne des droits de l'homme*
Cour IADH	*Cour interaméricaine des droits de l'homme*
CPI	*Cour pénale Internationale*
CPJI	*Cour Permanente de Justice Internationale*
CRC	*Comité des droits des enfants*
DIDH	*Droit international des droits de l'homme*

DIH	*Droit international humanitaire*
ECOSOC	*Conseil économique et social des Nations Unies*
éd.	*édition*
Gd. Ch.	*Grande Chambre de la CrEDH*
Ibid	*au même endroit*
LGDJ	*Librairie Générale de Droit et de Jurisprudence*
OEA	*Organisation des Etats américains*
ONG	*Organisation non gouvernementale*
ONU	*Organisation des Nations Unies*
PIDCP	*Pacte international des droits civils et politiques*
PIDESC	*Pacte international des droits socio-écono. et culturels*
RBDI.	*Revue belge de droit international*
RDH.	*Revue des droits l'homme*
RDILC	*Revue de droit international et de législation comparée*
RDP	*Revue du droit public et de la science politique*
Rec.	*Recueil des arrêts, avis et ordonnances de la CIJ*
RTDCiv.	*Revue trimestrielle de droit civil*
RFDA	*Revue française de droit administratif*
RFDC	*Revue Française de droit constitutionnel*
RGDIP	*Revue générale de droit international public*
RIDC	*Revue internationale de droit comparé*
RJCA	*Recueil de jurisprudence de la CADHP*
RRJ.	*Revue de la recherche juridique droit prospectif*
RTDH	*Revue trimestrielle des droits de l'homme*
RTNU	*Recueil des traités des Nations Unies*
RUDH	*Revue Universelle des Droits de l'Homme*
SADI	*Société africaine pour le droit international*

SFDI	*Société française pour le droit international*
SGNU	*Secrétaire général des Nations Unies*
SHDI	*Société Helvétique pour le droit international*
TAOIT	*Tribunal admin. de l'OIT*
TCE	*Traité instituant la Communauté européenne*
TDPQ	*Tribunal des droits de la personne du Québec*
TFUE	*Traité sur le fonctionnement de l'UE*
TPIR	*Tribunal Pénal International pour le Rwanda*
TPIY	*Tribunal Pénal International pour la Yougoslavie*
UA	*Union africaine*
UE	*Union européenne*

SOMMAIRE

PREFACE

Le présent ouvrage « *Le pouvoir de décision du Comité des droits de l'homme des Nations Unies : entre légitimité, autorité et effectivité* » est le fruit d'une thèse réalisée par Monsieur Komla BASSAH, soutenue à la Faculté de Droit de l'Université de Toulon le 14 décembre 2021. Il porte sur une institution encore trop méconnue, le Comité des droits de l'homme (CDH), dans une thématique, les droits de l'homme, qui est pourtant tombée dans le domaine public. Les crimes qui ont accompagné la Seconde Guerre Mondiale ont montré en effet à quel point la garantie des droits de l'homme offerte par l'Etat à ses nationaux était illusoire et qu'il était indispensable de prévoir des mécanismes internationaux indépendants pour sanctionner les violations des droits de tous les êtres humains contre les agissements de tous les Etats. C'est la Déclaration universelle des droits de l'homme, proclamée en 1948 qui sera à l'origine de la construction progressive d'un droit international des droits de l'homme. Texte à valeur coutumière, il sera complété en 1976 par le Pacte international relatif aux droits civils et politiques (PIDCP), à portée juridique obligatoire, qui met en place le CDH et par le Protocole facultatif de 2003 qui habilite celui-ci à recevoir les plaintes des particuliers contre leur Etat. Il se trouve ainsi au cœur d'une des tensions majeures du droit international : d'un côté, la permanence de la souveraineté de l'Etat qui entend toujours être maître chez lui ; de l'autre, la nécessaire garantie des droits que l'Etat a entendu confier au CDH en ratifiant le Pacte et le Protocole. De ce fait, son statut et ses pouvoirs sont le résultat d'un compromis : les Etats qui ont adopté le PIDCP n'ont pas entendu créer une juridiction mais une institution internationale indépendante, compétente pour constater des violations des droits de l'homme et en informer l'Etat concerné afin qu'il y mette fin.

L'équilibre trouvé par le PIDCP et le Protocole ne pouvait qu'évoluer avec le temps et, selon l'auteur, que dans le sens d'un renforcement du caractère juridictionnel du CDH qu'il appelle de ses vœux. C'est ce processus de transformation, pour l'instant inachevé, que M. Bassah analyse avec rigueur et lucidité.

Comme il le démontre fort bien, grâce à une argumentation juridique particulièrement dense et pertinente, le processus apparaît inéluctable : il s'appuie sur les engagements des Etats Parties qui, par leur libre volonté, ont confié au CDH, servi par un appareil institutionnel et procédural incontestable et parfaitement légitime, la mission de garantir le respect des droits de l'homme, composé de 18 experts indépendants de haute moralité, possédant des compétences reconnues dans le domaine des droits de l'homme, il va s'inspirer naturellement de la procédure judiciaire pour répondre aux plaintes qui lui sont présentées tout en inscrivant strictement son action dans le cadre défini par le PIDCP.

Mais, comme le montre M. Bassah avec exactitude et subtilité, le CDH a, en même temps, élargi progressivement le champ procédural et matériel de son action pour assurer l'effectivité de la garantie des droits, en formulant une interprétation constructive des termes du mandat que les Etats lui ont conféré. Le CDH va en réalité, indirectement, interpeller les Etats parties au nom du principe *pacta sunt servanda* qui leur impose de donner un effet utile aux obligations qu'ils ont souscrites. C'est la recherche de l'effet utile qui le conduira à donner une interprétation restrictive de la possibilité de recourir aux réserves mais au contraire une interprétation souple de l'obligation pour les victimes d'épuiser les voies de recours internes. Pour les mêmes raisons, il se reconnaitra la possibilité de prévoir des mesures conservatoires si la durée de la procédure risque de provoquer un préjudice irréparable à la victime. Le CDH s'attache ainsi à faciliter son accès aux plaignants ainsi que la protection de leur droit. Sur le fond du droit, il utilisera la même interprétation constructive des dispositions du PIDCP pour en tirer toutes les conséquences juridiques au profit des victimes présumées, notamment en actualisant les droits garantis tels qu'ils étaient définis et formulés en 1976 et aussi en relativisant l'opposition entre les droits reconnus par le PIDCP et les droits reconnus par le Pacte international relatif aux droits économiques sociaux et culturels (PIDESC), soulignant par là même le caractère parfois formel de cette distinction. A partir de là s'est construite une « jurisprudence » qui ne peut pas dire son nom mais qui est bien réelle et confortée par des « observations générale » destinées à aider les Etats parties à s'acquitter des obligations qu'ils ont contractées. Certes, si les constatations du CDH sont obligatoires, l'Etat fautif devant mettre fin à la violation et/ou la réparer, elles ne sont pas pour autant exécutoires. Mais les analyses de M. Bassah montrent bien que l'important n'est pas tant de sanctionner les Etats, une quête souvent illusoire en droit international, que de les amener, de manière générale ou en réponse à une plainte individuelle, à respecter les engagements pris.

Ainsi, dans le strict respect de ses compétences, le CDH a-t-il été capable de développer, une action remarquable et reconnue au service de la garantie des droits de l'homme, mais le résultat atteint le situe pour l'instant au milieu du gué. Sa pratique en a fait une quasi-juridiction, voire une « juridiction sans juge » mais peut-il et doit-il prétendre à un statut de juridiction de plein exercice ? M. Bassah s'efforce de répondre à cette question avec une grande rigueur scientifique, appuyée par des recherches approfondies, au service d'une véritable démonstration. Nul doute qu'il considère l'évolution logique comme devant permettre au CDH de franchir le pas pour devenir une juridiction mais il n'ignore pas les obstacles qui se présentent. Les premiers résultent naturellement de la volonté des Etats de se soumettre à une procédure contraignante émanant d'un organe international. Les ratifications obtenues par le protocole prouvent qu'un nombre d'Etats représentant la majorité de l'humanité n'y sont pas prêts pour l'instant. L'action du CDH peut certes les encourager à le faire mais cela supposerait qu'une perception réellement universelle de la portée de la notion d'Etat de droit s'impose face aux exigences de la souveraineté. Force est de constater que l'état des relations internationales ne va pas aujourd'hui dans ce sens. Et d'ailleurs, pour contrecarrer cette évolution, M. Bassah souligne combien les Etats, qui n'exécutent pas toujours les constatations présentées à leur encontre avec efficacité et bonne foi, mesurent leur soutien, notamment financier, au CDH. De plus, confrontés aux exigences des multiples organes conventionnels de l'ONU consacrés aux droits de l'homme, il leur est aisé d'invoquer la difficulté de faire face à toutes ces demandes d'information, ce qui est une réalité pour certains, un prétexte pour d'autres. L'impact du niveau de développement des Etats sur leur capacité à exécuter leurs obligations internationales retrouve alors toute son importance. Enfin, le CDH ne peut ignorer l'existence d'autres institutions habilitées à garantir les droits de l'homme à un niveau international régional mais qui disposent du statut de juridictions, notamment la Cour Européenne des droits de l'homme et la Cour interaméricaine des droits de l'homme. Leur collaboration avec le CDH est réelle, s'appuyant sur le « dialogue des juges » et sur une fertilisation croisée de leurs activités contentieuses. Elle manifeste la reconnaissance du CDH comme acteur quasi-juridictionnel de la défense des droits de l'homme. Néanmoins, la multiplication des instances, même si leurs compétences ne sont pas identiques, peut toujours susciter du « forum shopping » et nuire à la cohérence et donc à l'efficacité du système international de protection des droits de l'homme.

Pour dépasser les limites rencontrées dans l'exercice de la fonction judiciaire du CDH, une partie de la doctrine a envisagé une révision institutionnelle radicale avec le projet de création d'une juridiction internationale unique des droits de l'homme. Si l'auteur y consacre des développements importants, M. Bassah convient, à juste titre, qu'une telle création est « problématique à l'aune des réalités de l'heure ». Il importe d'abord de repenser le système onusien de garantie des droits de l'homme dans son ensemble car la multiplication des instances lui a fait perdre sa cohérence et une partie de son efficacité. Le CDH devrait néanmoins conserver une position privilégiée au terme de cette reconstruction, même si ce n'est pas nécessairement bien vu par les autres Comités, du fait de la portée générale de sa compétence. Certaines évolutions semblent cependant devoir être envisagées et soutenues : une coordination accrue de l'action des organes des traités avec une simplification et des regroupements de procédures permettant d'accroitre leur efficacité et de modérer la charge sur les Etats ; pour les procédures contentieuses, la mise en place d'un système de chambres pour accélérer la réponse apportée aux plaignants. Le CDH doit cependant prendre garde de ne pas diluer son action dans un ensemble aux contours incertains, au-delà du regroupement avec le Comité des droits économiques sociaux et culturels qui apparaît naturel et nécessaire. Certains des chantiers, bien identifiés par l'auteur, sur lesquels il a déjà entrepris, doivent être poursuivis et approfondis : la publicité sur son action et sa médiatisation à destination des Etats ; le renforcement de la contribution de la société civile ; le soutien aux Etats en développement par une assistance technique ; la sécurisation de son indépendance financière. Par l'amélioration de son activité contentieuse appuyée sur la poursuite d'une stratégie prudente mais toujours rigoureusement fondée en droit, il peut espérer à la fois augmenter le nombre des Etats Parties au Protocole et élargir l'accès à son prétoire.

Il est évident cependant qu'institution de l'ONU, le CDH est tributaire de l'appui que peut lui apporter l'Organisation, elle-même tributaire du contexte international. Sur ce point, il a fallu quelquefois tempérer l'optimisme juvénile de M. Bassah, mais au terme de joutes intellectuelles du plus grand intérêt. Comme, l'ouvrage préfacé, elles révèlent combien la recherche exige à la fois un savoir argumenté et un engagement lucide.

Il est avéré que Monsieur Bassah, parmi bien d'autres qualités, n'en manque pas.

M. Louis BALMOND

Professeur émérite à l'Université de Toulon

INTRODUCTION

« Les droits de l'homme n'existent comme droits qu'à partir du moment où ils sont effectivement consacrés et protégés, (...). A défaut (...), les droits de l'homme ne sont pas des droits, mais de simples prétentions. » E. MILLARD, « Effectivité des droits de l'homme », in Dictionnaire des droits de l'homme, Paris, PUF, 2008, p. 352.

1. Le choc de deux concepts, dont le rapprochement semble à première vue incongru, « droit fondamentaux », « droits de l'homme » et « souveraineté étatique »[1] a été l'un des phénomènes juridiques les plus marquants au lendemain de la deuxième guerre mondiale et ayant provoqué une transformation révolutionnaire du droit international. Ce choc est la traduction directe de la problématique de la protection internationale des droits de l'homme qui s'est posée avec acuité dans un contexte international où des cas de violations surtout flagrantes des droits de l'homme devenaient de plus en plus fréquents. Le regain d'intérêt pour cette cause aussi décisive soit-elle a conduit son inscription au premier rang des priorités de la communauté internationale[2]. Ainsi a-t-elle fait l'objet de réflexions et d'études approfondies dont le résultat majeur est la reconnaissance internationale de cette obligation de protection à travers les traités internationaux et sa confirmation par l'institutionnalisation des mécanismes internationaux de protection des droits fondamentaux. Cette avancée notoire constitue un

---

[1] M. BENCHIKH, « Droit de l'homme et souveraineté des États : une relecture », in *Réciprocité et universalité - Sources et régimes du droit international des droits de l'homme, Mélanges en l'honneur du Professeur Emmanuel Decaux*, Paris, Pedone, 2017, p. spéc. 89.; dans ce sens, W. KÄLIN et J. KÜNZLI, *The Law of International Human rights Protection,* New York, Oxford University Press, 2019, p. 14.

[2] Pour une analyse approfondie de la notion de « communauté internationale », Voir. R.-J. DUPUY, *La Communauté internationale entre le mythe et l'histoire*, Paris, 2001, p. 11 et suiv. ; J. SALMON, *Dictionnaire de droit international public*, Bruxelles, Bruylant, 2001, pp. 205-206. : Cette expression a été définie selon deux acceptions : soit, elle signifie « l'ensemble des États pris dans leur universalité », soit, elle désigne « un ensemble plus vaste incluant, à côté des États, les organisations internationales à vocation universelle, les particuliers et l'opinion publique internationale ». ; Voy. aussi, M. LACHS, « Quelques réflexions sur la communauté internationale », in *Le droit international au service de la paix, de la justice et du développement Mélanges Michel Virally*, Paris, Pedone, 1991, pp. 349-357. ; E. JOUANNET, « L'idée de communauté humaine à la croisée de la communauté des États et de la communauté mondiale », in *La mondialisation entre l'Illusion et l'Utopie*, Tome 47, Archives de philosophie du droit, Paris, 2003, pp. 191-232.

renouveau dans la vie du droit international public[3]. L'adoption du Pacte international relatif aux droits civils et politiques (PIDCP) en 1966 et plus encore le développement qui s'en est suivi, le contrôle de son application par l'organe institué, le Comité des droits de l'homme des Nations Unies (ci-après CDH) a été de ce point de vue décisif. L'examen rapide de ce chemin parcouru par le droit international jusqu'à l'avènement du droit international des droits de l'homme (DIDH), permettra de bien définir le cadre de travail afin de mieux cerner la problématique de notre thèse.

I / La limitation de la souveraineté de l'État et l'avènement du DIDH

2. Le droit international, de longue date, fut un droit essentiellement à l'apanage des États[4]. Seuls les États incarnaient le droit international. Le contexte était tel : tout vient de l'État et se ramène à lui[5]. Dans de telles

---

[3] Ce renouveau dans le cadre onusien s'est manifesté de deux manières différentes : il y a d'un côté les mécanismes institués par les traités internationaux de droits de l'homme (mécanismes conventionnels) qui nous intéressent plutôt, et d'un autre coté les mécanismes crées par des instruments juridiques distincts des traités c'est-à-dire leur création émane d'une résolution d'un organe de l'ONU - l'AGNU, ECOSOC, le Conseil des droits de l'homme - et donc par conséquent n'a pas requis l'adhésion de la volonté de l'État (extra-conventionnels : il s'agit entre autres des procédures spéciales portant sur des thématiques spécifiques ou des mandats généraux portants sur des pays déterminés). Dans ce sens, consulter, E. TISTOUNET, *The UN Human Rights Council: a practical anatomy*, Elgar practical guides, Cheltenham, UK ; Northampton, MA, USA, Edward Elgar Publishing, 2020, 364 p. ; O. DE FROUVILLE, *Les procédures thématiques : une contribution efficace des Nations Unies à la protection des droits de l'Homme*, Paris, Pedone, 1996, 139 p. ; E.H. MALICK SOW, « Le groupe de travail des Nations Unies sur la détention arbitraire : un mécanisme universel de contrôle des privations de liberté », in *Réciprocité et universalité - Sources et régimes du droit international des droits de l'homme, Mélanges en l'honneur du Professeur Emmanuel Decaux*, Paris, Pedone, 2017, pp. 1129-1135. Dans le même ouvrage R. ADJOVI, « La valeur juridique des actes des procédures spéciales », in *Réciprocité et universalité - Sources et régimes du droit international des droits de l'homme, Mélanges en l'honneur du Professeur Emmanuel Decaux*, Paris, Pedone, 2017, pp. 1119-1127. Voy. aussi dans le même sens : J.-A. CARRILLO SALCEDO, *Souveraineté des États et droits de l'homme en droit international contemporain*, Rivages du droit, Paris, 2016, p. 114.

[4] Il est question ici du droit international compris dans le sens Westphalien et Vatellien du terme. Voy. R. KOLB, « Droit de l'homme et droit international public », *in* M. HERTIG RANDALL et M. HOTTELIER (dirs.), *Introduction aux droits de l'homme*, Genève, Québec, Paris, Schulthess, LGDJ, 2014, p. 105. « *un jus inter potestates* » ; P. DAILLIER *et al.*, *Droit international public*, Paris, L.G.D.J., Lextenso éditions, 2009, p. 61 à 68. ; O. DE FROUVILLE, « Le changement en droit international public : la souveraineté est-elle toujours au fondement du droit international ? », *Revue du Droit d'Assas*, 2015, pp. 199–202, spéc., p. 200.

[5] L'État en droit international est lui seul, le législateur, l'exécutif et l'administré. C'est-à-dire qu'ils sont, en droit international, à la fois producteurs des normes et sujets de l'ordre juridique autrement dit ils sont porteurs des obligations et des droits qu'ils ont eux-mêmes crées. Voy. C. LEBEN, « Retour sur la notion de contrat d'État et sur le droit applicable à celui-ci », in *Mélanges offerts à Hubert Thierry, l'évolution du droit international*, Paris, Pedone, 1998, p. spéc. 265. ; Voy. de même, F. DEMICHEL, « Le rôle de la souveraineté dans les relations

circonstances, il était inconcevable de penser à un droit international impliquant des acteurs ou sujets non-étatiques encore moins l'individu[6]. C'était la période de la toute-puissance des États souverains. À l'époque, la souveraineté[7] était sacrée et l'État détenteur ne pouvait permettre un quelconque effritement de cet attribut. Très vite, la donne va changer. La société internationale va se trouver devant un fait incontestable : les hécatombes des deux guerres mondiales[8] qui n'ont pu échapper à la conscience de personne. Les conséquences particulièrement lourdes en termes de violation des droits de l'homme ont interpellé plus d'un. L'individu, longtemps considéré comme simple objet du droit des gens[9], fera dès lors son entrée sur la scène internationale en qualité de sujet de droit international[10]

---

internationales contemporaines », in *Mélanges offerts à Georges Burdeau, Le pouvoir*, Paris, 1977, p. spéc. 1053 et suiv.

[6] P.-M. DUPUY et Y. KERBRAT, *Droit international public*, Précis, Paris, Dalloz, 2018, p. spéc. 233. ;R. KOLB, « Droit de l'homme et droit international public », *op. cit.*, p. 105.

[7] Notons que la souveraineté d'un État, pour les juristes internationalistes, est synonyme de son indépendance sur le plan international sous réserve des controverses doctrinales. C'est l'attribut qui permet à l'État d'avoir la plénitude des compétences et qui le différencie des organisations internationales ainsi que d'autres entités susceptibles de réunir les éléments constitutifs d'un État. Voy. les éclaircissements de la CIJ, Avis consultatif du 11 avril 1949, *Affaire des dommages subis au service des Nations Unies*, Rec. 1949.

[8] Les guerres mondiales ont alourdi le bilan de la perte de vies humaines avec pour conséquence une accentuation de la violation des droits humains surtout lors de la 2ème guerre mondiale (1939-1945).

[9] C. DOMINICE et J. BELHUMEUR, « L'émergence de l'individu en droit international public », *in* L. CONDORELLI (dir.), *L'ordre juridique international entre tradition et innovation : théorie générale du droit des gens*, International, Genève, Graduate Institute Publications, 2014, p. 110. ; R. CASSIN, « L'homme sujet de droit international et protection des droits de l'homme dans la société universelle », in *Les techniques et les principes du droit public: Mélanges Georges SCELLE*, 1, Paris, L.G.D.J, 1950, pp. 67-91.

[10] C. DOMINICE et J. BELHUMEUR, « L'émergence de l'individu en droit international public », *op. cit.* ; L'auteur dresse un tableau de l'évolution de la reconnaissance des droits à l'individu en droit international. Il part des hypothèses d'écoles qui soit, accordent une reconnaissance totale, partielle, soit restreignent la place de l'individu en droit international en tant que destinataire principal ou indirect des normes internationales. Ainsi pour lui, le point de départ de ce mouvement plonge-t-il ses racines dans le *dictum* de l'Avis bien connu du 3 mars 1928 sur la *compétence des tribunaux de Dantzig*, CPJI, série B, n° 15, pp. 11-18. En effet, dans cet avis, « *la cour admet qu'un traité peut générer des droits pour les particuliers* » tout en posant une condition volontariste selon laquelle, « *une telle intention soit prévue par les parties contractantes* » et doit être recherchée dans le contenu de l'accord. Pour étayer son argumentaire, ce dernier indexe à titre d'illustration les traités d'établissement, traités relatifs à la double imposition, à l'exécution des décisions judiciaires, ainsi que les traités d'extradition des traités qui désigne le particulier comme destinataire en plus des traités en matière des droits de l'homme qui sont eux certainement établis aux bénéfices de l'individu. ; T. MARGUERITTE et R. PROUVEZE, « Le droit international et la doctrine saisis par le fait : la diversification des sujets du droit international sous l'effet de la pratique », *R.Q.D.I*, 2016, p. 5. ; P. REUTER, *Droit international public*, Thémis. Droit, Paris, PUF, 1993, p. 235. ;W. KÄLIN et J. KÜNZLI, *The Law of International Human rights Protection, op. cit.*, p. 13.

aux côtés des sujets originaires que sont les États et les sujets dérivés, les Organisations internationales. Cette entrée ne s'est pas faite sans soulever la question de sa protection face à l'arbitraire des États.

3. Dès lors, la question des droits de l'homme[11] qui jadis relevait du domaine réservé de l'État, va devenir un sujet dépassant sa compétence exclusive. La conclusion est claire : l'État pourvoyeur et fossoyeur des droits de l'homme[12]. Il était nécessaire que « les droits de l'homme pénètrent ainsi au cœur du sanctuaire de la souveraineté : les rapports de l'État avec les nationaux et plus généralement entre l'appareil d'État et la population »[13] vont subir des modifications importantes. Cette incursion des droits de l'homme sur le plan international vient tout aussi naturellement des mouvements sociaux de contestations progressistes contre le mépris des droits du citoyen par les États[14]. Il va donc de soi que l'on assiste à un recul de la prégnance de la souveraineté de l'État[15].

4. Dans cette perspective, une analyse inductive, va conduire à poser la problématique de la garantie internationale des droits de l'homme. La recherche d'une réponse à cette question apportera un changement radical dans la vie du droit international durant la seconde moitié du XXème siècle. Il est manifeste dans cette logique que « l'écran de l'État, séparant droit interne

---

[11] Nous utiliserons indifféremment tout au long de notre recherche la notion de « droits de l'Homme », « droits de l'homme », « droits fondamentaux » ou « droits humains ».

[12] J. MOURGEON, *Les droits de l'homme, Que sais-je ?* P.U.F, 1998, p. 10. ; Voy. aussi, C. BEITZ, *The Idea of Human Rights*, Oxford, New York, 2009, p 13. ; K. NASH, « Human Rights, Global Justice, and the Limits of Law », *in* B. FASSBENDER et K. TRAISBACH (éds.), *The Limits of Human Rights*, New-York, Oxford University Press, 2019, p. 72. ; A. BUCHANAN, « Why International Legal Human Rights? », *in* R. CRUFT, S.M. LIAO et M. RENZO (éds.), *Philosophical Foundations of Human Rights*, Oxford, Oxford University Press, 2015, p. 251.

[13] M. VIRALLY, « Extension et limites des pouvoirs étatiques », in *Panorama du droit international contemporain : Cours général de droit international public*, 183, RCADI, Boston, Hague Academy of International Law, 1983, p. 124.

[14] I. SZABO, « Fondements historiques et développement des droits de l'homme », *in* K. VASAK (dir.), *Les dimensions internationales des droits de l'homme*, 1978, pp. 11-42, spéc. p. 14. Cet aspect démontre également la genèse nationale du droit international des droits de l'homme.

[15] C.-A. CHASSIN, « Le Lotus est-il mort ? des droits de l'homme confrontés à la souveraineté des États », *in* L. HENNEBEL et H. TIGROUDJA (dirs.), *Mélange en hommage au Professeur Jean Dhommeaux : Humanisme et droit*, Paris, Pedone, 2013, pp. 169-182. Voy. également M. PINTO, « Commentaires sur la prééminence normative dans le domaine des droits de l'homme », in *Réciprocité et universalité : sources et régimes du droit international des droits de l'homme : mélanges en l'honneur du professeur Emmanuel Decaux*, Paris, Pedone, 2017, pp. 119-134. Dans cet article, l'auteur fait le point sur la contribution évolutive de la CIJ à la restriction progressive de la volonté étatique pour faire place aux normes relatives aux droits humains dans sa jurisprudence. Il observe donc une évolution de l'obligation du respect des règles impératives de droit international (*Jus Cogens*) aux caractères *erga Omnes* de ces obligations à l'égard de l'État.

et droit international, (…) se trouve transpercé »[16] une fois qu'il est reconnu à l'individu des droits dans « une sphère qui traditionnellement n'est pas la sienne, le droit international (…) s'en trouve profondément bouleversé et la souveraineté qui en est le point focal en est menacée »[17].

5. Dans le cadre des Nations Unies, une nouvelle ère s'annonce pour le droit international. En effet, l'article 1er de la Charte des Nations Unies[18] énonce d'entrée de jeu parmi les buts de l'organisation le respect et la promotion des droits de l'homme. Cette idée de promouvoir de protéger et de développer les droits de l'homme est affirmée également dans d'autres dispositions de la Charte notamment en son article 55[19] qui impose aux États membres, le devoir d'assurer le respect et la promotion des droits de l'homme sur le plan universel. C'est en ce sens, qu'après un long travail, sera adoptée la Déclaration universelle des droits de l'homme (ci-après DUDH) du 10 Décembre 1948. Cependant, très vite, la DUDH sera accusée de ne porter en elle que des valeurs idéales, incapables de produire des effets contraignants à l'égard des autorités étatiques[20]. Bien qu'elle soit considérée comme le point de départ du processus de juridicisation des droits de l'homme et, aujourd'hui,

---

[16] M. VIRALLY, « Extension et limites des pouvoirs étatiques », *op. cit.*, p. 124. ; Voy. N. VALTICOS, « Droit international du travail et souverainetés étatiques », in *Mélanges Fernand Dehousse, Les progrès du droit des gens*, 1, Paris/Bruxelles, 1979, p. 123 et 124. dans le même ordre d'idée pour une analyse critique du dogme de la souveraineté saisit par le droit international qui a organisé son érosion.

[17] A. PELLET, « La mise en œuvre des normes internationales des droits de l'homme – 'Souveraineté du droit' contre souveraineté de l'État ? », in *La pratique juridique française dans le domaine de la protection internationale des droits de l'homme*, CEDIN, Montchrestien, Paris, 1990, p. 101.

[18] Rappelons que la Charte des Nations Unies est adoptée à San Francisco le 26 juin 1945 à la fin de la Conférence des Nations Unies pour l'organisation Internationale et est entrée en vigueur le 24 octobre 1945. Dans son préambule, les États membres proclament leur « foi dans les droits fondamentaux de l'homme, dans la dignité et la valeur de la personne humaine, dans l'égalité de droit des hommes et femmes, ainsi que les nations, grandes et petites ».

[19] Voy. W. KÄLIN et J. KÜNZLI, *The Law of International Human rights Protections, op. cit.*, p. 12.

[20] Dans ce sens, la DUDH est considérée comme une *soft Law* qui vient « défricher » un terrain sur lequel le *hard law* n'a pas osé encore s'aventurer servant ainsi de norme de préparation ou d'expérimentation pour l'avènement de ce dernier. Voy. dans ce sens E. DECAUX, « De la promotion à la protection des droits de l'homme : droit déclaratoire et droit programmatoire », in *La protection des droits de l'homme et l'évolution du droit international*, Société française pour le droit international, (SFDI), Paris, Pedone, 1998, pp. 81-119. ; C. FERCOT, « Soft law, droit de l'homme et effectivité », *in* M. AILINCAI (dir.), *Soft law et droits fondamentaux, Acte du colloque du 4 et 5 février 2016*, 33, Publications de l'Institut international des droits de l'homme, Paris, Pedone, 2017, p. 66. ; M. AILINCAI, « Propos introductif », *in* M. AILINCAI (dir.), *Soft law et droits fondamentaux, Acte du colloque du 4 et 5 février 2016*, 33, Publications de l'Institut international des droits de l'homme, Paris, Pedone, 2017, pp. 7-27., p. spéc. 19. N. BOBBIO, « La fonction promotionnelle du droit », in *Essais de théorie du droit*, Paris, L.G.D.J, 1998, p. 65 et suiv.

la matrice essentielle des droits de l'homme, la faiblesse qui la caractérise a amené la communauté internationale à réfléchir autrement. C'est en ce sens qu'émergea l'idée d'élaboration de textes à caractère normatif dans le cadre universel pouvant s'imposer aux États après leur ratification[21]. L'adoption des deux Pactes internationaux (PIDCP et PIDESC) en 1966 qui formeront ce qu'on appelle la Charte internationale des droits fondamentaux, constitue le fleuron de l'aboutissement de cette idée[22]. Par la suite, plusieurs instruments internationaux successifs ont été adoptés toujours dans le cadre onusien pour la protection des droits spécifiques ou catégoriels[23]. À la vérité, une nouvelle branche du droit international voit le jour : le droit international des droits de l'homme (DIDH).

II/ Les mécanismes juridiques de protection et l'autonomie du DIDH

6. Inscrit dans le cadre global de notre réflexion, le DIDH est cette branche du droit international qui soustrait du domaine réservé à l'État la

---

[21] N. VALTICOS, « La notion de droits de l'homme en droit international », *in Le droit international au service de la paix, de la justice et du développement, Mélanges Michel Virally*, Paris, 1991, p. 485. Du même auteur, N. VALTICOS, « Les systèmes de contrôle non judiciaire des instruments internationaux relatifs aux droits de l'homme », in *Mélanges offerts à P. Modinos (Problèmes des droits de l'homme et de l'unification européenne)*, 1968, p. 332. De l'avis de l'auteur, « *la protection internationale des droits de l'homme semble s'être définitivement orientée après une étape initiale de formulation de ses droits sous la forme de déclarations solennelles dont la valeur morale et même parfois pratique ne saurait être sous-estimée, mais dont la portée comme garantie juridique était pour le moins douteuse, vers l'adoption d'instruments créant des obligations formelles, pour les États qui les ratifieraient.* » ; J. DONNELLY, « The virtues of legalization », *in* S. MECKLED-GARCIA et B. ÇALI (éds.), *The Legalization of Human Rights Multidisciplinary perspectives on human rights and human rights law*, New York, Routledge, 2005, p. 62.

[22] Rappelons que la charte internationale des droits de l'homme est constituée de la déclaration universelle des droits de l'homme, des deux pactes internationaux relatifs aux droits civils et politiques ainsi que les droits économiques sociaux culturels de 1966 et leurs protocoles facultatifs au Pacte relatif aux droits civils et politiques. Voy. M. HERTIG RANDALL, « The History of the Covenants Looking Back Half a Century and Beyond », *in* D. MOECKLI, H. KELLER et C. HERI (éds.), *The Human Rights Covenants at 50: Their Past, Present, and Future*, Oxford, Oxford University Press, 2018, pp. 7-30.

[23] J. MOURGEON, « L'entrée en vigueur des Pactes internationaux relatifs aux droits de l'homme », *A.F.D.I*, 1976, n° 22, p. 290. Cette évolution a marqué la communauté internationale au point où le Professeur J. MOURGEON ait pu affirmer que « *l'évènement est en lui-même de la plus haute importance puisque par lui, la société internationale connait pour la première fois de son histoire un régime juridique universaliste ayant exclusivement pour objet l'affirmation et le développement des droits de l'homme* ». Certain qualifie cette évolution de « *a dynamic global bill of human rights* », Voy. L.-C. CHEN, « Chapter 25: Human Rights and World Public Order: Major Trends of Development, 1980–2010 and Beyond », *in* M.H. ARSANJANI *et al.* (éds.), *Looking to the Future, Essays on International Law in Honor of W. Michael Reisman*, Leiden/Boston, Martinus Nijhoff Publishers, 2011, p. 447.

protection des droits de l'homme, jadis considéré comme protecteur, au profit de l'ordre juridique international extérieur à l'ordre juridique interne[24]. Ce nouveau droit qui puise l'essentiel de ses sources du droit international public[25] est pluri-normatif c'est-à-dire tenant compte de plusieurs types de normes[26] n'ayant pas toujours la même vocation ni le même degré de justiciabilité[27]. Autrement dit, aux côtés du PIDCP et du PIDESC qui se moulent dans la sphère universelle de protection ainsi que d'autres instruments de droits spécifiques, existe une liste de conventions à vocation régionale, spatialement limitées. Cet ensemble, crée une collection d'instruments normatifs[28] dont les contenus sont calqués sur celui proclamé par la DUDH, considéré comme l'instrument de base qui fonde le DIDH[29]. Il faut relever que cette multitude de textes sur le plan régional comme universel, témoigne de l'engagement des États à limiter dorénavant leurs interventions abusives dans la jouissance des droits. Mais, au-delà de ce constat, il en vient directement à l'esprit une interrogation sur la réelle identité de ces normes internationales créatrices et protectrices de droits. Une distinction s'impose entre ces normes internationales suivant qu'il s'agira d'un traité ou d'une déclaration, consacrant les droits humains. De par leur nature, il est clair que

---

[24] C. BEITZ, *The Idea of Human Rights*, *op. cit.*, p. 16.

[25] L. HENNEBEL et H. TIGROUDJA, *Traité de droit international des droits de l'Homme*, Paris, Pedone, 2018, p. 84.

[26] *Ibid.*, p. 87. Nous désignons par normes ici tous les traités internationaux qui font le soubassement de ce droit. Un traité, selon le Professeur J. COMBACAU peut être défini comme « *un ensemble d'énoncés établis de façon concertée, destiné à produire les effets de droit international qu'en attendent ses auteurs, dans les relations entre sujets internationaux qui se le sont reconnu opposable* ». Toutefois, la terminologie utilisée pour définir un « traité » selon différents auteurs, varie. Voy. également P. DAILLIER *et al.*, *Droit international public*, *op. cit.*, p. 251 et suiv.

[27] La justiciabilité d'un droit renvoie à la possibilité pour les destinataires d'en faire usage, ou d'invoquer la règle de droit devant un organe de contrôle afin de réclamer la protection dudit droit. A ce sujet, on pourrait constater que la doctrine s'est beaucoup plus interrogée sur la justiciabilité des droits socio-économiques. ; C. NIVARD, *La justiciabilité des droits sociaux : étude de droit conventionnel européen*, Thèse de doctorat en droit public, Montpellier, Université Montpellier I, 2011.; D. ROMAN, « La justiciabilité des droits sociaux ou les enjeux de l'édification d'un État de droit social », *La Revue des Droits de l'Homme*, 2012, p. 41. ; M. BOSSUYT, « La distinction juridique entre les droits civils et politiques et les droits économiques, sociaux et culturels », *Revue des droits de l'homme*, 1975, pp. 783-813. Retenons que les droits civils et politiques sont cette catégorie de droits classés de première génération qui impose à l'État une certaine neutralité ou l'abstention d'intervenir à l'égard de leurs titulaires.

[28] L. HENNEBEL et H. TIGROUDJA, *Traité de droit international des droits de l'Homme*, *op. cit.*, p. 88 et suiv.

[29] *Ibid.*, p. 67.

les traités sont contraignants vis-à-vis des États qui les ont ratifiés[30], et les déclarations, a contrario qualifiées de soft *Law* [31] ou de « droit mou » sont caractérisées par l'absence de force obligatoire[32]. Ces instruments de protection qui sont communément adoptés sur la base des traités, énoncent généralement les droits civils et politiques ainsi que les droits sociaux économiques et culturels qui forment les deux premières catégories de droits auxquels l'évolution du droit international ajouterait une troisième qui compte les droits de la solidarité[33]. Cependant, bien que l'on ne puisse s'interdire des interférences, notre recherche sera concentrée uniquement sur les droits civils et politiques. Il convient de rappeler que la majorité de ses instruments sont assortis d'organes de mise en œuvre (**A**) sachant que la matière elle-même fait avant tout l'objet de controverses doctrinales qu'il est nécessaire de revisiter (**B**).

---

[30] M. DODSON, « What is a treaty? », *in* P. READ, G. MEYERS et B. REECE (dirs.), *What Good Condition?*, s.l., ANU Press, 2006, pp. 105-121.

[31] Le critère de normativité ou encore le degré de normativité des traités en droit international a été l'un des sujets de préoccupation de la doctrine. C'est ainsi que ces textes sont classés selon qu'ils sont dotés du caractère contraignant ou non. Il a été ainsi distingué la *soft Law* (droit mou) et le *hard Law* (droit dur). Cependant, cette distinction binaire est contestée par une partie de la doctrine qui croit à une analyse erronée. Selon l'auteur, la classification devrait tenir compte du contenu des traités et non de leur qualité formelle. Voy. dans cette logique les écrits suivant : R. IDA, « Formation des normes internationales dans un monde en mutation critique de la notion de *soft Law* », *in Le droit international au service de la paix, de la justice et du développement Mélanges Michel Virally*, Paris, 1991, p. 334 et 335. ; M. VIRALLY, « La distinction entre textes internationaux de portée juridique et texte internationaux dépourvus de portée juridique (à l'exception des organisations internationales) Rapport définitif », *Ann. IDI*, 1983, vol. 60, §. 207. ; P. WEIL, « Vers une normativité relative en droit international », *R.G.D.I.P*, 1982, vol. 86, p. 7. ; J. CAZALA, « Le Soft Law international entre inspiration et aspiration », *Revue interdisciplinaire d'études juridiques*, 2011, vol. 66, n° 2011/1, pp. 41-84. ; N. EMERIC, « Droit souple + droit fluide = droit liquide. Réflexion sur les mutations de la normativité juridique à l'ère des flux », *R.I.E.J*, 2017, vol. 79, n° 2017/2, pp. 5-38. ; S. CASSELLA, V. LASSERRE et B. LECOURT, *Le droit souple démasqué*, Colloque, Paris, Pedone, février 2018. ; P. DEUMIER *et al.* (éds.), *Regards croisés sur la soft law en droit interne, européen et international*, Contextes: culture du droit, Issy-les-Moulineaux, LGDJ, 2018. ; et dans le sens similaire : J. DELLAUX, « Contribution pour une redéfinition du concept de normativité en droit international. Questionnements autour d'instruments de *soft law* : les décisions des conférences des parties », *R.Q.D.I*, 2016, pp. 135-157.

[32] A. WEBER, *Les mécanismes de contrôle non contentieux du respect des droits de l'homme*, Strasbourg - Genève, FMDH, 2008, p. spéc. 17.

[33] K. VASAK, « Contenu et délimitation du droit international des droits de l'homme », in *Le droit international des droits de l'homme*, 140, s.l., Brill | Nijhoff, Leiden, Boston, 1974, p. spéc. 343 et suiv. ;M. HERTIG RANDALL, « La typologie des droits de l'homme », *in* M. HERTIG RANDALL et M. HOTTELIER (dirs.), *Introduction des droits de l'homme*, Genève, Québec, Paris, Schulthess, LGDJ, s.d., pp. 39-52.

A/ La typologie des organes de contrôle en DIDH

7. L'une des caractéristiques fondamentales du DIDH ressort de sa structure empreinte d'une hétérogénéité frappante lorsqu'on s'intéresse à la typologie des organes prévus pour le contrôle de ses normes - généralement institués par les mêmes traités constitutifs -. Au lendemain de la seconde guerre mondiale, la société internationale a été témoin d'une multiplication des organes internationaux de contrôle en matière de protection des droits de l'homme ainsi que dans d'autres domaines consécutivement à l'adoption des instruments internationaux. Cela a conduit à une véritable « métamorphose »[34] provoquant « un changement qui a transporté la « fonction juridictionnelle internationale » d'un état à un autre fort différent »[35]. Les uns sont implantés dans le système onusien à vocation universelle, les autres sur le plan régional dans des zones géographiquement délimitées. Il est important de rappeler aussi que parmi ces organes, certains ont dû élargir leur champ de compétences dépassant celui prévu traditionnellement dans leurs textes constitutifs, par l'effet d'une conversion pour s'approprier le domaine de la protection des droits de l'homme. En d'autres termes, ces derniers ont connu une évolution dans l'exercice de leur mission en se dotant d'un champ d'action complémentaire à leur domaine de compétences préalablement défini[36]. Aussi est-il important de souligner que cette hétérogénéité architecturale en DIDH, conduit à une diversité quant à la nature juridique réelle de ses organes[37]. Il faut distinguer ainsi, les organes ayant formellement une qualité

---

[34] G. ABI-SAAB, « Chapitre seize : La métamorphose de la fonction juridictionnelle Internationale », *in* D. ALLAND *et al.* (éds.), *Unité et Diversité du Droit International : Ecrits en L'honneur du Professeur Pierre-Marie Dupuy*, Leiden/Boston, Martinus Nijhoff, 2014, p. 377.

[35] *Ibid.*, p. 378.

[36] Traditionnellement conçu comme le « Tribunal de la Communauté » dans le traité de 1975, la Cour de Justice de la Communauté de la CEDEAO (CJ-CEDEAO) est assortie d'un Protocole de 1991 adopté par les chefs d'État et de Gouvernement de la CEDEAO. La CJ-CEDEAO est actuellement établie par les articles 6 et 15 de la version révisée du Traité de 1993 de la CEDEAO. À la suite de modifications apportées à son Protocole original dans le Protocole complémentaire de la Cour de 2005, la compétence de la CJ-CEDEAO est maintenant étendue pour couvrir les cas de violations portant sur les droits de l'homme dans les États membres de la CEDEAO. Dans le même ordre d'idée, évoquons la Cour de justice de la Communauté européenne devenue la CJUE. Il faut reconnaitre que l'entrée en vigueur du traité de Lisbonne le 1er décembre 2009, constitue une étape majeure dans l'évolution de la protection des droits fondamentaux en Europe. Dorénavant la Charte des droits fondamentaux de l'Union européenne bénéficie du statut d'acte juridiquement contraignant, de sorte que la Cour de justice ainsi que les juridictions nationales disposent désormais d'un texte ayant vocation à servir de source principale lorsqu'ils doivent s'acquitter de leur tâche de veiller au respect des droits fondamentaux dans le cadre de l'interprétation et de l'application du droit de l'Union.

[37] Nous nous reportons à nos développements ultérieurs pour les détails sur la nature de ces organes.

juridictionnelle[38] des autres non juridictionnels[39] ou quasi-juridictionnels[40]. Si l'idée dans le cadre de notre champ de recherche est de ne s'intéresser qu'à l'un de ses mécanismes de protection, le mécanisme quasi-juridictionnel (celui du Comité des droits de l'homme des Nations Unies, organe qui tient cette compétence du Premier Protocole facultatif annexé au PIDCP de 1966), notre recherche, du fait de ses orientations, ne se limitera pas à ce seul mécanisme. Autant dire qu'une attention particulière sera accordée aux organes juridictionnels afin de parfaire notre raisonnement. On ne peut occulter toutefois les vives critiques adressées à l'égard du champ global de recherche, qui, quoiqu'on puisse dire ne font que « participer à son existence »[41] comme branche du droit international général.

B/ Les controverses doctrinales quant à l'autonomie du DIDH

8. La question de la consécration du nouveau droit ne fait aucun doute dans l'esprit des juristes internationalistes. Cependant son autonomie n'est pas exempte de toute critique. De part et d'autre, il est aisé de remarquer un mouvement de contestation à l'égard du DIDH. D'un côté, se trouve ceux qui attaquent sa réalité en dénonçant de manière crue une fragmentation[42]

---

[38] Cour européenne des droits de l'homme ci-après (Cour EDH) ; Celle-ci, mise en place en 1959 pour contrôler le respect effectif de la Convention européenne de sauvegarde des droits de l'homme et des libertés fondamentales dénommée ci-après (CEDH) adoptée le 4 novembre 1950, La Cour interaméricain des droits de l'homme ci-après (Cour IADH) pour la Convention interaméricaine des droits de l'homme, La Cour africaine des droits de l'homme et des peuples ci-après (Cour ADHP).

[39] On peut nommément citer ici le Conseil des droits de l'homme des Nations Unies, les organes du Conseil de l'Europe notamment : le Comité européen des droits sociaux (CEDS), le Comité européen pour la prévention de la torture et des peines ou traitements inhumains ou dégradant (CPT), la Commission de Venise, la Commission européen contre le racisme (ECRI), la Commission européen pour l'efficacité de la justice (CEPEJ), le Groupe d'experts sur la lutte contre la traite des êtres humains (GRETA), le Comité de Lanzarote, la Commission pour l'égalité de genre (GEC), le Groupe d'experts sur la lutte contre la violence à l'égard des femmes (GREVIO) etc.. Ainsi, nous limitons notre analyse dans la sphère du droit international des droits de l'homme tout en ayant à l'esprit qu'il existe en droit interne également de multiples mécanismes instituant des organes de contrôle non-juridictionnel des droits fondamentaux qui sont en général des autorités administratives indépendantes. L'exemple du Défenseur des droits français. Leur désignation nominale diffère selon le pays dans lequel on se trouve. Nous renvoyons pour toute autres informations complémentaires aux sites officiels des institutions accessibles dans tous moteurs de recherches.

[40] La Commission africaine des droits de l'homme et des peuples ci-après (Comm. ADHP), La Commission interaméricaine des droits de l'homme ci-après (Comm. IADH) ainsi les organes issus de traités de droits de l'homme adoptés par les Nations Unies.

[41] L. BURGORGUE-LARSEN, « Le droit international des droits de l'homme existe-t-il ? », in *Le droit des libertés en question(s), Colloque des 5 ans de la RDLF*, 8, s.l., R.D.L.F, 2017, p. 1.

[42]Sur la question de la fragmentation, Voy. A.-C. MARTINEAU, *Une analyse critique du débat sur la fragmentation du droit international*, Thèse de Doctorat en droit, Paris, Université Paris I – Panthéon Sorbonne, 2 décembre 2013, p. 10. ; G. GUILLAUME, « La Cour internationale

exacerbée du droit international général. De l'autre, se distingue ceux qui s'érigent en porte-parole du DIDH[43] affirmant par exemple que « L'ordre juridique international n'est nullement remis en cause par le développement des branches spécialisées et le progrès de celles-ci est aussi, (...), le progrès du droit international en général »[44]. Au rang des premiers, il est manifeste de noter parmi tant d'autres les positions bien connues du Professeur A. PELLET qui, dans un article devenu célèbre, puis avec constance, enlève toute autonomie au droit des droits de l'homme[45]. Il donne un avis critique sur ledit droit qu'il considère comme n'ayant pas sa place dans la doctrine internationaliste. Selon lui, il serait abusif de croire en une particularité du DIDH alors que celle-ci n'existe pas. De sa formation normative (par les traités) à sa mise en œuvre, rien ne parait particulier qui n'existe déjà en droit international général qu'aurait pu réclamer les spécialistes en droits de l'homme[46].

---

de Justice- Quelques propositions concrètes à l'occasion du cinquantenaire », *R.G.D.I.P*, 1996, vol. 100, n° 2, p. spéc. 331. ; S. KARAGIANNIS, « La multiplication des juridictions internationales : un système anarchique? », in *La juridictionnalisation et les juridictions internationales*, Société française pour le droit international, Lille, Pedone, 2003, pp. 7-161.

[43] G. COHEN-JONATHAN, « Conclusions générales », in *La protection des droits de l'homme et l'évolution du droit international*, Société française pour le droit international, (SFDI), Colloque de Strasbourg, Pedone, 1998, pp. 307-341.

[44] C. LEBEN, « La fragmentation du droit applicable Aux relations internationales : Remarques introductives de l'internationaliste publiciste », *in* M. FORTEAU (dir.), *La fragmentation du droit applicable aux relations internationales. Regards croisés d'internationalistes privatistes et publicistes.*, Paris, Pedone, 2011, p. 26.

[45] Voy. A. PELLET, « Table ronde : l'unité ou la fragmentation du système juridique international ? », in *La protection des droits de l'homme et l'évolution du droit international : Colloque de Strasbourg*, Société française pour le droit international, (SFDI), Paris, Pedone, 1998, pp. 294-298. Il n'est pas inutile de noter les critiques de cet auteur qui réduit le DIDH à un « *chapitre du droit international général* » Voy. *Ibid.*, p. 298. ; L. CONDORELLI, « Table ronde : L'unité ou la fragmentation du système juridique international ? », in *La protection des droits de l'homme et l'évolution du droit international*, Société française pour le droit international, Strasbourg, Pedone, 1998, pp. 298-299. A. PELLET, « droit-de-l'hommisme" et droit international », *Droits fondamentaux*, décembre 2001, n° 1, p. 168. Du même auteur et dans le même sens, A. PELLET, « Les traités des droits de l'homme entre banalité et spécificité », in *Réciprocité et universalité - Sources et régimes du droit international des droits de l'homme, Mélanges en l'honneur du Professeur Emmanuel Decaux*, Paris, Pedone, 2017, pp. 59-74. Lire aussi dans le même sens les positions de : F. MEGRET, « L'étatisme spécifique du droit international », *R.Q.D.I*, 2011, vol. 24, n° 1, pp. 105-129. ; S. BESSON, « Chapter 39, Sources of international Human rights law : How general is general international law ? », in *The Oxford Handbook on The sources of international law*, Oxford, Oxford University Press, 2017, p. 868. ;M. LAMOUR, « Are Human Rights Law Rules "Special"? Study on Interactions Between Human Rights Law Rules and Other International Law Rules », *in* J.-M. THOUVENIN et N. WEIB (éds.), *The Influence of Human Rights on International Law*, Switzerland, Springer International Publishing, 2015, pp. 30-34.

[46] A. PELLET, « droit-de-l'hommisme" et droit international », *op. cit.*, p. 178. L'auteur semble ne pas « *croire nullement que la percée des droits de l'homme dans le droit international*

9. Cette conception sera très vite confrontée à une autre, dont les tenants pensent réellement et croient à une spécificité du droit des droits de l'homme[47] et à une pluralité normative en droit international. Par ailleurs, on serait tenté de croire que les pourfendeurs du DIDH sont obnubilés par leur goût de la cohérence normative en droit international au point d'en perdre de vue la réalité de l'influence des phénomènes sociaux contemporains sur le droit international, auxquels il serait impérieux d'apporter une solution pour corriger cette anomalie. Si l'on s'accorde à dire que c'est justement cette anomalie que vient combler le DIDH, alors on aura compris que l'acception selon laquelle, seul l'État détient le monopole qu'il exprime à travers sa souveraineté dans les rapports uniquement interétatiques serait tombée en désuétude et devient donc un argument battu en brèche. Le Professeur P. IMBERT souligne ainsi que ce droit conduit à remplacer « la transcendance de l'État » par « la transcendance de l'individu »[48]. Ladite conception n'est plus à même de traduire ou régir les nouveaux rapports sociaux sachant que la société internationale contemporaine a besoin d'un « droit » plus rapproché des individus[49]. Les tenants de ce dernier courant de pensée justifient leur thèse par l'entremise de l'objectivité des droits de l'homme[50] qui ne s'inscrit en aucun moment dans le cadre des traités caractérisés par le consentement à être lié des États et le respect de la volonté de l'autre partie cocontractant. La réciprocité étant le propre du droit international général[51], elle ne s'applique

---

remette en cause le principe de souveraineté, (...)» qui pour lui « *semble demeurer (...) un puissant facteur organisateur de la société internationale* »

[47] G. COHEN-JONATHAN, « Conclusions générales », *op. cit.*, p. 121 et suiv.

[48] P. IMBERT, « L'universalité des droits de l'homme dans un monde pluraliste », *Colloque du Conseil de l'Europe* 17 au 19 avril 1989, Strasbourg, 21 juillet 1989, H/Coll. (89) I.

[49] A.-C. MARTINEAU, *Une analyse critique du débat sur la fragmentation du droit international, op. cit.*, p. 28 et suiv. ; Toutefois, surgit toujours l'amère constat qui tend à donner le pouvoir à l'État afin de cristalliser son omnipotence. L'ouvrage suivant donne dans une certaine mesure, cette même perception de la réalité. J.-A. CARRILLO SALCEDO, *Souveraineté des États et droits de l'homme en droit international contemporain, op. cit.* 202 p.

[50] L. BURGORGUE-LARSEN, « Le droit international des droits de l'homme existe-t-il ? », *op. cit.*, p. 2. Voy. Du fait de sa spécificité, un traité international des droits de l'homme a plutôt une définition adaptée à celle des traités originels. C'est ainsi que selon K. VASAK, « Contenu et délimitation du droit international des droits de l'homme », *op. cit.*, p. 349. « Est considéré comme convention internationale des droits de l'homme toute convention qui a pour objet immédiat d'assurer à l'homme, sans discrimination aucune, la garantie et la protection d'un ou plusieurs droits de l'homme figurant dans la Déclaration universelle, que l'homme soit pris en tant que notion juridique ou en tant que membre d'une catégorie sociale donnée ».

[51] Abordant la question de réciprocité, M. VIRALLY pense que : « Tout traité international incorpore les engagements pris par chaque partie envers la ou les autres. (…) la réciprocité est de l'essence du traité et (...), la pratique internationale ne connaît guère de traités mettant des obligations à la charge d'une partie seulement. », M. VIRALLY, « Le principe de réciprocité dans le droit international contemporain », in *RCADI,* t122, 1967, p. spéc. 23. Cette position si elle est pertinente par endroits, pèche par sa constance au regard de l'évolution de la société

pas en matière de droit de l'homme. Une logique partagée par la Cour international de justice (C.I.J) qu'elle entérine dans son avis consultatif du 28 mai 1951[52]. Selon cette cour, l'inexistence d'un engagement en matière des droits de l'homme n'implique pas qu'un État puisse impunément violer les droits de l'homme[53].

10. Cependant, cette controverse entre les tenants de la thèse d'un droit autonome et les aboutissants de la thèse contraire serait dépassée aujourd'hui au regard de l'évolution du droit des droits de l'homme. C'est ainsi qu'il est affirmé que la controverse « ne fait plus débat, en tout cas, pas en ces termes. Le développement qualitatif du DIDH est tel, les affirmations répétées par les organes de protection (...) ont pris de telles proportions, qu'il ne semble plus susciter les mêmes passions académiques »[54]. Il semble nécessaire eu égard à ce qui précède de noter que le droit international des droits de l'homme est une branche du droit international général duquel il tire sa validité et sa force obligatoire et bien évidemment dans lequel il puise des principes qui renforcent sa différence[55]. Il suffit ainsi de procéder à une lecture stricte des écrits du Professeur K. VASAK pour apercevoir cette incommensurable complémentarité entre le DIDH et le droit international général qui devrait accepter une irrigation de ses méandres aux fins des considérations humaines. Ainsi résume-t-il ses idées en ces termes : « le mariage entre les deux - le droit international général et le droit international des droits de l'homme - est un mariage de raison qui doit néanmoins nous permettre d'atteindre le cœur de l'homme ». À partir de ce constat, on conviendrait d'emblée que, vouloir couper les liens entre les deux serait synonyme d'un risque réducteur des

---

internationale qui exige l'exclusion de ce principe dans les rapports des États avec le respect des droits des individus et par conséquent, elle est battue en brèche.

[52] CIJ, Avis, 28 mai 1951, *Réserves à la Convention pour la prévention et la répression du crime de génocide, Rec.*, 1951, p. 23 « Dans une telle convention, les États contractants n'ont pas d'intérêts propres : ils ont seulement tous et chacun, un intérêt commun, celui de préserver les fins supérieures qui sont la raison d'être de la convention. Il en résulte que l'on ne saurait, pour une convention de ce type, parler d'avantages ou de désavantages individuels des États, non plus que d'un exact équilibre contractuel à maintenir entre les droits et les charges. La considération des fins supérieures de la Convention est, en vertu de la volonté commune des parties, le fondement et la mesure de toutes les dispositions qu'elle renferme. » Illustration ultérieure, CIJ, Arrêt, 29 juillet 2012, relatif à l'extradition ou la poursuite d'un individu (Belgique *c/ Sénégal*), Rec. 2012, p.449, §§. 68-69.

[53] CIJ, arrêt du 27 juin 1986, *Rec.* 1986 § 267.

[54] L. BURGORGUE-LARSEN, « Le droit international des droits de l'homme existe-t-il ? », *op. cit.*, p. spéc. 3.

[55] G. COHEN-JONATHAN, « L'évolution du droit international des droits de l'homme », in *Mélanges offerts à Hubert Thierry, l'évolution du droit international*, Paris, 1998, p. spéc. 124.

intérêts de la personne humaine[56]. Il est important de s'intéresser maintenant à la définition des termes, autour du sujet objet de notre réflexion.

III/ Définition des termes et concepts relatifs au sujet

11. « Situer et opposer pour individualiser »[57], voilà résumé l'intérêt qui sous-tend la définition des concepts. Revenant au sujet de notre recherche se rapportant à la question de l'effectivité et de la légitimité du CDH des Nations Unies, il s'avère indispensable pour une compréhension claire de se livrer à cet exercice, qui consiste à mettre en lumière son contenu qui renferme des notions quelque peu floues. Soulignons déjà que, l'idée même de mener une recherche sur un sujet relatif à « l'effectivité » ou encore à la « légitimité » parait d'emblée séduisante et stimulante. Mais à la réflexion, on se rend très vite compte des défis conceptuels qui se cachent derrière. D'ailleurs, le mot « effectivité » est en droit, un mot quelque peu banalisé aux contours relativement indéterminés, dont l'utilisation est omniprésente dans le monde de la recherche. Il est évoqué dans plusieurs disciplines du droit, et selon la problématique de chaque auteur. On pensera à titre illustratif, à l'effectivité de la règle de droit[58], à l'effectivité d'un droit spécifique ou d'un texte,[59] à l'effectivité d'une norme tout court[60], à l'effectivité d'une sanction[61] ou d'une

---

[56] K. VASAK, « Vers un droit international spécifique des droits de l'homme », in *Les dimensions internationales des droits de l'homme*, Paris, Unesco, 1978, p. spéc. 715.

[57] C. EISENMANN, « Quelques problèmes de méthodologie des définitions et des classifications en science juridique », *A.P.D*, 1966, p. 30.

[58] Voy. F. RANGEON, « Réflexion sur l'effectivité du droit », *in* D. LOCHAK (dir.), *Les usages sociaux du droit*, Paris, PUF/Publications du CURAPP, 1989, pp. 126-149. ; Y. LEROY, « La notion d'effectivité du droit », *Droit et société*, 2011, vol. 3, pp. 715-732. ; V. RICHARD, *Le droit et l'effectivité. Contribution à l'étude d'une notion,* Thèse de Doctorat en droit, Paris, Université Panthéon-Assas, Paris II, 2003., 1216 p.

[59] A. CHERIF, *L'effectivité des droits fondamentaux dans l'ordre juridique ivoirien : étude à la lumière du droit international et comparé*, Thèse de Doctorat en Droit public, Genève, Université de Genève, 2014., 553 p. ; D.A. OLINGA, « L'effectivité de la Charte africaine des droits de l'Homme et des peuples », *Afrique 2000*, 1997, n° 10, pp. 171-185.

[60] D. GAGNE, « Comprendre l'effectivité d'une norme : quand l'aboutissement de la démarche empirique permet de s'affranchir d'un courant existant dans un domaine d'étude », *Approches inductives : Travail intellectuel et construction des connaissances*, 2018, vol. 5, n° 1, p. 11.

[61] Voy. C. TZUTZUIANO, *L'effectivité de la sanction pénale*, Thèse pour le doctorat en droit privé et sciences criminelles, Toulon, Université de Toulon, 2015, 590 p., disponible sur <NNT : 2015TOUL0093>. <tel-01405168>.

décision de justice[62], à l'effectivité d'un ordre juridique[63], à l'effectivité des droits de l'homme[64], d'un organe constitué, etc… Cette récupération explique l'obsession des auteurs de tout bord scientifique à vouloir cerner une telle notion. Il convient de tenter de l'élucider ainsi que les concepts clés voisins, pour poser notre réflexion. Auparavant, il est important de commencer par certains mots clés reflétant le cadre scientifique dans lequel s'inscrit notre travail. Dans cet ordre d'idée, qu'attend-on par « droits de l'homme », « droits fondamentaux » ? Ces notions qui suscitent autant de débats et qui sont fréquemment invoqués par les différentes couches sociales, que ce soient au niveau national ou international, sont souvent confondues. Elles ont pourtant des significations différentes quoique les « droits fondamentaux » doivent beaucoup aux « droits de l'homme » qui restent la notion la plus familière et la plus ancrée dans les mentalités, peut-être à cause de sa préexistence. Afin d'apporter une réponse pertinente, il est important de les revisiter.

12. À cet effet, rappelons que les droits de l'homme ont une double nature représentée par les droits moraux et les droits légaux. Les droits moraux ou subjectifs[65] remontent à l'époque du *jusnaturalisme* [66]. Selon cette école de pensée, les droits de l'homme sont des droits innés que tout individu acquiert

---

[62] Voy. S. BENZINA, *L'effectivité des décisions QPC du Conseil constitutionnel*, Bibliothèque constitutionnelle et de science politique, n° Tome 148, Issy-les-Moulineaux, LGDJ, une marque de Lextenso, 2017, 746 p.

[63] Voy. J. TOUSCOZ, *Le principe d'effectivité dans l'ordre international*, Paris, L.G.D.J, 1964.; F. COUVEINHES-MATSUMOTO, *L'effectivité du droit international*, Jus Gentium, Bruxelles, Bruylant, 2014.

[64] S. BESSON, « L'effectivité des droits de l'homme : du devoir être, du pouvoir être et de l'être en matière de droits de l'homme », in *L'Homme et son droit, Mélanges en l'honneur de Marco Borghi à l'occasion de son 65e anniversaire*, Faculté de l'Université de Fribourg/Schulthess, Zurich/Bâle/Genève, 2011, pp. 53-83. ; E. MILLARD, « Effectivité des droits de l'homme », *Dictionnaire des droits de l'homme*, Paris, PUF, 2008, pp. 349-352. ; V. CHAMPEIL-DESPLATS, « Effectivité et droits de l'homme : approche théorique », *in* D. LOCHAK (dir.), *À la recherche de l'effectivité des droits de l'homme*, Paris, Presses universitaires de Paris Nanterre, 2008, pp. 11-26, disponible sur <http://books.openedition.org/pupo/1142> (Consulté le 4 mai 2018).

[65] M. HERTIG RANDALL, « Histoire des droits l'homme », *in* M. HERTIG RANDALL et M. HOTTELIER (dirs.), *Introduction aux droits de l'homme*, Genève, Québec, Paris, Schulthess, LGDJ, 2014, p. 4. ; S. BESSON, « Human Rights and Constitutional Law Patterns of Mutual Validation and Legitimation », *in* R. CRUFT, S.M. LIAO et M. RENZO (éds.), *Philosophical Foundations of Human Rights*, Oxford, Oxford University Press, 2015, p. 282.

[66] Le *Jus naturalisme* ou encore la théorie du *droit naturel* une conception philosophique apparue dès le 16ème siècle avec Grotius, qui considérait que les droits individuels sont innés à l'homme. Cette conception sera reprise plus tard par John Locke principalement. Au 18ème siècle, ces auteurs comprendront que non seulement ces droits sont innés mais qu'on ne peut pas les céder. Les développements idéologiques de cette école ont exercé des influences sur les textes déclaratoires notamment la D.U.D.H. Voy. L. HENNEBEL et H. TIGROUDJA, *Traité de droit international des droits de l'Homme*, *op. cit.*, p. 41 et suiv. Il important aussi de retenir que l'idéologie jusnaturaliste sera supplantée par le positivisme plus tard.

à la naissance. Il faut reconnaitre toutefois que leur définition peut parfois varier d'un auteur à un autre. Ainsi considère-t-on généralement avec M. LEVINET, que les droits de l'homme, « sont des facultés inhérentes à tout individu et ce indépendamment de leurs reconnaissances par un statut juridique particulier »[67]. Leur nature légale renvoie à des droits protégés par un régime juridique. Dans ce sens, ils peuvent être définis selon J. MOURGEON comme « les prérogatives, gouvernées par des règles que la personne physique ou morale détient en propre dans ses relations avec d'autres personnes physiques ou morales ou avec le Pouvoir »[68]. Il s'ensuit dès lors que, les droits de l'homme sont des facultés qu'un individu ou un être humain possède en toute liberté et dont les violations et/ou tout refus de les satisfaire sont considérés comme illégaux parce qu'ils lui sont reconnus. Sur cette base, l'individu pourrait prétendre en réclamer son respect. Ces droits tels que définis, trouvent leur source dans différents textes nationaux bien avant leur internationalisation[69]. Qu'entend-on par ailleurs par « droits fondamentaux » ? La définition d'une telle notion n'est pas une entreprise aisée et suscite des controverses doctrinales majeures, conséquences de son imprécision. D'aucuns pensent que ce sont des droits consacrés par des instruments internationaux et constitutionnels et qui bénéficient d'une

---

[67] M. LEVINET, *Théorie générale des droits et libertés*, Droit et justice, s.l., Anthémis, 2012. ; Mettant l'accent sur l'individu, R. CASSIN, de son coté, définissait les droits de l'homme comme *« une branche particulière des sciences sociales qui a pour objet d'étudier les rapports entre les hommes en fonction de leur dignité humaine, en déterminant les droits et facultés dont l'ensemble est nécessaire à l'épanouissement de la personnalité de chaque être humain* » Voy. R. CASSIN, *Science de l'homme : méthodologie et enseignement*, colloque de Nice de 1971, V, s.l., *RDH*, 1972.

[68] J. MOURGEON, *Les droits de l'homme, Que sais-je ? op. cit.*, p. 7. ; Dans le même sens, A. D'AMATO, « The Concept of Human Rights in International Law », *Columbia Law Review*, 1982, vol. 82, n° 6, p. 1110. « human rights is not just a political and moral concept, but also a legal one *(...)* » ; selon F. SUDRE, ils sont entendus comme « les droits et facultés assurant la liberté et la dignité de la personne humaine et bénéficiant de garanties institutionnelles », Voy. F. SUDRE, *Droit européen et international des droits de l'Homme*, s.l., PUF, 2016, p. 15. ; Sur la critique quant à la titularité de ses droits dans la pratique, Voy. S. BESSON, « Chapter 5, The Holders of Human Rights: The Bright Side of Human Rights? », *in* T. BROOKS (éd.), *The Oxford Handbook of global justice*, Oxford, Oxford University Press, 2020, p. 100 et suiv.

[69] On pensera notamment à la grande Charte *Magna Carta* de 1215, la Charte de Mandé proclamée en Afrique de l'Ouest 1222, la proclamation par les Anglais de la *Petition of Rights* de 1628, *l'Habeas Corpus Act* de 1679, le *Bill of Rights* de 1689 suivis par la Déclaration d'indépendance des États-Unis en 1776, et le *Bill of Rights* de l'État de Virginie ; le tout couronné par la Déclaration française des droits de l'homme et du citoyen (ci-après DDHC) de 1789. Voy. M. HERTIG RANDALL, « Histoire des droits l'homme », *op. cit.*, p. 6. ; S. BESSON, « Structure et nature des droits de l'homme », *in* M. HERTIG RANDALL et M. HOTTELIER (éds.), *Introduction aux droits de l'homme*, Genève, Québec, Paris, Schulthess, LGDJ, 2014, p. 35. ; S. BESSON, « Human Rights and Constitutional Law Patterns of Mutual Validation and Legitimation », *op. cit.*, p. 279.

protection renforcée[70]. À la vérité, une telle conception résulte d'une importation de la doctrine allemande de *droit fondamental* ou encore *der Grundrechte*[71].

13. Si l'on s'en tient à ce qui précède, faut-il convenir que dans le temps et l'espace, tant la volonté de développer, d'encourager le respect des droits de l'homme que celle de faciliter leur jouissance n'est plus chose contestable. Toutefois, la pratique reflète une tout autre réalité. En effet, une chose est de déclarer des droits, de les formaliser par la suite en les incorporant dans des instruments juridiques de différentes natures, pour les traités de les ratifier, une autre est d'en garantir le respect pour en assurer l'effectivité. C'est dans cette dernière dynamique que s'inscrit le rôle que tiendront plusieurs organes de contrôle créés à l'échelle internationale au rang desquels se trouve le CDH. En d'autres termes, c'est sa raison d'être. Que faut-il donc entendre par « effectivité » ? quelle relation peut-on relever entre elle et les notions proches comme « l'efficacité » ou encore de « l'ineffectivité » ou encore la « légitimité ». Cette notion n'ayant pas de définition arrêtée, il est important de se référer à la doctrine pour découvrir ce qu'elle propose.

14. On retiendra une première définition du dictionnaire *Vocabulaire juridique*, qui la définit comme « le caractère d'une règle de droit qui produit l'effet voulu, qui est appliquée réellement »[72]. Cette définition rejoint partiellement celle du *Dictionnaire de droit international public* qui estime que, c'est « le caractère de ce qui existe en fait. C'est la qualité d'une situation juridique qui correspond à la réalité, d'une compétence qui s'exerce réellement. Elle produit des effets en droit, dans les conditions prévues par l'ordre juridique international lui-même et joue, en conséquence, un rôle dans de nombreuses institutions de droit international »[73]. Une lecture attentive de ces dernières, amène d'emblée à comprendre qu'elle est tout sauf ce qui est

---

[70] Cette position doctrinale précise que : « est liberté fondamentale, une liberté reconnue par un principe ou règle de niveau juridique le plus élevé, soit constitutionnel ou international. » J.-J. ISRAEL, *Droit des libertés fondamentales*, Manuels, s.l., LGDJ, Octobre 1998, p. 37. Sur le même sujet, Voy. particulièrement, L. FAVOREU *et al.*, *Droit constitutionnel*, 19ème éd., Précis, s.l., Dalloz, 2016., spéc p. 880 et suiv. ; O. DORD, « Droits fondamentaux », *Dictionnaire des droits de l'homme*, Paris, PUF, 2008, p. 333. ; E. PICARD, « L'émergence des droits fondamentaux en France », *A.J.D.A*, 1998, pp. 6-43. ; Pour un approfondissement de la variabilité à la diversité autour de la notion de droits fondamentaux, libertés fondamentales, P. WACHSMANN, « L'importance en France de la notion de droits fondamentaux », *R.U.D.H*, 2004, p. 41.

[71] Voy. C. GAUTHIER, S. PLATON et D. SZYMCZAK, *Droit européen des droits de l'homme*, Sirey, 2017, p. 7. L'intégration de cette notion importée de la doctrine allemande dans le droit français a été balbutiante. Sur la difficulté quant à la définition en droit français ainsi sur sa relation avec les notions voisines, Voy. E. PICARD, « Droits fondamentaux », *in Dictionnaire de la culture juridique*, s.l., PUF, 2003, p. spéc. 544 et suiv.

[72] G. CORNU, *Vocabulaire juridique*, s.l., PUF, 2018, p. 388.

[73] J. SALMON, *Dictionnaire de droit international public*, *op. cit.*, pp. 411-412.

fictif, imaginaire ou purement verbal[74]. Toutefois, ces définitions si elles sont séduisantes à bien des égards, révèlent des insuffisances et amènent à mieux scruter la notion dans une démarche progressive partant de la théorie du droit pour aboutir à son application aux droits de l'homme.

15. Le Professeur Y. LEROY, dans un article consacré à « la notion d'effectivité du droit »[75] donne plus de précisions ainsi que des éléments de réponses à nos interrogations. Tout en confirmant dans un premier temps l'existence d'une diversité d'assertion portant sur le sujet et reconnaissant le caractère étranger du terme dans le langage du droit[76], celui-ci estime que son usage en droit international est un fait et désigne le caractère d'une situation qui existe réellement[77]. Il reconnait suivant cette perspective comme paradigme majeur de la notion d'effectivité du droit, la définition qui explique « l'effectivité » à partir de l'application d'une norme par les autorités compétentes (autorités de contrôle ou « juge ») et « l'ineffectivité » par l'inapplication de la sanction issue de la norme ayant fait l'objet de violation. Abordant le même sujet, le Doyen J. CARBONNIER l'un des précurseurs ayant mis sa plume à contribution sur le sujet, considère que « l'effectivité » devrait être entendue comme « une application effective de la règle de droit »[78]. Pour d'autres encore, c'est le « degré de réalisation, dans les pratiques sociales, des règles énoncées par le droit »[79]. Cette logique est relativement proche de celle de H. KELSEN caractérisée particulièrement par l'exécution par le destinataire de la sanction résultant de la violation de la norme[80]. En effet, au centre de son raisonnement, se trouve le respect de la sanction, élément indispensable et exigence de l'effectivité de la norme[81]. Il est facile alors de comprendre à l'aune de ces positions que, l'effectivité d'une

---

[74] D. ALLAND, « Préface », in *F. COUVEINHES-MATSUMOTO, L'effectivité en droit international*, Jus Gentium, Bruxelles, Bruylant, 2014, p. 7.

[75] Y. LEROY, « La notion d'effectivité du droit », *op. cit.*

[76] A. JEAMMAUD explique cette appropriation de la notion en droit comme « une manière ou un objet d'indispensable inquiétude pour les juristes soucieux de convaincre qu'ils ne s'enferment pas dans "l'univers abstrait des règles" et sont attentifs à l'inscription de celles-ci dans les pratiques sociales », Voy. son article A. JEAMMAUD, « Le concept d'effectivité du droit », *in* P. AUVERGNON (dir.), *L'effectivité du droit du travail : à quelles conditions ?*, Bordeaux, Presses universitaires de Bordeaux, 2008, pp. 35-56.

[77] Y. LEROY, « La notion d'effectivité du droit », *op. cit.*, p. 716.

[78] J. CARBONNIER, « Effectivité et ineffectivité de la règle de droit », *L'Année sociologique (1940/1948-)*, s.d., vol. 9, n° 1957-58, pp. 3-17. La même logique a été retenue par le théoricien du droit H. KELSEN, *Théorie générale des normes*, Léviathan, s.l., PUF, 1996.

[79] P. LASCOUMES, « Effectivité », *Dictionnaire encyclopédique de théorie et de sociologie du droit*, 2eme éd., Droit et société, s.l., L.G.D.J, 1993, pp. 217-218. L'auteur affirme que le terme d'effectivité est inséparable de son contraire « ineffectivité ».

[80] H. KELSEN, *Théorie pure du droit*, Paris, Dalloz, 1962, p. 15.

[81] Voy. dans le même sens, J. RIVERO, « Sur l'effet dissuasif de la sanction juridique », in *Mélanges offerts à Pierre Raynaud*, s.l., Dalloz-Sirey, 1985, p. 675.

norme juridique est tributaire de son application au sens large, autrement dit de son respect par les destinataires. À contrario, un cas d'inobservation, ou d'inapplication de la sanction par celui qui l'a violée, renvoie à un cas patent d' « ineffectivité »[82].

16. Cependant, il faut noter qu'à coté de tels courants de pensées qui, à des degrés différents, considèrent l'effectivité de la norme comme son application, ou sa réalisation, existe un autre courant de pensée estimant qu'en raison de la diversité des normes notamment les normes permissives, l'effectivité de celles-ci ne saurait toujours être conditionnée à leur application effective par leur destinataire mais selon la liberté même consacrée par la norme. Cela signifierait indirectement que la première conception relève essentiellement « de la vision impérativiste du droit »[83]. Ce constat amène à considérer que « l'effectivité » de la norme devrait être aussi jaugée à l'aune de « sa capacité à orienter le comportement de son destinataire dans le sens souhaité par le législateur »[84].

17. Suivant cette dynamique, en écartant strictement la conception centrée sur la conformité, l'obéissance de la norme par ses destinataires, le Professeur F. RANGEON considère que l'effectivité de la norme devrait être étendue à tous les effets produits par celle-ci. Ainsi elle ne doit pas « se borner à l'analyse des effets « visibles » du droit, mais doit inclure les effets symboliques, tant juridiques que non juridiques »[85]. Toutefois, on peut bien remarquer que ce dernier se garde de ne pas, dans sa perception, faire intervenir non plus tous les effets de droit qui relèverait plutôt de l'ineffectivité que de l'effectivité[86]. De ce constat, Y. LEROY, tire la conclusion selon laquelle, « seuls ceux (les effets de la norme) qui correspondent aux finalités de la norme juridique ou, plus précisément encore, ceux qui ne sont pas en opposition avec les valeurs que la règle véhicule nous semblent participer de la notion d'effectivité. »[87]. Il s'explique en ces termes qu' « Il s'agit en fait de rechercher quelles sont les finalités qui unissent, qui sous-tendent les règles de droit dont on souhaite évaluer l'effectivité, (...), eu égard aux concepts qu'elles contiennent, aux procédures qu'elles mettent en place (...) »[88].

---

[82] Y. LEROY, « La notion d'effectivité du droit », *op. cit.*, p. 719.

[83] *Ibid.*, p. 722.

[84] F. OST et M. VAN KERCHOVE, *De la pyramide au réseau ? Pour une théorie dialectique du droit*, Droit, s.l., Facultés Universitaires Saint-Louis Bruxelles, 2010, p. 449, disponible sur DOI : 10.4000/books.pusl.25350.

[85] F. RANGEON, « Réflexion sur l'effectivité du droit », *op. cit.*, p. 139.

[86] *Ibid.*, p. 128.

[87] Y. LEROY, « La notion d'effectivité du droit », *op. cit.*, p. 730. Dans le même sens, Y. SHANY, *Assessing the effectiveness of international courts*, International courts and tribunals series, Oxford ; New York, Oxford University Press, 2014, p. 15.

[88] Y. LEROY, « La notion d'effectivité du droit », *op. cit.*, p. 730.

18. Le Professeur G. ROCHER de son côté pense en ce sens qu'il ne suffirait pas de rechercher les effets, mais « de retrouver les voies par lesquelles passent ces effets et les mécanismes qui les produisent »[89]. Ces deux dernières analyses rappellent les raisons qui motivent l'exploitation de l'effectivité par les juges dans leur recherche de la finalité de la norme, « l'effet utile » dans le cadre de leur interprétation évolutive basée très souvent sur l'atteinte à l'effectivité[90]. Ainsi que le confirme le dictionnaire du Professeur J. SALMON, « l'interprète doit présumer que les auteurs d'un traité, en adoptant les termes d'une disposition, ont entendu leur donner une signification telle que cette disposition puisse recevoir une application effective »[91]. Précisons tout de même que si du point de vue sémantique, on observe une diversité de positions doctrinales, l'usage linguistique de la notion pose également un problème. En effet, on note particulièrement dans la doctrine anglophone un usage indistinct des termes *effectiveness*, *efficacy*, *effectivity* , sachant que la traduction littérale en français du premier signifie « efficacité » de même que le second[92].

19. Eu égard à ce qui précède, il y a lieu de convenir aisément que toutes les définitions précédentes ne rejoignent pas la signification qui est donnée à l'« efficacité » bien qu'un auteur ait pu considérer que le discours sur « l'effectivité » et « l'efficacité » sont étroitement liés au point d'être parfois interchangeable[93]. À partir de ce moment, contrairement à « l'effectivité », « l'efficacité », terme d'origine économique, « est un mode d'appréciation des conséquences des normes juridiques et de leur adéquation aux fins qu'elles visent. »[94]. Pour d'autres, elle « conduit à s'interroger sur la pertinence du

---

[89] G. ROCHER, « L'effectivité du droit », *in* A. LAJOIE *et al.* (dirs.), *Théories et émergence du droit : pluralisme, surdétermination et effectivité*, Montréal, Les Éditions Thémis, 1998, p. 136.

[90] Cour EDH, 9 octobre 1979, *Airey c/ Irlande*, n° 6289/73 ; série A, n° 32. Dans cette décision, la Cour EDH, estime qu'elle a pour mission de « protéger des droits non pas théoriques ou illusoires mais concrets et effectifs »

[91] J. SALMON, *Dictionnaire de droit international public*, *op. cit.*, p. 416.

[92] Voy. les remarques faites par l'auteur suivant dans sa thèse pour aboutir à la conclusion selon laquelle le mot « *effectivity* » serait le mieux adapté à la compréhension française de « *l'effectivité* », J. BETAILLE, *Les conditions juridiques de l'effectivité de la norme en droit public interne : illustrations en droit de l'urbanisme et en droit de l'environnement*, Thèse Droit public, Limoges, Université de Limoges, 2012, p. 4.

[93] L. HEUSCHLING, « Effectivité' 'efficacité', 'efficience' et 'qualité' d'une norme/du droit. Analyse des mots et des concepts », *in* M. STEFANINI FATIN-ROUGE, L. GAY et A. VIDAL-NAQUET (dirs.), *L'efficacité de la norme juridique. Nouveau vecteur de légitimité ?* A la croisée des droits : Droits international, comparé et européen, Bruxelles, Bruylant, 2012, p. 49.

[94] R. BETTINI, « Efficacité », *Dictionnaire encyclopédique de théorie et de sociologie du droit*, Droit et société, s.l., L.G.D.J, 1993, p. 219.

moyen choisi (…) en vue d'atteindre l'objectif visé »[95]. Il apparait donc clair à l'aune de ce tableau, que « l'effectivité » et « l'efficacité » sont deux notions différentes bien que certains les utilisent indistinctement. Dès lors, « l'objectif de la norme peut être évalué à l'aide de l'efficacité alors que les moyens mis en œuvre pour réaliser cet objectif sont évalués à l'aide de l'effectivité »[96]. « L'effectivité est une condition nécessaire mais non suffisante de l'efficacité »[97]. Tandis que la première concerne le respect des normes, la seconde renvoie à l'attitude réelle de celles-ci à réaliser leur but[98]. F. RANGEON observe par la suite dans ses travaux que « l'effectivité n'est jamais complète »[99] pour implicitement dire que « l'effectivité » n'est atteinte que par l'application graduelle d'une règle de droit[100].

20. Il parait cohérent au regard de l'orientation donnée à notre étude, de retenir, non seulement la conception classique, qui définit « l'effectivité » de la norme comme l'application de celle-ci, c'est-à-dire une norme respectée par le sujet, la règle dont la violation est sanctionnée, mais, l'aboutissement de notre logique oblige à s'intéresser à la seconde acception sociologique qui renvoie aux effets de la norme, celle qui considère qu'une norme est effective lorsqu' « elle influence le comportement du destinataire »[101] de même que

---

[95] F. OST et M. VAN KERCHOVE, *De la pyramide au réseau ? Pour une théorie dialectique du droit*, Droit, s.l., Facultés Universitaires Saint-Louis Bruxelles, 2010, p. 451, disponible sur DOI : 10.4000/books.pusl.25350.

[96] S. BENZINA, *L'effectivité des décisions QPC du Conseil constitutionnel*, *op. cit.*, p. 9.

[97] F. RANGEON, « Réflexion sur l'effectivité du droit », *op. cit.*, p. 130.

[98] R. BETTINI, «Efficacité », *op. cit.*, p. 220.

[99] F. RANGEON, « Réflexion sur l'effectivité du droit », *op. cit.*, p. spéc. 126.

[100] F. RANGEON, « Réflexion sur l'effectivité du droit », *op. cit.* dans ses écrits, le Professeur F. RANGEON arrive facilement à détecter les points de vue qui s'oppose quant à la définition du terme effectivité et n'hésite pas à retenir la conception qui tend à retenir l'opinion générale. Ainsi, il dégage une première approche comme inscrivant la question de l'effectivité dans le cadre des rapports droit/application du droit, et une seconde élargissant aux relations droit/société. Pour distinguer au mieux les notions « efficacité » et « effectivité », il démontre que le droit peut être effectivement appliqué sans pour autant être efficace et à l'inverse, il trouve qu'un droit peu effectif, ou mis en œuvre rarement, peut cependant être efficace. Par ailleurs, il dégage les facteurs ou critères de la notion d'effectivité. Selon lui, ses facteurs sont : la règle de droit elle-même c'est-à-dire sa nature, son contenu, l'existence des sanctions prévues ou non et sur l'applicabilité réelle de la sanction ainsi que les destinataires de la règle puisqu'elle sera variable selon que le texte s'adresse à tous ou à une catégorie précise de destinataires. ; voir en ce sens , E. SERVERIN et P. LASCOUMES, « Théories et pratiques de l'effectivité du droit », *Droit et société, Revue internationale de théorie du droit et sociologie juridique*, 1986, vol. 2, pp. 101-124., pour étayer nos propos ou encore M.-A. COHENDET, « Légitimité, effectivité, et validité », in *Mélanges en l'honneur de Pierre Avril*, Paris, Montchrestien, 2001, p. 203. ; Ch. MINCKE, « Effets, effectivité, efficience et efficacité du droit : le pôle réaliste de la validité », *R.I.E.J*, 1999, vol. 40, p. 116.

[101] *Supra*.

celle qui est le résultat de la recherche de la finalité de la norme à partir de son interprétation par un organe de contrôle.

21. Cela dit, on ne saurait épuiser la démarche en occultant la question de la « légitimité », essentielle dans la construction de notre démonstration. Elle mérite une attention particulière car elle entretient une relation étroite avec « l'effectivité »[102] avec laquelle elles forment, en plus de la « légalité », les trois critères ou composantes nécessaires de la validité du droit[103]. De façon générale, « "legitimate" and "illegitimate" are used simply as terms of approbation and disapproval »[104] ce qui implique l'existence d'une pluralité de définitions de la notion de légitimité. La légitimité est considérée comme le critère d'appréciation de « la validité des actes et normes juridiques à l'aune de valeurs méta-positives. »[105]. Selon M. TROPER, « dire d'une institution qu'elle est "légitime", c'est dire qu'il est juste qu'elle existe et qu'on doit lui obéir »[106]. Cette affirmation invite à s'interroger sur les conditions de cette justesse qui confère à l'institution sa légitimité au nom de la théorie de la *dependent condition* et la *normal justification condition* élaborée par J. RAZ[107]. Dès lors, il existe une diversité des sources ou formes de « légitimité ». Il est donc question de s'assurer qu'il s'agit d'une « règle de groupe » selon termes de H. HART[108]. En ce sens, « est légitime, l'autorité (ou la règle) qui se trouve collectivement reconnue par les sujets de droit. Cette reconnaissance collective revêtirait pour le droit, une portée décisive dans la

---

[102] N. BOBBIO, « Sur le principe de légitimité », *Droits*, janvier 2000, p. 149. ; M.-A. COHENDET, « Légitimité, effectivité, et validité », *op. cit.*, p. 212., conçoit que « *ce concept est nécessaire à l'explication du fonctionnement des règles de droit car la légitimité est un facteur important de l'effectivité* ».

[103] F. OST et M. VAN KERCHOVE, *De la pyramide au réseau ? Pour une théorie dialectique du droit, op. cit.*, p. 443.

[104] D. BODANSKY, « Legitimacy in International Law and International Relations », *in* J.L. DUNOFF et M.A. POLLACK (éds.), *Interdisciplinary Perspectives on International Law and International Relations, The State of The Art*, Cambridge, New York, Melbourne, Cambridge University Press, 2013, p. 324.

[105] F. OST et M. VAN KERCHOVE, *De la pyramide au réseau ? Pour une théorie dialectique du droit, op. cit.*, p. 458.

[106] M. TROPER, *Le droit et la nécessité*, Léviathan, Paris, Presses universitaires de France, 2011, p. 47.

[107] Voy. S. BESSON, « The legitimate authority of international human rights », *in* A. FOLLESDAL, J.K. SCHAFFER et G. ULFSTEIN (éds.), *The Legitimacy of International Human Rights Regimes: Legal, Political and Philosophical Perspectives*, Cambridge, Cambridge University Press, 2014, p. 44. ; S. WHEATLEY, « On the legitimate authority of international human rights bodies », *in* A. FOLLESDAL, J.K. SCHAFFER et G. ULFSTEIN (éds.), *The legitimacy of International Human rights Regimes*, Cambridge, Cambridge University Press, 2014, p. 94.

[108] C.-M. PIMENTEL, « De l'obéissance à la reconnaissance : l'empreinte de la légitimité dans le droit », *in* L. FONTAINE (dir.), *Le droit et la légitimité*, Droit & justice, n° 96, Bruxelles, Bruylant, 2011, p. 6.

mesure où on pourrait la regarder comme constitutive de la valeur juridique. »[109]. Cette dernière définition retient toute notre attention pour fonder nos développements futurs en ce qu'elle tend à considérer que, « A legitimate institution or leader has a right to exercise authority – it has a right to rule (or to use the more common expression, govern) – whereas an illegitimate one does not. »[110]. On retiendra cependant que cette perception semble ne pas convenir à la mission dévolue au CDH qui, aux termes du PIDCP, n'a pas le *right to rule* [111] - étant donné que ce droit relève, en droit international, de la compétence du pouvoir législatif des États.

22. Au regard de tout ce qui précède, l'effectivité, quelle que soit la définition qu'on lui donne, se résumerait toujours à « la concrétisation de la norme juridique dans le monde » autrement dit « du passage du devoir être à l'être »[112]. Cette volonté d'atteindre l'effectivité en droit de l'homme, selon la Professeure V. CHAMPEIL-DESPLATS, invite alors à organiser des mécanismes juridiques visant à réaliser cet objectif comme en témoignent les cadres juridictionnels et non juridictionnels mis en place à cet effet avec la préoccupation de concrétiser ces normes. Dans cette logique, il parait judicieux de s'accorder sur le fait que la théorie de la « force performative » ne trouve pas sa place dans la quête de l'effectivité des droits de l'homme : il est bien d'énoncer des droits, il reste que le doute prend toute sa place quant à la possibilité pour ces droits énoncés de produire les effets escomptés à l'égard des destinataires sans un mécanisme de contrôle. Implicitement, il est possible de tirer la conclusion selon laquelle, proclamer des droits ou les énoncer dans les normes ne saurait suffire pour les réaliser ou encore les rendre effectifs au risque de résumer les droits de l'homme à de « simples prétentions »[113]. Dès ce moment, on est amené à s'interroger sur le type de mécanismes pouvant assurer adéquatement cette fonction. La même auteure affirme qu' « il n'est pas certain que le recours juridictionnel soit dans tous les cas le mécanisme le

---

[109] *Ibid.*, p. 13.

[110] D. BODANSKY, « Legitimacy in International Law and International Relations », *op. cit.*, p. 324.

[111] S. WHEATLEY, « On the legitimate authority of international human rights bodies », *op. cit.*, p. 86. ; dans ce même sens, M. TIGNINO, « Quasi-judicial bodies », *in* C. BROLMANN et Y. RADI (éds.), *Research Handbook on the Theory and Practice of International Lawmaking*, Cheltenham, UK ; Northampton, MA, USA, Edward Elgar Publishing, 2016, p. 242.

[112] V. CHAMPEIL-DESPLATS, « Effectivité et droits de l'homme : approche théorique », *op. cit.*, p. spéc. 5. ; S. BESSON, « L'effectivité des droits de l'homme : du devoir être, du pouvoir être et de l'être en matière de droits de l'homme », *op. cit.*

[113] E. MILLARD, « Effectivité des droits de l'homme », *op. cit.*

plus adapté pour assurer l'effectivité des droits de l'homme »[114]. Cette dernière analyse signifie que les mécanismes non-juridictionnels contribuent aussi à leur façon à l'édifice de la protection internationale des droits de l'homme et donc à leur effectivité. Sans doute s'agit-il là d'une justification de la recherche de l'effectivité de ces organes de contrôle quasi ou non-juridictionnel.

23. Pour en finir avec ce champ définitionnel, il serait négligent de ne pas évoquer le mot « protection » qui est particulièrement important dans cette étude tout comme dans des problématiques juridiques diverses[115]. Fréquemment exploité dans les recherches au même titre que la notion de « prévention »[116], son usage pourrait en lui-même s'expliquer par une volonté de préserver une « personne » d'un fait nuisible ou lui accorder un privilège[117] dans ses relations avec l'autre ou encore mettre une personne à l'abri[118]. Il faudrait comprendre que pour atteindre les objectifs, précédemment évoqués dans la définition, le droit prévoit *a priori* des mécanismes qu'il est possible de déclencher pour prévenir la survenance du danger ou pour limiter *a postériori* les conséquences aux moyens des réparations[119]. Il va de soi, que le rôle conféré au CDH entre spécifiquement dans cette dynamique bien qu'il ne lui soit pas reconnu conventionnellement ou *stricto sensu* cette mission réparatrice de violations. Le contrôle des violations du PIDCP, instrument

---

[114] V. CHAMPEIL-DESPLATS, « Effectivité et droits de l'homme : approche théorique », *op. cit.*, p. spéc. 15. ; A. CHERIF, *L'effectivité des droits fondamentaux dans l'ordre juridique ivoirien : étude à la lumière du droit international et comparé*, *op. cit.*, p. 265 et suiv.

[115] C. SWINARSKI, « Effets pour l'individu des régimes de protection de droit international », in *Protection – concept recteur du droit international ?* 391, Brill | Nijhoff, Leiden | Boston, Hague Academy of International Law, 2018, p. 224 et suiv.

[116] Voy. E. DECAUX et S. TOUZÉ (éds.), *La prévention des violations des droits de l'Homme : actes du colloque des 13 et 14 juin 2013*, Publications de l'Institut international des droits de l'homme, n° 25, Paris, Pedone, 2015.

[117] Nous utilisons le mot « personne » dans ce contexte au sens large du terme ce qui renvoie à la typologie des « personnes » retenue par « le Droit » en général sans vouloir rentrer dans les détails au risque de sortir de notre cadre d'étude.

[118] A consulter avec profit la définition de G. CORNU, *Vocabulaire juridique*, *op. cit.*, « la précaution qui, répondant au besoin de celui qu'elle couvre et correspondant en général à un devoir pour celui qui l'assure, consiste à prémunir une personne ou un bien contre un risque, à garantir sa sécurité par différents moyens juridiques ou matériels. La protection désigne aussi bien l'action de protéger que le système de protection établi. C'est aussi la prise en charge de la défense d'une personne » ou encore « les moyens destinés à défendre une personne ou une situation » ou encore selon le Dictionnaire de Droit international public, la protection « est l'ensemble des mesures destinées à assurer le respect réel et effectif des droits de l'homme, par des garanties politiques ou juridiques, notamment en assurant des voies de recours efficaces en cas de violation, sur le plan interne comme sur le plan international », J. SALMON, *Dictionnaire de droit international public*, *op. cit.*, p. 901-902.

[119] Voy. dans ce sens, S. THERON, « Réflexions sur les rapports entre protection et règle de droit », *Les Petites Affiches 11 févr. 2009*, n° 30, p. 1.

protecteur des droits civils et politiques sur le plan universel, relève de sa compétence. Cette mission de protection qui devrait être assortie de diverses mesures à l'encontre des manquements de l'État partie, au respect les droits civils et politiques de toutes personnes se trouvant sous sa juridiction.

IV/ Cadre juridique et champs de recherche

24. Comme évoqué brièvement avec les définitions, il est constaté que la question de la protection des droits fondamentaux ne relève pas essentiellement ou toujours de la compétence des organes juridictionnels quoiqu'on puisse croire qu'ils sont le mécanisme de protection des droits par excellence[120]. Cet état de choses pourrait être expliqué par les insuffisances révélées par ce type de protection lesquelles fondent indirectement la mission des organes non-juridictionnels. Il parait bien, dès cet instant, possible d'affirmer que la protection non ou quasi-juridictionnelle revêt tout son sens, d'autant que généralement en droit international, les États dans l'expression de leur souveraineté, semblent être plus réceptifs aux mécanismes de contrôle pouvant leur accorder une marge d'appréciation leur reconnaissant une certaine place à leur volonté tout en les amenant à se conformer peu à peu à leurs obligations. De la multiplication ou le foisonnement desdits mécanismes de contrôle, s'instaure cependant un flou quant à la réelle nature de ces organes de contrôle[121]. Cependant ce débat ne retiendra pas notre attention. Cette étude s'intéresse plutôt à la mission du Comité des droits de l'homme des Nations Unies (CDH). Il s'agira concrètement d'apporter une réponse à la question de savoir de quelle légitimité sinon de quelle autorité jouit ce dernier pour conférer aux droits inscrits dans le PIDCP une protection effective.

A/ Le CDH des NU : institution, attributions et fonctionnement

25. Eu égard à ce qui précède, il va de soi que le CDH est l'organe de contrôle institué conformément aux dispositions du PIDCP, plus spécifiquement en l'article 28, disposition faisant de lui l'organe de supervision naturel ou le premier gardien de l'application dudit texte[122].

---

[120] F. SUDRE, *Droit européen et international des droits de l'Homme*, s.l., PUF, 2016, p. 14.

[121] G. GUYOMAR, « Nations Unies et organisations régionales dans la protection des droits de l'homme », *R.G.P.I*, 1964, p. 698. On peut aisément observer dans cet article, la distinction des types de mécanismes de contrôle en matière de protection des droits fondamentaux : les organes politiques, quasi-juridictionnels et juridictionnels. ; Voy. toujours à ce sujet, A. WEBER, *Les mécanismes de contrôle non contentieux du respect des droits de l'homme*, *op. cit.*, p. 30.

[122] S'il appert que le CDH est l'interprète naturel ou le gardien originel du PIDCP, il est tout aussi important de préciser qu'il n'est pas l'unique interprète de cet instrument. D'autant plus que, la Charte africaine des droits de l'homme et des peuples donne également compétence expresse à la Cour ADHP de pouvoir contrôler le PIDCP lors des litiges impliquant les États parties qui sont également des parties prenantes à la Charte africaine (Voy. Article 60 et 61 de la Charte africaine). Ce qui fait de la Cour. ADHP (Article 3 du Protocole du 1998 annexé à la

L'institution de cet organe n'est que le reflet direct de la volonté des États, auteurs du texte, manifestée dans les travaux préparatoires de cet instrument qui consistait à écarter toute idée de s'en remettre à une autorité juridictionnelle *stricto sensu*[123]. Les États ont fait le choix de se soumettre au contrôle d'un organe d'expertise internationale indépendant, dans le cadre de l'application des obligations souscrites à l'égard du texte. À la question pourquoi il fut nommé CDH alors que tous les autres Comités crées ultérieurement tiennent leurs noms respectivement de leurs traités fondateurs, il ressort que, « The name emerged in the Commission on Human Rights at the time when no comparable or equivalent treaty body was being considered for the other Covenant (…) »[124] puisque le Comité DESC n'a vu le jour que plusieurs décennies après grâce à la résolution de l'ECOSOC. « It seem that the Commission on Human Rights and General Assembly viewed the Human Rights Committee as the Treaty body of International Bill of Rights despite the fact that it had no authority with respect of the ICESCR. »[125] Pour rappel le PIDCP comprend six parties. La première partie se résume à l'unique article consacrant « le droit des peuples à disposer d'eux-mêmes », la seconde partie porte sur les obligations juridiques des États[126], la troisième énonce les droits et libertés[127], la quatrième partie institue le CDH, enfin, la cinquième partie

---

Charte africaine), le second interprète du PIDCP de manière formelle. Cette reconnaissance expresse, bien évidemment, est assortie des retombées intéressant notre étude. Voy. *Infra*. Chap. I, Titre II, Partie I de ce travail.

[123] W. SCHABAS, *U.N. International Covenant on Civil and Political Rights: Nowak's CCPR commentary*, 3rd éd., Kehl, Germany, N.P. Engel, Publisher, 2019, p. 839.

[124] *Ibid.* d'ailleurs on note que différents autres noms ont été proposé lors des négociations tels que « Human Rights Council », « Human Rights Forum », « Human Rights Board », « High Commission for Human Rights » puisque « *The travaux preparatoire indicate that « Human Rights Tribunal » and « Human Rights Forum » were thought to be inappropriate for a body that was « not of a judicial or arbitrative character* ». »

[125] *Ibid.*

[126] Soulignons que selon le Rapport annuel du CDH allant de 117ème (20 juin-15 juillet 2016), 118ème (17 octobre-4 novembre 2016) au 119ème (6-29 mars 2017) session, 169 États parties au PIDCP et 116 au premier Protocole facultatif se rapportant au Pacte. 84 États parties au second Protocole facultatif se rapportant au Pacte, visant à abolir la peine de mort le 30 mars 2017.

[127] Ces droits et libertés énoncés sont à partir des articles 6 à 27 du PIDCP. Il s'agit du droit à la vie ; interdiction de la torture et des traitements inhumains, de l'esclavage et des travaux forcés ; droit à la liberté et à la sûreté (interdiction des privations de liberté arbitraires) ; droits des personnes détenues, interdiction de la privation de liberté pour dettes ; liberté de circuler librement et de choisir sa résidence, protection des étrangers contre les expulsions arbitraires ; droit à un procès équitable ; non rétroactivité de la loi pénale ; droit à la personnalité juridique : droit à la vie privée ; liberté de pensée, de conscience et de religion, liberté d'opinion et d'expression ; interdiction de la propagande pour la guerre et de l'incitation à la haine raciale, nationale ou religieuses ; liberté de réunion et d'association ; liberté de se marier et de fonder une famille, droit de l'enfant ; droit de prendre part à la direction des affaires publiques, de voter et d'être élu et accéder aux fonctions publiques ; égalité devant la loi ; protection des minorités.

porte sur les techniques d'interprétation du texte et la sixième partie renferme un ensemble de dispositions transitoires et générales. Le PIDCP est complété par deux (02) Protocoles additionnels[128]. Le premier Protocole facultatif habilite les individus à pouvoir présenter des *communications individuelles*[129] devant le CDH en faisant valoir que leurs droits garantis par le texte ont été violés à condition que les voies de recours internes aient été épuisées. Conformément à l'article 28. 1 de l'instrument, il est institué un CDH composé de 18 membres qui sont des experts indépendants[130]. Ainsi institué le CDH exerce trois compétences principales.

26. D'abord, au titre de l'article 40 du PIDCP, le CDH étudie les rapports périodiques des États parties et leur adresse ses propres rapports ainsi que toutes *Observations générales* qu'il juge appropriées[131]. Ensuite, il met ses bons offices à la disposition des États parties en litige aux termes de l'article 41 pour les aider à parvenir à une solution amiable[132]. Enfin, le CDH reçoit et examine les communications émanant des particuliers qui prétendent avoir été victimes d'une violation des droits qu'ils tiennent du texte. Après examen desdites communications, il rend ses *constatations* qu'il adresse aux États parties et aux particuliers en litige. C'est ce dernier rôle qui lui vaut la qualité

---

[128] Le premier protocole facultatif se rapportant au PIDCP, est adopté et ouvert à la signature ainsi qu'à l'adhésion, par résolution 2200 A (XXI) du 16 décembre 1966, de l'Assemblée Générale des NU (AGNU) et est entré en vigueur le 23 mars 1976, le second, visant l'abolition de la peine de mort, adopté et proclamé par la résolution 44/128 de l'AGNU du 15 décembre 1989, est entré en vigueur en 1992.

[129] Voy. *Infra*. Précisons toutefois que dans le premier Protocole facultatif, en lieu et place du terme « plainte » a été utilisé le terme « communication ». Les « décisions du CDH », sont nommés « constatations ». Ces choix peuvent être analysés comme étant de nature euphémiste afin de mettre en exergue la particularité de l'organe afin de faciliter la distinction par la terminologie propre dont on fait usage dans les configurations juridictionnelles.; G. ULFSTEIN, « Chapter 17 : Treaty Bodies and Regimes », *in* D.B. HOLLIS (éd.), *The Oxford Guide to Treaties*, 2nd éd., Oxford, Oxford University Press, 2020, p. 415.

[130] C. CHANET, « Le Comité des droits de l'homme : Méthodes du travail et cadre juridique d'activité », *in* F. SUDRE (éd.), Montpellier, IDEDH, 1995, pp. 3 - 14, spéc. p., 7. Ces membres élus sont des experts indépendants, élus par les États parties avec une prise en considération des critères de la répartition géographique ainsi que l'impartialité, l'indépendance et l'expérience dans le domaine des droits de l'homme des candidats. Fort de cette expérience, les candidats pourront évaluer à suffisance les progrès réalisés par les États en matière des droits de l'homme. Voy. de façon générale sur la composition des organes de traités, J. CONNORS « Chapter 19 : The Human Rights Treaty Body System » *in* S. CHESTERMAN, D. M. MALONE et al. (ed.), *The Oxford Handbook of United Nations Treaties*, Oxford University Press, 2019, p. 378 et suiv.

[131] *Ibid.* p. 384 et suiv. ; L. HENNEBEL, *La jurisprudence du comité des droits de l'homme des Nations Unies : Le PIDCP et son mécanisme de protection individuelle*, Droit et Justice, s.l., Anthémis, 2008, p. 29.

[132] W. SCHABAS, *U.N. International Covenant on Civil and Political Rights*, 3rd éd., *op. cit.*, p. 916.

d'un organe quasi-juridictionnel[133] dont le mérite a motivé la réaction de la présidente d'alors Mme. C. CHANET. En effet, dans un courrier adressé à la Commission du droit international (CDI), elle a contesté la position de ladite Commission qu'elle considère comme tendant à refuser ou minimiser au CDH cette qualité[134]. Ses écrits montrent l'expression d'une volonté de redonner aux organes de traités leur lettre de noblesse, une véritable réitération du rôle important qu'ils jouent aux côtés des organes régionaux de protection des droits par leur contribution et leur participation à la protection internationale des droits de l'homme. Un rôle que la présidente rattache à la pratique de ces organes ainsi qu'aux règles qu'ils mettent en œuvre dans l'exercice de leur mission.

B/ Problématique de l'étude

27. Un travail de recherche est avant tout un questionnement. Par conséquent, il y a lieu de dégager quelques interrogations constituant le fil conducteur de cette étude portant sur la légitimité du CDH et l'effectivité de sa mission. Cela dit, la question principale qu'il convient de se poser est celle de savoir comment le CDH se comporte-t-il dans l'accomplissement effectif de la mission qui lui est dévolue en tant qu'organe international quasi-juridictionnel afin d'accroitre sa propre légitimité et celle de ses décisions. Cette question peut encore être reformulée à deux niveaux différents.

28. Il s'agira d'abord de se demander à l'aune de quels éléments devrait-on mesurer l'attitude de l'organe universel qui s'inscrit dans la recherche de l'effectivité de sa mission. Autrement dit, comment le CDH cherche-t-il à assurer l'effectivité des droits des victimes de violations des droits du PIDCP. Mieux encore, de quelle manière arrive-t-il à accomplir sa mission consistant à amener les États à se conformer à leurs engagements vis-à-vis de sa norme constitutive. Ensuite, sachant que la source première de la légitimité d'un organe à imposer son autorité en droit international est basée sur le consentement des États[135], ce qui visiblement fait défaut pour le CDH et à

---

[133] L. HENNEBEL, *La jurisprudence du comité des droits de l'homme des Nations Unies. Le Pacte international relatif aux droits civils et politiques et son mécanisme de protection individuelle*, *op. cit.*, p. 29. dans le même sens, J. DHOMMEAUX, « Le comité des droits de l'homme, 25 ans d'expérience », *in Liberté, Justice, Tolérance, Mélange en hommage au Doyen Gérard COHEN-JONATHAN*, 1, Bruxelles, Bruylant, 2007, p. 658. ; sur la notion « quasi-judicaire » Voy. H.W. RAWSON WADE, « "Quasi-Judicial" and its Background », *Cambridge Law Journal*, 1949, vol. 10, n° 2, pp. 216-240. ; M. TIGNINO, « Quasi-judicial bodies », *op. cit.*

[134] Lettre datée du 9 avril 1998, adressée au Président de la Commission du droit international et Rapporteur spécial sur les réserves aux traités par la Présidente du Comité en réponse de la lettre du 24 novembre 1997 : Document à trouver dans le Rapport annuel 1998, A/53/40 (vol. I) spéc. §, 94.

[135] R. WOLFRUM, « Legitimacy of International Law from a Legal Perspective: Some Introductory Considerations », *in* R. WOLFRUM et V. ROBEN (éds.), *Legitimacy in*

l'égard de ses décisions, on se demanderait dès lors au nom de quoi ou qu'est ce qui pourrait bien justifier, à l'égard des destinataires et bénéficiaires, l'autorité dont se prévaut l'interprète universel[136].

29. En vertu de ce dont il est fait état, il ne fait aucun doute, que le CDH ne dispose pas des outils juridiques formels nécessaires, à la hauteur de sa mission et que, cette carence, ce déficit d'autorité ou encore ce pouvoir limité que les États ont bien voulu lui consentir en réduisant ses moyens et capacités, n'est pas sans répercussions sur sa mission protectrice[137]. Cette absence d'outils est la traduction directe de l'idée de ne pas vouloir l'investir de pouvoirs formellement importants. Sur cette base, les États ont fait le choix de le priver de certains éléments devant faire de lui, en réalité, une autorité juridictionnelle complète[138]. Et peut-être, faut-il le souligner déjà ici, qu'une telle privation en est devenue, un véritable goulot d'étranglement à la mission dont il est chargé. Suivant cette remarque, il parait intéressant de chercher à comprendre comment et de quelles manières le CDH s'y prend-il - quelle est son attitude, la démarche qu'il emprunte - face à cette situation, cette délicate impasse pour ne pas faillir à son objectif afin de se faire reconnaitre comme un acteur international indispensable dans la protection des droits de l'homme.

30. Quoi que l'on puisse dire, l'apport du CDH à la protection internationale des droits de l'homme n'est plus, ou est de moins en moins,

---

International Law, Berlin, Heidelberg, New York, Springer, 2008, p. 6 et 10. Si sa source de légitimité tenante aux nombres d'États ayant souscrit à des obligations vis-à-vis du PIDCP et du Protocole facultatif lui ayant conféré sa compétence contentieuse n'est pas à contester, ces derniers ne semblent pas en revanche lui avoir accordé l'autorité qu'il prétend incarner. ; A. BYRNES, « An Effective Complaints Procedure in the Context of International Human Rights Law », *in* A.F. BAYEFSKY (éd.), *The UN Human Rights Treaty System in the 21st Century*, The Hague, Kluwer Law International, 2000, p. 151.

136 R. WOLFRUM, « Legitimacy of International Law from a Legal Perspective: Some Introductory Considerations », *op. cit.*, p. 6. « The term legitimacy is being used differently, although it mostly means to refer to the justification of authority, this notion being understood as the equivalent of having the power to take binding decisions or to prescribe binding rules. » ; A. BUCHANAN et R.O. KEOHANE, « The Legitimacy of Global Governance Institutions », *in* R. WOLFRUM et V. ROBEN (éds.), *Legitimacy in International Law*, Berlin, Heidelberg, New York, Springer, 2008, p. 25.

137 En ce qui concerne le rôle ou l'impact du consentement des Etats sur l'autorité d'un organe de contrôle ou d'une juridiction en droit international, Voy. ÇALI B., *The Authority of International Law Obedience, Respect, and Rebuttal,* Oxford, Oxford University Press, 2015, pp. 120-121. Elle considère que *« States that do accept international legal adjudication proper, even at the time of initial consent, are aware that they are assigning authority to these organs* ». Cela démontre à suffisance le fait que les « *states take the act of giving consent to an international court seriously* ».

138 Voy. E. DECAUX, « Que manque-t-il aux quasi-juridictions internationales pour dire le droit », in *Dialogue des juges, Mélanges en l'honneur au président Bruno Genevois*, Paris, Dalloz, 2009, pp. 217-232. ; O. DELAS, M. THOUVENOT et V. BERGERON-BOUTIN, « Quelques considérations entourant la portée des décisions du Comité des droits de l'homme », *R.Q.D.I*, 2017, vol. 30, n° 2, p. 1.

contestable. Certes, cette reconnaissance à son égard est une très bonne avancée et renforce la marque de son existence vérifiée et justifiée, mais elle semble insuffisante. Dès lors, il est facile d'apercevoir à travers ses actions, une détermination à vouloir concrétiser son objectif primaire, rendre effectif les droits civils et politiques et par là, redorer son image afin de se hisser au rang des organes internationaux de contrôle et de protection des droits de l'homme. Suivant cette perspective, on note que le CDH s'est lancé dans une entreprise de quête de légitimité[139] nécessaire pour l'effectivité de sa mission protectrice[140]. Cette entreprise le conduira à établir des techniques spécifiques de contrôle et d'interprétation vis-à-vis des droits en usant d'outils juridiques tels que l'interprétation évolutive des textes. Dans le même ordre d'idée, il développe en dehors bien attendu du cadre consensuel préétabli, des « techniques exécutives » et de « suivi » revêtues d'une plus-value pour ses propres activités[141]. Dans cette dynamique, le CDH pourrait se réjouir du

---

[139] Il semble important de se référer ici à la distinction opérée par la Professeure S. BESSON sur la question de légitimité afin de dissiper toute ambiguïté sur l'orientation ou l'angle sous lequel devrait être perçu notre raisonnement. Voy. S. BESSON, « De quelques considérations philosophiques sur la justice internationale : Ou comment dépasser l'amour impossible entre droit international et justice internationale », *in* S. BESSON et A. ZIEGLER (éds.), *Le juge en droit européen et international - The Judge in European and International Law*, s.l., LGDJ, 2013, p. 37. Suivant la logique dégagée par l'auteure, on distingue la légitimité « objective » de la légitimité « subjective ». La première est selon elle, interchangeable avec la « justification » de l'autorité « *c'est-à-dire le droit de créer des obligations* » et la seconde, « *au sens d'acceptation ou d'acceptabilité de la décision ou d'une institution* ». Il sied de rappeler que conformément aux définitions données plus haut, notre démarche tout au long de ce travail s'intéressera d'office à la légitimité « subjective ». Quoiqu'il est important de préciser que les acceptions peuvent s'entremêler dans la pratique, en ce sens, S. BESSON, « Legal Philosophical Issues of International Adjudication: Getting Over the amour impossible between International Law and Adjudication », *in* C.P.R. ROMANO, K.J. ALTER et Y. SHANY (éds.), *The Oxford Handbook of International Adjudication*, 2014, p. 431. ; dans le même sens, Voy. A. BUCHANAN, « Chapter 3 : The legitimacy of international law », *in* S. BESSON et J. TASIOULAS (éds.), *The philosophy of international law*, Oxford ; New York, Oxford University Press, 2010, p. 79.; J. TASIOULAS, « chapter 4 : The legitimacy of international law », *in* S. BESSON et J. TASIOULAS (éds.), *The philosophy of international law*, Oxford ; New York, Oxford University Press, 2010, pp. 97-116. ; A. BUCHANAN, « Why International Legal Human Rights? », *op. cit.*, p. 252. Ce dernier considère dans ce sens que *« (...) an institution's ability to perform its functions depends on whether it is perceived to exercise rightful authority. »*

[140] Voy. dans ce sens, C. DE VISSCHER, « La recherche de l'effectivité dans les principales orientations de la jurisprudence internationale », in *Recueil d'études de droit international en hommage à Paul Guggenheim*, Genève, Imprimerie de la Tribune, 1968, pp. 760-769.

[141] Voy. dans cette dynamique, Y. SHANY, *Assessing the effectiveness of international courts*, *op. cit.*, p. 7. Il faut comprendre par-delà tout que cette attitude à sortir du cadre consensuel établit par les Etats parties constitue le processus à tendre vers l'effectivité basé sur le but de la norme principale. Mais dans le même sens, cette action brise incontestablement cette légitimité basée uniquement sur le consentement des Etats qui ne lui octroie ce droit débouchant de ce fait sur la question de la légalité internationale. Voy. B. ÇALI, « The legitimacy of international interpretative authorities for human rights treaties: an indirect-instrumentalist defence », *in* A.

résultat de ce travail ayant favorisé son influence, ou du moins, de sa reconnaissance internationale par ses *alter ego*s situés dans des systèmes juridiques différents, mais aussi par des organes juridictionnels qui n'hésitent pas à exploiter voire en s'inspirer de son œuvre en cas de besoin. Cela confirme que la portée de son œuvre irradie au-delà du cadre onusien pour rejaillir non seulement dans les systèmes juridiques de protection régionaux, et dans d'autres systèmes à vocation générale ou universelle mais en même temps, dans différents ordres juridiques internes et communautaires.

31. En ce sens, on se rappelle de ce qu'il a eu à faire dans le but d'assurer les victimes de violations des droits en suscitant leur attention sur l'utilité de sa saisine. Il est vrai que le CDH n'a pas hésité à suivre la voie tracée par la Cour EDH après le revirement opéré par cette dernière dans le célèbre arrêt *Belilos c/ Suisse*[142] afin de juguler la problématique des réserves trop générales et absolues contraire à l'objet et au but des traités[143]. En effet, suivant la même démarche que cette cour, il a adopté son *Observation générale* n°24(52)[144] qui lui permit d'adopter sa décision historique[145]. Ce fut une période décisive durant laquelle le CDH, cherchant à incarner une posture d'organe d'autorité vis-à-vis des États, décida d'imposer sa propre vision aux États parties dans l'optique de les rappeler à respecter les obligations souscrites.

32. En réalité, force est d'admettre que cette démarche qui dépeint sa contribution active à la protection internationale des droits de l'homme grâce à son entreprise herméneutique visant à garantir l'effectivité ou sa propre légitimité, ne lui est pas formellement reconnue[146]. Si les États sont tenus de respecter de bonne foi et raisonnablement les *constatations* du CDH dont ils ont officiellement reconnu la compétence par leur instrument de ratification

---

FOLLESDAL, J.K. SCHAFFER et G. ULFSTEIN (éds.), *The Legitimacy of International Human Rights Regimes: Legal, Political and Philosophical Perspectives*, Cambridge, Cambridge University Press, 2014, p. 152.

142 Cour EDH, Req. n° 10328/83, 28 décembre 1988, *Belilos c/ Suisse*.

143 B. CONFORTI, « The Specificity of Human Rights and International Law », *in* U. FASTENRATH *et al.* (éds.), *From Bilateralism to Community Interest: Essays in Honour of Judge Bruno Simma*, Oxford, Oxford University Press, 2011, pp. 434-436. ; H. THIRLWAY, *The Sources of* International Law, 2nd. ed., Oxford, Oxford University Press, 2019, p. 46-47.

144 CDH, *Observation Générale* 24 (52), portant sur les questions touchant les réserves formulées au moment de la ratification du PIDCP ou des Protocoles facultatifs y relatifs ou de l'adhésion à ces instruments, ou en rapport avec des déclarations formulées au titre de l'article 41 du Pacte.

145 G. COHEN-JONATHAN, « La décision du Comité des droits de l'homme de l'ONU du 2 novembre 1999 dans l'affaire Kennedy contre Trinité-et-Tobago / Des réserves au premier protocole facultatif, » *R.U.D.H*, 2000, pp. 209-223. ; CDH, 2 novembre 1999, *Kennedy c/ Trinité-Tobago*.

146 A ce propos, d'aucuns estime que « *the exercise of power is itself legitimate if the actor involved has a right to do so* » Voy. D. BODANSKY, « Legitimacy in International Law and International Relations », *op. cit.*, p. 325.

du PIDCP et du premier Protocole facultatif, conformément au principe du droit international coutumier, *Pacta sunt servanda* [147], les *constatations* du CDH ne jouissent pas légalement d'une autorité contraignante. Cet état de chose, se justifierait par l'absence d'un pouvoir dont la coercition devrait être le trait caractéristique au sein du système universel conventionnel des droits de l'homme. Si l'on comprend qu'il s'agit d'une des particularités du droit international, acceptons que ce soit beaucoup plus un prétexte pour ne pas mettre à mal la souveraineté des États. Il convient de souligner que, au regard d'une telle réalité formelle, les États parties trouvent le bon argument de fond pour exprimer leur aversion à l'autorité des décisions du CDH en contestant sa légitimité. À partir de cette analyse, il est possible d'attester que l'autorité dont se prévaut le CDH n'est pas largement acceptée par les États, bien qu'il soit lancé dans un chantier de légitimation de son office à travers la technique de juridictionnalisation de son activité visant à adopter des décisions empreintes d'une cohérence acceptable prioritairement par les Etats parties à son prétoire et ensuite par les personnes bénéficiaires afin de favoriser leur application effective[148]. L'utilisation des attributs de la souveraineté reste toujours un sujet d'actualité et pourtant, cette attitude des États affecte les actions de l'organe de contrôle universel. De telles attitudes, bien que formellement justifiées, aboutissent souvent à des cas d'ineffectivité de la mission de l'interprète si l'on tient à la définition stricte des termes.

33. De là, repenser tout le mécanisme de protection des droits fondamentaux du CDH voire l'ensemble des organes de traités onusiens serait utile et bénéfique à tous d'autant plus que les retombées de ce renforcement ne pourraient que leur permettre de parvenir efficacement à leur mission de garantie effective des droits de l'homme. Sur cette base, un appel à la manifestation de la bonne volonté politique des États n'est pas à écarter dans le but de juguler les déficiences liées au système d'autant qu' « il ne sert à rien de ratifier le Pacte et d'en faire une sorte d'ornement dans la panoplie de la législation nationale, si ces dispositions ne reçoivent pas d'application (...) »[149]. Il n'est pas inutile de noter que depuis des décennies, à partir de

---

[147] L'article 26 de la Convention de Vienne du 23 mai 1969, entrée en vigueur en vigueur le 23 mai 1980, dispose en effet que : « Tout traité en vigueur lie les parties et doit être exécuté par eux de bonne foi ». En d'autres termes, cette disposition dégage le principe « du respect de la parole donnée »

[148] T.M. FRANCK, *The power of legitimacy among nations*, New York, Oxford University Press, 1990, p. 17.

[149] Propos recueillis du représentant du Sénégal lors de la présentation de son rapport périodique. *Annuaire du CDH*, 1979-1980, Vol. 1, p. 350. Dans le même sens, « Le pacte proclame des principes élevés dont le respect nécessite de grands efforts de la part des gouvernements. Aucune collectivité, quelle que soit sa structure, ne peut être totalement à l'abri d'avoir définitivement triomphé des menaces qui mettent constamment en péril les droits de l'homme. Assurer la jouissance des droits de l'Homme, c'est un processus sans fin car ces droits

l'observation des limites et des insuffisances de tout le mécanisme onusien conventionnel sur fond de prolifération des organes, le Haut-Commissariat aux droits de l'homme, a initié divers cadres de réflexions ayant abouti à des propositions de réformes dont le fleuron sont les aménagements en cours visant à renforcer tout le système des organes des traités au bénéfice maximum de l'individu. En marge de telles démarches de renforcement, des voix se sont élevées pour un dépassement desdites propositions considérées comme visant simplement la réorganisation de ces organes conventionnels, pour faire ressurgir l'ancienne idée de la création d'une juridiction unique internationale en matière de droits de l'homme qui devrait être adaptée au contexte actuel. Une proposition à laquelle nous nous sommes également intéressés dans le cadre de ce travail.

V/ Intérêt du sujet et annonce du plan

34. Ce travail de recherche revêt tout son intérêt en ce que la question de la protection juridictionnelle des droits fondamentaux a été et reste le domaine de prédilection d'une grande partie de la doctrine internationaliste car elle prouverait une protection plus appropriée. Dans cette perspective, le mode non-juridictionnel de contrôle en DIDH était relativement délaissé et ne susciterait que peu d'intérêts. Ce n'est plus le cas depuis une période récente où la tendance semble changer de direction. Il faut dire que le contexte s'y prête. Nul n'ignore que des propositions révolutionnaires de réformes fusent de tout coté sur l'opportunité de la mise en place d'un mécanisme juridictionnel en droit de l'homme dans le système universel pour pallier certaines faiblesses du système actuel. Au regard d'une telle réalité, il a paru judicieux de s'interroger sur le véritable apport de l'un des principaux mécanismes quasi-juridictionnels. Cette thèse se veut promotrice de l'œuvre du CDH qui, quelque fois, sème encore de la confusion dans les esprits surtout avec le « Conseil des droits de l'homme de l'ONU »[150]. Il s'agira

posent des problèmes difficiles à toute collectivité » Voy. M. C. TOMUSCHAT lors de l'examen du rapport de la République socialiste soviétique d'Ukraine.

[150] Littéralement l'usage des termes « Conseil », « Commission » ou « Comité » est banalisé selon le champ d'étude et les disciplines. Ils sont appropriés par le droit qui les utilise pour désigner formellement des organes ou des institutions de régulation quelle que soit la branche ou l'ordre juridique. De ce fait, le même terme selon les circonstances ou les contextes peut être utilisé pour désigner une même chose. Toutefois, si cela semble être un jeu de mots ou simplement une question terminologique lorsqu'il est question de dénomination, il faut préciser que cela ne devrait pas semer la confusion quant à la nature, le fondement ou l'objet de ces organes qui ne désignent pas toujours les mêmes. En effet, la Commission des droits de

concrètement de questionner sa légitimité et l'effectivité de sa mission afin de répondre à cette double interrogation qui n'a eu de cesse d'être posée par des observateurs non-avertis voire mal informés sinon désinformés pour justifier leurs arguments de contestation de son autorité. Cette thèse se veut aussi réaliste. De ce fait, elle met en lumière, à l'appui des données factuelles recueillies, des écueils probables à la mission de l'organe universel afin de pouvoir ressortir par la suite des propositions pouvant aider les scientifiques et praticiens. Certes, dans la doctrine francophone, des recherches ont été menées, fût-ce des thèses[151] ou des colloques internationaux[152]. Il reste qu'elles ont souvent porté sur les mécanismes de contrôle dans le système onusien dans son ensemble et rares sont celles consacrées spécifiquement au CDH et liées directement à la problématique autour de la question de la légitimité et de l'effectivité de sa mission, constituant le fil conducteur de notre recherche. Ces études menées, aussi pertinentes soient-elles, ont été un atout considérable pour l'accomplissement de notre travail, mais elles ont été développées sous des angles différents de notre orientation. Ce travail vient combler ce vide et serait utile à la doctrine, aux praticiens ainsi qu'aux présumées victimes ou encore à l'opinion publique. Dès cet instant, nous formons le souhait qu'il puisse contribuer à apporter des réponses appropriées à quelques-unes de leurs interrogations. Le travail veut enfin redonner au mécanisme toute la confiance qui lui est due et aussi de lui reconnaitre la portée de sa mission et tout son mérite. Sous le bénéfice de ce qui précède, notre travail sera organisé suivant une démarche classique. Ainsi les idées principales déclinées se résument-elles en deux grandes parties comme suit : **Partie I/** Le CDH à la

---

l'homme des Nations Unies est bel et bien un organe onusien des droits de l'homme à part entière différente du Comité des droits de l'homme de la même organisation. Instituée en 1946, sur la base de l'article 68 de la Charte, la Commission des droits de l'homme, fut le premier organe intergouvernemental des Nations Unies spécialement chargée d'examiner les questions relatives aux droits de l'homme. Elle fut remplacée par le « Conseil des droits de l'homme », créé par la résolution 60/251 de l'Assemblée générale du 15 mars 2006. C'est un organe à compétences hautement politiques. Voy. pour en savoir plus. J. DHOMMEAUX, « Le comité des droits de l'homme, 25 ans d'expérience », *op. cit.*, p. spéc. 653.

[151] P. MUTZENBERG, *Agir pour la mise en œuvre des droits civils et politiques : l'apport du Comité des droits de l'homme*, Thèse de Doctorat, Droit international public, Paris, L'Harmattan, 2014. ; S. STAVRINAKI, *Le régime des procédures de communications individuelles dans le système des traités des Nations Unies relatifs aux droits de l'homme*, Thèse de Doctorat, Droit international public, Paris, Pedone, 2016.

[152] E. DECAUX et O. DE FROUVILLE (dirs) *La dynamique du système des traités de l'ONU en matière de droits de l'homme,* Paris, Pedone, 2015, 210 p. ; O. DE FROUVILLE (dir.), *Le système de protection des droits de l'homme des Nations Unies, présent et avenir*, Paris, Pedone, 2018, 284 p. ; S. GROBSON (dir.), *Résistance et résilience des pactes internationaux de droits de l'homme à l'épreuve d'une société internationale post-moderne*, Paris, Pedone, 2018, 292 p.

recherche de la légitimité et de l'effectivité de sa mission. Et la **Partie II/** La construction renouvelée de la légitimité du CDH et de l'effectivité des droits de l'homme dans le système universel conventionnel.

PARTIE I/

LE CDH À LA QUETE DE LA LEGITIMITE ET DE L'EFFECTIVITE DE SA MISSION

35. Le CDH, nul besoin de le rappeler, est un organe international de contrôle à la quête de sa légitimité[153] ainsi que de l'effectivité de son travail de contrôle de la norme internationale qui l'a créé. Si l'on affirme que l'œuvre déployée par cet organe témoigne de sa participation considérable à l'édifice de la protection internationale des droits fondamentaux, il serait donc pertinent, après plus de quatre décennies d'activités de s'intéresser à cette œuvre pour chercher à comprendre ses fondements ainsi que sa portée. À première vue, le constat ne trompe pas. De longue date, le CDH s'est contenté d'exécuter sa mission en restant confiné scrupuleusement dans le cadre légal de son mandat ou de sa mission. Toutefois, préoccupé par les finalités, il prouve sa capacité à s'émanciper voire à s'adapter à une évolution de la société internationale. À la réflexion, on pourrait comprendre que cette conduite sinon attitude émancipatrice n'est pas anodine et se justifierait par sa recherche de légitimité et d'effectivité[154], un résultat qu'il n'obtiendra pas, à coup sûr, du simple fait de l'énonciation des droits dans son instrument fondateur[155]. Cela suscite donc tout l'intérêt de s'interroger sur ses

---

[153] R. WOLFRUM, « Legitimacy of International Law from a Legal Perspective: Some Introductory Considerations », *in* R. WOLFRUM et V. ROBEN (éds.), *Legitimacy in International Law*, Berlin, Heidelberg, New York, Springer, 2008, p. 6. ; R. VAN ALEBEEK et A. NOLLKAEMPER, « The legal status of decisions by human rights treaty bodies in national law », *in* H. KELLER et G. ULFSTEIN (éds.), *UN Human Rights Treaty Bodies Law and Legitimacy*, Cambridge, New York, Melbourne, Cambridge University Press, 2012, p. 381. ; E. ROUCOUNAS, *A landscape of contemporary theories of international law*, Leiden ; Boston, Brill Nijhoff, 2019, p. 299.

[154] Voy. Y. SHANY, *Assessing the effectiveness of international courts*, *op. cit.*, p. 14.

[155] Nous adhérons à cette logique de la Professeure V. CHAMPEIL-DESPLATS qui croit que la théorie de « la force performative » du droit n'est pas toujours vérifiée en matière des droits de l'homme dans la mesure où la déclaration ou l'attribution des droits ne signifie pas toujours leur protection. Selon elle, « *ce n'est plus l'existence normative ou l'attribution du droit qui conditionne son effectivité mais l'effectivité qui conditionne l'existence du droit.* » Voy. V. CHAMPEIL-DESPLATS, « Effectivité et droits de l'homme : approche théorique », *op. cit.*, spéc. p. 19. A moins d'entretenir ce que le Professeur M. MORIN désigne par « la pensée magique » ou une pure « illusion ». Voy. M. MORIN, « Table ronde : l'utilisation des droits de l'homme dans les relations internationales », in *La protection des droits de l'homme et l'évolution du droit international : Colloque de Strasbourg*, Société française pour le droit international, (SFDI), Paris, Pedone, 1998, pp. 289-290. ; S. BESSON, « L'effectivité des droits de l'homme : du devoir être, du pouvoir être et de l'être en matière de droits de l'homme », *op. cit.*, p. 63.

moyens pour y parvenir. Il faut de même rappeler qu'un contrôle international ne peut être parfaitement effectué que si celui-ci échappe radicalement à la compétence des États et qu'il est confié à un organe « tiers » désintéressé institué à cet effet[156]. C'est dans cette position de « tiers impartial » ou de « tiers indépendant », en concurrence avec les juridictions internationales en la matière, que le CDH a été institué au sein des Nations Unies pour être à l'écoute non seulement des individus, mais aussi des États parties pour une mise en œuvre effective des exigences du PIDCP. Il joue, tout particulièrement, le rôle essentiel de cette *conscience qui sonne l'alarme* de la nécessité de protéger les droits fondamentaux au sein de la communauté des Nations Unies pour reprendre la formule du Juge P.H TEITGEN[157]. En ce sens, c'est à lui qu'il revient au premier rang la responsabilité de protéger sur le plan universel les droits de l'homme au titre du PIDCP surtout en raison du caractère généraliste de cet instrument constitutif. Dans la poursuite de cette mission universelle, on notera que sa propre légitimité et l'effectivité de son travail sont devenues le leitmotiv de son œuvre, des priorités inscrites au centre de ses préoccupations. C'est donc à la lumière d'une telle ambition que le CDH, durant ses quatre décennies d'activité (bientôt un demi-siècle), a pu réaliser et développer un travail important lui accordant incontestablement une place de choix dans l'architecture internationale des organes de protection des droits de l'homme. C'est d'ailleurs ce remarquable travail déployé qui lui a valu une reconnaissance internationale au travers de divers ordre et système juridiques (universel, régional, communautaire et national). Une telle capacité d'influence du CDH témoigne non seulement, de la légitimité de sa participation à la mission internationale de protection[158] qu'il tient du PIDCP au même titre que des organes tiers de différents systèmes juridiques, mais aussi de la portée et l'impact de sa contribution à

---

[156] J. CHARPENTIER, *Le contrôle par les organisations internationales de l'exécution des obligations des états*, Vol. 182, Collected Courses of the Hague Academy of International Law, Boston, Hague Academy of International Law and Koninklijke Brill NV, 1983, p. spéc. 161.

[157] P.H TEITGEN, Commission préparatoire du Conseil de l'Europe, Comité des ministres, Assemblée consultative, 11 mai-8 septembre 1949, extraits publiés in P.H TEITGEN, *Aux sources de la Cour et de la Convention européenne des droits de l'homme*, Bordeaux, Confluences, 2000.

[158] B. ÇALI, « The legitimacy of international interpretative authorities for human rights treaties: an indirect-instrumentalist defence », *op. cit.*, p. 150. ; dans un sens general, Voy. S. BESSON, « The legitimate authority of international human rights », *op. cit.*, pp. 44-45. ; N. GROSSMAN *et al.* (éds.), « Legitimacy and International Courts–A Framework », *in* N. GROSSMAN *et al.* (éds.), *Legitimacy and International Courts*, New York, Cambridge University, 2018, p. 5.; N. GROSSMAN, « The Normative Legitimacy of International Courts », *Temple Law Review*, 2013, vol. 86, p. 63., « *it is difficult to deny the influence of prior opinions in framing future ones* »

l'effectivité des droits de l'homme. Pour s'en convaincre, dans nos développements à suivre, sera au centre de notre analyse, cette posture protectrice adoptée par l'interprète universel à l'égard des bénéficiaires des droits inscrits dans le PIDCP, **(Titre I)** avant de se pencher sur sa capacité à pouvoir interférer et à influer sur d'autres systèmes analogues de protection en droit international **(Titre II).**

TITRE I/
L'ATTITUDE PROTECTRICE DES DROITS INDIVIDUELS DU CDH FACE AUX ÉTATS PARTIES

36. À l'image de tout traité international, le PIDCP contient des obligations que les États doivent appliquer. Mais à la différence des traités conclus au sens westphalien, les traités en matière de droits de l'homme font peser sur les États un devoir d'application uniquement au bénéfice de l'individu, d'où en résulte l'absence de la règle de réciprocité[159] en la matière. C'est ainsi que les États parties au PIDCP et parties aux Protocoles facultatifs, réunis par un objectif commun, se sont soumis à une série d'obligations à l'égard de leurs propres ressortissants et de tout étranger se trouvant sous leur juridiction[160]. Il s'agit concrètement pour eux d'adopter des comportements ou de prendre des mesures qui, si elles sont soumises au contrôle ou à la vérification du CDH, devront être conformes aux textes. Assurer l'effectivité de l'application des droits inscrits dans le PIDCP : telle est la mission délicate confiée au CDH sans pour autant être accompagnée d'une réelle capacité de contrainte alors que celui-ci est confronté à des entités souveraines[161]. Néanmoins, il est aisé de constater que celui-ci use autant qu'il le peut des moyens d'action dont il dispose pour déployer son œuvre de protection en façonnant à sa guise une justification voire un sens personnel aux obligations imposées aux États par le texte constitutif[162]. Au regard d'un tel constat, il

---

[159] Voy. V. COUSSIRAT-COUSTERE, « Sur quelques traces de réciprocité dans le droit international conventionnel des droits de l'homme contemporain », in *Réciprocité et universalité - Sources et régimes du droit international des droits de l'homme, Mélanges en l'honneur du Professeur Emmanuel Decaux*, Paris, Pedone, 2017, pp. 37-58. Pour une compréhension littérale et générale de la question de « réciprocité » Voy. M. VIRALLY, « Le principe de réciprocité dans le droit conventionnel », in *Le principe de réciprocité dans le droit international contemporain*, Vol. 122, RCADI, s.l., Brill | Nijhoff, Leiden | Boston, 1967, pp. 22-47. ; P.-M. EISENMANN, « Emmanuel Decaux. La réciprocité en droit international », *Politique étrangère*, 1980, vol. 45-2, pp. 536-537. ; B. GOLDMAN, « Réflexions sur la réciprocité en droit international », *Travaux du Comité français de droit international privé*, 1965, vol. 23, n° 1962, pp. 61-101.

[160] B. SIMMA, « Chapter 40, Sources of international Human rights law: human rights treaties », *in* S. BESSON et J. D'ASPREMONT (éds.), *The Oxford Handbook on The sources of international law*, Oxford, Oxford University Press, 2017, p. 872.

[161] T. BUERGENTHAL, « The U.N. Human Rights Committee », *Max Planck Yearbook of United Nations Law*, 2001, p. 56 et suiv.

[162] Voy. J. VAN AGGELEN, « State Obligations Under Universal Human Rights Treaties / Obligations Imposed by the International Covenants and Other Universal Human Rights Treaties with Regard to the Implementation of Human Rights by Domestic Courts », *in* S.

convient alors d'en déduire que les actions du CDH sont commandées par la poursuite ou la recherche de l'effectivité. L'analyse de ces actions, fait transparaitre clairement son engagement à atteindre un but idéal de protection, et ce, aussi bien à travers un usage poussé sinon orienté de ses moyens d'actions **(Chapitre I)** que dans les techniques de mise en œuvre des décisions qu'il aura prises **(Chapitre II)** pour donner effets aux dispositions du PIDCP dans l'ordre interne des Etats parties.

KADELBACH, T. RENSMANN et E. RIETER (éds.), *Judging International Human Rights Courts of General Jurisdiction as Human Rights Courts*, Cham, Switzerland, Springer Nature Singapore Pte Ltd, 2019, p. 260. ; I. BOREFIJN, « Establishing state responsibility for breaching Human rights treaty obligations: avenues under un Human rights treaties », *Netherlands International Law Review*, 2009, p. 171.

CHAPITRE I/
LA RECHERCHE DE L'EFFECTIVITE, FINALITE DE L'UTILISATION PAR LE CDH DE SES MOYENS DE CONTROLE

37. La protection des droits fondamentaux par le Comité des droits de l'homme des Nations Unies (CDH), repose essentiellement sur certaines dispositions clés qui englobent les missions qui lui sont dévolues dans le PIDCP et son Protocole facultatif, constituant ainsi le socle de son travail. D'une part, les dispositions de l'article 40 du PIDCP imposent aux États parties la soumission à l'instance de contrôle de rapports périodiques retraçant la situation des droits de l'homme sur leur territoire. Ce rapport devra ainsi indiquer les mesures prises par ceux-ci pour mettre en œuvre les droits garantis dans cet instrument. D'autre part, l'article 2 du Protocole facultatif donne au CDH compétence pour recevoir les communications individuelles et les examiner en tant qu'organe « quasi-judiciaire »[163]. Ces dispositions définissent les moyens d'actions du CDH. L'analyse de l'utilisation que ce dernier en fait dans l'exercice de sa mission de contrôle[164], laisse nettement apparaître ses prétentions visant en premier lieu la garantie de l'effectivité des droits[165]. Mais, il faut remarquer que dans cet exercice, la nature des modalités d'actions se révèle différente. D'un côté, l'effectivité de son contrôle est tributaire de la volonté étatique, **(section 1)** de l'autre côté, l'action de

---

[163] Nous tenons à préciser que les termes « quasi-judicaire » et « quasi-juridictionnel » seront utilisés indifféremment dans cette étude.

[164] Sur la notion de « contrôle » international dont les incertitudes terminologiques et d'ordre sémantique la confond à la notion de « suivi », Voy. L. BOISSON DE CHAZOURNES et M.M. MBENGUE, « Suivi et contrôle », *in* E. LAGRANGE et J.-M. SOREL (dirs.), *Traité de droit des organisations internationales*, Paris, L.G.D.J, 2013, pp. 800-818. Toutefois, en vue de sortir le véritable sens du terme dans la logique et du niveau actuel de notre travail et par là même, dissiper toute confusion dans sa compréhension, « *contrôle* » doit être compris ici comme l'outil qui « permet d'établir des faits, de qualifier lesdits faits pour déterminer l'existence d'une situation de non-conformité et, le cas échéant de « sanctionner la non-mise en œuvre » par le biais de recommandations ou de mesures coercitives ». *Ibid.*, pp. 803-804. Dans la même acception, Voy. P.-M. DUPUY et Y. KERBRAT, *Droit international public*, *op. cit.*, p. 575. La fonction de contrôle, chez ces derniers auteurs, est définie comme « la vérification, qui consiste dans l'établissement des faits constitutifs d'un comportement étatique ; d'autre part, la qualification, qui consiste dans l'appréciation de ce fait au regard du droit afin d'établir s'il lui est conforme »

[165] Voy. E. MILLARD, « Précision et effectivité des droits de l'homme », *Revue des droits de l'homme*, mai 2015, p. 4. On comprend aisément l'attitude du CDH à partir de l'analyse fournie par cet auteur. En effet, ce dernier considère que seul « *l'énoncé normatif de concrétisation* » provenant de l'autorité est compatible à l'effectivité des droits de l'homme plus que « *l'énoncé normatif du législateur* ». La question de l'effectivité des droits de l'homme étant inscrite dans une dynamique moins descriptive que pragmatique.

l'individu s'avère fondamentale pour toute mise en mouvement de son contrôle contentieux **(section 2).**

SECTION I/
LE CONTROLE DE L'APPLICATION DU PIDCP : UN CONTROLE TRIBUTAIRE DE LA VOLONTE DES ÉTATS

38. Tout organe international de protection des droits fondamentaux dans le cadre de sa mission, dispose d'instruments juridiques de base lui permettant de mener à bien sa fonction. Le CDH n'est pas en reste comme nous venons de le souligner. Les mécanismes prévus par le PIDCP dans ses articles 40 et 41 dégagent un point commun : leur mise en œuvre dépend de la bonne volonté des États parties. À cet effet, bien que la ratification du PIDCP emporte une obligation pour ceux-ci de se conformer à l'article 40, le dernier mot leurs revient souvent de manifester leurs volontés politiques à se soumettre à cette procédure[166]. Et ce, contrairement à l'article 41 dont l'application est conditionnée par son acceptation préalable de l'État partie à attraire un autre État partie au même traité devant l'organe de contrôle compétent, nommément ici le CDH, pour violation présumée des obligations souscrites dans le PIDCP[167]. Ce constat effectué, il convient de montrer de quelle manière ces mécanismes distinctement identifiés par les dispositions les gouvernant, servent à garantir les droits bien que leur mise en mouvement dépende de la volonté des États parties. On s'intéressera dans un premier temps (**paragraphe 1**) à l'article 40 qui organise la soumission ainsi que l'examen des rapports périodiques étatiques et dans un second temps à l'article 41 consacré aux communications interétatiques (**paragraphe 2**).

---

[166] E. LAGRANGE, « Pairs et experts dans le système onusien de suivi du respect des droits de l'homme : deux procédures de contrôle sur rapport, une même substance ? », *in* I. PREZAS (dir.), *Substance et procédure en droit international public : dialectique et influences croisées*, Cahiers internationaux n°33, (IREDIES), Paris, Pedone, 2019, p. 140. ; M. KJAERUM, « State Reports », *in* G. ALFREDSSON *et al.* (éds.), *International Monitoring Mechanisms: Essays in Honour of Jacob Th. Möller.*, The Raoul Wallenberg Institute Human Rights Library, Leiden/Boston, Martinus Nijhoff Publishers, 2009, pp. 17-24.

[167] A. KISS, « La protection des droits de l'homme et les techniques de mise en œuvre du droit international », in *La protection des droits de l'homme et les techniques de mise en œuvre du droit international*, Société française pour le droit international, (SFDI), Strasbourg, Pedone, 1998, p. 144.

PARAGRAPHE I/
L'EXAMEN DES RAPPORTS PAR LE CDH : UNE INITIATIVE SOUMISE A LA VOLONTE DES ETATS

39. L'examen des rapports périodiques est en droit international le mécanisme principal voire usuel de contrôle des engagements étatiques en matière des droits de l'homme[168]. Ce type de contrôle non-juridictionnel est le plus facilement accepté par les États justement en raison de cette possibilité d'échange leur permettant non seulement de rendre compte, mais aussi d'émettre des avis sur des questions sensibles résultant de leurs obligations internationales. Cette souplesse propre à l'examen des rapports périodiques caractérise ce mécanisme dialogique ou de négociation. Nos idées dans ce paragraphe seront articulées autour de l'introduction de ce mécanisme dans le système onusien (**A**) suivi des modalités de son usage ainsi que son évolution au sein du CDH (**B**).

A/L'introduction du mécanisme des rapports périodiques comme outil de contrôle du comportement étatique

40. L'obligation de présentation des rapports est un mécanisme au demeurant classique et fort ancien. Elle puise ses racines dans la pratique de la Société des Nations (SDN)[169]. En effet, elle a d'abord été utilisée pour faire respecter les droits des peuples des territoires « sous tutelle » avant d'être introduite dans la Convention pour l'élimination de toutes les formes de discrimination de 1965[170]. L'ONU devant désormais se préoccuper des questions de droits de l'homme[171], le mécanisme a ensuite été intégré dans les Pactes de 1966 ainsi que dans toutes les conventions de droits catégoriels

---

[168] A. DORMENVAL, *Procédures onusiennes de mise en œuvre des droits de l'homme : Limites ou défauts ?* Genève, Graduate Institute Publications, 1991, p. 14 et suiv., disponible sur http://cache.univ-tln.fr:2361/iheid/2162 (Consulté le 23 octobre 2018). La technique de mise en œuvre des conventions relatives aux droits de l'homme par le canal du contrôle des rapports périodiques dans le cadre de l'ONU, trouvent leurs sources dans une pratique ancienne des mécanismes de l'OIT et de la SDN. ; dans le même sens, Voy. E. SCHWELB, « Civil and Political Rights: The International Measures of Implementation », *American Journal of International Law*, 1968, vol. 62, n° 4, p. 829.

[169] M. SCHREIBER, « L'examen des rapports », in *La pratique récente des Nations Unies dans le domaine de la protection des droits de l'homme*, Vol. 145, Leiden/Boston, Hague Academy of International Law, 31 décembre 1975, pp. 325-338. ; W. SCHABAS, *U.N. International Covenant on Civil and Political Rights*, 3rd éd., *op. cit.*, p. 883.

[170] Il est important de rappeler que cette Convention fut la première expérience conventionnelle avant que le PIDCP et les autres conventions ne suivent.

[171] P. ALSTON, « Finalité de la présentation des rapports », in *Manuel relatif à l'établissement des rapports sur les Droit de l'Homme Nations Unies*, HR/PUB/91/1, 1992, p. 13.

successives[172]. Telle que soulignée, cette obligation d'examen des rapports étatiques trouve son fondement dans les dispositions de l'article 40 du PIDCP. La matérialisation de cette obligation consiste pour les États à rendre compte des mesures qu'ils ont prises suivant une méthode bien établie, afin de démontrer leur volonté et les moyens mis en œuvre pour donner effets aux dispositions du PIDCP sur leur territoire respectif[173]. Ledit rapport doit mentionner les actions concrètes menées par les autorités étatiques pour mettre en application leurs obligations internationales. En pratique, il s'agit pour ces autorités de présenter les dispositions qu'elles auront arrêtées, les progrès réalisés dans la jouissance des droits inscrits dans le texte ainsi que les facteurs et les difficultés qui peuvent surgir dans sa mise en œuvre[174].

41. À la vérité, c'est un dialogue constructif qui s'engage entre le CDH et les États parties dans le souci de les amener à reformuler leur législation et à mener des actions concrètes afin d'assurer l'effectivité des droits garantis dans le PIDCP[175]. Il convient de ne pas oublier que cette obligation de présentation des rapports incombant aux États parties suit une procédure structurée en plusieurs étapes. Suivant cette logique, chaque État partie est convié à présenter au préalable, un premier rapport dans un délai d'un an après l'entrée en vigueur du PIDCP à son égard (Article 40.1.a du PIDCP). Ce n'est qu'après l'examen de ce premier rapport dénommé « rapport initial »[176] que le CDH pourra demander à l'État de présenter un second rapport lorsqu'il le jugera

---

[172] M. O'FLAHERTY et P.-L. TSAI, « Periodic Reporting: The Backbone of The UN Treaty Body Review Procedures », *in* C. BASSIOUNI et W. SCHABAS (éds.), *New Challenges for the UN Human Rights Machinery: What Future for UN Treaty Body System and Human Rights Council Procedures*, Cambridge/Antwerp/Portland/, Intersentia, 2011, p. 38.

[173] W. KALIN, « Examination of State Reports », *in* H. KELLER et G. ULFSTEIN (dirs.), *The UN human rights treaty bodies : law and legitimacy*, Cambridge, Cambridge University Press, 2012, pp. 16-72. ; N. ANDO, « The Development of the Human Rights Committee's Procedure to Consider States Parties' Reports under Article 40 of the International Covenant on Civil and Political Rights », *in* M.G. KOHEN (éd.), *La promotion de la justice, des droits de l'homme Et du règlement des conflits par le droit International, Liber Amicorum Lucius Caflisch*, Leiden, Boston, Martinus Nijhoff Publishers, 2007, pp. 17-32.

[174] F. POCAR, « Pacte international relatif aux Droits civils et politiques », in *Manuel relatif à l'établissement des rapports sur les Droits de l'Homme*, N U /HR/PUB/91/1/1992, 1992, p. 63.

[175] G. AHANHANZO, « Un Zoulou au Palais Wilson », *in* N. ANDO (dir.), *Towards Implementing Universal Human Rights :Festschrift for the Twenty-fith aniversary of the Human Rights Committee*, Vol.18, The Raoul Wallenberg Institute of Human Rights Library, Leiden/Boston, Martinus Nijhoff Publishers, 2004, p. 67.; E. LAGRANGE, « Pairs et experts dans le système onusien de suivi du respect des droits de l'homme : deux procédures de contrôle sur rapport, une même substance ? », *op. cit.*, p. 143.

[176] C. CHANET, « Le Comité des droits de l'homme : Méthodes du travail et cadre juridique d'activité », *op. cit.*, p. 10. L'auteure considère ce premier rapport initial de l'État partie comme « *une prise de contact entre le Comité et l'État partie en cause. Un examen assez court qui est simplement une première rencontre sur le cadre juridique général du pays et surtout pour savoir comment le PIDCP en raison de la Constitution du pays est intégré dans l'ordre juridique interne du pays.* »

nécessaire (Article 40.1.b du PIDCP). Cependant la question de la périodicité de ces rapports s'impose d'autant plus que les dispositions du texte n'indiquent rien à cet effet. Le PIDCP ne prévoyait donc aucune fréquence suivant laquelle devraient être soumis les rapports périodiques subséquemment aux rapports initiaux[177]. Il a fallu que le CDH se saisisse de la question. C'est ainsi, qu'il a été décidé en 1981[178] que chaque État partie présentera son rapport tous les cinq ans à compter de l'examen du premier rapport initial[179].

42. Aux termes, de la directive unifiée concernant les rapports présentés par les États parties conformément au PIDCP adoptée en 2001, le rapport initial doit présenter de manière substantielle le cadre constitutionnel et juridique de l'application des droits reconnus par le PIDCP. Cela étant, les États se retrouvent dans l'obligation de fournir des renseignements concrets en évitant de se borner à décrire le cadre que constituent les lois et les politiques de l'État[180]. Il serait insuffisant en effet de ne rapporter que les aspects formels. Les rapports doivent établir un équilibre entre la situation théorique et la réalité pratique, pour étudier en détail et de façon bien documentée une situation donnée[181]. Ils doivent porter sur des mesures législatives et pratiques adoptées pour mettre en œuvre le PIDCP. Il est ainsi établi dans cette logique une liste des points à traiter qui sera adressée aux États. Cette liste inspirée des suggestions des ONG, devra leur servir de canevas lors de la préparation de leurs rapports qui seront soumis à l'examen du CDH. Les rapports faut-il le rappeler, doivent être élaborés dans une dynamique de coordination à travers toutes les administrations, les ministères du gouvernement et dans tous les secteurs d'action de l'État qui touchent les droits fondamentaux. Les informations doivent remonter à la cellule dont relève, selon les États, la compétence de la préparation dudit rapport généralement basée au ministère des affaires étrangères.

---

[177] P. MUTZENBERG, *Agir pour la mise en œuvre des droits civils et politiques*, *op. cit.*, p. 36.

[178] Décision relative à la périodicité, CCPR/C/19/Rev.1, du 22 Juillet 1981. Rapport du Comité des droits de l'homme, A/36/40.

[179] (Doc. off. AGNU. supp. n° 40 (A/37/40), (Annexe IV p. 103). Voir aussi, A. DORMENVAL, *Procédures onusiennes de mise en œuvre des droits de l'homme*, *op. cit.*, p. 17. ; Voy. aussi le document des Nations Unies CCPR/19/Rev. 1.

[180] Fiche d'information des Nations Unies : « Droits civils et politiques : le Comité des droits de l'homme », n°15 (Rev. 1), 72 p. spéc. p. 17.

[181] P. ALSTON, « Finalité de la présentation des rapports », *op. cit.*, p. 14.

B/ Les modalités de l'examen des rapports des États et leur évolution

43. Il est aisé de remarquer dans l'attitude du CDH qu'il était préoccupé dès ses premières sessions - marqués par les effets de la guerre froide[182] - par l'étendue de ses compétences, gage de leur plein exercice, sachant que l'étendue de celles-ci constitue bien évidemment les prémisses nécessaires à l'accomplissement de sa mission. Effectivement, le contenu de certaines dispositions était considéré comme trop général et par conséquent inadapté dans la perspective de leur bonne application. Une telle situation a suscité naturellement chez le CDH un élan de créativité et une volonté d'interprétation[183] dans le sens le plus protecteur possible et essentielle au texte. Selon H. KELSEN en effet, « toutes les normes juridiques appellent une interprétation en tant qu'elles doivent être appliquées »[184].

44. Il est important de garder à l'esprit que, tout est parti de la complexité des termes de l'article 40 du PIDCP qui laissait perplexe les membres du CDH quant aux sens exacts desdits termes et à la finalité de leur mission, la précision de cette disposition étant indispensable pour le bon accomplissement de leur mission de surveillance de l'application du traité fondateur[185]. De ce

---

[182] C. TOMUSCHAT, *Human rights: between idealism and realism*, The collected courses of the Academy of European Law, n° v. 13/1, Oxford; New York, Oxford University Press, 2008, p. 175.

[183] Selon : P. DAILLIER *et al.*, *Droit international public*, *op. cit.*, p. 276, § 162., « *L'interprétation est considérée comme la formulation de la règle de droit applicable dans une situation donnée.* » ; C. SANTULLI, « Les techniques interprétatives de la norme internationale : Rapport général », *R.G.D.I.P*, 2011, vol. 115, n° 2, p. 303., Ce dernier estime que : « (..) Le mode d'interprétation se rattache à l'étude de l'application du droit international, l'interprétation étant simplement une des opérations qui peuvent être nécessaires à l'occasion de l'application et plus précisément à chaque fois que l'acte appliqué n'est pas jugé clair. » ; D. ALLAND, « L'emprise de l'interprétation sur le droit international », in *L'interprétation du droit international public*, t362, Collected Courses of the Hague Academy of International Law, Brill | Nijhoff, Leiden | Boston, Hague Academy of International Law, 2013, p. 63. *« Le phénomène de l'interprétation se déploie en droit international public comme dans toutes les autres branches du droit. Là comme ailleurs, appliquant à un cas particulier une règle dotée d'un certain degré de généralité, on s'interroge sur la portée qu'il convient de lui accorder, on se demande quel est le sens de la disposition d'un traité ou de l'acte d'une organisation internationale entachés d'une certaine ambiguïté que l'on s'emploie à dissiper (...) »* ; Voy. également : P. WACHSMANN, « Les méthodes d'interprétations des conventions internationales relatives à la protection des droits de l'homme », in, Société française pour le droit international, (SFDI), Colloque de Strasbourg, Paris, Pedone, 1998, p. 158 et suiv.

[184] H. KELSEN, *Théorie pure du droit*, Paris, Dalloz, 1962, p. 454.

[185] Il n'est pas inutile de rappeler néanmoins que le contexte était tel que c'était difficile de trouver un consensus en raison des répercussions de la guerre froide ayant divisé le CDH en deux blocs de courants au point où chaque membre avait son interprétation. Voy. N. ANDO, « The Development of the Human Rights Committee's Procedure to Consider States Parties' Reports under Article 40 of the International Covenant on Civil and Political Rights », *op. cit.*, p. 18. Selon Mme. C. CHANET, « (…) les Observations générales donnaient lieu à des batailles sévères à l'intérieur du Comité qu'on arrivait effectivement à paraphraser le Pacte et

besoin de clarification des compétences, face à la nécessité, est né le pouvoir interprétatif du CDH. Dès lors, il lui était judicieux de s'interroger sur sa faculté à formuler, après l'examen des rapports, des *Observations générales* qui seront ensuite adressées à l'État examiné, conformément aux dispositions de l'article 40 du PIDCP[186] ainsi que le type exact *d'Observation générale* qu'il devrait formuler[187].

45. Pour répondre à ces questions et sortir d'une approche abstraite, les membres du CDH se sont accordés sur l'adoption du Règlement intérieur[188] prévu par le PIDCP. Ce Règlement intérieur donnera une idée précise des actions qu'ils devront entreprendre pour un bon fonctionnement du mécanisme. Le Règlement intérieur, qui distinguera les *Observations finales*[189] des *Observations générales*[190], pourra être modifié et s'adapter au gré de l'évolution et des difficultés rencontrées par les membres du CDH dans le cadre de leurs missions. Le développement de ce pouvoir d'interprétation dégagé par l'organe universel durant son activité herméneutique lui a donc

---

à ne pas dire de choses fondamentales. On est même venu sur l'article 6 à faire deux observations générales chacun ayant la sienne », C. CHANET, « Le Comité des droits de l'homme : Méthodes du travail et cadre juridique d'activité », *op. cit.*, p. 9.

186 L'article 40 § 4 du PIDCP dispose que : « Le Comité étudie les rapports présentés par les États parties au présent Pacte. Il adresse aux États parties ses propres rapports, ainsi que toutes observations générales qu'il jugerait appropriés. Le Comité peut également transmettre au Conseil économique et social ses observations accompagnées de copies des rapports qu'il a reçus d'États parties au présent Pacte ». De l'avis du Professeur J. DHOMMEAUX, sur ce sujet, « *(...) de nouveau se pose la question de leur contenu. S'il s'agit bien d'une faculté- le Comité adresse des* « observations générales » *qu'il* « jugerait appropriées » *-concernent-elles les États pris globalement ou peuvent-elles viser un État particulier* ». En somme, « Il s'agit donc bien d'un problème de fond. C'est, en définitive, une attitude prudente qui l'emporte : les directives, fondées sur une pratique de plus en plus importante, doivent être générales et ne viser aucun État en particulier même si l'expérience de tel ou tel État révélée au cours des débats a pu être prise en considération », Voy. J. DHOMMEAUX, « Méthodes du Comité des droits de l'homme dans l'examen des rapports soumis par les États parties au pacte sur les droits civils politiques », *A.F.D.I*, s.d., vol. 1988, n° 34, pp. 331–363. ; E. LAGRANGE, « Pairs et experts dans le système onusien de suivi du respect des droits de l'homme : deux procédures de contrôle sur rapport, une même substance ? », *op. cit.*, p. 142.

187 N. ANDO, « The Development of the Human Rights Committee's Procedure to Consider States Parties' Reports under Article 40 of the International Covenant on Civil and Political Rights », *op. cit.*, p. 22.

188 Article 39 § 2 du PIDCP. L'adoption de ce Règlement intérieur a été la préoccupation première des membres du Comité lors de la première session qui a eu lieu du 21 Mars au 1 Avril 1977. Et comme il a été souligné dans son Rapport annuel les membres après étude, de la proposition du Secrétaire Général, ont adopté les dispositions relatives aux règles de procédure concernant les rapports des États parties prévus à l'article 40 du PIDCP. « At its first session, the Committee adopted those rules of procedure comprising "General Rules", (rules 1 to 65), and « Reports from States parties under article 40 of the Covenant » (rules 66 to 71) in, *Rapport annuel du CDH* n° (A/32/44).

189 Article 71 § 3 du Règlement intérieur du CDH de janvier 2012, CCPR/C/3/Rev.10.

190 Article 71 § 4 du Règlement intérieur du CDH de janvier 2012, CCPR/C/3/Rev.10.

permis d'élargir ses compétences ainsi que le champ d'application du PIDCP[191]. À titre d'exemple, la question de la périodicité pour la soumission des rapports précédemment évoquée n'a pas été traitée dans le PIDCP. À partir de ce constat, le CDH a dû prendre une nouvelle décision pour modifier celle prise en 1981 et qui instituait la périodicité de cinq ans. En effet, à la soixante-dixième session, il a adopté une formule plus souple fixant cette périodicité au cas par cas. Dans les *Observations finales* sur chaque rapport étatique, il indiquera la date à laquelle l'État partie devra faire parvenir son rapport périodique dans le respect des dispositions de l'article 40 du PIDCP en tenant compte des directives dégagées pour leur établissement. C'est ainsi que la formule adoptée aux quatre-vingt-dix neuvièmes sessions du CDH, subira encore des modifications à ses cent quatrièmes sessions dans le but d'allonger la périodicité de la soumission des rapports qui pouvait aller en ce moment jusqu'à six ans[192].

46. Il n'est pas inutile de rappeler ici l'avènement *des directives unifiées*[193]. Initiées par le CDH, elles ont été élaborées dans l'optique de rationaliser la présentation disparate des rapports étatiques. L'adoption de ces *directives unifiées* facilite la tâche aux États en ce qu'ils ne se trouvent plus dans l'obligation de présenter des rapports sur chaque article du PIDCP, mais sur les dispositions précises sur lesquelles le CDH souhaiterait obtenir des informations sollicitées dans les *Observations finales* précédentes. Par ailleurs, bien qu'elles ne soient pas obligatoires, leur respect faciliterait la mission du CDH lors de l'examen suivant et par la même occasion, la mise en œuvre du PIDCP. Dès lors, les États seront exonérés des demandes répétitives de renseignements complémentaires[194].

47. Dans la même dynamique, il était nécessaire de trouver une solution aux problèmes de soumissions tardives des rapports[195] ou d'absence de la délégation de l'État à la date de la présentation des rapports, chose que le CDH déplore fermement dans son *Observation générale* n° 30. En effet, face à une telle impasse et après moult interpellations des États en cause, le Règlement intérieur a encore fait l'objet de modification. Dorénavant, le CDH va pouvoir

---

191 A. AMOR, « Préface », *in* N. ANDO (dir.), *Towards Implementing Universal Human Rights: Festschrift for the Twenty-fifth anniversary of the Human Rights Committee*, Vol.18, The Raoul Wallenberg Institute Human Rights Library, Leiden/Boston, Martinus Nijhoff Publishers, 2004, pp. 10-12.

192 *Rapport annuel*, Comité des droits de l'homme, A/60/40 Vol. 1, 2014, p. spéc. 16.

193 Document CCPR/C/66/GUI/Rev.2, du 26 février 2001. Ces directives unifiées viennent remplacer *l'Observation générale* n°2 du Comité des droits de l'homme tombée en désuétude.

194 B. FRATE et L. LAMARCHE, « Commentaire de l'article 40 du PIDCP », *in* E. DECAUX (dir.), *Le Pacte international relatif aux droits civils et politiques, commentaire article par article*, Paris, Economica, 2011, p. 702.

195 Par exemple le Libéria a attendu onze ans avant de soumettre son rapport initial les 09 et 10 juillet 2018. Document (CCPR/C/LBR/CO/1).

examiner à sa discrétion en séance privée le rapport de l'État partie absent sur la base des informations à sa disposition pour enfin adopter des *Observations finales* provisoires qui seront adressées à l'État en cause[196]. Il s'offre de même la possibilité de modifier la date de présentation du rapport sous réserve de la notifier à l'État partie défaillant. Cependant, si dans une telle situation, le CDH a la possibilité d'adopter une *Observation finale provisoire*, il devrait faire preuve de retenue et ne pas publier son contenu dans son Rapport annuel jusqu'à l'adoption de l'*Observation finale*[197] après l'obtention des informations de l'État partie.

48. Il est intéressant de noter dans cet élan qu'à partir de 2010, une nouvelle procédure facultative a été introduite[198]. Cette nouvelle procédure autorisera le CDH à adopter la Liste des questions à traiter avant la soumission du rapport de l'État partie[199] : une manière pour le CDH de s'informer sur des sujets donnés n'ayant pas été mentionnés dans le rapport précèdent. Cette liste de questions devra par la suite être transmise aussi à l'État partie qui disposera d'un délai d'un an pour fournir une réponse écrite. Les réponses fournies par l'État seront considérées comme un « rapport ciblé » faisant office d'un rapport périodique normal[200]. Ce dernier rapport sera examiné par le CDH dans le délai d'un an en priorité en conformité avec la procédure traditionnelle. L'introduction de cette procédure facultative vise à éviter les soumissions tardives mais aussi à modérer la charge de travail des États parties.

PARAGRAPHE II/ LES COMMUNICATIONS INTERETATIQUES : UNE CONTRIBUTION LIMITEE A LA PROTECTION DES DROITS DEVANT LE CDH

49. L'évolution du contentieux de protection des droits de l'homme n'a pas été marquée que par son individualisation. Le contentieux en DIDH a aussi réservé une marge de manœuvre importante aux États constituant leur canal

---

196 Art. 70.1, Règlement intérieur du CDH.

197 Art. 70.3, Règlement intérieur du CDH.

198 P. MUTZENBERG et P. BRETT, *Comité des droits de l'homme des Nations Unies : Participation au processus d'examen des rapports des États parties : Lignes directrices pour les organisations non-gouvernementales*, 2010, p. 9.

199 CDH, *Directives concernant les rapports soumis par les États parties conformément à l'article 40 du Pacte international relatif aux droits civils et politiques*, CCPR/C/2009/1, 22 novembre 2010, par. 14, p. 3. En Anglais : « List of Issues Prior to Reporting (LOIPR) ».

200 CDH, *Rapports ciblés établis sur la base des réponses aux listes de points à traiter : application de la nouvelle procédure facultative pour la soumission des rapports (procédure consistant à établir les listes des points à traiter avant la soumission des rapports)*, CCPR/C/99/4, 29 septembre 2010, §., 1.

de contribution directe à la protection des droits de l'homme en tant qu'entités souveraines. Elle est caractérisée par la possibilité pour un État d'engager une action internationale contre un autre État partie au même traité devant l'organe de contrôle (le CDH) dudit traité (le PIDCP)[201]. Cette action dans le langage terminologique du système universel des droits de l'homme est désignée par la formule « communications interétatiques »[202]. Aussi est-il d'ailleurs possible de noter la proximité de ce mécanisme avec les recours en manquement institué devant la CJUE[203], sauf qu'ici, seuls les États parties sont habilités à l'exercer. L'innovation est néanmoins due au fait que cette possibilité accordée aux États parties, se différencie nettement de la pratique ancienne de l'exercice de la protection diplomatique des États. Bien que n'ayant pas connu de succès devant le CDH[204], le recours interétatique sera d'abord étudié comme moyen de protection des droits de l'homme (**A**). Ensuite, il conviendra de s'intéresser à son état devant le CDH (**B**).

A/ Les communications interétatiques dans la protection des droits fondamentaux

50. Disons-le tout de suite : le mécanisme de communication interétatique consacré dans le PIDCP est le résultat d'une importation venant d'un autre système. En effet, il a été inspiré de la Convention européenne de sauvegarde des droits de l'homme et des libertés fondamentales de 1950[205] et s'entend comme le droit pour un État d'introduire une requête contre un autre État partie à la même convention pour des violations présumées des droits de l'homme. La nature de ce mécanisme bien qu'exclusivement conciliatoire,

---

[201] Voy. L. HENNEBEL et H. TIGROUDJA, *Traité de droit international des droits de l'Homme*, *op. cit.*, p. 277. Dans ce sens, H. LABAYLE, « L'article 24 », *in* L.-E. PETTITI, E. DECAUX et P. LAMBERT (dirs.), *La convention européenne des droits de l'homme. Commentaire article par article*, Paris, Economica, 1999, pp. 571-578.

[202] Voy. les dispositions de l'article 41 du PIDCP.

[203] Nous faisons référence ici au recours en manquement établi devant la Cour de justice de l'Union européenne prévu aux articles 258, 259 et 260 du TFUE. Ce recours permet à la Cour, sur initiative de la Commission, (art. 258), soit sur initiative des Etats membres, (art. 259) de contrôler le respect du droit de l'Union par les Etats membres.

[204] On note dans ce sens les affirmations du Professeur F. SUDRE considérant que la faillite du recours interétatique en matière des droits de l'homme est manifeste. Voy. F. SUDRE, *Droit européen et international des droits de l'Homme*, *op. cit.*, p. 15.

[205] F. POCAR, « Pacte international relatif aux Droits civils et politiques », *op. cit.*, p. 90. En effet, l'article 33 de la Convention dispose : « Toute Haute Partie contractante peut saisir la Cour de tout manquement aux dispositions de la Convention et de ses Protocoles qu'elle croira pouvoir être imputé à une autre Haute Partie contractante. ». Ajoutons que, cette procédure, si elle également prévue dans différentes conventions onusiennes de protection des droits de l'homme, elle est cependant absente dans quelques-unes, notamment du Pacte des droits sociaux économiques et culturels de 1966 (PIDESC), de la convention relative aux droits des enfants de 1989 et dans la convention sur l'élimination de toutes discriminations à l'égard des femmes de 1969.

révèle une double facette de l'instrument de protection de droit de l'homme. En ce sens, on observe qu'il ne s'agit pas seulement pour l'État partie de s'engager, selon les termes de la convention, à respecter les droits de ses ressortissants ainsi que ceux de toute personne se trouvant sous sa juridiction, mais il faut noter de même que ce mécanisme interétatique fondé sur un traité multilatéral appelle tous les États parties à une obligation de respect de ce droit, ici le droit du PIDCP[206].

51. La mise en œuvre de ce mécanisme ne vise qu'à amener l'État partie à coopérer pour une meilleure protection des droits de l'homme garantis dans le texte. Il faut préciser toutefois que la procédure *per se* n'a pas de résultat contraignant à l'égard de l'État puisqu'il n'est pas indiqué que l'organe de protection doit établir des *constatations* sur le respect ou la violation des droits protégés. Bien au contraire, il lui est demandé de rédiger un rapport à la fin de la procédure dans lequel il fera mention de ses conclusions sur des faits litigieux ainsi que ses recommandations pour le règlement amiable du différend[207]. Comme il a été évoqué précédemment, les États qui s'emploient à utiliser cette procédure n'ont pas à démontrer le préjudice subi par l'État lui-même, ni par l'un quelconque de ses nationaux. Leur action devant l'organe de contrôle s'analyse ici comme une *actio popularis*[208]. Selon le Professeur F. SUDRE, « il s'agit là d'une sorte d'action publique qui constitue l'essence même de la garantie collective et du caractère objectif des droits de l'homme »[209]. Il faut souligner d'ailleurs que si le déclenchement de cette procédure n'est pas subordonné à l'existence d'un préjudice subi par le demandeur c'est-à-dire un préjudice personnel de l'État, elle est pourtant conditionnée à l'épuisement des voies de recours internes comme cela se fait dans le cadre des plaintes individuelles ainsi qu'à la condition d'acceptation de la procédure par les États parties à la convention[210], et cette déclaration

---

[206] Voy. O. DE FROUVILLE, « Building a universal system for The protection of human rights: The way forward », *in* C. BASSIOUNI et W. SCHABAS (éds.), *New Challenges for the UN Human Rights Machinery: What Future for UN Treaty Body System and Human Rights Council Procedures*, Cambridge/Antwerp/Portland/, Intersentia, 2011, p. 262. « *Each state bound by the obligation has an obligation towards the other states bound by the same obligation to respect human rights. And conversely, each other state has a right to demand respect for those rights* »; Fiche d'information des Nations Unies n° 15, Rev. 1.

[207] F. VOEFFRAY, « La protection des droits de la personne humaine », in *L'actio popularis ou la défense de l'intérêt collectif devant les juridictions internationales*, International, Genève, Graduate Institute Publications, 1 septembre 2014, § spéc. 25.

[208] *Ibid*, § spéc. 29. Voy. aussi F. SCHWELB, « Civil and Political Rights: The International Measures of Implementation », *American Journal of International Law*, 1968, p. 847.

[209] F. SUDRE, *Droit européen et international des droits de l'Homme*, *op. cit.*, p. 297., *L'actio popularis* pourrait être définie en général comme une action en justice dans laquelle le demandeur défend des intérêts collectifs, sans avoir à justifier d'un préjudice personnel.

[210] A part la Convention internationale sur l'élimination de toutes les formes de discrimination raciale de 1965 (article 11) qui impose cette procédure aux États parties, elle est facultative

d'acceptation ne produit d'effets que sur une base de réciprocité. Comme nous pouvons le constater, la procédure du mécanisme des communications interétatiques instaurée par le PIDCP n'est nullement juridictionnelle contrairement à certaines conventions en matière des droits de l'homme qui ont prévu une procédure juridictionnelle. Tel est le cas par exemple de la Convention de lutte contre la discrimination raciale qui attribue compétence à la Cour internationale de justice pour se saisir du litige entre États parties relatif à l'interprétation ou à la mise en œuvre de ses dispositions[211] à condition que les États en litige aient accepté également la juridiction obligatoire de cette Cour. Néanmoins, contrairement aux attentes, ce type de contrôle de protection des droits n'a pas connu de succès.

B/ L'état des communications interétatiques devant le CDH

52. Inscrite dans les dispositions de l'article 41[212] et suiv. du PIDCP, la procédure de communication interétatique attribue aux États le pouvoir de signaler au CDH toute violation massive et générale des droits de l'homme commise par un autre État partie. Il s'agit d'une compétence purement facultative du CDH contrairement à la procédure inscrite dans la Convention de lutte contre les discriminations raciales, et ne fonctionne qu'à la condition de réciprocité[213]. À ce jour, d'après le Rapport annuel du CDH, seuls 50 États parties au PIDCP ont fait une telle reconnaissance de compétence en vertu de cette disposition[214]. La procédure, si elle est enclenchée, débute par une phase de négociation entre les États en cause. Après avoir attiré l'attention de l'État partie sur ses manquements dans l'application du PIDCP, ce dernier a

dans les autres Conventions et soumise à la déclaration de l'acceptation de la compétence de l'organe de contrôle.

211 Article 22 de la Convention contre la discrimination raciale. Le contentieux porté devant la Cour internationale de justice, *Géorgie c/ Russie* en 2008 est une illustration parfaite de ce cas. La requête a été déposée sur fondement de la convention internationale contre la discrimination raciale.

212 Article 41§1 du PIDCP dispose : « Tout État partie au présent Pacte peut, en vertu du présent article, déclarer à tout moment qu'il reconnaît la compétence du Comité pour recevoir et examiner des communications dans lesquelles un État partie prétend qu'un autre État partie ne s'acquitte pas de ses obligations au titre du présent Pacte. Les communications présentées en vertu du présent article ne peuvent être reçues et examinées que si elles émanent d'un État partie qui a fait une déclaration reconnaissant en ce qui le concerne, la compétence du Comité. Le Comité ne reçoit aucune communication intéressant un État partie qui n'a pas fait une telle déclaration. La procédure ci-après s'applique à l'égard des communications reçues conformément au présent article »

213 W. SCHABAS, *U.N. International Covenant on Civil and Political Rights*, 3rd éd., *op. cit.*, p. 921. ; G. COHEN-JONATHAN, « Quelques observations sur le comité des droits de l'homme des Nations Unies », in *Humanité et droit international, Mélange René-Jean DUPUY*, 1991, p. 87 et suiv.

214 Voy. W. SCHABAS, *U.N. International Covenant on Civil and Political Rights*, 3rd éd., *op. cit.*, p. 922.

l'obligation de tenir informé l'État initiateur par des explications ou toutes autres déclarations dans un délai de trois mois, pour élucider la situation. En revanche, six mois après, si aucune explication n'est donnée et que le problème n'est pas réglé entre les deux États, chacun peut prendre l'initiative de saisir le CDH. Mais là encore, le CDH ne peut connaitre la question que s'il s'assure que tous les recours internes disponibles ont été épuisés. Ce n'est qu'alors qu'il a la possibilité de proposer ses bons offices pour parvenir à une solution amiable. Au cas où il n'a pas été possible de la trouver, le CDH peut désigner une commission de conciliation composée de cinq membres non-ressortissants des États en litige, nommés avec leur accord. Cette commission sera chargée d'examiner la question et de présenter un rapport au Président du CDH qui le transmettra aux États parties au différend dans un délai de 12 mois[215]. Toutefois, contrairement à ce qui pourrait paraitre simple, bien élaboré et facile à appliquer dans les faits, les États font preuve d'une grande retenue face à ce mécanisme établi pour déposer une plainte devant un organe quasi-juridictionnel contre d'autres États en matière de droit de l'homme[216]. Une telle réticence constitue un véritable goulot d'étranglement pour la mise en œuvre effective du PIDCP.

53. Toutefois, il faut noter à partir des écrits du Professeur G. SCHMIDT qu'il y aurait quand même eu un début de déclenchement de la procédure auprès du CDH par un État de la zone du Pacifique contre un État européen, et deux États du Pacifique contre un État africain[217]. Dans les deux instances, la procédure n'aurait pas été engagée formellement puisque les États en question, ont pris au préalable des informations auprès du Secrétariat et du CDH sur les démarches à suivre. N'étant pas convaincus de la suite qui serait donnée à l'initiative, ils se sont abstenus en fin de compte[218]. Face à une telle réalité, le CDH en appelle à la prise de conscience des États en leur expliquant le bien-fondé de la procédure qui devrait plutôt les encourager, leurs intérêts

---

215 Fiche d'information des Nations Unies : « Droits civils et politiques : le Comité des droits de l'homme », n°15 (Rev. 1), op.cit., p. 29.

216 M. BOSSUYT, « Les travaux du Comité des droits de l'homme des Nations Unies », *R.T.D.H*, 1994, p. 33. ; Voy. de même les écrits de D. PREMONT qui explique les raisons d'une telle réticence remarquée déjà à la première décennie d'activité du Comité des droits de l'homme. D. PREMONT, « État d'acceptation du Pacte international relatif aux droits civils et politiques et du protocole s'y rapportant », *A.F.D.I*, 1986, vol. 32, p. 572.

217 Il faut préciser cependant que nous n'avons pas eu plus détails sur les informations fournies par le Professeur ni d'après d'autres sources que nous avons consultées à ce jour. Et ce, malgré la curiosité dont nous avions fait preuve lors de notre séjour de stage au Haut-Commissariat des droits de l'homme à Genève. Le Professeur lui-même n'a pas non plus donné le nom des États en question.

218 G. SCHMIDT, « Commentaire de l'article 41 du Pacte », *in* E. DECAUX (dir.), *Le Pacte international relatif aux droits civils et politiques, commentaire article par article*, 2011, p. 735.

étant en jeu. C'est une telle perception qu'on retrouve à l'analyse de son *Observation générale* n° 31. En ce sens, il considère que :

> « (…) le point de vue selon lequel la violation par un État partie quel qu'il soit de droits garantis par le PIDCP requiert leur attention. Signaler d'éventuelles violations par d'autres États parties des obligations découlant du Pacte et les appeler à se conformer à leurs obligations au titre du PIDCP ne devrait nullement être tenu pour un acte inamical, mais pour l'illustration de l'intérêt légitime de la communauté »[219].

54. Les communications interétatiques si elles sont censées contribuer à renforcer la protection des droits devant le CDH de façon complémentaire aux plaintes individuelles, ne produisent en revanche qu'un résultat limité[220].

Il est tout aussi important de rappeler que l'état desdites communications devant les autres organes des traités n'est pas sensiblement différent. La réticence des souverains étatiques est toujours perceptible même dans certains cas où toutes les conditions sont remplies pour que ceux-ci connaissent normalement ce contentieux interétatique. Ce fut le cas dans le contentieux opposant la Belgique et le Sénégal relatif à l'obligation de poursuivre ou d'extrader qu'aurait pu connaitre le Comité contre la torture (CAT), les deux États protagonistes ayant déjà fait les déclarations de reconnaissance de compétence du CAT prévues à cet effet à l'article 21 de la Convention contre la torture[221].

55. Il n'est pas néanmoins inutile de faire cas des récentes évolutions devant le Comité de lutte contre la discrimination raciale (CERD) qui pour une première fois dans l'histoire des organes conventionnels onusiens a été saisi de requêtes interétatiques en 2018[222] dont les décisions sur la recevabilité ont été rendues en 2019[223]. Certes, il y a une différence majeure en ce qu'il

---

[219] C.D.H., *Observation générale n° 31 : La nature de l'obligation juridique générale imposée aux États parties au Pacte*, CCPR/C/21/Rev.1/Add.13, 29 mars 2004, § 2.

[220] M. SCHEININ, « The International Covenant on Civil and Political Rights », *in* G. ULFSTEIN, A. ZIMMERMANN et T. MARAUHN (éds.), *Making Treaties Work: Human Rights, Environment and Arms Control*, s.l., Cambridge University Press, 2009, p. 56.

[221] Pour plus de détail à ce sujet, Voy. L. HENNEBEL et H. TIGROUDJA, *Traité de droit international des droits de l'Homme*, *op. cit.*, p. 278.

[222] Voy. A. HOFER, « Application of the International Convention on the Elimination of all Forms of Racial Discrimination (Qatar v. United Arab Emirates): Request for the Indication of Provisional Measures (I.C.J.) », *International Legal Materials*, décembre 2018, vol. 57, n° 6, pp. 973-1030.

[223] Voy. G. McDOUGALL, « Inter-State Communication Submitted by the State of Palestine against State of Israel (U.N. Comm'n on the Elimination of Racial Discrimination) », *International Legal Materials*, December 2020, vol. 59, n° 6, pp. 922-940. ; dans le même sens, E. DECAUX, « La décision du Comité pour l'élimination de la discrimination raciale relative

s'agit d'instruments différents n'ayant pas forcément le même champ matériel d'application. De plus, l'obligation de déclaration de l'acceptation de la compétence du CDH (art. 41.1 du PIDCP) qui incombe aux États parties, fait défaut dans les dispositions de l'article 11 de Convention de lutte contre la discrimination raciale. Toutefois, cela pourrait bien être un accélérateur devant inciter les États parties au PIDCP à tenir compte dorénavant du bien-fondé de ce mécanisme devant le CDH afin de décider de l'exploiter. Cette avancée que l'on peut espérer dépendra dans ce cas du règlement des cas pendants devant le Comité de lutte contre la discrimination raciale (CERD).

SECTION II/ LE CONTRÔLE DE L'APPLICATION DU PIDCP À L'INITIATIVE DES INDIVIDUS

56. La question du droit d'accès de l'individu à la justice internationale n'est assurément pas nouvelle. Le droit international sur la question a connu des hésitations à une époque ancienne sur fond de rivalité entre les privilèges étatiques pour des motifs de souveraineté et un déni total ou relatif de ce droit au profit de l'individu[224]. Certes, les positions ont évolué au point où ce droit réinvesti par le droit international des droits de l'homme est érigé aujourd'hui

---

à sa compétence adoptée le 12 décembre 2019 au regard de la communication interétatique déposée par l'État de Palestine », *R.T.D.H*, 2021, n° 126, pp. 215-232.

[224] G. SPERDUTI, « Prétendues impossibilités et prétendues nécessités logiques de classer les individus parmi les destinataires des normes internationales », in *L'individu et le droit international*, Vol. 90, RCADI, Leiden/Boston, Hague Academy of International Law, 1956, pp. 737-747.; G. SPERDUTI, « L'accès des individus à des instances internationales », in *L'individu et le droit international*, Vol. 90, RCADI, Leiden/Boston, Hague Academy of International Law, 1956, pp. 788-820. Ainsi, par exemple, dans sa résolution de la session de New-York de 1929, l'Institut de Droit international délibérait en ces termes : « *qu'il y a des cas dans lesquels il peut être désirable que le droit soit reconnu aux particuliers de saisir directement, sous des conditions à déterminer, une instance de justice internationale dans leurs différends avec des États* » in *Annuaire de l'Institut de Droit international*, 1929, Vol. II, p. 265 et suiv. ». Certes c'est une bonne idée selon l'analyse de S. SEFERIADES pour qu'il ait une justice idéale que : « *tout homme, qu'il fût étranger ou citoyen d'un État, eût le droit de plaider devant un tribunal international, toutes les fois qu'il se considérerait comme victime d'une violation, des droits garantis par le droit international et commise par les prétoires internes d'un pays* » mais pour lui, cet avantage à l'égard de l'individu en ce moment pourrait « *être considéré comme chimérique.* », Voy. S. SEFERIADES, « Le problème de l'accès des particuliers a des juridictions internationales », in, Vol. 051, RCADI, Leiden/Boston, Hague Academy of International Law, 1935, pp. 5-117. ; P. REUTER, « Quelques remarques sur la situation juridique des particuliers en droit international », in *La technique et le droit public, Etudes en l'honneur de Georges Scelle*, II, Paris, 1950, pp. 535-552.

en droit fondamental consacré par tous les instruments conventionnels des droits de l'homme[225].

Si le chemin parcouru pour en arriver là n'est pas moins important, c'est au Protocole facultatif annexé au PIDCP que revient le mérite de l'avoir institué et de lui donner une valeur iconoclaste au niveau universel. L'adoption de ce Protocole fut le point culminant dans l'instauration de ce droit d'accès individuel dans l'ordre juridique international[226]. En effet, le contenu de ce Protocole a été indispensable dans la détermination de la place accordée à l'individu dans le cadre de la protection universelle de ses droits garantis par le PIDCP. Au cœur de ce premier Protocole facultatif, se trouve l'article qui va révolutionner le système de contrôle de la protection des droits sur le plan universel. « Sous réserve des dispositions de l'article premier, tout particulier qui prétend être victime d'une violation quelconque des droits énoncés dans le Pacte et qui a épuisé tous les recours internes disponibles peut présenter une communication écrite au Comité pour qu'il l'examine »[227]. Telles sont les dispositions de l'article 2 du Protocole facultatif au PIDCP qui organise les modalités et les conditions à remplir pour adresser sa requête auprès du CDH. Il ne fait aucun doute que cette disposition offre la part belle à la personne humaine comme sujet de droit international. Désormais la voie de réclamer justice lui est ouverte avec cette possibilité de recourir aux experts du CDH dans l'hypothèse où ses droits seraient violés par les autorités étatiques à la condition néanmoins que l'État dont il est ressortissant ait ratifié ce Protocole. Il s'agit ainsi de la reconnaissance à l'individu du pouvoir de déclencher l'application du droit international des droits de l'homme par le truchement de l'exercice de son droit à un recours individuel considéré sous le vocable du

---

[225] Voy. dans ce sens, A.A. CANÇADO TRINDADE, « Exhaustion of Local Remedies in International Law Experiments Granting Procedural Status to Individuals in the First Half of the Twentieth Century », *Netherlands International Law Review*, 1977, vol. 24, n° 3, p. 376., du même auteur, A.A. CANÇADO TRINDADE, *Évolution du droit international au droit des gens : l'accès des individus à la justice internationale – Le regard d'un juge*, Ouvertures internationales, Paris, Pedone, 2008, pp. 145-149. L'auteur affirmait ceci : « Nous sommes aujourd'hui témoins de l'indéniable consolidation de la personnalité juridique de la personne humaine, en tant que véritable sujet du droit des gens, et non plus en tant que simple objet de protection. (. . .) Les avancées dans cette direction, telles que je les perçois, constituent, en ce début du XXIème siècle, une manifestation claire de la conscience juridique universelle, laquelle, à mon avis, est la source matérielle ultime du droit international, ainsi que du Droit dans son ensemble », du même auteur Voy. A.A. CANÇADO TRINDADE, « Some Reflections on the Right of Access to Justice in Its Wide Dimension, Contemporary Developments in International Law », *in* R. WOLFRUM, M. SERSIC et T.M. ŠOSIC (éds.), *Essays in Honour of Budislav Vukas*, Leiden, Brill | Nijhoff, 2016, p. 458.

[226] R. McCORQUODALE, « The Individual and International legal system », *in* D. EVANS (éd.), *International Law*, Oxford, Oxford University Press, 2003, p. 307.

[227] Article 2 du 1er Protocole facultatif se rapportant au PIDCP.

droit à la soumission des communications individuelles[228]. C'est précisément le contrôle que le CDH exerce sur ces conditions, conformément à son mandat, que ce soit dans la procédure individuelle normale (**Paragraphe 1**) ou dans la procédure d'urgence - recours incident - (**Paragraphe 2**) visant l'effectivité de la mise en œuvre de ces procédures qui sera au centre des analyses qui suivent.

[228] K. VASAK, « Vers un droit international spécifique des droits de l'homme », *op. cit.*, p. 213. Voy. de même, D.D.L. (J). ROCHERE, « Droit au juge, accès à la justice européenne », *Pouvoirs*, 2001, n° 1, p. 124. Ce dernier estime que : « Une des grandes révolutions juridiques du milieu du XXe siècle a été de faire en sorte que le justiciable, personne physique ou morale, devienne le créancier de droits définis à un niveau supranational–(...)– et qu'il puisse demander compte du respect de ces droits non seulement devant le juge national, qui demeure son juge naturel, mais également devant des juges « européens » capables d'harmoniser les solutions au niveau de l'espace européen et éventuellement de redresser telle décision du juge national ou tel comportement des organes supranationaux. ». L'interprétation analogique de cette affirmation amène à qualifier ladite disposition du PIDCP comme s'inscrivant dans la même logique de l'auteure.

PARAGRAPHE I / LE CONTROLE DE L'ARTICLE 2 ET SUIVANT DU PROTOCOLE FACULTATIF : UN CONTROLE DETERMINANT POUR L'EFFECTIVITE

57. On pouvait aisément s'interroger sur l'utilité d'un mécanisme de protection des droits de l'homme, censé offrir aux victimes un minimum de confiance, si un tel mécanisme se révèle inefficace ne garantissant pas, de ce fait, un seuil minimum d'effectivité des droits. Au nom de la théorie de l' « effet utile », socle de la protection des droits et libertés[229], le CDH a cru bon d'œuvrer pour un accès efficace à son prétoire pour tout individu en étant convaincu que l'absence d'une telle initiative pourrait produire des effets pernicieux contre les droits subjectifs. Pour parvenir à ces fins, il s'est autorisé à se donner sa propre version des conditions de recevabilité des requêtes devant son prétoire grâce à sa capacité d'interprétation. D'ailleurs à en croire le Professeur L. SERMET, la fonction même de « contrôler » en droit de l'homme, comme le CDH s'attachera à le faire, est une opération consistant à déterminer la place de l'intérêt juridique individuel par la technique de mise en relation de « l'énoncé normatif d'un droit », « les conditions d'exercice et de jouissances individuelles de ce droit » et « la demande de l'intérêt juridique individuel »[230]. Ce constat effectué, il s'impose à nous d'analyser le comportement du CDH dans sa mission de contrôle, spécialement ici son attitude lors de l'examen des conditions de recevabilité des requêtes devant son office. On aura très vite compris que, pour lui permettre d'obtenir le résultat escompté : l'effectivité des droits procéduraux, il ne s'est pas retranché derrière les limites de son mandat. Bien au contraire, il a cru bon d'élaborer ses propres règles de procédure. Ainsi, faut-il noter que cette démarche a impacté positivement pour les individus le contentieux dans sa phase de recevabilité garantissant de ce fait, l'effectivité des droits procéduraux. Nous nous proposons dans cette logique, de faire état des textes tel qu'établis par les États dans le PIDCP et son premier Protocole aux fins du

---

229 F. TULKENS, « Les techniques interprétatives des organes de protection des droits de l'homme », *R.G.D.I.P*, 2011, vol. 115, n° 2, p. 536.

230 L. SERMET, « Le développement des méthodes d'interprétation et des méthodes de contrôle des traités relatifs aux droits de l'homme par les juridictions supranationales », *in* J. ANDRIANTSIMBAZOVINA, L. BURGORGUE-LARSEN et S. TOUZÉ (dirs.), *La protection des droits de l'homme par les cours supranationales, Actes du Colloque du 8 et 9 Octobre 2015*, 31, (IIDH) Fondation René Cassin, Paris, Pedone, 2016, p. 59. A cette page, l'auteur dans la dynamique de mettre en évidence l'objectif d'un « contrôle » d'une « interprétation » et d'une « garantie », tente de théoriser ces concepts en considérant « le contrôle comme un espace entre la frontière haute et la frontière basse d'un droit et l'interprétation restrictive qui lui est donnée. Selon lui, « contrôler » est donc cette opération qui consiste à déterminer si l'intérêt juridique individuel se situe à l'intérieur de ses limites.

respect des conditions de recevabilité (**A**) avant de faire la lumière sur l'attitude du CDH et l'orientation qu'il donne à ces dispositions normatives (**B**).

A/ Les conditions de recevabilité des communications individuelles fixées par le Protocole facultatif

58. Il faut rappeler que les communications[231] déposées par les particuliers au bureau du CDH pour examen, sont soumises à un test de phase d'admissibilité qui est un préalable à toute demande en justice comme cela est de coutume devant les organes internationaux de contrôle dans le strict respect des formes et délais légaux prévus par le texte.

Dans ce même ordre d'idée, il est important de souligner que, pour que soient recevables les communications individuelles[232] devant le CDH, il faudrait qu'elles remplissent la série de conditions qu'imposent les articles 2 et suivants du Protocole facultatif reprises dans les dispositions de l'article 90 de son Règlement intérieur de manière plus détaillée. Ces conditions sont souvent similaires à celles formulées dans la Convention européenne de sauvegarde des libertés fondamentales, différence faite du délai de forclusion de six mois après l'épuisement des voies de recours internes, ainsi que du critère des « griefs manifestement mal fondés ». Cela dit, les communications passeront par un système de filtrage et seules celles déclarées recevables par le CDH seront examinées au fond. Cette technique permet au CDH d'être sûr que le cas relève de sa compétence pour ne pas outrepasser son attribution contentieuse déductible du faisceau de critères suivant : *rationae*, *materiae*, *loci*, *personae* puis *temporis*[233] auxquels s'ajoutent les conditions ordinaires de recevabilité en droit international. Les conditions de recevabilité d'une communication se retrouvent de ce fait, aux articles 1, 2, 3, 5(2)(a) et 5(2)(b) du Protocole facultatif dont l'étude se révèle une nécessité.

1) Les critères permanents de recevabilité

59. Nous traiterons ici des critères généralement admis en DIDH, importés du droit international général. Il s'agit notamment de la condition de

---

[231] Il va de soi que le jargon du droit onusien des droits de l'homme recommande le mot « communication » à la place de « requête ». Néanmoins, nous utiliserons indifféremment les deux termes dans le cadre de notre travail.

[232] Sur la recevabilité, Voy. J. DHOMMEAUX, « La recevabilité des communications individuelles par le Comité des droits de l'homme », in *La protection des droits de l'homme par le Comité des droits de l'homme des Nations Unies : Les communications individuelles*, Montpelier, IDEDH, 1995, pp. 15-32.

[233] L. HENNEBEL, « Chronique des décisions du Comité des droits de l'homme des Nations Unies (2007-2010) », *R.T.D.H*, 2011, n° 87, p. 549.

l'épuisement des voies de recours internes, la question du règlement du litige devant une autre instance de règlement de différends et d'enquête saisie du même litige.

Débutons par le principal critère, celui de l'épuisement des voies de recours internes. Il n'est pas inutile de rappeler qu'il s'agit d'une pratique coutumière du droit international appliquée avant toute procédure d'engagement de la responsabilité d'un État[234], qui est reprise en DIDH et dont l'usage se justifie par la primauté qu'accorde le droit international à la souveraineté étatique. Cette condition permet à l'État défendeur ou auteur présumé de la violation de disposer du temps nécessaire pour réparer le préjudice dans son ordre juridique interne avant toute implication internationale. Ceci amène à conclure avec le Professeur P. REUTER de son caractère exceptionnel[235]. C'est l'article 41 du PIDCP qui la consacre suivi des articles relatifs aux conditions tenant aux particuliers, inscrites dans le Protocole facultatif. Pour qu'une requête puisse être examinée par le CDH, le requérant doit pouvoir démontrer qu'il a réellement cherché à utiliser tous les moyens efficaces disponibles auprès de l'État concerné afin d'obtenir réparation de la violation de ses droits.[236] A contrario, c'est à l'État incriminé qu'il revient de prouver que l'individu n'a pas utilisé les recours internes disponibles.

60. Les exemples sont nombreux. Dans une décision de 2014, *O. K. c/ Lettonie*, le CDH considère que la requérante n'avait pas démontré que les recours internes qui lui étaient ouverts se révèlent inefficaces, ni qu'elle était dispensée pour une quelconque autre raison d'exercer ces recours. En conséquence, la communication est irrecevable en vertu du paragraphe 2 b) de l'article 5 du Protocole facultatif[237]. Il paraît tout à fait logique, dans ces circonstances, de préciser qu'un justiciable qui projette de soumettre sa demande au CDH, doit préalablement présenter sa requête aux autorités nationales, tout en veillant à respecter toutes les exigences raisonnables de ces

---

[234] Cette règle a été réaffirmée dans la jurisprudence de la C.I.J., *Interhandel,* Recueil, 1959, p. 27. Il faut rappeler que son application pendant longtemps se limitait lors de l'exercice de la protection diplomatique. Voy. J. GUINAND, « La règle de l'épuisement des voies de recours internes dans le cadre des systèmes internationaux de protection des droits de l'homme », *R.B.D.I,* 1968, pp. 471-484. ; C.P.R. ROMANO, « The Rule of Prior Exhaustion of Domestic Remedies : Theory and Practice in International Human Rights Procedures », *in* N. BOSCHIERO *et al.* (éds.), *International Courts and the Development of International Law Essays in Honour of Tullio Treves*, The Hague, The Netherlands, T.M.C. Asser Press, Springer-Verlag Berlin Heidelberg, 2013, p. 562.

[235] P. REUTER, « La responsabilité internationale », in *Principes de droit international*, Vol. 103, Collected Courses of the Hague Academy of International Law, Leiden/Boston, Brill | Nijhoff, 1961, p. spéc. 613.

[236] CDH, *Z. Z c/ Australie*, 2017, comm. n° 2941/2017.

[237] CDH, *O. K. c. Lettonie*, 2014, comm. n° 1935/2010; CDH, *Valetov c. Kazakhstan*, comm. n° 2104/2011.

procédures concernant les recours internes disponibles s'il veut voir sa demande aboutir[238].

61. Outre la condition de l'épuisement des voies de recours internes, l'une des conditions d'accès au prétoire du CDH se révèle être la question de litispendance internationale. Généralement, un cas de litispendance se pose lorsqu'un litige pendant devant une juridiction, est porté devant une autre juridiction également compétente pour en connaitre. Ce cas se résout souvent par le dessaisissement de cette dernière si l'une des parties le demande[239]. Faut-il le rappeler, l'objectif de l'insertion de cette clause, bien connue dans les textes nationaux avant son extension en droit international, est d'éviter le cumul de procédures ou encore d'échapper à l'ambiguïté des décisions entre organes de contrôle. À supposer qu'une telle situation se produise, elle entraînerait des répercussions néfastes sur la protection des droits et impacterait négativement la cohérence du droit international des droits de l'homme. Aux termes de l'article 5 § 2(a), du Protocole facultatif, le CDH doit avoir la certitude que la question soulevée dans la communication portée devant lui n'est pas également pendante devant une autre instance internationale d'enquête et de règlement. Clairement, il apparaît que cette disposition intègre d'office le principe *non bis in idem.*

62. Il est possible de se référer à quelques illustrations topiques pour étayer notre analyse. Dans l'affaire *Paksas c/ Lituanie,* la décision du CDH fait état de ce que, la Cour européenne des droits de l'homme avait estimé que le caractère permanent et irréversible de l'inéligibilité de l'auteur à un mandat parlementaire constituait une violation de son droit de se présenter à des élections législatives. Il fait remarquer ensuite qu'en vertu du paragraphe 2 de l'article 46 de la CEDH, l'exécution des arrêts définitifs de la Cour européenne est surveillée par le Comité des Ministres du Conseil de l'Europe et considère dans ce cas que, cette question était en cours d'examen devant une autre instance internationale d'enquête ou de règlement. En conséquence, le CDH conclu que le grief portant sur l'interdiction faite à l'auteur d'exercer un mandat parlementaire était irrecevable en vertu du paragraphe 2 a) de l'article 5 du Protocole facultatif, dans les circonstances actuelles[240].

---

[238] CDH, *A.P.A c/ Espagne*, comm. n° 433/1990. ; CDH, *T. J c/Lituanie*, 2013, comm. n° 1911/2009.

[239] G. CORNU, *Vocabulaire juridique*, *op. cit.*, p. spéc. 618.

[240] CDH, *Paksas c/ Lituanie*, comm. n° 2155/2012, § 7.2. Dans son opinion individuelle partiellement dissidente, sous cette décision, M. GERALD L. NEUMAN dit être d'accord avec les conclusions du CDH concernant la recevabilité. Pour lui, pour permettre au CDH de bien s'acquitter de sa fonction, il était de bon ton que : « les requérants qui ont déjà obtenu satisfaction devant la Cour européenne des droits de l'homme ne soient pas autorisés à exposer la même question dans une communication présentée en vertu du Protocole facultatif dans le simple but de solliciter un deuxième avis ». Voy. de même CDH, *Smirnova c. Fédération de Russie*, 2004, comm. n° 712/1996.

2) Les critères supplémentaires tenant à l'examen de la compétence du CDH

63. Parler de ces critères supplémentaires, renvoie à traiter de la compétence *ratione materiae, temporis* et *loci* du Comité des droits de l'homme. La compétence *ratione materiae* ressort des dispositions de l'article 3 du Protocole facultatif. Conformément à cet article, le CDH doit déclarer irrecevable toute communication incompatible avec les dispositions du PIDCP. Ainsi, sur le fondement de cette disposition, le CDH, à titre illustratif, a refusé l'invocabilité de l'article 26 du PIDCP, pour revendiquer un titre héréditaire de noblesse dans la mesure où ce titre n'entre pas dans le cadre des valeurs qui sous-tendent les principes de l'égalité devant la loi et la non-discrimination protégés par cet article. Il conclut à l'incompatibilité *rationae materiae* de la plainte de l'auteur avec les dispositions du PIDCP et déclare de ce fait la communication irrecevable en vertu de l'article 3 du Protocole[241]. Dans le même sens, une plainte faisant état d'une violation du droit de propriété ne peut prospérer devant le CDH dans la mesure où ce droit n'est pas protégé en tant que tel par aucun des instruments concernés[242].

64. Il faut préciser que toute instance de contrôle est ouverte à une catégorie de sujets de droit. Cela ne peut être autrement pour le CDH et justifie donc la compétence *ratione personae* de celui-ci en matière de plainte individuelle. Elle doit s'analyser non seulement dans les conditions tenant à l'État mais aussi à l'individu en sa qualité de victime. Ce qui est en jeu ici, c'est la question de la qualité à agir. Son appréciation à l'égard de l'État, implique qu'avant de connaitre une communication individuelle, le CDH doit vérifier que celle-ci incrimine un État partie au PIDCP ayant ratifié son premier Protocole. Dans son *Observation générale* n° 31 sur l'article 2 du PIDCP, relative à la nature de l'obligation juridique générale imposée aux États parties au PIDCP, le CDH souligne que : « les obligations des États n'ont pas un effet horizontal direct et reconnait que le Pacte ne saurait se substituer

---

[241] CDH, *Hoyos c/ Espagne*, 2004, n° 1008/2001, § 6.4.

[242] CDH, *O. J. c/ Finlande*, comm. n° 419/90. ; Voir aussi : CDH, *Jean Emmanuel Kandem Foumbi c/ Cameroun*, 2014, comm. n° 2325/2013. § 3.2 et 3. 9. En l'espèce, l'auteur soulevait dans sa communication une violation de son droit de propriété. Il estime qu'il « est détenu dans le cadre d'une cabale judiciaire organisée à son encontre dans le but d'extorquer sa propriété intellectuelle sur son invention et de priver le groupe Hope de l'exclusivité d'exploitation qui lui a été octroyée pour exploiter la licence d'utilisation achetée par l'État partie ». il invoque pour étayer ces griefs les articles 1 et 2 du PIDCP. En réponse, le Comité considère que : « le grief de l'auteur relatif à la protection de son droit à la propriété intellectuelle est incompatible *ratione materiae* avec les droits consacrés par le PIDCP, et donc incompatible conformément à l'article 3 du Protocole facultatif ».

au droit pénal ou au droit civil des États parties. »[243]. La position du CDH est claire. Les obligations des États parties découlant du PIDCP n'ayant pas un effet horizontal direct entre les parties, il lui est impossible de connaitre une plainte dirigée contre un acteur non étatique.

65. Corollaire de la précédente, la condition suivante renvoie à la question de la qualité et de l'intérêt à agir de l'individu et exige que ce dernier ait une raison suffisante de soumettre une requête au CDH. Elle est subordonnée à tout le moins à l'acquisition de la qualité de victime[244]. Autrement dit, la violation alléguée n'est prise en compte que si elle touche personnellement l'auteur. Une communication adressée au CDH ne pourrait être reçue que si elle concerne des violations réelles des droits d'une personne en vertu du PIDCP. Dans cette dynamique, il est interdit de contester une loi ou une politique de manière abstraite, sans être réellement victime de son application. Un litige doit naître à partir de l'application de tel ou tel texte à l'égard de la présumée victime. C'est une condition *sine qua non* pour être qualifié de victime[245]. Aussi, peut-on observer conformément au Protocole facultatif que seule une personne physique pourrait prétendre être victime d'une violation des droits garantis. D'emblée tout droit de recours est refusé aux « Associations » devant le CDH et ceci afin d'éviter l'examen d'une situation similaire à l'actio *popularis*. Le CDH a réitéré cette analyse dans une jurisprudence constante[246].

66. Dans une récente décision de 2017, *Basem Ahmed Issa Yassin et al. c/ Canada,* les requérants affirment être victimes de violations par le Canada des droits qu'ils tiennent des articles 2, 7, 12, 17 et 27 du PIDCP. Tous, ressortissants d'un village palestinien dénommé Bil'in, se sont vu privés de leurs terres vivrières expropriées par l'État Hébreux sur lesquelles celui-ci a fait construire une colonie dénommée Modi'in Illit, construction à laquelle ont participé des entreprises Canadiennes (*Green Park International, Inc.* et *Green Mount International Inc.*). Après une longue procédure judiciaire, émaillée de plusieurs requêtes qui n'ont d'ailleurs pas produit les résultats escomptés, d'abord devant les juridictions israéliennes, ensuite devant les juridictions canadiennes contre les deux sociétés susvisées, les requérants se tournent vers le CDH en estimant être victimes de violations des droits qu'ils tiennent des articles 2, 7, 12, 17 et 27 du PIDCP. Dans la phase de la recevabilité, fidèle à sa jurisprudence constante, le CDH considère qu'ils n'ont pas qualité *ratione personae* au motif que les requérants étant des personnes

---

243 CDH, *Observation générale* n° 31 § 8.1

244 J. DHOMMEAUX, « Le Comité des Droits de l'Homme : 10 ans de jurisprudence : 1977-1987 », *A.F.D.I*, 1987, p. spéc. 453.

245 CDH, *Shirim Aumeeruddy- Czifffra et 19 autres c/ Ile Maurice*, comm. n° 35/1978.

246 Voy. sur ce sujet plus de détails, A.-K. LINDBLOM, *Non-governmental organisations in international law*, Cambridge, UK; New York, Cambridge University Press, 2005, p. 225.

morales (la succession de feu *Ahmed Issa Abdallah Yassin* et *le Conseil de village* de Bil'in, représenté par son vice-président), et non des particuliers, ne peuvent voir leur demande aboutir[247].

67. La compétence *ratione temporis* d'un organe en droit international est la compétence qui détermine l'intervalle de temps à partir duquel l'organe en question peut connaitre le litige porté devant lui à l'égard de l'État partie. En général, elle commence à partir de la ratification par l'État du traité le concernant[248]. En application du dernier paragraphe de l'article 1er du Protocole facultatif se rapportant au PIDCP, le CDH, ne reçoit aucune communication concernant un État partie au PIDCP qui n'est pas Partie au présent Protocole et toute communication mettant en cause un État partie, ne sera recevable que si le Protocole est en vigueur pour l'État en cause après que ce dernier a déposé l'instrument de ratification reconnaissant la compétence du CDH. Par conséquent, la date d'application du Protocole est variable d'un État partie à un autre. Les communications adressées au CDH antérieurement à toute reconnaissance de l'État partie de la compétence de celui-ci sont jugées irrecevables sous réserve de l'appréciation du CDH[249]. Dans une jurisprudence concernant la recevabilité *ratione temporis* d'une communication, l'auteur affirme que le Protocole facultatif est entré en vigueur pour le Kazakhstan le 30 septembre 2009. Sur cette base, il considère que le CDH a compétence pour examiner des « communications concernant des mesures qui ont été prises (ou qui n'ont pas été prises) par des autorités publiques ou concernant des textes réglementaires ou encore des décisions qu'elles ont adoptées à une date ultérieure ». Dans sa motivation, le CDH estime que :

68. « L'ouverture à l'égard de celui-ci d'une action civile en diffamation et la décision du tribunal lui ordonnant de verser des dommages-intérêts à la partie lésée se sont produites avant l'entrée en vigueur du Protocole facultatif pour l'État partie. Le cas d'espèce est donc différent des circonstances de la communication Paraga c/ Croatie, sur laquelle l'auteur s'est appuyé, dans laquelle la procédure pour diffamation n'était pas terminée avant la date d'entrée en vigueur du Protocole facultatif pour l'État partie et s'est poursuivie

---

247 CDH, *Yassin et consorts c/ Canada*, 2017, comm. n° 2285/2013. Voir aussi : CDH, *C. et al. c/ Italie*,1984 comm. n° 163/1984.

248 Voy. J. COMBACAU, « L'écoulement du temps », in *Le droit international et le temps*, Société française pour le droit international, (SFDI), Paris, Pedone, 2001, pp. 77-107. ; R. HIGGINS, « Time and the Law: International Perspectives on an Old Problem », *International and Comparative Law Quarterly*, 1997, p. 502. ; G. DISTEFANO, « Fait continu, fait composé et fait complexe dans le droit de la responsabilité », *A.F.D.I*, 2006, p. 9. ; D. MCGOLDRICK, « State Responsibility and the International Covenant on Civil and Political Rights », *in* M. FITZMAURICE et D. SAROOSHI (éds.), *Issues of State Responsibility before International Judicial Institutions*, Oxford, Hart Publishing, 2004, pp. 185-186.

249 *Infra.* § I. B) .1 de cette même section.

après cette date. Le Comité considère que le simple fait que l'auteur continue de verser des dommages-intérêts pour diffamation après l'entrée en vigueur du Protocole facultatif pour l'État partie (...) ne constitue pas la reconnaissance d'une violation antérieure ni n'équivaut en soi à des effets persistants constituant eux-mêmes une violation de l'un quelconque des droits de l'auteur au titre du Pacte »[250].

69. À cette compétence temporelle, est liée la compétence tenant au lieu ou *ratione loci*. En effet, suivant les dispositions de l'article 2. 1 du PIDCP, « les États parties s'engagent à respecter et à garantir à tous les individus se trouvant sur leur territoire et relevant de leurs compétences les droits garantis par le Pacte ». Dans le même sens, l'article 1er du Protocole dispose que « tout État partie au Pacte qui devient partie au présent Protocole reconnait que le Comité a la compétence pour recevoir et examiner des communications émanant de particuliers relevant de sa juridiction ». Il résulte de ces deux textes que le CDH n'entendrait pas distinguer entre nationaux et étrangers afin de pouvoir accorder une même protection à tout individu quelle que soit sa nationalité[251] malgré « l'inspiration territorialiste »[252] de la règle consacrée dans la première disposition. Un tel état de fait contraste frontalement avec la tendance ou la volonté des États à se prévaloir habituellement de cette aspiration considérant que la règle générale voudrait que la « juridiction » soit territoriale[253]. Bien que, l'on reviendra sur les raisons qui sous-tendent cette attitude plus loin dans cette même étude, l'affaire *C c/ Australie*[254], est un exemple typique à ce sujet. Dans cette décision, l'Australie estime que le mariage de la requérante célébré à l'étranger est un acte qui a eu lieu en dehors de sa « juridiction » et n'a aucun effet juridique à l'intérieur. Il demande au CDH de déclarer la demande irrecevable *rationae loci*. En réponse à cette exception soulevée, le CDH considère que dans la mesure où la requérante affirme être directement affectée en Australie, pays où elle « réside », où il lui est impossible d'avoir accès à la procédure de divorce dans des conditions d'égalité au regard de la loi, la demande est recevable *ratione loci* au regard de l'article premier du Protocole facultatif.

70. Sur le fondement de l'article 3 du Protocole facultatif, le CDH a également la possibilité de rejeter les plaintes insuffisamment étayées. L'auteur d'une communication a ainsi intérêt pour conforter sa plainte, à

---

250 CDH, *Almas Kusherbaev c/ Kazakhstan*, 2013, comm. n° 2027/2011, § 8.3.

251 CDH, *Mika Miha c/ Guinée équatoriale*, 1994, comm. n° 414/1990.

252 P. DE SENA, « Juridiction étatique et imputation des violations extraterritoriales des droits de l'homme : quelques observations », *in* D. ALLAND *et al.* (éds.), *Unité et diversité du droit international/Unity and Diversity of International Law, Ecrits en l'honneur du professeur Pierre-Marie Dupuy*, Leiden/Boston, Martinus Nijhoff Publishers, 2014, p. 785.

253 CDH, *Mohammad Munaf c/ Roumanie*, 2009, comm. n° 1539/2006, § 9.3.

254 CDH, *C c/ Australie*, 28 mars 2017, comm. n° 2216/2017, § 7.4 et 7.5.

présenter des éléments de preuves détaillés. Dans le cas contraire, il risque de voir sa demande déclarée irrecevable. Nos propos seront illustrés par quelques décisions dans lesquelles le CDH a montré qu'il n'est pas une quatrième instance ni un organe compétent pour la qualification des faits comme les tribunaux nationaux.

Il résulte de l'analyse factuelle de l'affaire *Ch. H. O c/ Canada*, que l'auteur de la communication le sieur Ch. H. O, de nationalité coréenne arrivé au Canada en 2008 pour y faire ses études, était censé accomplir le service militaire obligatoire institué par la législation de son pays, un devoir qui selon lui, était contraire à ses convictions religieuses en sa qualité d'objecteur de conscience. Dans l'attente d'une modification de ladite législation en sa faveur c'est-à-dire une nouvelle législation pouvant l'exempter de ce service, l'auteur a préféré proroger son séjour à l'étranger en demandant au service d'asile du Canada sa régularisation afin de pouvoir résider dans son pays d'accueil. Toutes ses démarches ou recours n'ayant pas abouti et après épuisement de toutes les voies de recours internes et alors qu'il était sur le point d'être expulsé, il formula une demande auprès du CDH afin que ce dernier examine son cas. Après une longue procédure contradictoire, le CDH rend sa décision en ses termes :

> « (...), le Comité considère que, dans sa communication, l'auteur n'a pas montré que l'État partie avait violé l'article 18, lu conjointement avec le paragraphe 1 de l'article 2, en l'expulsant et en l'exposant à un risque de poursuites et de condamnation en République de Corée qui aurait donné lieu à un préjudice irréparable, tel que celui envisagé aux articles 6 et 7 du Pacte. Le Comité constate donc que la communication est irrecevable en vertu de l'article 2 du Protocole facultatif [255]»

71. Dans une autre affaire similaire - *Singh c/ Canada* - l'auteur en attente d'expulsion est de nationalité Indienne. Les experts devaient se prononcer sur la question de savoir s'il existait des motifs pouvant attester la possibilité qu'il puisse subir des traitements prohibés au titre des articles 6 et 7 du PIDCP au cas où son expulsion deviendrait effective. Le CDH souligne que sur les mêmes fondements, la demande d'asile de l'auteur auprès de la Commission de l'immigration et du statut de réfugié du Canada avait été rejetée au motif qu'il s'agissait de déclarations non étayées. De même la demande d'évaluation du risque préalable de renvoi qui avait été étudiée, a été rejetée sur les mêmes bases légales. Par conséquent, l'auteur n'a pas prouvé l'existence de risques réels et imminents pouvant porter atteinte à sa vie s'il fait l'objet de renvoi qui

---

[255] CDH, *Ch. H. O c/ Canada*, 2016, comm. n° 2195/2012, § 9.5. Voy aussi: CDH, *Brychta c. République tchèque*, 2009, comm. n° 1618/2007. ; CDH, *Gunaratna c/ Sri Lanka*, 2009, comm. n ° 1432/2005 ; CDH, *N. D c/ Russie*, 2017, comm. n° 2161/2012.

sera contraire aux article 6 et 7 du PIDPC[256]. Cependant, la décision contraire de recevabilité pourrait être prise s'il est constaté que des éléments de preuve ou l'application de la législation nationale ont été manifestement arbitraires ou constitutifs de déni de justice ou que le tribunal a manqué par ailleurs à son obligation d'indépendance et d'impartialité.

72. À ces conditions dégagées formellement par les États dans le Protocole facultatif, se superpose une pratique jurisprudentielle constante progressivement consolidée par l'interprétation matérielle opérée par le CDH. Cette pratique laisse entrevoir une volonté de ce dernier de répondre aux exigences de l'effectivité du Protocole et par ricochet du PIDCP devant lui permettre d'être à la hauteur de ses objectifs ou de son mandat.

B/ L'interprétation du CDH aux fins de l'effectivité des garanties procédurales

73. Le droit de pétition des individus tel que son évolution l'enseigne, exprimé autrement ici sous le vocable du « droit à la soumission des communications » est un droit qui possède une portée protectrice, affirmait le Professeur K. VASAK[257]. Il s'agit, en effet, du dernier outil disponible pour ceux qui n'ont pas obtenu justice dans l'ordre interne ou régional. Cette affirmation amène à comprendre indirectement l'importance qu'accorde le CDH à ce droit lors de son contrôle. En effet, celui-ci opère un contrôle basé sur une analyse qui, à tout le moins, pourrait amener à le qualifier de *pro victima* en raison son orientation *« towards a victim-centered approch »*[258]. Ce constat découlerait de son appréciation laxiste et ouverte des communications soumises à son examen. À l'analyse, la méthode dont il fait usage, se trouve être l'interprétation orientée des conditions de procédures applicables devant lui, d'ailleurs, faut-il le rappeler « il n'y a pas d'application sans interprétation »[259]. À y voir de plus près, on se rend compte de la finalité de cette approche interprétative qui vise à canaliser la volonté des États parties et

---

[256] CDH, *Singh c/ Canada*, 2006, comm. n° 1315/2004.

[257] K. VASAK, « Vers un droit international spécifique des droits de l'homme », *op. cit.*, p. 713. ; Voy. aussi, A.A. CANÇADO TRINDADE, « The Consolidation of the Procedural Capacity of Individuals in the Evolution of the International Protection of Human Rights: Present State and Perspectives at the Turn of the Century », *Columbia Human Rights Law Review*, 1998, vol. 30, pp. 1-27.

[258] G. KLETZEL, C.B. MAIA et M. ZWAIG, « Strengthening of UN Treaty Bodies' complaint procedures: Elements for a reform agenda from an NGO perspective », *in* C. BASSIOUNI et W. SCHABAS (éds.), *New Challenges for the UN Human Rights Machinery: What Future for UN Treaty Body System and Human Rights Council Procedures*, Cambridge/Antwerp/Portland/, Intersentia, 2011, p. 197.

[259] J.-M. SOREL, « Convention de Vienne de 1969, article 31 Règle générale d'interprétation », *in* M. DIDAT (éd.), CORTEN et P. KLEIN (dirs.), *Les Conventions de Vienne sur le droit des traités. Commentaire article par article*, Vol II, Bruxelles, Bruylant, 2006, p. 1292.

par là, réserver la meilleure protection aux individus. Les implications d'une telle attitude du CDH démontrent à suffisance sa tendance à œuvrer pour atteindre la garantie procédurale ou l'effectivité des droits procéduraux, dans la mesure où la quête de l'effectivité de ces droits est *a fortiori* au cœur de l'interprétation évolutive des organes de protection en droit international des droits de l'homme[260].

74. Il convient de préciser, eu égard à ce qui précède, que cette pratique interprétative permettant au CDH, quelques fois, d'aller au-delà du cadre prévu par le Protocole facultatif et de dégager sa propre grille de lecture, est fondée sur le principe de progressivité des moyens procéduraux[261] et l'autonomie procédurale[262]. Cette pratique très développée dans sa jurisprudence s'est avérée au fil du temps d'une grande utilité en permettant le développement d'un droit procédural prétorien autonome sur fond de l'effectivité de ses droits. C'est cette autonomie qui lui permettra de s'acquitter efficacement de sa mission en faisant primer l'interprétation finaliste sur toute autre lecture littérale du texte, et ce, dans l'intérêt des justiciables qui n'hésiteront pas à lui faire recours[263]. Il sera question de mettre d'abord en lumière cette pratique à l'égard des conditions de recevabilité permanentes **(1)** avant d'aborder dans le même ordre d'idées le contrôle des conditions de recevabilité supplémentaires **(2)**.

---

[260] F. TULKENS, « Les techniques interprétatives des organes de protection des droits de l'homme », *op. cit.*, p. 536. Voy. de même J. TOUSCOZ, *Le principe d'effectivité dans l'ordre international*, *op. cit.*, p. 162. Selon l'analyse de ce dernier, l'interprète d'un traité en droit international, « ne devra pas seulement en droit international rechercher la volonté des parties au moment de la conclusion des traités. Il devrait tout autant tenir compte de critères objectifs tels que le but social du traité, les conditions de son application, son effectivité ».; dans le même sens, voir : S. TOUZE, « Les techniques interprétatives des organes de protection des droits de l'homme », *R.G.D.I.P*, 2011, n° 2, pp. 517-532. ; M. FITZMAURICE, « Dynamic (Evolutive) Interpretation of Treaties, Part I », *The Hague Yearbook of International Law*, 2008, n° 21, pp. 101-153. ; P. PALCHETTI, « Interpreting ''Generic Terms'': Between Respect for the Parties' Original Intentionand the Identification of the Ordinary », *in* N. BOSCHIERO *et al.* (éds.), *International Courts and the Developmentof International Law, Essays in Honour of Tullio Treves*, The Hague, The Netherlands, T.M.C. Asser Press, Springer-Verlag Berlin Heidelberg, s.d., pp. 91-105.

[261] Pour mieux comprendre les raisons de cette attitude du CDH, Voy. F. SALVIOLI, « La perspective pro personne : un mécanisme d'interprétation contemporaine des instruments internationaux des droits humains », in *Réciprocité et universalité - Sources et régimes du droit international des droits de l'homme, Mélanges en l'honneur du Professeur Emmanuel Decaux*, Paris, Pedone, 2017, p. 902 et suiv.

[262] Pour une compréhension large sur la question de « l'autonomie » en droit international, Voy. R. COLLINS, « Chapter 4: Autonomy », in *Concepts for international law: contributions to disciplinary thought*, Cheltenham, UK, Edward Elgar Publishing, 2019, p. 62.

[263] F. SALVIOLI, « La perspective pro personne : un mécanisme d'interprétation contemporaine des instruments internationaux des droits humains », *op. cit.*, p. 902 et suiv.

1) Le contrôle du CDH des conditions permanentes de recevabilité : un contrôle assoupli

75. À l'aune de ce qui précède, il est facile de constater que le CDH dans son entreprise interprétative concernant la condition de l'épuisement des recours internes s'est plutôt rangé du côté de la victime mais, ceci avec raison gardée puisqu'il ne perd pas de vue pour autant les exigences élémentaires des États. Cette volonté manifeste s'inscrit dans la consolidation de la garantie d'accès à la justice internationale et, par là, de la portée effective du recours individuel[264]. D'autant plus que cette possibilité offerte aux particuliers de faire valoir leur droit devant une tierce personne impartiale dans l'ordre international est considérée comme la garantie par excellence de l'effectivité des droits de l'homme[265]. Au regard de ce qui précède, s'il va de soi que le recours individuel ne peut être mis en mouvement que lorsque le requérant aura des preuves ou des doutes sérieux que l'État aurait failli à ses obligations de protection, en même temps, on comprendrait que le CDH entend indirectement exempter le requérant de l'obligation d'épuisement des recours internes qui pèse sur lui. Cependant, pour parvenir à ses fins, il construit son raisonnement en tenant compte des circonstances de chaque affaire.

76. Il ressort de cette pratique du CDH que le requérant n'est pas en tant que tel obligé d'épuiser les recours qui par leur nature, se révèlent inefficaces ou ne lui sont pas accessibles[266]. Quelques décisions en portent témoignage sans toutefois prétendre à l'exhaustivité. Il résulte de la jurisprudence du CDH que les recours internes qui ne sont pas assortis d'effet suspensif à l'égard de la victime ne garantissent pas son droit à un recours effectif. Il considère dans cette même perspective que si l'auteur d'une requête a l'obligation de se prévaloir de tous les recours internes disponibles, pour satisfaire à la condition énoncée au paragraphe (2) (b) de l'article 5 du Protocole facultatif, encore faut-il que ces recours offrent des possibilités de garanties effectives au requérant[267]. On remarquera aisément que ce raisonnement du CDH dépasse

---

[264] C.P.R. ROMANO, « The Rule of Prior Exhaustion of Domestic Remedies: Theory and Practice in International Human Rights Procedures », *op. cit.*, p. 564.

[265] D. LOCHAK, « Présentation », *in* V. CHAMPEIL-DESPLATS et D. LOCHAK (dirs.), *À la recherche de l'effectivité des droits de l'homme*, Paris, Presses universitaires de Paris Nanterre, 2008, pp. 7-10, Disponible sur Internet : <http://books.openedition.org/pupo/1142>.

[266] P. R. GHANDHI, « Some Aspects of the Exhaustion of Domestic Remedies Rule under the Jurisprudence of the Human Rights Committee Comments », *German Yearbook of International Law*, 2001, vol. 44, p. 488.

[267] CDH, *W. K. c/ Canada*, 2018, comm. n° 2292/2013. En l'espèce il s'agit d'une affaire d'expulsion d'un ressortissant Egyptien résident au Canada vers son pays d'origine. L'État soulevait l'exception d'irrecevabilité qu'il fonde sur la disponibilité d'un recours quel le requérant n'aurait pas épuisé. Il est question de la demande de résidence permanente fondée sur des motifs d'ordre humanitaire (« demande CH ») sachant que ce recours n'entraîne pas le

la simple restriction inscrite dans le paragraphe (2) (b) de l'article 5 du Protocole facultatif alors qu'il devrait limiter son appréciation à la question « des procédures de recours qui excèdent les délais raisonnables »[268]. La même motivation le conduit cette fois-ci sur le terrain de la litispendance.

77. En effet, force est de constater que le CDH dans l'exercice de sa fonction impose sa propre doctrine. Afin d'éviter que des cas de litispendance aboutissant au rejet de la demande ne se produisent avec récurrence, le CDH dans son interprétation, refuse de reconnaître la qualité d'organe international de règlement de différends à une catégorie de mécanismes internationaux de protection des droits de l'homme. La conséquence directe de cette démarche étant l'extension de son domaine de compétence qui se traduirait par l'ouverture large de son prétoire aux victimes[269]. Dans une autre affaire récente *(Karim Wade c/ Sénégal)*, en confirmant bien d'autres, le CDH a écarté l'argument dont fait état l'État sénégalais selon lequel il y aurait litispendance quant à la décision du Groupe de travail des Nations Unies pour

---

sursis des mesures de renvoi en cas de réponse négative. Cet argument a retenu l'attention du CDH et l'a amené a déclaré la communication recevable pour examen au fond. (Voy. aussi CDH, *Jama Warsame* c/ *Canada*, 2011, comm. n° 1959/2010 ; CDH, *K.A.L. et A.A.M.L. c/ Canada*, 2012, comm. 1816/2008.) Certes la règle de l'épuisement des recours internes est une sorte de bouclier pour l'État défendeur. Elle l'immunise contre les organes de protection internationale en lui accordant une première place lorsqu'il lui donne la possibilité de régler le grief dans son ordre juridique interne avant toute implication extérieure. En réalité, ce bouclier lui pourrait être retiré par le CDH. Par exemple lorsque celui-ci remarque l'inefficacité des recours internes qui par exemple peuvent être l'effet d'une politisation excessive de la justice remettant ainsi en cause le droit du requérant de bénéficier des garanties procédurales d'une audience équitable et publique par un tribunal compétent, indépendant, et impartial. Suivons à cet effet, le raisonnement du CDH dans la jurisprudence : CDH, *Arzuaga Gilboa c/ Uruguay*, 1984, comm. n°147/83, spéc. § 12 « *When adopting its decision on adimiasibil lity on 12 April1984, the Committee observe that the decision could be reviewed in the light of further explanations which the state party might submit under article 4, paragraph 2, of the optional Protocol with respect to the allegations of violations of article 7 and 10 paragraph 1 of the Covenant. The Committee notes in this regard that no details have been furnished to it of any domestic remedies claimed to have been available to the alleged victims to the material time. The committee therefore sees no reason for reviewing its decision on admissibility* »; Dans la jurisprudence CDH, *Phillip c/ Jamaique*, comm. 594/92, il décide qu'une personne n'est pas tenue d'épuiser les recours internes s'il est dangereux pour elle de le faire ou encore CDH, *Pratt et Morgan c/ Jamaique*, comm. 210/86, les requérants n'étaient tenus d'épuiser les recours internes n'ayant pas de chance de réussir. ; CDH, Min-Kyu Jeong et consorts c/ République de Corée, le 24 mars 2011, comm. n° 1642-1741/2007, par 6.3.

[268] Voy. *L'Opinion individuelle* du membre A. AMOR sous la jurisprudence, CDH, *M. Ati Antoine Randolph c/ Togo*, 2003, comm. n° 910/2000.

[269] Voy. de même CDH, M. *Ati Antoine Randolph c/ Togo*, 2003, comm. n° 910/2000, § 8.4 « (…) l'examen fait par la Commission des droits de l'homme des Nations Unies ne pouvait pas être considéré comme étant de même nature que l'examen des communications émanant de particuliers au sens de l'alinéa (a) du paragraphe 2 de l'article 5 du Protocole facultatif. (…) la Commission des droits de l'homme des Nations Unies n'est pas une instance d'enquête ou de règlement au sens de l'article 5, paragraphe 2 (a) du Protocole facultatif se rapportant au PIDCP. »

la détention arbitraire ainsi que la décision de la Cour de justice de la CEDEAO. Le CDH a réitéré sa position traditionnelle au regard de l'article 5 paragraphe 2 du Protocole facultatif. Il estime que le fait que le Groupe de travail des Nations Unies sur la détention arbitraire ait rendu un avis sur ce cas ne l'empêchait pas de se pencher sur la requête à lui soumise[270]. Par ailleurs, il lui est possible de connaitre une requête préalablement soumise à une instance internationale d'enquête et de règlement dès lors que l'objet et les motifs sont distincts. En l'espèce, le grief soulevé par le requérant n'avait pas fait l'objet d'examen devant la Cour de justice la CEDEAO[271].

78. Il est important de reconnaitre qu'un tel raisonnement du CDH aboutissant à l'acceptation matérielle de cette condition de recevabilité constitue pour lui un véritable succès grâce à son interprétation fort intéressante de la formule : « la même question est en cours d'examen » retenue dans le Protocole facultatif. C'est d'ailleurs ce qu'on observe vis-à-vis des décisions d'irrecevabilités rendues par la Cour EDH qui lui sont transmises par la suite. Effectivement, quand on sait par exemple que cette cour engorgée par des demandes individuelles, parvient à déclarer irrecevable 97% des requêtes qui lui sont adressées et que ses décisions d'irrecevabilités sont quelques fois peu motivées, le CDH ne peut que se réjouir indirectement d'une situation[272] qui fait de lui, « un juge qui juge les juges »[273].

79. C'est donc assez dire que le CDH arrive dans cet élan à développer une autonomie propre de raisonnement[274] et d'appréciation dans la construction

---

[270] Voy. aussi, CDH, *Ibrahim Aboubakr Al Khazmi c/ Libya*, 2008, comm. n° 1832/2008. Para. 7,2. (*The Committee notes that the case of Ismail Al Khazmi was reported to the Special Rapporteurs on Torture and Summary Executions. However, it recalls that extra-conventional procedures or mechanisms established by the Commission on Human Rights or the Human Rights Council, and whose mandates are to examine and report publicly on human rights situations in specific countries or territories, or cases of widespread human rights violations worldwide, do not generally constitute an international procedure of investigation or settlement within the meaning of article 5, paragraph 2 (a), of the Optional Protocol.*)

[271] CDH, *Karim Wade c/ Sénégal*, 2018, comm. n° 2783/2016, § 11.3. Dans le fond de son analyse, le CDH estime que l'arrêt de la Cour de la CEDEAO est intervenu deux ans plus tôt avant l'arrêt de la juridiction de l'État partie 23 mai 2015 pour la CREI et le 20 août 2015 pour la Cour suprême. Il est d'avis que si l'auteur et les faits pouvaient être similaires, l'objet ne saurait être similaire. La violation alléguée par l'auteur de l'article 14 paragraphe 5 du PIDCP ne pouvant être constituée le 22 février 2013.

[272] Voy. W. SCHABAS, *U.N. International Covenant on Civil and Political Rights*, 3rd éd., *op. cit.*, p. 1042.

[273] E. DECAUX, « La perspective internationale au regard des organes de traités sur les droits de l'homme des Nations Unies », *in* J. ANDRIANTSIMBAZOVINA, L. BURGORGUE-LARSEN et S. TOUZÉ (dirs.), *La protection des droits de l'homme par les cours supranationales, Actes du colloque des 08 et 09 octobre 2015*, 31, Publications de l'Institut international des droits de l'homme, Paris, Pedone, 2016, p. 226.

[274] G. DANNENBERG, « L'articulation entre les procédures de plaintes et de communication devant les organes de contrôle », *in* E. DECAUX et O. DE FROUVILLE (dirs.), *La dynamique du système des traités de l'ONU en matière des droits de l'homme. Acte du colloque du 10*

d'une jurisprudence sur les garanties procédurales à la portée étendue. Pour ce faire, il lui arrive de mettre parfois à rude épreuve les réserves[275] émises par certains pays membres du Conseil de l'Europe relatives au cumul de procédures entre lui et la Cour EDH[276] dont la finalité est de soustraire sa compétence de tout litige déjà connu par la Cour EDH. Afin d'illustrer ces propos, il est judicieux d'évoquer quelques décisions topiques. L'une des premières décisions dévoilant les intentions du CDH fut la décision *Casanova c/ France*[277]. Dans une autre affaire récente, on retrouve cette même analyse du CDH à l'égard d'une décision d'irrecevabilité de la Cour EDH. Dans cette affaire - *Miriana Hebbadj c/ France*[278] - le CDH considère qu'à la lecture de la lettre d'irrecevabilité de la Cour EDH invoquant les articles 34 et 35 de la CEDH, celle-ci n'a apporté aucune argumentation ou clarification à la requérante quant aux motifs de l'irrecevabilité de la décision pour justifier le rejet. Au vu de ces circonstances particulières, il ne lui est pas possible de déterminer si l'affaire a déjà fait l'objet d'un examen « même limité au fond ». Ce raisonnement permet au CDH d'écarter la réserve émise par la France qui aurait pu l'empêcher de connaitre l'affaire, afin de se déclarer compétent au fond[279]. On aura compris qu'il faudrait dans ces circonstances, pour l'amener à décliner sa compétence, plus d'éléments de preuve « de l'examen » à la disposition du CDH ne serait-ce qu'un examen limité de la Cour EDH au fond

---

Novembre 2014, Publications du Centre de recherche sur des droits de l'homme et le droit humanitaire., Paris, Pedone, 2015, p. 188. ; dans le même sens, Y. SHANY, *Assessing the effectiveness of international courts*, *op. cit.*, p. 81.

275 Souvenons-nous que 18 pays membres du Conseil de l'Europe en partie avaient émis une telle réserve devant disqualifier le CDH de connaitre les affaires déjà connues par la Cour EDH. Voy., J. DHOMMEAUX, « Le forum shopping devant les organes conventionnels dans le système des Nations Unies », *in* J.-F. FLAUSS et S. TOUZE (dirs.), *Le contentieux international des droits de l'homme et le choix du forum : Les instances internationales de contrôle face au forum shopping*, Droit & justice, n° 97, Bruxelles, Bruylant/ Némésis, 2012, p. 18. La réserve de la France à l'alinéa a) du paragraphe 2) de l'article 5 du Protocole facultatif est ainsi libellée : « La France fait une réserve à l'alinéa a) du paragraphe 2 de l'article 5 en précisant que le Comité des droits de l'homme ne sera pas compétent pour examiner une communication émanant d'un particulier si la même question est en cours d'examen ou a déjà été examinée par une autre instance internationale d'enquête ou de règlement. ».

276 F. SUDRE, *Droit européen et international des droits de l'Homme*, *op. cit.*, p. 485 et suiv. ; S. KARAGIANNIS, « La multiplication des juridictions internationales : un système anarchique ? », *op. cit.*, pp. 129-130.

277 CDH, *Casanovas c/ France*, 1994, comm. n° 441/1990, § 5.1 et 2. En l'espèce, il s'était agi d'une demande devant la Commission européenne des droits de l'homme et des libertés fondamentales (cette dernière supprimée en 1998) par le sieur Casanova contre le délai de traitement par le Tribunal administratif d'une mesure de révocation à la fonction publique.

278 CDH, *Miriana Hebbadj c/France,* 2018, comm. n° 2807/2016, §, 6.3 et 6.4. Dans cette affaire, L'intéressée une femme musulmane est poursuivie et reconnue coupable pour infraction à la loi pour avoir porté une tenue qui dissimulait son visage dans un espace public. Dans le même sens, voir CDH, *Sonia Yaker c/ France*, 2018, comm. n° 2747/2016 § 6.1, 6.2, 6.3.

et non un examen essentiellement formel[280]. Parallèlement dans l'affaire *Alekseev c/ Fédération de Russie*[281] relative à la liberté de manifestation des minorités sexuelles, à la suite de l'exception de litispendance soulevée par l'État défendeur, le CDH après examen des observations des parties, estime que :

> « (..) Il ressortait clairement des informations disponibles dans le dossier que les requêtes déposées par l'auteur devant la Cour EDH et la présente communication concernaient la même personne et portaient sur les mêmes droits substantiels. Toutefois, les requêtes soumises à la Cour EDH ne concernaient pas la manifestation particulière à laquelle il était fait référence dans la communication. En conséquence, le CDH a considéré que les dispositions du paragraphe 2 a) de l'article 5 du Protocole facultatif ne l'empêchaient pas d'examiner la communication. »

80. On notera à l'aune de ce qui précède que ces techniques permettent au CDH de se montrer très « concurrentiel » face à cette cour en donnant la possibilité aux justiciables de se faire entendre. De ce fait, lorsqu'il se retrouve dans des situations similaires, presque rien ne lui fait obstacle afin de reconnaitre sa compétence. Cette tactique est bien connue au point d'être schématisée comme étant plus efficace de « Genève vers Strasbourg » que de « Strasbourg vers Genève » pour reprendre les termes du Professeur G. COHEN-JONATHAN[282].

81. Un autre élément pertinent qu'il faut souligner dérive de la position habituelle du CDH lorsqu'il est confronté à la divergence d'interprétation linguistique opposant les parties au contentieux. En effet, certains cas font état de ce que, les États parties revendiquent en leur faveur une interprétation littérale et conservatrice de la règle relative à la litispendance selon les différentes versions linguistiques des dispositions du Protocole facultatif. Est ainsi souvent mise en cause la version espagnole du paragraphe 2 a) de l'article 5 du Protocole facultatif : *« no ha sido sometido ».* Contrairement au requérant, l'État défendeur estime que cette version devrait être analysée comme : « la même question n'a pas été soumise » à une autre instance

---

[280] CDH, *Elena Pronina c/ France*, 2014, comm., n° 2390/2014, Voy. J. DHOMMEAUX, « Le forum shopping devant les organes conventionnels dans le système des Nations Unies », *op. cit.*, p. 34.

[281] CDH, *Nikolai Alekseev c/ République de Russie*, 2013, comm. n° 1873/2009, § 8.3. Voir aussi, CDH, *Ory c. France,* 2014, comm. no 1960/2010, §.2, La requête déposée auprès de la Cour EDH a été déclarée irrecevable pour forclusion. Adressée au CDH, il se déclare compétent estimant que la Cour EDH n'a pas examinée l'affaire au sens de l'article 5 § 2.a du Protocole facultatif.

[282] G. COHEN-JONATHAN, « La France, la Convention européenne des droits de l'homme et le Pacte international relatif aux droits civils et politiques », *Les Petites Affiches*, mai 2000, vol. 104, pp. 39-50.

internationale d'enquête ou de règlement. La réaction du CDH ici ne surprend pas au regard de sa politique orientée. De façon constante, il considère que « les termes de cette version doivent être interprétés à la lumière des autres versions linguistiques, ce qui signifie qu'il doit s'assurer que la même question « n'est pas déjà en cours d'examen » par une autre instance internationale d'enquête ou de règlement »[283]. En réalité, le CDH s'est appuyé sur le paragraphe 4 de l'article 33 de la Convention de Vienne de 1969 pour mettre en avant le principe de « l'effet utile » couplé au principe *pro personae* et de la bonne foi. Force est d'admettre donc que la logique finaliste amène le CDH à réduire considérablement la portée de l'argument tiré d'une litispendance supposée entre lui et les autres organes tiers. Dorénavant, soulever cette exception procédurale devant son prétoire ne constitue pour lui qu'un obstacle mineur.

2) L'interprétation des critères de compétence promue par le principe de l'effectivité

82. À bien des égards, il n'est pas rare de constater que le CDH s'est permis d'ouvrir son prétoire à des questions qui en temps normal échappent à sa compétence. En effet, il ressort des dispositions de l'article 3 du Protocole facultatif que le CDH devrait déclarer irrecevable toute communication relative au Protocole Facultatif si celle-ci est incompatible avec le PIDCP. Autrement dit, aucune communication ne sera recevable si la violation alléguée ne porte pas sur un droit protégé par le PIDCP[284]. Toutefois, il est possible de noter que cette notion de « compatibilité » a fait l'objet d'une attention particulière du CDH qui dans le but de lui attribuer un effet utile vis à vis du PIDCP, l'a largement interprétée dans le cadre de sa compétence *rationae materiae*[285]. Une telle démarche est remarquable par exemple dans les affaires soulevant des griefs contre l'article 26 du PIDCP qui porte sur la garantie du principe d'égalité et de non-discrimination vis-à-vis d'autres droits non-protégés par le PIDCP. La célèbre décision *Broeck c/ Pays-Bas*[286] s'inscrit dans cette logique. Cet état de chose aboutit à l'élargissement de son domaine d'intervention en ce qu'il parvient à contrôler indirectement le PIDESC, et ce, en se basant sur le fait que l'article 26 du PIDCP est une

---

[283] CDH, *Semey c. Espagne*, 2003, comm. no 986/2001, spéc. § 8.3 ; CDH, *Rafael Rodríguez Castañeda c/ Mexique*, 2013, comm. n° 2202/2012, spéc. § 6.3.

[284] CDH, *E. M. E. H. c/ France*, 1991, comm. n° 409/1990.

[285] P. WACHSMANN, « Les méthodes d'interprétations des conventions internationales relatives à la protection des droits de l'homme », *op. cit.*, p. 186 et suiv.

[286] CDH, *Broeks c/ Pay-Bas*, 1987, comm. n° 172/1984 § 14.

disposition autonome interdisant toute discrimination quels que soient les domaines.

83. Dans une autre perspective concernant maintenant sa compétence *rationae personae*, le CDH tient cette compétence *rationae personae* non seulement de l'individu victime mais aussi de l'État partie au mécanisme contentieux. La dynamique interprétative l'amène à faire peser des obligations positives à la charge des États parties. Cela étant, rien n'empêche le CDH d'engager la responsabilité de l'État partie non seulement pour les faits dommageables perpétrés par ses propres agents mais aussi pour des actes perpétrés par les agents ayant outrepassé leurs attributions[287]. Sur ce fondement, la responsabilité d'un État partie a été engagée bien que ce dernier ait prouvé que l'agent à l'origine de l'enlèvement a agi en l'absence de son supérieur hiérarchique (*Sarma c/ Sri Lanka*)[288], de même pour des faits commis par des agents d'une autre puissance sur le territoire de l'État partie[289].

84. Aussi faut-il noter que le critère de « la qualité de victime » touchant la question de la qualité pour agir, a été également beaucoup revisité par le CDH qui reste très concentré sur le droit des personnes physiques, soucieux de leurs accorder une large protection du PIDCP. Dans cette perspective, bien qu'en refusant cette qualité aux personnes morales (les syndicats ou les ONG et autres), il finira par accepter les saisines multiples[290] en étendant la protection du PIDCP afin qu'elle couvre, non seulement les nationaux des États parties, mais aussi tout individu se trouvant sur leur territoire et relevant de leurs compétences. Une démarche, qu'il a pris soin de souligner dans son *Observation générale* n°15[291], réitérer dans son *Observation générale* n° 31[292].

---

[287] Cet élargissement des motifs d'imputabilité de la responsabilité de l'État pour des faits qui ne rentre pas forcement dans son champs d'action a été précisé par le CDH dans son *Observation générale* n°31, § 8, en ces termes : « Les États parties ne pourront pleinement s'acquitter de leurs obligations positives, visées au paragraphe 6, de garantir les droits reconnus dans le Pacte que si les individus sont protégés par l'État non seulement contre les violations de ces droits par ses agents, mais aussi contre des actes commis par des personnes privées, physiques ou morales, qui entraveraient l'exercice des droits énoncés dans le Pacte dans la mesure où ils se prêtent à une application entre personnes privées, physiques ou morales (...) ».

[288] CDH, *Sarma c/ Sri Lanka*, 2003, comm. n° 950/2000.

[289] CDH, *Alzery c/ Suède*, 2006, comm. n° 1416/2005. CDH, *M. A. Estrella c/ Uruguay*, 1983 comm. n° 74/1980.

[290] CDH, *Gueye c/ France*, 1989, comm. 16/1985.

[291] CDH, *Observation générale* n° 15 sur la situation des étrangers au regard du Pacte de 1986 §.1 et 2.

[292] CDH, *Observation générale* n° 31 §10. Sur la nature de l'obligation juridique générale imposée aux États parties au Pacte. Le contenu de ce paragraphe partiellement ainsi libellé : « Aux termes du paragraphe 1 de l'article 2, les États parties sont tenus de respecter et garantir à tous les individus se trouvant sur leur territoire et à tous ceux relevant de leur compétence les droits énoncés dans le Pacte. Cela signifie qu'un État partie doit respecter et garantir à quiconque se trouve sous son pouvoir ou son contrôle effectif les droits reconnus dans le Pacte même s'il ne se trouve pas sur son territoire.(...), la jouissance des droits reconnus dans le Pacte,

Toujours dans cette dynamique d'offrir une meilleure protection, le CDH a établi d'autres critères qui, une fois remplis, peuvent amener les personnes concernées à prétendre être victimes sans forcément être directement touchées par l'acte ayant causé la violation du droit. Il a ainsi reconnu à une personne, la qualité de « victime indirecte » d'une violation des droits de l'homme occasionnée par le fait d'un tiers sur une autre personne ou encore la qualité de « victime potentielle » à une personne lorsque les dispositions d'une loi nationale sont telles qu'elles pourraient constituer une menace pour les droits de l'individu, et ce, même si elles n'ont pas été appliquées à son égard[293]. À la lecture de ces décisions, il apparait clair qu'il n'a pas été hermétiquement fermé aux préoccupations des personnes n'ayant pas réuni les conditions pour intenter une action auprès de lui sachant a priori que, cette possibilité (la représentation) n'est pas expressément prévue. Ainsi, pour réclamer l'application effective de ce droit, l'auteur de la *communication* devrait selon les cas être muni d'un mandat ou non[294].

85. Quant à ce qui touche à la compétence *rationae temporis,* elle renvoie non seulement au délai d'introduction de la *communication* mais aussi à la période de déroulement des faits litigieux. À titre de rappel, la présentation d'une requête n'est pas *a priori* assortie de délais devant le CDH. Cependant, l'application révèle une particularité qui pourrait normalement être jugée comme une main tendue du CDH aux victimes de violations de longue date n'ayant pas obtenu justice en leur demandant de se tourner vers lui. Il reste que pour sortir de l'impasse, une modification récente a restreint cette possibilité face à l'usage abusif de cette marge par des auteurs qui sollicitent le CDH avec une tardiveté notoire[295] sans être à même d'apporter des

---

loin d'être limitée aux citoyens des États parties, doit être accordée aussi à tous les individus, quelle que soit leur nationalité ou même s'ils sont apatrides, par exemple demandeurs d'asile, réfugiés, travailleurs migrants et autres personnes qui se trouveraient sur le territoire de l'État partie ou relèveraient de sa compétence. »

293 CDH, *Toonen c/ Australie*, 1994, comm. n° 488/1992, § 5.1. Voir aussi, CDH, *Shirin Aumeeruddy-Cziffra and 19 other Mauritian women c/ Maurice*, 1981, comm. 035/1978. Sur ce sujet, voir : S. STAVRINAKI, *Le régime des procédures de communications individuelles dans le système des traités des Nations Unies relatifs aux droits de l'homme*, Publications de la fondation Marangopoulos pour les droits de l'homme, série n° 20, Paris, Éditions A. Pedone, 2016, p. 270 et suiv. ; L. HENNEBEL, *La jurisprudence du comité des droits de l'homme des Nations Unies. Le Pacte international relatif aux droits civils et politiques et son mécanisme de protection individuelle*, *op. cit.*, 360 et suiv. ; S. JOSEPH *et al.*, *Quels recours pour les victimes de la torture? : guide sur les mécanismes de communications individuelles des organes de traités des Nations Unies*, 04, Collection des guides juridiques de l'OMCT, Genève, OMCT, 2014, p. 51 et suiv. ; I. BOREFIJN, « Establishing state responsibility for breaching Human rights treaty obligations: avenues under un Human rights treaties », *op. cit.*, p. 172.

294 CDH, *Felicia Gilboe c/Uruguay*, 1984, comm. n° 147/198.

295 CDH, *Gobin c/ Maurice*, 2001, comm. n°787/1997. Mme C. CHANET, M. L. HENKIN, M. M. SCHEININ, M. I. SHEARER, M. MYALDEN sous cette décision, ont formulé une opinion dissidente en ces termes : « *les signataires de la présente opinion ne peuvent admettre que le*

justificatifs[296]. Néanmoins, afin de sauvegarder l'esprit *pro victima* qui sous-tend l'application du Protocole facultatif, le CDH s'est résolu à traiter cette situation au cas par cas en prenant soin de tenir scrupuleusement compte des circonstances de chaque espèce[297]. Lorsqu'on s'intéresse à la période de déroulement des faits par rapport à la date de la ratification de l'instrument de compétence, l'analyse prouve que le CDH tend à s'écarter de la règle. Il a plutôt accordé un traitement particulier aux affaires dont les faits sont antérieurs à la ratification mais dont les effets de la violation persistent après l'entrée en vigueur du Protocole à l'égard de l'État[298]. Là encore, il s'agit d'une dérogation dont le CDH s'est réservé le droit, par une appréciation individuelle à l'aune de ses propres règles pouvant l'amener à se déclarer compétent pour connaitre l'affaire ou non[299]. Dans l'affaire *Jaroslav et Alena Slezák c/ République Tchèque* [300], il revenait au CDH de se poser la question de savoir si les griefs de violation pouvaient être examinés *ratione temporis*. A cette question, il estime que :

> « Les confiscations ont eu lieu avant l'entrée en vigueur du Pacte et du Protocole facultatif pour la République tchèque, mais que les effets de la nouvelle législation, qui ne s'appliquent pas aux demandeurs n'ayant pas la nationalité tchèque, persistent après l'entrée en vigueur du Protocole facultatif pour la République tchèque, ce qui pourrait entraîner une discrimination en violation de l'article 26 du PIDCP. »

86. Dans la même perspective, la compétence *ratione loci* n'a pas été non plus ignorée comme nous l'avions mentionné plus haut. L'étude jurisprudentielle révèle que l'unique critère retenu dans l'interprétation est la notion de « juridiction de l'État » conformément à l'article 1er du Protocole

---

délai de cinq ans entre les faits incriminés et la présentation de la communication constitue, en dehors de toute justification convaincante donnée par l'auteur, un élément déterminant pour déclarer la communication irrecevable en vertu de l'article 3 du Protocole facultatif. En effet, le protocole ne fixe aucun délai pour présenter une communication. Le Comité ne peut par ce biais, introduire un délai de forclusion dans le Protocole facultatif. Enfin, aucun préjudice particulier n'a été causé à l'État partie en raison du délai ».

296 CDH, *Règlement intérieur du* CDH, article 96(c).

297 CDH, *Peter et Eva Gratzinger c/ République tchèque*, 2007, comm. n° 1463/2006, § 6.3 ; CDH, *Persan c. République tchèque*, 2009, comm. n° 1479/2006, § 6.3.

298 R. HIGGINS, « Time and the Law: International Perspectives on an Old Problem », *op. cit.*, p. 504.

299 Sur l'expertise du CDH sur la rétention de « l'effet persistant », Voy. K. YAKUSHIJI, « jurisdiction ratione temporis over a continuing violation and a violation of procedural obligation under the international covenant on civil and political rights », in *Réciprocité et universalité - Sources et régimes du droit international des droits de l'homme, Mélanges en l'honneur du Professeur Emmanuel Decaux*, Paris, Pedone, 2017, pp. 411-441.

300 CDH, *Jaroslav et Alena Slezák c/ République Tchèque*, 2009, comm. n° 1574/2007.

facultatif. La « juridiction » ici doit être comprise dans un sens second tel qu'interprété au-delà de son acception territoriale première[301]. C'est chose bien connue que les États sujets omnipotents en droit international sont toujours enclins à se soustraire à leur responsabilité internationale. Pour parvenir à ce résultat, ils s'organisent de manière à pouvoir se soustraire à tout contrôle international à l'égard des actes dont ils seraient les auteurs en dehors de leur propre territoire. L'affaire *Mohammad Munaf c/ Roumanie*[302] en témoigne à suffisance. L'État Roumain soutient que le CDH devrait déclarer la demande irrecevable au motif que le requérant le sieur Mohammad Munaf n'était pas sous sa « juridiction » ni ne relevait de sa compétence pour le simple fait « qu'il avait été brièvement présent à l'ambassade de Roumanie »[303]. Sachant qu' « il n'avait pas quitté de force l'ambassade et, au moment de son départ, il n'y avait pas de risque que ses droits soient violés »[304]. L'essentiel à retenir est que, bien que le CDH n'ait pas constaté la violation des droits du requérant par la Roumanie, il considère selon sa jurisprudence constante que :

> « Un État partie peut être responsable de violations extraterritoriales du Pacte, s'il constitue un lien dans la chaîne de causalité qui rendrait possibles des violations dans une autre juridiction. Il s'ensuit que le risque d'une violation extraterritoriale doit être une conséquence nécessaire et prévisible et doit être déterminé sur la base des

---

301 Voy. I. PANOUSSIS, « L'évolution de la "juridiction (iuris dictio) des Cours supranationales », *in* J. ANDRIANTSIMBAZOVINA, L. BURGORGUE-LARSEN et S. TOUZÉ (dirs.), *La protection des droits de l'homme par les cours supranationales, Actes du Colloque du 8 et 9 Octobre 2015*, Publications de l'Institut international des droits de l'homme, n° 31, Paris, Pedone, 31-54. ; S. TOUZÉ, « Si la compétence l'emportait sur le territoire? Réflexions sur l'obsolescence de l'approche territoriale de la notion de juridiction », *R.Q.D.I*, 2020, pp. 189-200. ;M. MILANOVIC, « From Compromise to Principle: Clarifying the Concept of State Jurisdiction in Human Rights Treaties », *Human Rights Law Review*, 2008, vol. 8, n° 3, p. 415.; C. RYNGAERT, « Chapter 37: Jurisdiction », *in* J. D'ASPREMONT et S. SINGH (éds.), *Concepts for international law: contributions to disciplinary thought*, Cheltenham, UK, Edward Elgar Publishing, 2019, p. 577.

302 CDH, *Mohammad Munaf c/ Roumanie*, 2009, comm. n°1539/2006 § 9.3. L'Etat défendeur estime que « *l'auteur ne relève plus de sa compétence puisqu'il a quitté la Roumanie le 15 mars 2005. Il ne se trouve pas « sous le pouvoir ou le contrôle effectif» de l'État partie, comme prescrit par l'Observation générale no 32 sur la nature de l'obligation juridique générale imposée aux États parties au Pacte. (...) étant donné que la règle générale veut que la juridiction soit territoriale et, seulement à titre exceptionnel, extraterritoriale, pour que l'exception puisse s'appliquer il doit être prouvé qu'il existe un lien de cause à effet entre l'action des agents d'un État et les actes subséquents allégués. Ainsi, pour que la responsabilité de l'État partie soit engagée, il faudrait démontrer que l'auteur était sous le pouvoir ou le contrôle effectif des autorités roumaines et qu'il y avait un lien de causalité entre les agents roumains et les violations alléguées invoquées.* »

303 *Ibid.* 9.6.

304 *Ibid.*

éléments dont l'État partie avait connaissance au moment des faits : en l'occurrence, au moment où l'auteur a quitté l'ambassade. »[305]

87. Il s'agirait en quelque sorte pour le CDH d'attirer l'attention des Etats sur leurs activités extraterritoriales produisant très souvent des effets négatifs sur les droits de l'homme[306]. Dorénavant, le CDH ne sera pas mis en marge de cette réalité, les cas dont il a été saisi en témoignent. Il finit par imposer sa vision de l'exception d'extraterritorialité, contrairement à la vision des États parties[307]. Ce faisant, il en appelle les États parties au PIDCP à leur responsabilité dans une logique d'accroissement des obligations les incombant[308]. Dans l'affaire *Kuok Koi c/ Portugal*[309], était en cause la responsabilité de l'État partie (le Portugal) vis-à-vis de l'île de Macao lorsque cette île était sous son autorité avant d'être transférée à la République populaire de Chine. En prenant appui sur cette jurisprudence, le CDH met en lumière la responsabilité extraterritoriale des États dans son *Observation générale* n°31[310]. C'est ainsi qu'il le souligne dans ses *Observations finales*

---

[305] *Ibid.* 14.2. Dans le même sens, CDH, *A. R. J.* c/ Australie, 1997, comm. n° 692/1996 ; CDH, *Judge c/ Canada*, 2002, comm. n° 829/1998 ; CDH, *Alzery c/ Suède*, 2006, comm. n° 1416/2005.

[306] Voy. *Opinions dissidentes* de M. IVAN SHEARER, Sir NIGEL RODLEY et M. YUJI IWASAWA concernant la décision de recevabilité de la même décision, spéc. § 4.

[307] Voy. CDH, *C c/ Australie*, 28 mars 2017, comm. n° 2216/2017, § 7.4 et 7.5

[308] D. LOCHAK, « Migrants, étrangers, refugiés, une visibilité croissante », *in* S. GROSBON (dir.), *Déterritorialisation de l'État : porosité des frontières,* Cahiers internationaux n°32, CEDIN, CREDOF, Université Paris Nanterre, Pedone, 2018, p. spéc. 211. Voy. aussi : O. DE FROUVILLE, « La responsabilité des États pour les activités extraterritoriales des entreprises et l'interprétation de la notion de "juridiction" par le Comité des droits de l'homme », in *Justice et droits de l'homme, Mélanges en l'hommage à Christine CHANET*, Paris, Pedone, 2019, pp. 67-86.

[309] CDH, *Kuok Koi c/ Portugal*, comm. n° 1134/2002.

[310] Il précise au sujet de la garantie des droits aux personne par les États parties en dehors de leur territoire que : « (…) Ce principe s'applique aussi à quiconque se trouve sous le pouvoir ou le contrôle effectif des forces d'un État partie opérant en dehors de son territoire, indépendamment des circonstances dans lesquelles ce pouvoir ou ce contrôle effectif a été établi, telles que les forces constituant un contingent national affecté à des opérations internationales de maintien ou de renforcement de la paix. », CDH, *Observation générale* n°31, § 10. Voy. également dans ce sens : W. SCHABAS, *U.N. International Covenant on Civil and Political Rights*, 3rd éd., *op. cit.*, p. 46. ; G. RAO, « The Application of the International Covenant on Civil and Political Rights to Hong Kong », *Washington International Law Journal*, Juin 1993, vol. 2, n° 1, pp. 9-35.; M. MILANOVIC, *Extraterritorial application of human rights treaties : law, principles, and policy*, Oxford monographs in international law, Oxford ; New York, Oxford University Press, 2011, 276 p. ; L. HENNEBEL et H. TIGROUDJA, *Traité de droit international des droits de l'Homme*, *op. cit.*, p. 821. ; G.S. GOODWIN-GILL, « The Extraterritorial Reach of Human Rights Obligations : A Brief Perspective on the Link to Jurisdiction », *in* L. BOISSON DE CHAOURNES et M.G. KOHEN (dirs.), *Le droit international et la quête de sa mise en œuvre*, Leiden, Brill | Nijhoff, Leiden | Boston, 2010, pp. 293-308.

adressées aux USA. En effet, il regrette dans cet esprit que l'État partie ait considéré que :

> « Le Pacte n'est pas applicable à l'égard des personnes relevant de sa compétence mais se trouvant en dehors de son territoire, alors que cette interprétation du paragraphe 1 de l'article 2 est contraire à celle qui est confirmée par la jurisprudence constante du Comité et celle de la Cour internationale de Justice ainsi que par la pratique des États »[311].

88. Il s'agit là d'une opposition frontale de position entre le CDH et les USA[312]. Non seulement les USA refusent toute interprétation extensive des termes de l'article 2 du PIDCP, de la part du CDH, mais ils ne reconnaissent pas sa compétence contentieuse auquel cas, ils se seraient retrouvés sur le banc des États défendeurs devant le CDH pour répondre des probables violations des droits humains perpétrés par leurs agents dans les centres de détention de Guantanamo et ailleurs[313].

PARAGRAPHE II/
LES MESURES D'URGENCE DEVANT LE CDH : UNE PROCEDURE INCIDENTE GARANTE DE L'EFFECTIVITE DES DROITS

89. « Qu'est-ce que l'urgence, est-ce un délai, une obligation ? un état ? », s'interrogeait la Professeure E. JOUANNET sur la définition d'une telle notion en droit international. Selon elle, « l'urgence peut être présentée comme un modèle de situation ayant pour effet juridique la nécessité d'une action »[314]. Il ressort de celle proposée par le Dictionnaire Larousse que c'est

---

311 Voy. CDH, *Observations finales* adressées aux États-Unis 14 avril 2014, Doc. n° CCPR/C/USA/CO/4, spéc. § 4.

312 Voy. CDH, 4ème Rapport périodique des États-Unis, Doc. n° CCPR/C/USA/4, spéc. § 502 et suiv.

313 CDH, *Observations finales adressées* aux États-Unis, *op. cit*, spéc. § 21.

314 E. JOUANNET, « Quelques observations sur la signification de la notion d'urgence », *in* H. RUIZ FABRI et J.-M. SOREL (dirs.), *Le contentieux de l'urgence et l'urgence dans le contentieux devant les juridictions internationales : regards croisés*, Contentieux International : 1ère journée du Contentieux international - 5 Juin 2002, Université Paris 1, s.l., Pedone, 2002, p. 205 et suiv., Voy. E. ROUCOUNAS, « L'urgence et le droit international », in *Le droit international et le temps*, Société française pour le droit international, (SFDI), Colloque de Paris 2000, Paris, Pedone, 2001, pp. 201-228. ; dans le même sens, H. THIRLWAY, « Chapter 2 : Provisional Measures: How "Provisional" Is "Provisional"? », *in* F.M. PALOMBINO, R. VIRZO et G. ZARRA (éds.), *Provisional Measures Issued by International Courts and Tribunals*, The Hague, The Netherlands, T.M.C. Asser Press, Springer-Verlag Berlin Heidelberg, 2021, pp. 9-17.

une « situation qui peut entrainer un préjudice irréparable s'il n'y est porté remède à bref délai et qui permet au juge de prendre certaines mesures par une procédure rapide (référé, assignation à jour fixe) ... »[315]. C'est cette définition qui replace la notion dans le cadre contentieux qui intéresse notre analyse. En effet, la question de l'effectivité des droits fondamentaux en DIDH, est une problématique au cœur des demandes d'indication de mesures provisoires[316] à travers les communications individuelles des présumées victimes devant le CDH. Il sera question de montrer que dans le système universel particulièrement s'agissant du PIDCP, la volonté de préservation des droits des personnes dans l'imminence d'un danger est une préoccupation majeure ainsi que l'ont affirmé les organes de contrôle des droits de l'homme[317]. Cette attitude s'inscrit dans la volonté de renforcer l'effectivité des droits fondamentaux malgré l'absence de fondement conventionnel pour le CDH. Néanmoins, l'invocation de cette carence quant au pouvoir du CDH **(A)** à ordonner les mesures conservatoires ne constitue pas pour autant, pour ce dernier, une limite fonctionnelle pouvant l'empêcher d'atteindre ses objectifs **(B).**

A/ D'une carence textuelle à une compétence auto-attribuée d'indiquer des mesures conservatoires

90. Il est important de retenir que la procédure d'urgence revêt toute son importance d'autant que, en tant que procédure incidente, elle intervient en général lorsqu'une affaire est en cours d'instance - *ad intérim* - en vue de sauvegarder les intérêts supérieurs des parties aux litiges en attendant la décision finale du juge ou d'un organe spécifique de contrôle sur le fond de l'affaire[318]. Ce dernier se trouve dans l'obligation de prendre des mesures afin

---

[315] Définition du *Dictionnaire français Larousse* accessible en ligne. Consulté le 08 mars 2019 via le lien suivant : https://www.larousse.fr/dictionnaires/francais/urgence/80704?q=l%27urgence#79758.

[316] Nous utiliserons indifféremment les termes « mesures provisoires », « mesures d'urgences », « mesures intérimaires » dans le cadre de cette étude.

[317] Au nom de l'effectivité des droits fondamentaux, la doxa selon laquelle l'ordonnance des mesures conservatoires relève de la compétence d'un organe constitué de nature essentiellement juridictionnelle ne serait toujours pas vérifiée. Elle ne retient pas notre assentiment à l'unisson avec le Professeur P. WECKEL qui suggère que ce critère de « fonction juridictionnelle » soit adjoint à l'autre critère plus réaliste tiré de l'existence d'un droit de recours individuel, les deux pouvant selon lui jouer alternativement. Voy. P. WECKEL, « débats », *in* G. COHEN-JONATHAN, J.-F. FLAUSS et P. LAMBERT (dirs.), *Mesures conservatoires et droits fondamentaux*, 65, Droit & justice, Strasbourg, Bruylant/ Némésis, 2005, p. 91.

[318] Dans ce sens, Voy. J. SALMON, *Dictionnaire de droit international public*, *op. cit.*, p. 698. Voy. de même S. TOUZÉ, « La notion de prévention en droit international des droits de l'homme », *in* S. TOUZÉ et E. DECAUX (dirs.), *La prévention des violations des droits de l'homme*, Publications de l'Institut international des droits de l'homme, Paris, Pedone, 2015, pp. 19-36.

d'éviter que des atteintes ou préjudices irréparables à l'égard des personnes n'adviennent au gré des circonstances et ne contreviennent à l'objectif principal qui est celui de garantir la justice aux victimes[319]. Les mesures prises lors de cette procédure qualifiées de « conservatoires » ou « provisoires » ou « urgentes » sont une technique juridique permettant de stériliser la situation, entre les deux parties et d'éviter une aggravation du litige.[320] Dans ce cas, toute attitude contraire aux mesures indiquées risque de vider de sa substance le contenu de la décision finale au fond qui sera rendue.

91. Ainsi pour assurer l'effectivité des droits, les organes de contrôle peuvent-ils se saisir eux-mêmes[321] mais peuvent à leur tour être saisis de la demande d'une partie au litige visant à ordonner des mesures urgentes contre des faits ou décisions susceptibles de porter atteinte aux droits d'une partie si de telles mesures ne sont pas prises en attendant la décision au fond. Or, en DIDH, l'État étant principalement défendeur dans le contentieux porté devant l'organe de protection, les demandes en indication de mesures provisoires[322] ne peuvent venir naturellement que d'une personne présumée victime, réclamant qu'il soit ordonné à l'État de prendre des actions positives en son égard. Ces demandes sont potentiellement dirigées contre des mesures administratives ou décisions de justice prises par un organe de l'État partie, susceptibles de porter atteintes aux droits fondamentaux des demandeurs. Faut-il rappeler que c'est donc à juste titre que des textes en faveur de leur protection ont été adoptés. L'idée de leur assurer une protection maximale contre les actes préjudiciables des États est au cœur du contentieux du provisoire à la condition que l'organe de contrôle saisi, constate l'existence

---

319 Voy. L. HENNEBEL, « Chronique des Décisions du Comité des Droits de L'Homme des Nations Unies (2007/2010) », *R.T.D.H*, juillet 2011, p. 565. Précisons par ailleurs que cette pratique de recourir à des demandes de mesures urgentes auprès d'une instance de contrôle est aussi très bien connue en droit interne. Nous faisons ici allusion aux différents types de procédures de référés existant en droit interne : par exemple en droit français le référé-liberté. Voy. dans cette dynamique, J.-M. WOEHRLING, « Le référé-liberté en droit français », *in* G. COHEN-JONATHAN, J.-F. FLAUSS et P. LAMBERT (dirs.), *Mesures conservatoires et droits fondamentaux*, 65, Droit & justice, Strasbourg, Bruylant/ Némésis, 2005, pp. 23-31. ; P. PESCATORE, « Les mesures provisoires et les référés », in *La juridiction internationale permanente*, Société française pour le droit international, (SFDI), Colloque de Lyon 1986, Paris, Pedone, 1987, p. 315 et suiv.

320 M. KDHIR, *Dictionnaire juridique de la Cour Internationale de Justice*, Bruxelles, Bruylant, 2000, p. 229.

321 *Annuaire de l'Institut de Droit international* - Session de Hyderabad 2017, vol. 78 – Délibérations, Projet de Résolution, Principe directeur, n°1 « *C'est un principe général du droit que les tribunaux, tant internationaux que nationaux, peuvent accorder des recours discrétionnaires pour maintenir le statu quo en attendant la solution d'un différend ou pour préserver la possibilité d'accorder une réparation efficace.* »

322 Nous utilisons les groupes de mots « mesures provisoires », « mesures conservatoires », « mesures urgentes » de manière indistinctes et indifférentes dans les développements qui suivent.

des preuves suffisantes justifiant qu'il y aura des violations irréparables si aucune décision avant dire droit n'est prise pour remédier aux conséquences néfastes prévisibles.

92. De toute évidence, la question n'a pas été prévue par les rédacteurs du PIDCP ni dans le Protocole facultatif. Devant ce mutisme et afin de combler ce vide juridique, c'est finalement dans le Règlement intérieur que le CDH parvient à donner une assise légale à cette compétence. Grace à cette compétence auto-attribuée, seront fondées ses demandes de mesures provisoires adressées à l'État partie - encore faudrait-il que le CDH l'estime nécessaire - impliqué dans une quelconque affaire.[323] Il est manifeste que la consécration de cette base légale constitue dorénavant un levier incontournable de son pouvoir d'injonction à l'égard des États parties, pouvoir dont il s'emploie à faire usage dans sa pratique jurisprudentielle. Aussi convient-il de préciser que les cas présentés au CDH relèvent en grande majorité de situations dans lesquelles il est question de remettre en cause des décisions prises abruptement par l'État. On pensera à des situations d'extradition des personnes vers des destinations où ces dernières risqueraient des atteintes importantes à leurs droits fondamentaux, pouvant produire des conséquences irréversibles[324]. S'ajoutent à ces cas, ceux des personnes sous le coup de la peine capitale. En effet, il est remarqué que les personnes se trouvant dans « le couloir de la mort » en attente de sentence, font souvent face à des situations de violation de leur droits fondamentaux les plus élémentaires. Le cas des ressortissants allemands aux USA à l'origine de la jurisprudence *LaGrand* devant la CIJ en est une illustration parfaite. Les situations précitées les conduisent généralement à saisir le CDH en réclamation de la protection des droits qu'ils tiennent de l'article 6 - le droit à la vie - et de l'article 7 - l'interdiction de la torture et des traitements cruels, inhumains ou dégradants - garantis[325] par le PIDCP.

---

[323] Ainsi libellées les dispositions de l'article 92 (ancien article 86) du Règlement intérieur du CDH : « Avant de faire connaître à l'État partie intéressé ses vues définitives sur la communication, le Comité peut informer cet État de ses vues sur l'opportunité de prendre des mesures provisoires pour éviter qu'un préjudice irréparable ne soit causé à la victime de la violation alléguée. Ce faisant, le Comité informe l'État partie que l'expression de ses vues sur l'adoption desdites mesures provisoires n'implique aucune décision sur la communication quant au fond ».

[324] L. HENNEBEL, *La jurisprudence du comité des droits de l'homme des Nations Unies. Le Pacte international relatif aux droits civils et politiques et son mécanisme de protection individuelle*, *op. cit.*, p. spéc. 396. Voy. de même G. MALINVERNI, « La pratique des comités conventionnels des Nations Unies en matière de mesures conservatoires », *in* G. COHEN-JONATHAN, J.-F. FLAUSS et P. LAMBERT (dirs.), *Mesures conservatoires et droits fondamentaux*, 65, Droit & justice, Strasbourg, Bruylant/Némésis, 2005, pp. 63-75., P. OUMBA, « Juridictions internationales et procédures d'urgence en matière des droits de l'homme », *Cahier africain des droits de l'homme*, 2011, pp. 341-366.

[325] CDH, *Barell Sulcliffe c/ Jamaique*, 1992, comm. n° 270/1988.

93. L'une des premières saisines du CDH en demandes de mesures provisoires à l'encontre de l'État partie remonte à 1993. Il s'agit d'une affaire bien connue : *Joseph Kindler c/ Canada.* L'auteur de la demande, citoyen américain incarcéré dans un centre pénitencier de Montréal puis extradé aux USA en 1991 où il avait été condamné à la peine capitale en 1983 avant de se réfugier au Canada. Il a été interpellé en 1985 par les autorités canadiennes qui ont accédé ensuite à la demande d'extradition formulée par l'État dont il est national sans toutefois formuler la demande de garantie que la peine de mort ne lui soit pas appliquée conforment à l'article 6 du Traité d'extradition de 1976 liant les USA au Canada. La demande de l'auteur en révision de la décision ministérielle d'autorisation d'extrader déposée devant la cour suprême du Canada a été rejetée. Cette affaire portée devant le CDH sera ensuite rejetée pour absence de violation du PIDCP. Le CDH dans son raisonnement s'est simplement contenté de regretter que « l'État partie n'ait pas accédé à la demande que le Rapporteur spécial lui a adressée en vertu de l'article 86 du Règlement intérieur du Comité à l'occasion de l'enregistrement de la communication »[326]. S'il est tout à fait possible de considérer ce raisonnement du CDH à l'égard de l'État sur les mesures conservatoires en soi comme laconique et limité, il serait toutefois possible d'affirmer qu'il s'agit d'une reconnaissance de leur exercice.

B/ La force obligatoire des mesures urgentes : une réaction du CDH commandée par le principe de l'effectivité

94. La force obligatoire des mesures urgentes d'un organe tel le CDH ne va pas de soi. Il faut cependant préciser qu'en rapport avec l'angle d'approche de notre analyse, nous nous inscrivons dans la logique du Professeur M. VIRALLY qui considère que l'absence de la sanction, ne ferait pas forcément obstacle à l'existence des obligations juridiques en elles-mêmes[327]. Sur la base de cette position, les destinataires de ces mesures devraient surtout éviter de voir en elles un faible degré de normativité trouvant par là même, une excuse pour justifier leur refus à remplir leurs obligations internationales[328].

95. S'inscrivant dans la perspective de faire entrer en résonnance ces actions en matière d'indication des mesures provisoires avec celles des autres

[326] CDH, *Kindler c/ Canada*, 1993, comm. n° 470/1991, spec. § 17. Voy. de même W. SCHABAS, « Extradition et peine de mort : le Canada renvoie deux fugitifs au couloir de la mort », *R.U.D.H*, 1992, n° 04, pp. 65 et suiv.

[327] Voy. dans ce sens M. VIRALLY, « La distinction entre textes internationaux de portée juridique et texte internationaux dépourvus de portée juridique (à l'exception des organisations internationales) », *op. cit.*, p. 246.

[328] Sur ce sujet, Voy. *Infra*. Section II, Chapitre I, Titre I, Partie II de cette étude.

juridictions internationales[329], transparaît une volonté du CDH de faire de l'invocabilité de l'article 92 de son Règlement intérieur un instrument essentiel de son mécanisme de protection du recours individuel. Pour ce faire, il s'est résolu à aligner sa jurisprudence sur celle des autres organes internationaux investis de compétences similaires afin de contribuer significativement à la protection effective des droits fondamentaux en droit international. De cette logique, résulte une réaction empreinte de fermeté du CDH adressée aux États parties en vue de les appeler à prendre en considération et à respecter les mesures conservatoires édictées par lui visant à protéger les droits des requérants dans l'attente de toute décision ultérieure au fond. Bien entendu, une telle démarche s'explique par le fait que le CDH n'agit pas en considération de ses limites textuelles c'est-à-dire n'entend pas se fier à sa base juridique techniquement dénuée de contrainte[330] mais plutôt s'inscrit dans la lignée de la préservation des droits fondamentaux fondée sur le principe *Pacta sunt servanda*[331]. C'est donc à juste titre qu'il a est confronté à la réticence des États suivi par des cas de refus systématiques de se plier à ses recommandations (affaire *Glen Ashby c/ Trinité-et-Tobago*[332]).

96. En revanche, dans l'affaire *Stewart c/ Canada*[333], il a pris soin de préciser les conditions *sine qua non* qui pourraient éventuellement l'amener à

---

329 Nous songeons ici les remarquables jurisprudences issues des travaux de la Cour IADH et de la CIJ.

Nous renvoyons ainsi aux articles suivants : A.A. CANÇADO TRINDADE, « Les mesures provisoires de protection dans la jurisprudence de la cour interaméricaine des droits de l'homme », *in* J.-F. FLAUSS, G. COHEN-JONATHAN et P. LAMBERT (dirs.), *Mesures conservatoires et droits fondamentaux*, 65, Droit & justice, Strasbourg, Bruylant/ Némésis, 2005, pp. 145-163., R.B. LAZARTE, « Une réforme du système interaméricain des droits de l'Homme dans un contexte périlleux », *Rev.D.H , Actualités Droits-Libertés*, s.d., disponible sur https://revdh.wordpress.com/tag/mesures-provisoires/ (Consulté le 11 mars 2019).

330 Voy. O. QUIRICO, « Droit ≪ flou ≫, droit ≪ doux ≫ ou droit ≪ mou ≫ ? Brèves réflexions sur la ≪ texture ≫ des mesures conservatoires et des constatations dans les procédures individuelles devant le Comité des droits de l'homme », in *Unité et diversité du droit international / Unity and Diversity of International Law, Ecrits en l'honneur du Professeur Pierre-Marie Dupuy*, Leiden, Brill | Nijhoff, 2014, pp. 875-887.

331 Voy. H. TIGROUDJA, « L'(in)efficacité des mesures provisoires internationales en matière de prévention des violations des droits de l'homme », *in* E. DECAUX et S. TOUZÉ (dirs.), *Articulation entre mécanismes de prévention des droits de l'homme*, Publications de l'Institut international des droits de l'homme, Paris, Pedone, 2015, p. 152.

332 Précisons que cette jurisprudence (CDH, *Glen Ashby c/ Trinité-et-Tobago* du 26 Juillet 1994) fut l'une des premières dans laquelle le CDH rencontre une opposition frontale des États à ses demandes de mesures urgentes pour lui avoir demandé de sursoir l'exécution de la peine capitale. D'ailleurs, cette opposition de la part de l'État lui a permis d'imaginer l'avenir et de mesurer la portée de la pratique afin de savoir prendre des mesures idoines à cet effet. Le CDH estime que « qu'en ratifiant le Protocole facultatif, l'État partie s'était engagé à coopérer avec le Comité dans le cadre de la procédure prévue par ce Protocole (...) que l'État partie ne s'était pas acquitté des obligations qui lui incombaient en vertu du Protocole facultatif et du Pacte »

333 CDH, *Stewart c/ Canada*, 1996, comm. n° 538/1993.

provoquer l'application des dispositions de l'article 92 de son Règlement intérieur au bénéfice de la victime. Dans le cas d'espèce, il a conclu à l'absence de circonstances spéciales pouvant causer des dommages irréversibles justifiant la demande d'adoption des mesures urgentes. C'est avec la décision *Dante Piandiong, Jesus Morallos et Archie Bulan c/ Philippines*[334], fortement argumentée, qu'il va brutalement opérer un revirement. Le CDH va se montrer plus exigeant en renforçant le degré des obligations de ses demandes à l'égard des États dont la non-exécution pourrait conduire à une violation du PIDCP[335]. Le contenu de cette décision est particulièrement remarquable en ce qu'il cherche à montrer aux États parties les comportements à adopter à l'avenir pour ne pas faillir à leurs obligations. Il s'agit de ce qu'on pourrait appeler des lignes directrices visant à exhorter les États parties à agir conformément au PIDCP et son Protocole facultatif. Dans l'expression de son désaccord et de ses mises en gardes, le CDH souligne-t-il les implications néfastes que certains comportements étatiques pouvaient avoir sur la portée effective du droit à un recours individuel. Aux fins de la clarté de l'exposé, qu'il soit permis de reproduire ici la teneur de cette décision. Selon, le CDH :

> « En adhérant au Protocole facultatif, les États parties s'engagent implicitement à coopérer de bonne foi avec le Comité pour lui permettre et lui donner les moyens d'examiner les communications qui lui sont soumises et, après l'examen, de faire part de ses constatations à l'État partie et au particulier (art. 5, par. 1 et 4) Pour un État partie, l'adoption d'une mesure, quelle qu'elle soit, qui empêche le Comité de prendre connaissance d'une communication et d'en mener l'examen à bonne fin, et l'empêche de faire part de ses constatations, est incompatible avec ses obligations. [336]

---

[334] CDH, *Piandiong, Jesus Morallos et Archie Bulan c/ Philippines*, 2000, comm. n ° 869/1999. Voy. le commentaire ci-après : P. WECKEL, « Note sous : Comité des droits de l'Homme, communication du 19 octobre 2000, Dante Piandiong et autres c. Philippines) [peine de mort] », *R.G.D.I.P*, 2001, n° 4, pp. 1005-1009. ; G.J. NALDI, « Interim Measures in the UN Human Rights Committee », *The International and Comparative Law Quarterly*, avril 2004, vol. 53, n° 2, pp. 445-454.

[335] W. SCHABAS, « débats », *in* G. COHEN-JONATHAN, J.-F. FLAUSS et P. LAMBERT (dirs.), *Mesures conservatoires et droits fondamentaux*, n° 65, Droit & justice, Strasbourg, Bruylant/ Némésis, 2005, p. spéc. 92. ; F. BERNARD, « Protections universelle et régionales des droits de l'homme : vertus de la collaboration », *in* F. BERNARD et F. NIANG (dirs.), *Mécanismes régionaux et mise en œuvre universelle*, Global studies institute, Genève, Université de Genève, 12 septembre 2014, p. spéc. 29 et 30. ; G. COHEN-JONATHAN, « Conclusions générales », *in* G. COHEN-JONATHAN, J.-F. FLAUSS et P. LAMBERT (dirs.), *Mesures conservatoires et droits fondamentaux*, n° 65, Droit & justice, Paris, Bruylant/ Némésis, 2005, p. spéc. 302.

[336] *Ibid.*, §, 5

Indépendamment donc d'une violation du Pacte qui lui est imputée dans une communication, un État partie contrevient gravement aux obligations qui lui incombent en vertu du Protocole facultatif s'il prend une mesure qui empêche le Comité de mener à bonne fin l'examen d'une communication faisant état d'une violation du Pacte, ou qui rend l'action du Comité sans objet et l'expression de ses constatations sans valeur et de nul effet. (...)[337]

L'adoption des mesures provisoires en application de l'article 86 du règlement intérieur conformément à l'article 39 du Pacte est essentielle au rôle confié au Comité en vertu du Protocole facultatif. Le non-respect de cet article, en particulier par une action irréparable comme l'exécution d'une victime présumée ou son expulsion, sape la protection des droits consacrés dans le Pacte assurée par le Protocole facultatif[338]. »

97. Peu à peu, se manifeste la volonté de contrer l'indifférence des États face à de telles dérives. C'est ainsi qu'il vient réitérer sa position dans son *Observation générale* n° 33 dans laquelle il estime à cet effet que « L'inobservation des mesures provisoires est incompatible avec les obligations des États de respecter de bonne foi la procédure d'examen des communications individuelles établie par le Protocole facultatif »[339]. Mais il ne faut surtout pas ignorer l'important apport du droit international général - par le prisme des affaires importantes qu'a connues l'organe judiciaire principal des Nations Unies[340] - et du droit international régional des droits de

---

[337] *Ibid.*, §, 5.2.

[338] *Ibid.*, §, 5.4.

[339] CDH, *Observation générale* n° 33, § 19. Voir par exemple les conséquences de l'inobservation des États des demandes de mesures provisoires dans la décision suivante : CDH, *Pathmini Peiris et consorts c/ Sri Lanka*, 2011, comm. n° 1862/2009, §, 7.6.

[340] Dans la jurisprudence *LaGrand* (*USA c/ Allemagne*) de 2001 rendue par la CIJ, cette cour estime que : « *quel que soit le système juridique considéré, toute bonne administration de la justice implique que ne soient pas accomplis, tant qu'une procédure est en cours, des actes de caractère irréparable* » § 124. De même les conclusions sous l'affaire CIJ, *Avena* (*Mexique c/ USA*) dans les ordonnances de 2004 et de 2008, qui a occasionné un véritable tollé ont contribué à la réaffirmation de la force obligatoire des mesures provisoires en droit international. Le contexte et les suites de ces affaires ont constitué le moins qu'on puisse dire un tournant réel d'affirmation importante pour les organes internationaux de protection des droits de l'homme. Voir aussi Y.B. HAMMADI, « La question du caractère obligatoire des mesures conservatoires devant la Cour Internationale de Justice L'arrêt La Grand (Allemagne c. États-Unis d'Amérique) du 27 juin 2001 », *R.Q.D.I*, 2001, vol. 14, n° 2, pp. 53-81. ; P. WECKEL, « Les mesures conservatoires devant les juridictions internationales de caractères universel », *in* J.-F. FLAUSS, G. COHEN-JONATHAN et P. LAMBERT (dirs.), *Mesures conservatoires et droits fondamentaux*, 65, Droit & justice, Strasbourg, Bruylant/ Némésis, 2005, pp. 33-53. ; A. COCÄTRE-ZIELGIEN, « Les mesures conservatoires en droit international », *Revue égyptienne de droit international*, 1955, vol. 11, p. 73 et suiv. ; J.M. PASQUALUCCI, « Interim

l'homme - nous invoquons ici la Cour EDH[341] et la Cour IADH prioritairement - à l'affirmation du caractère obligatoire des mesures provisoires adoptées par le CDH au niveau universel. Il convient de noter que le CDH a renforcé sa compétence et sa capacité de réactivité dans la perspective d'être mieux à même de répondre efficacement aux demandes des requérants et par là, éviter des violations imminentes. Ainsi par exemple, en cas d'absence du *Rapporteur spécial des nouvelles communications* chargé de traiter des demandes de mesures conservatoires, une situation irréversible pourrait se produire. C'est la raison qui motive la désignation d'un *Rapporteur suppléant*, chargé de traiter uniquement les affaires urgentes.[342]

98. Dans la droite ligne de ce qui précède, on remarquera que l'attitude du CDH se justifierait par sa volonté de restreindre autant que faire se peut l'indifférence des États à respecter les mesures qu'il recommande dans le cadre du contentieux de l'urgence. Cela amène à conclure que cette action serait bien évidemment guidée par la recherche de l'effectivité. Loin d'être un problème spécifique pour ce type de contentieux devant le CDH, le risque de

---

Measures in International Human Rights : Evolution and Harmonization », *Vanderbilt Journal of Transnational Law*, 2005, vol. 38, n° 1.

[341] Cour EDH, *Mamakulov et Askarov c. Turquie*, Gde Ch., 4 février 2005, Dans cet arrêt le Cour EDH a confirmé la portée obligatoire de ces mesures provisoires. Voy. dans ce sens, N. RIOU, « Confirmation du caractère obligatoire des mesures provisoires en vertu de l'article 34 CEDH », *L'Europe des libertés*, avril 2005. Il n'est pas inutile de souligner que poursuivant la même vision que celle du CDH axée sur la recherche de l'effectivité des droits fondamentaux, les mesures conservatoires devant la Cour EDH n'ont pas non plus bénéficié d'une onction directe de la Convention EDH. La Cour EHD s'est arrogé cette compétence en s'offrant cette possibilité sur fond d'une interprétation téléologique de la Convention en se basant sur les dispositions de la Convention de Vienne sur le droit des traités de 1969 pour lui donner une assise règlementaire. Voy. H. TIGROUDJA, « La force obligatoire des mesures provisoires indiquées par la Cour européenne des droits de l'homme », *R.G.D.I.P*, 2003, pp. 613-616. Une démarche qui a d'ailleurs été vivement critiquée par une partie des Juges de ladite cour (*Cf. Opinion dissidente commune* des Juges CAFLISCH, TÜRMEN ET KOVLER sous l'arrêt précité de la Cour EDH, *Mamakulov c/ Turquie*, § 2 et 3). Nous pouvons observer une attitude similaire avec d'autres organes internationaux de protection notamment le CAT, CEDAW et la Comm ADHP. Toutefois, contrairement à ce qui précède, les demandes de mesures conservatoires devant la Cour IADH et devant la Cour ADHP puisent leurs fondements respectivement dans la Convention américaine des droits de l'homme (article 63.2) et dans le Protocole additionnel à la Charte de Ouagadougou portant création de la Cour adopté en juin 1998 (article 27). Ce qui fonde leur force obligatoire directe à l'égard des États destinataires dans leurs instruments constitutifs. Ainsi s'en déduit-il dans cet ordre d'idée une catégorisation des conventions internationales des droits de l'homme sur la compétence d'octroi des mesures provisoires. Voy. L. HENNEBEL et H. TIGROUDJA, *Traité de droit international des droits de l'Homme*, *op. cit.*, pp. 569-579.

[342] C'est à sa 108ème session de juillet 2013 que cette décision a été prise. Dans l'exercice de cette attribution du rapporteur spécial, il faut distinguer deux types de mesures que peut traiter le Rapporteur spécial. Il y a les demandes de mesures provisoires et de mesures de protection. Voy. Doc. Sur le mandat du Rapporteur spécial chargé des nouvelles communications et des mesures provisoires CDH, Doc. CCPR/C/110/3, § 3 et suiv.

l'indifférence des États aux mesures d'urgences requises par un organe de contrôle en droit international se rencontre aussi devant les juridictions internationales à compétences générales et devant celles à compétences spécifiques notamment en matières des droits de l'homme[343]. Force est donc de constater que le dispositif d'affermissement de la force obligatoire des ordonnances rendues par le CDH ne reste qu'un moyen pour atteindre l'effectivité des mesures provisoires devant son prétoire. L'application de ses mesures est donc nécessaire pour assurer cette effectivité[344].

99. L'étude des mécanismes de contrôle ci-dessus met en exergue la détermination du CDH à proposer une réponse claire à la question de l'effectivité de la protection des droits. Cette étude était nécessaire pour une compréhension en profondeur des actions de cet organe afin de ne pas se limiter à des idées préconçues. En parallèle, pour les mêmes objectifs précédemment soulignés, il est mis en place d'autres actions prises par le CDH afin de rendre plus visible et de donner effets à la mission qui est la sienne : le contrôle et la surveillance du PIDCP. Ces moyens et techniques visent avant tout la réalisation optimale de l'objectif premier qui est la bonne applicabilité de ces décisions.

---

343 Voy. dans ce sens H. HELLIO et H. SOLVEIG, « Le suivi par la Cour international de Justice des ordonnances en indication de mesures provisoires, une pratique émergente entre inspiration, effectivité », *R.G.D.I.P*, 2020, vol. 2020, n° 2, p. 225.

344 Dans ce sens vis-à-vis du respect des ordonnances en indications des mesures provisoires devant la CIJ. Voy. *Ibid.*, p. 228.

CHAPITRE II
UNE EFFECTIVITE RECHERCHEE : LE SOUCI DE MISE EN ŒUVRE DES PRONONCES

100. La préoccupation principale qui sous-tend le contrôle institutionnel en droit international des droits de l'homme est d'instaurer une relation de coopération entre l'État et l'organe de contrôle, ceci, au-delà de toute différence de nature des organes et de degré de leur force exécutoire. Le résultat escompté d'une telle relation vise à amener ces États parties à respecter leurs obligations, à les mettre en œuvre à l'égard de l'individu bénéficiaire des droits. La traduction directe de ce respect des obligations se manifeste par l'application des normes découlant du texte ratifié[345]. En prélude à cette réflexion, il faut se référer à J-J ROUSSEAU. En effet, ne disait-il pas dans ce sens, lorsqu'il liait la jouissance effective de la liberté au respect des lois en ses termes : « L'obéissance à la loi qu'on s'est prescrite est liberté »[346]. Cette affirmation implique donc pour les États parties, l'obligation qui est la leur de prendre en compte sinon de se conformer aux mesures, décisions prises à leur encontre par les organes qu'ils ont eux-mêmes institués et investis d'une telle compétence. L'application de telles mesures est assurément une condition de l'effectivité du contrôle institutionnel[347] ainsi que le résumait le Professeur Y. SHANY, la conformité ou le respect de ces décisions « has been perceived as a building block of institutional legitimacy and effectiveness »[348]. A moins qu'on ne comprenne les choses *a contrario,* que la violation est permise, ce qui, à bon droit, amènerait à s'interroger sur la finalité même du droit.

Pour parvenir à ce résultat, il faut évidemment comprendre que, selon la philosophie du CDH, il ne lui suffit pas de se réunir à Genève ou à New-York avec les États pour trouver des solutions aux écueils qui minent

---

[345] Voy. H.H. KOH, « Why Do Nations Obey International Law? », *Yale Law Journal*, 1997, vol. 106, n° 8, pp. 2599-2659.

[346] ROUSSEAU J-J, *Du contrat social*, 1762. Si cette pensée de ROUSSEAU J-J ressortie de l'histoire des idées politiques est plutôt destinée à une société qui n'a aucune ressemblance avec celle des entités souveraines, elle semble en revanche trouver écho dans la société internationale. Dans la mesure où il paraît possible dans certaines circonstances, de partir du fonctionnement de la société des individus pour étudier le comportement des États dans la société internationale.

[347] L.R. HELFER et A.-M. SLAUGHTER, « Towards a Theory of Effective Supranational Adjudication », *Yale Law Journal*, 1997, p. 283.

[348] Y. SHANY, « Compliance with Decisions of International Courts as Indicative of their Effectiveness: A Goal-based Analysis », *in* J. CRAWFORD et S. NOUWEN (éds.), *Select Proceedings of the European Society of International Law*, Third Volume, International Law 1989–2010: A Performance Appraisal, Oxford, Hart Publishing, 2012, p. 230.

l'application effective du PIDCP. Par conséquent, une attention particulière devrait être accordée à la question du « suivi »[349] qui reste en tout état de cause, un aspect essentiel de l'effectivité de l'application du PIDCP.[350] Ainsi avait-il semblé nécessaire pour le CDH de mettre en place un mécanisme destiné à garantir l'application du PIDCP dans un rapport de coopération étroite avec les États afin de suivre les actions concrètes que posent ceux-ci en toute conformité à leur engagement[351]. Il ne fait l'objet d'aucun doute que c'est la raison d'être du CDH qui, malgré les critiques qui lui sont adressées, continue à jouer un rôle crucial dans sa mission de protection des droits fondamentaux en DIDH. Pour s'en convaincre, il suffit de remarquer la réalité de ce rôle. Le CDH s'emploie en permanence à chercher des techniques de mise en œuvre des recommandations qu'il édicte **(section 1).** Dans l'exercice de cette mission, il acceptera ensuite de déléguer subsidiairement une partie de cette compétence, des années plus tard, aux organisations de la société civile notamment les ONG. Comme l'on peut le remarquer en effet, depuis quelques temps, ces entités tierces se sont saisies de l'activité du CDH de manière organisée avec une plus grande préoccupation pour la question de la mise en œuvre de ses recommandations issues des *Observations finales* **(section 2).**

SECTION I/
LES TECHNIQUES EXECUTIVES DES DECISIONS DU CDH

101. Avant de poursuivre, il est important de garder à l'esprit que l'effectivité recherchée ici relève d'un état de fait alors que le « suivi » est le processus permettant d'y parvenir. Il convient dès lors, d'en déduire que la

---

[349] L. BOISSON DE CHAZOURNES et M.M. MBENGUE, « Suivi et contrôle », *op. cit.*, p. 804.

[350] Voy. Y. SHANY, « Chapter 37: Sources and the Enforcement of International Law: What Norms Do International Law- Enforcement Bodies Actually Invoke? », *in* S. BESSON et J. D'ASPREMONT (éds.), *The Oxford Handbook on The sources of international law*, Oxford, Oxford University Press, 2017, p. 790.

[351] Voy. G. ABI-SAAB, « Cours général de droit international public », in *RCADI*, tome 207, Hague Academy of International Law, Leiden/Boston, Martinus Nijhoff Publishers, 1987, p. 162. Selon le Professeur G. ABI-SAAB, la probabilité du respect d'une norme par son destinataire en droit international n'est toujours pas liée à son caractère obligatoire ou non. Elle « *s'accroît avec l'établissement et le perfectionnement du « suivi institutionnel» (follow-up)* » ; dans le même sens lire : D. SHELTON, « Introduction: Law, Non-Law and the Problem of 'Soft Law' », *in* D. SHELTON (dir.), *Commitment and Compliance: The Role of Non-Binding Norms in the International Legal System*, Oxford, Oxford University Press, 2003, p. 13, disponible sur 10.1093/acprof:oso/9780199270989.003.0010. ; M. BARELLI, « The role of soft law in the international legal system: the case of the united nations declaration on the rights of indigenous peoples », *International & Comparative Law Quarterly*, October 2009, vol. 58, n° 4, p. 969.

notion de « suivi » des engagements est consubstantielle à celle de « l'exécution des obligations » ou la « mise en œuvre des engagements » en droit : elle a pour objet de faire en sorte que les normes soient respectées[352]. Or, comme nous pouvons le remarquer, la question de l'exécution ou de respect des décisions des organes de protection en DIDH est un sujet sensible et une réalité complexe[353]. L'idée en soi, s'il faut le dire ainsi, semble être condamnée s'agissant des décisions d'un organe tel le CDH. C'est ainsi que l'a relevé le Juge G. GUILLAUME dont nous partageons l'avis. Selon lui, « il n'existe pas de souverain international au nom duquel la justice serait rendue et qui pourrait par la suite veiller à ce que les décisions (...) soient exécutées. »[354]. Cette affirmation inviterait indirectement les tiers impartiaux à prendre leur responsabilité afin de ne pas laisser la voie libre aux souverains étatiques. Au nom de l'intérêt des victimes, le CDH en sa qualité d'organe de protection des droits fondamentaux n'est pas resté indifférent à cette remarque quoiqu'il ne dispose formellement pas de pouvoir de contrainte légale nécessaire pour exiger des États l'application de ses décisions[355]. C'est à juste titre qu'il ne compte pas produire des *Observations finales* ni des *constatations* pour, finalement, laisser leur mise en œuvre à la discrétion complète sinon à la merci des États en ayant à l'esprit les dangers que leur interprétation exégétique pouvait provoquer. Car, l'idée d'atteindre l'effectivité des droits prescrits dans le PIDCP revient à s'interroger sur le caractère obligatoire du suivi des décisions prises par le CDH. Cela suppose qu'il faudrait élever au rang des priorités, la finalité « *pro personnae* »[356] du contrôle qu'il opère. Faut-il encore le rappeler, l'objectif d'un contrôle est de savoir exactement à quel

---

[352] Voy. T. HUBERT, « Le "suivi" des décisions juridictionnelles dans l'ordre internationale : conclusions », *in* H. RUIZ FABRI, J-M. SOREL et L.-A. SICILIANOS (dirs.), *L'effectivité des organisations internationales, Mécanismes de suivi et de contrôle*, Société hellénique pour le droit international et relations internationales, Société française pour le droit international (SFDI), Paris, Pedone, 2000, p. 175.

[353] L. CAVARE, « L'idée de sanction et sa mise en œuvre en droit international », *R.G.D.I.P*, 1937, vol. 44, n° 1, pp. 385-445. ; H.H. KOH, « How Is International Human Rights Law Enforced? », *Indiana Law Journal*, 1998, vol. 74, n° 9, p. 1398.

[354] G. GUILLAUME, « Le suivi de l'exécution des décisions de la Cour internationale de justice au sein des organisations internationales », *in* H. RUIZ FABRI, J.-M. SOREL et L.-A. SICILIANOS (dirs.), *L'effectivité des organisations internationales, Mécanismes de suivi et de contrôle*, Société hellénique pour le droit international et relations internationales, Société française pour le droit international (SFDI), Athènes, Pedone, 2000, p. 127.

[355] Voy. CDH, *Korneenko c. Bélarus*, 2012, comm. n° 1634/2007. Il faut rappeler à ce titre que dans cette décision, le CDH n'a pas fait économie de sa position constante face aux requêtes individuelles ayant pour objet la non-application par l'État partie des constatations prononcées en leur faveurs.

[356] F. SALVIOLI, « La perspective pro personne : un mécanisme d'interprétation contemporaine des instruments internationaux des droits humains », *op. cit.* ; dans le même sens V. de O. MAZZUOLLI, « The *Pro Homine* Principles as a Fundamental aspect of International Human Rights Law », *Journal of Global studies*, Meridiano, 2016, vol. 47, p. 9.

degré ou de quelle manière l'État partie prend au sérieux les engagements auxquels il s'est soumis au niveau international.

102. Dans ces circonstances, il serait intéressant à partir d'une grille d'analyse, de montrer les actions du CDH s'efforçant de prendre à bras le corps la question de l'application des recommandations étant donné que, l'accroissement de l'effectivité de ce mécanisme de protection est fonction du degré de leur suivi[357]. Pour cela, seront analysés successivement les moyens employés pour le suivi des recommandations issues des *constatations* **(Paragraphe 1)** puis des *Observations finales* **(Paragraphe 2).**

PARAGRAPHE I/
LES « CONSTATATIONS » DU CDH ET LES MESURES DE LEUR MISE EN ŒUVRE

103. Tenter d'aborder un sujet comme la mise en œuvre des décisions d'un organe tel que le CDH, peut paraitre une entreprise hasardeuse en raison des idées préconçues[358]. En réalité, nul besoin de le démontrer, le CDH s'est départi de tels préjugés et reste dans sa logique propre s'inscrivant dans une perspective de renforcer l'effectivité de la mise en œuvre de ses *constatations* prises à l'issue de la procédure contentieuse afin de renforcer son autorité ainsi que sa légitimité[359]. En effet, c'est chose bien connue qu'une décision prise à

---

[357] Pour en savoir plus sur l'épanouissement des procédures de suivi, Voy., M. AILINCAI, *Le suivi du respect des droits de l'homme au sein du Conseil de l'Europe: contribution à la théorie du contrôle international*, Publications de l'Institut international des droits de l'homme, n° no 16, Paris, Pedone, 2012. ; B. STERN, « Conclusions », *in* H. RUIZ FABRI, J.-M. SOREL et L.-A. SICILIANOS (dirs.), *L'effectivité des organisations internationales, Mécanismes de suivi et de contrôle*, Société hellénique pour le droit international et relations internationales, Société française pour le droit international (SFDI), Athènes, Pedone, 2000, p. 111-112. Dans ses conclusions, l'auteure tente de répondre à la question de savoir, comment un système juridique veille à l'effectivité de ses prescriptions normatives ou de ses activités opérationnelles. Selon elle, « *le suivi d'une décision implique l'existence de procédure, mécanismes ou modalités encadrant la mise en œuvre (...). Par les procédures de suivi, on cherche à obtenir un résultat conforme à celui qui est souhaité par le système juridique (...)* ». de même voy., E. DECAUX, « Coordination et suivi dans le système de protection des droits de l'homme des Nations Unies », *in* H. RUIZ FABRI, J.-M. SOREL et L.-A. SICILIANOS (dirs.), *L'effectivité des organisations internationales, Mécanismes de suivi et de contrôle*, Société hellénique pour le droit international et relations internationales, Société française pour le droit international (SFDI), Athènes, Pedone, 1999, pp. 234-237. ;

[358] Voy. L.R. HELFER et A.-M. SLAUGHTER, « Towards a Theory of Effective Supranational Adjudication », *op. cit.*, pp. 300-336.

[359] Voy. dans ce même sens, G. KLETZEL, C.B. MAIA et M. ZWAIG, « Strengthening of UN Treaty Bodies' complaint procedures: Elements for a reform agenda from an NGO perspective », *op. cit.*, p. 223.

l'encontre d'un État en droit international par un organe chargé du contrôle d'une norme internationale n'est que le début d'un processus devant conduire à terme à l'exécution d'une telle décision et donc à son effectivité. Ainsi bien que ne disposant pas de l'outil juridique nécessaire, le CDH s'efforce de développer au fil des années des moyens propres pour faire pression sur les États parties afin que ceux-ci tiennent compte de ses décisions pour rendre effectif son travail[360]. En réalité, ce n'est pas nécessairement la nature coercitive ou non de la décision rendue qui conditionne la volonté de l'État en cause à s'y conformer[361]. Il convient, au regard d'une telle analyse, de montrer les actions du CDH en faveur de l'application effective de ses *constatations*. Dans cette logique, nous considérons que cette démarche de l'organe universel prend effet à partir de l'avènement de l'idée de suivi des *constatations* du CDH **(A)** jusqu'à l'affermissement de la dynamique d'application des *constatations* **(B).**

A/ Le suivi attentif des *constatations* du CDH comme garantie de l'effectivité des droits protégés

104. Il est bien connu que l'exécution des décisions est la phase cruciale de la traduction de la règle de droit dans les réalités sociales et il ne peut en être autrement devant les instances internationales de contrôle qui poursuivent les mêmes objectifs que les instances de tout autre ordre juridique. Il reste que cette exécution pose des difficultés au point d'en constituer l'une des critiques la plus fondamentale qu'on adresse au droit international. On aura compris que, si ce problème d'exécution ou d'application des décisions concerne tous les ordres juridiques, c'est d'autant plus le cas en droit international général et en DIDH où l'État conserve encore un rôle non-négligeable[362] face à l'individu, seconde partie au contentieux. Comme nous le savons, l'effectivité

---

[360] Voy. S. WHEATLEY, « Introduction to Human Rights Institutions: Legitimacy and Authority », *in* G. OBERLEITNER (éd.), S. HOADLEY (dir.), *International Human Rights Institutions, Tribunals, and Courts*, Singapore, Springer Nature Singapore Pte Lt, 2018, pp. 2-20.

[361] Voy. à titre d'exemple, R. MURRAY et D. LONG, *The implementation of the findings of the African Commission on Human and Peoples' Rights*, Cambridge, United Kingdom, Cambridge University Press, 2015, p. 16 et suiv. ; R. GOODMAN et D. JINKS, « How to influence States : Socialization and international Human rights law », *Duke Law Journal*, 2004, pp. 623-702.

[362] P. TAVERNIER et DRZEMCZEWSKI , « L'exécution des " décisions " des instances internationales de contrôle dans le domaine des droits de l'Homme », in *La protection des droits de l'Homme et les techniques de mise e œuvre du droit international*, Société française pour le droit international, (SFDI), Colloque de Strasbourg, Paris, Pedone, 1998, p. 100. ; S. PERRAKIS., « Le défi des contradictions : les procédures de suivi à l'épreuve -conclusions », *in* H. RUIZ FABRI, L.-A. SICILIANOS et J.-M. SOREL (dirs.), *L'effectivité des organisations internationales, Mécanismes de suivi et de contrôle, Les procédures de suivi dans le domaine des droits de l'homme*, Paris, Pedone, 2000, p. 326.

puis l'efficacité de la mise en œuvre est conditionnée par le comportement des États qui majoritairement, sont tous souvent réfractaires à cette idée. Et il n'est pas sans intérêt de rappeler non plus dans un tel contexte que, formellement comme son nom l'indique, le CDH n'est pas un tribunal. Par conséquent, attribuer l'autorité ou la force obligatoire à ses décisions est sujet à caution. De ce fait, celles-ci sont différemment appréciées dans la doctrine. Cette évidence normative ou formelle juxtaposée à une ambiguïté au sens matériel, constitue un argument de taille que les États parties n'hésitent pas à utiliser autant que faire se peut pour l'ignorer lorsqu'il les invite à mettre en œuvre ses *constatations*[363]. De façon générale, à la fin de sa décision, le CDH exprime simplement aux États parties en cause son souhait d'être tenu informé par ceux-ci dans un délai de 90 jours, sur les mesures prises pour donner effet à ses *constatations* et les invite également à publier celles-ci. Ainsi, se contentait-il au début de ses activités d'une publication du texte de la décision annexée à son Rapport annuel adressé à l'Assemblée générale des Nations Unies (AGNU). Il était donc clair que ce pouvoir, exprimé en des termes très timides, n'apporterait pas de résultats probants et significatifs à l'organe universel au regard des ambitions inhérentes à sa fonction.

105. En vient dès lors rapidement à l'esprit, la nécessité pour le CDH d'élaborer un mécanisme visant l'application de ses *constatations*[364]. Mais face à cette ambition, surgit la question fondamentale de savoir s'il est véritablement investi *stricto sensu* de cette compétence dans les textes régissant ses attributions. Une partie de la doctrine répond par l'affirmative à cette interrogation. Elle estime qu'il est évident que le CDH ne soit pas totalement démuni de cette compétence qu'il acquiert dans l'exercice de ses « pouvoirs implicites »[365], dans la mesure où, il est bien établi que,

---

[363] Voy. *Infra*. Chapitre I, Titre I, Partie II. Pour avoir des développements précis sur cet argument.

[364] P. TAVERNIER et A. DRZEMCZEWSKI, « L'exécution des " décisions " des instances internationales de contrôle dans le domaine des droits de l'Homme », *op. cit.*, p. 207.

[365] Les pouvoir implicites - *implied powers* - désignent les pouvoirs non expressément disposés dans les instruments constitutifs mais sont déductibles de ceux-ci par une interprétation évolutive qu'en donne l'organisation internationale ou l'organe de contrôle à l'occasion d'un litige afin de donner un effet utile au traité dont il est question. Cette position a été entérinée par la CIJ, Avis Consultatif 1949, *Recueil*, pp. 174-188, Réparation des dommages subis au service des Nations Unies. Elle affirme que : « *Selon le droit international, l'organisation doit être considérée comme possédant ses pouvoirs qui s'ils ne sont pas expressément dans la charte, sont par, une conséquence nécessaire, conférés à l'organisation en tant qu'essentiels à l'exercice des fonctions de celle-ci.* ». Ailleurs, (CIJ, Avis consultatif concernant certaines dépenses, *Recueil*, 1962.) elle considère « qu'en l'absence de pouvoirs précis, tout organisme international peut agir selon les modalités qui ne sont pas expressément interdites pour l'accomplissement de ses fins et de ses objectifs ». Voy. dans le même sens les détails sur les pouvoirs implicites, J. SALMON, *Dictionnaire de droit international public*, *op. cit.*, p. 216 et 859. ; P. DAILLIER *et al.*, *Droit international public*, *op. cit.*, p. 1497. ; P.-M. DUPUY et Y. KERBRAT, *Droit international public*, *op. cit.*, p. 891. ; MUGER P., *Les pouvoirs implicites*

l'invocation des « pouvoirs implicites » par un organe de contrôle comme un outil - que ce dernier considère comme étant intrinsèquement attaché à sa norme constitutive - devant lui permettre de remplir efficacement son mandat, est une méthode participant à la recherche de l'effectivité de ses fonctions[366]. L'usage de ces pouvoirs est donc considéré comme la conséquence de la ratification de bonne foi de l'instrument qui lui confère *ipso facto* compétence de connaitre les requêtes individuelles à l'encontre des États parties[367]. Cela dit, l'État qui reconnait une telle compétence, manifeste sa volonté de donner effets aux *constatations* du CDH. En tenant compte d'un tel raisonnement, il serait alors erroné de considérer l'obsession du CDH quant aux sorts réservés à ses *constatations* comme un dépassement de ses attributions[368]. C'est de la même façon, que l'interprétation faite de l'article 1er du Protocole qui confère au CDH la compétence pour « examiner » les communications émanant des particuliers, est compris comme lui octroyant indirectement le pouvoir de résoudre les litiges, lequel est entendu autrement comme entrainant une obligation à mettre en œuvre ses *constatations*. Le CDH à partir de ces interprétations, établit les fondements de ses actions. Ainsi, il parvient à puiser son autorité dans la capacité d'interprétation du PIDCP qui lui offre un pouvoir de contrainte devant lequel les États parties doivent s'incliner. À un tel niveau, le non-respect par les États des décisions du CDH serait une preuve de leur absence de bonne foi dans la ratification du PIDCP[369].

106. Un tel argument conforte les initiatives du CDH dans sa volonté de relever le défi du suivi de l'exécution de ses décisions liées essentiellement aux communications individuelles. À cette fin, il a institué un mécanisme subsidiaire de suivi des *constatations* consacré dans son Règlement intérieur[370] dont le rôle principal est joué par un Rapporteur spécial (nommé pour la première fois en 1990) chargé du suivi des *constatations*[371]. Celui-ci

---

en droit administratif français, Thèse de Doctorat en Droit public, Paris, Université Panthéon-Assas, Paris II, 2013, p. 13 et suiv.

[366] K.A. YOUNG, *The law and process of the U.N. Human Rights Committee*, The procedural aspects of international law monograph series, n° v. 26, Ardsley, N.Y, Transnational Publishers, 2002, p. 69.

[367] C. FERNANDEZ DE CASADEVANTE ROMANI, *International law of victims*, Heidelberg; New York, Springer, 2012, p. 124.

[368] A. DE ZAYAS, « Les procédures de communications individuelles devant le Comité des droits de l'homme des Nations Unies. », *R.T.D.H*, 1990, p. 349 et suiv.

[369] S. JOSEPH *et al.*, *Quels recours pour les victimes de la torture ?* 04, *op. cit.*, p. 100.

[370] Article 101.1 du Règlement intérieur du CDH dispose que : « Le Comité désigne un rapporteur spécial chargé du suivi des constatations adoptées au titre du paragraphe 4 de l'article 5 du Protocole facultatif, afin de vérifier que les États parties ont pris des mesures pour donner effet à ses constatations. »

[371] Il faut le rappeler que cette procédure de suivi mise en place est le fruit d'un long processus enclenché depuis 1982 inspirée de la pratique à l'OIT. Voy. dans ce sens : P. TAVERNIER et A. DRZEMCZEWSKI, « L'exécution des " décisions " des instances internationales de

aura pour mission « d'établir les contacts et prendre les mesures appropriées pour s'acquitter dûment de ce mandat. Il recommande au CDH les mesures complémentaires qui peuvent être nécessaires[372]». En pratique, sa mission consiste à établir un dialogue avec les représentants des États parties afin de recueillir tout renseignement sur l'état d'application des *constatations*, de les exhorter à donner des suites favorables aux décisions de violation les impliquant afin d'éviter que les victimes ne se retrouvent dans une situation d'abandon[373]. Tant il en va de l'effectivité du travail du CDH que cette mission du Rapporteur spécial a été par la suite renforcée d'un pouvoir d'investigation lui permettant d'effectuer une mission de terrain mais avec l'assentiment de l'État partie[374].

B/ L'affermissement de la garantie d'effectivité : les efforts visant l'application des *constatations*

107. Si la procédure de suivi établie par le CDH n'est pas à la hauteur de celle des juridictions, celui-ci n'entend pas pour autant la négliger car, l'inexistence du suivi affaiblirait l'efficacité de la procédure contentieuse devant son office. C'est à cette fin qu'il s'est naturellement intéressé à ce sujet dans son *Observation générale* n°33 dans laquelle il réaffirme l'origine de l'autorité et le caractère de ses décisions[375]. Cet affermissement est un message à l'endroit des États parties contre leur passivité afin de leur signifier qu'ils sont tenus de ne pas ignorer ses *constatations* qui ne revêtent toutefois qu'une « autorité de la chose constatée »[376]. À sa 109ème session, le CDH a usé d'une autre technique qui à ses yeux, devrait amener les États récalcitrants à revoir leurs comportements s'ils veulent préserver leur image sur la scène

---

contrôle dans le domaine des droits de l'Homme », *op. cit.*, p. 207. Le premier Rapporteur spécial chargé du suivi des constations a été nommé par le Comité en juillet 1990. Il s'agit de Mr. János Fodor. ;Voy., G. KLETZEL, C.B. MAIA et M. ZWAIG, « Strengthening of UN Treaty Bodies' complaint procedures: Elements for a reform agenda from an NGO perspective », *op. cit.*, p. 226.

[372] Article 101.2 du Règlement intérieur du CDH.

[373] G. SCHMIDT, « La portée et suivi des constatations », *in* F. SUDRE (dir.), *La protection des droits de l'homme par le Comité des droits de l'homme des Nations Unies : les communications individuelles*, Montpellier, IDEDH, 6 mars 1995, pp. 157-169. ; L. HENNEBEL et H. TIGROUDJA, *Traité de droit international des droits de l'Homme*, *op. cit.*, pp. 1469-1470.

[374] Doc. CCPR/C/52/R.10 spéc. p., 2 §, 5.

[375] CDH, *Observations générales* n° 33, op. *cit.*, § 13 : « Les constatations du Comité au titre du Protocole facultatif constituent une décision qui fait autorité, rendue par l'organe institué en vertu du Pacte lui-même et chargé d'interpréter cet instrument. Ces constatations tiennent leur caractère, et l'importance qui s'y attache, du fait que le rôle conféré au Comité en vertu du Pacte et du Protocole forme un tout »

[376] Sur cette question, *Infra* notre travail Partie 2, Titre 2, Chapitre 1, section, 1, paragraphe 1.

internationale. C'est ainsi qu'il introduit la technique de la « notation » ou de l'évaluation du degré d'application des mesures qu'il a indiqué dans sa décision à l'encontre de l'État qu'il fera figurer dans ses rapports sur le suivi des *constatations*[377] présentés par le Rapporteur spécial chargé du suivi des *constatations*. Cette technique de notation n'intervient qu'après l'évaluation de la réponse aux préoccupations du CDH, fournie par chaque État partie concerné.

108. À l'issue de cette évaluation quant aux mesures d'application des recommandations, si le CDH peut décider de laisser le dialogue ouvert ou de le clôturer même en cas d'échec dans le suivi, il s'est donné la possibilité de toujours revenir sur la question dans le cadre de l'examen des rapports périodiques de l'État partie. Ce faisant, il crée une forme d'articulation entre ses moyens d'action en faveur de la continuité du suivi des *constatations* au-delà du cadre formel préétabli. La finalité de ce procédé, pour le moins, consiste à être plus exigeant vis-à-vis de l'État partie. Elle vise à l'inciter à plus de coopération avec le CDH. Il est incontestable qu'une telle action soit par la suite profitable à la victime si l'État partie collabore[378].

109. Les conclusions de notre analyse, sur la base de quelques décisions mettant en cause différents États parties, étendue sur plusieurs années, sont particulièrement mitigées. Certes le bilan n'est pas positif dans son ensemble mais il est à remarquer que, la réaction ou l'attitude de l'État responsable de la violation quant à la suite à donner aux mesures prescrites dans les *constatations*, varie selon l'État auquel on a affaire. Ainsi, certains ont affiché, à maintes reprises, un esprit coopératif et par là, laissent entrevoir un début de

---

[377] Voy. G. SCHMIDT, « La portée et suivi des constatations », *op. cit.*, p. 161. Les critères d'évaluation sont les suivants : Réponse/mesure satisfaisante : (A) Réponse satisfaisante dans l'ensemble. Réponse/mesure partiellement satisfaisante : (B1) Des mesures concrètes ont été prises, mais des renseignements supplémentaires sont nécessaires, (B2) Des mesures initiales ont été prises, mais des renseignements supplémentaires sont nécessaires. Réponse/mesure non satisfaisante : (C1) Une réponse a été reçue, mais les mesures prises ne permettent pas de mettre en œuvre la recommandation, (C2) Une réponse a été reçue, mais elle est sans rapport avec la recommandation. Défaut de coopération avec le Comité : (D1) Aucune réponse n'a été reçue dans les délais, ou aucune réponse à une question précise posée dans le rapport n'a été reçue. (D2) Aucune réponse n'a été reçue après un ou plusieurs rappels. Les mesures prises vont à l'encontre des recommandations du Comité : (E) La réponse indique que les mesures prises vont à l'encontre des recommandations du Comité. Cette méthode de suivi sera révisée à la 121ème session de 2017 avec la suppression de la classification des *views,* lors de la publication mais elle sera faite pour la réponse de l'État partie concernant les mesures de non-répétition. Aussi, le rapport de suivi ne contiendra que dorénavant les *views* dans lesquels des réponses de l'État et de l'auteur ont été fournies.

[378] K. MARTIN-CHENUT, « Les mécanismes conventionnels de prévention des violations des droits de l'homme au niveau universel », *in* E. DECAUX et S. TOUZE (dirs.), *La prévention des violations des droits de l'homme*, Publications de l'Institut international des droits de l'homme, Paris, Pedone, 2015, p. 70.

manifestation de la volonté de contribuer à l'effectivité de la mission[379] du CDH contrairement à d'autres qui adoptent une attitude complètement réfractaire.

110. Toutefois, si ce dispositif de suivi n'a rien à voir avec celui institué au sein du Conseil de l'Europe, qui peut s'appuyer sur l'action du Comité des ministres, il n'est pas pour autant dénué de tout intérêt. C'est un dispositif dont le fonctionnement est inhérent à la nature « *soft* » de la norme qui le commande ou encore lié à l'origine de son assise légale[380]. Il serait par ailleurs, anormal de méconnaître le champ territorial universel du CDH qui n'est pas à minimiser comparativement à la compétence territoriale des instances régionales de protection des droits fondamentaux. En effet, le CDH contrôle un grand nombre d'États marqués par des différences de civilisations, de cultures ou de religions dont il devra tenir compte dans l'adoption de ses recommandations et *constatations*[381]. De ce point de vue, parmi ces États, certains dans une posture de conservateurs, ne réservent pas forcément le même degré de réception aux décisions des instances internationales de protection des droits de l'homme et n'ont pas la même appréciation de l'autorité de ces instances internationales dans leurs ordres internes. Par conséquent, leur souci de se soumettre à ces instances relève encore moins de leur priorité.

111. Malgré cette évidence, le CDH demeure fidèle à sa sensibilité pour la cause des victimes de violations et s'efforce de lutter contre l'indifférence ou la passivité des États face aux décisions constatant des violations de droits. Tout en tenant compte de l'autorité relative de ses *constatations*, il ne considère pas pour autant que celles-ci devraient rester lettres mortes en conservant classiquement leurs caractères de simples recommandations. Bien au contraire, elles doivent produire des effets juridiques à l'égard des victimes. Il n'a pas ainsi jugé dans ces conditions devoir s'arrêter, s'il voulait atteindre l'idéal de protection des droits qui est le sien. S'il faut le rappeler que le CDH est *a priori* dépourvu de base conventionnelle sur la question, il n'en demeure pas moins qu'il reste particulièrement attaché à cette problématique d'exécution des recommandations qui, indissociable de la réparation des

---

[379] CDH, *Leirvag et autres c/ Norvège*, 2004 comm. n° 1155/2003.

[380] M. BOSSUYT, « Le règlement intérieur du Comité des droits de l'homme. », *R.B.D.I*, 1978, vol. 14, pp. 105-156.

[381] Voy. L. BALMOND, « Ouverture : dialogue des juges, pluralisme et sécurité juridique », *in* M. ARCARI et L. BALMOND (éds.), *Le dialogue des juridictions dans l'ordre juridique international : entre pluralisme et sécurité juridique*, Naples, Editoriale Scientifica, 2014, p. 4. L'auteur pense suivant cette perspective que « Le pluralisme juridique est alors naturellement la règle. (...) Quant aux juridictions internationales, la conciliation des conceptions et des positions à laquelle les Etats seront parvenus pour assurer la protection des droits de l'homme au plan régional ne sera pas identique à celle qui commandera la solution d'un différend (...) au plan universel. »

violations, constitue juridiquement, le fleuron majeur de la responsabilité des États dans le contentieux international des droits de l'homme[382].

112. Face au silence du PIDCP et de son Protocole facultatif, le CDH a réussi à donner corps à cette idée par le prisme d'une directive adoptée[383] en toute méconnaissance de la volonté initiale des États. Son but est de faciliter la tâche qui leur incombe dans le processus de mise en œuvre des recommandations, primordiale pour toute prétention à l'effectivité. On constate que ladite directive, qui s'inscrit dans la ligne des principes formulés par la défunte Commission des droits de l'homme des Nations Unies, est reprise par l'Assemblée générale[384], avant d'être adoptée lors de la 118ème session du CDH. En rapport avec les mesures de réparation[385], elle tend à établir les critères que devraient suivre les États pour accorder une réparation intégrale aux victimes. Cette démarche loin d'être anodine, s'inscrit dans la logique de rendre sa jurisprudence efficace[386]. Dans cette perspective interprétative, il rattache l'adoption de ses critères aux multiples engagements souscrits par les États parties au titre de l'article 2 du PIDCP s'agissant du droit à un recours effectif.

113. Quoiqu'on puisse dire, les moyens usés par le CDH ne sont pas pour autant inutiles. Certes, il y a cette indifférence prégnante de la part de certains États, motif tiré de l'autorité limitée des *constatations*[387] mais il faut noter des

---

[382] Sur la question de la réparation en droit international des droits de l'homme, Voy. L. HENNEBEL et H. TIGROUDJA, *Traité de droit international des droits de l'Homme*, *op. cit.*, p. 1382 et suiv. ; J. TAVERNIER, *La réparation dans le contentieux international des droits de l'homme*, Thèse de Doctorat, Droit international public, Paris, Université Paris 2, 8 décembre 2017, 714 p. ; S.B. STARR, « Chapter 25 : The Right to an Effective Remedy: Balancing Realism and Aspiration », *in* M.A. BADERIN et M. SSENYONJO (éds.), *International Human Rights Law, Six Decades after the UDHR and Beyond*, Surrey, UK, Ashgate Publishing Limited, 2010, pp. 478-498.

[383] CDH, Doc. CCPR/C/158 du 30 novembre 2016, *Directives concernant les mesures de réparation demandées*

en vertu du Protocole facultatif se rapportant au Pacte international relatif aux droits civils et politiques.

[384] Rés. AGNU 60/147 du 16 décembre 2005, *Principes fondamentaux et directives concernant le droit à un recours et à réparation des victimes de violations flagrantes du droit international des droits de l'homme et de violations graves du droit international humanitaire.*

[385] F. SALVIOLI, « Cinquante ans après l'adoption du PIDCP : les défis du Comité des droits de l'homme », in *Le système de protection des droits de l'homme des Nations Unies : présent et avenir, Les Pactes sur les droits de l'homme : 50 ans après*, Centre de recherche sur les droits de l'homme et le droit humanitaire, Paris, Pedone, 7 novembre 2016, pp. 55-61. ; Voy. dans le même sens, H. TIGROUDJA, « La réparation des violations des droits de l'homme : pratique des organes régionaux et universels », *Human Rights reparations*, Genève, s.d., disponible sur http://legal.un.org/avl/ls/Tigroudja_HR_video_1.html.

[386] CDH, Doc. CCPR/C/158, *op. cit.*, spéc. §, 1-2.

[387] Sur les données indiquant le faible taux d'application des constations du CDH, Voy. T. OPSAHL et E. MOSE, « The Optional Protocol to the International Covenant on Civil and

avancées notoires, qu'il est possible de mettre en valeur à partir de quelques exemples topiques. Cela dit, l'inexistence de la force exécutoire ne prive pas complètement les décisions d'une portée minimale sur la base d'une violation constatée des droits que l'État ne pourrait remettre en cause[388].

114. Il est donc intéressant de souligner que certains États comme la Colombie ont institué des procédures spéciales pour la mise en œuvre des *constatations*[389] . D'autres aussi parviennent par les modifications des réglementations dans leurs systèmes administratifs ou par l'octroi des compensations et d'autres en optant pour les réformes judiciaires et législatives[390]. D'autres encore offrent une possibilité de réexamen de la décision litigieuse à partir de la *constatation* du CDH - possibilité de formuler un recours d'*amparo* devant le Tribunal suprême en Espagne[391] -. Cela montre bien que les modalités d'application de ces *constatations* ne sont pas toujours les mêmes, bien que la finalité soit identique. Dans deux décisions récentes, *Whelan c/ Irlande* et *Mellet c/ Irlande*,[392] était en cause la législation anti-

---

Political Rights », *Santa Clara Law Review*, 1981, vol. 21, p. 330. ; C. HEYNS et F. VILJOEN, « The Impact of the United Nations Human Rights Treaties on the Domestic Level », *Human Rights Quarterly*, 2001, vol. 23, n° 3, p. 6. ;R. VAN ALEBEEK et A. NOLLKAEMPER, « The legal status of decisions by human rights treaty bodies in national law », *in* H. KELLER et G. ULFSTEIN (éds.), *UN Human Rights Treaty Bodies Law and Legitimacy*, Cambridge, New York, Melbourne, Cambridge University Press, 2012, p. 362. Nous reviendrons dans la deuxième partie de notre recherche sur cet aspect sur les motifs justifiants de telles limites vis-à-vis de l'organe.

388 O. DELAS, M. THOUVENOT et V. BERGERON-BOUTIN, « Quelques considérations entourant la portée des décisions du Comité des droits de l'homme », *op. cit.*, p. 41. ; J.A. FROWEIN, « Chapter 28 : The International Protection of Human Rights as an Element of World Order », *in* M.H. ARSANJANI *et al.* (éds.), *Looking to the Future, Essays on International Law in Honor of W. Michael Reisman*, Leiden/Boston, Martinus Nijhoff Publishers, 2011, p. 523.

389 R. VAN ALEBEEK et A. NOLLKAEMPER, « The legal status of decisions by human rights treaty bodies in national law », *op. cit.*, p. 364.

390 Voy. les développements de l'auteure suivante concernant les différentes modalités mises en place par certains États afin de se conformer aux mesures prescrites par le CDH dans ses constatations. C. CHANET, « Le système des communications et l'avenir du contentieux. », *in* E. DECAUX (dir.), *Les Nations Unies et les droits de l'homme : enjeux et défis d'une réforme*, Paris, Pedone, 2006, pp. 271-276.

391 CDH, *Hill c/ Espagne,* 1997, comm. n° 526/1993.

392 CDH, *Whelan c. Irlande*, 2017, 2425/2014 et CDH, *Mellet c/ Irlande*, 2016, comm. no 2324/2013. Certes, les deux constatations rendues par le CDH ne sont pas les seules décisions adoptées par un organe international contre l'Irlande concernant le même sujet - nous rappelons les atermoiements de la Cour EDH dans son arrêt Grande Chambre du 16 décembre 2010, *A. B. C. c/ Irlande*, lorsqu'elle mettait en balance les intérêts étatiques et les droits fondamentaux des femmes irlandaises -, le Comité des droits des enfants (A/HCR/WG.6/25/IRL/2, mars 2016) ainsi que le Comité des droits économiques et socio-culturels ont eu à formuler aussi des recommandations similaires saisis de litiges pareils. Mais à l'analyse, ces deux constatations du CDH ont eu un effet salvateur notoire sur l'attitude de l'État partie les années suivantes. On a comme l'impression que l'État en avait assez d'entendre la même chanson à tout temps et en

avortement Irlandaise. Cette législation fut considérée comme ignorant les droits fondamentaux des femmes désirant mettre un terme à leur grossesse. En effet, sous le régime de cette législation, les femmes irlandaises recouraient à l'avortement illégal dans d'autres Etats, et très souvent, de telles pratiques les exposent à des risques réels pour leur vie. Le CDH dans ses deux *constatations* précitées rendues sur la contrariété de cette législation avec les droits des femmes Irlandaises, sommait l'État de faire sauter le verrou constitutionnel inscrit dans l'article 40.3.3[393] qui faisait primer la protection de la vie de l'enfant à naitre sur celle de la mère sauf en cas de risques réels et sérieux pour la vie de la mère (l'exception tirée du risque pour la santé de la mère étant écartée). Le CDH a ensuite demandé à l'État de verser une indemnité intégrale aux requérants. En réponse à cette demande, l'Irlande a pris des mesures significatives visant à indemniser la victime et permis son accès aux traitements. Plus récemment, l'État a pu amender la constitution[394]. Bien d'autres cas donnent des résultats satisfaisants de l'attitude des États défendeurs[395]. Au regard d'une telle analyse, la question de la mise en œuvre des *constatations* ou des mesures tendant à leur exécution reste confrontée à des obstacles textuels apparents. Elle est une réalité complexe soulevant des difficultés quant aux mécanismes d'évaluation de l'application concrète des *constatations* mais il serait excessif de croire que le CDH est resté inactif et que la non-conformité serait un droit absolu pour les États.

---

tout lieu. On décèle une réaction positive de l'État qu'il exprime par l'organisation d'un référendum de mai 2018 soldé par le « oui » à l'avortement. Cette expression populaire sera légalisée le 13 décembre de la même année. Voy. aussi sur le sujet : G. COHEN et G. WILLEMS, « Regards croisés de la Cour européenne des droits de l'homme et du Comité des droits de l'homme des Nations Unies sur le droit à l'avortement », *R.T.D.H*, s.d., vol. 2017, n° 111, p. 557.

[393] L'article 40.3.3 de la Constitution Irlandaise, adopté en 1983, dispose ce qui suit : « L'État reconnaît le droit à la vie de l'enfant à naître et, compte dûment tenu du droit égal de la mère à la vie, s'engage à le respecter dans ses lois et, dans la mesure du possible, à le protéger et à le défendre par ses lois », L'article 22 de la loi de 2013 sur la protection de la vie durant la grossesse dispose : « 1) La destruction intentionnelle de la vie d'un être humain à naître est une infraction ; 2) Quiconque se rend coupable d'une infraction visée dans le présent article est passible d'une amende ou d'une peine d'emprisonnement de quatorze ans au maximum, ou de l'une et l'autre de ces peines ».

[394] CDH, Doc. CCPR/C/122/R.2 du 29 mai 2018.

[395] Voy. CDH, Doc. CCPR/C/113/3 du 29 Juin 2015, notamment les décisions : CDH, *Horvath c/ Australie*, 2014, comm. n° 1885/2009 ; CDH, *Lederbauer c/Autriche*, 2007, comm. n° 1454/2006 ; CDH, *Al Gertani, c/ Bosnie-Herzégovine,* 2013, comm. n° 1955/2010 ; CDH, *X c/ Danemark*, 2014, comm. n° 2007/2010. Pour une étude plus exhaustive dans ce sens, Voy. K. FOX PRINCIPI, « United Nations Individual Complaint Procedures – How Do States Comply ? », *Human Rights Law Journal,* vol. 37, 2017.

PARAGRAPHE II/
LE SUIVI DE L'APPLICATION DES « OBSERVATIONS FINALES »

115. Avant toute chose, il importe ici de réaffirmer la nette différence terminologique de fait existant entre les « *Observations finales* » d'un côté et « *Observations générales* » de l'autre afin de dissiper toute confusion dans notre raisonnement[396]. À cet effet, les *Observations finales*, celles dont il est question dans cette partie, sont « considérées comme une boussole pour le Comité des droits de l'homme lors de l'examen des rapports subséquents », selon P. MUTZENBERG, en ce qu'elles « permettent de mesurer les progrès ou les régressions des États »[397]. Quelques années après le début de ses activités, le CDH a pris conscience que son mécanisme d'examen des rapports ne serait viable, pertinent et effectif que s'il parvenait à persuader les États d'adopter des mesures positives tendant à produire les effets escomptés conformes aux buts de l'instrument. Il s'agit d'une condition *sine qua non* pour le respect des droits du PIDCP. En effet, tout acte ou changement positif dans la situation des droits de l'homme dans un État partie conformément aux *Observations finales* issues des rapports périodiques, est la preuve de l'efficacité du mécanisme[398] qui renforce le degré d'effectivité de celles-ci. Le suivi des *Observations finales* s'est alors révélé tout naturellement nécessaire lorsque à l'évidence, les États parties les passaient sous silence **(A)**. Cette

---

[396] Ces termes sont des appellations relevant de la spécificité terminologique du droit des droits de l'homme onusien. Ainsi, les premières dont il est question dans ce paragraphe, désignent le rapport contenant les recommandations formulées par le CDH adressées à un État déterminé après l'examen de ses rapports périodiques alors que la seconde à une particularité d'être générale adressées à tous les États parties au PIDCP sans distinction. Elle contient l'interprétation que le CDH donne relativement aux droits protégés sur la base des jurisprudences de ce dernier et des *Observations finales*. Sur la différence terminologique Voy. par exemple : S.N. RODLEY, « On the Human rights committee at 40 », in *Réciprocité et universalité - Sources et régimes du droit international des droits de l'homme, Mélanges en l'honneur du Professeur Emmanuel Decaux*, Paris, Pedone, 2017, pp. 1044-1048. ; M. O'FLAHERTY, « The Concluding Observations of United Nations Human Rights Treaty Bodies », *Human Rights Law Review*, février 2006, vol. 6, n° 1, p. 27. Lire ce dernier auteur en ces termes, « *Following the review of a report, the treaty body in question issues a set of 'concluding observations', containing its collective assessment of the State's record and recommendations for enhanced implementation of the rights in question. Arguably, the issuance of concluding observations (...) provides an opportunity for the delivery of an authoritative overview of the state of human rights in a country and for the delivery of forms of advice which can stimulate systemic improvements.* »

[397] P. MUTZENBERG, *Agir pour la mise en œuvre des droits civils et politiques*, *op. cit.*, p. 173. ; dans la même logique de pensée, M. O'FLAHERTY, « The Concluding Observations of United Nations Human Rights Treaty Bodies », *op. cit.*, p. 31.

[398] Haut-Commissariat des Nations Unies aux droits de l'homme, *Guide pratique pour la société civile, suivi des recommandations des Nations Unies en matière des droits de l'homme*, 2013, 55 p. spéc. p. 34.

volonté de pousser les États à une prise en compte sérieuse de leurs engagements vis-à-vis du CDH ne peut être mise en œuvre que si ce dernier se base sur une interprétation des dispositions du PIDCP orientée de manière à atteindre les buts fixés par cet instrument **(B)**. Il estime dès lors que, en vue de répondre à cette interrogation, le suivi des recommandations formulées dans les *Observations finales*, relève aussi d'office de sa compétence de la même manière que ses *constatations* liées à sa procédure contentieuse[399].

A/ La nécessité du suivi des recommandations formulées dans les *Observations finales*, gage d'une protection effective

116. Telle que soulignée, la question de « suivi » reste d'actualité. C'est une préoccupation majeure pour le CDH qui ne peut laisser l'application des recommandations en l'état ou à la merci des États parties au traité sans réel pouvoir d'agir sur eux pour assurer la portée réelle du mécanisme. C'est dans cet ordre d'idée que la nécessité de penser à « l'après » examen des rapports prendra ainsi le pas sur l'opportunité de cet examen[400].

117. Suivant cette perspective, la démarche relative à ce suivi sera appréhendée à deux niveaux. De prime abord, le caractère cyclique et régulier de la présentation des rapports, qui s'inscrit dans la durée, facilite l'attention constante de l'organe sur l'évolution ou le degré de mise en œuvre des *Observations finales*. Celui-ci se traduit nécessairement par des impacts significatifs desdites *Observations* sur l'ordonnancement juridique de l'État, telle l'adoption d'une nouvelle loi ou la modification d'une loi dans le sens recommandé par le CDH. La réalité de cette forme de suivi se matérialise dans la phase des questions-réponses lors de la séance de présentation du rapport. L'intérêt ultime de ce suivi tient alors au seul fait de la continuité en ce qu'il constitue également une base de travail pour les États assidus qui s'en serviront comme référence pour la rédaction des rapports ultérieurs. À titre de comparaison, prenons deux États (A) et (B) parties au PIDCP sur lesquels pèse *ipso facto* cette obligation : l'Etat (A) répondant toujours au rendez-vous à terme de l'échéance et l'autre Etat (B) qui tergiverse à se prêter à l'exercice avec bonne foi de manière régulière[401]. On comprendra aisément que le CDH

---

[399] Nous distinguons les « constatations » et les « recommandations » à partir des mécanismes dont elles sont originaires. A cette fin, nous considérons « les constatations » comme issues des requêtes individuelles ou communications individuelles et les « recommandations » comme provenant des *Observations finales*. Ceci afin de garder la logique et l'esprit des rédacteurs du PIDCP et du Protocole facultatif.

[400] H.J. STEINER, « International protection of Human Rights », *in* D. EVANS (éd.), *International Law*, 1er éd., Oxford, Oxford University Press, 2003, p. 767.

[401] Prenons par exemple au hasard deux États : le cas du Sénégal dont le 5ème rapport est attendu depuis 2000 qui ne fut présenté qu'en août 2018 Voy. (Doc. CCPR/C/SEN/5). Soit, 18 ans de retard pour apporter les réponses adéquates et urgentes aux recommandations des *Observations finales* du CDH qui date de 1997 et celui du Portugal qui de même présente son 5ème rapport

aura du mal à savoir exactement à intervalle fixe, les efforts déployés concrètement par l'Etat (B) dans l'application des recommandations édictées à son encontre ainsi que l'évolution de la situation des droits de l'homme sur son territoire surtout si l'on s'en tient à la logique qu'il faudrait attendre la production de son rapport dans les délais à sa convenance. En revanche, l'Etat (A) en raison de son assiduité et son sérieux dans la prise en compte de ses obligations, son interaction avec le CDH aurait des effets positifs futurs certains. Si cette forme de suivi présente évidemment parfois des avantages, elle pèche par des insuffisances[402].

118. Si l'institution du mécanisme d'examen des rapports périodiques devrait offrir une garantie pour la protection des droits proclamés dans le PIDCP, il ne faut pas occulter le fait qu'en dernier ressort il revient à l'État partie d'assurer la jouissance et l'exercice réel et entier des droits de l'homme au bénéfice de ses ressortissants et des personnes se trouvant sous sa juridiction. Il est alors judicieux que le résultat du dialogue avec le CDH, reçoive application par le gouvernement concerné pour donner effets aux droits énoncés dans le PIDCP[403]. Ces résultats doivent être accompagnés d'un suivi aux fins d'évaluation des changements consécutifs, et d'information sur ce qui s'est passé après l'examen du rapport d'un État. C'est sur la base de cette intention que s'est formalisé le dispositif de suivi des *Observations finales*[404]. Il a pour but de permettre au CDH de maintenir le contact avec les autorités de l'État afin de garder un œil attentif sur le processus durant la période qui s'écoule entre l'adoption des *Observations finales* et la présentation des rapports postérieurs de manière à éviter que la finalité du dispositif n'apparaisse tout à fait illusoire.

B/ La perspective évolutive du suivi des *Observations finales* du CDH

119. Mise en place en 2001 par le CDH, cette nouvelle procédure de suivi est sous le contrôle d'un Rapporteur spécial sur le suivi des *Observations finales* dont le mandat court de l'adoption desdites *Observations* jusqu'à l'abandon du suivi. Il est généralement demandé aux États parties sur la base

---

attendu en 2018 et soumis en octobre 2018 Voy. (Doc. CCPR/C/PRT/5), pour apporter des réponses aux *Observations finales* de 2012 du CDH - des recommandations issues de son 4ème rapport – sans retard dans la soumission. Pour dire, dans le document du Portugal présenté en 2018, se retrouve facilement l'esprit des observations finales de 2012. Ce qui ne peut réellement qu'être bénéfique pour les bénéficiaires des droits garanties dans le PIDCP.

402 P. MUTZENBERG, *Agir pour la mise en œuvre des droits civils et politiques*, *op. cit.*, p. 193.

403 F. POCAR, « Pacte international relatif aux Droits civils et politiques », *op. cit.*, p. spéc. 90.

404 Rappelons que ce dispositif est le fruit d'un long processus à cause des clivages idéologiques et des divergences d'interprétation de la compétence du CDH qui régnaient au sein de l'organe au début de ses activités.

de l'article 71 du Règlement intérieur du CDH de fournir des rapports de suivi. Pour ce faire, ils disposent d'un délai d'un an suivant l'adoption des *Observations finales* par l'État et une semaine avant le début de la session suivante. En général, lorsqu'il s'agit de l'examen d'un rapport initial, le CDH sollicite des informations supplémentaires portant sur des sujets précis sur lesquels il suppose n'avoir pas obtenu suffisamment de détails sur la pratique de l'État.

120. Après que l'État a transmis son rapport de suivi indiquant les mesures qu'il a adoptées à la suite des *Observations finales*, les institutions nationales des droits de l'homme jouent un rôle important[405]. Elles sont également invitées à intervenir dans le suivi et disposent aussi d'un délai d'un an pour transmettre au CDH qui en jugera, leur point de vue sur les activités qu'aurait mené l'État après l'adoption des *Observations finales*. Ce n'est qu'au terme de cet échange que le CDH procèdera à l'évaluation des rapports de suivi. Dans la poursuite de ses objectifs, le CDH ne se contente pas de recueillir des États examinés de simples rapports ; il prend l'initiative de procéder à l'évaluation de ces rapports. La recherche de cet objectif le conduit à s'en inspirer du cadre de mis en œuvre des *constatations* préalablement instauré, pour enfin établir une nouvelle grille de critères de notation à l'aune de laquelle il pourra mesurer le degré d'application ou de réceptivité de l'État et ainsi classer leurs réponses selon qu'elles sont conformes ou non aux recommandations[406].

121. Cependant, la méthode d'évaluation du Rapporteur spécial chargé du suivi fut considérée comme trop formelle parce que souvent, réduite aux désidérata des États qui se complaisent à fournir peu d'informations, moins utiles au CDH par manque de substance, mais plutôt destinées à défendre leurs positions[407]. Cette attitude ne favorisait pas une meilleure réussite de son

---

[405] Sur le rôle des INDH (Institutions nationales des droits de l'homme) implantées sur le continent africain dans l'espace universel. Voy. par exemple M. GUEUYOU, « Eclairage sur les institutions nationales des droits de l'homme », in *Réciprocité et universalité - Sources et régimes du droit international des droits de l'homme, Mélanges en l'honneur du Professeur Emmanuel Decaux*, Paris, Pedone, 2017, pp. 737-745.

[406] Ci-joint la grille d'évaluation du niveau d'application des recommandations par les États : **(A)** Réponse ou mesure satisfaisante dans l'ensemble : L'État partie a démontré qu'il avait pris des mesures suffisantes pour mettre en œuvre la recommandation adoptée par le Comité. **(B)** Réponse ou mesure partiellement satisfaisante : L'État partie a pris des mesures pour mettre en œuvre la recommandation, mais des informations ou des mesures supplémentaires demeurent nécessaires. **(C)** Réponse ou mesure insatisfaisante : Une réponse a été reçue, mais les mesures prises par l'État partie ou les renseignements qu'il a fournis ne sont pas pertinents ou ne permettent pas de mettre en œuvre la recommandation. **(D)** Absence de coopération avec le Comité : Aucun rapport de suivi n'a été reçu après un ou plusieurs rappels. **(E)** Les informations fournies ou les mesures prises sont contraires à la recommandation, ou traduisent un refus de celle-ci.

[407] P. MUTZENBERG, *Agir pour la mise en œuvre des droits civils et politiques*, *op. cit.*, pp. 227-228.

mandat qui consiste à renouer le dialogue avec les États afin de les amener à augmenter le degré d'application des recommandations. Dans cette perspective, il sera mis sur pied en 2006 un groupe de travail temporaire chargé de se pencher sur les possibilités d'amélioration du suivi afin de le rendre plus efficace en tenant compte de la quantité des rapports de suivi fournis par les États[408].

122. Dans la procédure de suivi des *Observations finales*, est intégrée une technique de modulation des délais de soumission des rapports périodiques qui est fonction des réponses reçues. Ces réponses devront faire montre du degré de l'esprit coopératif de l'État à l'égard du CDH. L'idée est de récompenser les États parties qui s'efforcent d'appliquer les recommandations en leur accordant le temps nécessaire pour la production du prochain rapport périodique. Dorénavant, les États qui auront apporté des réponses jugées satisfaisantes aux préoccupations du CDH en suivant la nouvelle procédure, verront leur délai de soumission repoussé contrairement aux autres qui seront obligés de suivre le délai normal pour la procédure habituelle. À titre d'exemple, le Soudan est censé soumettre son prochain rapport périodique le 2 novembre 2022. Entre-temps, s'il accepte de se conformer à la nouvelle procédure simplifiée - accord qu'il doit communiquer au CDH avant le 2 novembre 2019 - qui consiste à répondre à la Liste des questions[409], le rapport en réplique des autorités soudanaises, fera d'emblée office du rapport périodique devant être soumis en 2022.[410] Ce que l'État partie n'a pas visiblement fait. Cette pratique nécessitant des efforts supplémentaires de la part l'État partie, le récompense en lui donnant le temps de préparation nécessaire mais renforce le suivi en introduisant une sorte de suivi accéléré[411]. Cela prouve l'importance de la question pour le Haut-commissariat qui a initié une action dans ce sens en détachant un fonctionnaire en appui aux activités du Rapporteur spécial chargé du suivi. Il reste que cet appui demeure très modeste dans la mesure où celui-ci ne dispose pas souvent du temps nécessaire pour s'acquitter efficacement de cette mission. Les efforts déployés par les

---

[408] *Ibid.*, pp. 229 et suiv.

[409] CDH, Liste de points pour la Belgique, 29 juillet 2016, Doc. CCPR/C/BEL/QPR/6 à la suite de CDH, *Observations finales*, pour la Belgique, Doc. CCPR/C/BEL/CO/5 ; Voy. CDH, Liste des points à traiter Doc. CCPR/C/SEN/Q/5 du 10 avril 2019 ; Réponse à la liste des points à traiter du Sénégal, CCPR/C/SEN/Q/5/Add.1

[410] CDH, *Observations finales* du Soudan, 2018, Doc. CCPR/C/SDN/CO/5, § 55-57.

[411] Article 72 du Règlement intérieur du CDH dispose : « Quand le Comité a indiqué en application du paragraphe 5 de l'article 71 du présent règlement que certains aspects de ses observations finales relatives au rapport de l'État partie revêtent un caractère prioritaire, il fixe une procédure pour l'examen des éléments de réponse fournis par l'État partie au sujet desdits aspects et décide de la marche appropriée à suivre ultérieurement, en indiquant notamment la date retenue pour la soumission du prochain rapport périodique. »

bureaux régionaux en partenariat avec les autres institutions onusiennes n'ont pas obtenu non plus les résultats escomptés[412].

123. En tout état de cause, s'il faut noter que le CDH ne ménage aucun effort pour assurer le suivi de ses recommandations issues des *Observations finales*, tout porte à croire que, étant limité dans ses actions, sa mission serait mieux remplie si d'autres acteurs lui prêtaient main forte afin d'accroitre sa visibilité. Cette visibilité porterait les germes de l'effectivité de ses actions. Il s'agit ici principalement de l'action des ONG qui, peu à peu, devient considérable dans la construction d'une connivence avec le CDH. Cette collaboration présente ainsi un intérêt majeur pour apprécier l'effectivité des droits.

SECTION II/
L'IMPLICATION DE LA SOCIETE CIVILE DANS LA RECHERCHE DE L'EFFECTIVITE DES ACTIONS DU CDH

124. Nul n'ignore que la société civile[413] depuis quelques années a envahi par ses actions le champ international de la protection des droits

---

[412] P. MUTZENBERG, *Agir pour la mise en œuvre des droits civils et politiques*, *op. cit.*, pp. 240-245.

[413] Sans vouloir se verser dans la définition complexe de la notion même de « société civile », nous retenons ici son acception première qui s'entend d'un regroupement d'entités, indépendantes de l'État constituant une sphère sociale dont les jugements peuvent influencer les décisions collectives ou nationaux. Parmi ces entités, se trouve les ONG dont il est prioritairement question ici notamment celles spécialisées en matière de la protection des droits fondamentaux des individus se caractérisant par leur position vis-à-vis de celle des États en la matière. N'ayant pas de définition arrêtée, nous retenons cependant celles proposées par l'ECOSOC (Voy. Doc. off. CES NU, 1996, 49ème séance plén., Doc. NU E/1996/31/1996 spéc. les articles 8 à 13) – ce dernier, dans le cadre des Nations Unies, considère que : « Est considérée comme organisation non gouvernementale, toute organisation qui n'a pas été constituée par une entité publique ou par voie d'un accord intergouvernemental, même si elle accepte des membres désignés par les autorités publiques, à condition que la présence de tels membres ne nuise pas à sa liberté d'expression.(...) Les principaux moyens financiers de l'organisation doivent provenir essentiellement des cotisations de ses affiliés ou éléments constitutifs nationaux ou des contributions des particuliers membres de l'organisation (...). Toute contribution financière ou autre soutien que l'organisation reçoit, directement ou indirectement, d'un gouvernement doit être ouvertement déclaré [à l'ONU] (...) » - et celle de la « Convention 124 » adopté au sein du Conseil de l'Europe dont l'article 1 dispose : « les associations, fondations ou autres institutions privées remplissant les conditions suivantes : avoir un but non lucratif d'utilité internationale; avoir été créées par un acte qui relève du droit interne d'une Partie; exercer une activité effective dans au moins deux États; avoir leur siège statutaire sur le territoire d'une Partie et leur siège réel sur le territoire de cette Partie ou d'une autre Partie ». Il faut retenir que la première définition se distingue de cette seconde par les origines des ressources financières ainsi que les conditions de leur usage par les ONG. Pour une lecture synthétisée sur la controverse de l'existence de la personnalité juridique des ONG en droit international, Voy. M. C. CICIRIELLO, « Les organisations Non gouvernementales sujets de droit International : un problème ouvert », in *International Law : New Actors, New Concepts, Continuing Dilemmas : Liber Amicorum Bozidar Bakotic*, Leiden, Brill | Nijhoff, 2010, pp. 107-123.

fondamentaux. Le temps où l'essentiel de son rôle se jouait dans la discrétion est dépassé[414]. Cette incursion est marquée par le rôle grandissant qu'elle joue pour le respect et la mise en œuvre effective des droits de l'homme dans la posture d'un contrepoids contre les abus de pouvoir commis par les autorités étatiques[415]. Si dans un premier temps, leur activité s'est portée plutôt auprès des juridictions internationales[416] spécialisées en droit de l'homme - s'agissant de leur capacité de saisine ainsi que de leur relation de « tiers intervenant » auprès de celles-ci - avec néanmoins des différences de degré d'implication[417], c'est la Conférence mondiale de Vienne de 1993 sur les droits de l'homme[418] qui fondera par ses conclusions leur légitimité dans l'enceinte onusienne en matière de coopération pour la jouissance effective des droits. Les années qui ont suivi, témoignent d'une présence croissante des organisations de la société civile auprès des organes onusiens de protection des droits fondamentaux avec un nombre conséquent de demandes d'accréditations auprès des Nations Unies, la preuve d'une mobilisation sans précédent[419].

---

[414] B. FRYDMAN, « Vers un statut de la société civile dans l'ordre international », *Droits Fondamentaux*, 2001, pp. 149-156. ; G.F. FOUDA, « Avec et contre l'État, le rôle des ONG dans l'application des normes internationales relatives aux droits de l'Homme en Afrique noire », *Revue juridique et politique. Indépendance et coopération*, mai 2000, pp. 133-148.

[415] I. WUERTH, « Chapter 8 : Compliance », *in* J. D'ASPREMONT et S. SINGH (éds.), *Concepts for international law : contributions to disciplinary thought*, Cheltenham, UK, Edward Elgar Publishing, 2019, p. 125.

[416] Voy. VIERUCCI L. « NGOs before international courts and tribunals », *in* P-M. DUPUY et L. VIERUCCI (éds.), *NGOs in International Law Efficiency in Flexibility ?*, Cheltenham, UK, Northampton, Edward Elgar Publishing, 2008, p. 156 et suiv. ; I. SOUMY, *L'accès des organisations non Gouvernementales aux juridictions Internationales*, Thèse de Doctorat en droit, Limoges, Université de Limoges, 2005, 628 p.

[417] Il n'est pas inutile dans cette dynamique de rappeler que les ONG interviennent activement dans le contentieux des droits de l'homme devant la Cour EDH, devant la Comm. IADH, et prioritairement depuis peu devant la Cour ADHP qui leur reconnaît la qualité à agir consacrée dans le Protocole de Ouagadougou de 1998 et devant la Comm. ADHP. Voy. J. RINGELHEIM, « Le rôle des ONG dans le contentieux international des droits de l'homme », *Journal européen des droits de l'homme*, 2018, n° 2, pp. 71-83., pp. 71-83.

[418] Voy. La Déclaration et programme d'action de Vienne, Doc. A/CONF.157/23 du 12 juillet 1993, Partie I, § 13 : « La nécessité s'impose aux États et aux organisations internationales, agissant en coopération avec les organisations non gouvernementales, de créer, aux niveaux national, régional et international, des conditions propres à assurer la jouissance pleine et effective des droits de l'homme. », Voy. de même Partie I, § 38 ; II, B, § 52 ; II, C, § 73 ; surtout le § 82.

[419] S.-B. PONTUAL (D), « ONG et évolutions du droit international », *Revue Projet*, 2009, n° 6, pp. 61-69. ; R. RANJEVA, « Les organisations non gouvernementales et le droit international des droits de l'homme », *in* G. COHEN-JONATHAN et J.-F. FLAUSS (éds.), *Les organisations non gouvernementales et le droit international des droits de l'homme*, Publication de l'institut René Cassin de Strasbourg, Bruxelles, Bruylant, 2005, p. 5. ;

125. Dans le cadre du PIDCP, si elles ont été exclues techniquement du volet contentieux[420] et ignorées aux débuts de l'activité du CDH dans le cadre de l'examen des rapports périodiques, elles ont à la longue acquis une notoriété confortée par leur activité prépondérante observée dans la mise en mouvement de l'article 40 du PIDCP surtout concernant l'élaboration, l'examen et le suivi des rapports périodiques[421]. Pour mieux la saisir, on s'intéressera dans cette partie à leur rôle essentiel dans l'application des recommandations du CDH (**Paragraphe I**) tout en mettant en exergue le soutien significatif du CCPR-Centre aux ONG nationales (**Paragraphe II**).

PARAGRAPHE I/ LA SOCIETE CIVILE, UN MAILLON ESSENTIEL DANS LE PROCESSUS D'APPLICATION DU PIDCP ET DES RECOMMANDATIONS DU CDH

126. Cette forte incursion de la société civile dans les activités dévolues au CDH est d'une importance capitale pour l'efficacité du fonctionnement de celui-ci mais aussi un moyen pour la mise en œuvre réussie des droits fondamentaux[422]. Les remarques du Professeur T. VAN BOVEN selon lesquelles : « Les Nations Unies ne peuvent fonctionner de manière efficace et sensée pour la promotion et la protection des droits de l'homme, à moins que l'organisation n'ouvre des canaux de communication avec tous les organes de la société nationale et internationale, dans un esprit de confiance et d'engagement mutuels »[423], soulignent bien notre démarche et s'inscrivent

---

[420] Rappelons que les ONG ont une marge d'action limitée dans le volet des requêtes individuelles même si dans la pratique, certaines situations exceptionnelles peuvent leur donner cette possibilité d'agir à la place d'une victime de violation se trouvant dans l'impossibilité d'intenter une action internationale. Il faut préciser ainsi que leur rôle diffère selon les organes de contrôle devant lequel elles sont appelées à intervenir. Voy. notre argumentation sur ce sujet dans le premier chapitre de ce premier Titre.

[421] H.J. STEINER, « International protection of Human Rights », *op. cit.*, p. 771.

[422] S. BESSON, « L'effectivité des droits de l'homme : du devoir être, du pouvoir être et de l'être en matière de droits de l'homme », *op. cit.*, p. 67.

[423] Le Professeur T. VAN BOVEN cité par P. GILLIBERT, « Le Comité des droits de l'homme et les organisations non gouvernementales », *in* E. DECAUX (dir.), *Le Pacte international relatif aux droits civils et politiques, Commentaires article par article,* Economica, Paris, Pedone, 2012, pp. 55-67., spéc. 55. Le *Millenium Report*, 2000 présenté par l'ancien Secrétaire général Koffi ANNAN nous en dit longuement sur cette perspective en ce qu'il élève considérablement le rôle des ONG à concurrence des États. Au point de considérer que : « leur participation à l'élaboration et la mise en œuvre du droit international attribue un sens nouveau à l'expression ‹ Nous Peuple des Nations Unies› contenue dans le Préambule de la Charte de San Francisco, en démontrant que la discipline de gouvernance de la société globale n'est pas un jeu avec des compteurs à zéro : tous les acteurs (à titres divers) de ce système voient

parfaitement dans cette logique. Il s'agira nommément ici d'invoquer leur participation active[424] en traitant successivement de l'évolution statutaire de la société civile (**A**) puis leur contribution (**B**) à l'application du PIDCP et des recommandations du CDH.

A/ L'évolution statutaire des ONG devant le CDH : une évolution indissociable du degré de leur implication

127. Il faut reconnaitre que la lutte pour le respect des droits fondamentaux ainsi que l'émergence de nouveaux droits dans une société internationale toujours dominée par des puissances étatiques, ne peut se passer de l'action des ONG. La quête par celles-ci d'une reconnaissance d'un statut auprès du CDH est restée longtemps chose incertaine. Il convient de noter que dans l'esprit des rédacteurs du PIDCP, la place des organisations de la société civile ne retenait pas une attention particulière contrairement à la plus jeune Convention relative aux droits des personnes handicapées de 2006[425]. En effet, ni le PIDCP, ni son Protocole facultatif ne prévoient la place et le rôle des ONG dans le fonctionnement du CDH[426]. On peut aisément comprendre que les États parties étant législateurs et destinataires des obligations découlant de ce texte, aient déjà vu dans ces organisations, des menaces potentielles pouvant entraver par leur intervention, l'expression de leur volonté[427].

128. C'est ainsi que traditionnellement, l'œuvre des ONG devant le CDH était quasiment informelle, à peine dévoilée. Dans cette situation, l'implication ou l'engouement que pouvait susciter leur implication dans la procédure d'application des *Observations finales* était moins visible et cantonnait leurs activités à un stade embryonnaire. Elles se sont contentées d'observer l'activité traditionnelle qui est l'examen des rapports étatiques en fournissant des informations pour l'adoption des *Observations finales* sans jamais nourrir un grand intérêt pour le suivi de ces dernières. À ce stade de

---

augmenter leur influence ». Voy. A. Kofi ANNAN, *We the People: The Role of the United Nations in the 21 st Century*, NY, 2000.

[424] D. OTTO, « Chapter 17: Institutional Partnership or Critical Seepages? The Role of Human Rights NGOs in the United Nations », in *International Human Rights Law Six Decades after the UDHR and Beyond*, Surrey, UK, Ashgate Publishing Limited, 2010, pp. 317-335.

[425] Voy. articles 32 et 33 de la Convention relative à la protection des droits des personnes handicapées. Les rédacteurs de ce traité, dans lesdites dispositions, font directement place aux rôles de la société civile dans l'accomplissement de cette mission dévolues au Comité DPH.

[426] P. GILLIBERT, « Le Comité des droits de l'homme et les organisations non gouvernementales », *op. cit.*, p. 55.

[427] Pour un résumé rapide des débats ayant eu lieu à ce propos au sein du CDH durant les premières années de son activité, *Ibid.*, p. 56-57. ;

collaboration au demeurant officieuse, il n'est pas rare de voir conférer aux informations qu'elles fournissent au CDH un statut confidentiel[428].

129. La capacité limitée du CDH qui l'oblige à se contenter de la base juridique établie, révélera ses insuffisances. À partir de ce moment, sous l'impulsion des résolutions successives issues des rencontres des présidents de Comités conventionnels qui ont inscrit cette question à l'ordre du jour de leur agenda, le CDH, tout comme les autres organes conventionnels[429], décidera de sortir des contraintes textuelles que lui impose le PIDCP et qui semblent plutôt ne pas favoriser l'ancrage de son travail, puisque ce *statu quo* ne contribue pas favorablement à l'atteinte de ses objectifs[430]. C'est sur fond de cette intention de faire évoluer la situation qu'il a adopté durant sa 104ème session tenue à New-York une directive visant à normaliser sa relation avec les ONG. Les termes du premier paragraphe de cette directive marquent un tournant réel dans leur relation autrefois officieuse et timide parce que dénuée de fondement juridique et donc naturellement moins efficace mais aussi contestable. Il apparaît ainsi, une détermination à œuvrer pour faciliter le travail des ONG de manière constructive dans un rapport de collaboration étroite avec le CDH. Ce changement va fortement renforcer leur lien avec le CDH[431].

B/ La participation active de la société civile : une optimisation de l'effectivité des droits inscrits dans le PIDCP

130. Le travail de la société civile dans un premier temps se limite à une activité de lobbying auprès des gouvernements et de mobilisation de l'opinion publique. Ayant la volonté de se montrer plus objectives et considérant que leur action ne saurait s'arrêter à l'étape de sensibilisation, ces ONG sont devenues des acteurs engagés auprès des gouvernements pour obtenir des changements réels de leur politique dans le domaine des droits de l'homme des populations ou des gouvernés. Elles s'attribuent généralement comme

---

428 S. GUILLET, *Nous, peuples des Nations Unies : l'action des ONG au sein du système de protection international des droits de l'homme*, CEDIN, Paris, Montchrestien, 1995, 179 p., spéc. p. 72.

429 D. OTTO, « Chapter 17: Institutional Partnership or Critical Seepages? The Role of Human Rights NGOs in the United Nations », *op. cit.*, p. 322.

430 Voy. L.-A. SICILIANOS, « Les ONG et l'évolution future du droit international des droits de l'homme », *in* G. COHEN-JONATHAN et J.-F. FLAUSS (éds.), *Les organisations non gouvernementales et le droit international des droits de l'homme*, Publication de l'institut René Cassin de Strasbourg, Bruxelles, Bruylant, 2005, p. 242.

431 Voy. CDH, Doc. CCPR/C/104/3 de mars 2012, § 1. « Le Comité des droits de l'homme considère que la collaboration des organisations non gouvernementales (ONG) nationales et internationales qui travaillent à la promotion et à la protection des droits de l'homme est essentielle pour promouvoir et appliquer le Pacte international relatif aux droits civils et politiques et les Protocoles facultatifs s'y rapportant »

tâche de dénoncer les manquements, de déceler les écarts entre engagements et pratiques des États contraires au PIDCP pour finalement porter cette information sur la scène internationale. Il est remarqué que l'expérience de leur implication sérieuse et constante ne manque pas d'intérêts. Bien attendu, cette implication produit davantage de résultats quant à l'application du PIDCP dans les États parties. Tenant compte du fait que certains États restent sensibles à leur image, quoi qu'ils fassent dans la restriction des droits fondamentaux, la société civile exploite cette faiblesse avec le concours de l'opinion publique qui légitime leurs revendications. Il faut donc noter que plus l'action de la société civile est active et médiatisée, plus la résistance des autorités étatiques et des gouvernements s'affaiblit les obligeant à faire profil bas dans leur action. Toutefois, s'il convient de relativiser cet impact dont il dépend en réalité du type d'État mis en cause. Cela n'enlève rien le travail déjà fort louable des ONG qui a atteint un seuil important dans l'activité contentieuse du CDH.

131. Dans un autre sens, leur action se manifeste de façon encore plus concrète. Il est notable que la société civile s'emploie à apporter une assistance technique et juridique aux victimes n'ayant pas de moyens ou ignorant la simple possibilité de faire porter leur « voix » auprès du CDH ou de tout autre organe habilité à l'international et ce, en fonction de la nature du droit dont la violation est en cause. C'est un acte qu'il faut, à tout le moins, encourager dans la mesure où il est des victimes qui ignorent leurs droits par manque d'informations[432] ou encore par défaut de moyens financiers. En raison de ce dernier motif, certaines d'entre elles ne peuvent s'offrir les services d'un avocat professionnel dont les frais d'honoraires se révèlent quelque fois exorbitants, afin d'accéder à la justice internationale. Dans un tel contexte, l'intervention des ONG s'avère très utile en ce qu'elles donnent la possibilité aux personnes n'ayant pas obtenu réparation sur le plan interne d'accéder à l'information - l'éducation aux droits humains[433] devrait être un moyen adéquat pour lutter contre cette situation -, ou de se faire assister juridiquement et techniquement[434].

132. Une affaire récente est particulièrement intéressante dans ce type de cas[435]. En l'espèce, pour répondre à l'argument de l'État selon lequel la victime n'aurait pas épuisé les voix de recours internes, celle-ci faisait état de

---

432 Voy. *Infra*. Chap. II, Titre II, Partie II de ce même travail.

433 E. DECAUX, « L'éducation et droits humains », in *Mélanges en hommage au Professeur Jean-François FLAUSS. L'homme et le droit*, Paris, Pedone, 2014, pp. 256-269.

434 Voy. *Infra*. Chap. II, Titre II, Partie II. Dans le même sens, D. OTTO, « Chapter 17 : Institutional Partnership or Critical Seepages? The Role of Human Rights NGOs in the United Nations », *op. cit.*, p. 323.

435 CDH, *Bholi Pharaka c/ Nepal*, constatation du 15 July 2019, comm. n° 2773/2016, spéc. § 5.4

ce qu'elle n'avait pas des moyens suffisants pour s'offrir une assistance juridique afin de pouvoir soumettre une communication au CDH jusqu'à ce que l'ONG TRIAL-International ne se saisisse du dossier et accepte de l'accompagner et de couvrir les frais de justice. C'est la même ONG qui la représente en qualité de Conseil devant le CDH, phénomène qu'on peut observer dans bien d'autres affaires[436]. Cette situation prouve à suffisance la nécessaire et active contribution des ONG ou globalement de la société civile dans leur engagement auprès des personnes vulnérables afin de favoriser le respect, l'application et la jouissance effective des droits civils et politiques à leur égard. Conséquence d'un tel activisme des ONG, les États voient accroitre leur responsabilité vis-à-vis de l'individu et par ricochet deviennent plus redevables devant la communauté internationale sur les questions de droits de l'homme. L'État souverain devrait ainsi s'abstenir de tout acte compromettant de telles visions.

133. Par ailleurs, on note le développement récent de la pratique des *amicus curiae* – la tierce intervention[437] – dont il est impossible de nier l'apport positif quant au renforcement du dispositif de protection. En effet, une intervention accrue des organisations de la société civile en faveur de la réclamation d'une application effective des droits inscrits dans le PIDCP en fournissant des informations juridiques et factuelles au CDH dans des affaires précises, impacte de façon significative la légitimité de la décision rendue mais aussi celle de l'interprète lui-même[438]. Du fait que cette pratique est connue pour

---

[436] Voy. CDH, *Tikanath et Ramhari Kandel c/ Nepal*, constatation du 15 juillet 2019, comm. n° 2560/2015. ; CDH, *Fulmati Nyaya c/ Népal*, constatation du 18 Mars 2019, comm. n° 2556/2015.

[437] En anglais « *the third party* » ou « *Third Persons* ». Rappelons que c'est une possibilité pour des « tiers » d'intervenir dans un litige pendant devant une juridiction interne ou internationale. J. SALMON, *Dictionnaire de droit international public*, *op. cit.* p. 1083 et suiv. : « la tierce-intervention ou *amicus curiae*, est une « notion de droit interne anglo-américain désignant la faculté attribuée à une personnalité ou à un organe non-partie à une procédure juridique de donner des informations de nature à éclairer le tribunal sur des questions de fait ou de droit ». Cette pratique n'est assurément pas chose nouvelle devant certaines juridictions internationales. Voy. dans un sens élargi au relent comparatif, l'ouvrage collectif des Professeur(e)s H. RUIZ FABRI et J.-M. SOREL, *Le tiers à l'instance devant les juridictions internationales*, Contentieux International, Paris, Pedone, 2005, 266 p. ; Sur les origines et développement de la pratique de la tierce intervention. Voy. L. BOISSON DE CHAZOURNES, « Gouvernance et régulation au 21ème siècle : quelques propos iconoclastes », *in* L. BOISSON DE CHAZOURNES et R. MEHDI (dirs.), *Une société internationale en mutation : quels acteurs pour une nouvelle gouvernance ?* Travaux du CERIC, Bruylant, Bruylant, 2005, p. 30.

[438] L. BOISSON DE CHAZOURNES, « Gouvernance et régulation au 21ème siècle : quelques propos iconoclastes », *op. cit.*, p. 30. ; A. WIIK, *Amicus curiae before international courts and tribunals*, Successful dispute resolution, n° Volume 4, Baden-Baden, Nomos : Hart Publishing, 2018, p. 525.

être beaucoup plus compassionnelle envers les victimes[439], son incidence sur l'effectivité des droits et la légitimité des prononcés du CDH serait considérable. Une jurisprudence récente du CDH interpelle à plus d'un titre. On y découvre en effet, la façon dont le CDH fait usage avec profit des avis juridiques soumis par les ONG tierces intervenantes[440] dans son raisonnement afin de faire tomber les velléités de l'État défendeur. En l'espèce, la volonté de l'État était de faire déclarer incompatible sur le plan de la recevabilité, le moyen du requérant réclamant la protection de son droit à la santé via le droit à la vie consacré par le PIDCP au motif qu'on ne peut imposer des obligations positives aux États en interprétant le droit à la vie dans le PIDCP comme allant jusqu'à fournir aux migrants sans papiers un niveau optimal d'assurance maladie[441].

134. Un autre élément important qu'il ne faudrait pas occulter est l'implication des ONG depuis quelques années dans l'interprétation des instruments juridique de protection existants au sein des Nations Unies en réponse à la *Déclaration du Dublin* qui attire une attention particulière[442]. On note en effet que, tout comme la pratique devant le CERD le montre dans sa *Recommandation générale* de 2004 sur la discrimination fondée sur l'ascendance et entérinée dans les *Recommandations générales* ultérieures[443], les projets d'élaboration des *Observations générales* du CDH sont depuis des années ouverts également à l'endroit des ONG et de la société civile en général qui peut soumettre des contributions au CDH qui en tiendra compte, selon la pertinence de leur interprétation, lors des discussions en prélude à l'adoption de l'*Observation générale* en cause[444].

---

439 E. JOUANNET, « Incertitudes sur le tiers et désordres de la justice internationale », *in* H. RUIZ FABRI et J.-M. SOREL (dirs.), *Le tiers à l'instance devant les juridictions internationales*, Contentieux International, Paris, Pedone, 2005.

440 Voy. l'avis juridique du Réseau international pour les droits économiques, sociaux et culturels (Réseau-DESC) et celui d'Amnesty International Canada versé au dossier par le requérant du § 7.1 au 7.9 de la décision. Voy. CDH, *Nell Toussaint c/ Canada*, 2018 comm. n° 2348/2014.

441 Voy. CDH, *Nell Toussaint c/ Canada*, 2018 comm. n° 2348/2014, § 10.9

442 P. LYNCH et B. SCHOKMAN, « Taking Human Rights from the Grassroots to Geneva... and Back: Strengthening the relationship Between UN Treaty Bodies and NGOS », *in* C. BASSIOUNI et W. SCHABAS (éds.), *New Challenges for the UN Human Rights Machinery: What Future for UN Treaty Body System and Human Rights Council Procedures*, Cambridge/Antwerp/Portland/, Intersentia, 2011, p. 190.

443 L.-A. SICILIANOS, « Les ONG et l'évolution future du droit international des droits de l'homme », *op. cit.*, p. 250.

444 Les contributions de la société civile à la récente *Observations générales* n°37 (2020) portant sur la liberté d'assemblée (article 21) est une illustration de cette réalité. On note que plus de 50 ONG ont participé au processus de consultation lancé par le CDH aux cotés des Etats, des Organisations internationales et Agences des Nations Unies, des plateformes académiques, des Institutions nationales des droits de l'homme. Voy. G. ZYBERI, « General Comment No. 37

PARAGRAPHE II/ LE SOUTIEN ACCORDE AUX ONG NATIONALES PAR LE CCPR-CENTRE[445]

135. Dans la droite ligne de nos développements précédents, et sans méconnaitre l'activité des autres ONG internationales[446], nous tenons particulièrement à mettre en lumière l'apport des ONG nationales grâce à l'activité remarquable du CCPR-Centre qui est aujourd'hui un acteur central de la mise en œuvre et de suivi des *Observations finales* du CDH pour avoir créé un lien étroit avec les organisations de la société civile nationale et servir de relais entre ces dernières et le CDH. Ce faisant, le CCPR-Centre se place dans une position médiane d' « ambassadeur » ou devient la « tribune » internationale de l'activité protectrice du CDH principalement dans le cadre de l'exécution de sa mission d'examen des rapports périodiques, en plus du suivi des recommandations issues de ce mécanisme. Un tel rôle mérite d'être souligné d'autant plus que ses activités ont fait du « suivi » une priorité, un phénomène et un exercice redouté par les États parties. Cet engagement du CCPR-Centre sera développé autour de son accompagnement qui sert de suivi en amont **(A)** puis de son assistance au-delà du cadre national **(B).**

A/ l'accompagnement des ONG nationales par le CCPR-Centre : un suivi en amont

136. En amont, sous la coordination du CCPR-Centre, les ONG nationales constituent la principale source d'information qui alimente l'office du CDH. Leur travail de collecte d'informations, de rapport et d'enquête peut en effet éclairer l'instance sur des situations concrètes et peser ainsi sur l'analyse des

---

on Article 21 of the International Covenant on Civil and Political Rights – Right of peaceful assembly » in *International Law Observer*, 2020. En ligne. www.internationallawobserver.eu/

445 Nous rappelons que le CCPR-Centre (Center for Civil and Political Rights) est une organisation non gouvernementale (ONG) qui a pour vocation première de contribuer à la mise en œuvre du PIDCP en soutenant activement la société civile ainsi que les principaux acteurs engagés pour mettre en œuvre les recommandations du Comité des droits de l'homme des Nations Unies au niveau national. Elle a développé ses activités à partir de 2010. Voy. le Rapport annuel du CCPR-Centre 2010 sur le site : www.ccprcentre.org.

446 Soulignons tout de même que le CCPR-Centre n'est pas le seul ONG à travailler avec le CDH. Notons d'ailleurs qu'Amnesty international et bien d'autres œuvrent activement en collaborant avec le CDH. Voy. A. CLAPHAM, « UN Human rights reporting procedures : An NGO perspective », *in* P. ALSTON et J. CRAWFORD (éds.), *The Future of UN Human Rights Treaty Monitoring*, New York, Cambridge University Press, 2000, p. 175 et suiv. Cependant, nous retenons les activités du CPPR-Centre à cause de son œuvre colossale qui fait régenter la voix de la société civile dans plusieurs États partie dans la mise en œuvre principale des recommandations du CDH.

experts membres du CDH. Cette capacité montre la force des réseaux de défenseurs de droits dont font partie les ONG de droits humains ou la société civile de façon globale. Elle tient pour une large part également à leur capacité à rassembler et à faire circuler l'information. Cette capacité résulte aussi de l'implication active de leurs points relais multipliés parfois sur tout le territoire de l'Etat pour recueillir directement des données sur les agissements de l'État partie, contraires aux normes internationales, commis par les autorités locales. Ces informations collectées et portées à l'attention du CDH dans des rapports alternatifs, permettraient à ce dernier de formuler des recommandations bien fondées et ciblées à l'égard des autorités étatiques exigeant d'elles la conformité aux obligations internationales auxquelles elles ont souscrit. C'est ainsi que le Professeur S. N. RODLEY soulignait cette contribution active et nécessaire des ONG :

137. « Aucun d'entre nous ne peut à lui seul, gouvernements compris, disposer de l'ensemble des faits, des meilleures idées, ou connaître toutes les raisons sous-jacentes aux problèmes que nous tentons de résoudre. Nous ne pouvons que bénéficier de la sagesse collective. Il est donc important pour nous d'entendre tous les intéressés notamment les voix marginalisées, avant de prendre une décision. Par exemple, le Comité des droits de l'homme collecte des informations auprès d'un large éventail de sources : les gouvernements, les Nations Unies et la Société civile. Ceci permet d'enrichir nos observations finales et nos recommandations, qui balisent les étapes pratiques que doivent franchir les gouvernements afin de rendre leurs législations et leurs pratiques plus conformes à leurs obligations au titre des traités relatifs aux droits de l'homme qu'ils ont ratifiés. »[447]

138. Sous la houlette, du CCPR-Centre, les ONG locales en premier préparent les rapports alternatifs qu'elles soumettront au CDH. Ces rapports alternatifs s'appuient sur une méthode spécifique[448]. Le travail consiste généralement pour les organisations locales à s'intéresser *prima facie* au rapport de l'État, à s'imprégner du contenu afin de chercher à mettre en lumière les failles de ce rapport avec de solides preuves jointes. Une telle action des ONG fait apparaître toutes les caractéristiques d'une consultation dont la tendance traduit une nouvelle forme de suivi de l'application des obligations[449]. La rédaction de ces rapports alternatifs

---

[447] Le Professeur S. NIGEL RODLEY, président du Comité des droits de l'homme d'alors, Octobre 2014. Voy. Bureau du Haut-commissariat aux droits de l'homme des Nations Unies, *Guide pratique pour la société civile*, p. 15.

[448] Rapport annuel du CCPR-Centre – 2020, de p. 12 à 16.

[449] H. BARHON, « Les rapports alternatifs dans le système de protection des droits de l'homme de l'ONU », *Colloque étudiant de la S.Q.D.I*, 2016, p. 10.

touchant les points sensibles sur la situation des droits de l'homme est calquée sur les mêmes bases et emprunte la même logique que ceux rédigés et adressés au CDH avant l'établissement de « la liste des questions »[450].

139. À titre d'exemple, sur les informations fournies par l'Etat sénégalais relatives aux mesures de détention préventive dans son rapport soumis en 2018, l'État partie faisait mention de ce qu'en matière correctionnelle, lorsque le maximum de la peine encourue est inférieur ou égal à 3 ans, l'inculpé régulièrement domicilié au Sénégal ne peut être détenu provisoirement au-delà de 5 jours[451]. En revanche, dans le rapport alternatif produit par le FIACAT et ACAT, non seulement ces dernières soulignent que les « prévenus » représentent encore la majorité des détenus en attente de jugement (41% de la population carcérale), mais elles font remarquer qu'il n'existe actuellement aucune limite règlementaire à la détention préventive en la matière au Sénégal. Elles sollicitent, conformément à ces informations, le CDH de demander d'abord à l'État partie de donner des précisions sur les mesures prises pour encadrer la détention préventive et ensuite de prouver comment veille-t-il au respect de ces dispositions dans la pratique. Elles sollicitent le CDH de fournir les détails sur les révisions prévues par le projet de réforme du code de procédure pénale et si ce projet tiendrait compte des alternatives à la détention provisoire[452].

B/ L'appui technique du CCPR-Centre au-delà du cadre national : un outil de revitalisation de la « machine » de suivi

140. Le CCPR-Centre réussit à instaurer une relation tripartite : entre lui, les ONG locales et le CDH. Cette relation se définit de manière horizontale entre lui et les ONG locales, et verticale entre les deux et le CDH. Nous aboutissons à cette configuration parce que l'accompagnement du CCPR-Centre ne s'arrête pas sur le plan interne ; il s'est internationalisé auprès de l'instance onusienne (le CDH). Au-delà de l'accompagnement des ONG nationales dans le montage efficace et fiable de leur rapport alternatif, il offre également ses services dans leurs participations à la session du CDH. Là encore, les ONG apparaissent comme une pièce maîtresse indispensable dans la procédure. Elles exploitent suffisamment leur droit à la parole quoique le temps imparti soit relativement insignifiant. Pour tirer bénéfices de ce temps, elles s'organisent de façon à

---

[450] List of Issues en Anglais (LOI)

[451] Rapport du Sénégal CDH, Doc. CCPR/C/SEN/5, Aout 2018 § 162. Selon les articles 127 et 127 bis du Code de procédure pénale Sénégalais.

[452] Rapport alternatif du FIACAT et de ACAT, janvier 2019, p. 6. Disponible sur le site : https://tbinternet.ohchr.org/_layouts/15/treatybodyexternal/Download.aspx?symbolno=INT%2fCCPR%2fICO%2fSEN%2f33299&Lang=fr.

ne pas lasser l'auditoire en évitant de poser les mêmes questions ou de rapporter le même sujet par des personnes différentes[453].

141. On remarquera dorénavant lors des examens, la prégnance d'un équilibre des forces en présence. Les États n'ignorent pas la présence de la société civile surtout lorsqu'il est question des organisations présentant une compétence avérée ou dont les acteurs sont reconnus pour leur perspicacité grâce aux activités qu'ils mènent sur le terrain et qui leur confère une notoriété incontestable. La présence de telles organisations peut paraitre aux gouvernements, à la simple imagination d'un scénario de confrontation, comme très dérangeant de ne pouvoir apporter aucune réponse concrète à leurs vagues de questionnaires. Les représentants d'Etat ne devront-ils pas considérer cette situation comme une pression face à laquelle il vaudrait mieux être bien outillé ? Cette interrogation implique un travail suffisant en amont et devrait aiguiller les autorités à prendre conscience de la réalité de leur engagement afin de faire le nécessaire pour mettre en œuvre les recommandations précédentes et de ne surtout prendre leur examen comme une formalité administrative à accomplir.

142. Par ailleurs, il faut relever que l'implication de la société civile ne s'arrête pas à cette phase d'échange durant l'examen public. Le CCPR-Centre grâce à son appui technique, permet dans une relation de coordination avec ces organisations de la société civile, de pouvoir interagir avec les membres du CDH lors des réunions formelles et informelles afin de soulever ou porter directement à la connaissance des membres du CDH des sujets de préoccupation majeurs sur lesquels il serait impérieux d'attirer l'attention des États[454]. C'est également l'occasion pour les membres du CDH ayant participé à ces rencontres de recueillir auprès de la société civile ayant une forte maitrise des réalités du terrain, certaines informations spécifiques concernant l'État en cause. Ainsi, il n'est pas rare de remarquer les répercussions du résultat de ces réunions transparaitre dans le dialogue engagé avec la délégation de l'État et dans les *Observations finales* formulées.

143. Le plus grand défi pour le CDH reste postérieur à l'examen des rapports puisque c'est la phase durant laquelle la manifestation de la volonté étatique est prégnante et fait loi, raison pour laquelle, l'une des actions les plus importantes que les ONG entreprennent après cette étape

---

[453] Cette logique semble s'inspirer des principes dégagés par la Déclaration de Pretoria dont certains points sont analysés en profondeur par les auteurs suivant, P. LYNCH et B. SCHOKMAN, « Taking Human Rights from the Grassroots to Geneva... and Back: Strengthening the relationship Between UN Treaty Bodies and NGOS », *op. cit.*, pp. 182-183.

[454] P. MUTZENBERG, « NGOs: Essential Actors for Embedding the Covenants in the National Context », *in* D. MOECKLI, H. KELLER et C. HERI (éds.), *The Human Rights Covenants at 50: Their Past, Present, and Future*, Oxford, Oxford University Press, 2018, p. 81.

de confrontation est la vulgarisation ou la diffusion des recommandations des *Observations finales*. C'est une étape essentielle qu'il faut gérer avec tact afin de pouvoir inciter l'État à mettre en œuvre les recommandations qui lui sont adressées. L'idée première est de porter à la connaissance des populations concernées les recommandations adressées à l'État. À ce titre, il arrive souvent aux ONG d'organiser des conférences de presse au niveau national ou encore de profiter de leur présence dans les locaux du siège des Nations Unies pour rencontrer des journalistes et correspondants d'agences de presse accrédités dans le but d'attirer l'attention des médias nationaux et internationaux et aussi par ricochet, de la population, sur les recommandations du CDH. Enfin, elles élaborent des stratégies de disséminations des recommandations sur le territoire parfois par le biais de la traduction des documents en langues nationales[455].

144. En dehors de cette action de vulgarisation des contenus, le CCPR-Centre enclenche une autre phase de ses activités. Il effectue des visites dans les États parties concernés ayant fait objet d'examen pour des missions de suivi. Ces missions consistent à rencontrer les représentants d'États ou les autorités chargées de telles questions auxquelles revient la responsabilité d'une bonne application des recommandations, dans le cadre d'échanges sur les possibilités et la nécessité de leur mise en œuvre. Cette démarche doit considérer que la volonté et l'effectivité de certaines mesures que l'État aura à prendre pourraient s'inscrire dans le temps ; certaines recommandations ne recevront application qu'à long terme. Les activités que le CCPR-Centre mène en étroite collaboration avec des ONG nationales du Togo en est une illustration[456]. Des activités parallèles ont été par la suite développées par les membres du CDH qui, à titre individuel mais de concert avec les programmes du CCPR-Centre, effectuent des déplacements dans des États pour rencontrer des panels de personnalités de la société civile et des gouvernements.

145. Ce rôle incarné par les ONG dans la mise en application des *Observations finales* prises à l'encontre des États parties n'en mérite pas moins d'être consolidé par le CDH. Il devrait être encouragé, car, c'est aussi grâce à ces ONG et par leur truchement que le CDH arrive tant bien que mal à étendre l'espace d'autorité qu'il souhaite avoir vis-à-vis des États. Si l'apport des *Observations finales* n'a pas ordinairement un impact

---

[455] P. MUTZENBERG et P. BRETT, *Comité des droits de l'homme des Nations Unies : participation au processus d'examen des rapports des États parties. Les lignes directrices pour les ONG*, Genève, 2015, p. 18.

[456] L'émission télévisée animée par le Dir. du CCPR-Centre, M. P. MUTZENBERG et le Coord. Afrique de l'Ouest et du CCPR-Centre, M. K. AFANOU à Lomé au Togo témoigne à suffisance de la teneur de ces activités. Voy. Emission télévisée du 18 Février 2016, à visionner sur : https://www.youtube.com/watch?v=1njDXCzpp48.

ou ne procure pas un intérêt direct aux justiciables pris dans leur individualité, leur considération et application par les États apporte un changement positif collectivement dans la protection des droits fondamentaux collectivement.

Conclusion :
1er Titre, 1ère Partie

146. « L'effectivité du droit international dépend nécessairement et de prime abord de la mise en place d'institutions propres à superviser et à contrôler la mise en œuvre des normes internationales »[457]. C'est sans doute le but que poursuit la création des institutions internationales, selon les circonstances, afin qu'elles accomplissent des objectifs spécifiques. Elles sont créées en vue de répondre à des situations, d'apporter des changements dans les relations économiques, sociale et politique. Assurément c'est la même finalité qui sous-tend la mise sur pied des institutions ou organes de protection des droits de l'homme à l'échelle internationale. Le CDH, un de ces organes de protection créé dans la logique des engagements pris par la Communauté internationale au lendemain des guerres mondiales, a eu pour mission d'apporter sa contribution au respect et à la protection des droits fondamentaux au niveau universel. Mais très vite, il est apparu qu'une telle mission ne saurait être atteinte par un organe de contrôle évoluant dans le concert des États souverains sans qu'il ne prenne conscience de la nécessité de recourir à des méthodes propres permettant d'atteindre une réalisation effective de sa mission. A travers notre étude, spécialement dans ce titre, nous avons pu observer que dans l'axe procédural ainsi que dans le cadre des droits substantiels, le CDH n'a ménagé aucun effort dans l'exercice de ses fonctions pour développer des techniques d'interprétation et méthodes de suivi et exécutives orientées vers l'atteinte de la mission qui lui est dévolue dans le PIDCP, quitte à se départir quelque peu des volontés étatiques formalisées dans ce même texte. Sans doute faut-il préciser que dans cette quête de légitimité et de l'effectivité de sa mission, le CDH a bénéficié de l'appui d'autres acteurs de la société internationale notamment les organisations de la société civile.

---

[457] L. BOISSON DE CHAZOURNES et M.M. MBENGUE, « Suivi et contrôle », *op. cit.*, p. 801. Voy. aussi, HILLEBRECHT C., « Compliance: actors, context and causal processes » in SANDHOLTZ W. et WHYTOCK (eds.), *Research Handbook on the Politics of International Law*, Cheltenham, UK, Edward Elgar Publishing, 2017, p. 39 et 40.

TITRE II/ LA LEGITIMATION EXTERNE AU SERVICE DE L'EFFECTIVITE DE LA MISSION PROTECTRICE DU CDH

147. La pensée juridique offre plusieurs pistes dans le cadre d'une recherche ou d'une réflexion axée sur la question de l'effectivité des normes juridiques ou de leurs autorités de contrôle. Tel est également le cas lorsqu'on tente d'aborder le sujet de l'effectivité de la mission du CDH, organe digne d'intérêt en contentieux international des droits de l'homme. Force est ainsi d'admettre que l'œuvre du CDH semble être de plus en plus identifiable non seulement à l'activité des organes de contrôle de la même nature, quel que soit le système[458] ou l'ordre juridique[459] dans lequel on se situe, mais également à celle des organes ayant formellement un statut de juridiction. « Why a Quest for Legitimacy ? »[460]. Chercher la réponse à cette question amène à comprendre pourquoi cette visibilité est loin d'être dénuée de tout avantage en ce qu'elle lui permet de s'imposer peu à peu dans cette « galaxie »[461] d'organes internationaux de protection des droits de l'homme. Cela dit, les activités du CDH suscitent de plus en plus d'intérêt et offrent une matière de choix aux autres organes implantés dans des systèmes juridiques différents[462]. Aujourd'hui, son degré d'impacts sur ces différents systèmes de protection est une réalité au point d'être une source d'éléments de protection des droits pouvant consolider ou fonder les arguments desdits interprètes « tiers » ou

---

[458] G. TIMSIT, « Système », *Dictionnaire de la culture juridique*, Paris, Quadrige/ LAMY-PUF, 2017, pp. 1462-1465.

[459] C. LEBEN, « Ordre juridique », *Dictionnaire de la culture juridique*, Paris, Quadrige/ LAMY-PUF, 2017, p. 1113.

[460] T.M. FRANCK, *The power of legitimacy among nations*, *op. cit.*, p. 3.

[461] Le mot « galaxie » s'entend ici dans un sens figuré. Elle est composée d'organes de contrôle de nature hétérogène. Nous songeons désigner par ce mot l'ensemble des organes de protection des droits fondamentaux dans l'ordre juridique international quelle que soit leur nature – juridictionnelle ou quasi-juridictionnelle - ou encore leur origine c'est-à-dire leur appartenance spatiale (système de protection régionale).

[462] Pour une compréhension de la théorie des ordres et systèmes juridiques, Voy. M. VIRALLY, « Le phénomène juridique », in *Le droit international en devenir : Essais écrits au fil des ans*, International, Genève, Graduate Institute Publications, 25 juin 2015, pp. 31-74. ; L. GARLICKI et D. RAJSKA, « Diversité des systèmes juridiques », *in* M. STEFANINI FATIN-ROUGE, L. GAY et A. VIDAL-NAQUET (dirs.), *L'efficacité de la norme juridique. Nouveau vecteur de légitimité ?* A la croiseé des droits : Droits international, comparé et européen, Bruxelles, Bruylant, 2012, pp. 295-330.

« étrangers » en DIDH qui, à l'envi, n'hésitent pas à s'en servir[463]. Il contribue ainsi fortement, grâce à cette légitimité acquise de l'extérieur, à l'harmonisation et à l'application effective du droit commun des droits de l'homme[464]. Cette pratique très révélatrice, qui se fait sous le couvert d'une méthode de droit comparé en DIDH dans un rapport normatif et institutionnel, n'est pas sans effets positifs sur la légitimité des organes y participant. Elle apporte de même une réponse à l'interrogation sur l'effectivité de l'interprète universel. Cet état de chose, bien connu de la doctrine à laquelle il est prêté ici toute l'attention nécessaire, pourrait être qualifiée de « circulation » constructive des « solutions » des organes étrangers de protection des droits.

148. En effet, si l'on conçoit avec le Professeur J. TOUSCOZ que la qualité des décisions peut déterminer l'effectivité de la règle de droit en droit international[465], alors dans un raisonnement par analogie, en observant ce même phénomène, dans le cadre de notre étude, il est possible d'aboutir à cette même conclusion. En effet, dans leur démarche argumentative visant à convaincre les destinataires de leurs décisions et en légitimant celles-ci, les autres organes homologues et tiers s'appuient sur les références extra-systémiques pour la cause des droits de l'homme[466]. Cette stratégie fonctionnelle est observée vis-à-vis du CDH. Aujourd'hui, nul ne peut contester que l'œuvre de ce dernier irradie au-delà des frontières du système universel pour rejaillir dans d'autres. À la réflexion, on comprendra mieux que l'effectivité de la mission d'un organe pourrait ne pas se limiter comme on pourrait le croire à l'application directe des décisions de cet organe mais aussi résulter de l'usage qui est fait d'elles ainsi que des effets extérieurs de ces

---

463 H.G. COHEN, « Theorizing Precedent in International Law », *in* A. BIANCHI, D. PEAT et M. WINDSOR (éds.), *Interpretation in International Law*, Oxford, Oxford University Press, 2015, pp. 268-288.; H.G. COHEN, « International Precedent and the Practice of International Law », *in* M. HELFAND (éd.), *Negotiating State and Non-State Law: The Challenge of Global and Local Legal Pluralism*, Cambridge, UK, Cambridge University Press, 2015, pp. 172-194.

464 T.M. FRANCK, *The power of legitimacy among nations*, *op. cit.*, p. 16. « *Those who claim to have identified one or more non-coercive factors in the engendering of obedience generally use the term legitimacy and its variant.* »;

465 Voy. J. TOUSCOZ, *Le principe d'effectivité dans l'ordre international*, *op. cit.*, p. 89.

466 Voy. N. HERVIEU, « Les références aux énoncés extra-systémiques dans le discours juridictionnel, instrument de pédagogie au service des droits de l'homme ? », *in* V. CHAMPEIL-DESPLATS (éd.), *Pédagogie et droits de l'homme*, Sciences juridiques et politiques, Nanterre, Presses universitaires de Paris Nanterre, 29 juillet 2016, pp. 195-208. Dans cet article, l'auteur tente de théoriser cette pratique devenue récurrente ainsi que les raisons qui sous-tendent celle-ci entre acteurs juridictionnels. En ce moment, il appert dans notre contexte que, le CDH ayant la qualité d'une quasi-juridiction, cette théorie pourrait naturellement bien aussi lui être applicable aux regards de nos observations et de celles de la doctrine. ; dans ce même sens : E. DUBOUT et S. TOUZÉ, « La fonction des droits fondamentaux dans les rapports entre ordres et systèmes juridiques », *in* E. DUBOUT et S. TOUZÉ (dirs.), *Les droits fondamentaux charnières entre ordres et systèmes juridiques*, Série 15, Publications de la fondation Marangopoulos pour les droits de l'homme, Paris, Pedone, 2010, p. 18 et 19.

décisions. Il en découle que cette appropriation extérieure, signe d'approbation du CDH et de son travail par d'autres organes de contrôle, n'est rien d'autre que l'expression tangible de sa légitimité qui renforce incontestablement l'effectivité de sa mission[467]. Nos développements à venir se concentreront sur sa capacité influence (**Chapitre I**) et sur le rapport de légitimation qu'il entretient avec les juridictions ordinaires (**Chapitre II**).

[467] A en croire M-A COHENDET, il va de soi qu'il existe une relation entre « la légitimité » des normes et leur « effectivité ». L'auteure estime que l'effectivité d'une règle de droit ne dépend pas seulement de l'existence ou de l'application d'une sanction, mais aussi et peut-être surtout de sa légitimité. M.-A. COHENDET, « Légitimité, effectivité, et validité », *op. cit.*, p. 226. Sur la même question, d'aucuns en rejetant l'univocité de la compréhension du concept, plaident au renoncement de la compréhension classique cette notion, de l'analyse qui la réduit trop souvent à la simple question d'application ou de respect. Voy. aussi, Y. LEROY, « La notion d'effectivité du droit », *op. cit.*, p. 724 et suiv.

CHAPITRE I/
LA LEGITIMITE DU CDH, PRODUIT DE SA CAPACITE D'INFLUENCE INTERNATIONALE

149. Suivant nos précédents raisonnements, il n'y aucun doute à affirmer que le CDH s'est doté au fil du temps d'une capacité d'influence internationale. Cela résulte de la place qu'il occupe dans l'architecture de protection internationale des droits de l'homme[468]. Cette capacité d'influence manifeste l'affirmation de son autorité et constitue la preuve de son rayonnement en dehors du système universel. Dans cette droite ligne, il ne paraît pas excessif de considérer cet effet positif comme étant le bénéfice de renforcement de la légitimité du CDH grâce à sa capacité de formulation ou d'interprétation du droit – le droit dérivé du PIDCP – très souvent empreinte d'une autorité qu'il convient de faire ressortir dans le cadre de cette étude[469].

Ce constat effectué, il est important de distinguer selon que son influence est directe ou indirecte. Cela signifie que le degré d'influence dépendra du système de protection dans lequel on se situe et du contenu des textes régissant l'ordre juridique en question. Suivant cette hypothèse, notre démarche qui consiste ici à distinguer subséquemment le système africain des autres systèmes, n'est pas anodine. Elle s'explique par le fait que le texte africain autorise de manière expresse et originale la réception du droit étranger comparativement aux textes des autres systèmes[470]. Dans cette perspective,

---

[468] C. CHANET, « Préface », *in* E. DECAUX (dir.), *Le Pacte international relatif aux droits civils et politiques, commentaire article par article*, Paris, Economica, 2011. C'est dans cette logique qu'elle estimait que « le droit s'internationalise, et il n'est plus possible de se limiter aux sources de droit national ou régional sans tenir compte des instruments universels et des jurisprudences développées dans le cadre international. Les influences croisées (…) sont inéluctables. »

[469] Voy. I. SCOBBIE, « Rhetoric, Persuasion, and Interpretation in International Law », *in* A. BIANCHI, D. PEAT et M. WINDSOR (éds.), *Interpretation in International Law*, Oxford, Oxford University Press, 2015, pp. 61-77.

[470] Précisons, dans ce sens que ce n'est qu'à partir d'une interprétation que les autres grands textes régionaux ont été ouverts à cette possibilité de réception du droit étranger. Voy. H. TIGROUDJA, « The Inter-American Court of Human Rights and international humanitarian law », *in* R. KOLB et G. GAGGIOLI (éds.), *Research Handbook on Human Rights and Humanitarian Law*, Cheltenham, UK/Northampton, MA, USA, Edward Elgar Publishing, 2013, p. 471. Ce qui n'est pas le cas pour les organes de contrôle du système africain qui, en revanche, ont reçu le feu vert législatif vis-à-vis de la réception du droit étranger. D'abord l'article 60 de la Charte africaine dispose que « La Commission s'inspire du droit international relatif aux droits de l'homme et des peuples, notamment des dispositions des divers instruments africains relatifs aux droits de l'homme et des peuples, des dispositions de la charte des Nations-Unies, de la Charte de l'Organisation de l'Unité Africaine, de la Déclaration Universelle des droits de l'homme, des dispositions des autres instruments adoptés par les Nations-Unies et par les pays africains dans le domaine des droits de l'homme et des peuples ainsi que des

l'analyse de l'influence du CDH sur le système africain sera faite à partir de l'activité des organes de la Charte africaine et du Protocole additionnel de Ouagadougou de 1998 respectivement : la Cour africaine des droits de l'homme et des peuples et la Commission africaine des droits de l'homme et des peuples. Cette analyse se limitera à ces deux organes (**Section I**), avant d'aborder la manifestation de cette influence dans les autres systèmes régionaux de protection. (**Section II**).

SECTION I/ UNE FORTE INFLUENCE SUR LE SYSTEME AFRICAIN DE PROTECTION DES DROITS DE L'HOMME

150. Il est intéressant de rappeler que le Continent africain s'est doté de mécanismes de protection des droits de l'homme suivant le mouvement international enclenché quelques années plus tôt dans d'autres régions du monde[471]. À cet effet, les mécanismes africains apparaissent comme les plus jeunes comparativement aux expériences faites dans d'autres régions du monde à l'exception évidemment des mécanismes instaurés dans la région asiatique dont l'architecture institutionnelle demeure à ce jour, à une étape embryonnaire. Par souci de méthode et de commodité, notre analyse se limitera aux mécanismes consacrés par la Charte de 1981 et le Protocole additionnel de Ouagadougou de 1998 à l'origine de la Commission africaine des droits de l'homme et des peuples (ci-après la Comm. ADHP) et la Cour africaine des droits de l'homme et des peuples (ci-après la Cour ADHP). En revanche, l'activité du mécanisme d'expert pour le droit et le bien-être des enfants, un des mécanismes composant le système africain ne fera pas l'objet de cette analyse. Disons tout de suite que, l'œuvre du CDH, s'est très vite invitée au service de la protection des droits fondamentaux dans le système

---

dispositions des divers instruments adoptés au sein d'institutions spécialisées des Nations-Unies dont sont membres les parties à la présente Charte », ensuite l'article 61dispose que: « La Commission prend aussi en considération, comme moyens auxiliaires de détermination des règles de droit, les autres conventions internationales, soit générales, soit spécialisées, établissant des règles expressément reconnues par les États membres de l'Organisation de l'Unité Africaine, les pratiques africaines conformes aux normes internationales relatives aux droit de l'homme et des peuples, les coutumes généralement acceptées comme étant le droit, les principes généraux de droit reconnus par les nations africaines ainsi que la jurisprudence et la doctrine ».Voy. M. KAMTO, « Article 61 », *in* M. KAMTO (dir.), *La Charte africaine des droits de l'homme et des peuples et le protocole portant création de la Cour africaine des droits de l'homme. Commentaire article par article*, Bruxelles, Bruylant, 2011, pp. 1117-1140. ;

[471] Il n'est pas inutile de rappeler que la Charte Africaine est adoptée le 27 juin 1981 à Nairobi (Kenya) lors de la 18ème Conférence de l'Organisation de l'Unité Africaine. Elle va entrer en vigueur le 21 octobre 1986, après sa ratification par 25 États parties avec l'établissement concomitant de la Commission africaine des droits de l'homme et des peuples (Comm. ADHP).

africain de protection des droits depuis que ce dernier s'est fait reconnaître et citer parmi les systèmes de protection régionaux comme une référence[472]. Tel que nous venons de le souligner, l'instauration de ce rapport institutionnel doit sa concrétisation à une ouverture normative expresse prévue par les articles 60 et 61 de la Charte africaine des droits de l'homme et des peuples ci-après (Charte africaine)[473] – qui empêche les organes de contrôle africains de se replier sur eux-mêmes pour ne développer que la particularité interprétative de leur mission prétorienne de protection des droits. De ce fait, ils sont exposés aux influences de sources externes surtout celles du système onusien des droits de l'homme[474]. Il faut préciser en revanche ici qu'on est en présence de « *l'influence-obligation* »[475] en raison de l'existence de règles contraignantes qui commandent l'utilisation des normes produites par un autre ordre juridique. Il est encore intéressant de préciser toutefois que cette réalité est loin d'être anodine et s'inscrit à tout le moins dans la logique des organes conventionnels de contrôle du respect des droits de l'homme en droit international qui se veulent généralement ouverts au droit extérieur ou étranger afin de s'en servir pour fonder leur autorité décisionnelle. Un phénomène que la Professeure L. BURGORGUE-LARSEN qualifie d' « *ère*

---

472 S. DOUMBE-BILLE, « Un quart de siècle de protection des droits de l'homme en Afrique », in *Les droits de l'homme en évolution : Mélanges en l'honneur du Professeur PETROS J. PARARAS*, Bruxelles, Bruylant, 2009, pp. 133-141.; K. MBAYE, « Les mécanismes juridiques de protection des droits de la personne (Afrique) », *Revue juridique indépendance et coopération*, Janvier/mars, n° 1,1982, pp. 241-281.; K. MBAYE, « Les droits protégés et les procédures prévues par la Charte africaine des droits de l'homme et des peuples », in *La Charte africaine des droits de l'homme et des peuples, Acte du Colloque de Trieste*, s.l., CEDAM, 1990, p. 31. ; MAIKASSOUA, *La Commission africaine des droits de l'homme et des peuples. Un organe au service de la Charte africaine*, Paris, Khartala, 2013, 516 p.

473 Voy. E. DECAUX, « Article 60 », *in* M. KAMTO (dir.), *La Charte africaine des droits de l'homme et des peuples et le protocole portant création de la Cour africaine des droits de l'homme. Commentaire article par article*, Bruxelles, Bruylant, 2011, pp. 1105-1116, spéc., p. 1106 et M. KAMTO, « Article 61 », *in* M. KAMTO (dir.), *La Charte africaine des droits de l'homme et des peuples et le protocole portant création de la Cour africaine des droits de l'homme. Commentaire article par article*, Bruxelles, Bruylant, 2011, pp. 1117-1140, spéc. p. 1118.

474 Il est important de préciser ici que les organes de protection des droits fondamentaux africains dans leurs entreprises interprétatives ne se sont pas enclins à faire recours uniquement qu'aux travaux des organes onusiens mais à presque tous les travaux des systèmes régionaux, Voy. à cet effet : A.D. OLINGA, « L'influence de la jurisprudence de Strasbourg sur l'interprétation de la Charte africaine par la Cour africaine des droits de l'homme et des peuples », in *Les droits de l'homme à la croisée des droits, Mélanges en l'honneur de Frédéric SUDRE*, Paris, Lexisnexis, 2018, pp. 525-536. Ils s'intéressent par ailleurs à l'activité de la Cour internationale de Justice et les juridictions pénales internationales *ad hoc*. Nous nous intéresserons en revanche dans cette partie essentiellement à leur recours fait au système conventionnel onusien, principalement aux travaux du CDH.

475 J.-J. PARDINI, « Brèves réflexion sur les interactions entre les ordres juridiques », in *La communicabilité entre les systèmes juridiques, Liber Amicorum Jean-Claude Escarras*, Bruxelles, Bruylant, 2005, p. 149.

du décloisonnement »[476]. Dans cette dynamique, le phénomène d'influence dont il est fait cas ici reste de mise lorsqu'on s'intéresse aux activités des organes africains précédemment cités et il se manifeste aussi bien sur le plan normatif et institutionnel (**Paragraphe 1**) que sur le plan jurisprudentiel (**Paragraphe 2**)

---

[476] L. BURGORGUE-LARSEN, « Introduction générale : L'ère du décloisonnement », *in* L. BURGORGUE-LARSEN (dir.), *Les défis de l'interprétation et de l'application des droits de l'homme : de l'ouverture au dialogue*, Tribunal Constitucional principat d'Andorra, Paris, Pedone, 2017, pp. 21-28, spéc. p. 21.

PARAGRAPHE I/
UNE INFLUENCE SYSTEMATIQUE SOUS LE PLAN NORMATIF ET INSTITUTIONNEL

151. Evoquer à la fois la question de l'influence institutionnelle (du CDH) et normative (du PIDCP) sur les organes africains (la Comm. ADHP et la Cour ADHP), renvoie à démontrer à quel degré et de quelle manière le système africain, de la norme principale jusqu'aux mécanismes de contrôle n'a pas échappé au mouvement de globalisation des sources en matière de protection des droits. Ce système a très vite été saisi par le droit du PIDCP (**A**) et par sa production prétorienne (**B**).

A/ La réalité d'une influence normative du PIDCP sur la Charte africaine

152. Dans le mouvement de la régionalisation du droit international des droits de l'homme, un fait a été particulièrement marquant. C'est le phénomène de l'emprunt normatif[477], de reproduction normative ou encore de mimétisme normatif qui consiste à retrouver le contenu parfois presque similaire d'un texte ou d'un article adopté dans un autre ensemble régional ou sous les auspices de l'ONU, dans le contexte régional. Cette réalité n'a pas épargné les mécanismes africains et s'est révélée très prégnante à l'égard du PIDCP. Cela s'explique évidemment par la postérité de la Charte africaine par rapport au PIDCP. Ainsi, selon cette tendance, la Charte se devait de tenir compte des réalités existantes sinon de se conformer *à minima* aux standards internationaux confrontés aux réalités continentales. Pour d'autres, il fallait préserver la continuité de la DUDH à travers l'outil principal que sont les normes du PIDCP.

153. Le moins qu'on puisse dire c'est que le PIDCP de 1966 couvre un ensemble de droits et libertés de portée très large. L'application de ses dispositions par l'organe dédié a posé des bases qui ont servi aux rédacteurs d'autres instruments postérieurs de protections des droits de l'homme tel la Charte africaine[478]. Il ne s'agit pas de dénier les spécificités de la Charte africaine, tant celle-ci conserve ses spécificités, reflet du particularisme du

---

[477] Voy par exemple amplement sur l'emprunt : D.A. OLINGA, « Les emprunts normatifs de la Commission africaine des droits de l'homme et des peuples aux systèmes européens et interaméricains de garantis des droits de l'homme », *R.T.D.H*, s.d., vol. 62, n° 2005, pp. 499-537.

[478] J. FIERENS, « La Charte Africaine des droits de l'homme et des peuples », *R.T.D.H*, 1990, pp. 235-248.

droit africain des droits de l'homme[479], mais on retrouve également des éléments institutionnels dérivés du PIDCP ainsi que d'autres textes à vocation internationale. Pour s'en convaincre, nous mettrons en perspective les dispositions de l'article 25 du PIDCP protégeant la libre participation et la direction des affaires de la cité :

> « Tout citoyen a le droit et la possibilité, sans aucune des discriminations visées à l'article 2 et sans restrictions déraisonnables : a) De prendre part à la direction des affaires publiques, soit directement, soit par l'intermédiaire de représentants librement choisis b) De voter et d'être élu, au cours d'élections périodiques, honnêtes, au suffrage universel et égal et au scrutin secret, assurant l'expression libre de la volonté des électeurs; c) D'accéder, dans des conditions générales d'égalité, aux fonctions publiques de son pays ».

Et l'article 13 de la Charte africaine :

> « (1.) Tous les citoyens ont le droit de participer librement à la direction des affaires publiques de leur pays, soit directement, soit par l'intermédiaire de représentants librement choisis, ce, conformément aux règles édictées par la loi. (2). Tous les citoyens ont également le droit d'accéder aux fonctions publiques de leurs pays. (3.) Toute personne a le droit d'user des biens et services publics dans la stricte égalité de tous devant la loi. »

154. Pour en tirer toutes les conclusions, il faut dire d'emblée que, les deux articles protègent en substance les mêmes droits, les droits politiques dans deux ordres juridiques différents. Ils se rapprochent donc, à l'analyse, par leur finalité et leur contenu. Cette similarité n'est apparemment pas suffisante, puisque, très souvent l'organe africain préfère s'appuyer sur la disposition du PIDCP qui se distingue par sa précision et ses détails sur la portée de ce droit hautement politique. À la lumière des termes et expressions utilisés dans les deux textes, il ne fait aucun doute que les dispositions de l'article 25 du PIDCP ont influencé de façon significative l'article 13 de la Charte africaine. On notera d'ailleurs que ce dernier laisse transparaitre une marge d'appréciation aux États, donc indirectement une possibilité d'expression du volontarisme que ceux-ci pourraient interpréter à leur guise. Les États se sont donc offert la possibilité de soulever les particularités de leurs législations internes

---

479 P. TAVERNIER, « La régionalisation du droit international, les droits de l'homme », *in* S. DOUMBE-BILLE (dir.), *La régionalisation du droit international*, Cahier de droit international, Bruxelles, Bruylant, 2012, p. 62. « ainsi, la Charte africaine est le premier instrument juridiquement contraignant qui proclame au profit des peuples, (…) le droit à un environnement satisfaisant et global, propice au développement (article 24). La Charte africaine innove également en reconnaissant aux peuples le droit à la paix (article 23) »

contenant des restrictions à ce droit, moins favorable à la protection de l'individu[480]. C'est donc à bon droit que l'organe panafricain utilise l'article 25 pour contourner la position étatique. Plusieurs autres dispositions de la Charte font état de cette influence normative du PIDCP[481].

155. Avant de poursuivre notre raisonnement, il est utile de rappeler au passage que la Comm. ADHP est le premier organe de nature quasi-judiciaire, mandaté pour la promotion et la protection des droits instaurés par la Charte africaine[482]. Elle a été créée dans un contexte politique où le consensus nécessaire entre les États parties pour aller vers la mise en place d'un véritable organe juridictionnel faisait défaut. De ce fait, c'est à elle que la Charte a confié la mission d'examen des rapports périodiques des États parties conformément à l'article 62 de la Charte africaine[483] juxtaposée à sa mission contentieuse. Aux termes de cette disposition, les États parties ont l'obligation de présenter tous les deux ans un rapport sur les mesures d'ordre législatif ou autres mesures prises en vue de donner effets aux droits et libertés reconnus et garantis par la Charte africaine. Ce qui intéresse ici, c'est la manifestation de l'influence du PIDCP dans cette mission d'examen des rapports que lui confère la Charte africaine. En effet, nous considérons que cette disposition consacrant l'examen des rapports périodiques – bien qu'étant un mécanisme traditionnel de contrôle des États en droit international – est une pure importation du modèle onusien dont l'application et l'évolution se sont adaptées à celle de l'article 40 du PIDCP[484]. En effet, conformément aux dispositions de cet article 62, la Comm. ADHP adoptera les « *observations*

---

480 Voy. dans ce sens, O. CORTEN et C. DENIS, « Article 13 », *in* M. KAMTO (dir.), *La Charte africaine des droits de l'homme et des peuples et le protocole portant création de la Cour africaine des droits de l'homme. Commentaire article par article*, Bruxelles, Bruylant, 2011, pp. 309-326, spéc. 311.

481 Voy. dans ce sens, C. HEYNS, « Civil and political rights in the African Charter », *in* M.D. EVANS et R. MURRAY (éds.), *The African charter on human and Peoples' rights The system in practice, 1986–2000*, Cambridge, New York, Melbourne, Cambridge University Press, 2002, pp. 137-177, spéc. 144 et suiv.

482 Voy. pour en savoir plus sur ses attributions ainsi que ses modes de fonctionnement L. HENNEBEL et H. TIGROUDJA, *Traité de droit international des droits de l'Homme*, *op. cit.*, p. 394 et suiv. ; J.-L. ANTANGANA AMOUGOU, « La Commission africaine des droits de l'homme et des peuples », *Revue Droits fondamentaux,* 2001, vol. 1, pp. 91-117. ; N. EBA NGUEMA, « La Commission africaine des droits de l'homme et des peuples et sa mission de protection des droits de l'homme », *La Revue des droits de l'homme [En ligne]*, Janvier 2017, n° 11, disponible sur http://revdh.revues.org/2844. ; F. OUGUERGOUZ, « La Commission africaine des droits de l'homme et des peuples : Présentation et bilan d'activités (1988-1989) », *A.F.D.I*, 1989, vol. 35, n° 1, pp. 557-571.

483 Sur la procédure d'examen des rapports périodiques devant la Comm. ADHP, Voy. F. VILJOEN, « State Reporting under the African Charter on Human and Peoples' Rights: A Boost from the South », *Journal of African Law*, 2000, vol. 44, n° 1, pp. 110-118.

484 R. MURRAY et D. LONG, *The implementation of the findings of the African Commission on Human and Peoples' Rights*, *op. cit.*, p. 45.

générales qu'elle jugerait appropriées » à l'égard des États parties. Ensuite, elle pourrait transmettre ces *observations générales* issues des rapports aux autres États parties ainsi qu'à la Conférence des Chefs d'État de l'Union Africaine. La pratique et les modalités d'exécution de cette mission ont fait la preuve de ce que la Comm. ADHP, dans sa mission de protection des droits de l'homme et des peuples ne s'est pas moins intéressée aux modalités d'application de l'article 40 du PIDCP relatif aux rapports périodiques mises en place par le CDH ainsi qu'à son évolution[485].

B / Une remarquable influence sous l'angle méthodologique et technique

156. Il paraît utile de se remémorer ici les écrits du Professeur P. TAVERNIER qui restent valables et apparaissent prémonitoires. En effet, celui-ci avait remarqué quelques décennies plus tôt et avait démontré dans ses écrits la forte inspiration de la Comm. ADHP par le modèle onusien et particulièrement par le CDH dans une perspective d'amélioration[486]. En effet, contrairement à ses premières années d'activités où l'organe panafricain était encore en période d'hésitation - ce qui paraît tout à fait normal pour tout organe investi d'une pareille mission et soucieux de la portée de celle-ci, et souhaitant œuvrer pour atteindre au maximum ses buts - les années 2000/2010 ont vu de grandes mutations dans son activité calquée sur l'activité d'autres organes régionaux et internationaux de protection des droits. On aura remarqué cette volonté de la Comm. ADHP, qui tirant toutes les conséquences des acquis de la Charte africaine[487], adopte une démarche s'apparentant aux efforts déployés par le CDH jusque-là.

157. C'est ainsi que dans le cadre de l'examen des rapports des États parties à la Charte africaine, le Règlement intérieur de 2010 de la Comm. ADHP a pris en compte un certain nombre d'éléments visant par exemple le renforcement de sa collaboration avec toute autre institution ou organisation dans la perspective d'optimisation de son travail de protection. Les ONG de même que les institutions spécifiques ont dès lors la possibilité de soumettre des rapports alternatifs[488] visant spécifiquement un État partie après la

---

485 F. VILJOEN, « Chapter 22: State Compliance with the Recommendations of the African Commission on Human and Peoples' Rights », *in* M.A. BADERIN et M. SSENYONJO (éds.), *International Human Rights Law, Six Decades after the UDHR and Beyond*, Surrey, UK, Ashgate Publishing Limited, 2010, p. 425.

486 P. TAVERNIER, « Le destin du pacte international relatif aux droits civils et politiques vingt ans après son entrée en vigueur », in *Mélanges Pouvoir et liberté : Etudes offertes à Jacques Mourgeon*, 1998, pp. 479-493.

487 Nous désignons par « acquis » ici, l'aval donné expressément par la Charte africaine – les dispositions de l'article 60 et 61- dans ce sens à l'égard des autres instruments internationaux de protection des droits de l'homme.

488 Article 74.2 du Règlement intérieur de 2010 de la Comm. ADHP.

soumission des rapports de ce dernier. Une telle relation, il faut le dire, n'est pas chose nouvelle devant le CDH même si elle n'a été formellement officialisée qu'en 2012. C'est la même remarque lorsqu'on s'intéresse de près à la solution trouvée par le CDH au problème de refus des États de se conformer à leurs obligations relatives à la soumission des rapports périodiques devant faire état de la situation des droits de l'homme dans leur pays.

> « Lorsqu'un État partie ne répond pas à une invitation à envoyer un représentant à la session de la Commission à laquelle son rapport est examiné, l'examen du rapport est reporté à la session suivante. Si, à ladite session l'État partie concerné après avoir été dûment informé, ne se fait pas représenter, la Commission procède à l'examen du rapport d'état »[489].

158. Telles sont les mesures prises par la Comm. ADHP inscrites dans les dispositions de son Règlement intérieur. Aussi, faut-il le souligner, l'adoption des Observations finales à la suite de l'examen des rapports périodiques a considérablement évolué du point de vue de sa teneur et de sa consistance. Aujourd'hui, l'un des outils phares également appliqué devant la Comm. ADHP est un produit importé de l'activité prétorienne et interprétative du CDH qui l'a initié depuis 1981. Il s'agit de la rédaction et de l'adoption des Observations générales consacrées habituellement à une disposition spécifique de l'instrument dont l'organe est chargé du contrôle[490]. Devant la Comm. ADHP, elles sont précédées généralement, de l'adoption des principes et lignes directrices devant guider les comportements étatiques[491]. Il faut

---

[489] *Ibid.* §. 4.

[490] Il faut le rappeler que les *Observations générales* - la désignation terminologique varie d'un organe international à un autre. Par exemple le Comité de lutte contre la discrimination raciale (CERD) parle de recommandations générales. Curieusement la Comm. ADHP a choisi de garder la même appellation que celle du CDH - sont des outils d'interprétation des dispositions de l'instrument visant à orienter l'attitude des États en conformité de leurs obligations. Les Observations générales adoptées par la Comm. ADHP à présent sont les suivantes : *l'Observation générale* n° 4 sur la Charte africaine des droits de l'homme et des peuples, concernant le droit à réparation des victimes de torture et autres peines ou traitements cruels, inhumains ou dégradants (Article 5) adoptée lors de la 21ème Session extraordinaire de la Comm. ADHP, tenue du 23 février au 4 mars 2017 ; *Observation générale* n° 3 sur la Charte africaine des droits de l'homme et des peuples relative au droit à la vie (Article 4) Adoptée lors de la 57ème Session Ordinaire de la Comm. ADHP, 2015 ; *Observation Générale* n° 2 sur l'Article 14.1 (a), (b), (c) et (f) et Article 14. 2 (a) et (c)) du Protocole à la Charte Africaine des Droits de l'Homme et des Peuples relatif aux Droits de la Femme en Afrique ; l'*Observation générale* n°1 sur l'article 14 (1) (d) et (e) du Protocole à la Charte africaine des droits de l'homme et des peuples relatif aux droits des femmes en Afrique adopté en 2012 ou *Observation générale* conjointe de la Commission africaine des droits de l'Homme et du Comité africain d'experts sur les droits et le bien-être de l'enfant sur l'éradication du mariage des enfants, 2017.

[491] Voy. par exemple : les Lignes directrices Robben Island de 2002, les Principes et Directives sur le droit à un procès équitable et à l'assistance judiciaire en Afrique 2003, les Lignes

rappeler ici encore une fois que ces Observations générales sont destinées à fournir des orientations et interprétations basées sur la Charte africaine afin de faciliter l'application effective par les États parties des droits inscrits dans la norme principale. Force est de constater par ailleurs que la Comm. ADHP, ne s'est pas limitée comme on pourrait bien l'imaginer à interpréter stricto sensu la Charte africaine. Elle s'est évidemment tournée vers les organes onusiens de surveillance et d'application des droits afin de bénéficier de leur expérience fort intéressante en la matière. On remarquera néanmoins que pour l'heure, la Comm. ADHP n'a pas encore estimé utile de citer expressément le CDH, ce qui ne pose pas de problème en soi, même s'il reste le précurseur et que ce rapprochement doit être mis à son actif. À ce sujet, il nous semble qu'il est trop tôt pour tirer des conclusions qui ne seront que hâtives, mais les prochaines activités de la Comm. ADHP pourraient en dire long. À titre d'illustration, si la Comm. ADHP s'est contentée dans son Observation générale n° 3 de reconnaitre le droit universel simplement en ces termes :
« Le droit à la vie est universellement reconnu comme un droit humain fondamental. Il est garanti par l'Article 4 de la Charte africaine et par tous les autres principaux instruments mondiaux et régionaux relatifs aux droits de l'homme ».[492] Elle est allée plus loin rappelant aux États parties leur obligation

> « à veiller au respect des conventions pertinentes des Nations Unies telles que le Pacte international relatif aux droits civils et politiques (PIDCP), le Pacte international relatif aux droits économiques, sociaux et culturels (PIDESC), la Convention relative aux droits de l'enfant (Convention relative aux droits de l'enfant) et la Convention sur l'élimination de toutes les formes de discrimination à l'égard des femmes (CEDEF) »[493] avant d'attirer leur attention spécialement sur l'Observation générale n°14 du Comité onusien des droits économiques, sociaux et culturels[494]. On note également qu'afin d'éviter toute ambiguïté sur les fondements de cette nouvelle activité, la Comm. ADHP fonde sa compétence en la matière sur les dispositions de la Charte africaine qui l'autorise à « formuler et élaborer des règles et des principes qui permettent de résoudre les problèmes juridiques relatifs à la jouissance des droits de l'homme et des peuples »[495].

---

directrices sur les conditions d'arrestation, de garde à vue et de détention provisoire en Afrique 2014.

[492] Comm. ADHP, *Observation Générale* n° 3 sur le droit à la vie (Article 4), p. 8, § 5.

[493] Comm. ADHP, *Observation Générale*, n° 2 sur l'article 14.1, spéc. § 6.

[494] Comm. ADHP, *Observation Générale,* n° 2 sur l'article 14.1, *ibid.*, §. 30.

[495] Article 45.1.b de la Charte africaine.

159. En dehors de ce rapprochement entre la Comm. ADHP et le CDH, justifiant l'influence du second sur la première, un autre élément révèle à l'analyse des points de recoupements pouvant corroborer notre raisonnement. En effet, il est remarqué une évolution ostensible de l'organe africain dans le processus de l'établissement des rapports, une démarche très peu éloignée de celle du CDH dans la méthode et la procédure de l'établissement de ses rapports annuels d'activités. Très clairement, des annexes sont consacrées par exemple à l'état de soumission des rapports périodiques des États parties à la Comm. ADHP suivies du classement des États par rapport à leur situation vis-à-vis de la Comm. ADHP. Une autre annexe est consacrée également aux communications[496]. Cet état de chose pour un observateur avisé, rappelle systématiquement les tableaux habituels anciennement contenus dans les rapports annuels du CDH[497]. Par ailleurs, la Comm. ADHP a aussi fait siennes d'autres techniques du CDH. De l'analyse de ces jurisprudences, le constat est clair. La nature de ces décisions a connu beaucoup d'évolutions tant en la forme que sur le fond. Si l'on s'en tient aux décisions des premières années d'activités, elles sont rendues de manière laconique laissant donc difficilement entrevoir les faits, ainsi que le contradictoire[498]. Comparée aux dernières décisions, l'influence est nettement perceptible. Pour rester dans une telle dynamique qui confirme à bien des égards les positions doctrinales du Professeur P. TAVERNIER sur l'activité présente de la Comm. ADHP[499], il faudrait de la même façon se résoudre à dire que sa notoriété gagnée au fil des années, est assurément due à la diffusion de l'activité intense du CDH dans le domaine. Par conséquent, ce résultat contribue à confirmer son apport incontesté en la matière.

---

[496] Il faut noter avec regret que cette pratique des annexes qui favorisait l'accès aux décisions dans leur intégralité n'est malheureusement plus d'actualité dans les rapports d'activités publiés les cinq dernières années. Les communications restent recensées dans le tableau mais le contenu ne peut être consulté que sur le site internet qui n'est pas très souvent à jour.

[497] P. TAVERNIER, « Le destin du pacte international relatif aux droits civils et politiques vingt ans après son entrée en vigueur », *op. cit.*, p. 488. ; H. GHERARI, « La Commission africaine des droits de l'homme et des peuples (bilan d'une jurisprudence) », *in* P. TAVERNIER (dir.), *Regards sur les droits de l'homme en Afrique*, Presse universitaire de Sceaux, Paris, L'Harmattan, 2008, pp. 132-163, spéc. p. 162.

[498] Voy. par exemple toute la décision Comm. ADHP, n° 47/90, *Lawyers Committee for Human Rights c/ Zaïre.* Elle s'est contentée de dire : « La Communication sur des violations des droits de l'homme par le Gouvernement du Zaïre, y compris les arrestations et détention arbitraires, la torture, etc. du 16 octobre 1990. Décision finale : La Commission admet l'évidence des preuves d'une série de graves violations massives des droits de l'homme et des peuples et en application de l'article 58(1) de la Charte, décide d'attirer l'attention de la Conférence des chefs d'État et de Gouvernement sur cette situation. (Article 58,1 de la Charte) » ; aussi Comm. ADHP, n° 83/92-88/93-91/93_8AR, *Jean Yaovi Degli (on behalf of Caporal N. Bikagni), Union interafricaine des droits de l'Homme, Commission international de juristes c/ Togo.*

[499] P. TAVERNIER, « Le destin du pacte international relatif aux droits civils et politiques vingt ans après son entrée en vigueur », *op. cit.*, p. 488.

PARAGRAPHE II/ L'AUTORITE DU CDH DANS LE CONTENTIEUX AFRICAIN DES DROITS DE L'HOMME

160. Le « référencement croisé »[500] ou le « référencement extra-systémique » ou encore la « fertilisation croisée », « les recours aux précédents étrangers »[501], « la circulation des solutions étrangers », « le renvoi aux solutions », et bien d'autres expressions sont très souvent les vocables utilisés pour désigner l'établissement d'un dialogue entre les organes œuvrant pour la protection des droits fondamentaux. Il reste néanmoins important de souligner que, le dialogue n'est véritablement formel ou institutionnellement établi et ouvert que s'il existe une forme de réciprocité[502]. C'est lorsque la pratique se révèle bilatérale entre les interprètes, débouchant sur un phénomène d'« osmose juridique ». Cependant, il faut noter qu'une telle attitude n'est pas toujours vérifiée à tous les niveaux. Tous les interprètes ne se prêtent pas toujours à cette pratique. Tel est par exemple le cas du CDH à l'égard des autres organes judiciaires ou non[503], y compris les principaux organes du système africain de protection des droits. Dans le cadre de ce dialogue qu'il faut qualifier d'« informel » profitable néanmoins aux deux organes, la pratique conforte la force persuasive de la décision de la Comm. ADHP, et renforce dans le même temps la légitimité et l'autorité du CDH, ce qui est indispensable à l'effectivité de son travail. Un tel constat fait naitre une relation à sens unique du haut vers le bas c'est-à-dire, de l'universel vers le régional africain. Formulée autrement, on pouvait dire que c'est le CDH qui s'impose comme le maitre du jeu. Il se trouve dans une position privilégiée. Suivant ce constat, il convient de vérifier la matérialisation de cette influence au niveau de la Comm. ADHP (**A**) puis de la Cour ADHP (**B**).

---

500 L. HENNEBEL, « Les références croisées entre les juridictions internationales des droits de l'homme », *in* B. FRYDMAN, J. ALLARD et L. HENNEBEL (dirs.), *Le dialogue des juges. Actes du colloque organisé le 28 avril 2006*, 9, Les Cahiers de l'Institut d'études sur la justice, Université Libre de Bruxelles, Bruylant/ Bruxelles, 2007, pp. 31-76.

501 R. BEN ACHOUR, « La mobilisation des sources extérieures par la Cour africaine : l'exemple de la liberté d'expression », *in* L. BURGORGUE-LARSEN (dir.), *Les défis de l'interprétation et de l'application des droits de l'homme : de l'ouverture au dialogue*, Tribunal Constitucional principat d'Andorra, Paris, Pedone, 2017, pp. 223-239.

502 Voy. J.-J. PARDINI, « Brèves réflexion sur les interactions entre les ordres juridiques », *op. cit.*, p. 132.

503 *Infra*. Chap. II, Titre II, Partie II de notre étude.

A/ La manifestation de l'autorité du CDH dans la jurisprudence de la Comm. ADHP

161. « Le système africain de protection des droits de l'homme est-il un laboratoire pour des droits universels ? »[504]. Tel est l'intitulé de l'article produit par la Professeure H. TIGROUDJA dans son ouvrage collectif copublié en hommage au Professeur J. DHOMMEAUX. Dans cet article, dont l'intitulé interpelle à plus d'un titre, c'est le comportement de la Comm. ADHP dans l'exécution de la mission dont elle est investie qui était au centre de l'analyse de l'auteure. À l'examen, on est directement frappé par le mot « laboratoire » très révélateur quant à l'orientation donnée à notre raisonnement. En effet, « Un laboratoire des droits universels » est une expression pleine de sens. Avant tout, il faut entendre, au sens littéral du terme, par « laboratoire », un lieu déterminé regroupant un ensemble ou une équipe de chercheurs effectuant un programme de recherches donné[505]. Si l'on s'en tient à cette acception des choses, on aboutit à la conclusion selon laquelle, la Comm. ADHP voulant tirer toutes les conséquences du bénéfice de l'utilisation des sources externes, se mue à un centre de recherche ayant pour domaine de prédilection et d'expérience, la conjugaison des droits de la Charte africaine avec les droits indiqués dans les instruments universels.

162. Cette attitude universaliste fort évocatrice dont elle fait preuve, si elle n'est pas limitée bien évidemment au seul cadre conventionnel des Nations Unies[506], montre néanmoins la prégnance de celui-ci devant son prétoire. Ainsi la Comm. ADHP a-t-elle fait sienne la production jurisprudentielle et normative du CDH et d'autres organes de contrôle pour construire son analyse et sa motivation. On y voit à travers cette réalité, une forme d'allégeance de la Comm. ADHP à l'autorité et à la force interprétative du CDH en y recourant de manière inconditionnelle et cela est à dessein[507]. Un certain nombre de décisions viennent le confirmer. Dans une décision récente rendue par la

---

[504] H. TIGROUDJA, « Le système africain de protection des droits de l'homme : Un laboratoire pour des droits universels. Analyse des sources utilisées dans la jurisprudence de la Commission africaine des droits de l'homme et des peuples », in *Mélange en hommage au Professeur Jean Dhommeaux : Humanisme et droit*, Paris, Pedone, 2013, pp. 409-425.

[505] Voy. la définition de « Laboratoire » dans le *Dictionnaire Larousse*.

[506] Voy. dans ce sens : J.-M. AELUNGU et E.-A. CIRIMWAMI, « Le système africain de protection des droits de l'homme et le droit international humanitaire », *Annuaire africain des droits de l'homme*, 2018, pp. 1-23. ; dans le même sens, H. TIGROUDJA, « Le système africain de protection des droits de l'homme : Un laboratoire pour des droits universels. Analyse des sources utilisées dans la jurisprudence de la Commission africaine des droits de l'homme et des peuples », *op. cit.*, p. 422.

[507] Voy dans ce sens, C. DELIYANNI-DIMITRAKOU, « Droit comparé et dialogue des jurisprudences dans les affaires portant sur la violation des droits fondamentaux », *Annuaire international des droits de l'homme*, 2015, p. 77 et suiv. ; de même : E. DUBOUT et S. TOUZÉ, « La fonction des droits fondamentaux dans les rapports entre ordres et systèmes juridiques », *op. cit.*, p. 18.

Comm. ADHP en 2018, *Thomas Kwoyelo c/ Uganda*[508], l'organe panafricain systématise clairement sa volonté d'être érigé en « un laboratoire des droits universels ». Il est aisé de le remarquer dans son raisonnement visant à déterminer la règle de droit applicable à cette affaire ayant trait à une situation de conflit armé non-international soulevant des cas de violation des droits fondamentaux protégés par la Charte africaine et les instruments internationaux. L'organe africain n'a pas manqué l'occasion, comme à l'accoutumée dans cette entreprise interprétative de se livrer à une mobilisation des sources extérieures pouvant l'aider à construire sa logique argumentative. Il faudrait comprendre naturellement que cette technique devenait pour lui, l'unique canal de réaffirmation de sa propre légitimité, d'assurance de la sécurité juridique des justiciables et aussi un moyen pour faire assoir sa crédibilité comme l'avait si bien souligné la Professeure H. TIGROUDJA.

163. Accepter cette thèse, revient donc à dire que la qualité de sources du droit dans une décision de la Comm. ADHP, permettrait à celle-ci de renforcer sa légitimité. Non seulement, cela renforce indirectement le degré d'acceptabilité de ladite décision par les justiciables mais aussi le niveau d'effectivité de la source utilisée, celle dont on s'est servi et par ricochet, « l'autorité de la chose interprétée »[509] de l'organe dont elle émane. On aura compris ce pourquoi, elle ne peut surtout pas ignorer l'œuvre persuasive du CDH. C'est ainsi, qu'elle parvient dans un premier temps à la conclusion d'une possible application du droit international humanitaire[510] combiné avec l'article 5 de la Charte africaine et le PIDCP, tout en ayant en arrière-plan, l'avis de la CIJ, *l'Edification du mur en territoire Palestinien,* 2004, qui réaffirmait l'application du droit des droits de l'homme en période de conflit armé. Son second volet d'analyse dans la même affaire est tout aussi intéressant et dérive du moyen tiré du droit à un procès équitable. En effet, la Comm. ADHP en vue de répondre à la question de savoir si, les droits dérivés du droit au procès équitable notamment le droit d'être jugé dans un délai raisonnable - article 7(1)(d) de la Charte africaine - ont été respectés, invoque pour le bien-fondé de sa démonstration, l'*Observation générale* n° 13 du

---

[508] Comm. ADHP, 2018, *Thomas Kwoyelo c/ Uganda*, n° 431/12.

[509] Voy. J. ANDRIANTSIMBAZOVINA, « L'autorité de la chose interprétée et le dialogue des juges : entre théorie et en pratique un couple inséparable », in *Le dialogue des juges : mélanges en l'honneur du Président Bruno Genevois*, Paris, Dalloz, 2009, pp. 11-28, spéc. p. 14.

[510] Il s'agit des conditions d'application de l'article 3 commun des Conventions de Genève de 1949 ainsi que l'article 4 du Protocole additionnel II de ces Conventions. L'organe considère que les obligations indiquées dans ces dispositions ont un caractère absolu conformément aux dispositions du PIDCP, article, 6, 7 et 8 et donc insusceptibles de dérogation en tous lieux et en tout temps (nous traduisons). Voir Comm. ADHP, 2018, *Thomas Kwoyelo c/ Uganda*, n° 431/12, § 201. (disponible sur le site de la Comm. ADHP en version anglaise. La page de la version française du site n'étant pas actualisée.)

CDH[511] pour étayer son raisonnement avant d'engager la responsabilité de l'État pour défaut de garantie de ce droit[512]. Les exemples peuvent être multipliés. Dans une autre affaire portée devant la Comm. ADHP[513], le requérant dans la mobilisation de ses moyens juridiques de défense, n'a pas hésité à invoquer l'interprétation donnée par le CDH au concept de « discrimination » dans son *Observation générale* n°18 afin d'éclairer la Comm. ADHP sur ses prétentions de violation des droits qu'il tient des articles 2 et 8 de la Charte africaine. Ce détour n'est pas passé inaperçu aux yeux de l'organe qui s'est senti finalement tenu de s'inspirer de la norme du PIDCP dans sa décision dans les termes suivants : « The Commission is inspired in this interpretation by Article 18(2) of the ICCPR which singles out the "freedom to have or to adopt a religion or belief of his choice" and absolutely prohibits coercion that would impair these freedoms of religion reserved to the forum internum. » afin de pouvoir engager la responsabilité de l'État partie pour violation des dispositions de la Charte africaine précédemment évoquées.

164. Si conformément à notre raisonnement, on est parvenu à la conclusion selon laquelle la Comm. ADHP est suffisamment influencée par l'œuvre du CDH et de bien d'autres organes internationaux de protection des droits fondamentaux[514], force est de constater que cette tendance jurisprudentielle

---

511 CDH, *Observation générale* n°13 (En anglais General Comment) relatives à l'article 14 « l'Administration de la justice », §. 10. Comm. ADHP, *Thomas Kwoyelo c/ Uganda*, n°431/12, § spec., 250. « In its General Comment n° 13, the Human Rights Committee stated that the right to be tried without undue delay is a guarantee that 'relates not only to the time by which a trial should commence, but also the time by which it should end and judgment be rendered; all stages must take place 'without undue delay ».

512 « L'État partie, en invoquant le manque de quorum alors que, pour que ce droit procédural soit effectif, il lui incombe de nommer de magistrat afin de permettre à la cour d'atteindre le quorum décisionnel à la suite du décès d'un magistrat de l'équipe, laquelle situation a fait entrainer un délai déraisonnable dans la prise de décision, il a failli à son obligation vis à vis du requérant, et donc a violé son droit d'être jugé dans un délai raisonnable. » (nous traduisons) Voy. Comm.ADHP,2018, *Thomas Kwoyelo c/ Uganda*, n°431/12, spéc, § 251, 252, 253.

513 Comm. ADHP, 2016, *Hossam Ezzat & Rania Enayet (represented by Egyptian Initiative for Personal Rights & INTERIGHTS) c/ The Arab Republic of Egypt*, n° 355/07. Dans cette même décision le requérant pour faire tomber le motif tiré de l'État d'avoir émis des réserves, celui-ci a fait appel à *l'Observations finales* du CDH adressée à l'État en 2002 qui faisait état de l'ambiguïté de la réserve de l'État partie considéré comme trop générale (UN Human Rights Committee, Concluding Observations : Egypt, 28 November 2002, CCPR/CO/76/EGY) ; Voy. aussi la décision : Comm. ADHP, n° 218/98, *Civil Liberties Organisation, Legal Defence Centre, Legal Defence and Assistance Project c/ Nigeria,* § 27. ; Comm. ADHP, nov. 2000, *Media Rights Agenda c/ Nigéria*, § . 51; Comm. ADHP, *Purohit et Moore c/ Gambie*, n° 241/2001.

514 F. OUGUERGOUZ, « Les mécanismes continentaux de protection des droits de la personne humaine en Afrique. Gros plan sur la Commission africaine des droits de l'homme et des peuples », *L'observateur des Nations Unies*, printemps-ét 2001, p. 109. L'auteur considère que « le mécanisme de sauvegarde originel de la Charte africaine, c'est-à-dire tel quel fonctionne actuellement emprunte ses principaux caractères à la défunte Commission européenne des droits de l'homme, à la Commission interaméricaine des droits de l'homme ainsi qu'au Comité

visant à s'approprier des sources externes lui a été reprochée au motif qu'elle s'adonne à une « réception brute, alors que celle-ci devrait être retravaillée et adaptée à la réalité sociologique »[515] du continent africain. Il faut noter cependant que cette critique a été rejetée par une partie de la doctrine qui considère qu' « elle est sujette à caution et pourrait éventuellement être (...) se voir taxée de recourir abusivement à la notion de relativisme culturel en vue de justifier des spécificités préjudiciables au respect du droit internationale des droits de la personne »[516] dans la mesure où, pour la tenante de cette thèse, la Charte africaine dans sa formulation a souhaité la conformité des pratique africaines aux normes internationales relatives aux droits de l'homme par le biais des dispositions textuelles.

B/ L'état de dépendance de la Cour ADHP à l'égard du droit conventionnel onusien

165. Selon l'ancien Juge de la Cour constitutionnelle sud-africaine S. KENTRIDGE, « l'approche comparative est particulièrement appropriée pour l'interprétation et l'application de garanties en matière de droits fondamentaux »[517]. Cette pensée, à l'analyse, explique le lien informel existant entre la Cour ADHP et le CDH lorsqu'on essaie de comprendre les soubassements de la relation de confiance que cherche à maintenir la première avec le second. En effet, le choix opéré par le juge de la Cour ADHP, conduit celui-ci à faire appliquer à d'autres cas concrets qui lui sont soumis des solutions d'un ordre juridique étranger. Le plus souvent, ses conclusions se conforment, dans une certaine mesure, aux solutions jurisprudentielles adoptées par le CDH ainsi que par d'autres organes internationaux. De ce fait,

---

des droits de l'homme des Nations Unies » ; Voy. dans le même sens, E. LAMBERT-ABDELGAWAD, « Le rayonnement de la jurisprudence de la Cour européenne à l'égard de la commission africaine des droits de l'homme et des peuples. Analyse empirique des références à la Cour européenne dans les communications de la Commission africaine », *in* G. COHEN-JONATHAN et J.-F. FLAUSS (dirs.), *Le rayonnement international de la jurisprudence de la Cour européenne des droits de l'homme,* Bruxelles, Bruylant, 2005, pp. 139-184, spéc. 171.; M. MUBIALA, *Le système régional africain de protection des droits de l'homme*, Organisation internationale et relations internationales, n° 59, Bruxelles, Bruylant, 2005, p. 203.

[515] D.A. OLINGA, « Les emprunts normatifs de la Commission africaine des droits de l'homme et des peuples aux systèmes européens et interaméricains de garantis des droits de l'homme », *op. cit.*, p. 537.

[516] Voy. dans cette logique, S. TURGIS, *Les interactions entre les normes internationales relatives aux droits de la personne*, Publications de l'Institut international des droits de l'homme, n° 17, Paris, Pedone, 2012, p. 460.

[517] S. KENTRIDGE, cité par J. ALLARD et L. VAN DEN EYNDE, dans leur étude consacrée aux arguments pour et contre le dialogue des jurisprudences, Voy. J. ALLARD et L. VAN DEN EYNDE « Le dialogue des jurisprudences comme source du droit : Arguments entre idéalisation et scepticisme », *in* I. HACHEZ *et al.* (éds.), *Les sources du droit revisitées - vol. 3*, Presses de l'Université Saint-Louis, s.l., Anthemis, 2012, pp. 285-315, spéc. p. 10.

l'autorité et la crédibilité du CDH s'en trouvent augmentées. Cette analyse confirme celle du Professeur B. FRYDMANN[518] selon laquelle, la portée juridique d'un tel comportement se rattache directement à l' « autorité persuasive »[519] du « précédent » évoqué. Il ajoute dans le même sens en disant que « l'autorité marque la considération particulière que l'on accorde à l'avis de quelqu'un, en raison de sa position, de l'expérience ou de la compétence qui lui est généralement reconnue »[520].

166. Il semble dans ces conditions, que cette technique à maints reprises relevée par la doctrine[521], consistant pour la Cour ADHP à recourir à l'œuvre jurisprudentielle du CDH démontre la dépendance quasi-systématique du Juge africain des droits de l'homme aux instruments extérieurs principalement au PIDCP. Il est possible de relever quelques cas qui en témoignent.

Dans ce sens, l'emblématique affaire *Moussa Konaté c/ Burkina Fasso*[522] se trouve être une parfaite illustration. Le juge africain des droits de l'homme devait dans cette affaire répondre à la question de savoir si l'État Burkinabè avait violé la liberté d'expression du journaliste. Face à l'imprécision de la Charte africaine, qui bien que garantissant le droit à la

---

[518] B. FRYDMAN, « Conclusion : le dialogue international des juges et la perspective idéale d'une justice universelle », *in* B. FRYDMAN, J. ALLARD et L. HENNEBEL (dirs.), *Le dialogue des juges. Actes du colloque organisé le 28 avril 2006*, 9, Les cahiers de l'institut d'études sur la justice, Bruxelles, Bruylant, 2007, p. 156.

[519] *Ibid.,* Cette forme d'« autorité » selon le Professeur B. FRYDMAN, dont il faut d'ailleurs se garder de toute confusion avec l' « autorité de la chose jugée », qui fera l'objet d'une attention plus tard dans la deuxième partie de ce même travail, peut être définie comme « la valeur probante particulière qui s'attache à une opinion de droit émise dans un acte authentique officiellement habilité à dire le droit. »

[520] *Ibid.*, Qu'il soit permis de reproduire ici les suites de son analyse : selon lui, « parler « d'autorité persuasive », c'est évoquer un argument convaincant, qui a d'autant plus de poids, qu'il est énoncé par la bonne personne, dans un acte officiel. Le juge reconnaît à la décision étrangère une autorité persuasive, lorsqu'il admet à la fois la valeur intrinsèque de l'argumentation soutenue par le juge étranger dans sa motivation et en même temps qu'il accorde assez de crédit à ce juge pour juger bon de se référer explicitement à sa jurisprudence. »

[521] R. BEN ACHOUR, « La mobilisation des sources extérieures par la Cour africaine : l'exemple de la liberté d'expression », *op. cit.*, pp. 236 et suiv. ; Voy. H. TIGROUDJA, « Le renvoi aux décisions des Comités conventionnelles des Nations Unies dans la pratique des organes régionaux de protection des droits de l'homme », *in* E. DECAUX et O. DE FROUVILLE (dirs.), *La dynamique du système des traités de l'ONU en matière des droits de l'homme. Acte du colloque du 10 Novembre 2014*, Publications du Centre de recherche sur des droits de l'homme et le droit humanitaire., Paris, Pedone, 2015, pp. 137-149. ; F. OUGUERGOUZ, « La jurisprudence de la Cour africaine des droits de l'homme et des peuples - un juste hommage à l'action normative de l'organisation des Nations Unies », in *Réciprocité et universalité - Sources et régimes du droit international des droits de l'homme, Mélanges en l'honneur du Professeur Emmanuel Decaux*, Paris, Pedone, 2017, pp. 859-872.;

[522] Cour ADHP, Arrêt (fond), *Lohé Issa Konaté c/ Burkina Faso*, requête 004/2013 du 5 décembre 2014.

liberté d'expression, contrairement au PIDCP, reste laconique sur les différentes facettes de ce droit pourtant nécessaires pour sa protection maximale, il devenait fondamental pour le juge de justifier le fondement de la décision qu'il aurait à prendre. Ce besoin le renvoie donc à l'utilisation de sa méthode habituelle : le recours au « métissage des sources »[523], donc, aux travaux du CDH, bien avant tout, aux fins de contrôler la conformité des dispositions du Code de l'information et du Code pénal Burkinabè aux standards internationaux. Dans ce sens, la définition de la notion de « loi » fournie par la jurisprudence du CDH était donc le « matériau » indispensable lui permettant d'interpréter l'article 9 de la Charte africaine dans le sens le plus favorable possible à l'individu[524] avant d'invoquer l'*Observation générale* n° 34 relative à la liberté d'opinion et liberté d'expression puis, l'*Observation générale* n° 27 pour contrôler respectivement, la nécessité puis la proportionnalité des restrictions prescrites par les lois de l'État partie[525]. Les exemples peuvent être multipliés surtout qu'il s'agit d'une pratique usuelle à laquelle s'adonne la Cour ADHP[526].

167. Est, à tout le moins, particulièrement topique une affaire (*Dexter Eddie Johnson c/ Ghana*) récente rendue par la même cour. Dans ce cas, il n'a pas été question en réalité d'une interprétation croisée mais de l'application par la Cour ADHP d'une décision rendue par le CDH. Cette affaire relative à la peine capitale a été traitée par le CDH en 2014[527]. L'État partie ne s'étant pas conformé à la décision du CDH, le requérant la porte de nouveau devant la Cour ADHP en 2017[528] qui déclare par la suite irrecevable la requête. Ce qui est intéressant ici c'est le raisonnement de la Cour. Il ressort de cette décision que la Cour a accordé une place centrale à la décision rendue par le CDH avant de déclarer irrecevable la demande. Cette attention particulière amène à s'interroger si la Cour ADHP ne venait pas d'appliquer la décision du CDH en lui conférant implicitement une force obligatoire qui obligerait

---

523 S. TURGIS, « Le métissage des sources : présentation générale », in *Soft law et droits fondamentaux, Acte du Colloque du 04 et 05 février 2016*, Vol. 33, Publications de l'Institut international des droits de l'homme, Université de Grenoble (CRJ), Pedone, 2017, pp. 165-183.

524 CDH, *Keun-Tae Kim c/ République de Corée*, 1999, comm. n° 574/1994., par 25. Voy. aussi COUR ADHP, *Recueil de jurisprudence de la Cour africaine*, Vol. 1, (2006-2016), Pretoria, Pretoria University Law Press (PULP), 2019, p., 344, §, 128 et suiv.

525 *Ibid.*, p. 349.

526 Cour ADHP, *Sébastien Germain Marie Aïkoue Ajavon c/ Benin*, n°062/2019 du 4 Décembre 2020, § 118 sur la violation du droit à la liberté d'opinion et d'expression ; § 188 sur la violation du droit à la liberté d'association ; 207 sur la violation du droit de participer librement à la direction des affaires publiques de son pays ; § 235 sur la violation du droit des victimes des violences post – électorales à ce que leurs causes soient entendues. ; Cour ADHP, *Rev. Christopher Mtikila c/ Tanzania*, 14 juin 2013.

527 CDH, 2014, *Dexter Eddie Johnson c/ Ghana,* comm. n° 2177/2012.

528 Cour. ADHP, *Dexter Eddie Johnson c/ Ghana*, n°16/2017, décision du 28 mars 2019.

l'État défendeur à la respecter. L'essentiel de l'arrêt est libellé de la façon suivante :

> « (...) La Cour fait observer que l'État défendeur a décidé certes de ne pas suivre les constatations du CDH, (...) L'important ici est qu'une décision soit rendue par un organe ou une institution disposant d'un mandat juridique pour examiner le différend au niveau international[529]. De l'avis de la cour, (...), peu importe que la décision du CDH ait été appliquée ou non. Peu importe également que ladite décision soit considérée comme ayant force obligatoire ou non. (...)[530]. En l'espèce, le Requérant a choisi de saisir le Comité des droits de l'homme, et non la Cour de céans, plus d'un an après le dépôt par le Ghana de la déclaration prévue d l'article 34(6) du Protocole. Dans ces conditions, le Requérant ne peut donc pas invoquer le fait que l'instance qu'il a choisie ne rend pas de décisions contraignantes et que du fait que les constatations du CDH n'ont pas été suivies d'effet, la question n'a pas été réglée, au sens de l'article 56(7) de la Charte[531]. »

Un tel raisonnement adopté par la Cour démontre bel et bien sa reconnaissance de l'autorité du CDH[532], mais il soulève une autre interrogation pertinente à notre avis. Ce faisant, et ce, dans une perspective analogique, la Cour ADHP, ne serait-elle pas en passe de consacrer le principe de l'équivalence de protection, et par là même occasion, d'éviter de prendre une décision du type *Solange* I de la CJUE[533] ?

---

[529] *Ibid.* § 51.

[530] *Ibid.* § 54.

[531] *Ibid.* § 54.

[532] Sur ce sujet, Voy. Les *Opinions dissidentes* du Juge B. TCHIKAYA, le Juge R. BEN ACHOUR - il faut reconnaitre que le raisonnement de ce dernier est très fermé dans le carcan du positivisme. En effet, il refuse le fait que la majorité ait reconnu que l'affaire *Johnson c/ Ghana* a été réglée par le CDH qui selon lui, n'est pas une juridiction et donc ne rend pas de décision ayant force de *chose jugée* -, ainsi que les commentaires sur le sujet de la Professeure H. TIGROUDJA, « Procedural Developments at International Human Rights Courts and Bodies », *The Law and Practice of International Courts and Tribunals*, 2020, vol. 19, p. 337. Ainsi avait-on noté avec attention l'analyse de la Professeure qui s'interrogeait si « the African Court, "is the" Forum for Monitoring Compliance with the Views Adopted by the Human Rights Committee ? ».; sur ce même sujet, Voy. NOVAK. A, « A missed opportunity on the mandatory death penalty: a commentary on *Dexter Eddie Johnson v Ghana at the African Court on Human and Peoples' Rights », African Human Rights Yearbook,* Vol. 3, 2019, p. 464 et suiv.

[533] Il convient de rappeler ici la portée de la jurisprudence *Solange I* rendue par la Cour constitutionnelle Allemande de Karlsruhe le 29 mai 1974. Dans cette jurisprudence, la Cour fédérale allemande méconnaissait la primauté du droit communautaire en exprimant sa volonté de contrôler ce droit à l'aune des droits fondamentaux tels que garantis par la constitution allemande. Selon cette cour, « tant que le processus d'intégration de la Communauté n'a pas atteint un stade suffisamment avancé pour que le droit communautaire comporte également un

SECTION II/
LES INTERACTIONS ENTRE LE CDH ET LES DEUX AUTRES SYSTEMES REGIONAUX DE PROTECTION DES DROITS FONDAMENTAUX

168. Il est une évidence que le droit international, bien entendu, est marqué par un mouvement conventionnel intensif. Ce constat, reflet d'un « buissonnement normatif »[534], est une des caractéristiques principales du DIDH. Notons que ce « buissonnement normatif » dans les différents systèmes[535], a subséquemment provoqué des effets immédiats dont le foisonnement des organes internationaux de contrôle issus desdites conventions. Concrètement, le constat de la pluri-normativité du DIDH a induit à la création des organes de contrôle dans ces ensembles normatifs regroupés dans différents systèmes. Dans cette famille d'organe de contrôle et de protection ayant pour « terreau » commun les droits de l'homme, se crée parfois ce que l'on appelle un *forum shopping* pour l'individu se retrouvant au cœur de diverses possibilités et moyens de réclamation de la justice internationale[536]. Le CDH, l'un des organes vedettes de cette panoplie, œuvre de sorte à se tailler une place prépondérante, possibilité pour lui d'atteindre l'idéal qui est le sien. Ainsi n'est-il pas rare d'observer son interaction avec les organes des autres systèmes de protection[537]. Dans cette partie, notre réflexion sera consacrée à l'interaction qu'il entretient avec les organes issus du système européen et du système interaméricain de protection notamment la Cour IADH et la Cour EDH auxquelles se limitera notre analyse. Ce choix de séparer les deux systèmes du système africain est motivé par la particularité de la relation existant entre CDH et ce dernier. Dans cette logique, la place de l'œuvre du CDH dans le contentieux devant la Cour EDH (**Paragraphe 1**) et

---

catalogue en vigueur des droits fondamentaux, arrêté par un Parlement et correspondant au catalogue des droits fondamentaux consacrés par la Loi fondamentale ». Voy. S. PLATON, « Le principe de protection équivalente. A propos d'une technique de gestion contentieuse des rapports entre systèmes juridiques », *in* L. POTVIN-SOLIS (dir.), *La conciliation entre les droits et libertés dans les ordres juridiques européens*, Bruxelles, Bruylant, 2012, p. 463.

534 La paternité de cette expression dont nous faisons usage ici revient à R-J DUPUY qui l'avait utilisé pour souligner la multiplication des structures institutionnelles en matière économique. Voy. la conclusion du colloque de la SFDI sur *Les Nations Unies et le droit international économique*, Paris, Pedone, 1986, p. 376.

535 Pour mieux comprendre les contours de ces ensembles d'ordres juridiques, Voy. M. VIRALLY, « Le phénomène juridique », *op. cit.*, p. 27. Selon lui, « Il n'existe pas « dans la nature » c'est-à-dire en droit positif, de norme juridique isolée. Toutes les normes juridiques qui se présentent comme valables, appartiennent à un corps de normes, à un ordre juridique »

536 L.R. HELFER, « Forum Shopping for Human Rights », *University of Pennsylvania Law Review*, 1999, vol. 148, n° 2, p. 289.

537 Sur l'interaction entre ordre juridique, Voy. J.-J. PARDINI, « Brèves réflexion sur les interactions entre les ordres juridiques », in *La communicabilité entre les systèmes juridiques, Liber Amicorum Jean-Claude Escarras*, Bruxelles, Bruylant, 2005, pp. 131-159.

dans le contentieux interaméricain (**Paragraphe 2**) sera au centre de notre analyse.

PARAGRAPHE I/
LA PLACE DE L'ŒUVRE DU CDH DANS LE CONTENTIEUX DE LA COUR EDH

169. La pluralité des instruments, la diversité des voies de recours conduit inévitablement à la difficulté ou l'embarras du choix de l'organe adéquat par la présumée victime. Il faut donc relever que l'exploitation ou l'usage de ces voies par la présumée victime tient compte du succès de tel ou de tel organe. Certes, ces organes de contrôle ont un objectif commun, celui de protéger des droits de l'homme ; il reste qu'ils ne fonctionnent pas toujours suivant la même méthode. Ils disposent et développent des philosophies de contrôle très différentes. L'objectif ici serait de montrer que l'œuvre du CDH n'est pas passée inaperçue dans le cadre régional européen. Il ne serait pas excessif de noter avec satisfaction son apport au travail de la Cour EDH pour une protection maximale. Cela induit donc à une manifestation renouvelée d'intérêts pour son activité avec pour effet immédiat, la réaffirmation de l'étendue de son autorité[538]. Nos développements seront organisés d'abord autour des conséquences du *forum shopping* entre les deux organes (**A**) ensuite, leur rapport interactif (**B**).

A/ La diversité des voies de recours : l'établissement indirect d'un *forum shopping* soutenant l'autorité du CDH

170. C'est chose connue qu'à ce jour, il y a trois continents qui disposent de mécanismes de contrôle relativement aboutis. Dans le respect du principe coutumier de « l'épuisement des recours internes », la personne présumée victime se remet généralement dans les mains des juridictions régionales ou communautaires pour trancher son cas. Ainsi, dans notre cas ici, le requérant de l'espace européen s'adressera naturellement à la Cour EDH lorsque son cas implique un État membres du Conseil de l'Europe et donc lié par ce mécanisme de contrôle juridictionnel. À l'analyse, Il est à remarquer que de plus en plus, les requérants estimant que leurs droits fondamentaux sont violés, et ce, à la condition que les États dont ils sont ressortissants fassent parties du PIDCP et qu'ils aient reconnu la compétence du CDH pour connaitre leurs demandes individuelles, sont enclins à se tourner vers celui-ci

---

[538] Sur la définition de l' « autorité » au sens où nous l'abordons Voy. S. KEINEIS, « Autorité », *Dictionnaire de la culture juridique*, Quadrige, Paris, PUF, 2003, p. 112. Selon cet auteur, l'autorité augmente la valeur d'un acte en lui conférant la plénitude de ses effets juridiques.

sans avoir au préalable jugé utile d'intenter un recours contentieux devant la Cour EDH[539]. Un comportement qui paraît normal comme une conséquence directe du phénomène de *forum shopping*.

171. Dans cette perspective, le demandeur disposant une telle possibilité, saisit habituellement l'organe de règlement de différends qui sera le plus à même de répondre à ses attentes ou lui reconnaitre ses droits. En d'autres termes, le choix de ce dernier de diriger son action devant l'organe qui lui semble avoir la jurisprudence la plus favorable à sa cause,[540] pourvu qu'il soit lui-même suffisamment pugnace, n'est pas anodin. On conviendra dans ce contexte que les éléments ou facteurs déterminants dans le choix du demandeur sont sans nul doute l'opportunité, la qualité de la jurisprudence de l'organe ou toute autres facteurs.

172. En revanche, ce qu'il y a lieu de souligner ici c'est que, les garanties qu'offre la juridiction européenne à la suite des recours individuels ayant abouti à une conclusion de violation des droits, est chose connue de tous. Il est une certitude que ces garanties peuvent s'avérer plus avantageuses pour la victime que devant le CDH si l'État défendeur condamné adhère sans difficultés aux directives du Comité des ministres (l'instance chargée de

---

[539] Il est important de préciser ici que, notre logique n'est pas de penser que le même phénomène ne puisse être observé des ordres juridiques autres que le rapport Cour EDH-CDH. Loin s'en faut, nous avons juste fait le choix de s'en tenir à la manifestation de ce phénomène entre la Cour EDH et le CDH dans le but de ne pas perdre de vue la logique de notre raisonnement. Les leçons tirées de l'affaire *Dexter Eddie Johnson c/ Ghana* devant la Cour ADHP enseigne suffisamment à ce sujet. Voy. Cour. ADHP, *Dexter Eddie Johnson c/ Ghana*, n°16/2017, décision du 28 mars 2019.

[540] Sur la question du *forum shopping* et ces conséquences : Voy. G. GUILLAUME, « L'unité du droit international public est-elle aujourd'hui en danger ? », *Revue internationale de droit comparé*, 2003, vol. 55, n° 1, pp. 23-30. ; Sa pratique spécifique dans le domaine des droits de l'homme, L.R. HELFER, « Forum Shopping for Human Rights », *op. cit.* J.-F. FLAUSS et S. TOUZE, *Contentieux international des droit de l'homme et choix du forum : les instances internationales de contrôle face au forum shopping*, Bruxelles, Bruylant, 2011, 140 p. ; C. DEPREZ, « The Admissibility of Multiple Human Rights Complaints: Strasbourg and Geneva Compared », *Human Rights Law Review*, 2019, vol. 19, pp. 517-536. ; Sur la question telle que connue des juristes privatistes internationalistes, Voy. P. de VAREILLES-SOMMIERES, « Le forum shopping devant les juridictions françaises », *Travaux du Comité français de droit international privé*, 2001, vol. 14, n° 1998, pp. 49-82. ; Pour une compréhension générale en droit international public, L. SALLES, « The rise of forum shopping », in *Forum Shopping in International Adjudication : The Role of Preliminary Objections*, Cambridge Studies in International and Comparative Law, Cambridge, Cambridge University Press., 2014, pp. 16-46, disponible sur doi:10.1017/CBO9781139565745.003. ; L. SALLES, « International tribunals' discretion to (not) exhaust principal jurisdiction and forum shopping », in *Forum Shopping in International Adjudication : The Role of Preliminary Objections*, Cambridge Studies in International and Comparative Law, Cambridge, Cambridge University Press, 2014, pp. 180-226, disponible sur doi:10.1017/CBO9781139565745.008. ; J.-H. CAREL et L. VAN BARON (éds.), *Le forum shopping*, Londre- Hong Kong, LL Publisher, 1998. ;J. FOURET et M. PROST, « La multiplication des juridictions internationales : de la nécessité de remettre quelques pendules à l'heure », *R.Q.D.I*, 2002, vol. 15-2, p. 128 et suiv.

l'exécution de ces décisions). Cette probabilité est plus forte que si nous nous situons dans le cas inverse, (c'est-à-dire devant le CDH) si l'on s'en tient surtout à l'état actuel du degré d'exécution des décisions de la Cour EDH, au degré de conformité, d'implication politique des États membres de cet espace judicaire et aussi de la confiance dont la majorité des États parties ont en ladite Cour. Cependant, au regard d'une telle analyse, il ne faudrait pas comprendre que le requérant ou l'avocat conseil qui initie sans détour une procédure devant le CDH, le ferait avec désintérêt. En réalité, tout dépendrait du résultat que le requérant voudrait obtenir ou de l'objectif que celui-ci s'est fixé ce faisant.

173. Cette analyse, même si elle résulte de cas isolés, reste fort intéressante pour notre réflexion en ce qu'elle permet de déboucher sur l'étendue de la force persuasive de l'interprétation favorable aux victimes tenue par le CDH dans ses décisions et qui se manifeste bien au-delà du cadre préétabli. Il faut croire en réalité que ce type d'interprétation qu'il tient inspire confiance aux présumées victimes dont la répercussion est cette volonté manifeste d'attraire l'État directement devant lui avec l'espoir de lui faire constater la violation des droits qu'elles tiennent du PIDCP et d'engager la responsabilité de l'État. En faisant le choix d'opter pour cette interprétation très orientée favorable aux victimes, le CDH semble être tenté de mobiliser indirectement de potentiels requérants devant son prétoire. Dès lors, on pouvait être tenté de comprendre pourquoi à l'occasion, le CDH n'hésite pas à déclarer recevables certains cas déclarés irrecevabilités par les cours régionales. Une telle remarque laisse deviner l'intention voilée de cette attitude[541].

174. Ainsi retiendra-t-on que pour les requérants ayant opté pour cette alternative, que l'issue du mécanisme choisi soit contraignante ou non pour l'État défendeur, la valeur des retombées - la portée des mesures de réparations (qu'elles aient des étendues matérielles ou non), considérées comme contrepartie de la violation perpétrée - serait d'une moindre importance. Les retombées à valeur économique ne constitueraient pas la raison ultime de leur intérêt pour l'organe universel. Mais parfois la finalité semble être due à la simple recherche de la vérité[542].

175. Si l'on en reste là, il y a lieu de convenir que cette opinion entre en ligne de force avec celle d'une partie de la doctrine ainsi que la jurisprudence des organes de contrôle qui s'accordent à dire que : la simple reconnaissance d'une violation des droits d'un individu par une instance internationale de contrôle est une des formes de réparation de la violation en cause ou une

---

[541] Voy. *Supra*, Nous renvoyons sur ce sujet à cette même étude : Titre I, chapitre I relatif à l'interprétation aux fins de l'effectivité des garanties procédurales.

[542] M. KLINKNER et H. DAVIS, *The right to truth in international law: victims' rights in human rights and international criminal law*, Human rights and international law, Abingdon, Oxon; New York, NY, Routledge, 2020, p. 52.

mesure de satisfaction de la victime[543]. D'une autre façon, cela pourrait bien être compris aussi comme une stratégie ou l'intention l'avocat conseil de vouloir contourner certains obstacles de procédures dressés devant l'organe juridictionnel régional. Il serait toutefois bénéfique de tirer une conclusion de ce comportement. Si ce comportement dont il est fait état parvient à prendre de l'ampleur au point de constituer un mouvement généralisé auprès des présumés victimes dans différents États parties, ce serait un signal significatif pour les cours régionales qui verraient dans l'office du CDH, une forme de menace pour l'accomplissement normal de leur mission. En même temps, pour le CDH, ce serait un acte de consolidation de son autorité. Il gagnerait en ce moment-là, à rester solide et convaincant pour les présumés victimes dans sa philosophie actuelle.

176. La récente décision du CDH, *F.A c/ France,* affaire « *Baby Loup* » bien connue, du nom[544] de la crèche où travaillait la requérante en fournit l'exemple parfait. La requérante après une longue procédure judiciaire interne, n'a pas cru bon de s'adresser à la Cour EDH alors que cette possibilité lui était ouverte tout comme la possibilité de saisir le CDH. Elle choisit de s'adresser directement à ce dernier un an après le second arrêt de la Cour de cassation française. Dans une autre affaire, (*Shingara Mann Singh c/ France)* il est à noter que, le requérant après avoir été débouté devant les juridictions de fond dans une affaire de photographie pour délivrance de permis de conduire, a dans un premier temps formé un recours devant le Conseil d'État. Par la suite, il formule un recours devant la Cour EDH qui a rendu un arrêt en sa défaveur jugeant que les mesures prises par l'État étaient nécessaires et ne violent pas les droits qu'il détient de la CEDH[545]. Ce même requérant de nouveau, s'estimant victime de mesures réglementant la délivrance de son passeport, n'a plus jugé bon, de saisir de nouveau le Conseil d'État français, ni de se tourner vers la Cour EDH pour faire valoir ses droits. Le sieur Shingara Mann Singh a cru bon de saisir directement le CDH pour faire valoir les droits qu'il tient du PIDCP. Le CDH s'est déclaré compétent pour connaitre son affaire,

---

543 Voy. H. TIGROUDJA, « La réparation des violations des droits de l'homme : pratique des organes régionaux et universels », *op. cit.* ; particulièrement CDH, Doc. CCPR/C/158, *Directives concernant les mesures de réparation demandées en vertu du Protocole facultatif se rapportant au Pacte international relatif aux droits civils et politiques,* 30 novembre 2016, *op. cit.*, spéc. § 11. « Lorsqu'il décide de mesures de satisfaction, le Comité tient compte, notamment, des éléments suivants : a) Le Comité peut, au besoin, indiquer que le fait qu'il constate une violation du Pacte constitue, en soi, une forme de réparation. Cela ne l'empêche pas de prescrire d'autres mesures de réparation. »

544 CDH, *F. A c/ France*, 2018, comm. n° 2662/2015.

545 Cour EDH, *Shingara Mann Singh c/ France*, 27 novembre 2008.

puis établi par la suite une interférence disproportionnée de l'État partie avec les droits du requérant[546].

177. Il parait d'ailleurs intéressant de relever *l'Opinion individuelle* concordante formulée par le Professeur F. SALVIOLI, membre du CDH d'alors, sur l'une des premières décisions rendues par le CDH saisi directement pour constater la violation des droits religieux des *Sikhs*. En effet, celui-ci reproche au CDH d'être lacunaire dans sa décision bien qu'ayant conclu à la violation du droit[547] et propose à partir de son constat, des mesures précises que l'organe universel aurait pu recommander à la France[548]. À y voir de plus près, le contenu de son message - dans lequel il met un accent particulier sur les normes contemporaines régissant la responsabilité internationale de l'État en matière de droits de l'homme - adressé au CDH, et destiné à attirer l'attention de l'État défendeur, pourrait être considéré comme pouvant avoir un effet instigateur sur le comportement des futurs présumés victimes de la même disposition législative qui peuvent décider de se tourner directement vers le CDH. À supposer que tel sera le cas, il faudrait en déduire qu'elles espèreraient que cette *Opinion* puisse préfigurer des avancées devant l'office du CDH, et que l'État partie (la France) adhèrera aux *constatations* qui seront prises à son encontre[549].

178. Serait-il donc excessif de dire, eu égard à tout ce qui précède que l'usage régulier voir systématique de la Cour EDH à « la théorie de la marge nationale d'appréciation », que nul n'ignore, ne prend en fin de compte que l'intérêt ou la volonté des États membres, produirait des effets néfastes à l'encontre des droits fondamentaux au point de pousser les présumés victimes à s'en remettre à l'expertise du CDH ? La question mérite d'être posée et en

---

546 CDH, *Shingara Mann Singh c/ France,* 2013, comm. n° 1928/2010 ; CDH, *Ranjit Singh c/ France,* comm. n° 1876/2009.

547 Voy. F. SALVIOLI, *Opinion individuelle* sous, CDH, *Ranjit Singh c/ France*, comm. n° 1876/2009, Appendice, § 12. « Dans la présente affaire, il n'y a pas d'option : la disposition est incompatible en soi avec le Pacte et par conséquent le Comité aurait dû indiquer que pour garantir que des faits analogues ne se reproduisent pas, l'État partie doit modifier le décret no 46/1574 du 30 juin 1946 et supprimer l'obligation de se faire photographier «la tête nue». Cela n'empêche en aucun cas l'État partie de prendre les mesures voulues pour identifier correctement les individus, à condition que ces mesures soient raisonnables au sens du paragraphe 3 de l'article 18 du Pacte »

548 *Ibid.* § 9, « La constatation d'une violation du paragraphe 2 de l'article 2 dans un cas précis a des incidences concrètes sur le plan de la réparation, en particulier en ce qui concerne les mesures demandées pour que des faits analogues ne se reproduisent pas; dans l'affaire à l'examen, il existe précisément une victime de l'application d'une disposition législative incompatible avec le Pacte, ce qui écarte toute interprétation concernant une position in abstracto de la part du Comité des droits de l'homme. » Il estime que le CDH, en demandant de réserver un effet utile conforme au Para. 2 de l'article 2 du PIDCP aux droits des requérants, aurait pu dépasser la simple modification de la législation litigieuse dont il s'est contenté dans sa formation majoritaire.

549 *Ibid.* § 14 et suiv.

appelle à une profonde analyse qui ne retiendra pas malheureusement notre attention ici au risque de s'écarter quelque peu de notre piste de réflexion. Nous pouvons néanmoins en conclure que cette confiance en l'œuvre du CDH ne profite qu'à lui en ce qu'elle assure son autorité.

B/ L'interactivité entre le CDH et la Cour EDH comme vecteur de protection effective

179. L'exigence d'une protection maximale des droits de l'homme oblige à interpréter l'instrument dont on a la charge de contrôle dans le sens le plus favorable à l'individu. Pour atteindre cet objectif, les organes de protection ont tendance à se soustraire, tant que se peut, à leur instrument de base, ce qui les amène naturellement à s'intéresser à ce qui se fait ailleurs en dépit de la nature de la source étrangère. La Cour EDH n'est évidemment pas restée en marge du phénomène[550]. Et bien que le CDH ait une nature quasi-juridictionnelle, celui-ci ne manque jamais de répondre aux demandes des organes de contrôle tiers, que ces derniers aient un statut juridictionnel ou non[551]. Faut-il donc croire, tel qu'il est souligné récemment, que la manifestation d'intérêt d'un organe de contrôle tiers à l'œuvre d'un autre est preuve de témoignage de l'importance voire de la valorisation du poids juridique de cet œuvre ou l'expérience de son auteur ou simplement de sa pertinence[552]. Au vu d'une telle remarque, « On n'imagine guère en effet, qu'il puisse y avoir communicabilité entre deux choses ou deux êtres (...) sans qu'existe ou que puisse exister entre ces choses (...) une influence réciproque (une force d'attraction mutuelle »[553]. Voir les choses dans le sens d'un tel raisonnement, amène à en déduire que la conséquence directe d'une telle relation entre les deux ordres juridiques serait l'accroissement de la légitimité de l'œuvre et de l'autorité de l'organe ayant initié l'interaction mais dans le même sens, une telle relation produit les mêmes effets à l'égard du second[554] c'est-à-dire l'organe à l'origine de la source d'inspiration.

---

550 Voy. D. STAES, « The importation of ''external sources'' by the European Court of Human Rights. Opportunities and challenges in light of legal certainty », *in* M. ARCARI et L. BALMOND (dirs.), *Le dialogue des juridictions dans l'ordre juridique international. Entre pluralisme et sécurité juridique*, Naples, Editoriale Scientifica, 2014, p. 71 et suiv.

551 Il faut donc bien relever que la Cour EDH n'a pas pris en compte l'idée selon laquelle le CDH ne serait un partenaire égal au dialogue. Elle a préféré donc le dialogue à la guerre des interprètes. Voy. sur cette question, P. WASCHMANN, « Le dialogue au lieu de la guerre », in *Le dialogue des juges : mélanges en l'honneur du Président Bruno Genevois*, Paris, Dalloz, 2009, pp. 1121-1128.

552 B. FRYDMAN, « Conclusion : le dialogue international des juges et la perspective idéale d'une justice universelle », *op. cit.*

553 J.-J. PARDINI, « Brèves réflexion sur les interactions entre les ordres juridiques », *op. cit.*, p. 131.

554 F. TULKENS, S. VAN DROOGHENBROECK et F. KRENC, « Le soft law et la Cour européenne des droits de l'homme. Questions de légitimité et de méthode », *in* I. HACHEZ *et*

180. Précisons déjà, qu'il n'est pas encore observé que la Cour EDH, sur des questions de procédure, sous prétexte d'une exception de litispendance soulevée devant elle, ait remis en cause la nature d' « *instance internationale d'enquête et de règlement* »[555] de différends du CDH pour déclarer sa compétence à connaitre un litige porté devant elle déjà connu par ce dernier. Cela aurait pu être le cas si le juge de Strasbourg reniait par le prisme de l'interprétation, la portée du travail du CDH en se basant uniquement sur sa nature formelle. Ceci n'étant pas le cas, le PIDCP contenant des dispositions de protection des droits civils et politiques additionnelles comparativement à la CEDH[556], la Cour EDH ne se prive pas de s'y intéresser dans sa politique jurisprudentielle destinée à maximiser la protection des droits. En effet, le CDH obnubilé par la quête de son objectif, grâce à sa capacité à interpréter de façon autonome sa norme constitutive[557] en faveur des droits individuels, a su créer « un terreau fertile » renfermant des éléments de protection exploitables à toutes fins utiles par ses homologues interprètes au bénéfice de la même cause, la protection effective des droits fondamentaux. Ainsi la Cour EDH a - t - elle été très tôt attentive à l'œuvre des « organes-tiers » ou à l'œuvre « extérieure », au « droit étranger » adhérant donc à la méthode « de globalisation des sources » ou de « cosmopolitisme normatif »[558], laquelle méthode interprétative participe à bien des égards à l'effectivité de la protection des droits[559]. Elle ne s'est pas privée de chercher des solutions dans la contribution du CDH comme elle le fait auprès des autres cours régionales spécialisées des droits de l'homme[560]. Ce faisant, la Cour EDH développe une relation qu'il est possible de qualifier de « verticale » (CDH/Cour EDH) puis une relation « horizontale » (Cour EDH/Cour IADH).

---

al. (dirs.), *Les sources du droit revisitées, normes internationales et constitutionnelles*, 1, Bruxelles, Presses de l'Université Saint-Louis, 2012, pp. 381-431. ;L.R. GLAS, « The European Court of Human Rights' Use of Non-Binding and Standard-Setting Council of Europe Documents », *Human Rights Law Review*, 2017, pp. 97-125.

[555] Voy. article 35 §2b de la CEDH.

[556] G. COHEN-JONATHAN, « La France, la Convention européenne des droits de l'homme et le Pacte international relatif aux droits civils et politiques », *op. cit.*

[557] Voy. dans ce sens, J. DHOMMEAUX, « Les engagements souscrits par la France », *Les Petites Affiches*, mai 2000, n° 104, p. 3.

[558] F. SUDRE, « Conclusions », *in* J. ANDRIANTSIMBAZOVINA, L. BURGORGUE-LARSEN et S. TOUZÉ (dirs.), *La protection des droits de l'homme par les cours supranationales. Actes du colloque du 08 et 09 octobre 2015*, 31, Publications de l'Institut international des droits de l'homme, Paris, Pedone, 2016, p. 252.

[559] *Ibid.*

[560] On note également avec grand intérêt la pratique du phénomène par la Cour EDH vers la Cour IADH. Cependant ne cadrant pas avec notre analyse, nous ne souhaitons pas pousser plus loin la réflexion dans le cadre de notre étude.

181. Suivant cette logique, lorsque la Cour EDH est amenée à se prononcer sur des sujets révélant la faible portée protectrice de l'instrument lui ayant conféré sa compétence, mais qui ont toutefois déjà fait l'objet de précédents devant le CDH - des sujets même traités par ce dernier dans le cadre de ses *Observations générales* -[561], il lui est naturellement loisible de profiter de l'expertise de celui-ci[562] dans un but argumentatif et de consolidation[563]. C'est d'ailleurs ce pourquoi le Professeur G. COHEN-JONATHAN dans ses écrits sur la complémentarité de l'œuvre du CDH à l'égard de la CEDH, a pris soin de préciser qu'il est impossible de nier son utilité dans le cadre européen de la protection des droits[564].

182. Il faudra d'ailleurs noter qu'une telle interactivité a très souvent porté sur l'interprétation par exemple de l'article 26 du PIDCP portant sur la non-discrimination à l'aune de l'article 14 de la CEDH[565], sur les droits politiques (article 25 du PIDCP), le droit à un procès équitable (article 6 CEDH / article 14 du PIDCP) ou encore sur la liberté d'expression[566]. Dans une affaire récente contre l'Autriche relative à la traite des êtres humains à des fins de travail forcé[567], le juge PINTO DE ALBUQUERQUE dans son *Opinion concordante*

---

[561] *Supra.*

[562] Cour EDH, *Perincek c/Suisse*, 2015, § 71, réf. CDH, *Observations générale* n° 34, à propos de l'article 19 du PIDCP ; Cour EDH, *Khoroshenco c/ Russie*, 2015, § 71, réf. CDH, *Observation générale* n° 9 et 21 sur l'article 10.

[563] D. STAES, « The importation of ''external sources'' by the European Court of Human Rights. Opportunities and challenges in light of legal certainty », *op. cit.*, p. 71. Ce recours à la source externe participle « *to a better quality of the judges reasoning, to a better cooperation and coordination between the different external instruments and mechanisms (...)* ».

[564] G. COHEN-JONATHAN, « La France, la Convention européenne des droits de l'homme et le Pacte international relatif aux droits civils et politiques », *op. cit.*, p. 48 et suiv.

[565] Cour EDH évoque inlassablement l'interprétation qu'en fait le Comité de l'article 26 du Pacte dans l'application du droit à l'égalité. Voy. F. SUDRE, « Le droit à la non-discrimination dans la jurisprudence du Comité des droits de l'homme des Nations Unies », *in* F. SUDRE (dir.), *La protection des droits de l'homme par le Comité des droits de l'homme des Nations Unies : les communications individuelles*, Montpellier, IDEDH, 1995, p. 40. ; aussi dans le même sens S. KARAGIANNIS, « L'article 26 du Pacte des Nations Unies », in *Les droits de l'homme au seuil du troisième millénaire, Mélange en hommage à Pierre Lambert*, Bruxelles, Bruylant/ Bruxelles, 2000, pp. 465-497.

[566] Pour une analyse synthétique des rapports entre les deux interprètes, Voy. G. COHEN-JONATHAN, « Les lignes de force de l'évolution du droit de la convention européenne des droits de l'homme et du contrôle de son application », *R.Q.D.I*, Mai 2001, p. 72 et suiv. ; G. COHEN-JONATHAN, « Les rapports entre la Convention européenne des droits de l'Homme et le Pacte des Nations Unies sur les droits civils et politiques », in *Régionalisme et universalisme en droit international : Colloque de Bordeaux*, Société française pour le droit international, (SFDI), Bordeaux, 1977, pp. 313-321. Cour EDH, 28 Mars 1990, *Groppera Radio AG et autres c/ Suisse*, A, n° 173, § 61. ; L.-A. SICILIANOS, « le précédent et le dialogue des juges : l'exemple de la Cour européenne des droits de l'homme », in *Le précédent en droit international*, Société française pour le droit international, (SFDI), Paris, Pedone, 2016, p. 230.

[567] Cour EDH, arrêt déf. *J. et autres c/ Autriche*, 2017.

regrettait le raisonnement suivi par la Cour pour aboutir à la non-violation du droit allégué par le requérant. Il reprochait à la Cour de n'avoir pas, dans son raisonnement relatif à la question des éléments constitutifs de l'infraction de la traite des êtres humains, distingué les particularités entre ce cas à l'examen et l'esclavage. Cette opinion semble intéressante non pas parce que la Cour n'a pas conclu à la violation du droit contre l'État partie, mais parce qu'elle rappelle la disponibilité des outils juridiques extérieurs que la Cour aurait pu exploiter pour atteindre ses fins. À travers l'opinion du Juge, transparait un rappel à la Cour de la nécessité pour les juges d'harmoniser et de maintenir la cohérence afin de rendre une décision indemne de toute ambiguïté juridique acceptable par les destinataires. Pour démontrer par exemple son point de vue sur la base de la cristallisation de la méthode du « décloisonnement normatif », il invoque à l'appui de son raisonnement la distinction opérée par les rédacteurs du PIDCP en son article 8 en plus de l'interprétation propre du CDH relative à cette disposition dans son *Observation générale* n° 29[568].

183. Cette relation dynamique existant entre le CDH et la Cour EDH conduit cette dernière à procéder à une forme de redéfinition ou de réécriture des droits individuels et des obligations des États ou simplement de l'extension des dispositions de la CEDH. La conséquence directe d'une telle activité serait le renforcement du degré de protection devant son office par le truchement de l'activité prétorienne du CDH. Il importe de conclure après une telle analyse que les deux organes de contrôle (Cour EDH - CDH) entretiennent une relation interactive, comme le confirme par exemple, l'attitude radicale du CDH à l'occasion de son contrôle touchant la compatibilité des réserves (trop générales et absolues émises par les États

---

[568] CDH, *Observation générale* n° 29 portant sur états d'urgence (article 4), CCPR/C/21/Rev.1/Add.11 (2001), paras. 11-12. C'est au même juge qui à bonne école, revient dans une autre *Opinion* exprimée mais cette fois-ci dissidente sur l'arrêt Cour EDH, *L'affaire Garib c/ Pays-Bas*, Req. n° 43494/09, 6 novembre 2017 sur les *Observations finales* du Pays Bas sur la question du droit au logement pour reprocher à la Cour de n'avoir pas saisi l'opportunité de se prononcer sur une question cruciale et malheureusement plus actuelle en tenant compte de l' exhaustivité des outils disponibles pour son argumentation : « Le Comité des droits de l'homme s'est également déclaré inquiet de cette situation dans ses conclusions relatives au rapport périodique des Pays-Bas en 2009 » a-t-il martelé. CDH, *Observations finales* du 25 août 2009, CCPR/C/NLD/CO/4, §18. Mais pour comprendre ou cerner les raisons qui sous-tendent le raisonnement du Juge, Voy. S. TURGIS, *Les interactions entre les normes internationales relatives aux droits de la personne*, *op. cit.*, pp. 148-149. D'après cette auteure, « l'invocation de sources externes dans les opinions séparées peut parfois s'apparenter à une sorte de harcèlement de l'organe de contrôle pour l'amener à effectuer un revirement de jurisprudence (…) les opinions séparées peuvent avoir indirectement au moins, participé à cette évolution jurisprudentielle, (…) soit l'importance de s'attacher à l'examen des sources externes pour se prononcer sur ce sujet ».

parties) à l'objet et aux buts du PIDCP[569]. Cette décision intervenue postérieurement aux arrêts de principes rendus par la Cour EDH va dans le même sens et porte sur la même problématique à l'égard de Trinité-et-Tobago. En somme, le rapport qui les lie s'assimilerait non seulement à un rapport d'influence[570] mais relèverait aussi de la concurrence. Il faudrait se garder dès lors de tirer trop vite des conclusions d'un dialogue institutionnel ouvert et non conflictuel[571]. En témoigne l'interprétation faite par la Cour EDH de l'étendue du droit d'accès à un tribunal. Elle considère que « même lorsque des dispositions de la Convention et du PIDCP sont presque identiques, les interprétations que le CDH et la Cour font d'un même droit fondamental peuvent ne pas toujours correspondre »[572]. En effet, dans cette décision, la Cour EDH s'est frontalement départie de l'interprétation du CDH[573] et fera le choix de se prévaloir de l'absence de consensus au sein des parties contractantes, en remettant à la marge nationale d'appréciation des États[574], attitude diversement critiquée par les juges considérant que le choix laissé à l'État était excessif[575].

---

[569] Voy. *Supra.* Introduction de ce même étude. ; G. COHEN-JONATHAN, « La décision du Comité des droits de l'homme de l'ONU du 2 novembre 1999 dans l'affaire Kennedy contre Trinité-et-Tobago / Des réserves au premier protocole facultatif, » *op. cit.*

[570] Voy. les arrêts Cour EDH, *Bellilos, c/ Suisse*, 1988 (132) Série A ; Cour EDH, *Loizidou c/ Turiquie*, 1995, (310) Série A. aussi dans ce sens : M. BOSSUYT et O. LINS, « La prise en considération de la jurisprudence de Strasbourg par le Comité des droits de l'homme des Nations Unies », *in* G. COHEN-JONATHAN et J.-F. FLAUSS (dirs.), *Le rayonnement international de la jurisprudence de la cour européenne des droits de l'homme*, Bruxelles, Bruylant/ Némésis, 2005, pp. 88-95.

[571] *Infra*, Voy. deuxième partie de ce même travail sur la critique résultant de la dissonance jurisprudentielle concernant la France ainsi que ses conséquences sur la mission du CDH.

[572] Voy. Cour EDH, Gde ch., 4 avr. 2018, *Correia de Matos c/ Portugal*, spéc. § 135.

[573] CDH, *M. Correia de Matos c/ le Portugal* comm. n° 1123/2002.

[574] *Ibid.*, « s'il semble se dégager parmi les Parties contractantes à la Convention une tendance à reconnaître le droit pour un accusé de se défendre lui-même sans l'assistance d'un avocat inscrit au barreau, il n'y a pas en la matière de consensus à proprement parler ; même entre les législations nationales qui ont prévu un tel droit, le moment et les circonstances où il entre en jeu varient considérablement » spéc. § 137.

[575] Voy. Cour EDH, Gde ch., 4 avr. 2018, *Correia de Matos c/ Portugal, Opinion dissidente commune des juges* TSOTSORIA, MOTOC ET MITS, spéc. § 22-45. ; *Opinion dissidente du juge* PINTO DE ALBUQUERQUE, spéc. §§ 21-32.

PARAGRAPHE II/
LE SYSTEME INTERAMERICAIN DE PROTECTION DES DROITS DE L'HOMME : UN SYSTEME AUX AMBITIONS UNIVERSELLES

184. Il faut rappeler d'emblée que le système régional interaméricain de protection des droits de l'homme est construit autour de deux piliers la Commission interaméricaine (ci-après Comm. IADH), et la Cour américaine des droits de l'homme (ci-après Cour IADH). La Commission est née de la Convention américaine de San José, la Cour interaméricaine quant à elle, fut établie le 18 juillet 1978 à la date d'entrée en vigueur du Pacte de San José. La commission reçoit les plaintes des particuliers qui estiment être victimes de violations des droits de la Convention américaine, et la Cour, émet des avis consultatifs relatifs à l'interprétation de la Convention, examine les plaintes que la commission lui transmet et ordonne les réparations pertinentes[576]. Il convient de montrer que les ambitions du système interaméricain ont conduit ses organes principaux à élargir le champ matériel de protection des droits individuels dont le recours au PIDCP et à d'autres textes internationaux, dans le but de restreindre autant que se peut la marge d'expression de la volonté des États parties sont la conséquence (**A**). Mis à part cette pratique, on se penchera sur une des particularités de la Cour IADH qui participe, à tout le moins, à l'idée qui sous-tend cette étude : le processus de légitimation de l'activité du CDH. Il s'agit notamment de sa tendance systématique à établir une connexion avec le CDH ainsi qu'avec d'autres organes dans la construction de ses propres décisions grâce au mécanisme de la « cross-fertilization », une politique jurisprudentielle dont on la sait pionnière[577] (**B**).

---

[576] L. HENNEBEL et H. TIGROUDJA, *Traité de droit international des droits de l'Homme*, *op. cit.*, p. 378 et suiv. ; É. TARDIF, « Le système interaméricain de protection des droits de l'homme: particularités, percées et défis », *La Revue des Droits de l'Homme*, décembre 2014, p 5 et suiv. Il est important de préciser que la Comm. IADH peut être également saisie par les ressortissants des Etats membres de l'OEA mais n'ayant pas ratifiés la Convention interaméricaine de protection des droits uniquement sur la base de la Déclaration interaméricaine des droits de l'homme. Voy. H. TIGROUDJA, « Le forum shopping dans le cadre du système interaméricain de protection des droits de l'homme », *in* J.-F. FLAUSS et S. TOUZÉ (dirs.), *Le contentieux international des droits de l'homme et le choix du forum : Les instances internationales de contrôle face au forum shopping*, Droit & justice, n° 97, Bruxelles, Bruylant/ Némésis, 2012, pp. 73 et 77.

[577] P. TAVERNIER, « La régionalisation du droit international, les droits de l'homme », *op. cit.*, p. 67.

A/ La déférence de la Cour IADH aux normes universelles

185. L'ancien Juge H. GROS ESPIELL déjà dans la première décennie de l'établissement du système interaméricain faisait remarquer ce qui suit :

> « L'universalisme et le régionalisme en matière de protection des droits de l'homme, ne sont pas des formules antithétiques qui s'excluent. Bien au contraire, ce sont des procédures complémentaires qui doivent s'intégrer et se suppléer. Par conséquent, non seulement le système universel tel qu'il fonctionne aujourd'hui dans le cadre des Nations Unies (...) est compatible avec les systèmes régionaux, mais lesdits systèmes régionaux peuvent contribuer à rendre efficaces et meilleures la protection internationale, (...). Il n'est plus vraiment une question de compatibilité mais de l'organisation d'un système au sein duquel le régime universel et régional son en harmonie adéquats, empêchant les contradictions, »[578]

186. Retenons d'emblée ces écrits du Juge H. GROS ESPIELL comme le symbole d'un appel ou la preuve que l'essence universaliste est bien ancrée dans le système interaméricain des droits de l'homme. En d'autres termes, cette caractéristique de l'instrument interaméricain prouve qu'il s'agit d'un système qui à l'analyse, démontre qu'il porte en lui des éléments importés dont les racines se trouvent dans l'instrument de protection élaboré sous les auspices des Nations Unies quelques années plus tôt. Les Professeur(e)s H. TIGROUDJA et L. HENNEBEL, l'ont bien démontré dans leurs ouvrages puis dans une série d'articles. Ils n'ont pas hésité à qualifier cette situation « d'une filiation retrouvée »[579] entre le système universel et le système interaméricain des droits de l'homme. Cela est due au fait que les rédacteurs de la Convention de San José ont beaucoup pris pour modèle le PIDCP dont ils s'inspiraient[580]. C'est donc cette inspiration qui justifie la forte influence normative du PIDCP sur la Convention de San José au point où il serait logique de conclure avec les deux auteurs précédemment cités qu'il s'agirait ni plus ni moins d'une consécration sur le plan régional de « l'universel »[581]

---

578 H. GROS ESPIELL, « Le système interaméricain comme régime régional de protection international des droits de l'homme », in *Système interaméricain*, Vol. 2, s.l., Martinus Nijhoff Publishers, 1975, p. 11 et suiv. Voy. aussi, P. TAVERNIER, « La régionalisation du droit international, les droits de l'homme », *op. cit.*, p. 62.

579 H. TIGROUDJA et L. HENNEBEL, « La Convention américaine des droits de l'homme et la protection universelle des droits de l'homme : une filiation retrouvée », *L'observateur des Nations Unies*, septembre 2008, vol. 25, n° 2008-2, p. 28.

580 H. TIGROUDJA, « Le forum shopping dans le cadre du système interaméricain de protection des droits de l'homme », *op. cit.*

581 H. TIGROUDJA et L. HENNEBEL, « La Convention américaine des droits de l'homme et la protection universelle des droits de l'homme : une filiation retrouvée », *op. cit.*, p. 4. Voy.

relevant donc à bien des égards de nombreuses univocités à quelques exceptions[582] près dans les dispositions des deux instruments. Il est donc manifeste que cette perception symétrique des choses ne soit pas loin de corroborer notre réflexion.

187. Il est bien une évidence. En effet, s'il est établi que le droit du PIDCP a été « régionalisé » c'est-à-dire intégré dans le système interaméricain confirmant donc une coexistence des deux instruments, on estime n'être plus en droit de s'interroger pour savoir si le juge interaméricain pourrait se détourner de son utilisation. La question de savoir si le Juge interaméricain chercherait à le faire appliquer par les États dans leur ordre juridique ne mérite plus d'être posée en raison de son évidence certaine, que ce soit une application indirecte ou directe. On notera que : soit, l'application se ferait sur la base de l'invocation du PIDCP par le justiciable dans ses moyens de défense, ou bien elle se ferait de façon automatique par le Juge lors de la construction de son raisonnement juridique[583]. Il est donc compréhensible que ce soit l'usage normatif qui donnera effets au droit du PIDCP au-delà de son cadre habituel d'application, à l'égard des États membres de l'organisation interaméricain (OEA) qui ont accepté d'être liés à la fois par des instruments adoptés par ladite organisation puis par des instruments adoptés au niveau des Nations Unies au profit des ressortissants de l'organisation et toute personne se trouvant sous leur juridiction.

188. Sous un autre angle, il existe un élément à prendre en considération portant sur le raisonnement adopté par la Cour lorsqu'elle a été saisie par le Pérou de l'avis consultatif portant sur l'interprétation à donner aux dispositions de l'article 64 de la Convention américaine, spécifiquement à la formule « *les autres traités* »[584]. La réponse de la Cour à cette question est sans équivoque. En effet, elle considère que « *les autres traités* » signifiaient pour elle, tous les traités auxquels les États membres de l'OEA sont parties et ayant pour vocation de protéger des droits de l'homme au même titre que les traités n'ayant pas cette vocation première. Elle rappelle dans le même avis que lors de l'adoption de la Convention « the majority of the States were clearly opposed to the notion of making a strict distinction between universalism and regionalism. »[585] et que, des travaux préparatoires de la

---

dans le même sens, P. TAVERNIER, « La régionalisation du droit international, les droits de l'homme », *op. cit.*, p. 59.

582 L'article 21 de la Convention de San José protège le droit de propriété contrairement au PIDCP qui ne consacre pas ce droit.

583 *infra*, cette idée sera développée amplement dans paragraphe suivant.

584 Voy. Cour IADH, Avis consultatif du 24 septembre 1982, *Les « autres traités » objets de la fonction consultative de la Cour (art. 64) de la Convention américaine.*

relative aux droits de l'homme), Série A, no 1, § 48.

585 *Ibid.* § 47.

Convention de San José, il résulte que sur la question de l'opportunité de continuer les travaux d'élaboration de la Convention américaine alors que les Pactes onusiens venaient d'être ouverts pour signature, dix des douze États ont été favorables à son élaboration et préconisaient qu'il serait plutôt judicieux que la convention s'appuie sur les dispositions des Pactes onusiens. La Cour concluait qu'il se dégageait dès lors « a tendency to conform the regional system to the universal one »[586]. À partir de cette interprétation des dispositions de la Convention américaine, le message envoyé par l'interprète aux États, est exempte de toute ambiguïté. La Cour IADH fait sienne tous les traités internationaux si tant est qu'elle peut les utiliser à bon escient pour atteindre ses objectifs de protection des droits fondamentaux. On aura compris, qu'elle se reconnait l'obligation de contrôler indirectement les droits consacrés par la Convention américaine à la lumière de tous les instruments internationaux auxquels les États membres sont parties sur la base de ses attributions consultatives. Cette mission que s'est donnée la Cour IADH va lui permettre de rendre des avis consultatifs sur le fondement d'un ensemble de traités auxquels sont parties les États grâce à une définition très large et extensive de ses attributions[587].

189. Cette volonté de trouver en des traités internationaux, des volets dont l'analyse pourrait produire des éléments de protection en faveur des droits fondamentaux de la personne humaine, en s'inscrivant de ce fait dans un processus d' « humanisation »[588] du droit international général, ce que l'on remarque en filigrane à la lecture desdits avis consultatifs, amène à considérer la Cour IADH comme un organe de protection érigée sur les normes universelles. Et cette analyse démontre à suffisance l'impact et la place déterminante qu'occupent ces traités extérieurs dans la mission protectrice de l'institution régionale.

---

586 *Ibid.*

587 M.-C. RUNAVOT, « La fonction consultative de la Cour interaméricaine des droits de l'homme : splendeurs et misères de l'avis du juge interaméricain », *in* H. TIGROUDJA et L. HENNEBEL (dirs.), *Le particularisme interaméricain des droits de l'homme*, Paris, Pedone, 2009, pp. 121-149. ; E. CHENIER-LAFLECHE, « Ludovic Hennebel et Hélène Tigroudja, Le particularisme interaméricain des droits de l'homme, Paris, Éditions A. Pedone, 2009 », *R.Q.D.I*, 2010, vol. 23, n° 1, pp. 205-213. ; H. TIGROUDJA, « La fonction consultative de la Cour interaméricaine des droits de l'homme », *in* A. ONDOUA et D. SZYMCZAK (éds.), *La fonction consultative des juridictions internationales*, Paris, Pedone, 2009, pp. 67-85.

588 H. TIGROUDJA, « La Cour interaméricaine des droits de l'homme au service de « l'humanisation du droit international public ». Propos autour des récents arrêts et avis », *A.F.D.I*, 2006, vol. 52, n° 1, pp. 617-640.

B/ La Cour IADH et l'hybridité des solutions jurisprudentielles : quelle finalité pour l'appel aux sources externes ?

190. Les organes interaméricains de protection des droits de l'homme particulièrement la Cour IADH ne font pas économie de l'usage des sources externes dans le processus de règlement des contentieux portés devant elle. Ainsi qu'il vient d'être souligné, ses décisions sont toujours émaillées de solutions jurisprudentielles empruntées à d'autres systèmes de protection indépendamment de leur origine géographique. L'activité des organes de traités onusiens fournit ainsi d'importants éléments ayant acquis une portée indispensable pour la Cour IADH comme sources autonomes et pertinentes. Comme précédemment évoqué pour le système africain, cet état de chose est également observable dans le projet d'universalisation du système interaméricain fondé sur la construction d'un *corpus* juridique unique des droits de l'homme inhérente à sa vision *pro personae*. Cette vision la conduit à se lancer dans une entreprise « d'humanisation »[589] complète de ce droit régional visant à atteindre son ambition de protéger le droit sous la couverture des instruments universels. Cette philosophie, aussi bien accueillie qu'elle soit, pour des raisons liées à l'effectivité des droits humains, a été développée particulièrement sous l'impulsion de l'ancien président de ladite cour le Juge A. A CANÇADO TRINDADE[590] – on retrouve aisément la trace de cette vision dans ses opinions individuelles exprimées sur les décisions de la Cour IADH – et elle est empreinte d'une originalité sans précédent. La logique étant de s'illustrer par une expérience de protection singulière parmi les organes homologues, provoque la recherche de « la clause la plus favorable » dont la conséquence voudrait qu'elle s'intéresse aux techniques interprétatives desdits homologues cours régionales spécialisées, cours internationales ordinaires et tout particulièrement l'activité du CDH devenu son cadre habituel de référence pour la fondation et le développement de son idéologie des droits de l'homme qui se veut d'établir en quelques sortes un nouveau

---

[589] Voy. *Ibid.* ; L. HENNEBEL, « L'"humanisation" du droit international des droits de l'homme (commentaire de l'avis consultatif no 18 de la Cour interaméricaine relatif aux droits des travailleurs migrants), » *R.T.D.H*, 2004, pp. 747-756.

[590] A.A. CANÇADO TRINDADE, « Une ère d'avancées jurisprudentielles et institutionnelles : souvenirs de la Cour interaméricaine des droits de l'homme », *in* H. TIGROUDJA et L. HENNEBEL (dirs.), *Le particularisme interaméricain des droits de l'homme*, Paris, Pedone, 2009, pp. 7-74. Il faut juste rappeler que le Mr. A. A. CANÇADO TRINDADE reconnu comme artisan de cette philosophie, est actuellement Juge à la CIJ, ancien Juge à la Cour IADH de 1994 à 2006 et président de cette même Cour de 1999 à 2003. Ses positions doctrinales exprimées dans ses opinions dissidentes sont massivement relayées en raison de sa particularité. Voy. de manière générale : A.A. CANÇADO TRINDADE, *Vers un nouveau jus gentium humanisé: recueil des opinions individuelles du Juge A.A. Cançado Trindade*, Collection « Le droit aujourd'hui », Paris, L'Harmattan, 2018, 1030 p. spécifiquement : H. TIGROUDJA, « propos introductifs », in *Vers un nouveau jus Gentium, Recueil des Opinions individuelles du Juge A. A. Cançado,* Paris, L'Harmattan, 2018, pp. 17-19.

régime juridique de protection universelle des droits de l'homme. C'est d'ailleurs fort de ces observations que le Professeur L. HENNEBEL disait :

> « Toute la jurisprudence de la Cour interaméricaine est construite, en partie, grâce à l'appui de la jurisprudence de Strasbourg ou de Genève. Cette forte perméabilité aux autres systèmes, voire même cette absorption jurisprudentielle, dépasse le cadre strict de la méthode d'interprétation et trouve son fondement dans la philosophie particulière du droit interaméricain des droits de l'homme qui tend à considérer que le droit international des droits de l'homme forme un ensemble homogène et cohérent, un véritable corpus juris de droit international des droits de l'homme. »[591]

191. Cette pratique qui vise à construire une pratique commune harmonisée à travers la technique du « référencement », qui lui a value des critiques par une partie de la doctrine[592], constitue un élément qui la caractérise[593]. À la vérité, le développement d'une telle méthode interprétative particulière de la Cour IADH fondée sur les dispositions de l'article 31 de la Convention de Vienne sur le droit des traités[594], ce qui a notre avis n'est pas original mais tout à fait normal, n'est pas pour autant anodin. Celle-ci participe non seulement à la légitimation de la Cour IADH, l'organe initiateur de l'emprunt, mais confère aussi une autorité aux décisions prises par elle, et légitime les

---

[591] L. HENNEBEL, « Les références croisées entre les juridictions internationales des droits de l'homme », *op. cit.*, p. 24. Lire aussi du même auteur : L. HENNEBEL, « The Inter-American Court of Human Rights : The Ambassador of Universalism », *R.Q.D.I*, 2011, pp. 57-97.

[592] G.L. NEUMAN, « Import, Export, and Regional Consent in the Inter-American Court of Human Rights », *European Journal of International Law*, février 2008, vol. 19, n° 1, pp. 101-123.

[593] L. HENNEBEL, « La Cour Interaméricaine Des Droits De L'Homme: Entre Particularisme Et Universalisme », *in* H. TIGROUDJA et L. HENNEBEL (dirs.), *Le particularisme interaméricain des droits de l'homme*, Paris, Pedone, 2009, pp. 75-119. ; H. TIGROUDJA, « The Inter-American Court of Human Rights and international humanitarian law », *op. cit.*, p. 473. « *The Inter-American Court of Human Rights as the Watchdog of an International Corpus Juris* »

[594] Article 31 de la CVDT « 1. Un traité doit être interprété de bonne foi suivant le sens ordinaire à attribuer aux termes du traité dans leur contexte et à la lumière de son objet et de son but. 2. Aux fins de l'interprétation d'un traité, le contexte comprend, outre le texte, préambule et annexes inclus : a) tout accord ayant rapport au traité et qui est intervenu entre toutes les parties à l'occasion de la conclusion du traité ; b) tout instrument établi par une ou plusieurs parties à l'occasion de la conclusion du traité et accepté par les autres parties en tant qu'instrument ayant rapport au traité. 3. Il sera tenu compte, en même temps que du contexte : a) de tout accord ultérieur intervenu entre les parties au sujet de l'interprétation du traité ou de l'application de ses dispositions ; b) de toute pratique ultérieurement suivie dans l'application du traité par laquelle est établi l'accord des parties à l'égard de l'interprétation du traité ; c) de toute règle pertinente de droit international applicable dans les relations entre les parties. 4. Un terme sera entendu dans un sens particulier s'il est établi que telle était l'intention des parties. »

décisions empruntées ailleurs[595]. Si le régime de protection développé par celle-ci dépasse le cadre restreint de cette étude, quelques exemples doivent être mentionnés. Dans une récente décision (*Les communautés autochtones membres de l'Association Lhaka Honhat (Notre Terre) c/ Argentine*) relative aux droits des peuples autochtones[596] à leur identité culturelle ainsi qu'à l'affirmation de leur droit à un environnement sain, la Cour IADH, s'est illustrée encore par sa jurisprudence constante à propos de l'article 29 de la Convention[597] consistant à interpréter les obligations de l'État à la lumière des autres traités et normes pertinentes. Encore une fois, c'est par une combinaison complexe des sources de toutes valeurs juridiques confondues - du *soft Law* au *hard Law*[598] - des *Observations générales* du Comité DESC, n°12 et n°15 et *Observation générale* 23, sur le *Droits des minorités* du CDH, relative à l'article 27 en plus d'autres instruments internationaux, des rapports des agences onusiennes[599], des Rapporteurs spéciaux des Nations Unies, qu'elle a pu déduire la portée des droits avant de conclure à la violation de l'article 26 de la Convention par l'État défendeur l'Argentine.

192. Si à l'analyse, il serait possible de conclure à un usage occasionnel par la Cour EDH du droit dérivé du PIDCP concernant surtout certains droits spécifiques, il faudra noter *a contrario* qu'avec la Cour IADH, son usage du

---

[595] H. TIGROUDJA, « Propos conclusifs : la légitimité du « particularisme interaméricain des droits de l'homme » en question », *in* H. TIGROUDJA et L. HENNEBEL (dirs.), *Le particularisme interaméricain des droits de l'homme en l'honneur du 40e anniversaire de la convention américaine des droits de l'homme*, Paris, Pedone, 2009, pp. 383-413.

[596] Cour IADH, Aff. *Les communautés autochtones membres de l'Association Lhaka Honhat (Notre Terre) c/ Argentine*, 6 février 2020, fond, réparations et dépens. Rappelons que ce cas que nous soulignons ici n'est qu'un cas isolé qui révèle la pratique ancrée de référencement extérieur dont nous faisons état. Voy. par exemple : Voir : Cour IADH, Aff. *Barbani Duarte, c/ Uruguay* arrêt 13 Octobre 2011, fond réparations, séries, C, n°234. ; Cour IADH, Aff Atala *Riffo et filles c/ Chilie*, arrêt 24 Février 2012 fond et réparations Séries, C n°239 ; Cour IADH, *Quintana Coello et autres c/ Équateur,* 2013, Séries C n° 266. ; dans l'affaire Cour IADH, *Hermanas Serrano c/ El Salvador*, 23 novembre 2004, Série C, n° 118, la Cour a aligné sa jurisprudence sur les décisions CDH, Perez *Vargas c/ Chili*, 26 juillet 1999, comm. n° 718/1996 § 6.4 ; CDH, *Acuna Inostroza et consorts c/ Chili*, 28 juillet 1999, comm. n° 717/1996, dans le but de dégager sa compétence *rationae temporis.* Voy. L. HENNEBEL et H. TIGROUDJA, *Traité de droit international des droits de l'Homme*, *op. cit.*, p. 150.

[597] Article 29 de la CIADH établit, « *aucune disposition de la présente convention ne peut être interpréter comme : b) restreignant la jouissance et l'exercice de tout droit ou de toute liberté reconnus par la législation d'un État partie ou dans la convention à laquelle cet État est partie* »

[598] Voy. dans le sens de l'utilisation des sources de *soft Law* par la Cour IADH : C. MARTIN, « La mobilisation des sources extérieures par la Cour interaméricaine des droits de l'homme : L'exemple du droit à la vie », *in* L. BURGORGUE-LARSEN (dir.), *Les défis de l'interprétation et de l'application des droits de l'homme: de l'ouverture au dialogue*, Tribunal Constitucional principat d'Andorra, Paris, Pedone, 2017, p. 245.

[599] Cour IADH, Aff. *Les communautés autochtones membres de l'Association Lhaka Honhat (Notre Terre) c/ Argentine,* 6 février 2020, fond, réparations et dépens, § 253.

droit du PIDCP est systématique[600] voire poussé au point où la Professeure S. TURGIS qualifie cette attitude d'activisme de la part de cette dernière[601]. Par conséquent, elle ne relève pas de cas isolés. Cette méthode fait d'elle l'une de ses principales caractéristiques, sa « marque de fabrique ». Notons par ailleurs que, bien que l'effet légitimatrice de cette pratique de la Cour IADH ne soit plus contestable, on remarque néanmoins qu'elle semble la justifier parfois par le motif de nécessité dans la perspective d'une opération de revirement de jurisprudence[602].

193. Au regard de ce chapitre, on pourrait soutenir que le CDH grâce à son influence internationale, a bénéficié de la légitimité auprès de ces systèmes de protection de droits de l'homme. Toutefois, est-il important de préciser qu'une telle analyse ne doit pas laisser croire que cette influence amène les organes de contrôle respectifs à oublier sinon à abandonner leur « droit propre » au profit du droit universel des droits de l'homme. On conclurait suivant cette logique, à l'unisson avec le Professeur L. BALMOND que :

> « Le dialogue des juges fait en réalité constamment son œuvre, conduisant toutes les juridictions à faire des emprunts, explicites ou implicites, aux solutions comme aux constructions juridiques, adoptées par d'autres, mais sans jamais ignorer l'identité de l'ordre juridique dont elles sont garants. »[603]

Ce constat effectué, nos développements à venir seront concentrés sur les rapports existants entre l'interprète universel et les juridictions ordinaires à compétences généralistes ainsi que ses conséquences pour celui-ci.

---

600 L. HENNEBEL, « Les références croisées entre les juridictions internationales des droits de l'homme », *op. cit.*, p. 47.

601 S. TURGIS, *Les interactions entre les normes internationales relatives aux droits de la personne*, *op. cit.*, p. 451.

602 G. LE FLOCH, « Le revirement de jurisprudence en droit international: Convergences et divergences des politiques jurisprudentielles des juridictions internationales », *in* M. LEMEY et G. LE FLOCH (dirs.), *Le revirement de jurisprudence en droit international, Actes du colloque de Rennes du 27 et 28 juin 2019*, s.l., Pedone, 2021, p. 27. ; J.-M. SOREL, « Conclusion: Les revirements de jurisprudences en droit international ou le mystère de la variabilité d'une posture a priori introuvable, inavouable, mais omniprésente », in *Le revirement de jurisprudence en droit international, Actes du colloque de Rennes du 27 et 28 juin 2019*, Paris, Pedone, 2021, p. 375.

603 L. BALMOND, « Ouverture : dialogue des juges, pluralisme et sécurité juridique », *op. cit.*, pp. 5-6. ; dans le même sens, Voy. C. TOMUSCHAT, « Chapter 18: International Law as a Coherent System: Unity or Fragmentation? », *in* M.H. ARSANJANI *et al.* (éds.), *Looking to the Future, Essays on International Law in Honor of W. Michael Reisman*, Leiden/Boston, Martinus Nijhoff Publishers, 2011, p. 348.

CHAPITRE II/ LE RAPPORT LIANT LES JURIDICTIONS ORDINAIRES A COMPETENCE GENRALE AU CDH : UN RAPPORT DE LEGITIMATION POUR UNE PROTECTION EFFECTIVE

194. Aborder le rôle protecteur d'un organe tel le CDH impliquant des organes « tiers » ou « externes » en s'inscrivant dans une perspective de légitimation extérieure[604] au service de l'effectivité, nécessite qu'une distinction rigoureuse soit opérée entre ces organes n'ayant pas forcément les mêmes vocations à leur création. Cette distinction revêt tout son sens en ce qu'elle permettrait d'éviter toute confusion et aussi aiderait à dissiper toute ambiguïté terminologique. C'est le motif qui sous-tend ici l'usage du qualificatif « ordinaire » facilitant de ce fait la catégorisation de ces acteurs internationaux. Sont donc considérées comme juridictions « ordinaires » à compétence générale dans cette étude, toutes les juridictions n'ayant pas à la base, ou qui ne se sont pas vu reconnaitre dans leur norme constitutive, des compétences équivalentes à celles des organes constitués essentiellement à cet effet ou investis *prima facie* d'une mission de protection des droits de l'homme. Faisant parties des instances internationales de contrôle en la matière, les juridictions internationales, ne sont pas les moins concernées lorsqu'on s'intéresse à la question de l'effectivité de l'œuvre de protection d'un organe tel le CDH quelle que soit la ligne de démarcation statutaire qui les oppose. Cela dit, bien que les juridictions internationales arborent leur statut d'organes pourvus de qualités et de fonctions juridictionnelles, leur interférence avec le CDH - qu'il est possible de considérer comme un « organe ayant une force d'attraction » - ne peut se révéler anodine et donc dénuée de tout intérêt. Dès lors, il semble important de mettre un accent sur la contribution de ces juridictions internationale et communautaire au processus de légitimation externe du CDH (**section 1**) avant de s'intéresser au degré de réceptivité des juridictions nationales (**section 2**) vis-à-vis de l'œuvre du CDH témoignant ainsi de l'affermissement de sa mission protectrice.

---

[604] *Infra*, Titre II, Partie I de cette même étude.

SECTION I/ L'USAGE DES TRAVAUX DU CDH PAR LES JURIDICTIONS INTERNATIONALES ORDINAIRES

195. Les instances internationales de contrôle installées par des traités multilatéraux dans des ordres juridiques différents, pour ne connaitre que des questions spécifiques *prima facie* n'ayant aucun lien direct avec les droits individuels, se sont retrouvées dans la tourmente de la protection de ces droits. La « greffe » de cette nouvelle compétence[605], nécessite de leur part un effort supplémentaire dans le processus de construction de leur motivation décisionnelle. Dans une société où la défense de la cause « individuelle » occupe une place de choix dans le contentieux international, le recours à l'œuvre d'un acteur important du système international contemporain de protection des droits de l'homme, le CDH, semble inévitable. Ce recours constitue de ce fait un atout capital et légitime pour les instances n'ayant pas été investies principalement à cet effet de la poursuite d'un tel objectif. Ce constat amène à s'intéresser d'abord à la pratique de ce recours par les instances universelle et généraliste (**Paragraphe I**) et ensuite par les organes installés dans des ordres juridiques communautaires ayant leur première vocation à contrôler des marchés communs **(Paragraphe 2).**

PARAGRAPHE I/ LA LEGITIMITE DE L'ŒUVRE DU CDH DEVANT LES INSTANCES UNIVERSELLES ET GENERALISTES

196. Avant toute chose, il est opportun par soucis de méthode et de précision de relever que le choix du qualificatif « universel » ou « généraliste » attribué à ces juridictions se justifie. En effet, il s'agit d'instances ayant comme points communs, une vocation universelle, des compétences non-limitées *ratione loci* - sous réserve bien sûr du dépôt des instruments des ratifications - et instaurées par des traités ou instruments multilatéraux négociés sous les auspices des Nations Unies. Mettre en exergue la participation de ces acteurs internationaux n'est pas chose anodine dans le cadre de notre travail.

---

605 Voy. B. TRANCHANT, « La définition de nouvelles compétences », *in* J. ANDRIANTSIMBAZOVINA, L. BURGORGUE-LARSEN et S. TOUZE (dirs.), *La protection des droits de l'homme par les cours supranationales, Acte du colloque du 8 et 9 Octobre 2015*, 31, Publications de l'Institut international des droits de l'homme, Paris, Pedone, 2016, pp. 87-106. De manière plus générale, Voy. P. GAIA, « La Charte des droits fondamentaux de l'Union européenne », *R.F.D.C*, 2004, n° 2, pp. 227-246.

Il faut dire que les questions de « la conformité », de « l'application » et « de la mise en œuvre » sont toutes subséquemment liées à la réflexion autour de la légitimité de l'organe puis de l'effectivité des décisions. Il y a donc lieu de s'inscrire dans une approche large. Celle de montrer la contribution de ces acteurs internationaux à l'atteinte des finalités mentionnées ci-dessus. À cette fin, l'application ou la mise en œuvre des décisions des organes conventionnels ne se réduit donc pas à la réaction directe des États parties en cause dans ces décisions. On entend donc souligner dans ce sens, l'apport des juridictions internationales dans l'application des décisions du CDH, par la CIJ **(A)** puis par les juridictions pénales internationales **(B)**.

A/ La CIJ à la lisière de ses compétences : la nécessité d'une expertise externe

197. La CIJ, au fil des années d'exécution de son mandat, a été amenée à régler des questions de protection de droits de l'homme[606] ne résultant pas initialement de ses compétences. En effet, cette cour a été constituée pour ne connaitre que des différends entre les entités souveraines relevant de sa compétence. Cela signifie donc, à titre de rappel, que l'individu en tant que sujet de droit international se trouve exclu du cercle des personnes habilitées à la saisir. Celui-ci ne peut voir sa cause portée devant elle que par l'entremise de l'État dont il est ressortissant dans l'esprit d'une mise en mouvement de sa protection diplomatique. La Cour, en raison de ses compétences générales, (article 36 du Statut de la CIJ) peut également connaitre des contentieux fondés sur une convention spécifique en matière de droits de l'homme à condition que cet instrument ait prévu une clause compromissoire de reconnaissance de sa compétence obligatoire. Il faut tout de même préciser,

---

[606] Voy. dans ce sens G. GUILLAUME, « La Cour internationale de Justice et les droits de l'Homme », *Droits fondamentaux*, 2001, vol. 1, pp. 23-29. ; S. R. S. BEDI, *The Development of Human Rights Law by the Judges of the International Court of Justice,* Oxford, Hart Publishing, 2007 467 p. ; P. OUMBA, *Essai sur la contribution de la Cour internationale de justice (CIJ) en matière des droits de l'homme*, Yaoundé - Cameroun, PUCAC (Presses de l'Université Catholique d'Afrique Centrale, 2016, 321 p. ; R. GOY, *La Cour internationale de justice et les droits de l'homme*, Droit et justice, Bruxelles, Bruylant / Bruxelles, 2002, 222 p. ; J. GRIMHEDEN, « The international Court of Justice - Monitoring Human Rights », *in* G. ALFREDSSON *et al.* (éds.), *International Human Rights Monitoring Mechanisms : Essays in Honour of Jakob Th. Moller,* The Raoul Wallenberg Institute Human Rights Library, Leiden/Boston, Martinus Nijhoff Publishers, 2009, pp. 251-261.; G. ZYBERI, « Chapter 15 : Human Rights in the International Court of Justice », *in* G. OBERLEITNER, M.A. BADERIN et M. SSENYONJO (éds.), *International Human Rights Law Six Decades after the UDHR and Beyond*, Surrey, UK, Ashgate Publishing Limited, 2010, pp. 289-304. ; B. ÇALI, Z. ELIBOL et L. MCGREGOR, « The International Court of Justice as an Integrator, Developer and Globaliser of International Human Rights Law », *in* M. SCHEININ (éd.), *Human rights norms in « other » international courts : studies on international courts and tribunals*, Cambridge, Cambridge University Press, 2019, pp. 62-86.

qu'en revanche, le PIDCP ne contient pas une telle disposition comme on peut bien la trouver ailleurs[607]. Notons que cela n'a pas pour autant empêché l'influence du CDH sur la CIJ.

198. En réalité, face aux réalités contemporaines, le CDH va de plus en plus confirmer sa place d'acteur international majeur spécialisé dans la protection des droits de l'homme eu égard aux questions portées devant son office et la densité des solutions qu'il a eu à proposer dans ses décisions très souvent transcrites dans ses *Observations générales* incessamment renouvelées. Pour ne pas se borner à des raisonnements qui contrasteraient avec la logique d'un organe plutôt spécialisé[608] de surcroit, érigé surtout dans la même enceinte qu'elle, la CIJ va de plus en plus compter sur l'expertise du CDH qui acquiert à cet égard incontestablement une « efficacité juridique ». Le prononcé de la décision *Ahmadou Sadio Diallo*[609] peut être considérée comme une nouveauté dans la relation entre deux acteurs internationaux jadis peu visible et peu probable[610]. Certes ladite décision a fait l'objet de diverses interprétations - une décision à la croisée de toutes les critiques doctrinales à l'endroit de la CIJ - il reste que, ce qui importe ici et qui est donc l'essentiel, c'est la portée de sa motivation à l'égard du CDH. Soulignons d'ailleurs que les termes utilisés par la Cour dans cette jurisprudence sont dénués de toute ambiguïté et sont d'un apport inestimable. En procédant de cette manière dans son interprétation, elle accroit l'autorité et le rayonnement du CDH dans une

---

607 Nous pouvons citer à cet effet, la Convention pour la répression et la prévention du crime de génocide 1951 date d'entrée en vigueur, la Convention sur les droits politiques des femmes mise en vigueur en 1954, la Convention de lutte contre toutes les formes de discrimination raciale de 1969 date d'entrée en vigueur, la Convention de lutte contre la discrimination à l'égard des femmes de 1981, la Convention contre la torture et autres formes de traitements inhumains et dégradants de 1984.

608 J. CRAWFORD et A. KEENE, « Interpretation of the human rights treaties by the International Court of Justice », *The international journal of human rights*, 2019, p. 22. ; Voy., F. AGNELLO, « The dialogue between the International Court of Justice and specialized judicial and quasi-judicial bodies in matters relating to the protection of human rights », *in* M. ARCARI et L. BALMOND (dirs.), *Le dialogue des juridictions dans l'ordre juridique international. Entre pluralisme et sécurité juridique*, Naples, Editoriale Scientifica, 2014, pp. 29-60.

609 CIJ, *Affaire Ahmadou Sadio Diallo*, (République de Guinée c/République démocratique du Congo) Recueil, 2010, pp. 639-694. Voir dans la même dynamique la décision : C.I.J, Questions concernant l'obligation de poursuivre ou d'extrader (*Belgique c. Sénégal*), arrêt, Recueil 2012, p. 422, Voy. dans le sens large avec les autres organes conventionnels onusiens : CIJ, 20 juillet 2012, *Affaire Issa Habré*, *Questions concernant l'obligation de poursuivre ou d'extrader (*Belgique C. Sénégal*)*.

610 Sur la confirmation de cette pratique de la CIJ dans son Avis consultatif contre le FIDA établissant un dialogue avec le CDH, L. MAROTTI, « The International Court of Justice rôle in Influencing the Approach of other Courts on Fundamental Procedural Matters », *in* M. ARCARI et L. BALMOND (éds.), *Le dialogue des juridictions dans l'ordre juridique international. Entre pluralisme et sécurité juridique*, Naples, Editoriale Scientifica, 2014, pp. 22 et 23.

sphère internationale de contrôle différente où les demandeurs et les destinataires des décisions sont toujours les États. Eu égard à ce qui précède, il y a lieu de reconnaitre l'intérêt et la pertinence du comportement de la Cour pour notre réflexion. Sans doute faut-il retenir que la CIJ encourage donc indirectement les États à faire place aux *constatations* et *Observations* du CDH dans leur ordonnancement juridique interne.

199. Il semble capital de rappeler qu'en arrière-plan de la décision dans l'affaire susmentionnée de la CIJ, que nous considérons comme une décision de consécration par l'organe judiciaire principal des Nations Unies de la valeur protectrice de l'œuvre du CDH, existent des indices ayant conduit la Cour dans ce processus de reconnaissance. Signalons d'emblée que, quelques décennies plus tôt, le Juge C. G. WEERAMANTRY dans son *Opinion individuelle* sur l'arrêt *Bosnie-Herzégovine c/ Serbie-et-Monténégro*[611] apportait des précisions quant à la décision de la Cour sur la question de la succession automatique des États parties à la Convention sur le génocide et ses conséquences en droit international suivant la théorie de « la Table rase ». Il se plaçait en position d'éveilleur de conscience de la Cour. Il faut dire que celui-ci, bien qu'étant d'accord avec la majorité des membres sur la compétence de la Cour à connaitre l'affaire, reprochait à celle-ci de n'avoir pas traité la question pourtant très vitale pour le droit international contemporain, dans le même sens que le CDH. À l'appui de son raisonnement, il invoquait la position tranchée du CDH à ce sujet dans sa déclaration sur « les droits acquis » irrévocables[612].

200. C'est ensuite dans son avis consultatif du 9 juillet 2004 sur *Les conséquences juridiques de l'édification du mur en Territoire palestinien occupé* que la Cour, en faisant sienne les renseignements fournis par le Gouvernement Suisse en application de paragraphe 2 de l'article 66 de son Statut[613] pour rendre son avis, laissait pressentir de nouveau une forme de

---

[611] CIJ, arrêt, *Application de la convention pour la prévention et la répression du crime de génocide, exceptions préliminaires,* du 11 juillet 1996.

[612] Juge C. G. WEERAMANTRY, *Opinion individuelle* sur l'arrêt précité CIJ, du 11 juillet 1996, pp. 640-653, spéc. p. 652 et suiv. Voy, dans le même sens, sur la pratique constante aux dimensions *pro personae* du CDH, L. HENNEBEL et H. TIGROUDJA, *Traité de droit international des droits de l'Homme*, *op. cit.*, p. 116.

[613] À ce sujet, il faut rappeler que, conformément au paragraphe 2 de l'article 66 du Statut de la CIJ, l'Organisation des Nations Unies et ses États Membres sont jugés, susceptibles de fournir des renseignements sur l'ensemble des aspects soulevés par la question soumise à la Cour pour avis consultatif. En effet, dans l'exercice de ce droit, le Gouvernement Suisse, se référant à la lettre n°19839 du 19 décembre 2003 du Greffier de la Cour, concernant les conséquences juridiques de l'édification d'un mur dans le Territoire palestinien occupé, a invité la Cour à tenir compte de la pratique du CDH sur la question. Le Gouvernement Suisse donnant sa position sur la question, c'est-à-dire sur la responsabilité extraterritoriale d'Israël en territoire occupé palestinien devrait être engagée sur le fondement des conventions de Genève de 1949 et des

nécessité pour elle d'humaniser le droit international classique. Cet état de chose impliquerait pour elle de ne plus se départir de l'œuvre des organes conventionnels investis d'une telle mission spécifique surtout lorsque les questions portées devant elle intéressent directement les instruments internationaux constitutifs desdits organes[614]. Le CDH venait donc de trouver un partenaire de taille, telle la CIJ qui l'assistera dans son entreprise de contrôle de l'application du PIDCP surtout lorsque cette dernière est amenée à se prononcer sur des questions de protection des droits de l'homme, droits individuels sur lesquels le CDH aurait déjà fourni son expertise. Cette sollicitation du CDH par la CIJ, qui élève les *constatations* du CDH au rang d'une décision judiciaire, n'est autre que la confirmation de la force obligatoire et de l'autorité persuasive du CDH[615]. C'est dans cette lancée, qu'il paraît superflu l'hésitation esquissée par la CIJ[616], laquelle est aisément remarquable dans son raisonnement dans l'arrêt *Diallo* précité. Dès lors, au bout de cette analyse, on en vient à la conclusion selon laquelle, la CIJ semble n'avoir pas autres choix que de tirer toutes les conséquences de la pratique jurisprudentielle, interprétative constante et notoire du CDH - l'organe naturel du PIDCP-, pour interpréter l'article 13 du PIDCP. Et elle l'a si bien fait en se basant sur des critères de clarté et de cohérence et de sa propre légitimité. Sans doute mettait-elle en valeur les conditions d'effectivité du droit qui lui enjoignent un tel emprunt[617]. En effet, il n'y a pas besoin de le rappeler qu'elle avait été essentiellement saisie sur le fondement du PIDCP, de la Charte

---

traités de droits de l'homme notamment le PIDCP. Ainsi exprime-t-il son attachement à l'interprétation ainsi que la pratique constante du CDH.

614 R. WILDE, « Human rights beyond borders at the World Court », *in* C. CHINKIN et F. BAETENS (éds.), *Sovereignty, statehood And state responsibility, Essays in Honour of James Crawford*, Oxford, Oxford University Press, 2015, pp. 51-70.

615 Voy. S.N. RODLEY, « The International Court of Justice and Human Rights Treaty Bodies », *in* E. BJORGE et M.T. ANDENAS (éds.), *A farewell to fragmentation Reassertion and Convergence in international law*, Cambridge, Cambridge University Press, 2015, pp. 87-108. ; S.N. RODLEY, « La Cour internationale de Justice et les Comités conventionnels des Nations Unies », *in* E. DECAUX et O. DE FROUVILLE (dirs.), *La dynamique du système des Traités de l'ONU en matière de droits de l'homme*, Publications du Centre de recherche sur des droits de l'homme et le droit humanitaire., Paris, Pedone, 2015, pp. 131-136. ; L. BORLINI et L. CREMA, « The Legal Status of Decisions by Human Rights Treaty Bodies: Authoritative Interpretations or mission educatrice? », *Global Community Yearbook of International Law and Jurisprudence*, nov. 2019.

616 Nous pouvons donc lire l'hésitation de la CIJ en ces termes : « *Bien que la Cour ne soit aucunement tenue, dans l'exercice de ses fonctions judiciaires, de conformer sa propre interprétation du Pacte à celle du Comité* (…) » Voy. CIJ, *Affaire Ahmadou Sadio Diallo*, (République de Guinée c/République démocratique du Congo) *Recueil*, 2010, pp. 639-694, spéc. p. 664, § 66-3.

617 P. GERARD, « Les règles de reconnaissance et l'identification des normes juridiques valides », *in* I. HACHEZ *et al.* (dirs.), *Les sources du droit revisitées - Théorie des sources du droit*, Vol. 4, Presses de l'Université Saint-Louis, Bruxelles, Anthémis, 2012, p. 41.

africaine et de l'article 36 de la Convention de Vienne sur le droit Consulaire de 1963. D'ailleurs, dans son *Opinion individuelle* annexée à cet arrêt, le Juge A. A. CANÇADO TRINDADE, fidèle à sa philosophie,[618] donne écho favorable à notre réflexion. En effet, celui-ci dans sa démonstration estime que l'interprétation objective des traités de droits de l'homme fournie par les organes conventionnels des droits de l'homme - parmi lesquels le CDH[619] - est conforme au texte de la Convention de Vienne sur le droit des traités de 1969 (art.31) dans le but de garantir une protection effective et qu'elle méritait à tout le moins, de retenir l'attention de la juridiction judiciaire principale des Nations Unies en l'espèce parce que, « porteuse de l'émancipation juridique de la personne humaine vis-à-vis de son propre État »[620] . Il renchérit son analyse en estimant que :

> « Le fait que le mécanisme demeure un mécanisme strictement interétatique, ce qui est assez anachronique, comme pour défier le passage inéluctable du temps, ne signifie pas que la CIJ doive continuer aujourd'hui à raisonner dans une perspective strictement interétatique. »[621]

201. Ces propos étaient comme pour exhorter la Cour à sortir dorénavant du conservatisme et l'informe de la nécessité qu'il y a à revoir sa logique strictement fondée sur la défense des droits fondamentaux des États. Cela s'avère nécessaire afin d'intégrer une logique de protection des droits de l'homme sur la base du savoir-faire interprétatif des organes internationaux spécialisés en la matière. Ce faisant, elle contribuerait davantage à la construction du corpus juridique universel des droits de l'homme.

202. L'arrêt *Ahmadou Sadio Diallo* de la CIJ a marqué un changement capital dans le traitement du contentieux international devant la CIJ. Il constitue un tournant stratégique de faisant primer la protection des droits de l'homme devant une instance juridictionnelle où, la possibilité jadis, pour l'individu de se voir mis à l'honneur dans un espace prioritairement réservé pour l'intérêts et la défense du volontarisme étatique, était utopique. Dès ce moment, la CIJ devient une juridiction dont les compétences se sont métamorphosées au fil des ans[622]. Certes une récente décision de la CIJ fait

---

[618] Nous songeons ici à la doctrine du Juge véhiculant l'idée selon laquelle le droit international doit être au service de l'humain, qu'il n'a eu de cesse de démontrer sur son parcours et ici même dans son opinion individuelle sous l'arrêt précité objet de notre commentaire.

[619] A. A. CANÇADO TRINDADE, *Opinion individuelle* sur l'arrêt, CIJ, *Ahmadou Sadio Diallo*, 2010, pp. 729 – 811, spéc. p. 757, § 86.

[620] *Ibid*, § 91.

[621] *Ibid*, spéc. p. 735, § 21.

[622] Dans ce sens, Voy. S. GHANDHI, « Human Rights and the International Court of Justice The Ahmadou Sadio Diallo Case », *Human Rights Law Review*, September 2011, vol. 11, n° 3, pp. 527-555. ; S.EL. BOUDOUHI, « Affaire Ahmadou Sadio Diallo, (République de Guinée

montre d'un repli inattendu face à des questions de droits fondamentaux. La Cour a manqué une occasion de consolider ses acquis fondés sur le *corpus jus gentium* en se prononçant sur la question du droit des peuples à l'autodétermination dans son Avis consultatif : *Les effets juridiques de la séparation de l'archipel des Chagos de Maurice en 1965*[623]. Il faut reconnaitre que dans cet Avis, la Cour mondiale a effectivement tenu compte des *Observations finales* du CDH adressées en 2001 puis en 2008 à l'Angleterre dans le cadre de son mécanisme d'examen des rapports périodiques[624] mais elle n'est pas allée plus loin dans son raisonnement. Elle a délibérément fait le choix de traiter la question essentiellement sous un angle interétatique en se bornant aux résolutions de l'AGNU visant le processus de décolonisation, refusant donc d'appréhender la vraie portée d'un tel droit, complexe dans la pratique en droit international, mais important pour le peuple Chagossien[625]. Bien qu'il soit surtout incontestable que le droit à l'auto-détermination, est un droit ayant acquis valeur fondamentale dans le PIDCP et le PIDESC - les deux instruments internationaux lui ayant consacré une disposition et un titre unique entériné par le CDH dans son application[626] - c'est encore une fois le Juge A. A. CANÇADO TRINDADE qui dans son *Opinion individuelle*, n'a pas cru garder le silence face à une situation qu'il considère comme dommageable. À cet effet, il souligne les insuffisances de ladite décision avec une argumentation solide à l'appui[627], dans une démonstration qui indique la plus-value que la Cour aurait pu donner à cet avis consultatif s'il avait exploité

---

c/République démocratique du Congo), fond: La CIJ est-elle devenue une juridiction de protection des droits de l'homme? », *A.F.D.I*, 2010, vol. 56, pp. 277-299. ; B. TRANCHANT, « La définition de nouvelles compétences », *op. cit.*, p. 91.

623 CIJ, 25 février 2019, *Avis consultatif sur Les effets juridiques de la séparation de l'archipel des Chagos de Maurice en 1965,* 47 p.

624 CIJ, 25 février 2019, *Avis consultatif sur Les effets juridiques de la séparation de l'archipel des Chagos de Maurice en 1965*. p. 31, spéc. § 123 et 126.

625 Voy. R. BEN ACHOUR, « Le droit à l'autodétermination en tant que droit fondamental de l'homme et des peuples à la lumière de l'avis de la Cour internationale de Justice sur l'archipel des Chagos », *Annuaire Africain des Droits de l'Homme*, 2019, pp. 344-353.

626 Voy. CDH, *Observation générale* n°12 de 1984 sur l'article premier des Pactes : droit des peuples à disposer d'eux-mêmes ; CDH, *Observation générale* n°31 de 2004.

627 Dans sa position critique, il regrette que les riches développements historiques (les résolutions 1414, 2625 et suiv. de l'AGNU dans leur acception d'humanisation du droit international), normatif (le PIDCP et PIDESC) puis pratique (mettant l'accent sur les *Observations générales* et des *Observations finales* du Comité des droits de l'homme ainsi que d'autres tribunaux internationaux) qu'a connu le droit fondamental des peuples à l'autodétermination formant « *le corpus juris dans ce domaine* » qui « *était devenu un véritable droit de protection en faveur des droits des êtres humains et des peuples, et non des États* » n'a pas été utile pour la CIJ dans son raisonnement dans l'affaire Chagos. Voy. A.A. CANÇADO TRINDADE, *Opinion individuelle*, CIJ, 25 février 2019, *Avis consultatif sur Les effets juridiques de la séparation de l'archipel des Chagos de Maurice en 1965*, §, 86, 314, 315, 316, 317.

la pratique du CDH et de bien d'autres organes de protection des droits tels la Cour EDH, la Cour ADHP puis la Cour IADH. Sa position bien que n'affectant pas l'autorité du prononcé, parce qu'ayant accepté le dispositif, affecte toutefois le consensus. En considérant que, par principe, l'expression d'une opinion individuelle ou dissidente renforce l'autorité et surtout la clarté des décisions[628], dans ce cas, il semble que la CIJ devrait revenir sur les bonnes pratiques. Il faut le rappeler, de telles pratiques sont des éléments constitutifs du nouveau paradigme judicaire contemporain qui consiste à faire en sorte de ne pas s'éloigner, évidemment selon les affaires et si cela parait nécessaire, de la cause des droits de l'homme. À cet égard, la Cour mondiale gagnerait en procédant ainsi afin d'éviter de ne prononcer des décisions qui risqueraient de ne pas recueillir l'adhésion de son auditoire et de le convaincre.

B/ La protection incidente des droits de l'homme dans le contentieux pénal international : la contribution du CDH

203. Affirmer que les juridictions pénales internationales sont des juridictions de protection des droits de l'homme, *prima facie*, soulèverait une cascade de questions étant donné que leur mandat est d'enquêter sur des crimes spécifiques – le cas du statut de Rome pour la CPI[629] - ou sur des situations spécifiques - pour les tribunaux internationaux pénaux *ad hoc* -[630] et de poursuivre les auteurs. Mais la réalité enseigne de se déprendre de certaines idées préconçues à cet égard. Très vite, il apparait que le procès pénal de manière générale est principalement caractérisé par une rigueur dans l'application des règles de procédure. Dès lors, on ne saurait occulter le fait que la rigueur dont il est fait état ici, induit un encadrement étroit de la règle de procédure pour une finalité unique : protéger les droits fondamentaux les plus élémentaires de la personne accusée. Car, le respect des libertés fondamentales en droit pénal, suppose le respect des règles de procédure et une organisation satisfaisante de la justice[631]. Au regard de ce qui précède, la

---

[628] Voy. dans ce sens C. L'HEUREUX-DUBE, « The dissenting opinion : voice of the future ? », *Oosgode Hall Law Journal*, 2000, n° 38, pp. 495-516. ; M. SAFTA, « The role of dissenting and concurring opinions in the constitutional jurisdiction », *Perspectives of Business Law Journal*, November 2016, vol. 5, n° 1, pp. 207-2013. ; R. RAFFAELLI, *Opinions divergentes au sein des cours suprêmes des États membres*, ÉTUDE, Bruxelles, Département thématique C: Droits des citoyens et affaires constitutionnelles Parlement européen, 2012, p. 13, disponible sur http://www.europarl.europa.eu/studies.

[629] Le Statut de Rome est le traité international fondateur de la CPI adopté le 17 juillet 1998 et entré en vigueur le 1er juillet 2002, date de début des activités de la Cour nommément la CPI.

[630] Il s'agit ici du cas par exemple du TPIY, TPIR, TSL etc.

[631] En ce sens, Voy. M. SCHEININ, « How and Why to Assess the Relevance of Human Rights Norms in 'Other' International Courts », *in* M. SCHEININ (éd.), *Human rights norms in*

responsabilité première revient au juge pénal sur qui pèse l'obligation d'assurer le respect de ces droits afin d'éviter tout déséquilibre processuel[632].

204. Cela amène à comprendre les raisons ayant motivé les rédacteurs du PIDCP à octroyer une place prépondérante aux garanties procédurales en consacrant toutes les facettes nécessaires à une justice équitable. C'est donc à juste titre que l'usage prégnant des dispositions de l'article 14 du PIDCP dans la jurisprudence des tribunaux pénaux internationaux, retrouve tout son sens. Il faut souligner dans ce sens la singularité du statut de la Cour pénale internationale (ci-après la CPI) qui vient nourrir cette même analyse. Il est donc possible d'affirmer que, les enseignements tirés des pratiques des cours pénales *ad hoc* ont favorisé l'intégration des dispositions - source de légalité de la pratique - dont l'interprétation conduit à tenir systématiquement compte du DIDH afin de mettre à l'abri de toute ingérence arbitraire ou de toute violation, les droits des parties au procès pénal[633]. Le DIDH participe donc activement à l'encadrement du droit pénal international. Cela dit, une telle intégration des droits de l'homme dans la sphère de la justice pénale internationale ne peut que provoquer des enchevêtrements normatifs au bénéfice des droits de la personne humaine.

205. C'est au juge pénal qu'il revient d'être animé d'un esprit d'ouverture normative lors de l'interprétation de la règle de droit applicable en tenant

---

« other » international courts: studies on international courts and tribunals, Cambridge, Cambridge University Press, 2019, p. 7.

632 Voy. L. SONOPOLI, « Les droits de la défense », *in* H. ASCENSIO, E. DECAUX et A. PELLET (dirs.), *Droit international pénal*, Centre de droit international de Nanterre (France), Paris, Pedone, 2000, pp. 791-805.

633 Voy. l'article 21(3) du Statut de Rome. Dans le même sens : C. CALLEJON, « Article 21 - Droit applicable », *in* L. MAZE (éd.), J. FERNANDEZ et X. PACREAU (dirs.), *Statut de Rome de la Cour pénale internationale, commentaire article par article*, Paris, 2012, pp. 763-780. ; I. PANOUSSIS, « Les incidences du droit international des droits de l'homme sur l'organisation de la procédure devant la CPI », *in* L. MAZE (éd.), J. FERNANDEZ et X. PACREAU (dirs.), *Statut de Rome de la Cour pénale internationale, commentaire article par article*, Paris, Pedone, 2012, pp. 227-240. ; D. SHEPPARD, « The International Criminal Court and "Internationally Recognized Human Rights": Understanding Article 21(3) of the Rome Statute », *International Criminal Law Review*, 2010, vol. 20, pp. 43-54. ; E. LAMBERT-ABDELGAWAD, « Les Tribunaux Pénaux pour l'ex-Yougoslavie et le Rwanda et l'appel aux sources du droit international des droits de l'homme », *in* M. DELMAS-MATY, E. FRONZA et E. LAMBERT-ABDELGAWAD (éds.), *Les sources du droit international pénal*, Paris, L.G.D.J, 2005, pp. 97-134. ; P. TAVERNIER, « Les Tribunaux pénaux internationaux et le droit international des droits de l'homme, » *in* M. DELMAS-MATY, E. FRONZA et E. LAMBERT-ABDELGAWAD (dirs.), *Les sources du droit international pénal : l'expérience des Tribunaux Pénaux Internationaux*, Paris, L.G.D.J, 2005, pp. 395-401. ; V. DIMITRIJEVIC et M. MILANOVIC, « Human rights before international criminal », *in* J. GRIMHEDEN et R. RING (éds.), *Human rights law : from Dissemination to application, Essays in honour of Göran Melander*, Vol. 26, The Raoul Wallenberg Institute Human Rights Library, Leiden/Boston, Martinus Nijhoff Publishers, 2006, p. 164.

compte des règles minimales de protections des droits de l'homme[634]. Celui-ci a l'obligation de garantir les droits procéduraux en faisant preuve d'impartialité, d'indépendance et doit faire prévaloir la présomption d'innocence à tous les stades du procès en tenant compte de tous les critères nécessaires pour assurer un procès équitable[635]. Une analyse de l'interprétation offerte par les juges des tribunaux pénaux internationaux[636] dans quelques jurisprudences peut s'avérer utile surtout s'agissant des interprétations faites à la lumière des droits fortement protégés par le PIDCP comme norme de référence et de la pratique du CDH. On remarquera que l'attitude dont fait montre le juge pénal lors de son interprétation, entraine comme conséquence directe, la production des effets systémiques sur le droit pénal international[637].

206. Il résulte de cette analyse que ces juridictions chargées de gérer les affaires criminelles à l'échelle mondiale n'ont pas échappé au phénomène de « pollinisation » de leur jurisprudence[638]. Dans cette même perception, l'orientation donnée à notre analyse cherche à questionner l'attitude de ces juridictions lorsqu'elles font face à des questions soulevant des aspects de

---

634 Voy. dans le même sens, A.-L. CHAUMETTE, « Le droit international pénal face aux droits de l'homme, illustration d'un dialogue des juges », *Annuaire Brésilien de droit international*, CEDIN, 2014, 16 (1), s.d., p. 4. ; P.P. SOARES, « Tangling Human Rights and International Criminal Law: The Practice of International Tribunals and the Call for Rationalized Legal Pluralism », *Criminal Law Forum*, September 2012, vol. 23, n° 1-3, p. 168.

635 Voy. W. SCHOMBURG et J.C. NEMITZ, « The Protection of Human Rights of the Accused before the International by Criminal Tribunal for Rwanda », in *Des droits de l'homme au droit international pénal : Etudes en l'honneur d'un juriste africain, feu le juge Laïty Kama*, Leiden/Boston, Brill | Nijhoff, 2007, pp. 89-108. ; T. MERON, « Les principes des droits de l'homme dans la jurisprudence des juridictions pénales internationales », in *Dialogue entre juges, Actes du séminaire du 25 janvier 2013*, Strasbourg, CEDH, 2013, p. 40.

636 Le terme « tribunaux pénaux internationaux » ici, englobe dans notre entendement et les TPIY, TPIR ou CPI.

637 Voy. A. SKANDER GALAND, « The Systemic Effect of International Human Rights Law on International Criminal Law », *in* M. SCHEININ (éd.), *Human Rights Norms in 'Other' International Courts: Studies on International Courts and Tribunals*, Cambridge, Cambridge University Press, 2019, pp. 87-131. ; M.M. EL ZEIDY, « Critical Thoughts on Article 59 (2) of the ICC Statute », *Journal of International Criminal Justice*, 2006, vol. 2006, n° 4, pp. 448-465.

638 Voy. J. DHOMMEAUX, « préface », in *Les interactions entre les normes internationales relatives aux droits de l'hommes*, Publications de l'Institut international des droits de l'homme, Paris, Pedone, 2012, pp. 7-10. ; L. HENNEBEL et H. TIGROUDJA, *Traité de droit international des droits de l'Homme*, *op. cit.*, p. 182 et suiv. L'effet de pollinisation jurisprudentielle dont font état ici les auteurs renvoie directement à la capacité des normes de *soft law* à s'imposer sur le champ du DIDH surtout dans la pratique des organes de protection dans l'unique objectif de « l'amélioration de l'effectivité des droits de l'homme ». Nous entendons par cet emprunt, souligner que le phénomène n'est pas limité aux organes spécialisés dédiés à cette cause mais s'étend également aux juridictions pénales ayant à tout le moins des compétences qui font entrer en jeu des revendications de protection des droits de l'homme.

protection des droits de l'homme dans leur consécration universelle. Le droit universel du procès équitable s'annonce désormais comme le matériel nécessaire voire incontournable pour tout juge international surtout le juge pénal international épris de rendre des décisions exemptes de toute critique sur le respect de la procédure lorsqu'on sait qu'une partie significative des droits fondamentaux de la personne est encadrée dans les règles de procédure. Quoiqu'on puisse noter que les tribunaux pénaux en usant des dispositions de l'article 14 du PIDCP, qu'ils considèrent d'ailleurs comme des normes impératives, essaient d'en dégager une interprétation relativement autonome qui pourrait sembler différente de celle de l'interprète naturel le CDH, cette orientation n'enlève rien à notre réflexion en ce qu'elle relève plutôt des cas isolés[639].

207. Ainsi faut-il se référer dans cet esprit, à l'emblématique affaire *Procureur c/ Tadic* devant le Tribunal international de l'ex-Yougoslavie (ci-après le TPIY) comme un cas illustratif. En effet, le TPIY a été saisi d'un appel à l'exception préjudicielle d'incompétence du Tribunal. L'un des moyens de l'appelant portait sur la question de la création illégale d'un tribunal international. Le TPIY dans son jugement d'appel visant à examiner l'exception d'incompétence soulevée par la Défense, rappelle bien avant tout, une série d'instruments régionaux et internationaux garantissant ce droit parmi lesquels les dispositions de l'article 14-1 du PIDCP[640]. Il ne s'est pas arrêté là. Il continue dans la même dynamique et considère que : « déterminer si un tribunal a été "établi par la loi" n'est pas de savoir s'il a été préétabli ou établi dans un but ou pour une situation spécifique ; ce qui importe, c'est qu'il soit établi par un organe compétent dans le respect des procédures juridiques pertinentes et qu'il observe les exigences de l'équité procédurale »[641]. Il rappelle donc que, de la pratique du CDH, l'expression « établi par la loi » figurant à l'article 14 § 1 du PIDCP ne signifie pas que :

---

[639] Voy. TPIY, Chambre d'appel, arrêt du 21 juillet 2000, *Le Procureur c/Anto Furundzija*, Aff. n° IT-95-17/1-A, § 69.

[640] Article 14-1 du PIDCP dispose : « Toute personne a droit à ce que sa cause soit entendue équitablement et publiquement par un tribunal compétent, indépendant et impartial, établi par la loi, qui décidera soit du bien-fondé de toute accusation en matière pénale dirigée contre elle, soit des contestations sur ses droits et obligations de caractère civil ».

[641] Voy. TPIY, Le *Procureur c/ Tadic*, Chambre d'appel, 2 octobre 1995, arrêt relatif à *l'Appel de la Défense concernant l'exception préjudicielle d'incompétence*, spéc. § 45. Il n'est pas anodin de rappeler que cet usage a été fait sans forcément tenir compte de l'effet contraignante ou pas de la jurisprudence du CDH. Il est donc significatif de le souligner dans la droite ligne de notre réflexion que cette juridiction traite avec grand respect les décisions du CDH se laissant à tout le moins guider par sa force persuasive. Dans le même sens, Voy. *Procureur / Prlic et al.*, IT-04-74-T, Décision portant sur la Demande de mise en liberté provisoire de *Jadranko Prlic*, Chambre de première instance III, TPIY, 21 avril 2011.

« (...) les tribunaux "extraordinaires" ou les cours "spéciales" sont incompatibles avec la condition selon laquelle les tribunaux doivent être établis par la loi mais il a été d'avis que la disposition vise à assurer que toute juridiction, qu'elle soit "spéciale" ou non, offre véritablement à l'accusé les garanties intégrales d'un procès équitable prévues à l'article 14 du Pacte international sur les droits civils et politiques »[642]

208. Il apparait également dans l'affaire *Thomas Lubanga* que la CPI, - la Chambre d'Appel - dans une décision de libération provisoire[643], n'avait pas fait économie d'évoquer l'utilité du DIDH[644]. Bien au contraire, elle avait su évoquer la teneur normative du PIDCP ainsi que d'autres instruments des droits de l'homme. Ce faisant, elle tire toutes les conséquences des dispositions de son Statut constitutif notamment des dispositions de son article 21 qui lui imposent une forme d'obligation de conformité par le prisme d'une interprétation statutaire conciliable avec les Conventions internationales de protection des droits de l'homme. Cette démarche, aurait dû l'aider à parvenir à une décision pouvant recevoir l'adhésion de tous pour avoir tenu compte des principes élémentaires du droit des droits de l'homme. Malheureusement la Cour n'a pas cru bon d'appliquer lesdites dispositions invoquées en ce qu'elle a annulé la décision de mise en liberté prise en faveur de *Thomas Lubanga* rendue par la Chambre de première instance (I) sur la base de l'existence des faits nouveaux versés au dossier[645] alors même qu'il y avait plus tôt une décision de suspension de la procédure contre l'accusé. Cette décision a été prise en dépit du fait qu'une telle annulation pourrait conduire à la violation des droits fondamentaux de l'accusé notamment le droit de toute personne d'être jugée dans un délai raisonnable et non excessif.

---

[642] *Ibid.,* Voy. pour plus de précisions sur la mise à jour : CDH, *Observation générale* n°32, du 23 août 2007, Doc. (CCPR/C/GC/32), portant sur l'Article 14. Droit à l'égalité devant les tribunaux et les cours de justice et à un procès équitable remplaçant l'ancienne *Observation générale* n°13, p. 6 spéc. § 18 et suiv. ; W. SCHABAS, *U.N. International Covenant on Civil and Political Rights*, 3rd éd., *op. cit.*, p. 364. ; dans le même sens Voy. S. TURGIS, *Les interactions entre les normes internationales relatives aux droits de la personne*, Publications de l'Institut international des droits de l'homme, n° 17, Paris, Pedone, 2012, p. 484.

[643] Voy. Décision n° ICC-01/04-01/06 OA12, *Le Procureur c/ Thomas Lubanga Dyilo,* Arrêt relatif à l'appel interjeté par le Procureur contre la décision de la Chambre de première instance I intitulée « Décision relative à la mise en liberté de Thomas Lubanga Dyilo »

[644] Voy. Décision n° ICC-01/04-01/06 OA12, *Le Procureur c/ Thomas Lubanga Dyilo*, § 37. « la Chambre doit veiller à ce que la détention ne se prolonge pas de manière excessive en violation des droits de l'homme internationalement reconnus (...) ». La Cour rappelait si bien, l'article 9-3 du PIDCP, l'article 5-3 de la CEDH, l'article 7-5 du Pacte de San José, l'article 7-1-d de la Charte africaine lesquels prévoient le droit à un procès dans un délai raisonnable.

[645] Voy. Décision n° ICC-01/04-01/06 OA12, *Le Procureur c/ Thomas Lubanga Dyilo*, § 39, 40, 41.

209. Au Juge G. M. PIKIS, dans son *Opinion dissidente* annexée à l'arrêt, de rappeler la nécessité de prendre en compte des principes gouvernant les droits de l'homme, essence même de l'application des règles inhérentes aux droits de l'homme dans le cas d'espèce[646]. Pour cela, il a eu recours à la jurisprudence de la Cour EDH, ainsi qu'à des dispositions pertinentes protégeant lesdits droits inscrits dans le PIDCP, avant d'aboutir au raisonnement selon lequel, « les circonstances, pour graves qu'elles soient, ne peuvent être au-dessus des droits de l'homme, (...). La liberté ne peut être subordonnée qu'à la nécessité de s'assurer que l'accusé comparaîtra à son procès, lequel est censé être équitable et se dérouler conformément au droit. »[647]. À partir de cette analyse, il reproche à la Cour de n'avoir pas interprété et appliqué l'article 58-1 du Statut de Rome à la lumière des droits de l'homme internationalement reconnus (article 21-3 du Statut)[648]. En sommes, selon lui, « la suspension de l'instance au motif qu'un procès équitable est impossible, met fin à la procédure. L'accusé n'a plus à répondre des charges portées contre lui. Il en est libéré. Sa remise en liberté en est la conséquence inévitable »

210. Au regard de ce qui précède, il n'est donc guère surprenant, loin de vouloir se pencher sur l'effet contraignant ou non de la norme du PIDCP ou des décisions du CDH, de dire qu'elles représentent pour ces tribunaux pénaux, une source de droit externe dont l'application se révèle essentielle dans la dynamique de faire respecter les droits des accusés dans un procès pénal international surtout à cause de l'imprécision des normes en droit international pénal[649]. C'est ce qui révèle non seulement leur utilité fonctionnelle à cause des lacunes des règles de procédure des Tribunaux internationaux[650] ou du caractère rudimentaire du droit pénal international[651], mais aussi leur finalité : la sauvegarde des droits fondamentaux. Elles servent

---

646 Voy. Juge G. M. PIKIS, *Opinion dissidente* sur la Décision n° ICC-01/04-01/06 OA12, *Le Procureur c/ Thomas Lubanga Dyilo*, § 17.

647 Voy. Juge G. M. PIKIS, *Opinion dissidente* sur la Décision n° ICC-01/04-01/06 OA12, *Le Procureur c/ Thomas Lubanga Dyilo,* § 18.

648 *Ibid.*, § 12.

649 Voy. pour une compréhension approfondie, E. LAMBERT-ABDELGAWAD, « Les Tribunaux Pénaux pour l'ex-Yougoslavie et le Rwanda et l'appel aux sources du droit international des droits de l'homme », *op. cit.*

650 R. MAISON, « Le droit international des droits de l'homme et les juridictions internationales pénales », *in* G. COHEN-JONATHAN et J.-F. FLAUSS (dirs.), *Droit international, droits de l'homme et juridictions internationales, Actes de la table ronde du 10 juillet 2003*, Bruxelles, Bruylant/ Némésis, 2004, p. 129.

651 A. CASSESE, « La prise en compte de la jurisprudence de Strasbourg par les juridictions pénales internationales », *in* G. COHEN-JONATHAN et J.-F. FLAUSS (dirs.), *Le rayonnement international de la jurisprudence de la cour européenne des droits de l'homme*, Droit & justice, Bruxelles, Bruylant, 2005, p. 29.

à partir de ce moment de bases de définition dans le sens du droit pénal substantiel[652], de précisions argumentatives ou encore de guide pour les juridictions pénales internationales dans leurs décisions en matière de protection de droits de l'homme. Pour le CDH ainsi que pour les autres organes de protection des droits de l'homme, il y a lieu de se rendre compte de l'importance accordée à leur norme et à leur jurisprudence spécialisée par le juge pénal international et de l'effet qu'elles produisent sur ce juge dans la construction de son raisonnement. Il s'agit en conséquence d'un canal ou un moyen de dissémination de la portée et de la force de leur travail dans le système pénal international instaurant ainsi une forme de communication entre ces instances internationales qui fait disparaitre le « cloisonnement systémique »[653] qui paraissait exister.

PARAGRAPHE II/ LA LEGITIMATION PAR DES ORGANES TIERS : UN MOUVEMENT D'ANCRAGE AU NIVEAU COMMUNAUTAIRE

211. Il est question de montrer que bien que les juridictions communautaires[654] connaissent des contentieux de protection des droits de l'homme par l'effet de « conversion ou de métamorphose » de compétence matérielle - parce que n'ayant pas une telle compétence à la base[655] -, elles participent à ce mouvement de légitimation « externe » du CDH. Il est toutefois impossible d'évoquer toutes ces instances. En raison de l'indisponibilité référentielle ou du niveau faible de productivité de certaines

---

652 *Ibid.*, p. 54 et suiv.

653 A.-L. CHAUMETTE, « Le droit international pénal face aux droits de l'homme, illustration d'un dialogue des juges », *op. cit.*, p. 4.

654 Le traité de Rome de 1957 a créé une organisation ayant une finalité économique et technique Voy. M.A. DAUSES, « La protection des droits fondamentaux dans l'ordre juridique communautaire », *RTDE*, 1984, n° 3, p. 402. Dans le même sens, le traité de Lagos de 1975, Voy. E. KODJO, « La Communauté Économique des États de l'Afrique de l'Ouest CEDEAO », in *Géopolitique africaine. Sahara, L'Algérie perd son atout maitre*, Paris, Albin Michel, juin 1986, p. 137. Pour signifier que c'est d'abord autour des idées économiques et de marché commun que ces deux communautés sont créées en vue d'un rapprochement des politiques économiques. Les juridictions subséquemment créées avaient donc pour mission de contrôler et de garantir le développement harmonieux de ces activités.

655 S. DOUMBE-BILLE, « La juridictionnalisation des droits de l'homme en Afrique », *in* J.F. AKANDJI KOMBE (dir.), *L'homme dans la société internationales, Mélanges en l'honneur du Professeur Paul Tavernier*, Bruxelles, Bruylant, 2013, pp. 693-706. ; E.-D. KEMFOUET KENGNY, *Les juridictions des organisations d'intégration économique en Afrique*, Droits africains, Paris, L.G.D.J, 2018, p. 220 et suiv.

d'entre elles[656]. Dès lors, notre analyse sera focalisée uniquement sur la Cour de justice de l'Union Européenne (ci-après CJUE), l'ancienne Cour de justice des communautés européennes (CJCE) **(B)** et sur la Cour de Justice de la Communauté des États de l'Afrique de l'Ouest (ci-après CJ-CEDEAO) **(A)**. L'objectif dans ces lignes, est de s'interroger sur leur manière d'appréhender le droit du PIDCP devant leur prétoire respectif, la place qu'elles accordent à l'autorité du CDH dans l'exécution de leur mission de protection des droits fondamentaux qui, *prima facie*, ne relève pas de leur domaine de compétence.

A/ L'usage du PIDCP et des normes du CDH par la CJ-CEDEAO, une déférence au système universel de protection

212. La Cour de Justice de la CEDEAO (CJ-CEDEAO) tire sa singularité du fait qu'elle n'a pas été dotée d'une compétence matérielle spéciale[657] à l'instar d'une Charte des droits de l'homme de la CEDEAO. Toutefois, la « Communauté » étant convaincue qu'elle ne saurait atteindre ses objectifs socio-économiques en marginalisant les règles élémentaires de respect des droits de l'homme[658], elle lui confère cette compétence en adoptant le Protocole du 19 janvier 2005[659] qui lui permet de connaitre des cas de violations des droits humains, superposé au traité originel à but économique de 1975[660]. On notera que, bien que la base légale de sa compétence de juger

---

[656] L. BURGORGUE-LARSEN, « Le fait régional dans la juridictionnalisation du droit international », in *La juridictionnalisation du droit international,* Paris, S.F.D.I., Pedone, 2003, p. 208.

[657] S.T. EBOBRAH, « Human Rights Realisation in the African Sub-Regional Institutions », *in* M. SSENYONJO (éd.), *The African Regional Human Rights System, 30 Years after the African Charter on Human and Peoples' Rights*, Leiden/Boston, Martinus Nijhoff Publishers, 2012, p. 296. ; du même auteur, S.T. EBOBRAH, « Courts of Regional Economic Communities in Africa and Human Rights Law », *in* S. KADELBACH, T. RENSMANN et E. RIETER (éds.), *Judging International Human Rights, Courts of General Jurisdiction as Human Rights Courts*, Cham, Switzerland, Springer International Publishing, 2019, p. 235.

[658] Sur les raisons d'une conversion des objectifs de la CJ-CEDEAO, Voy. S.T. EBOBRAH, « Human Rights Realisation in the African Sub-Regional Institutions », *op. cit.*, p. 285. Dans le même sens, E.S. NWAUCHE, « Regional economic communities and human rights in West Africa and the African Arabic countries », *in* A. BÖSL et J. DIESCHO (éds.), *Human Rights in Africa Legal Perspectives on their Protection and Promotion,* Windhoek / Namibia, Macmillan Namibia, 2009, p. 319.

[659] Rappelons que le Protocole de 2005 (A/SP1/01/05) vient amender les articles 1, 2, 9, 22 de 30 de celui adopté 1991 (Protocol A/P/1/7/91) créant la Cour de Justice de la Communauté.

[660] Voy. Traité de la Communauté économique des États de l'Afrique de l'Ouest (CEDEAO), Conclu à Lagos le 28 mai 1975, Article 2. Rappelons que ce Traité originel a été révisé en 1993. Dans le traité Révisé, les États membres de la Communauté dans son article 4(g), affirment leur adhésion à la promotion, le respect et la protection des droits de l'homme conformément à la Charte africaine des droits de l'homme et des peuples. Cette reconnaissance a été traduite dans l'article 56(2) du Préambule du même traité révisé. A travers cette dernière disposition, les États s'engagent à œuvrer, à coopérer pour la réalisation des objectifs de la Charte africaine.

la violation des droits de l'homme soit acquise pour la CJ-CEDEAO, les traités adoptés au sein de la Communauté ne précisent nullement quels instruments de droits de l'homme elle devra appliquer pour juger les cas de violations qui lui seront soumis[661], les textes de la Communauté se contentant de la renvoyer aux autres traités de droits de l'homme. À partir de ce moment, la CJ-CEDEAO aurait compris qu'elle ne pourrait accomplir sa mission qu'en se basant sur des traités de droits de l'homme exogènes à son système communautaire[662]. On remarquera que le juge de la CEDEAO pour s'être vu reconnaitre cette compétence, a fait du PIDCP et des instruments parallèles les outils essentiels de sa mission. D'ailleurs, une lecture attentive de sa jurisprudence illustre que ce tribunal communautaire est saisi systématiquement sur la base du PIDCP et de la Charte africaine. Sur cette base, il ne fait pas économie de ses moyens de contrôle en invoquant ce traité universel lorsque l'État mis en cause a souscrit aux obligations contenues dans ce traité.

213. La question qui semble normale est celle de savoir si ce dernier - le Juge de la CEDEAO - arrive à aligner son interprétation du PIDCP sur celle de l'interprète « naturel » dudit texte. Il faut noter *prima facie* que, comme on pourrait bien le remarquer ailleurs, le Juge de la CEDEAO donne l'impression d'être dans une démarche de concert dans son interprétation. Autrement dit, bien qu'il essaie de faire une interprétation autonome du PIDCP et de la Charte africaine[663], il ne s'écarte pas pour autant des balises conceptuelles développées par les organes de contrôle propres de ces textes. Telle est la lecture que nous faisons des jurisprudences citées ci-dessous[664]. Cette attitude

---

661 S.T. EBOBRAH, « A rights-protection goldmine or a waiting volcanic eruption? Competence of, and access to, the human rights jurisdiction of the ECOWAS Community Court of Justice », *African Human Rights Law Journal*, 2007, p. 314.

662 K.J. ALTER, L.R. HELFER et J.R. MCALLISTER, « A new international human rights court for west Africa: the ecowas community court of justice », *The American Journal of International Law*, 2013, vol. 107, p. 755.

663 A propos de l'interprétation autonome qu'il tente de faire de ces instruments, Voy. E.H.O. DIOP, « La Cour de Justice de la Communauté des Etats de l'Afrique de l'Ouest, Juge de la détention arbitraire », *in* F.J. AIVO *et al.* (dirs.), *L'amphithéâtre et le prétoire, Au service des droits de l'homme et de la démocratie, Mélanges en l'honneur du Président Robert DOSSOU*, Paris, L'Harmattan, 2020, p. 515. L'auteur cite le Professeur A. SALL en ces termes « ce louable souci pédagogique ne doit pas porter atteinte à l'élégance formelle de la décision judiciaire, laquelle pourrait pâtir d'une abondance de renvois ou des citations », « que de tels renvois ne soient pas comme une sorte de substitut à un raisonnement propre ; ce qui doit n'être que l'illustration d'un propos ne doit pas devenir un « argument d'autorité »

664 Voy. CJ-CEDEAO, Arrêt ECW/CCJ/JUD/06/10, *Habré c/ Sénégal* du 18 novembre 2010 ; CJ-CEDEAO, Arrêt ECW/CCJ/JUD/04/18, *Federation of African Journalists and others c/ Gambia* spec., p. 21 et 37. ; CJ-CEDEAO, Arrêt ECW/CCJ/JUD/05/17 du 10 Octobre, 2017, Aff. *Benson Olua Okomba c/ Republic of Benin* ; CJ-CEDEAO, Arrêt ECW/CCJ/JUG/16/15 du 13 Juillet 2015; CJ-CEDEAO, Arrêt EWC/CCJ/03/13, 22 février 2013. Aff. *Simon Ehivet et Michel Gbagbo c/ République de Côte d'Ivoire ».* Dans cette dernière affaire, la Cour va se

est très intéressante car il en fait un principe de raisonnement en acceptant l'organe naturel (CDH) comme étant à même de lui fournir une interprétation originale de l'instrument qu'il utilise systématiquement en lui faisant *express verbis* référence pour soutenir son raisonnement à la manière de la Cour ADHP. Lorsqu'on sait que le contentieux des droits de l'homme dans cet espace communautaire est incontestablement en grande partie fondé sur la violation des droits politiques[665], on ne peut que se féliciter de la posture actuelle de la Cour qui paraît conforme aux évolutions récentes en DIDH qui appellent à une convergence interprétative des organes de contrôle vers un seul idéal : le *jus commune gentium*. L'orientation du Juge de la CEDEAO parait de ce fait logique surtout que le PIDCP offre une protection maximale aux droits politiques grâce à la force de conceptualisation de ce texte par le CDH dans ses *Observations générales* et dans sa jurisprudence. D'ailleurs, aujourd'hui la vision commune adoptée par les interprètes internationaux en matière de droits fondamentaux tend plutôt à diriger leur action dans un sens d'harmonisation adossée à des relations de coopération informelle appelant de leurs vœux la méthode de « fertilisation croisée »[666], afin de favoriser une protection sans faille des droits de l'homme à tous les échelons internationaux.

214. La mise en perspective, à titre d'exemple, de la jurisprudence *Khaliffa Sall et autres c/ Sénégal*[667] du nom du Maire de Dakar (dite affaire « de la Caisse d'avance ») par rapport à la conception du CDH sur une question de

---

livrer à une démonstration pour le moins intéressante prenant à contre-courant les arguments de l'État de la Côte d'Ivoire. À la lumière des instruments invoqués, la Cour réaffirme les articles 4 et 12(3) du PIDCP ainsi que les *Observation générale* n°29 du CDH pour contrecarrer le motif fondé sur les « Circonstances exceptionnelles » soulevé par l'État pour montrer qu'en réalité, même en une telle période où l'État avait la marge de restriction, les droits bénéficient d'un régime de garantie. « *L'autorisation des dérogations n'emporte pas comme conséquences que les actes pris par les autorités sous cet empire bénéficient d'une immunité de juridiction* » Voy. § 65 de l'arrêt précité. Voy. pour plus de détails : E.-D. KEMFOUET KENGNY, *Les juridictions des organisations d'intégration économique en Afrique*, *op. cit.*, p. 231. ;E.H.O. DIOP, « La Cour de Justice de la Communauté des Etats de l'Afrique de l'Ouest, Juge de la détention arbitraire », *in* F.J. AIVO *et al.* (dirs.), *L'amphithéâtre et le prétoire, Au service des droits de l'homme et de la démocratie, Mélanges en l'honneur du Président Robert DOSSOU*, Paris, L'Harmattan, 2020, p. 515.

[665] M. KAMTO, « Le contrôle de la mise en œuvre des règles et standards internationaux de la démocratie en Afrique. Des chainons manquants ? », *in* D. KOKOROKO *et al.* (dirs.), *La Démocratie en question(s), Mélanges en l'honneur du Professeur Théodore HOLO*, Toulouse, PUTC, 2017, pp. 107-112.; S.H. ADHOLOHOUN et E.M. NGANGO YOUMBI, « L'émergence d'un juge électoral régional africain », *Annuaire africain des droits de l'homme*, 2019, pp. 22-48.

[666] Pour en savoir plus sur le concept de la « fertilisation croisée » et ses implications, Voy. L. HENNEBEL et H. TIGROUDJA, *Traité de droit international des droits de l'Homme*, *op. cit.*, p. 152. ; J. ALLARD et L. VAN DEN EYNDE, « Le dialogue des jurisprudences comme source du droit : Arguments entre idéalisation et scepticisme », *op. cit.*, p. 294.

[667] CJ-CEDEAO, Arrêt ECW/CCJ/JUD/17/18, *Khaliffa Sall et autres c/ Sénégal* du 29 juin 2018.

droit similaire aboutit à des conclusions très intéressantes. En effet dans cet arrêt, le raisonnement juridique de la CJ-CEDEAO visant à statuer sur le moyen tiré de la violation du droit à la présomption d'innocence du demandeur fondé sur l'article 14-2 du PIDCP, sur l'article 7-b de la Charte africaine et sur l'article 11 de la DUDH, a été à peine voilé. Dans son argumentation, qui visait à écarter ce moyen tiré des déclarations du Procureur de la République[668], l'État défendeur mettait en avant le droit à l'information des citoyens sénégalais d'une si sensible affaire en se basant sur la loi sénégalaise n° 2016-30 du 08 novembre 2016 portant modification de la loi 65-61 du 21 juillet 1965 instituant le Code de procédure pénale[669]. Selon le défendeur, cette loi autorisait le Procureur de la République à user d'une telle faculté d'information et celui-ci n'aurait commis aucune violation du droit à la présomption d'innocence. La Cour pour retenir la responsabilité du Sénégal pour manquement à cette obligation[670], rejetant par ricochet l'argument tenant au droit à l'information avancé par celui-ci, estime « qu'un État ne peut invoquer les dispositions de sa législation pour s'exonérer de ses obligations internationales »[671]. Cette analyse confirmative de la primauté des conventions internationales sur le droit interne - nommément ici la législation Sénégalaise - certes fondée sur un principe général du droit bien connu au-delà du champ des de l'homme, rejoint néanmoins la position commune dégagée par les organes régulateurs des droits de l'homme en droit international (dont la position du CDH) en application de l'article 27 de la Convention de Vienne sur le droit des traités[672]. En guise de témoignage, il importe de mettre en exergue la position du CDH dans son *Observation générale* n°31 qui souligne bien fort cela en des termes suivants :

> « Les obligations découlant du Pacte en général et de l'article 2 en particulier s'imposent à tout État partie considéré dans son ensemble. Toutes les autorités de l'État (État partie considéré dans son ensemble. Toutes les autorités de l'État (pouvoirs exécutif, législatif et judiciaire), sont à même d'engager la responsabilité de l'État partie (...), ne peut arguer du fait qu'un acte incompatible avec les dispositions du Pacte a été exécuté par une autre autorité de l'État pour tenter d'exonérer l'État partie de la responsabilité de cet acte et de l'incompatibilité qui en résulte (...) Si le paragraphe 2 de l'article 2 autorise les États parties à donner effet aux droits reconnus dans le

---

[668] *Ibid.*, § 30.

[669] *Ibid.*, § 27.

[670] *Ibid.*, § 32.

[671] *Ibid.*, § 29.

[672] Aux termes de cette dispositions, « un (*État*) partie ne peut invoquer les dispositions de son droit interne comme justifiant la non-exécution d'un traité ».

Pacte en suivant leur procédure constitutionnelle interne, c'est le même principe qui joue afin d'empêcher que les États parties invoquent les dispositions de leur droit constitutionnel ou d'autres aspects de leur droit interne pour justifier le fait qu'ils n'ont pas exécuté les obligations découlant du Pacte ou qu'ils ne leur ont pas donné effet (...) »[673].

215. Cette remarque confirme donc la principale question de base de notre réflexion. On est alors en droit d'affirmer que le juge communautaire de la CEDEAO, bien que voulant se donner une interprétation autonome du PIDCP, s'aligne tout aussi bien sur la jurisprudence du CDH sans toutefois toujours le signaler explicitement. Les exemples peuvent être multipliés dans la même dynamique.

Dans l'affaire *Pascal Bodjona c/ Togo*[674], la Cour conclut que les droits de M. Bodjona n'ont pas été respectés par l'État durant le traitement de son recours. Elle rejette l'argument de l'État défendeur selon lequel ne lui sont pas imputables « les faits de l'institution judiciaire, alors même qu'il n'est pas démontré que cette institution a outrepassé ses missions et ses pouvoirs ». La Cour considère que de tels arguments ne sauraient prospérer « tant il est vrai qu'en l'espèce, il appartenait aux autorités judiciaires de veiller à l'exécution des décisions des tribunaux, et que, d'autre part, la responsabilité d'un État du fait de ses autorités judiciaires peut parfaitement être engagée. C'est donc en vain que l'État défendeur chercherait à écarter sa responsabilité sur ce point ». Dans la même décision, le Juge communautaire considère que la durée de placement de M. Bodjona en garde à vue est abusive et contraire à l'article 9 du PIDCP. La pratique du CDH autour de ce principe général du droit n'est pas loin de corroborer cette violation constatée par le juge de la CEDEAO. Dans ses *Observations finales* adressées au Mexique en 2010, le CDH exprimait sa préoccupation quant à l'application l'*arraigo* pénal par les autorités dans un contexte de lutte contre la criminalité organisée. Cette procédure d'une durée maximale de quatre-vingts jours est appliquée à une personne sans qu'elle soit présentée à un juge et sans qu'elle jouisse des garanties juridiques prescrites à l'article 14 du PIDCP. Selon lui, les personnes sous le coup de cette procédure peuvent faire l'objet d'un traitement qui violerait les articles 9 et 14 du PIDCP[675].

---

673 Voy. CDH, *Observation générale* n° 31(80) du 24 mars 2004, § 4.

674 CJ-CEDEAO, Arrêt n° ECW/CCJ/JUD/06/15 *Pascal Bodjona c/ Togo*.

675 CDH, *Observations finales*, 7 avril 2010, Doc. CCPR/C/MEX/CO/5, § 15.

B/ L'usage des travaux du CDH par la CJUE dans le cadre de sa mission de protection des droits de l'homme

216. L'année 2000 a vu opérer un changement majeur dans l'espace communautaire européen avec l'adoption de la Charte des droits fondamentaux[676] qui n'a acquis valeur contraignante qu'avec le Traité de Lisbonne de 2009. Cette Charte prévoit les droits que doivent respecter les États membres dans la mise en œuvre du droit de l'Union. L'adoption de ce texte a eu comme effet direct de doter officiellement la CJCE d'une nouvelle compétence, celle de régler les litiges soulevant des questions de violation des droits fondamentaux des citoyens de l'Union. La CJUE aura donc désormais une compétence matérielle concurrente proche du domaine d'activité de la Cour EDH. Eu égard à ceci, chercher à savoir si la CJUE dans l'exécution de son mandat visant à protéger les droits fondamentaux dans l'UE à travers ses mécanismes préétablis - renvoi préjudiciel, recours en manquement aux obligations communautaires -, accorde une place à l'interprétation du PIDCP, revient à s'intéresser à l'interprétation que le juge communautaire fait du droit de l'Union à l'aune des traités de droits de l'homme établis en dehors de son ordre juridique ou encore de la reconnaissance de ces traités et de leur application comme source de droit en matière de protection des droits fondamentaux.

217. Force est de reconnaitre que, déjà bien avant la consécration de la Charte des droits fondamentaux, la Cour de Justice a toujours été réticente à considérer les sources du DIDH comme partie intégrante des principes généraux du droit de l'Union[677]. Cette position initiale ne fut dépassée qu'avec la codification des jurisprudences constantes dans l'article 6 du TUE. Dès lors, la CJCE, devenue CJUE, estime que même si elle ne se considère pas obligée de le faire, en cas de nécessité, elle pourrait s'inspirer des dispositions de la CEDH. Il faut reconnaitre que cette codification fut un pas de géant pour le Juge communautaire. Toutefois, même si cette disposition l'autorise à sortir de son droit primaire pour assurer une protection maximale des droits

---

[676] Voy. dans le même sens A. VON BOGDANDY, « The European Union as a Human Rights Organisation ? Human Rights and the Core of the European Union », *Common Market Law Review*, 2000, vol. 37, n° 6, pp. 1307-1338.; K. LENAERTS, « Fundamental rights in the European Union », *European Law Review*, 2000, vol. 25, n° 6, pp. 575-600.; F. DI GIACOMO, (ed.) *The EU charter of fundamental rights from declaration to binding instrument,* Springer, London New York, 2011, 317 p.

[677] CJCE, Arrêt, *Stauder*, n° 29-69, 12 novembre 1969. La Cour affirme assurer le respect des droits fondamentaux de la personne compris dans les principes généraux du droit communautaire. Elle confirme dans CJCE, Arrêt, *Internationale Handelsgesellschaft*, n°11-70, 17 décembre 1970. CJCE, Arrêt, *Nold*, n°4-73 du 14 mai 1974. Dans cette dernière décision, elle a accepté s'inspirer des « instruments internationaux » pour assurer la sauvegarde des droits fondamentaux.

fondamentaux[678], l'attitude de la Cour reste limitée face au droit international[679]. Cette situation paraît paradoxale à la lecture des termes de l'article 53 de la Charte des droits fondamentaux de UE.

218. On rappellera à cet égard qu'à l'orée de l'adoption de la Charte des droits fondamentaux de UE, dans l'affaire *Grant c/ South-West trains Ltd,* la CJCE n'a pas hésité à exprimer un avis critique à l'égard du CDH relativement à son application des dispositions de l'article 26 du PIDCP. Dans cette affaire, la requérante (Mme Grant) invoquait à l'appui de sa demande la célèbre jurisprudence du CDH (CDH, comm. 1994, *Toonen c/Australie*, n°488/1992) dans laquelle le CDH interprétait la notion de « sexe » inscrit dans le texte sus évoqué comme devant être comprise dans le sens « des préférences sexuelles ». Dans son arrêt rendu en 1998 (*Grant c/ South-West trains Ltd*), la Cour affirme ne pas être tenue de s'aligner sur la signification que le CDH semblait avoir de la notion de « discrimination fondée sur le sexe » telle qu'elle figure aux articles 2 et 26 du PIDCP. Selon elle, « cet organe (le CDH) qui n'est d'ailleurs pas une instance juridictionnelle et dont les constatations sont dépourvues de valeur juridique contraignante s'est borné selon ses propres termes et sans donner de motivations particulières à observer (...) »[680].

219. En réalité, cette critique de la Cour de Justice à l'égard du CDH paraît conforme à sa logique de protection du droit communautaire. À l'analyse de cette décision, on remarque qu'au moment où la décision a été prise, l'état des législations dans les ordres juridiques internes des États membres n'avait pas atteint le niveau actuel. Force est de constater d'ailleurs qu'elle reconnait implicitement dans la décision cette situation lorsqu'elle affirme que l'état du droit communautaire ne lui permettait pas d'élargir la portée[681] de l'article 119 TCE (article 141 nouveau). Elle aurait pu se borner à cette argumentation parce qu'en réalité, ce n'était pas la décision du CDH qui posait le problème, bien au contraire. La jurisprudence *Toonen c/Australie* est l'une des décisions de principe du CDH fortement inscrite dans une logique évolutive - d'ailleurs elle reste d'actualité et invoquée de tout part - à cause de sa portée très novatrice. Il nous souvient que le CDH a pris fait et cause des droits d'une minorité qui bénéficiait de très peu de garantie textuelle, encore moins d'une position jurisprudentielle consacrée par un organe de protection à cette

---

678 T. AHMED et I. DE JESUS BUTLER, « The European Union and Human Rights: An International Law Perspective », *European Journal of International Law*, September 2006, vol. 17, n° 4, p. 773.

679 S. TURGIS, *Les interactions entre les normes internationales relatives aux droits de la personne*, *op. cit.*, p. 462. ; M.-J. REDOR, « La vocation de l'Union européenne à protéger les droits fondamentaux », *in* S. LECLERC *et al.* (dirs.), *L'Union européenne et les droits fondamentaux*, CRDF Université de Caen, Bruxelles, Bruylant, 1999, p. 23.

680 CJCE, *Grant c/ South-West trains Ltd,* 1998, Aff. n° C-249/96, § 46.

681 *Ibid.*, § 45.

époque-là[682]. Comme aboutissement à notre hypothèse, il est intéressant de noter globalement que la Cour de Justice se limite à utiliser la norme du PIDCP tout en se gardant d'emprunter la démarche pragmatique du CDH pour des motifs purement liés à l'autonomie du droit communautaire. D'ailleurs dans cette même jurisprudence[683] comme dans d'autres rendues postérieurement[684], ladite Cour rappelle que le PIDCP fait partie des instruments internationaux de protection des droits de l'homme dont elle tient compte pour appliquer les principes généraux du droit communautaire.

220. Un autre argument mérite d'être pris en considération. Conformément à l'article 252 TFUE, l'Avocat général a pour tâche de présenter publiquement des « conclusions » motivées sur les affaires pendantes devant la Cour après la clôture de la procédure écrite et les plaidoiries. La Cour bien qu'elle ne soit pas obligée de suivre les Conclusions de l'Avocat général, c'est chose connue que dans bon nombre de contentieux, elle aligne sa décision sur ces « conclusions »[685]. Or, on peut remarquer que, l'avocat général s'est intéressé à maints reprises à la pratique du CDH pour étayer son argumentation portant sur l'évolution du droit applicable[686]. Cela voudrait dire que la Cour de Justice aurait pu, en choisissant de suivre les conclusions de l'avocat général[687],

---

[682] Voy. Plus amplement, P. GERBER et J. GORY, « The UN Human Rights Committee and LGBT Rights: What is it Doing? What Could it be Doing? », *Human Rights Law Review*, September 2014, vol. 14, n° 3, pp. 403-439.

[683] *Ibid.* § 44. Aussi, CJCE, arrêt du 18 octobre 1989, *Orkem / Commission*, 374/87 ; CJCE, arrêt du 18 Octobre 1990, Dzodzi, C-297/88.

[684] CJUE, *Dynamic Mdien*, arrêt du 14 février 2008, aff. C-244/06 ; CJUE, *Parlement c/ Conseil*, arrêt du 2 Juin 2006, aff. C-540/03.

[685] Voy. à titre d'exemple les *Conclusions* de l'avocat général du 14 janvier 2015 dans l'affaire *Peter Gauweiler* c/ *Deutscher Bundestag*. Notons toutefois l'hypothèse que nous venons de poser n'est nullement absolue. A bien des égards, il existe des cas ou la Cour a pris une position contraire.

[686] Voy à titre d'exemple : CJUE, *Commission européenne c/ République de Pologne*, arrêt du 5 novembre 2019, aff. C-192/18. Il est question de la violation par la Pologne du droit à une protection juridictionnelle effective. Article 19, paragraphe 1, second alinéa, TUE. En cause, une loi de l'État membre adoptée en 2017 portant tout d'abord sur l'abaissement de l'âge de départ à la retraite des juges des juridictions de droits commun différemment aux hommes et aux femmes contrairement à l'âge fixé par l'ancienne loi indistinctement. Ensuite il s'agissait du pouvoir discrétionnaire conféré par ladite loi au ministère de la justice de pouvoir prolonger la durée d'activité des magistrats contraire au principe d'inamovibilité des juges.

[687] Voy. les *Conclusions* de l'Avocat général M. EVGENI TANCHEV sur cette affaire (C-192/18), spéc. § 104 et 105. Celui-ci souligné l'importance que donnait le CDH dans sa décision sur les garanties qui protègent les juges contre une révocation discrétionnaire. (CDH, *Zamora/Venezuela* 7, novembre 2017, comm. n° 2203/2012, § 9.3) ; voir aussi : les Conclusions des Avocats généraux : M. MELCHIOR WATHELET, présentées le 21 juin 2018 Affaires jointes C-391/16, C-77/17 et C-78/17, spéc. § 60 ; M. YVES BOT présentées le 19 avril 2012, Affaires jointes C-71/11 et C-99/11, *Bundesrepublik Deutschland* c/ Y (C-71/11), Z (C-99/11), spéc. § 43. L. CLEMENT-WILZ, *La fonction de l'avocat général près la Cour de Justice*, Bruxelles, Bruylant, 2011, pp. 15-16.

accepter d'ouvrir son prétoire au CDH ou aux autres organes conventionnels dans des cas spécifiques où leur expertise s'avérait indispensable. Ne pas le faire et s'abriter derrière l'autonomie du droit de l'Union ou la nature juridique des *constatations* du CDH, c'est manqué aux occasions pour corriger cette situation. On est en droit, au regard de ce qui précède, de s'interroger sur cette indifférence de la Cour de Justice à l'égard des organes de traités des Nations Unies.

221. Il est, peut-être, trop tôt pour tirer des conclusions mais en même temps, cela paraît regrettable de la part de la Cour de Justice de faire ainsi un usage « *anecdotique* »[688] pour reprendre le terme utilisé par la Professeure H. TIGROUDJA, du droit du PIDCP qui jumelé à l'expertise du CDH, forme aujourd'hui un « tout » utile. Ce jumelage constitue une source très pertinente, ajoutée à celle des autres organes onusiens spécialisés en matière des droits de l'homme, qui est d'une densité et d'une portée inestimable.

222. Sur la base de l'article 53 de la Charte des droits fondamentaux[689], la Cour devrait à l'avenir composer avec ce « tout », à moins de réduire le droit international tel que contenu dans la disposition sus invoquée au droit de la CEDH, afin d'enrichir son rôle en matière de protection des droits fondamentaux au niveau communautaire tout en sauvegardant l'interprétation qu'elle fait de son droit originel. Il en va de l'harmonisation des obligations des États membres de l'Union en matière des droits de l'homme, également membres de l'ONU conformément à la Charte des Nations Unies. C'est à juste titre qu'il faut aussi relever que l'UE fait partie de la Convention onusienne des droits des personnes handicapées (CDPH)[690] et a déjà présenté son premier rapport[691] à l'organe de surveillance de la Convention (le Comité des droits

---

688 H. TIGROUDJA, « Le renvoi aux décisions des Comités conventionnelles des Nations Unies dans la pratique des organes régionaux de protection des droits de l'homme », *op. cit.*, p. 138. Voy. également : L. HENNEBEL et H. TIGROUDJA, *Traité de droit international des droits de l'Homme*, *op. cit.*, p. 344.

689 L'article 53 de la Charte des droits fondamentaux de l'UE dispose : « Aucune disposition de la présente Charte ne doit être interprétée comme limitant ou portant atteinte aux droits de l'homme et libertés fondamentales reconnus, dans leur champ d'application respectif, par le droit de l'Union, le droit international et les conventions internationales auxquelles sont parties l'Union, ou tous les États membres, et notamment la Convention européenne de sauvegarde des droits de l'Homme et des libertés fondamentales, ainsi que par les constitutions des États membres. ». Cette disposition relative au niveau de protection, impose une exigence minimale dans l'interprétation du droit de l'UE. Elle préserve le niveau de protection offert actuellement, dans leurs champs d'application respectifs, par le droit de l'Union, le droit des États membres et le droit international en prescrivant un principe de non-régression.

690 Voy. Décision (2010/48/EC) du Conseil concernant la conclusion par la Communauté européenne (devenue Union européenne) de la Convention des Nations Unies relative aux droits des personnes handicapées conformément à l'article 44 de ladite Convention. Voy. L. BALMOND, « Commentaire sur la Convention sur les droits des personnes handicapées », *R.G.D.I.P*, 2006, vol. 110, n° 4, pp. 929-933.

691 Voy. Doc. CRPD/C/EU/1 du 3 décembre 2014.

des personnes handicapées) qui lui a adressé ses premières *Observations finales*[692]. C'est une bonne nouvelle dans la mesure où l'UE se met dans une position où la Communauté ne pourra faire, dans un futur proche, exemption et devrait plutôt de concert contribuer au travail de tous les organes conventionnels onusiens afin de remplir convenablement et pleinement ses obligations vis-à-vis de la Charte des Nations Unies et des traités des droits de l'homme.

SECTION II/ LE DEGRE DE RECEPTIVITE DE LA PRATIQUE DU CDH DANS LES ORDRES JURIDIQUES NATIONAUX

223. L'affirmation de l'interdépendance des systèmes juridiques et judicaires dans le monde contemporain révèle à la fois le rôle incontestable joué par les juges dans le droit contemporain de plus en plus mondialisé[693]. Sur une telle base, l'idée d'établir qu'il existe bel et bien une relation d'influence de la portée de l'instrument universel et de l'œuvre de son organe de contrôle sur le fonctionnement des autres organes de contrôle qui se sont vu reconnaitre une mission pareille ne saurait être limitée au cadre de nos précédentes analyses. En effet, il ne faut pas oublier que, dans la droite ligne de cette même réflexion, les ordres juridiques nationaux participent à la réalisation des objectifs assignés au CDH en vertu du PIDCP en servant de support de transmission ou d'internalisation de ces standards en droit interne[694]. Puisqu'en tout état de cause, « le juge appartient lui aussi à la société globalisée : il communique et dispose de moyens technologiques pour avoir accès à l'information »[695]. Il faut entendre ici par ordres juridiques nationaux, les juridictions nationales qu'elles soient suprêmes ou non dans les

---

[692] Voy. Doc. CRPD/C/EU/CO/1 du 2 Octobre 2015.

[693] Voy. J. ALLARD, « La « cosmopolitisation » de la justice : entre mondialisation et cosmopolitisme », *Revue de philosophie politique de l'ULg – Dissensus*, décembre 2008, p. 63. Ce même auteur Voy. J. ALLARD et A. GARAPON, *Les juges dans la mondialisation : la nouvelle révolution du droit*, Paris, Seuil, 2005, p. 11. « *les frontières politiques ne bornent plus aussi facilement la circulation du droit* ».

[694] Voy. M. WATERS, « Normativity in the "New" Schools: Assessing the Legitimacy of International Legal Norms Created by Domestic Courts », *Yale Journal of International Law*, January 2007, vol. 32, n° 2, p. 462.

[695] L. HENNEBEL et A.V. WAEYENBERGE, « Réflexions sur le commerce transnational entre juges », *in* I. HACHEZ *et al.* (dirs.), *Les sources du droit revisitées - Normes internes infraconstitutionnelles*, Vol. 2, Presses de l'Université Saint-Louis, Bruxelles, Anthemis, 2013, p. 720.

différents systèmes de droit du monde[696]. Mais il est tout aussi important de signaler que cette réceptivité de la pratique du CDH, son degré de diffusion dans les ordres juridiques internes, dépendra quelques fois de la nature de chaque système – moniste ou dualiste - dans lequel on se trouve. On se limitera à aborder l'influence du CDH sur les juridictions suprêmes nationales (**paragraphe 1**) suivi de la reprise de ses méthodes d'interprétation par les tribunaux internes (**paragraphe 2**).

PARAGRAPHE I/ LA MISE EN LUMIERE D'UNE INFLUENCE DU CDH SUR LES JURIDICTIONS SUPREMES NATIONALES

224. Dans leur entreprise prétorienne, les juridictions suprêmes nationales n'ont pas totalement ignoré le travail des interprètes d'instruments internationaux. La tendance d'ouverture des ordres juridiques internes aux sources externes prouve bien au contraire que certaines d'entre elles sont attentives à ces instruments de protection des droits de l'homme. Dans ce travail, c'est particulièrement le recours aux travaux du CDH pour faire appliquer les droits fondamentaux au niveau interne qui retiendra notre attention. Si l'analyse suivante n'est pas généralisée dans les ordres juridiques de tous les États parties au PIDCP, elle reste intéressante à bien égards et démontre l'intérêt que suscitent les décisions de l'un des interprètes majeurs en DIDH pour ces instances internes dans la construction de leur jurisprudence en faveur des droits humains. S'il faut en effet préciser que ces instances internes sont en réalité les premières responsables de l'application et du respect des instruments internationaux, notons que les effets attendus de ce recours aux sources externes doivent être relativisés et dépendent très souvent de l'État auquel on a affaire. Que ce dernier hérite d'une tradition juridique anglo-saxonne et de plus ne faisant pas partie d'un système juridique régional **(A)**, l'effet ou encore l'importance du lien institutionnel ou jurisprudentiel[697] entre le CDH et l'organe étatique n'est pas le même **(B).**

---

[696] Nous désignons par système de droit ici, le système de droit civil (Romano-germanique) et le système de la *Commonwealth.*

[697] C. CHANET, « Les influences croisées entre les juridictions nationales et les juridictions internationales », *Les Cahiers de droit*, 2010, vol. 51, n° 1, p. 226.

A/ Le CDH dans le rôle d'une Cour supranationale vis-à-vis des requérants de certains États

225. Il est désormais incontestable que la jurisprudence du CDH irradie au-delà des frontières des ensembles régionaux ou systémiques. Cette acception pourrait être vérifiable dans bon nombre d'États non parties[698] aux conventions régionales de protection des droits de l'homme mais parties au PIDCP[699]. Pour parvenir à cette conclusion, rappelons tout d'abord que lorsqu'un État est partie à une organisation continentale ayant vocation à protéger les droits de l'homme et qu'au même moment, celui-ci est lié par des instruments internationaux universels, cette double obligation créée en parallèle une double garantie pour le ressortissant requérant sous la juridiction de l'État en cause. Cette double garantie crée, au profit de l'individu, ce qu'on appelle le *forum shopping*[700] qui, avant tout, lui offre un « marché » judicaire pour ses actions - lui permettant de trouver la procédure la plus avantageuse selon les cas - contre son État. En revanche, si la situation contraire n'offre pas les mêmes avantages pour l'individu, elle n'est pas pour autant dénuée de tout intérêt. En d'autres termes, le fait pour un État de n'être pas membre d'une organisation régionale œuvrant pour cette même cause, ne devrait pas, en soi, être toujours vu d'un mauvais œil. Nous estimons concrètement que le fait pour un État quelconque de n'être pas partie à aucune organisation régionale de protection des droits pourrait en retour faire accroitre le rôle et l'autorité de l'organe universel de protection à l'égard des individus sous la juridiction de cet État.

226. Considérons le cas d'un individu ressortissant d'un système dualiste ayant saisi l'organe international. On conviendrait que le sentiment pour celui-ci de faire condamner l'État par une autorité ou un organe international de contrôle serait plus « impressionnante » que la sentence devant les juridictions locales. Dans un tel contexte, amener le CDH à jouer ce rôle pour ces individus, tend à le placer implicitement dans le rôle d'une pseudo « Cour de justice » supranationale. Cette situation concède d'emblée une forte marge de manœuvre à l'organe universel avec la possibilité pour lui d'étendre son autorité directement dans l'ordre juridique étatique en question où, il devrait normalement jouer un rôle complémentaire. L'observation de la pratique amènerait à conclure à l'instauration d'une forme de « quatrième degré de

---

698 Il s'agit des États n'ayant jamais souscrit à de telles obligations, ou n'en faisant plus parties par l'effet d'une dénonciation.

699 Voy. A. SEIBERT-FOHR, « The UN Human Rights Committee », *in* G. OBERLEITNER (éd.), *International Human Rights Institutions, Tribunals, and Courts*, Singapore, Springer Nature Singapore Pte Ltd, 2018, p. 135.

700 *Supra.* L.R. HELFER, « Forum Shopping for Human Rights », *op. cit.*, p. 289. Voy. aussi, G. GUILLAUME, « Progrès et limite de la Justice internationale », in *La Cour internationale de justice à l'aube du XXIème siècle, Le regard d'un Juge*, Paris, Pedone, 2003, p. 26.

juridiction » ayant une primauté sur les instances nationales. L'étude de cette extension d'autorité directe sur les institutions judiciaires desdits États permet de réaliser jusqu'à quel degré cette situation semble être bénéfique pour la diffusion des droits inscrits dans le PIDCP. Ce constat effectué, il convient de montrer comment elle permet au CDH de distiller son autorité à travers d'abord l'invocabilité régulière de la norme constitutive par le requérant devant le juge national et ensuite par la facilitation d'accès à son prétoire grâce à la confiance développée à son égard.

227. Relevons quelques situations concrètes pour s'en convaincre. Prenons le cas de la Nouvelle-Zélande qui est un État qui a hérité du système juridique dualiste de la *Common Law* impliquant la transposition des normes internationales dans l'ordre interne. Autrement dit, les instruments internationaux de protection des droits auxquels cet État fait partie, doivent, pour leur application effective, être incorporés dans l'ordre juridique interne par le biais d'une nouvelle loi[701]. La norme internationale produirait alors indirectement des effets à travers la législation nationale. Rappelons que la Nouvelle-Zélande est partie au PIDCP depuis 1978 et a ratifié le Protocole facultatif en 1989. Un an après, en 1990, l'État adopte la *New-Zélande Bill of Rights Act* qui est « la Charte néo-zélandaise des droits et des libertés » qui devenait de ce fait l'instrument national ayant incorporé les droits garantis dans le PIDCP[702]. En réalité, cette situation crée une anomalie juridique puisque le PIDCP n'aura donc pas d'effets directs dans l'ordre interne. Les droits substantiels transposés n'auront qu'une valeur législative dans la mesure où la « Charte néo-zélandaise » n'a pas été érigée au rang constitutionnel. Cela sous-entend les éventuelles possibilités de modification avec toutes les conséquences que cela pourrait induire sur le texte législatif[703]. La particularité de la Nouvelle Zélande se révèle aussi dans le fait que le mécanisme issu du système constitutionnel prôné au sein de cet État accorde une faible importance au contrôle juridictionnel interne de la Charte des droits de l'État[704] comme cela se fait dans d'autres États parties au PIDCP ayant en

---

701 Voy. Les commentaires sur le cas particulier du Canada dans ce sens, L. ARBOUR et F. LAFONTAINE, « Beyond self-congratulation: the charter at 25 in an international perspective », *Osgoode hall law journal*, 2007, vol. 45, n° 2, p. 258.

702 A. MAZZEGA, *La protection interne et internationale des droits de l'homme en Nouvelle-Zélande*, Mémoire de fin d'étude, Lyon, Université Lyon 2, IEP de Lyon, 2004, p. 13, disponible sur http://doc.sciencespo-lyon.fr/Ressources/Documents/Etudiants/Memoires/Cyberdocs/MFE2004/mazzega_a/pdf/mazzega_a.pdf.

703 Voy. CDH, *Observations finales* du 28 avril 2016 Nouvelle-Zélande, Doc. (CCPR/C/NZL/QPR/6), spéc. § 9.

704 Voy. A. KAVANAGH, « What's so weak about "weak-form review"? The case of the UK Human Rights Act 1998 », *International Journal of Constitutional Law*, October 2015, vol. 13,

héritage commun le système juridique anglo-saxon caractérisé par la souveraineté parlementaire[705]. Il reste néanmoins que l'image renvoyée par le système de protection de l'État reste intéressante en ce qu'elle accorde une place prépondérante à la mission du CDH. En témoigne le comportement des ressortissants présumés victimes de la violation de leur droits consacrés dans le PIDCP, avec l'idée de ne pas laisser de telles présomptions de violation perdurer, ce qui cultiverait indirectement l'impunité, les requérants sont enclins à se prévaloir des droits qu'ils détiennent du Protocole facultatif annexé au PIDCP. Ils vont donc saisir directement le CDH pour réclamer le respect de leurs droits fondamentaux par l'État sans l'entremise d'un autre organe supranational[706].

228. Une situation similaire apparait également en Finlande où, le PIDCP est incorporé dans le droit interne par une loi en l'absence de tout mécanisme juridictionnel de vérification de son application. De ce fait, la jouissance effective des droits substantiels contenus dans le PIDCP par tout individu relevant de la juridiction de l'État se trouve limitée dans les faits. Il est de toute évidence utile de soulever quelques cas justificatifs. Dans une décision fort ancienne mais particulièrement intéressante (*Erkki Hartikainen c/ Finlande*[707]), l'État défendeur dans ses observations sur la recevabilité de la requête, a confirmé l'argument de l'indisponibilité d'un recours utile dont faisait état le requérant dans l'ordre interne. Du fait de cette réaction de l'État, il ne serait pas excessif pour le CDH de se sentir investi d'une telle mission juridictionnelle l'obligeant, à se pencher sur le cas individuel si l'examen des autres critères de recevabilité se révèle satisfaisant.

229. Il est d'ailleurs possible de souligner un autre élément sur la base d'une simple observation. En effet, il va de soi que le taux de saisine et le nombres de décisions rendues par le CDH sur la base des communications individuelles (toute catégorie confondue) varie d'un État à autre. Mais il sied de noter que certains États ont battu le record. C'est le cas de certains États

---

n° 4, pp. 1008-1039. ; A. MAZZEGA, *La protection interne et Internationale des droits de l'homme en Nouvelle-Zélande*, *op. cit.*, p. 16.

705 Nous songeons par-là, spécialement à la pratique au Canada et en Australie.

706 Voy. M. SCHEININ, « Domestic implementation of Human rights treaties: Nordic et Baltic expériences », in *The Future of UN Human Rights Treaty Monitoring*, Cambridge ; New York, Cambridge University Press, 2000, p. 230. ; A. MAZZEGA, *La protection interne et internationale des droits de l'homme en Nouvelle-Zélande*, *op. cit.*, p. 17.

707 CDH, *Erkki Hartikainen c/ Finlande*, 1981, comm n° 40/1978, § 5 et 6. Voir de même CDH, *Leo Hertzberg* c/ *Finlande*, comm n° R.14/61, dont le paragraphe 4 est reproduit ainsi: « By a note dated 9 June 19HU, the state party, while rejecting the allegation that the Government of Finland was in breach of article 19 of the Covenant, confirmed that there were no further domestics remedies available to the alleged victims in the sense of article 5 (2) (b) of the Optional Protocol ». Ajoutons qu'une autre décision récente de 2019 toujours contre le même État semble aller dans le sens. CDH, *Klemetti Käkkäläjärvi et al c/ Finlande*, 2019, comm. n° 2950/2017.

asiatiques qui ne sont parties d'aucun système communautaire ou régional ou sont membres d'un système dont les mécanismes n'ont pas encore atteint un niveau d'opérationnalisation avancé[708]. Le même constat est applicable à certains États africains n'ayant pas non seulement reconnu la compétence de la Cour ADHP mais ne faisant pas parties non plus d'un système communautaire[709]. L'impact de la situation telle que soulignée est important. Elle démontre la prégnance de l'autorité du CDH dans l'ordre juridique interne de ces États et de la place déterminante qu'il occupe pour les personnes sous la juridiction de ces États dans la protection de leurs droits. Le cas Canadien est aussi ressemblant. L'État Canadien n'est pas membre du système juridictionnel de protection interaméricain des droits de l'homme. Dans ce contexte, le requérant n'aura d'autre choix que de s'adresser au CDH ou à la Comm. IADH s'il compte formuler une demande en contestation de la décision de la Cour suprême pour violation de ses droits et libertés fondamentaux devant un organe international de contrôle[710].

---

[708] Voy. à titre illustratif le cas du Népal. CDH, *Bholi Pharaka c/ Népal*, 15 juillet 2019, comm. n° 2773/2016. Cette décision attire particulièrement notre attention sur deux points : dans un premier temps, le requérant reconnait n'avoir pas interjeté appel de la décision devant la Cour suprême sous prétexte que sa « situation économique et financière » ne lui permettait pas cela. Ce qui est relativement contraire à la politique jurisprudentielle du CDH qui exige habituellement que l'ineffectivité ou l'inefficacité des recours internes disponibles ne devrait pas être présumée. Celui-ci a saisi directement le CDH au motif que ses demandes parallèles sollicitant la constatation de la violation de ses droits devant la Cour suprême n'ont pas été enregistrées. Néanmoins, le CDH a fait droit à sa demande simplement sur la base de sa situation financière et du fait qu'il était un enfant au moment des faits. Dans le cas contraire, la demande aurait pu être rejetée. Dans un second temps, dans les mesures de réparation du dommage subi, l'auteur a demandé formellement les excuses publiques de la part de l'État Népalais. Cette demande d'excuses appelle à s'interroger sur sa portée. Il faut comprendre d'emblée la place du CDH ainsi que son rôle pour ce requérant. « Les excuses publiques » bien qu'étant symbolique au regard des dommages subis, lui suffisait largement comme mesure de réparation inhérente au rétablissement de sa dignité au regard des circonstances de l'affaire. Les considérations pécuniaires comme retombées résultant de la reconnaissance de la défaillance de l'État à protéger ses droits fondamentaux n'étaient pas forcément une finalité de sa requête devant le CDH mais la simple reconnaissance de la violation. Ce qui sous-entend qu'un recours devant un organe tiers international était vraiment nécessaire pour celui-ci peu importe la nature juridique de cet organe. Voy. Annexe les *Opinions partiellement dissidentes* des experts suivants sur ladite jurisprudence : T. M. ABDO ROCHOLL, A. BULKAN, H. QUEADA CABRERA et H. TIGROUDJA

[709] Nous songeons par là au cas de l'Algérie.

[710] Nous avons dénombré pour le Canada et sans prétendre à l'exhaustivité et sans compter les affaires pendantes, presque 200 décisions rendues par le CDH à l'encontre de l'Etat Canadien. Faire la moyenne en partant de 2000 décisions rendues par le CDH actuellement contre 116 Etats parties au Protocole facultatif, cela revient à 11.6% de décisions rendues pour toutes les personnes sous la juridiction de cet Etat. Quoiqu'il faudrait tenir compte d'autres éléments dans l'évaluation de cet effet du CDH sur ces individus sous la juridiction de cet Etat tels que la date de ratification ou encore le nombre d'habitants, il faut reconnaitre tout de même que ce taux est important en ce qu'il témoigne le rôle central de l'interprète universel dans la protection des

230. Dans de telles circonstances, il convient de reconnaitre que le CDH se retrouve implicitement dans le rôle d'un organe juridictionnel supranational de contrôle de la conformité des lois à l'égard du PIDCP créant donc la proximité entre lui et les présumés victimes de violations relevant de la juridiction de l'État partie. À l'analyse, on remarque d'ailleurs qu'il se prête à cet exercice également dans le cadre de l'examen des rapports périodiques de l'État, où il s'est à maintes reprises inquiété de l'incompatibilité de certaines lois contraires à la Charte des droits de l'État partie. En se comportant ainsi, le CDH devenait en quelque sorte le garant suprême et une instance jouant un rôle prépondérant dans la protection des droits individuels dans ces États parties au PIDCP.

B/ L'impact de l'œuvre du CDH sur les juridictions suprêmes nationales

231. Sans considération de système juridique, certaines juridictions suprêmes étatiques[711] à travers le globe témoignent un attachement fort aux organes internationaux de protection des droits. L'expression de cette volonté montre clairement leur contribution à l'application internationale des droits de l'homme via la réception qu'elles offrent à des décisions des organes internationaux de protection des droits de l'homme. Cette résonance indirecte desdites décisions devant ces instances suprêmes nationales participe indirectement au renforcement de la protection des droits des individus sur le territoire de l'État en question[712]. Il est donc intéressant de souligner comment elles donnent un écho favorable aux décisions extérieures des organes spécialisés parmi lesquels évidemment le CDH dans l'ordre juridique interne des États. Cette tendance à se conformer aux décisions des organes internationaux se justifierait par la volonté manifeste de ces instances suprêmes internes de protéger les droits fondamentaux dans le strict respect

droits fondamentaux en faveur de ces individus. Un taux relativement pareil est observable au regard des ressortissants d'autres Etats parties tel que la Jamaïque.

[711] Par Cours suprêmes, ici, nous entendons désigner les juridictions des États membres hissées au sommet de l'ordonnancement juridique statuant en premier et dernier ressort dans une affaire portée devant elles, ou carrément en dernier ressort. Il pourrait bien s'agir par exemple si nous prenons le cas de la France, de la Cour de cassation, du Conseil d'État, ou encore de la Cour Constitutionnel. Cette analyse n'entend pas se verser dans le débat doctrinal relatif à la qualité de juridiction d'une Cour constitutionnelle.

[712] On note par exemple que certaines instances suprêmes vont jusqu'à imposer l'application des décisions d'un organe de traité comme par exemple ce fut le cas du Tribunal suprême espagnole se démarquant du lot récemment dans sa décision, Tribunal suprême, 17 juillet 2018, n°1263/2018 exigeant l'application des constations du Comité pour l'élimination des discriminations à l'égard des femmes. Voy. dans ce sens, V. C. GUTIEREZ ESPADA, « La aplicación en España de los dictámenes de comités interna-cionales : la STS 1263/2018, un importante punto de inflexión », *Cuadernos de derecho transnacional*, Vol.10, n° 2, Oct. 2018, p. 836-851.

de l'esprit et la lettre du droit international afin non seulement de se convaincre de la légitimité et du bien-fondé de la décision prise mais aussi de renvoyer une forte image de leur notoriété sur la scène internationale.

232. Pour illustrer nos propos, un cas de la Cour suprême de la Lettonie interpelle particulièrement notre attention. En effet, dans une affaire (*Leonīd Raihman c/ Lettonie)* relative à l'immixtion arbitraire de l'État Letton dans les langues minoritaires, le CDH avait reconnu que la distorsion du nom de famille du requérant dans les documents administratifs sans son consentement préalable, constituait une violation disproportionnée du droit à la vie privée de celui-ci conformément à l'article 17 du PIDCP[713]. La Cour suprême saisie d'une demande de révision judicaire postérieurement à la décision du CDH[714], reconnut le droit du demandeur d'engager une procédure administrative sur la base des nouvelles circonstances devant le Centre de la langue officielle. La décision du CDH est donc considérée ici comme « un élément nouveau » parce que couvert par le point 6 de l'article 353 de la loi sur la procédure administrative qui permet, dans un délai de trois mois à partir de la constatation « des éléments nouveaux », l'introduction d'une demande en réexamen d'une décision antérieure. Après cette décision du CDH favorable aux minorités linguistiques, qui a impacté celle de la Cour suprême, celle-ci s'est une fois encore prononcée la même année dans une affaire très similaire portant sur le nom d'un jeune garçon « Otto ». La Cour suprême se prononça en faveur des requérants contrairement à l'avis des autorités de l'État qui estimaient que le nom devait être écrit avec une seule lettre « t »[715]. Quoique la décision du CDH fut sévèrement critiquée à la suite par le gouvernement, on pourrait conclure de sa bonne réception en tenant compte de l'impact qu'elle a eu dans le dénouement progressif de cette situation lorsqu'on sait surtout que la loi, à l'origine du litige, a eu à faire entre-temps l'objet d'une décision de la Cour constitutionnelle Lettone qui avait confirmé sa constitutionnalité dans une décision du 21 décembre 2001.

233. À travers une politique jurisprudentielle active et créative, le juge Constitutionnel Béninois participe également à ce mouvement de reconnaissance de la jurisprudence du CDH. En filigrane, il fait une application du PIDCP et des *Observations* du CDH dans le renforcement de sa jurisprudence portant sur les droits fondamentaux[716]. C'est également le cas de la Cour constitutionnelle Sud-africaine réputée sur le continent pour être

---

[713] CDH, *Leonīd Raihman c/ Lettonie*, 2010, comm. n°1621/2007.

[714] Voy. Cour suprême Lettone, décision Nr. SJA-8/2011 de refus d'accorder une révision judiciaire.

[715] Voy. Cour Suprême Lettone, décision dans l'affaire SKA-890/2010.

[716] Voy. dans ce sens. J.F. AÏVO, « Contribution à l'étude de la garantie juridictionnelle des droits fondamentaux. Retour sur vingt ans de jurisprudence constitutionnelle (trop active) au Bénin », *Afrilex, revue électronique de l'Université de Bordeaux*, mai 2016, p. 23.

toujours encline à opter pour une telle pratique en raison de l'autorisation expresse que lui accorde la Constitution Sud-africaine de pouvoir s'inspirer de la pratique internationale dans l'interprétation de leur Charte des droits interne[717]. C'est donc à bon droit qu'elle se soit intéressée à recourir à la célèbre jurisprudence du CDH, *Toonen c/ Australie*[718] pour régler les problèmes des minorités sexuelles sur leur territoire[719]. Bien d'autres cas sont à souligner dans la jurisprudence de différentes Cours suprêmes. L'affaire *Charkaoui c/ Canada* de 2005 en est un. La Cour fédérale a invoqué une jurisprudence du CDH rendue contre le Canada mettant en cause les dispositions de la *Loi sur l'immigration et la protection des réfugiés* afin de la purger définitivement des dispositions contraires aux normes du PIDCP. C'est dans le même sens que la Cour suprême Argentine dans une affaire relative à l'extradition d'un ressortissant Italien[720], rend un bel hommage à la jurisprudence (CDH, *Kindler c/ Canada)*[721]. Notons de surcroit qu'en 2008 et 2013 successivement sur des questions où la rupture d'égalité était patente s'agissant de la distinction abusive entre un enfant légitime et celui né hors du mariage, il est important de savoir que la Cour suprême du Japon s'est fondée dans sa décision de 2013 sur les actes adoptés par le CDH et le Comité pour les droits des enfants. Dans la seconde décision relative au droit à la nationalité d'un enfant, la même juridiction avait considéré que la disposition législative qui n'octroie la nationalité qu'à l'enfant légitime c'est-à-dire celui issu d'un mariage, était contraire à l'article 24 du PIDCP et à l'article 7 de la Convention relative aux droits des enfants disposant que chaque enfant doit être protégé contre toute discrimination quant à sa naissance[722].

234. Les cas susmentionnés sont révélateurs et démontrent que l'activité du CDH produit des impacts significatifs dans l'ordre juridique de certains États parties sans que ces organes étatiques, contributeurs à ce rayonnement, ne s'attardent sur le formalisme c'est-à-dire sur la nature juridique que les

---

[717] Voy. J. DUGARD, « The role of human rights treaty standards in domestics law: the southern African experience », *in* P. ALSTON et J. CRAWFORD (dirs.), *The Future of UN Human Rights Treaty Monitoring*, Cambridge; New York, Cambridge University Press, 2000, p. 277.

[718] CDH, *Toonen c/ Australie*, 1994, comm n° 488/1992, *op. cit.*

[719] Voy. la décision *National Coalition for Gay and Lesbian Equality v. Minister of Justice*, Case no CCT 11/98, [1998] Z.A.C.C. 15, 1999 (1) S.A. 6, 1998 (12) B.C.L.R. 1517 (S. Afr. Const. Ct.).

[720] Voy. *Nardelli, Pietro Antonio s/ extradición, affaire* n°1.XXXI, 5-11-1996 (Corte Suprema de Justicia de la Nación – República Argentina).

[721] CDH, *Kindler c/ Canada*, 1993, *op. cit.*

[722] Voy. Doc. CCPR/C/JPN/Q/6/Add.1 relatif aux Réponses du Japon à la liste de points concernant le sixième rapport périodique du 6 mars 2014, § 3, 4, et 5.

États ont bien voulu lui conférer[723]. Nous considérons que cette pratique n'est pas chose anodine, bien au contraire, elle doit être encouragée à l'échelle des autres États et servir d'outils en droit interne tant sa portée favoriserait une meilleure protection des droits fondamentaux.

PARAGRAPHE II / LA JURISPRUDENCE DU CDH REPRISE PAR LES TRIBUNAUX INTERNES

235. La question de la circulation des méthodes d'interprétation et de jurisprudences extérieures d'un ordre juridique à un autre ne date pas d'aujourd'hui. C'est dans cette même optique que le « rendu » du CDH, contrairement aux apparences, sert d'outils d'appui également dans le droit interne des États et devant les tribunaux spécifiquement. Les juges du fonds dans certains États démontrent une attention particulière à l'égard des instruments internationaux de protection des droits de l'homme ainsi que des actes des autorités de contrôles desdits instruments trouvant bien l'équilibre entre les implications tenant à la souveraineté des États et la nécessaire prise en compte des obligations internationales de l'État. Notre analyse sera organisée autour de la pratique des tribunaux ordinaires de l'ordre juridique interne **(A)** et des tribunaux spéciaux du même ordre juridique **(B).**

A/ L'exploitation de la pratique du CDH par les tribunaux ordinaires

236. Cette question invite à traiter du statut de la production ou des actes du CDH au sein des tribunaux ordinaires[724]. Dans la pratique interne, les tribunaux qui sont ici les instances du fond, ne sont pas restés en marge d'un tel processus étant donné qu'ils sont en réalité les juges communs de l'application du PIDCP devant lesquels l'individu pourrait bien invoquer la violation de son droit protégé par cet instrument. Force est d'admettre que la pratique n'est pas chose fréquente et cela dépendrait bien des systèmes de

---

723Voy. E. ALKEMA, « Netherlands », *in* D. SHELTON (éd.), *International law and domestic legal systems: Incorporation, Transformation, and Persuasion*, Oxford, Oxford University Press, 2011, p. 416.

724 A. NOLLKAEMPER et R. ALEBEEK, « The Legal Status of Decisions by Human Rights Treaty Bodies in National Law », *in* H. KELLER et G. ULFSTEIN (éds.), *On Human Right Treaty Bodies*, Amsterdam Center for International Law Research Paper No. 2011-02, s.l., Cambridge University Press, 21 Avril 2011, 80 p, disponible sur http://ssrn.com/abstract=1817532. De manière plus Générale: J.H. JACKSON, « Status of Treaties in Domestic Legal Systems: A Policy Analysis », *The American Journal of International Law*, Avril 1992, n° 2, pp. 310-340.

droits ou de l'ordonnancement juridique des États. Cela n'empêche pas pour autant de tomber sur des cas illustratifs très révélateurs.

237. Au-delà de ce qui vient d'être souligné plus haut avec les juridictions suprêmes, il est à noter que le phénomène reste de mise devant les tribunaux ordinaires. En effet la contribution des tribunaux internes particulièrement japonais dans l'application des actes des organes conventionnels de protection des droits de l'homme en droit interne pourrait susciter *a priori* une curiosité. Effectivement à une époque ancienne, les juridictions japonaises ont d'emblée rejeté à maintes reprises toutes demandes formulées devant elles fondées sur des textes internationaux ayant simplement une valeur déclaratoire en les considérant comme n'ayant pas juridiquement d'autorité sur le droit interne de l'État[725]. Mais il faut noter que durant les récentes décennies une amélioration du degré de réceptivité des instruments internationaux relatifs aux droits de l'homme est observée. Une des décisions de référence très commentée à l'interne puis à l'international fut celle de la Cour d'appel de Tokyo de 1993[726] qui concluait au caractère discriminatoire de l'article 900 du Code civil japonais et contraire à la Constitution de l'État pour méconnaissance des droits devant être reconnus à un enfant né hors mariage[727]. Le juge de cette Cour dans l'interprétation de la disposition législative litigieuse avait trouvé très utile de se baser sur l'*Observation générale* n°17 du CDH. C'est également la solution adoptée par ce dernier sur la base de l'article 26 du PIDCP dans l'affaire *Gueye c/ France*[728] portée par d'anciens combattants sénégalais ayant combattu pour la France, qui servira de base juridique pour faciliter le règlement de questions analogues des mesures de pensions en faveur des Coréens qui ont combattu au nom du Japon lors de la deuxième guerre mondiale[729]. D'ailleurs, la particularité dans cette affaire tient au fait que la législation sur la pension de l'État était en totale

---

[725] Y. IWASAWA, « The domestic impact of international human rights standards: The Japanese Experience », *in* P. ALSTON et J. CRAWFORD (dirs.), *The Future of UN Human Rights Treaty Monitoring*, Cambridge ; New York, Cambridge University Press, 2000, p. 250.

[726] Jugement, du 23 juin 1993, Cour d'appel de Tokyo, *Kuminsho,* voir également Jugement du 30 novembre 1994, Cour d'appel de Tokyo, *Hanrei Jiho. ;* Voy. aussi M. UENO, « Multiplication des garanties et juges dans la protection des droits fondamentaux : coexistence ou conflits entre les systèmes constitutionnels, internationaux et régionaux ? Evolution d'une décennie : Japon », *Annuaire international de justice constitutionnelle*, 2014, vol. 29, n° 2013, pp. 341-348.

[727] Y. IWASAWA, « The domestic impact of international human rights standards : The Japanese Experience », *op. cit.*, p. 262. ; K. TERAYA, « Implementation of International Human Rights by Japanese Courts », *in* S. KADELBACH, T. RENSMANN et E. RIETER (éds.), *Judging International Human Rights, Courts of General Jurisdiction as Human Rights Courts*, Cham, Switzerland, Springer International Publishing, 2019, p. 526.

[728] CDH, *Gueye c/ France*, 1989, comm. 16/1985, *op. cit.*

[729] Jugement du 15 juillet 1994, Tribunal du district de Tokyo, *Hanrai Jiho.*

opposition à la pratique du CDH[730]. Les exemples peuvent être multipliés devant les tribunaux d'autres pays[731]. Bien qu'il existe dans le même contexte des décisions des juridictions japonaises écartant les traités internationaux, ceux n'ayant pas d'effets directs dans l'ordre interne[732], notamment le cas des droits socio-économiques[733], il est tout de même notable à partir de cette analyse que les tribunaux japonais, alors même que l'État partie n'ait pas ratifié le premier Protocole facultatif, effectuent un travail intéressant relatif à l'application des traités internationaux en matière de droits de l'homme. Ils sont souvent invités à le faire lorsque le requérant fonde la majorité de ses moyens, en rapport avec les droits fondamentaux, sur ces instruments internationaux en prenant en considération les suggestions formulées par les organes de contrôle de ces instruments.

238. Cette exploitation de la pratique du CDH ou de tout autre organe international chargé de la protection des droits devant les tribunaux est aussi observée sur le continent africain. S'il faut noter que bon nombre d'États africains ont incorporé ces textes internationaux directement dans leurs constitutions[734], on remarque néanmoins que cette habitude pour les tribunaux à recourir, pour toutes fins utiles, aux juridictions internationales dans l'interprétation des textes de protection des droits internes est beaucoup plus ancrée dans la pratique des États sud-africains notamment la Namibie, Zimbabwe et de l'Afrique du Sud mis en exergue par J. DUGARD dans son article[735].

B/ L'exploitation par les Tribunaux internes spécialisés des actes du CDH

239. Le CDH, eu égard à ses audaces prétoriennes a pu imposer sa technique interprétative formulée devant les juridictions internes spécialisées sur des questions de droits fondamentaux. C'est le cas par exemple Tribunal des droits de la personne du Québec ci-après (TDPQ). Ce tribunal a

---

730 Voy. S. HAE BONG, « Japan », *in* D. SHELTON (éd.), *International law and domestic legal systems: Incorporation, Transformation, and Persuasion*, Oxford, Oxford University Press, 2011, p. 370.

731 Voy aussi New Zealand, Court of Appeal, Nicholls v. Registrar of the Court of Appeal, 4 May 1998, [1998] 2 NZLR 385, 405.

732 Y. IWASAWA, « The domestic impact of international human rights standards: The Japanese Experience », *op. cit.*, p. 266.

733 S. HAE BONG, « Japan », *op. cit.*, p. 370.

734 S.N. TALL, « Les références au droit international public dans les Constitutions africaines francophones : exemples du Benin, du Sénégal et du Togo », *in* D. KOKOROKO *et al.* (dirs.), *La Démocratie en question(s), Mélanges en l'honneur du Professeur Théodore HOLO*, Toulouse, PUTC, 2017, pp. 121-130.

735 J. DUGARD, « The role of human rights treaty standards in domestics law: The Southern african Experience », *op. cit.*

compétence, en première instance, pour connaitre de litiges relatifs à la discrimination et au harcèlement illicites fondés sur différents motifs interdits par la Charte des droits et libertés de la personne. La spécialisation de ses fonctions visant à appliquer la Charte des droits et des libertés l'amène à suivre de près les institutions internationales parentes opérant dans le même champ matériel auxquelles le Canada est partie. Il importe dans le cadre de notre analyse de s'intéresser à la pratique judiciaire de cette juridiction spécialisée. L'étude de la jurisprudence du TDPQ démontre que, afin d'assurer l'effectivité des droits, l'interprétation du PIDCP qu'a pu donner le CDH a bien été au service du TDPQ dans le règlement des contentieux. Ce faisant, l'impact des décisions du CDH en droit interne Canadien reste non négligeable[736].

240. Dans une affaire de discrimination pour motif d'orientation sexuelle (Commission *des droits de la personne c/ Bronzage évasion),*[737] le Tribunal, dans la mobilisation du droit applicable au litige, rappelle les solutions d'un arrêt de la Cour suprême ayant retracé les motifs pouvant faire l'objet d'une discrimination basée sur l'orientation sexuelle avant de considérer que la décision en question de ladite Cour n'est pas différente de la décision du CDH de 1994 « *Toonen c/ Australie* ». On comprendra que l'invocation de la décision du CDH vient apporter un poids nécessaire à son prononcé en renforçant le droit protégé parce que la décision importé – CDH - a couvert le juge d'une légitimité. Le TDPQ fait dans cet élan une interprétation harmonieuse de la Charte des droits et des libertés et du PIDCP pour dégager les solutions juridiques applicables au cas.

---

[736] P. MERETTE et F. SABOURIN, « Les mécanismes de plaintes individuelles au Comité des droits de l'homme de l'ONU », in *L'État Conférence des juristes*, 2009, p. 529. Voy. sur les développements devant le Tribunal sur le droit à un recours effectif. S. GAGNON, « La saisine individuelle du Tribunal des droits de la personne : un recours utile et effectif », *R.Q.D.I*, 2001, vol. 14, n° 2, pp. 189-206.

[737] TDPQ, *Commission des droits de la personne c/ Bronzage évasion,* le 4 juin 2007, § 23. ; TDPQ, *Commission des droits de la personne et des droits de la jeunesse c. Laval* (Ville de), le 22 septembre 2006 ; TDPQ, *Commission des droits de la personne et des droits de la jeunesse c/ Remorquage Sud-Ouest* (9148-7314 Québec inc.), 2010 ; Voy. P. KLEIN et P. BOSSET, « Chronique de jurisprudence canadienne et québécoise sur le droit international public 2010 », *R.Q.D.I*, 2011, pp. 34-35.

Conclusion :
2ème Titre, 1ère Partie

241. Il faut reconnaitre tout de suite que la légitimité du CDH à l'égard des Etats parties est partiellement tributaire de la conformité de son interprétation à la volonté de ces derniers[738]. Cependant, étant donné qu'une telle logique risque de compromettre les ambitions protectrices de l'interprète universel, elle le conduit à adopter des techniques et méthodes d'interprétations quelques peu différentes de ce à quoi pourraient s'attendre les Etats parties. Il faudrait dès lors noter que la reconnaissance de son œuvre par des organes de contrôle tiers en matière de protection des droits, qui à leur tour l'appliquerait à ces mêmes Etats, est le résultat ou un facteur de reconquête de sa légitimité. On notera dans ce titre que ce processus de légitimation par d'autres organes de contrôle tel qu'il est observé ici, a contribué significativement au rayonnement du CDH auprès de ces organes de contrôle tels que les juridictions régionales, les systèmes de protection internationale et même dans l'ordre juridique interne des États. Cette capacité du CDH à influer par son travail sur l'activité protectrice d'autres organes internationaux et nationaux de règlement de différends n'est pas sans répercussion sur le rôle important qu'il joue dans l'architecture de la protection internationale des droits de l'homme. Un tel phénomène a sans nul doute accru son autorité interprétative - et non législative (*the ability to make the rules*) qu'elle n'en a assurément pas et qui relève d'ailleurs de la compétence des Etats[739] - et par là même sa légitimité qu'il peut exploiter afin d'amener les destinataires à accepter de se conformer aisément à ses *constatations,* aux normes qu'il produit[740]. Les organes tiers, de toutes les catégories confondues dont nous avons fait état dans ce titre, participent ainsi indirectement au renforcement de sa légitimité internationale. Ainsi qu'il est souligné, cette participation a, à bien des égards, des effets

---

[738] G. ULFSTEIN, « The Human Rights Treaty Bodies and Legitimacy Challenges », *in* N. GROSSMAN *et al.* (éds.), *Legitimacy and International Courts*, Cambridge, Cambridge University Press, 2018, p. 290.

[739] S.N. RODLEY, « The International Court of Justice and Human Rights Treaty Bodies », *op. cit.*, p. 88.

[740] S. WHEATLEY, « Introduction to Human Rights Institutions : Legitimacy and Authority », *op. cit.*, p. 11. « *Where the position of the Treaty bodies is not accepted by the states parties, there remains the possibility it will influence the interpretive community of human rights lawyers and scholars working on and with the treaty .»* *Ibid.*, p. 3. ; S. GHANDHI, « Human Rights and the International Court of Justice The Ahmadou Sadio Diallo Case », *op. cit.*, p. 534.; K. MECHLEM, « Treaty bodies and the interpretation of human rights. », *Vanderbilt Journal of Transnational Law*, 2009, vol. 42, pp. 905-947.

positifs au regard des États, qui considéreront l'organe universel comme étant cohérent et à même d'assurer sa mission de façon adéquate pour avoir réussi à imposer son autorité aux tiers. Il va de soi qu'une telle perception les amènerait à prendre au sérieux la mise en œuvre des décisions qui seront rendues par le CDH à leur encontre[741]. D'autant plus que ces organes tiers impliqués dans ce processus instaurent de façon informelle un équilibre des forces entre les décisions indifféremment à leur statut juridique. Toutefois, ce regain d'intérêt pour le CDH ne saurait être observé uniquement au niveau des États parties. Il conforte dans le même temps les victimes en leur donnant confiance dans la possibilité de diriger leur action internationale contre les États devant l'office du CDH. Dès lors, on est en présence d'un organe universel qui a vu son degré de légitimité accru, mobilisant toutes les qualités nécessaires, grâce aux avis positifs venant de l'extérieur, afin de pouvoir s'acquitter efficacement de ses fonctions et de recommander aux États parties les mesures idoines à prendre pour remédier aux actes illicites.

---

[741] G. ULFSTEIN, « The Human Rights Treaty Bodies and Legitimacy Challenges », *op. cit.*, p. 293.

Conclusion :
1ère Partie

242. Le phénomène de contestation de la légitimité d'un organe de contrôle - juge, autorité, instance de contrôle ou tout interprète habilité à dire le droit – ou de remise en cause de l'effectivité de sa mission ou de son mandat quel que soit l'ordre juridique, n'a jamais cessé d'être à l'ordre du jour. Il en faudrait peu pour que l'organe de contrôle en cause en fasse l'objet. Il suffirait, pour s'en convaincre, qu'une décision prise par l'organe en cause heurte la sensibilité du sujet de droit ou le destinataire à l'encontre duquel cette dernière est prise ou qu'il prenne une liberté interprétative pour tenter de s'émanciper de la règle de droit[742]. En droit international, il va de soi que la tension est permanente entre celui qui est appelé à dire le droit – *Decision maker* - et celui qui fait ou crée le droit - *Law maker* - sachant que ce dernier n'a eu de cesse de remettre en cause la légitimité et/ou l'effectivité de celui qui dit le droit[743] - selon que l'on se place dans tel ou tel ordre juridique, les destinataires, bénéficiaires ou le créateur du droit diffèrent. Au regard du DIDH, ce phénomène n'est évidemment pas moins posé. Comme bien d'autres organes de protection des droits de l'homme, il touche la vie du CDH. Les interrogations le concernant n'ont cessé d'être des sujets d'actualité. Elles sont aussi une raison ayant conduit à cette étude. Pour lui avoir conféré des compétences de façon parcimonieuse, les États annonçaient une mission délicate pour l'interprète universel au regard de la texture et les prescriptions normatives du PIDCP.

243. Dans cette partie de notre étude, il a été question d'apporter quelques démentis ou des éclaircissements sur l'image réductrice véhiculée de façon grandissante dans l'opinion publique internationale à l'encontre de l'un des acteurs internationaux ayant réussi au fil des décennies à imposer sa notoriété dans l'architecture institutionnelle de la protection internationale des droits de

---

742 I. CLARK, « Legitimacy in a Global Order », *Review of International Studies*, 2004, p. 75.; N. GROSSMAN, « The Normative Legitimacy of International Courts », *op. cit.*, p. 64. ; J.K. SCHAFFER, A. FOLLESDAL et G. ULFSTEIN (éds.), « International human rights and the challenge of legitimacy », *in* J.K. SCHAFFER, A. FOLLESDAL et G. ULFSTEIN (éds.), *The Legitimacy of International Human Rights Regimes: Legal, Political and Philosophical Perspectives*, Cambridge, Cambridge University Press, 2014, pp. 12-13.

743 Voy. F. COUVEINHES-MATSUMOTO, « Les politiques des États à l'égard des juridictions internationales : ni pour, ni contre, bien au contraire », *in* F. COUVEINHES-MATSUMOTO et R. NOLLEZ-GOLBACH (dirs.), *Les États face aux juridictions internationales : une analyse des politiques relatives aux juges internationaux*, Paris, Pedone, 2019, p. 6. ; SANDHOLTZ W. et WHYTOCK (eds.), « The politics of International Law » in *Research Handbook on the Politics of International Law,* Cheltenham, UK, Edward Elgar Publishing, 2017, p. 6.

l'homme. Ainsi, il est intéressant de noter que, voulant se départir ou refusant de s'assimiler « au plus clinquant des oripeaux », tel qu'imaginé par le Professeur C. SANTULLI[744], les résultats de nos réflexions dans la présente partie ne peuvent que conclure ou confirmer les orientations très calculées du CDH en vue de poursuivre sa quête de légitimité et d'effectivité aux yeux de ses créateurs et des bénéficiaires de sa mission. Dans cette perspective, la recherche de l'effectivité a bien été le fer de lance de sa mission, une de ses préoccupations à travers sa force de mobilisation et de développement des techniques exécutives et du suivi de ses travaux. On prendra à témoin sa notoriété et son rôle manifestés à travers les différents ordres et systèmes juridiques lesquels – les effets produits à leur égard -, en retour, ont contribué a augmenté sa légitimité bien que l'on observe, encore plus loin dans cette même étude, l'attachement de l'organe à la construction d'une légitimité fonctionnelle plus renforcée[745]. Par ailleurs, dans la théorie de la socialisation des comportements étatiques, la coercition n'est bien attendue pas l'unique mécanisme d'influence du comportement de ces derniers[746]. En d'autres termes, seule la contrainte légale ne pourrait amener les États à se conformer aux normes produites par les acteurs à leur encontre. Les mécanismes de persuasion et d'acculturation ont bien leur place. Pour ainsi dire, la quête de l'effectivité de sa mission par le CDH ne devrait pas consubstantiellement être liée à l'usage de la contrainte sur l'État - elle fait défaut formellement ici – son absence préfigurant l'échec total de l'organe à atteindre ses objectifs comme cela peut sembler paraitre ici et là[747]. Cet idéal, et comme nous avons eu à le démontrer ici, pourrait être poursuivi et atteint par d'autres mécanismes ou moyens tels que la persuasion mais aussi l'acculturation[748].

244. Tel qu'annoncé depuis l'introduction, suivant nos analyses développées dans cette première partie, il sera question dans la deuxième partie de cette étude de s'intéresser à l'attitude du CDH dans sa construction non seulement d'une nouvelle légitimité fonctionnelle mais aussi à toutes autres alternatives ou mécanismes visant à rendre plus efficace et effective la protection des droits de l'homme dans le système universel de protection des

---

[744] C. SANTULLI, « L'obligation d'exécuter les décisions juridictionnelles internationales », *R.G.D.I.P*, 2017, n° 3, p. 563. Dans le même sens réducteur, W. COLE, « Individuals v states: the correlates of Human Rights Committee rulings, 1979–2007. », *Social Science Research*, 2011, vol. 40, p. 998.

[745] Voy. *Infra.*, Chapitre I, Titre II, Partie II de cette étude.

[746] R. GOODMAN et D. JINKS, « How to influence States: Socialization and international Human rights law », *op. cit.*, p. 623.

[747] Les conséquences de tels préjugés sur l'objectif du CDH retiennent notre attention dans les lignes à suivre consacrées aux facteurs pouvant conduire à l'ineffectivité de la mission de l'interprète du PIDCP.

[748] R. GOODMAN et D. JINKS, « How to influence States: Socialization and international Human rights law », *op. cit.*, p. 626.

droits. Mais bien avant cette ultime étape, il serait intéressant de ne pas occulter, suivant la logique de toute étude portant sur l'effectivité, de s'intéresser aux facteurs pouvant rendre ineffective la mission du CDH.

PARTIE II / LA CONSTRUCTION RENOUVELEE DE LA LEGITIMITE DU CDH ET DE L'EFFECTIVITE DES DROITS DE L'HOMME DANS LE SYSTEME UNIVERSEL CONVENTIONNEL

245. Cette seconde partie de notre travail tend à s'analyser dans la logique de la construction d'une effectivité et d'une légitimité dans un cadre juridique renouvelé. Toutefois, la perception première ou la thèse principale de notre étude qui semble limiter l'objet à l'effectivité de la mission du CDH nécessite d'être nuancée. Il va de soi que la question de l'effectivité des droits de l'homme n'est jamais observée dans l'absolu. Lorsqu'on s'interroge sur l'application effective des normes, il n'est pas rare de constater, à bien des égards, qu'il existe des facteurs ou éléments qui limitent le degré d'effectivité de celles-ci. Ainsi que le confirme le Doyen J. CARBONNIER, « la plupart des règles de droit – si même nous faisons abstraction ici de celles qui ont un caractère facultatif – comportent un pourcentage toujours appréciable parfois même considérable d'ineffectivité »[749]. Cela signifierait en effet qu'il est difficile de déterminer de façon nette une effectivité des normes. Naturellement, on est amené à s'interroger sur cet écart d'ineffectivité des normes dans le cadre de notre étude avant de pouvoir, logiquement par la suite, orienter notre réflexion pour chercher une réponse possible à la question : que faudrait-il faire au regard des cas d'ineffectivité ? Cette interrogation ramenée directement au sujet de notre recherche, justifierait la célèbre déclaration de l'ancien Juge et Président de la Cour EDH, qui estimait que « (...) Le combat pour les droits de l'homme, c'est le rocher de Sisyphe, l'espoir en plus » « On peut comparer la lutte pour les droits de l'homme au rocher de Sisyphe : elle n'est jamais finie car rien n'est (...) jamais acquis. (...) »[750]. Telle doit être, quoiqu'on dise, la mission de tout juriste impliqué dans une étude centrée sur la question de l'effectivité de chercher à proposer mieux.

246. Au regard de ce qui précède et lorsqu'on s'intéresse de plus près à l'évolution de l'activité du CDH, il n'est guère difficile de comprendre, que

---

[749] J. CARBONNIER, « Chapitre III : Effectivité et ineffectivité de la règle de droit », in *Flexible droit : pour une sociologie du droit sans rigueur*, s.l., L.G.D.J, 2001, p. 143. ; D. BECHILLON, *Qu'est-ce qu'une règle de droit?*, Paris, Jacob, 1997, p. 61. Ce dernier auteur considérait que « *destin du droit* » serait « *de demeurer partiellement ineffectif* »

[750] J-P COSTA, Ancien Vice-président de la Cour européenne des droits de l'homme lors de la 5ème édition des Entretiens de Strasbourg.

celui-ci s'est créé un cadre juridique bien spécifique conforme à ses attentes d'effectivité de la norme résultant du PIDCP afin de pouvoir atteindre à ses objectifs. En revanche, comme l'avait souligné un auteur, « plus que l'effectivité, c'est l'ineffectivité qui intéresse le juriste et les sociologues du droit »[751]. Ainsi donc, cette partie de notre étude, se veut-elle avant tout une approche critique à l'égard du Comité des droits de l'homme (CDH) dans un premier titre **(Titre I)**, les développements précédents relatifs à sa quête d'effectivité ayant abouti à des conclusions essentiellement positives, car tournées vers une mise en relief de son attitude protectrice puis de sa légitimation par des organes de contrôle « tiers ». Suivant cette logique, cette partie vise, ensuite à encourager le processus de légitimation du CDH dans un esprit renouvelé à travers sa technique de juridictionnalisation comme moyen de renforcement, de consolidation des acquis et de proposer à la fois des mesures et pistes d'amélioration nécessaires, telle l'idée de la création d'une juridiction unique pour les droits de l'homme au plan universel, pour l'atteinte à l'effectivité de la mission protectrice des droits de l'homme au sens global des organes de traités des nations unies **(Titre II)**.

---

[751] F. RANGEON, « Réflexion sur l'effectivité du droit », *op. cit.*, p. 127.

TITRE I/
LES FACTEURS MENAÇANT L'EFFECTIVITE DE LA MISSION PROTECTRICE DU CDH

247. L'étude menée dans la première partie de ce travail sur la recherche de l'effectivité par le CDH a abouti à des résultats intéressants notamment des développements et techniques de contrôle procédural suivis de dispositifs visant l'application des recommandations. Par ailleurs, la légitimation du CDH par des organes tiers a prouvé la marche du CDH vers son idéal de protection à l'aune des textes gouvernant sa fonction et donc a conforté sa quête de légitimité et l'effectivité de sa mission. Toutefois, il faut souligner que les facteurs susceptibles de conduire à l'ineffectivité de cette mission de protection n'en demeurent pas moins importants. « Se borner à dire qu'il n'y a de règle de droit qu'effective, que la règle inappliquée est comme si elle n'existait pas, serait une attitude aussi peu scientifique (...) »[752]. Cela amène à comprendre que l'on ne saurait se limiter dans le cadre de notre travail, à la recherche axée sur la quête par le CDH de l'effectivité de sa mission même si elle reste notre champ d'étude prédéfini. Les recherches en droit consacrées au phénomène de l'effectivité ont d'ailleurs tendance à orienter beaucoup plus les auteurs vers la question de l'ineffectivité, puisqu'en réalité « L'effectivité, prise en elle-même, n'a pas d'histoire. C'est l'ineffectivité qui est (...) la plus intéressante. Mais on raisonne comme si elle n'était jamais que l'absence totale d'effectivité »[753]. En effet, ceux-ci considèrent la question de l'effectivité comme suscitant moins d'intérêt pour la science du droit surtout lorsque le comportement prescrit par la norme s'est vu respecté par les destinataires et qu'il est donc devenu effectif. C'est donc à juste titre que notre curiosité invite à s'intéresser aux causes du phénomène d'ineffectivité dans notre contexte ainsi qu'à leur incidence sur la mission protectrice du CDH.

Comme pour tous les organes ayant en perspective un objectif particulier, il serait tout à fait normal que les facteurs pouvant avoir une incidence négative sur le comportement du destinataire contrevenant à cet objectif puissent être de plusieurs d'ordres. Et cette tentation à vouloir déceler ou à comprendre les « sources » de tels facteurs d'ineffectivité oblige normalement à sortir du droit pour aller vers d'autres branches des sciences sociales. Cela signifierait que l'on chercherait « l'explication du droit en

---

[752] J. CARBONNIER, « Chapitre III : Effectivité et ineffectivité de la règle de droit », *op. cit.*, p. 136.

[753] *Ibid.*, p. 137.

dehors du droit »[754]. Cependant, il sied de préciser que cette analyse consistant à chercher les facteurs pouvant empêcher ou s'opposant à l'effectivité de la mission protectrice du CDH se situant dans le cadre d'une recherche en droit international, elle sera traitée exclusivement à l'aune des moyens juridiques. Cela implique que notre axe d'analyse exclura d'office les moyens extra juridiques. Au regard d'une telle réalité, il sera important de traiter les entraves à l'objectif du CDH tirées de ses moyens d'action (**Chapitre 1**) avant d'interroger les contre-effets de la coexistence des systèmes et des normes sur la mission de celui-ci (**Chapitre 2**).

[754] J. CARBONNIER, *la Sociologie juridique*, PUF « Quadrige » 1994, p 236.

CHAPITRE I/ LES ENTRAVES A L'AMBITION DE LA PROTECTION DES DROITS DU CDH

248. Traité de l'effectivité de la protection des droits par le CDH, revient aussi à s'interroger pour déterminer si les moyens par le truchement desquels celui-ci mène ses actions sont de nature à assurer la bonne conduite des attributions qui lui sont dévolues. Malheureusement, il a été donné de constater que tout le système onusien de protection des organes de traité des droits de l'homme traverse une crise[755]. Depuis quelques décennies, le CDH subit tout comme tous les autres organes des traités onusiens en matière de droits de l'homme des critiques véhémentes venant des destinataires de la norme, en même temps des bénéficiaires directs de leur mission. Ces critiques sont principalement liées à ses moyens d'action qui au fil des années n'ont eu de cesse de révéler des insuffisances. Parce que, « (…) l'ineffectivité, même partielle, apparait nécessairement comme un dysfonctionnement dommageable (…) »[756], il sera traité dans ce chapitre les déficiences liées au fonctionnement globale du système (**Section 1**) suivi des incidences relevant de la mise à mal de l'autorité du CDH sur l'effectivité de sa mission (**Section 2**).

SECTION I / UNE DEFICIENCE LIEE AU FONCTIONNEMENT DU SYSTEME DANS SA GLOBALITE

249. Force est d'admettre que l'application des dispositions du PIDCP rencontre autant de problèmes que les autres conventions de droits catégoriels. En marge de ceci, il n'est pas rare de remarquer que les États dans l'ordre international surtout en matière de respect de leur obligations conventionnelles en droit de l'homme font face à des surcharges importantes de leurs obligations qui constituent un cap devenu insoutenable pour eux. Cette situation provoque des anomalies structurelles et fonctionnelles au sein du CDH en impactant par ricochet les autres organes de traité. Dans cette

---

755 J. CRAWFORD, « The UN human rights treaty system: A system in crisis », *in* P. ALSTON et J. CRAWFORD (éds.), *The Future of UN Human Rights Treaty Monitoring*, New-York, Cambridge University Press, 2000, pp. 1-14.

756 F. OST et M. VAN KERCHOVE, *De la pyramide au réseau ? Pour une théorie dialectique du droit*, *op. cit.*, p. 455.

section, il sera question de faire ressortir ces difficultés dont les conséquences produisent des incidences certaines sur les objectifs de l'organe objet de notre réflexion. Il s'agira nommément de traiter des facteurs de fragilisation (**paragraphe 1**) ainsi que les éléments obérant la mise des missions du CDH (**paragraphe 2**).

PARAGRAPHE I / LES FACTEURS DE FRAGILISATION DE LA MISSION DU CDH

250. Eu égard à ce qui précède, il semble tout à fait convenable de faire ressortir ici les facteurs contribuant à la fragilisation de la capacité de la machine décisionnelle du CDH à pouvoir s'acquitter correctement de sa mission de protection. Il sera dans cette perspective séparément traité, de l'impact de la surcharge des obligations conventionnelles des États **(A)** et des déficiences dues aux problèmes résultants des moyens de fonctionnements de l'organe sur la mission de l'organe **(B).**

A/ L'impact négatif de la surcharge des obligations conventionnelles des États sur la mission de l'interprète

251. Après l'adoption des premiers textes formant ce qu'on appellera plus tard la Charte internationale des droits de l'homme, l'ONU ne s'est pas arrêtée à cette étape. Ainsi plusieurs autres conventions spécifiques ou catégorielles ont-elles été adoptées de manière à offrir la protection particulière aux bénéficiaires desdites conventions sur le plan international. Il faut comprendre que l'adoption de ces nouvelles conventions ainsi que leurs entrées en vigueur sont subordonnées à la ratification des États membres de l'organisation. Cela conduit à une situation dans laquelle les États parties à diverses conventions, pour faire face et exécuter convenablement leur obligation internationale, bon nombre parmi eux et surtout ceux en voie de développement, sont confrontés à des problèmes financiers. Autrement dit, la ratification de ces textes génère directement des frais matériels exorbitants à la charge de ceux-ci. Il est en effet du devoir de l'État d'engager les frais de formation spécifiques des fonctionnaires chargés d'assurer ses missions notamment ici : la rédaction des rapports périodiques devant être présentés aux organes conventionnels, les déplacements et les missions pour permettre à ces derniers d'être à même de présenter convenablement ledit rapport en se prêtant au jeu du dialogue interactif avec les experts membres du CDH.

252. Face à une telle réalité, la multiplication des obligations fait augmenter d'office la charge budgétaire pour les États parties. Et on comprendra aisément pourquoi les États concernés ont du mal à assumer leur totale responsabilité vis-à-vis de la communauté internationale. Cette situation explique les difficultés qu'éprouvent ceux-ci à répondre par exemple aux

rendez-vous de façon ponctuelle en vue de la soumission desdits rapports, surtout lorsqu'on sait qu'un État partie à un instrument international ne s'engage pas pour une seule année. Au contraire, tant qu'il est Partie à l'instrument, il devra répondre de ses engagements (rendre des rapports différents sur des situations données à plusieurs organes) à intervalle de temps donné, fixé par les Comités[757]. Dans le même sens, certains parmi eux dans l'optique de remplir ces obligations plurielles, font recours à des experts internationaux afin de les confier une partie de ses tâches. Si d'un côté leur services fournis peuvent à la longue s'avérer dispendieux pour l'État, d'un autre côté, certains peuvent ignorer ou avoir une très peu maitrise des réalités de l'État. Les résultats d'un tel constat rentrent en ligne de mire avec la complication à faire face aux multiples obligations afin de s'acquitter efficacement. La situation telle que présentée serait l'une des raisons principales et justifierait naturellement les retards excessifs dans la soumission des rapports périodiques des États même s'il est à reconnaitre que parfois c'est le manque de volonté politique de certains dirigeants exprimant leur aversion pour tout le système international de protection internationale des droits de l'homme qui expliquerait cela.

253. Aussi faut-il relever que ces problèmes financiers sont, en partie à l'origine des manquements des États à leur obligation de mise en œuvre des décisions prises à leur encontre. En effet, très souvent à la question du pourquoi les autorités étatiques à l'égard desquelles les décisions prononcées par les organes de traités, ne mettent pas en œuvre celles-ci, il est fréquemment fait mention de l'absence de ressources financières devant leur permettre de répondre adéquatement aux demandes de tous les organes de contrôle, soit directement au profit des individus au titre des mesures de réparations soit par tout autres moyens sur le plan internes[758]. Il apparait clair que les États se prévalent du poids financier dû à la surcharge de leurs obligations conventionnelles qu'ils n'arrivent plus à supporter en leur qualité de débiteur des droits dans le but de s'exonérer des recommandations des Comités conventionnels. Cet argument contredit frontalement non seulement la vision du CDH mais aussi la logique même de l'effectivité des droits de l'homme[759]. Celui-ci tenant compte de l'effet immédiat des droits inscrits dans le PIDCP,

---

[757] *Supra*. Sur la périodicité dans le Chap. I, Titre I, Partie II.

[758] Voy. dans ce même sens, C. KAUFMANN, « Chapter 13 : The Covenants and Financial Crises », *in* D. MOECKLI, H. KELLER et C. HERI (éds.), *The Human Rights Covenants at 50 : Their Past, Present, and Future*, Oxford, Oxford University Press, 2018, p. 318. ; M. EVANS, « The United Nations and Human Rights : Reform through Review? », *in* J. HARTMANN et U. KHALIQ (éds.), *The Achievements of International Law, Essays in Honour of Robin Churchill*, Oxford ; New York ; London, Hart Publishing, 2021, p. 92.

[759] S. BESSON, « L'effectivité des droits de l'homme : du devoir être, du pouvoir être et de l'être en matière de droits de l'homme », *op. cit.*, p. 77.

considérait que les États ne peuvent se prévaloir des contraintes financières pour justifier leur non-respect des obligations résultant de ce texte[760].

254. Au niveau, de l'institution mère, le Haut-commissariat des droits de l'homme, cette surcharge devient tout aussi pesant. En 2019 particulièrement, le problème de ressources financières s'est posé avec acuité. Le Haut-commissariat des droits de l'homme a dû avouer publiquement qu'il était dans l'impossibilité d'organiser les sessions habituelles des organes de traités qui devaient se tenir normalement la fin de l'année en raison des problèmes budgétaires auxquels il est confronté[761]. Il a fallu une campagne de sensibilisation et de contestation des organisations de la société civile pour qu'elles puissent finalement se tenir[762]. Ces difficultés éprouvées par le HCDH à pouvoir organiser des sessions des organes de traités en invoquant des contraintes financières qu'il éprouve s'inscriraient de façon générale dans les crises financières successives que connait l'ONU. La crise sanitaire (Covid-19) que vit actuellement le monde entier a exacerbé les difficultés de cette institution de droits de l'homme le conduisant à annuler ou à reporter la majorité des sessions d'examen de rapports périodiques des États à des dates incertaines, non seulement en raison des moyens financiers, mais aussi à cause des difficultés qu'éprouvent les experts membres de différents organes conventionnels à organiser les sessions virtuels (en ligne) avec des outils technologiques adéquats. De telles difficultés ne sont pas de nature à favoriser le bon fonctionnement des institutions onusiennes de droits de l'homme. À coup sûr, leurs impacts ne sont pas sans conséquences sur les perspectives de mise en adéquation des missions dévolues à ces organes conventionnels. En quelques mots, le trop-plein d'obligations nuit à un fonctionnement efficace ou à la visibilité de la machine décisionnelle. Etant donné que les Nations Unies ainsi que toutes les autres organisations internationales ne peuvent accomplir leur mission sans les contributions financières des États parties.

---

760 CDH, *Observation générale* n° 31, § 14.

761 Déclaration du Haut-Commissariat aux droits de l'homme des Nations Unies du 28 Aout 2019.

762 *Joint open NGO letter on the functioning of the UN Treaty Bodies during the COVID-19 pandemic, 5 October* 2020, index: IOR 40/3163/2020.

B/ Les déficiences dues aux moyens matériels accordés au CDH

255. Si dans un premier temps de tels problèmes sont rattachables plutôt à la question de l'efficacité des missions du CDH, il faut avouer que l'inefficacité de sa mission n'est autre chose que l'obstacle qui empêche la réalisation concrète de celle-ci donc source de son ineffectivité. À la question de savoir si le CDH dispose des moyens nécessaires pour remplir convenablement sa mission dans les délais raisonnables, certaines interrogations s'imposent. Il est important de ne pas perdre de vue que la résolution de telles interrogations reste en partie suspendue au bon vouloir des États. À eux seuls, il revient de permettre à l'organe de s'acquitter efficacement de sa mission.

256. Dans cette perspective, il faut souligner au premier plan, la lenteur excessive qu'on observe dans le processus de prise de décision du CDH. La question est loin d'être spéculative. À titre d'illustration, on note que l'examen d'un cas individuel devant son prétoire pourrait se prolonger sur plusieurs années en raison quelques fois des délais de procédure trop longs. Cette situation est inacceptable eu égard à sa mission principale et insupportable pour la victime. Un autre élément non négligeable qui contribue à cette situation et non-détachable de la question de la lenteur de la procédure, reste la question de la périodicité des rencontres des membres du CDH. Il faut le rappeler, le CDH est un organe non permanent[763], ce qui signifie qu'il siège à intervalle de temps donné, fixé selon les règles établies pour son fonctionnement[764]. En une année, le CDH tient trois sessions, ce qui n'est pas sans incidence sur le contentieux pendant devant lui : d'après notre analyse, les décisions rendues par le CDH sont traitées entre 03 et 08 ans à partir de la date du dépôt de la communication par le requérant[765]. Avouons-le sans ambages, ces retards ne sont pas de nature à améliorer la situation du requérant-victime à moins que, dans la foulée, une décision en indication de mesures provisoires ait été adoptée afin de sauvegarder l'intérêt de celui-ci. Cela ne constitue pas toujours d'ailleurs un gage de sécurité pour lui en raison du comportement inadéquat observé très souvent chez certains États défendeurs à l'encontre desquels de telles mesures ont été déjà prises.

257. Si la lenteur dans la justice internationale est un fait en soi et n'est pas uniquement rattachable à la situation qui prévaut devant le CDH, il reste qu'au regard des ambitions poursuivies, des dispositions devraient être prises sous

---

763 Dans ce sens, Voy. G. ULFSTEIN, « The Human Rights Treaty Bodies and Legitimacy Challenges », *op. cit.*, p. 288.

764 Voy. Article 2, 3, 4 et 5 du Règlement Intérieur du CDH de 2012.

765 Pour une analyse récente sur ce constat généralisé du délai de traitement tardive des communications devant les organes de traité, Voy. M. EVANS, « The United Nations and Human Rights: Reform through Review? », *op. cit.*, p. 91.

peine pour le CDH, de contrevenir aux textes dont il a la charge du contrôle : on songe au contenu de l'article 14 du PIDCP et son développement jurisprudentiel sur le droit de tout individu à un procès équitable. Lui-même pointe, très souvent, cette situation du doigt pour les juridictions internes étatiques lorsqu'il lui revient de vérifier si celles-ci ont rendu leur jugements et arrêts dans les délais impartis ou dans les délais raisonnables pour le requérant. Le cas échéant, il conclut à la violation des droits fondamentaux de ce dernier. Si le CDH veut maintenir sa place dans l'édifice de la protection internationale des droits de l'homme, cette situation doit faire l'objet d'une attention particulière, sinon la conséquence ressemblerait à une contradiction voire à la promotion d'une politique de deux poids deux mesures qui engendrerait certainement une perte de confiance des victimes et par ricochet, une perte de la légitimé du CDH à leur égard. Cette légitimité est pourtant l'une des conditions juridiques de l'effectivité de sa mission[766]. Suivant la même perspective, il est soulevé que l'éventuel indisponibilité des magistrats membres de l'organe universel en raison de cette nature non permanente de l'organe pourrait de même le priver des compétences techniques de ces juges en matière d'appréciation de la preuve[767].

258. Suite logique de tout ce qui précède, il sied de souligner que de tels problèmes pourraient être rattachés au potentiel humain. En effet, sur fond de questions de moyens budgétaires dont nous avions fait état plus haut, il est communément déploré l'insuffisance du nombre de personnes recrutés pour occuper les postes dans les secrétariats des Comités conventionnels. Très souvent à part le secrétaire principal du Comité, chargé principalement de coordonner toutes les activités liées à l'examen des rapports périodiques de son Comité, le reste du personnel est partagé entre tous les autres organes conventionnels pour les mêmes fonctions. Une telle situation est un handicap pour les Comités s'ils veulent s'acquitter convenablement de leurs missions respectives. Par ailleurs, force est d'admettre que la gestion actuelle du personnel ne semble pas tout à fait adéquate. On constate en particulier l'inadéquation des profils des agents par rapports aux postes qu'ils occupent, c'est-à-dire la compatibilité de leur domaine de spécialisation au poste occupé. Or, de l'expertise aboutie de ces personnes, dépendrait la qualité du travail produit par les différents organes. Dans cette même perspective, par exemple, la cellule faisant office de « greffe » des Comités, la *Petition Unit*, devrait être composée des juristes internationalistes spécialisés afin que la répartition et

---

[766] Voy. dans ce sens J. BETAILLE, « Les conditions juridiques de l'effectivité de la norme en droit public interne, illustrations en droit de l'urbanisme et en droit de l'environnement, sous la (dir.) Michel PRIEUR, Université de Limoges, 2012 [compte-rendu] », *Revue juridique de l'Environnement*, 2013, n° 2, p. 381.

[767] G. ULFSTEIN, « The Human Rights Treaty Bodies and Legitimacy Challenges », *op. cit.*, p. 288.

l'exécution du travail en son sein puisse se faire dans sa plus grande rigueur et avec rapidité.

259. Depuis quelques années l'autre problème auquel font face les organes de traité est celui de l'espace nécessaire pour la motivation normale des décisions ou encore pour l'expression complète de leur avis. Là encore, les mesures de restrictions budgétaires que subissent les organes de traité, ont conduit l'ONU à limiter le nombre de mots que devrait contenir une décision. Une telle mesure de restriction, porte un coup fatal à leur mission. En vérité, elle ne peut qu'entraîner des répercussions négatives sur le fonctionnement normal de l'organe. En témoigne le mécontentement d'un membre du CDH exprimé dans ses *Opinions individuelles* sur la décision CDH, *Corinna Horvath c/ Australie*.[768] Ce dernier faisait part de sa consternation quant à la limitation des mots imposée par l'ONU, l'empêchant d'exprimer ses opinions de manière approfondie sur la décision en cause. Il faut comprendre naturellement qu'une telle limitation imposée pour cause de coupures budgétaires est contraire à la manière dont le CDH doit s'acquitter de sa fonction. Elle ne permet pas au CDH de détailler le raisonnement juridique l'ayant conduit à la décision prise. Il sera de ce fait critiqué par les spécialistes et mêmes par ses usagers pour avoir rendu des décisions trop brèves et lacunaires sur le plan argumentatif.

PARAGRAPHE II/ AUTRES ELEMENTS OBERANT LA MISE EN ŒUVRE CORRECTE DES MISSIONS DU CDH

260. Excepté les problèmes que nous venons de souligner plus haut, existe d'autres éléments qui constituent en eux-mêmes des obstacles à la mise en œuvre correcte des missions du CDH. Ils sont liés à des défaillances d'ordre organisationnel et administratif (**A**), mais aussi liés aux failles du mécanisme de l'examen des rapports périodiques (**B**).

A/ Les problèmes liés à la défaillance organisationnelle et administrative

261. L'augmentation du nombre de ratifications des traités par les États a pour conséquence directe l'élargissement géographique de l'étendue des compétences des organes de traités. Cette extension conduit inévitablement à une augmentation conséquente du nombre des communications futures. Ce constat ne fera qu'exacerber la situation surtout lorsqu'on sait

---

[768] Voy. *Opinion individuelle* de G. L. NEUMAN, sur la décision CDH, Corinna *Horvath c/ Australie*, 27 mars 2014, comm. n° 1885/2009.

qu'actuellement, un des Comités conventionnels (CMW) reste en attente de l'activation de sa procédure de plainte individuelle[769]. Cela voudrait dire que le système n'est pas encore complètement exploité. Lorsque tous les mécanismes desdits Comités seront opérationnels et le système encore mieux connu, le poids de la charge à gérer sera multiplié. En conséquence, les Comités seront encore plus sollicités à l'avenir qu'ils ne le sont actuellement. Pour mémoire, nous avons précédemment souligné le retard excessif que connait le traitement des communications et avions mentionné ses conséquences dommageables pour les victimes. Cette augmentation sans cesse accrue des affaires engendrera naturellement des problèmes d'organisation. Le personnel fonctionnaire disponible ainsi que leur profil, c'est-à-dire leur compétence et domaines d'expertise deviennent un sujet préoccupant. Il a été donné de constater que non seulement l'équipe chargée du traitement des requêtes (*Pétitions Unit* crée en 2000) déjà pauvre en effectif doit s'occuper des requêtes destinées à l'ensemble des Comités[770], mais une bonne partie de ce personnel est dans une situation de précarité travaillant sous des contrats de consultance ou sous des contrats à durée déterminée. Le comble de tout cela est que ces agents sont en nombre supérieur aux fonctionnaires permanents. En cas de non-renouvellement du contrat à terme d'un consultant, l'organe s'expose au travail en sous-effectif, mais aussi à la rupture de la continuité du travail, dans la mesure où, le prochain agent recruté, devrait être également formé afin de disposer d'une productivité optimale, mais un temps long lui sera nécessaire pour bien maitriser la jurisprudence du CDH. Il est bien logique d'imaginer qu'une telle situation n'est pas sans conséquences néfastes. Elle fait d'emblée reposer une quantité importante de travail sur une poignée d'agents permanents les secrétaires principaux.

262. Au regard de telles réalités, le CDH n'a cessé d'attirer l'attention du Secrétariat général de l'ONU sur le respect de l'article 36 du PIDCP[771] qui lui impose une obligation de pourvoir aux besoins du CDH en ressources humaines et matérielles nécessaires pour s'acquitter efficacement de sa

---

[769] Sans évoquer ici les futures obligations qui se dessinent dans les projets de traités en cours d'élaboration : on pense notamment au projet sur les entreprises multinationales et les droits de l'homme qui prévoit aussi la création d'un Comité conventionnel qui, en vertu d'un Protocole facultatif, aura compétence d'examiner les requêtes soumises par les individus. En parallèle, les discussions se poursuivent sur le projet de traité en faveur des personnes âgée. Voy. M. EVANS, « The United Nations and Human Rights: Reform through Review? », *op. cit.*, p. 89.

[770] L. HENNEBEL, « Chapter: 10 The Human Rights Committee », *in* F. MEGRET et P. ALSTON (éds.), *The United Nations and Human Rights : A Critical Appraisal*, 2nd éd., New-York, Oxford University Press, 2020, p. 345.

[771] Article. 36 du PIDCP « Le Secrétaire général de l'Organisation des Nations Unies met à la disposition du Comité le personnel et les moyens matériels qui lui sont nécessaires pour s'acquitter efficacement des fonctions qui lui sont confiées en vertu du présent Pacte »

mission[772]. Le CDH exprime très souvent dans ses Rapports annuels ses préoccupations face aux manquements aux obligations découlant de cette disposition avec une insistance particulière sur l'insuffisance des ressources humaines qui devraient lui être affectées afin qu'il assure dûment sa mission. Il dénonce le fait que de telle difficultés ne lui permettent pas de « faire mieux connaître et comprendre ses recommandations et en promouvoir l'application dans les États parties »[773]. Un autre problème non moins important à souligner est celui de la traduction des documents de session. Le CDH déplore le fait qu'elle ne soit pas faite dans les délais[774]. Il arrive souvent que des documents devant être traduits ne soient pas prêts avant le début de la session provoquant des difficultés de suivi pour les membres du CDH non-bilingue ou dont la langue maternelle ne fait pas partie des langues officielles des Nations Unies.

B/ Les failles de l'examen des rapports périodiques et leur impact sur l'efficacité du mécanisme

263. Le système tel qu'il est créé a fait son temps. Quelles que soient les avancées dont il est fait cas, telles les initiatives prises par le CDH pour combler les lacunes, il faut se résoudre à souligner que le système montre des insuffisances chroniques. Rappelons que le volet de l'examen des rapports périodiques qui aboutit à la production par le CDH des *Observations finales*, a dans un premier temps pour finalité de guider le comportement des États surtout dans leurs politiques législatives internes. Mais un état des lieux de la pratique montre qu'en réalité, une interrogation sur son effectivité et son efficacité n'est sujette qu'à déception. Des facteurs sont patents.

264. De nombreux cas sont liés à l'attitude de l'État parfois volontaire, parfois involontaire. En effet, il arrive que ce dernier fasse établir des rapports sans consultation des diverses administrations publiques ni débat avec les parties prenantes nationales. Parfois, la société civile n'a pas accès à ces rapports dans le pays concerné[775]. Et il est observé que ces défaillances se manifestent de l'élaboration jusqu'à la présentation au Comité. Mis à part l'effort considérable des ONG dans ce sens et surtout le rôle clé joué par le CCPR-Centre depuis quelques années dont nous avions fait état dans la première partie de ce travail[776], par son accompagnement technique de la société civile pour la réception des *Observations finales* par l'État partie examiné, ces problèmes méritent d'être soulevés. En effet, il n'est pas rare de remarquer l'absence de rigueur dans les rapports soumis par bon nombre

---

[772] CDH, *Rapport annuel,* 2018, p. 7, spéc. 43. Doc. (A/73/40)

[773] *Ibid.*

[774] *Ibid.* § 44.

[775] Doc. HRI/MC/2006/2, p. 13 § 24

[776] Voy. *Supra.* Para II, Chap. II, Titre I, Partie I.

d'États parties en vue de leurs examens dans la mesure où ils ne tiennent pas compte vraisemblablement de toutes les réalités du terrain. Si, certains rapports étatiques répondent substantiellement aux préoccupations spécifiques comme l'auraient souhaité les Comités, le plus souvent les réponses à ces préoccupations sont formulées par l'État en des termes généraux dans son rapport, se contentant d'étaler voire relater les récents développements en matière législative[777]. Cette pratique rend difficile la tâche du CDH pour traiter les questions avec l'exigence requise sur des sujets précis surtout lorsque la société civile n'a pas pu soumettre de rapports ou encore lorsque les rapports soumis par les ONG laissent à croire une inféodation aux pouvoirs politiques en place : la pratique inavouée des GONGO's (Gouvernemental Non-Gouvernemental Organizations)[778] qui produisent des supposés rapports alternatifs aux organes conventionnels soi-disant au nom de la société civile mais plutôt destinés à redorer l'image socio-politique déjà suffisamment controversée de certains États. D'un autre côté, le motif réel de l'état desdits rapports est directement lié à l'intervalle de temps dans lequel l'État est sommé de le soumettre. Dans certaines circonstances, ce dernier venait d'en soumettre un à un autre organe dans un intervalle de temps déjà insuffisant qui ne lui permet pas d'en produire un autre avec autant d'efficacité sur les droits spécifiques de la convention en cause[779]. Les problèmes mentionnés pourraient être liés également au fait que, dans certains cas, les chargés de rédaction desdits rapports étatiques ont une connaissance réduite des procédures ou des directives de rédaction[780] telles que fixées par les Comités ou encore simplement parce que, ce sont des personnes ayant des affiliations politiques avec les autorités des États ou encore œuvrant sur instruction des supérieurs hiérarchiques à la solde des autorités politiques. On comprendrait dans ce cas qu'il serait impossible pour ce dernier de vouloir défier la volonté de ses supérieures ou des autorités étatiques en exprimant les vérités telles qu'elles, par peur de subir en retour des représailles. Son consentement étant vicié, il ne serait donc pas, au regard de ce qui précède, étonnant que des rapports produits dans de telles circonstances aient une portée limitée. Ils ne seraient pas d'une grande importance pour le CDH, leur

---

777 M. KJAERUM, « State Reports », *op. cit.*, p. 20.

778 Sur ce sujet, Voy. O. DE FROUVILLE, « Une société servile à l'ONU ? », *R.G.D.I.P*, 2006, n° 2, p. 391. De l'avis de l'auteur, « *toutes les ONG dont il apparaît, à la lecture de leurs discours, qu'elles ne poursuivent pas d'autres buts que de « servir » l'État dont elles ont par ailleurs, en général, la nationalité* », seraient une « *société servile* ». *Ibid.*, p. 392. Dans un sens plus large, Voy. C. ZORGIBE, « La diplomatie non gouvernementale », *in* M. BETTATI et P.-M. DUPUY (dirs.), *Les ONG et le Droit international*, Paris, Economica, 1986, pp. 35-40.

779 Rapport de la Haut-Commissaire (HRI/MC/2006/2) 2006, p. 10.

780 Dans ce sens, Voy. M. O'FLAHERTY et P.-L. TSAI, « Periodic Reporting: The Backbone of The UN Treaty Body Review Procedures », *op. cit.*, p. 45.

contenu étant peu fourni voire même travesti et ne touchant pas les questions essentielles dans leur profondeur comme l'aurait bien souhaité le CDH.

265. Quant à la présentation des rapports, il n'est pas rare de remarquer la tendance des membres du CDH à reprendre non seulement les questions posées par leurs collègues lors du dialogue. Parfois ce sont aussi les *Observations finales* qui font état de la duplication ou du chevauchement des recommandations déjà formulées par d'autres Comités. Les États parties se voient poser la même question par plusieurs organes conventionnels. De telles réalités consubstantiellement à la multiplication des *Observations finales,* produites systématiquement par tous les Comités conventionnels onusiens en la matière posent des difficultés considérables aux États dans leur mise en œuvre. En outre, il est communément constaté que ce mécanisme d'examen des rapports périodiques est trop respectueux de la souveraineté des États. En effet, les termes utilisés par les membres des Comités lors de la présentation ou dans les *Observations finales* témoignent de cet état de choses. Ils ne font état d'aucune volonté de pression sur les États examinés d'autant plus que l'esprit diplomatique est au cœur de ce mécanisme avec un langage ne faisant pas preuve d'autorité. À vrai dire, le fonctionnement dudit mécanisme révèle qu'il n'accorde pas de place l'individu-victime[781]. On peut souvent lire par exemple : « nous encourageons l'État partie à redoubler d'efforts pour... » « de veiller à ce que... », « de continuer à renforcer. », « nous félicitons l'État pour.. » etc...). Ces failles telles que relatées, révèlent fort bien une des particularités du droit international dont la manifestation se répercute sur l'activité du CDH. Les développements suivants s'intéresseront à son incidence sur l'autorité de l'interprète universel.

SECTION II / LES INCIDENCES DE LA MISE A MAL DE L'AUTORITE DU CDH SUR L'EFFECTIVITE DE SA MISSION

266. Les détracteurs du CDH ont beau jeu de le critiquer pour son manque d'autorité vis-à-vis des États parties. Le moins qu'on puisse dire, c'est que cet argument constitue pour eux un argument de poids. Force est d'admettre que, cette critique dérive d'une part de ce qu'on pourrait qualifier « de péché originel » provenant des États négociateurs du texte conventionnel (le PIDCP). En effet, ces derniers n'ont pas voulu faire de lui un organe capable de prendre un certain nombre d'initiatives pouvant aller à l'encontre de leurs intérêts, dressant ainsi l'organe contre eux-mêmes. Ainsi les rédacteurs du

---

[781] M. EUDES, « Rapport général », *in* E. DECAUX (dir.), *Les Nations Unies et les droits de l'homme, enjeux et défis d'une réforme*, n°9, Publication de la Fondation Marangopoulos pour les droits de l'homme (FMDH), Paris, Pedone, 2006, pp. 251-269.

PIDCP ont-ils cru bon de réduire son aptitude à s'ingérer systématiquement dans la vie intérieure des États souverains. Toutefois, il faut noter que cette contestation d'autorité d'un organe de contrôle en matière des droits de l'homme, loin d'être particulière au CDH est un problème récurrent attaché au DIDH. Mis à part cette irrévérence manifestée à l'égard du CDH, ainsi qu'elle est soulignée, on observe d'autres formes de contestations pouvant contrevenir également à la libre expression par l'organe de son autorité, telle son incapacité à assurer l'universalité des droits. Il convient d'analyser les fondements de telles contestations inhérentes à la nature de l'organe et à ses méthodes **(paragraphe 1)** avant d'aborder l'impact négatifs des problèmes liés à l'universalité des droits sur l'autorité du CDH dans sa mission protectrice **(paragraphe 2).**

PARAGRAPHE I/ LA CONTESTATION DE L'AUTORITE LIEE A LA NATURE DE L'ORGANE ET DE SES METHODES D'ACTION

267. Il est difficile de nier d'entrée de jeu la vielle ambiguïté existant autour de la place de la sanction en droit international[782] surtout lorsque celle-ci est mise en perspective avec le droit interne. Cette ambiguïté conduit inévitablement vers la question suivante : le droit international est-il un droit obligatoire ?[783] La réponse à cette question appelle à la prudence parce

---

[782] Voy. S. BESSON et J. TASIOULAS, « Introduction », *in* S. BESSON et J. TASIOULAS (éds.), *The Philosophy of International Law*, Oxford, Oxford University Press, 2010, p. 11. ; A. LAQUIEZE, « sanction », *Dictionnaire de la culture juridique*, Paris, Quadrige/ LAMY-PUF, 2017, p. 1384. ; A. CASSESE, « La valeur actuelle des droits de l'homme », in *Humanité et droit international, Mélange René-Jean DUPUY,* Paris, Pedone, 1991, p. 72. La comparaison faite ici par le Juge A. CASSESE interpelle à plus d'un titre sur la question controversée et cruciale de la *sanction* très limitée en DIDH. De son avis, « la communauté internationale ressemble à ce merveilleux pays, l'Eldorado, où Candide et son fidèle serviteur Cacambo finirent après tant d'adversités, et où il n'y a ni tribunaux, ni parlements, ni prisons (...) ». ; Voy. aussi, R. KOLB, *Réflexions de philosophie du droit international: problèmes fondamentaux du droit international public: théorie et philosophie du droit international*, La collection de droit international, n° 54, Bruxelles [Belgium], Bruylant : Université de Bruxelles, 2003, p. 415. De l'avis de ce dernier, « Nulle autre notion n'est aussi viscéralement liée à la vie et aux tares du droit international, éclairant crûment toute sa structure, ses intimités, ses faiblesses et ses potentialités d'avenir, que celle de la sanction. » Voy. *Ibid.*, p. 414.

[783] H.L.A. HART, *Le concept de droit*, VAN DE KERCHOVE M. (trad.) Bruxelles, Presses de l'Université Saint-Louis, 2005, p. 184 et suiv. disponible sur DOI : 10.4000/ books.pusl.24975. Accepter de comparer sa structure et son fonctionnement à celui du droit interne, on est vite tenté de dire non et de conclure par la négation du droit international comme droit. Mais aussitôt, on aura compris qu'il faut surtout se garder de ne retenir que cette vision monolithique des choses. Au cas échéant, ce serait tiré trop tôt des conclusions hâtives. Voy. aussi, J.-M.

que, assurément, elle provoquerait une myriade d'interrogations sur lesquelles d'ailleurs la doctrine internationaliste a du mal à se ressaisir[784]. Ne devrait-on pas s'accorder à dire que ce « *péché originel* » ou cette critique du droit international a manifestement laissé de fortes traces en DIDH et particulièrement dans le système onusien des droits de l'homme ? De façon plus précise, le système onusien de protection des droits fondamentaux n'a-t-il pas hérité des limites du droit international ? Si l'on considère que l'idée de sanction est inhérente au droit[785], il convient de se demander en quoi son absence influencerait l'effectivité de celui-ci. Cette question sera d'abord abordée ici essentiellement sous l'angle de l'absence d'une sanction formelle et efficace au niveau CDH, argument de sa contestation, contre les États parties au Protocole facultatif et son impact sur l'effectivité de la protection des droits fondamentaux dont l'organe a la charge **(A).** Par la suite, sera invoqué l'effet qu'engendre la nature quasi-juridictionnelle de ce même organe sur l'effectivité de sa mission **(B).**

A/ L'argument tiré du défaut de pouvoir de sanction : droit des États parties à l'inapplication du « *negotium* » ?

> « When an agent or institution is an authority, we think that it is entitled to make demands on those who are subject to its authority. The expected behaviour of the individual or institution under an authority is one of deference. Authority, therefore, is essentially

---

SOREL, « Droit international : on ne sait vraiment pas ce que c'est », *in* H. ASCENSIO *et al.* (dirs.), *Dictionnaire des idées reçues en droit international*, Paris, Pedone, 2017, pp. 187-191.

784 Sans toutefois vouloir toucher l'abime d'une telle problématique au relent sempiternel, Voy. pour une vision critique sur la question, P. WEIL, « Le droit international en quête de son identité », in *Cours général de droit international public*, 237, RCADI, s.l., NBrill | Nijhoff, 1992, pp. 9-370, spéc. 53 et suiv. L'auteur en appelle à « *rompre avec le couple diabolique obligation-sanction* ». Selon lui le lien entre la juridicité et l'effectivité est trompeur et qu'une règle de droit ne cesse d'en être une parce qu'il y a pas de moyen pour contraindre à son application ou parce que sa violation reste dépourvue de sanction. ; dans le même sens, G. ABI-SAAB, « De la sanction en droit international. Essai de clarification », in *Theory of International Law at the Threshold of the 21 st Century. Essays in Honour of K. Skubiszewski*, La Haye, Kluwer, 1996, p. 62.

785 L. CAVARE, « L'idée de sanction et sa mise en œuvre en droit international », *op. cit.* ; C. MASCALA, « Préface. Variations sur la sanction », in *A propos de la sanction*, Travaux de l'IFR | 6, Toulouse, Presses de l'Université Toulouse 1 Capitole, 2007, p. 9, disponible sur <http://cache.univ-tln.fr:2361/putc/1769> (Consulté le 23 octobre 2018). ; Sur la place de la sanction et son utilité pour l'effectivité du droit, Voy. F. SCHAUER, *The force of law*, Cambridge, Massachusetts, Harvard University Press, 2015, p. 165. Ce dernier auteur affirmait ceci: « *If a satisfactory account of law must, as Hart reminded us, "fit the facts," then law's coercive capacity is one of the facts that such an account must fit.* »

about giving in to another actor or institution for reasons that go beyond substantive dictates. »[786]

268. Devrait-on dire que le pouvoir formel de sanctionner est la « pièce » manquante qui aurait tout gâché ? Son absence formelle constitue-t-elle un droit à l'inapplication des décisions du CDH pour l'État ? On est vite tenté de répondre par l'affirmative dans la phase actuelle de notre recherche relative aux facteurs pouvant conduire à l'ineffectivité de la mission du CDH[787]. Un retour rapide sur la définition de « l'autorité » donnée par la Professeure B. ÇALI mentionnée ci-dessus, amène à comprendre que, reconnaitre à une institution de contrôle, la qualité d'organe d'autorité, reviendrait à attribuer à celui-ci ou à celle-ci la possibilité ou le pouvoir de formuler à l'égard des « personnes » ou « sujets » soumis à cette autorité, des demandes ou exiger d'eux des comportements à adopter. Et les personnes, sujettes de cette autorité doivent répondre à la demande sinon à l'exigence formulée à leur encontre. Cela traduit donc le pouvoir de commander et d'imposer l'obéissance. Pris dans ce sens, l' « autorité » devrait être à même de « sanctionner »[788] le contrevenant en cas de non-respect des pouvoirs qui lui sont conférés ou de refus d'obéissance. C'est donc ce pouvoir de « sanction » qui induirait celui de la coercition ou encore de la contrainte.

269. Contrairement à cette logique bien établie, les États négociateurs du PIDCP n'ont pas souhaité créer une juridiction internationale de la même nature que la Cour EDH ou encore la CIJ, pour s'en remettre ensuite à son autorité[789]. Ainsi exprimaient-ils indirectement une crainte de voir éclore un organe empreint d'une forte autorité décisionnelle qui en retour remettrait en cause leur propre souveraineté à laquelle ils sont attachés. Voici donc une très bonne raison pour que le CDH en soit privé, parce que, doté de cette autorité, celui-ci serait à même de s'opposer aux États et serait par conséquent pourvu d'une capacité juridique qui lui donne droit d'influencer leurs volontés. Il

---

786 B. ÇALI, « Chapter 3: Authority », *in* J. D'ASPREMONT et S. SINGH (éds.), *Concepts for international law : contributions to disciplinary thought*, Cheltenham, UK, Edward Elgar Publishing, 2019, p. 41. ; I. VENZKE, « Understanding the authority of international courts and tribunals : on delegation and discursive construction », *Theorical Inquiries in Law*, 2013, n° 2, p. 383. Voy aussi, I. VENZKE, « Chapter 54: Semantic authority », *in* J. D'ASPREMONT et S. SINGH (éds.), *Concepts for international law : contributions to disciplinary thought*, Cheltenham, UK, Edward Elgar Publishing, 2019, p. 815.

787 R. LE BOEUF et O. BOT, « Introduction », in *L'inapplication du droit*, n°12, Confluence des droits [en ligne], Aix-en-Provence, Droits International, Comparé et Européen (DICE), 2020, pp. 11-14, disponible sur https://dice.univ-amu.fr/sites/dice.univ-amu.fr/files/public/cdd12_-_linapplication_du_droit_0.pdf.

788 I. VENZKE, « Between Power and Persuasion: On International Institutions' Authority in Making Law' », *Transnational Legal Theory*, 2013, vol. 4, p. 354.

789 O. DELAS, M. THOUVENOT et V. BERGERON-BOUTIN, « Quelques considérations entourant la portée des décisions du Comité des droits de l'homme », *op. cit.*, p. 1.

faudrait comprendre dès lors que la nature juridique formelle reconnue au CDH ainsi qu'aux autres organes de traités et à leurs prononcés est, tout à fait, révélatrice sinon le reflet de l'image voulue par leurs créateurs[790]. Ceci étant, ils sont confrontés aux desiderata de ces derniers et se retrouvent parfois dans l'impossibilité d'avoir le « dernier mot » face à toute situation donnée. Cet état de choses est bien attendu à dessein. Il permet aux États de conserver la possibilité ou de se réserver le droit de remettre en question les actions de l'organe de contrôle à tout moment en lui faisant comprendre à travers leurs comportements qu'en réalité, ils n'ont pas entendu conférer au CDH un tel pouvoir ou une telle autorité qu'il prétendrait avoir[791]. Sans doute, une telle situation ressemblerait ni plus ni moins à un procédé de « légalisation » formelle du droit pour l'État de ne pas se soumettre à la volonté du CDH, autrement dit le droit pour celui-ci de ne pas se conformer aux mesures édictées par ce dernier - *le negotium* - à son encontre sinon de la remettre en cause[792]. Cela étant, ils mettent en difficulté l'interprète à pouvoir établir comme il l'entend ou à mettre en œuvre correctement le droit qu'il applique. La conséquence certaine d'une telle situation s'en déduit aisément. Elle conduit inévitablement à l'affaiblissement de l'autorité de l'interprète universel des droits de l'homme[793].

270. Il faut par ailleurs rappeler que, si l'on s'en tient à la conception classique, traditionnelle de sa définition, l'effectivité d'une norme ou même

---

[790] J. D'ASPREMONT, « Softness in International Law : A Self-Serving Quest for New Legal Materials », *The European Journal of International Law*, 2008, p. 1084.

[791] A. CASSESE et L. CONDORELLI, « Is Leviathan Still Holding Sway over International Dealings ? », *in* A. CASSESE (éd.), *Realizing Utopia The Future of International Law*, Oxford, Oxford University Press, 2012, p. 17. Les auteurs mettent dans les termes suivants, l'accent sur la prégnance de la volonté ou du rôle des puissances étatiques sur toutes les institutions ou organisations internationales : « It remains true today that all international organizations, even the most sophisticated and robust, are still creatures of the states, operating under the banner of what the International Court of Justice (ICJ) calls the 'principle of specialty': their powers and functions are those - and only those - limited ones that the states (entities with 'general' competence) have agreed to grant them. »

[792] O. DELAS, M. THOUVENOT et V. BERGERON-BOUTIN, « Quelques considérations entourant la portée des décisions du Comité des droits de l'homme », *op. cit.*, p. 41. ; B. ÇALI, « The legitimacy of international interpretative authorities for human rights treaties: an indirect-intrumentalist defence », *op. cit.*, p. 151.

[793] J. D'ASPREMONT, « La déformalisation dans la théorie des sources du droit international », *in* I. HACHEZ *et al.* (dirs.), *Les sources du droit revisitées - Théorie des sources du droit*, Vol. 4, Presses de l'Université Saint-Louis, Bruxelles, Anthemis, 2012, pp. 289-293. L'auteur dans cet article critique, qualifie une telle conséquence de « péril de la déformalisation » du droit international, en quelque sorte les effets pervers du processus de déformalisation en droit international.

la validité[794] de celle-ci n'est possible que lorsque la norme est assortie d'une sanction[795]. Autrement dit l'effectivité ne saurait être une réalité si la violation de la norme par ses destinataires ne reçoit pas une sanction. Dans ce cas de figure, on conviendrait naturellement que la violation de la norme ou l'indifférence à celle-ci par ses destinataires - ici les États parties -, qui se retrouveraient tout à coup avec cette faculté de ne pas être contraints à remettre la situation illicite en l'état où elle se trouvait avant la violation, du fait de l'inexistence de la sanction au sens formel imposée à eux, est synonyme de son ineffectivité. Du moins, cette situation laisse présager un faible niveau d'effectivité de celle-ci. Le refus des États parties dans ce cas à obtempérer ou à se conformer aux derniers mots du CDH influence de manière négative l'effectivité de la mission de l'organe. De façon formelle, et ce, même si nous avions démontré dans la première partie de cette même étude que le CDH développe à lui seul des techniques exécutives[796], celui-ci est formellement dépourvu de la faculté de sanctionner[797] la violation du PIDCP ou ne dispose pas d'un mécanisme réel de sanction juridique. Même face à des cas d'inexécution de ses *constatations*, aucune possibilité ou alternative ne lui est donnée. Il se verra obligé, le cas échéant, de rejeter toute demande contestant l'inexécution en raison de son incompétence. Des actions qui ne sont pas de nature à mettre en valeur son prétoire, car il est bien de connaitre les violations de la norme, mieux il est encore de pouvoir effectivement les sanctionner.

271. Malheureusement, son rôle textuellement connu est limité à ne faire que « constater » les violations et tout porte à croire que « constater » pour les États, ne signifierait pas, dans le jargon judicaire, « condamner ». C'est d'ailleurs ce en quoi se résume les dispositions de l'article 5 § 4 du Protocole facultatif annexé au PIDCP. Le CDH fait part des *constatations* à l'État partie intéressé et au particulier[798]. Sans trop de commentaires. Telle fut la volonté des États concepteurs de ce système juridique onusien des organes des traités, qui ne veulent agir qu'à volonté[799]. La situation telle que relatée, n'avait autre

---

[794] Voy. dans ce sens A. LAQUIEZE, « sanction », *op. cit.* L'auteur a pu relever le fait qu'une partie de la doctrine considère et soutienne l'idée selon laquelle « le droit ne serait être valide qu'en tant qu'il est sanctionné »

[795] Voy. Y. LEROY, « La notion d'effectivité du droit », *op. cit.*, p. 721. ; J.-F. PERRIN, « Qu'est-ce que l'effectivité d'une norme juridique », in *Pour une théorie de la connaissance juridique*, Genève, Droz, 1979, p. 93. ; C. FERCOT, « Soft law, droit de l'homme et effectivité », *op. cit.*, p. 58. ; J. RIVERO, « Sur l'effet dissuasif de la sanction juridique », *op. cit.*, p. 675.

[796] *Supra.* Chapitre II, Titre I, Partie I.

[797] E.A. POSNER, *The twilight of human rights law*, Oxford, UK; New York, NY, Oxford University Press, 2014, p. 42.

[798] Voy. CDH, *Massera c/ Uruguay*, 1979, comm. n° 55/77.

[799] A. NOLLKAEMPER et R. ALEBEEK, « The Legal Status of Decisions by Human Rights Treaty Bodies in National Law », *op. cit.*, p. 356.

sens que de réduire le CDH à un simple organe de surveillance qui « constate » en le privant du pouvoir de sanctionner ou d'ordonner quelles que mesures que ce soient aux États parties. Il est donc, au regard du contexte précis, formellement dépouillé des pans entiers pourtant nécessaires pour toute instance internationale de contrôle instituée dans un élan de pouvoir tenir tête aux États dans leurs velléités. Les détracteurs du CDH ou de tout le mécanisme des droits de l'homme onusien dans sa globalité, notamment les politiques ou les autorités gouvernementales[800], une partie de l'opinion publique[801] et une partie de la doctrine[802] n'ont trouvé mieux que de choisir cet angle d'attaque,

---

[800] Dans cet esprit de remise en cause des décisions des organes de contrôle sur la base des considérations politiques, Voy. à titre d'illustration les écrits du Professeur S. TOUZÉ, « La remise en cause de l'autorité des cours supranationales », *in* J. ANDRIANTSIMBAZOVINA, L. BURGORGUE-LARSEN et S. TOUZE (dirs.), *La protection des droits de l'homme par les cours supranationales, Actes du colloque des 08 et 09 octobre 2015*, 31, Publications de l'Institut international des droits de l'homme, Paris, Pedone, 2016, p. 196. Il est par ailleurs aisé de trouver la confirmation dans la réponse suivante du M. le ministre de l'Europe et des affaires étrangères français interrogé sur les implications de l'affaire « *Baby loup* » de 2018 par M. José EVRARD. In *Réponses des ministres aux questions écrites* n° 12215 : *JOAN* du Mardi 5 février 2019 sous la rubrique : Organisations internationales, Actions partisanes de l'ONU, spéc., p. 1139-1140 : « Il importe de préciser que le gouvernement français considère que les constatations du Comité des droits de l'Homme et des autres comités en matière de protection des droits de l'Homme ne sont pas contraignantes (…). Le gouvernement considère notamment que le terme "constatation", (…) décrivant les décisions du Comité, tel qu'il est employé à l'article 5 § 4 du Protocole facultatif instaurant les communications individuelles, signifie, sans la moindre ambiguïté, qu'il s'agit d'une recommandation faite à un État par le Comité chargé d'interpréter le Pacte et non d'une décision impérative qu'il y aurait lieu de mettre à exécution. Cette lecture est d'ailleurs confortée par le fait qu'à aucun moment le Protocole facultatif n'a envisagé, contrairement à d'autres instruments, la question de l'exécution, laquelle n'avait pas lieu d'être puisqu'il s'agissait bien de recommandation et non de décision dans l'esprit des rédacteurs et des États qui ont adhéré au Protocole facultatif. En conséquence, le gouvernement considère que l'État partie n'a pas d'obligation juridique contraignante d'exécuter les constatations rendues par le Comité dans une affaire donnée (…) ». Il faut reconnaitre que de telles déclarations des politiques français ne peuvent être mesurées qu'à l'aune de l'ineffectivité des actions du CDH en ce qu'elles font véhiculer, en vrai, une image dégradée de l'interprète universel. Elles montrent, tout au plus, l'esprit dominant ou la véritable position du gouvernement français à l'égard des organes conventionnels des Nations Unies en matière des droits de l'homme. Le document est consultable sur le site officiel de l'Assemblée nationale française via ce lien : http://questions.assemblee-nationale.fr/static/15/questions/jo/jo_anq_201906.pdf. Une attitude similaire a été tenue par les autorités britanniques cette fois-ci contre la personne du président du CDH suite à l'interview que ce dernier avait donné des jours précédant l'examen des rapports périodiques de la Grande bretagne. Voy. *Ibid.*, p. 197.

[801] Voy. *Le Monde*, Tribune du 31 août 2018 « La France « condamnée » par l'ONU dans l'affaire Baby-Loup ? Une affirmation à nuancer ». Consultable sur : https://www.lemonde.fr/les-decodeurs/article/2018/08/29/la-france-condamnee-par-l-onu-a-la-suite-de-l-affaire-baby-loup-une-affirmation-a-nuancer_5347415_4355770.html.

[802] Voy. M. SOGNIGBE-SANGBANA, *La sanction internationale de la violation des droits de l'homme*, 38, Publications de l'Institut international des droits de l'homme, Paris, Pedone,

d'ailleurs facile à identifier sinon à repérer, qui pourrait souvent laisser le défenseur interlocuteur du système perplexe. N'est-ce pas un argument toujours vainqueur ?

> « Il est révélateur que l'attention du grand public ne s'attache pas en priorité à la question du caractère obligatoire d'un acte, mais plutôt à son caractère contraignant : la question importante pour le public, pour les destinataires du droit en général est : est -ce que l'acte est effectif, est-ce qu'il est susceptible d'être effectivement exécuté ? »[803].

272. C'est en effet ce que pensait le Professeur O. DE FROUVILLE sur cette question. Au regard de tout ce qui précède, l'inscription normative du caractère non-contraignant des recommandations ou *constatations* du CDH à l'égard des États défendeurs ne met-elle pas en face d'une situation d'ineffectivité patente ? La réponse à l'affirmative semble évidente et sans équivoque. Elle constitue un facteur de l'ineffectivité de la mission du CDH. Peut-être faudrait-il considérer que c'est le but recherché par les États : ne pas lui octroyer un mandat légal défini à cet effet. Ainsi pourraient-ils s'assurer que rien d'extraordinaire ne sera exigé d'eux quant au respect de leur obligations vis-à-vis du PIDCP. On s'autoriserait à dire dès lors que ce n'est pas en tant que telles les *constatations* en soi qui posent problèmes, on le verra plus loin dans cette même étude, mais plutôt les effets pervers de la « souplesse » de leur texture normative (*soft law*). C'est donc de cette inscription au bas de l'échelle de juridicité[804], cette absence probante de force normative[805] de ces décisions que tirent les États et tous les autres acteurs, l'essentiel de leur argumentaire pour ignorer le CDH et par là, mettre à mal

2018, p. 45 et suiv. ; Voy. aussi : International Law Association, Berlin Conférence, *Report* 2004, p. 5, spéc. § 15.

[803] O. DE FROUVILLE, « Soft law et hard law des droits de l'Homme à l'ONU ? Perspectives pratique, dialectique et théorique », *in* M. AILINCAI (dir.), *Soft law et droits fondamentaux, Acte du Colloque de Grenoble (CRJ) du 04 et 05 février 2016*, (IIDH) Fondation René Cassin, Paris, Pedone, 2017, p. 206.

[804] M. DELMAS-MARTY, « Le mou, le doux et le flou sont-ils des garde-fous ? », *in* J. CLAM et G. MARTIN (dirs.), *Les transformations de la régulation juridique*, Paris, L.G.D.J, 1998, pp. 209 et s. ; C. THIBIERGE, « Le droit souple (Réflexion sur les textures du droit) », *RTD Civ.*, 2003, vol. 102, n° 4, p. 599-s. ; D. SHELTON, « Normative Hierarchy in International Law », *American Journal of International Law*, 2006, p. 319. ; O. DELAS, M. THOUVENOT et V. BERGERON-BOUTIN, « Quelques considérations entourant la portée des décisions du Comité des droits de l'homme », *op. cit.*, p. 25.

[805] Voy. C. THIBIERGE, « Le droit souple (Réflexion sur les textures du droit) », *op. cit.*, p. 610. ; I. HACHEZ, « Balises conceptuelles autour des notions de « source du droit », « force normative » et « soft law » », *Revue interdisciplinaire d'études juridiques*, 2010, n° 2, p. 19. ; G. CANIVET, « Le juge et la force normative », *in* C. THIBIERGE (dir.), *La force normative, Naissance d'un concept*, Bruxelles, L.G.D.J/Bruylant, 2009, p. 26.

toute idée d'obligation d'exécution[806]. En clair, à supposer que le régime juridique le mieux porteur de la sécurité juridique pour les victimes de violation, donc le plus protectrice est celui dérivé du *hard law* (parce qu'empreinte de la contrainte légale), celui considéré comme étant à même d'être assorti de sanction, qui serait le critère de juridicité par excellence[807], on ne pourrait s'empêcher d'en déduire qu'une telle mise en concurrence rangerait la *soft law* du mauvais côté. En ce moment, cette dernière serait vue comme moins protectrice et donc en voie de réduire le degré d'effectivité de la norme[808]. Ne faudrait-il pas comprendre qu'il s'agit effectivement d'une instrumentalisation opérée par les États pour ne nourrir que leurs propres intérêts égoïstes ? En somme, faut-il dire que cette « érosion » normative ou ce « *dégradé de normes* »[809] - la valeur juridique faible accordée aux recommandations et *constatations* du CDH - n'est assurément pas sans effet sur l'effectivité de la mission protectrice du CDH.

---

806 Voy. dans ce sens, S. TOUZE, « L'exécution des constatations des comités conventionnels des Nations Unies », *R.G.D.I.P*, 2017, vol. 121, n° 3, p. 649. ; D. ALLAND, « A titre de conclusion : Qu'est-ce que l'exécution d'une décision juridictionnelle internationale et qui l'assume ? », *R.G.D.I.P*, 2017, vol. 121, n° 3, p. 866.

807 Cette analyse, soulignons-le, est à prendre dans le sens d'une hypothèse dans la mesure où la doctrine tend à considérer qu'une telle distinction pourrait ne relever que de la psychologie des États et selon leurs intérêts et pourrait s'avérer inutile selon les contextes. Voy. G.C. SHAFFER et M.A. POLLACK, « Hard vs. Soft Law: Alternatives, Complements, and Antagonists in International Governance », *Minnesota Law Review*, 2010, p. 798. « However, in the presence of distributive conflict among states, we predict, and indeed have seen in many concrete instances, that states and other actors will strategically use different hard - and soft law instruments to advance their respective aims in the international arena ».

808 BOYLE A. « Chapter 6: The Choice of a Treaty hard law versus soft law », *in* S. CHESTERMAN, D. M. MALONE *et al.* (ed.), *The Oxford Handbook of United Nations Treaties*, Oxford University Press, 2019, p. 103; M. AILINCAI, « Propos introductif », *op. cit.*, p. 27.

809 A. PELLET, « Les raisons du développement du soft law en droit international : choix ou nécessité ? », *in* P. DEUMIER et J.-M. SOREL (dirs.), *Regards croisés sur la soft law en droit interne, européen et international*, Contextes : culture du droit, s.l., LGDJ, Lextenso éditions, 2018, p. 178.

B/ L'identité juridictionnelle du CDH en soi et ses incidences sur sa mission

273. Peut-on de manière sérieuse identifier le CDH à une juridiction ? En tout cas, le PIDCP ne le définit pas. Du moins, il ne répond pas explicitement à cette interrogation. La question parait tout au moins claire et nette pour le profane mais complexe dans l'esprit des spécialistes[810]. Tout dépend dès lors du bord doctrinal où l'on se place ou de l'appréhension que l'on a de lui. Notons que n'eut été les fonctions conférées par le premier Protocole facultatif - un traité - au CDH qui donne la possibilité à celui-ci de connaitre les cas de contentieux entre les États et la personne humaine, comme cela est de coutume devant toute instance internationale ayant comme attribut de protéger les droits de l'homme, le discrédit sinon la contestation quant à sa qualité de juridiction est sans cesse grandissant et semble porter un coup fatal à l'effectivité de sa mission. Une qualification qui, s'il l'avait, aurait pu lui permettre d'échapper à cette mise en cause chronique de sa stature. Précisons néanmoins qu'il est loin de nous l'idée de vouloir déballer ici le débat autour des critères de qualification d'une juridiction en droit international pour faire ensuite le lien avec le CDH, des pages lui étant consacrés un peu plus loin dans ce même travail suivi de nos conclusions[811].

274. Il sera, en revanche, essentiellement question de faire l'état de ce doute qui s'installe vis-à-vis de la vraie nature de ce dernier et dont l'ambiguïté manifeste a fait l'objet de récupération à d'autres fins dans l'opinion publique nationale et internationale. Ainsi faudrait-il essayer de cerner la cause de même que les conséquences néfastes probables d'une telle situation sur l'effectivité de sa mission.

275. Au regard de ce qui précède, il n'est guère difficile de comprendre qu'ici encore, la nature de la norme produite par le CDH n'a pas fini de livrer ses secrets. En effet, son absence formelle semble jouer un rôle significatif voire trouble dans l'application ou non des normes issues du PIDCP par les États parties. On en veut pour preuve le fait qu'habituellement, toute instance internationale de régulation et de contrôle formellement constituée comme étant une juridiction internationale, et ce, spécialement dans le domaine des

---

[810] G. AHANHANZO, « Un Zoulou au Palais Wilson », *op. cit.*, p. 61. ; A. AMOR, « Le Comité des droits de l'homme des Nations Unies – Aux confins d'une juridiction internationale des droits de l'homme », *in* N. ANDO (dir.), *Towards Implementing Universal Human Rights :Festschrift for the Twenty-fith aniversary of the Human Rights Committee*, Vol.18, The Raoul Wallenberg Institute of Human Rights Library, Leiden/Boston, Martinus Nijhoff Publishers, 2004, p. 41. ; W. SCHABAS, « On the Binding nature of The Findings of The Treaty Bodies », *in* C. BASSIOUNI et W. SCHABAS (éds.), *New Challenges for the UN Human Rights Machinery : What Future for UN Treaty Body System and Human Rights Council Procedures*, Cambridge/Antwerp/Portland/, Intersentia, 2011, pp. 97-106.

[811] Voy. *Infra*. Para. I, Sect. I, Chap. I, Titre II, Partie II.

droits de l'homme, est supposée se voir conférer certaines qualités directement mentionnées dans son acte constitutif en des termes bien précis dissipant toute tentation à la confusion[812].

276. Ainsi, mis à part l'argument tiré de l'absence d'une force coercitive, précédemment étudié, c'est donc l'argument formel suivant qui constitue le second point d'attaque utilisé contre le CDH. En effet, Il est très souvent affirmé que le CDH n'est pas une juridiction, ni un tribunal international dans le but de s'opposer à lui ou à ses décisions. Notons que, de façon apriorique, cet argument n'est pas en soi un argument faux si l'on s'intéresse de plus près aux textes l'ayant créé et leur rapport avec la réalité des faits. Cela signifierait que la réponse qu'appelle cette interrogation est donc aussi évidente que l'étrange incertitude qu'on croit devoir entretenir à propos. Bien qu'il soit tout à fait possible de souligner au passage que certains auteurs tentent, en revanche, de combattre sous des formes différentes cette tendance ou perception très réductrice de l'activité contentieuse des organes quasi-juridictionnels[813] ou des critiques adressées aux normes qualifiées de *soft law* de manière générale[814]. C'est ainsi que, parmi ces auteurs, certains ont juste cru devoir considérer que cette dernière catégorie de normes, serait juste « devenue la cible de choix des attaques conservatrices (...) »[815].

277. En réalité, il faut rappeler que le degré de normativité d'un texte conventionnel ou de ses dispositions est tributaire du statut juridique du mécanisme d'application qui l'accompagne. Et s'il est possible de faire le lien

---

[812] Nous songeons ici par exemple au nom de l'organe qui pourrait bien varier d'une instance à l'autre : un « Tribunal », une « Cour », ou tout court une « juridiction » ainsi que ses attributions spécifiques.

[813] Sur la critique générale de la fonction juridictionnelle et ses implications en droit international. Voy. W. SCHABAS, « On the Binding nature of The Findings of The Treaty Bodies », *op. cit.* Dans une dynamique extensive, Voy. J. VERHOEVEN, « A propos de la fonction de juger en droit international public », *in* F. OST, P. GERARD et M. VAN DE KERCHOVE (dirs.), *Fonction de juger et pouvoir judiciaire. Transformations et déplacements*, Bruxelles, Presses de l'Université Saint-Louis, 1983, pp. 362-379, disponible sur DOI : 10.4000/books.pusl.7505. ; Voy. aussi : J. D'ASPREMONT, « La doctrine du droit international face à la tentation excessive de judiciarisation sans limites », *R.G.D.I.P*, 2008, p. 859. De l'avis de ce dernier, « Les instruments non juridiques ne sont d'ailleurs pas moins efficaces que le droit en tant qu'instrumentum. Bien au contraire. En outre, on ne peut s'empêcher de penser que la norme véhiculée par le droit (negotium), peut occasionnellement n'être que l'expression des intérêts égoïstes des États (...) ».

[814] M. AILINCAI, « La soft law est-elle l'avenir des droits fondamentaux ? », *R.D.L.F*, Le droit des libertés en question(s) - Colloque des 5 ans de la RDLF, 2017, pp. 1-17.

[815] G. ABI-SAAB, « Cours général de droit international public », *op. cit.*, p. 205. ; G. ABI-SAAB, « Eloge du droit assourdi. Quelques réflexions sur le rôle de la soft Law en droit international contemporain », in *Nouveaux itinéraires en droit : Hommage à François Rigaux*, Bruxelles, Bruylant, 1993, pp. 137-144. ; dans le même sens, J.-P. JACQUÉ, « Acte et norme en droit international public », in *RCADI*, tome 227, Leiden/Boston, Hague Academy of International Law, 1991, p. 388.

entre le statut juridique du mécanisme d'application ou de contrôle du PIDCP et le degré d'obligation qu'à le destinataire d'exécuter son prononcé, laquelle obligation que d'aucuns rattachent d'ailleurs intimement à l'exercice du pouvoir juridictionnel sinon à la fonction de juger,[816] on comprendrait sans nul doute, les conséquences néfastes voire l' « image caricaturale » que la nature « demi-teinte » ou l'identité quasi-juridictionnelle du CDH pourrait engendrer à l'égard de ses acteurs ou usagers de son office[817]. Les textes (le PIDCP et le premier Protocole facultatif) semblent être suffisamment précis à cet égard.

278. Dans une telle logique de pensée, la correspondance des formes voudrait qu'eu égard à ce qui précède, le CDH ne puisse pas « condamner », si l'on considère que « condamner » au sens formel du terme relève *stricto sensu* du domaine réservé des activités des juridictions internationales. En ce moment, la « condamnation » d'un État défendeur emporterait d'emblée des effets obligatoires à son égard. Cela implique qu'à la suite d'une condamnation, devraient s'ensuivre certaines conséquences juridiques sous le sceau de la contrainte juridique à l'égard ou au bénéfice de la partie lésée. Tel n'est vraisemblablement pas ce que reflètent les *constatations* du CDH. Ici, le comportement que l'État défendeur est censé adopter à la suite d'un constat de violation des droits, ce qui est attendu de lui, est laissé à sa propre appréciation d'autant plus que la décision rendue à son encontre semble n'avoir qu'une nature incitative et non obligatoire[818]. Il conviendrait de conclure que ce terme serait donc intrinsèquement lié à l'activité contentieuse d'une juridiction qui s'associerait à une obligation. Le pouvoir de « condamner » lors d'un procès en DIDH revient dès lors à pouvoir « ordonner » à l'État responsable de telles violations, d'accorder au requérant

---

[816] C. SANTULLI, « L'obligation d'exécuter les décisions juridictionnelles internationales », *R.G.D.I.P*, 2017, n° 3, p. 563 et suiv. On retiendra surtout la métaphore sur fond d'un style ironique qu'emprunte l'analyse de l'auteur afin de mettre en perspective les décisions d'un quelconque organe international investi d'une fonction juridictionnelle ou non en des termes suivants : « pour qu'il y ait une obligation d'exécuter, il faut qu'il y ait une décision. Or les plus clinquants des oripeaux ne parviendront jamais à travestir les avis en décision juridictionnelle. » ; aussi, S. BESSON, « De quelques considérations philosophiques sur la justice internationale: Ou comment dépasser l'amour impossible entre droit international et justice internationale », *in* S. BESSON et A. ZIEGLER (éds.), *Le juge en droit européen et international - The Judge in European and International Law*, s.l., LGDJ, 2013, p. 19. ; de la même auteure, S. BESSON, « International Judges as Dispute : Settlers and Law-Enforcers: From International Law without Courts to International Courts without Law », *Loyola of Los Angeles International and Comparative Law Review*, 2011, p. 42. ; S. BESSON, « Legal Philosophical Issues of International Adjudication: Getting Over the amour impossible between International Law and Adjudication », *op. cit.*, p. 417.

[817] Il est question ici du rôle de la normativité sur la validité de la règle de droit, l'adhésion à la règle ou élément de sa conformité.

[818] Voy. dans ce sens, A. FLÜCKIGER, « Pourquoi respectons-nous la soft law ? Le rôle des émotions et des techniques de manipulation », *Revue européenne des sciences sociales*, mai 2009, p. 81.

une satisfaction équitable. L'ordre et la contrainte étant les deux éléments inhérents à l'expression de l'autorité, Il y a bien là une obligation de faire, *expressis verbis,* une contrainte qui pèse sur l'État défendeur.

279. Or, ce pouvoir conféré aux juridictions n'a pas son équivalent avec le CDH. Encore une fois, les conséquences juridiques des violations des droits, constatées par le CDH sont considérées comme n'ayant formellement qu'une portée incitative à l'égard des États parties et seraient donc dénuées de toute force obligatoire. À contrario, l'article 46 de la CEDH disposent que : « 1. Les Hautes Parties contractantes s'engagent à se conformer aux arrêts définitifs de la Cour dans les litiges auxquels elles sont parties. 2. L'arrêt définitif de la Cour est transmis au Comité des Ministres qui en surveille l'exécution. » Les paragraphes suivants de ce texte organisent de manière concrète le cheminement nécessaire de l'exécution des arrêts de la juridiction régionale. Dans le même sens, les termes de l'article 41 de la CEDH précisent que : « Si la Cour déclare qu'il y a eu violation de la Convention ou de ses Protocoles, et si le droit interne de la Haute Partie contractante ne permet d'effacer qu'imparfaitement les conséquences de cette violation, la Cour accorde à la partie lésée, s'il y a lieu, une satisfaction équitable. »

280. Ainsi qu'il vient d'être souligné, des dispositions formulées pareillement n'existent nullement dans le PIDCP pour que l'on puisse reconnaitre ou conclure explicitement un tel pouvoir au CDH. En conséquence, le pouvoir de ce dernier est en deçà de celui des organes juridictionnels tels la Cour EDH bien qu'ils œuvrent tous deux, de concert pour l'atteinte d'un but commun celui de protéger les droits de l'homme.

281. Au regard de ce qui précède, et quoique nous ayons vu dans la première partie de cette même étude consacrée aux « techniques exécutives »[819] développées par le CDH pour atteindre ses fins, ou comme nous le verrons plus loin dans sa quête de légitimité à travers le processus de juridictionnalisation de son activité contentieuse[820] dans la deuxième partie de ce travail, et tenant compte enfin de son champ d'attribution textuel, force est d'admettre que, vouloir considérer ou identifier *stricto sensu* le CDH comme une juridiction pose des difficultés. À coup sûr, ce constat n'est pas de nature à produire positivement des effets indispensables pour l'atteinte des buts et des objectifs de la mission de l'organe. Bien au contraire, il impacte négativement le comportement des bénéficiaires et destinataires de ses actes[821]. De ce fait, on en déduit que, l'aura qu'il aurait pu avoir auprès des

---

[819] Voy. *Supra*, Chap II, Titre I, Partie I.

[820] Voy. *Infra*. Chap. I, Titre II, Partie II.

[821] Nous songeons ici à une situation quelque peu particulière. Il va de soi que même devant la Cour EDH, des États menacent de ne pas mettre en œuvre des arrêts de la Cour EDH de différentes manières. Voy. dans ce sens, M. BOUMGHAR, « Londres et Moscou : deux exemples de fragilisation du pouvoir de contrôle de la Cour européenne des droits de

individus bénéficiaires de sa mission ainsi que tout autre acteur impliqué dans l'activité de son prétoire se trouverait diminuée. En porte témoignage un état de fait qui semble important à souligner ici. Il s'agit de la question de la réparation des dommages subis. Il va de soi de rappeler que la réparation des violations constatées est intrinsèquement liée à toute mission visant à rendre justice. Cependant, on note que la question n'a pas été abordée en tant que telle pour le compte du CDH. C'est ce que l'on remarque tout au moins à partir d'une lecture combinée des dispositions des articles 9 § 5[822] et 14 § 3 b[823] du PIDCP. C'est donc furtivement que l'idée apparait au bout de ces deux dispositions. Plus sérieusement, ce sont les termes de l'article 2 § 3, spécialement à la notion de « recours utile » que reviendrait le mérite pour avoir aidé le CDH finalement à retrouver une certaine cohérence en lien avec sa mission grâce à son pouvoir d'interprétation[824]. Autrement dit c'est l'interprétation de cette notion qui ouvre droit, d'après lui, à tout individu dont les droits garantis par le PIDCP ont été violés de pouvoir prétendre à une réparation quelle que soit la forme. Pour autant, leur (les mesures de réparations énoncées par le CDH) formulation est considérée selon M. SOGNIGBE-SANGBANA dans sa thèse comme trop « générale et lapidaire laissant une certaine marge d'appréciation à l'État dans la détermination des réparations appropriées »[825]. Certes des efforts ont été faits de sa part, nous le verrons plus loin, mais il faut comprendre qu'on aurait voulu qu'il soit plus intrusif dans la vie des États en tirant toutes les conséquences de la violation

---

l'homme », *in* F. COUVEINHES-MATSUMOTO et R. NOLLEZ-GOLBACH (dirs.), *Les États face aux juridictions internationales : une analyse des politiques relatives aux juges internationaux*, Paris, Pedone, 2019, pp. 167-190. C'est un fait. Dans l'affaire dont nous faisons cas - *Yan Melnikov c/Belarus* -, on peut noter que l'État partie demande au CDH de ne pas enregistrer une communication. Il continue, au cas où le CDH enregistrait une telle communication, l'État partie se dissocierait de la constatation qui serait prise. Ce qui est quelque peu curieux. On note que, face à un tel comportement, la réaction du CDH a été pour le moins cinglante. Il répond en des termes suivants : « C'est au Comité qu'il appartient de déterminer si une affaire doit être enregistrée. En n'acceptant pas la compétence du Comité pour évaluer l'opportunité d'enregistrer une communication et en déclarant à l'avance qu'il n'acceptera pas la décision du Comité concernant la recevabilité et le fond de la communication, l'État partie manque à ses obligations au titre de l'article premier du Protocole facultatif » Voy. CDH, *Yan Melnikov c/Belarus*, constatation du 14 juillet 2017, comm. n° 2147/2012, § 6.1 et 6.2. On conviendrait à cet égard que, la probabilité qu'on puisse observer un tel comportement en pleine procédure à l'égard d'une instance juridictionnelle à laquelle cet État aurait reconnu la compétence contentieuse est faible.

822 Article 9 § 5 du PIDCP « Tout individu victime d'arrestation ou de détention illégale a droit à réparation »

823 Article 14 § 6 du PIDCP.

824 CDH, *Observation générale* n° 31. Voy., dans ce sens, C. TOMUSCHAT, *Human rights*, *op. cit.*, p. 359.

825 M. SOGNIGBE-SANGBANA, *La sanction internationale de la violation des droits de l'homme*, 38, *op. cit.*, p. 60.

lors du prononcé de ces mesures réparatrices[826]. Il est manifeste que cette remarque signale le CDH comme dubitatif ou restant quelque peu sur ses gardes vis-à-vis du volontarisme étatique. Cette attitude pose naturellement des soucis, tels que son incidence sur sa quête à l'effectivité de sa mission. Ce qui de toute évidence, est incompatible avec l'acquittement efficace de sa mission. Mais, faut-il comprendre en réalité que c'est parce qu'il n'aurait pas cette habilitation conformément à sa norme constitutive.

PARAGRAPHE II/
L'UNIVERSALITE « FACTICE » DU PIDCP ET SON ORGANE DE CONTROLE

282. La question de l'universalité[827] des droits de l'homme a été de tous les temps une préoccupation de la communauté internationale et celle de la doctrine internationaliste. Etant donné que, l'effectivité des droits est aussi fonction de leur universalité, notre analyse ici consisterait à montrer si cette consubstantialité entre l'universalité et l'effectivité des droits consacrés par le PIDCP est vérifiée dans cette étude. Il convient dès lors d'émettre un avis critique sur la question, lequel sera mesuré à l'aune des exemples concrets pour faire ressortir qu'en réalité, cette universalité des droits tant souhaitée, ici pris essentiellement dans le cadre d'un instrument conventionnel spécifique : le PIDCP et de son organe de contrôle, n'est que le résultat d'une pure imagination qui n'est nullement en adéquation avec l'objectif. C'est dans ce sens que le soulignait le Professeur P. TAVERNIER « l'universalisation des droits de l'homme semble (...) loin d'être inachevé et complète. (...), le Chemin vers l'universalité est semé d'embûche (...) »[828] Et de ce fait, en total contradiction avec l'effectivité des droits garantis par le texte. On serait plutôt en face d'une universalité de façade. Pour dire vrai, ce qui paraît correcte à nos yeux, n'est à l'évidence que de l'apparence qui cache l'image d'une

---

[826] Voy. dans ce sens S. KARAGIANNIS, « La multiplication des juridictions internationales : un système anarchique ? », *op. cit.*, p. 76. L'auteur fait état de son impossibilité à pouvoir accorder des satisfactions équitables aux personnes dont des droits sont violés.

[827] Rappelons que le Professeur P. TAVERNIER distingue l' « universalité » de l' « universalisme ». Il définit l' « universalisme » comme « un état d'esprit ou une doctrine » et l' « universalité » comme « un état de fait, (...) un but à atteindre, par conséquent un processus d'universalisation » avant de nuancer en considérant que les deux notions se rejoignent par-delà cette distinction scientifique. P. TAVERNIER, « Réussite ou échec 40 ans après l'adoption des pactes internationaux relatifs aux droits de l'homme ? », in *Droit international et diversité des cultures juridiques*, Société française pour le droit international, (SFDI), Paris, Pedone, 2008, p. 413.

[828] *Ibid.*, p. 417.

universalité controversée[829]. Cette observation sera illustrée à l'aune de la vision tronquée que l'on a de la hausse du nombre de ratification des États du PIDCP pourtant confrontée à la réalité, (**A**) suivi de l'effet néfaste que produit l'émission des réserves par les États sur cette universalité (**B**).

A/ L'universalité factice du PIDCP, de son Protocole facultatif à l'égard du CDH

283. « *A l'heure actuelle, l'urgence me semble moins de définir de nouveaux droits que d'amener les États à adopter les textes existants et à les appliquer effectivement* »[830]. Tels sont les propos de l'ancien secrétaire général lors de la Conférence internationale des droits de l'homme de 1993, durant laquelle ce dernier a eu le mérite d'avoir martelé le caractère universel des droits de l'homme. La logique de cette affirmation, sous-entend que, pour prétendre à l'universalité des droits, il faudrait au préalable faire adopter les textes internationaux existants en la matière par les États afin de se pencher ensuite sur leur effective application. L'heure n'est plus, selon cette analyse, à l'élaboration de nouvelles normes. Il s'ensuit que, la large couverture géographique des textes devient dès lors une priorité si l'on veut atteindre efficacement et effectivement l'objet et le but des traités de droits de l'homme de manière universelle. Puisque l'universalité suppose tout d'abord que tous les individus où qu'ils soient, et quels qu'ils soient[831], bénéficient de façon égale des mêmes droits. Pour ce faire, la justiciabilité des droits est fondamentale pour atteindre ce but. On conviendrait alors que l'universalité des droits inscrits dans le PIDCP est aussi tributaire de leur effectivité, or l'atteinte de cette effectivité voudrait au préalable que ces droits garantis soient reconnus par l'Etat. C'est donc cette ambition de reconnaissance des droits qui est le leitmotiv gouvernant l'incitation à la ratification.

284. Loin de nous l'idée de vouloir confirmer une telle universalité absolue à l'égard du PIDCP et ses textes additionnels en se contentant surtout du niveau actuel de sa ratification qui pourrait se révéler trompeur. En effet, la tendance aujourd'hui donne à croire que le PIDCP est aux confins de l'universalité en terme du nombre d'États qui sont Parties à ce jour.

---

[829] J.-F. FLAUSS, « La protection des droits de l'homme et les sources du droit international », in *La protection des droits de l'homme et l'évolution du droit international*, Société française pour le droit international, (SFDI), Paris, Pedone, 1998, p. 16.

[830] B. BOUTROS-GHALI, « Déclaration liminaire du Secrétaire général de l'ONU à la conférence mondiale des

droits de l'homme » (p. 13 de la brochure publiée par le département de l'Information des Nations Unies, DPI/1394-93630, sept. 1993) -

[831] P. TAVERNIER, « L'Onu et l'affirmation de l'universalité des droits de l'homme », *R.T.D.H*, 1997, p. 381.

Cependant, force est de reconnaitre que, cette augmentation de la ratification du PIDCP en elle seule, ne suffit pas à atteindre l'universalité. Le 24 octobre 2018, 173 États sont Parties au PIDCP ; le 24 mars 2017, 116 sont des États Parties au Protocole facultatif n°1[832] ; le 07 Jan 2020, 88 États sont Parties au second Protocole facultatif relatif à la peine de mort[833]. Si de telle données renforcent la légitimité du CDH, en terme du nombre d'États ayant manifesté leurs intentions d'être liés par l'instrument[834], il faut se résoudre à reconnaitre paradoxalement que cette ambition universaliste n'est pas véritablement à portée des mains. Il est intéressant de relever dans ce sens, par exemple, l'indifférence de certains États, et non des moindres sur l'échiquier international, au PIDCP et à ses Protocoles. Il s'agit nommément des États-Unis, du Japon et de la Chine[835]. Si les deux premier n'ont ratifié le PIDCP qu'en 1992, ils n'ont pas, en revanche, ratifié le Protocole facultatif à ce jour. Par conséquent, ils ne reconnaissent pas la Compétence contentieuse du CDH. À l'aune de telles données, il est difficile de conclure à une universalité totale du PIDCP au profit de son organe de contrôle. Cet argument nécessite dès lors d'être nuancé.

285. À côté de cette universalité liée au degré d'implication des États, se superpose une autre forme d'universalité matérielle tenant au contenu de la norme et de son étendue dont l'application ou la réalité ne reflète pas toujours l'ambition. Cette universalité, observée sous différentes formes, pourrait dès lors se révéler factice. L'exemple tiré de la question de la peine de mort reste frappant[836]. En effet, le régime de la peine de mort est encore en vigueur et applicable dans bon nombre d'États du monde. On en veut pour preuve l'état de ratification du second Protocole additionnel au PIDCP adopté en 1989 qui a enregistré au moment où nous écrivons, un niveau de ratification moyen. Entré en vigueur en 1991, ce Protocole additionnel compte aujourd'hui 88

---

832 OHCHR, *Map of the ratification status of the ICCPR OP1*, mars 2017.

833 OHCHR, *Map of the ratification status of the ICCPR OP2*, January 2020.

834 L. HENNEBEL, « Chapter: 10 The Human Rights Committee », *op. cit.*, p. 342.

835 Il faut noter que la Chine a signé le PIDCP le 5 octobre 1998 mais à l'heure où nous écrivons ces mots elle ne l'a toujours pas ratifié et de façon logique, elle n'a pas ratifié le Protocole additionnel de reconnaissance de compétence du CDH. Elle a en revanche signé le PIDESC le 27 octobre 1997 et l'a ratifié le 27 mars 2001. Il est important de noter que, certes, c'est une liberté pour l'État de n'exprimer son consentement à être lié vis-à-vis d'un traité que lorsque cela lui semble bon, mais ici la tactique de la Chine ne semble pas anodine. Elle envoie un message clair aux autres États quant à aux choix politique opéré. L'État ne serait donc toujours pas encore à même d'intégrer les droits civils et politiques, dans son acception internationale dans son ordre juridique interne. Voy. F. COUVEINHES-MATSUMOTO, « La politique juridique extérieure de la République populaire de Chine », *A.F.R.I*, 2016, p. 557.

836 Voy. M. FORTEAU, « Les Nations Unies et l'abolition universelle de la peine de mort : actions et défis », *in* S. TOUZÉ (dir.), *L'abolition universelle de la peine de mort, Actes du colloque des 9 et 11 octobre 2014*, Paris, Pedone, 2016, pp. 11-28.

États parties sur les 192 que compte la communauté internationale[837]. On remarquera de surcroit, l'absence de certaines grandes puissances sur la liste. Cela est contreproductif pour l'universalité des droits de l'homme et témoigne aussi une prise en compte relative et, à la fois, controversée par les États des textes internationaux contre ce fléau. Malgré les mouvements et campagnes de la société civile, ainsi que les efforts que l'on peut observer dans l'ordre juridique interne de certains États parties en faveur de l'abolition universelle[838], il est une persistance de l'application de la sentence capitale dans les ordres juridiques internes de bon nombre d'États en toute contrariété des standards internationaux.

286. Le constat ne diffère pas fondamentalement lorsqu'on s'intéresse à la question de la protection des droits des minorités sexuelles. Bien que l'on puisse noter des avancées avec les mouvements de dépénalisation de l'homosexualité, il reste en revanche que nombreux sont encore les pays dans le monde où les membres de cette communauté restent persécutés. Certes dans le cadre du Conseil des droits de l'homme, des résolutions ont été adoptées mais elles révèlent rapidement leurs limites. Et bien qu'il faille admettre que le PIDCP ne protège pas en tant que tel cette minorité, le CDH a su forcer les attributions normatives à lui dévolues pour réserver un accueil favorable aux victimes de persécution pour cause d'orientation sexuelle[839]. Malgré ces efforts, rien ne semble obliger les États tenants de telles politiques législatives interne, et cette situation les encourage à rester campés sur leur position.

287. L'Affirmation des particularités traditionnelles de certains États membres des Nations Unies sur des questions culturelles pour s'exonérer des obligations conventionnelles est l'une des raisons évoquées. Le même motif est étendu à d'autres droits et constitue un frein à la réalisation de l'universalité des droits[840]. Le Doyen G. VEDEL ne considérait-il pas dans le même sens et à juste titre que « *le droit à la différence dans un système universaliste des droits de l'homme ne justifie pas la relativisation de ceux-ci.* »[841] ? C'est d'ailleurs ce même point de vue que partage le CDH et qu'il ne cesse de rappeler aux États concernant certaines pratiques traditionnelles qui mettent à rude épreuve l'universalité des droits garantis. Il estimait à cet effet par exemple à l'égard du Ghana que :

---

[837] Voy. United Nations, *Treaty Series*, vol. 1642, p.414.

[838] Voy. S. LEHRFREUND, « Legal perspective: judicial activism and constitutional developments restricting the use of the death penalty », *in* S. TOUZÉ (dir.), *L'abolition universelle de la peine de mort, Actes du colloque des 9 et 11 octobre 2014*, Paris, Pedone, 2016, pp. 29-39.

[839] *Supra.*

[840] P. TAVERNIER, « L'Onu et l'affirmation de l'universalité des droits de l'homme », *op. cit.*

[841] G. VEDEL, « Les droits de l'homme : Quels droits ? Quel homme », in *Humanité et droit international, Mélanges Rene-Jean DUPUY,* Paris, Pedone, 1991, p. 356.

« Le Comité est préoccupé par la persistance de certaines pratiques préjudiciables, qui sont pourtant interdites par la loi, notamment les mutilations génitales féminines, le trokosi (servitude rituelle), les mariages précoces et forcés et le placement des personnes accusées de sorcellerie dans des camps de sorcières. Il note également avec inquiétude que la polygamie est encore autorisée par le droit coutumier ou la religion et qu'elle est largement acceptée au sein de la société. Si, comme l'a expliqué la délégation au cours du dialogue, le contexte culturel doit être pris en compte aux fins de la conception de stratégies de lutte contre ces pratiques, le Comité rappelle que le non-respect des obligations découlant du Pacte ne saurait être justifié, en définitive, par des considérations politiques, sociales, culturelles ou économiques internes (observation générale no 31 (2004) sur la nature de l'obligation juridique générale imposées aux États parties au Pacte) »[842].

288. Le Cas de l'Arabie Saoudite est également frappant et cadre bien avec une telle réalité. En effet, si l'État saoudien a fourni des efforts pour considérer certains traités onusiens de droits de l'homme, force est de constater en revanche que, les textes conventionnels onusiens ratifiés par cet État sont soumis à des réserves dont l'étendue inhibe considérablement la jouissance du traité par ses bénéficiaires[843] - en refusant tout de même d'être lié par les

---

[842] CDH, *Observations finales*, Ghana, CCPR/C/GHA/CO/1, 9 août 2016, § 17.

[843] En effet, les réserves formulées pour le peu de conventions de droits de l'homme ratifiées par l'État ne peuvent qu'attirer notre curiosité en ce qu'elles sont pour le moins asymptomatiques. On a plutôt l'impression qu'il s'agit pour l'État d'un parfait moyen de soumettre l'application totale desdits traités à ses lois et coutumes nationales. Ce qui pose naturellement un problème quant à l'universalité des droits de l'homme. Sachant que les textes internes de l'État en question sont réputés pour être contraires au DIDH. Voy. pour la Convention internationale de lutte contre la discrimination à l'égard des femmes : « *Réserves : 1. En cas de divergence entre les termes de la Convention et les normes de la loi musulmane, le Royaume n'est pas tenu de respecter les termes de la Convention qui sont divergents. 2. Le Royaume ne se considère pas lié par le paragraphe 2 de l'article 9 de la Convention ni par le paragraphe 1 de l'article 29 de la Convention.* » ; Pour la Convention pour le droit des enfants : « *Réserve :[Le Gouvernement saoudien formule] des réserves sur toutes les dispositions contraires aux prescriptions du droit musulman.* » ; Pour la convention de lutte contre la torture, les traitements cruels, inhumains et dégradants : « *Déclarations : Le Royaume d'Arabie saoudite ne reconnaît pas les compétences du Comité décrites au paragraphe 20 de la Convention. Le Royaume d'Arabie saoudite ne se considère pas lié par les dispositions du paragraphe 1 de l'article 30 de la Convention.* ». Le moins qu'on puisse dire, c'est que de telles formulations ne font que raviver, bel et bien, le débat sur l'impact et la place des traditions culturelles internes sur l'universalité des droits de l'homme. Puisqu'il n'y a aucun doute dans le cas précis qui puisse faire obstacle à ce que les droits de l'homme garantis par les textes, que nous venons mentionner, ne soient pas applicables aux ressortissants de l'État en cause. Voy. P. WECKEL et K. RINALDI, « Relativisme culturel ou universalité des droits de l'homme ? », in *Droit international et diversité des cultures juridiques*, Société française pour le droit international, (SFDI), Paris, Pedone, 2008, pp. 420-431. ; A.-L. VAURS-CHAUMETTE, « Les droits de

clauses contraignantes, à ce jour il n'est pas Partie au PIDCP ni au Protocole facultatif[844]. Un autre cas très intéressant est aussi celui du principe de la laïcité appliqué en France.

B/ L'émission des réserves au PIDCP et aux Protocoles additionnels : un handicap pour l'universalité et l'effectivité des droits

289. Rappelons-le, le droit international est gouverné par des règles qui régissent son fonctionnement vis-à-vis de ses sujets. La majorité de ces règles sont de même transposées en DIDH, même si ce dernier conserve des spécificités qui font son autonomie[845]. Très tôt, les réticences de certains États ont été constatées à l'égard du PIDCP et se sont manifestées par leur adoption des réserves ayant pour conséquence directe de minimiser les effets du PIDCP ainsi que du contrôle effectué par le CDH les obligeant à respecter les dispositions du PIDCP[846]. Cette situation a de même attiré l'attention du Secrétaire général des Nations Unies (SGNU) d'alors, M. B. BOUTROS-GHALI qui l'a soulignée durant la Conférence mondiale sur les droits de l'homme de 1993 en considérant les réserves en DIDH comme étant « destructrices des fins poursuivies » par ce droit.

290. Mais que faudrait-il entendre réellement par réserves aux traités ? Les réserves sont des « déclarations unilatérales formulées par les États ou une organisation internationale, avant et/ou après lors de l'expression de son consentement à être lié par un traité, tendant à modifier au regard du texte conventionnel du déclarant à son égard »[847]. Disons en d'autres termes que

---

l'homme en Asie », in *Droit international et diversité des cultures juridiques*, Société française pour le droit international, (SFDI), Paris, Pedone, 2008, pp. 432-441. ; Sur la critique de la critique de l'approche relativiste, Voy. G. BINDER, « Cultural Relativism and Cultural Imperialism in Human Rights Law Comment », *Buffalo Human Rights Law Review*, 1999, vol. 5, p. 212. ; G. COHEN-JONATHAN, « Les droits de l'homme, une valeur internationalisée », *Revue Droits Fondamentaux*, décembre 2001, vol. 1, p. 163. ; T. ZWART, « Safeguarding the Universal Acceptance of Human Rights Through the Receptor Approach », *Human Rights Quarterly*, October 2014, vol. 36, n° 4, pp. 898-904.

[844] P. TAVERNIER, « Les ambiguïtés de l'universalité des droits de l'homme à propos de l'adoption du Statut de la cour arabe des droits de l'homme », in *Réciprocité et universalité - Sources et régimes du droit international des droits de l'homme, Mélanges en l'honneur du Professeur Emmanuel Decaux*, Paris, Pedone, 2017, p. 894.

[845] *Supra*. Voy. le Chapitre introductif de ce même travail.

[846] GOLDSMITH J. L. et POSNER E. A., *The Limits of International Law,* Oxford, Oxford University Press, 2005, p. 112.

[847] J. SALMON, *Dictionnaire de droit international public*, *op. cit.*, p. 988. Elles sont également définies par l'Article 2 § 1 de la Convention de Vienne de 1969 sur le droit des Traités comme suit : « La réserve est définie comme une déclaration unilatérale faite par un État quand il signe ratifie, accepte ou approuve un traité ou il adhère, par laquelle il vise à exclure ou à modifier l'effet juridique de certaines dispositions du traité dans leur application à cet État » Il existe différents types de réserves, les réserves interprétatives qui naissent de l'application ou de

c'est le moyen légal pour un État de se libérer de façon partielle ou totale d'une obligation conventionnelle[848]. Ce constat fait, leur émission pourrait être lue aussi comme une stratégie de l'État émetteur de modifier l'effet du traité à son égard. En d'autres termes, elles sont l'outil permettant à ce dernier de s'offrir le sens dans lequel il voudrait que lui soit appliquée l'œuvre conventionnelle. Il n'en va pas autrement du comportement adopté par les États européens membre du Conseil de l'Europe sur instruction du Comité des ministres lors de leur ratification du premier Protocole facultatif de reconnaissance de la compétence du CDH s'agissant de la réserve devant interdire à ce dernier de connaitre des litiges déjà examinés par la Cour EDH. L'intention ici était de déjouer le dynamisme du CDH à leur égard ou de limiter la divergence jurisprudentielle entre les deux organes interprètes de différents instruments à leur endroit[849].

291. C'est donc une technique de modulation de la volonté étatique. Cependant, les traités en droits de l'homme n'étant pas des traités synallagmatiques puisque, conclus par les États, ils sont destinés à garantir les droits des tiers, les individus, la pratique des réserves dans ce domaine est considérée par une partie de la doctrine comme inappropriée[850]. Elle s'oppose à l'avancée et à la sauvegarde des droits de la personne contenus dans les textes et limite les efforts de protection des organes de contrôle international parce qu'elle altère leur mission, le but pour lequel ils sont créés et contribue à leur fragilisation[851].

---

l'interprétation des conventions et les réserves portant sur l'objet des conventions c'est-à-dire les réserves touchant les droits consacrés par la convention ou le traité.

[848] D.W. HILL, « Avoiding Obligation: Reservations to Human Rights Treaties », *Journal of Conflict Resolution*, September 2016, vol. 60, n° 6, pp. 1129-1158.

[849] S. KARAGIANNIS, « La multiplication des juridictions internationales : un système anarchique ? », *op. cit.*, p. 127.

[850] G. COHEN-JONATHAN, « Conclusions générales », *op. cit.*, p. 322. Voy. par exemple la réserve émise par les USA sur la question de peine de mort : W. SCHABAS, « Les réserves des États Unis au Pacte international relatif aux droits civils et politique en ce qui concerne la peine de mort », *R.U.D.H*, septembre 1994, vol. 4-6, pp. 137-150. ; de même auteur W. SCHABAS, « Reservations to Human Rights Treaties: Time for Innovation and Reform », *Canadian Yearbook of International Law*, 1995, vol. 32, pp. 39-81. Voy. les avis critiques du Professeur A. PELLET, « Les réserves en matière de droits de l'homme », in *Justice et droits de l'homme, Mélanges en l'hommage à Christine CHANET*, Paris, Pedone, 2019, pp. 123-134. ; A. PELLET, « Reservations to treaties and the integrity of human rights », *in* S.N. RODLEY et S. SHEERAN (éds.), *Routledge Handbook of International Human Rights Law*, New York, Routledge, 2013, pp. 323-338. ; E. NEUMAYER, « Qualified Ratification: Explaining Reservations to International Human Rights Treaties », *Journal of Legal Studies*, 2007, vol. 36, n° 2, p. 399.

[851] B. ÇALI, « Influence of the ICCPR in the Middle East », *in* D. MOECKLI, H. KELLER et C. HERI (éds.), *The Human Rights Covenants at 50 : Their Past, Present, and Future*, Oxford, Oxford University Press, 2018, p. 133 et suiv.

292. S'il est logique de remarquer qu'au fil des années, le nombre d'États ayant ratifié l'instrument universel des droits de l'homme ne cesse d'accroitre[852], force est de constater de la même façon le nombre important de réserves formulées à l'égard de ce texte[853]. Bien que nul ne conteste complètement leur utilité, parce qu'elles servent parfois comme outil de facilitation à l'adhésion massive aux instruments internationaux[854], elles sont, *a contrario,* appréciées comme n'ayant pas leur place en matière des droits de l'homme ou du moins, elles ne doivent avoir qu'une portée réduite dans ce domaine en raison des effets négatifs qu'elles peuvent produire sur la protection des droits de la personne.

293. Dans cette logique et face au nombre sans cesse croissant de réserves formulées par les États à l'égard du PIDCP qui augmente la menace, à tout le moins, sur l'universalité[855], se pose parallèlement la question de leur légalité. La prise en compte de cette exigence de légalité a obligé le CDH à sortir de son mutisme dans le but de contrer les agissements néfastes des États en adoptant sa célèbre *Observation générale* n° 24(52) de 1994[856] qui, avant tout, vise à recadrer les dérives en exhortant les États parties s'adonnant à cette

---

[852] Voy. *Supra.*

[853] D. SHELTON, « State Practice on Reservations to Human Rights Treaties », *Canadian Human Rights Yearbook*, 1983, vol. 1983, pp. 205-234. Il est important de préciser que l'étude menée par l'auteure de cet article est certes dépassée face aux effets du temps. Toutefois, il nous semble nécessaire de s'y référer afin que la réalité actuelle des réserves au traités soit lue à travers son tableau de recensement dressé sur les réserves aux traités de droits de l'homme.

[854] A. PELLET, « Table ronde : L'unité ou la fragmentation du système juridique international ? », *op. cit.*, p. 295. L'auteur en considérant les arguments des pourfendeurs de la pratique des réserves aux traités des droits de l'homme comme « *des préoccupations généreuses et droit-de-l'hommiste* », pense que « *(...) le mieux c'est l'ennemi du bien. (...) il vaut mieux que la Chine ou le Pakistan acceptent certaines normes de droits de l'homme, plutôt qu'aucune.* ». Selon lui, « *cette institution juridique se révèle (...) tout à fait adaptée aux objectifs mêmes, et de cette branche du droit, et de ses zélateurs.* » Voy. *Ibid.*, p. 296.

[855] P. TAVERNIER, « Le destin du pacte international relatif aux droits civils et politiques vingt ans après son entrée en vigueur », *op. cit.*, p. 482.

[856] CDH, *Observation générale* n°24 de novembre 1994 sur les questions touchant les réserves formulées au moment de la ratification du Pacte ou des Protocoles facultatifs y relatifs ou de l'adhésion à ces instruments ou en rapport avec des déclarations formulées au titre de l'article 41 du Pacte, Voy. spéc. § 18 « Il incombe nécessairement au Comité de déterminer si une réserve est compatible avec l'objet et le but Pacte en particulier parce que (…) cette tâche n'est pas du ressort des États parties s'agissant d'instruments internationaux relatifs aux droits de l'homme et en particulier parce que le Comité ne peut se soustraire à cette tâche dans l'exercice de ses fonctions… Le Comité doit nécessairement se faire une idée de la compatibilité d'une réserve avec l'objet et le but du Pacte avec le droit international général. En raison du caractère particulier d'un instrument relatif aux droits de l'homme, la compatibilité d'une réserve avec l'objet et le but du Pacte doit être établie objectivement, en se référant à des principes juridiques » ; Voy. dans le même sens les commentaires de : C.J. REDGWELL, « Reservations to Treaties and Human Rights Committee General Comment No.24(52) », *The International and Comparative Law Quarterly*, 1997, vol. 46, n° 2, pp. 390-412.

pratique, à la réduction sinon à la disparition complète de la pratique des réserves à l'égard du PIDCP[857]. À partir de ce moment et sur le fondement de cette *Observation générale*, le CDH va décider de contrôler les réserves et d'examiner la qualité de l'acte[858]. La suite de cette situation fut très intéressante. On observe qu'après l'arrêt *Belilos c/ Suisse*[859], ce fut le tour du CDH qui a rendu une sentence historique le 2 novembre 1999 dans l'affaire *Kennedy c/ Trinité-Tobago*, dans laquelle, il a écarté la réserve émise par l'État pour motif d'invalidité[860].

294. Malgré ces efforts consentis par les organes de contrôle, il a été donné de constater à partir des conclusions de la Conférence mondiale sur les droits de l'homme de 1998, tenue sur l'évaluation de la mise en œuvre de la Déclaration et du Programme d'action de Vienne de 1993, que l'appel lancé par la Conférence mondiale encourageant les États à éviter, dans la mesure du possible, de formuler des réserves à l'égard des instruments internationaux relatifs aux droits de l'homme n'a pas produit les résultats escomptés[861]. Cela est vraiment dommageable pour l'élan « universaliste » des droits de l'homme : même si des efforts de retraits de réserves sont observables, le nombre restant est encore important vis-à-vis du PIDCP[862].

295. Il est tout aussi important de rappeler que la dénonciation des traités de droit de l'homme ou encore la remise en cause de la compétence des organes de contrôle[863] pourrait produire des effets similaires sur l'universalité

---

[857] Voy. par exemple la résolution (43/114) de l'Assemblée générale « qui engage les États parties au Pacte qui avaient exercé leur droit souverain de formuler des réserves conformément aux règles du droit international pertinentes à envisager la possibilité de les reconsidérer ». Doc. E/CN4/1989 SR 18 du 23 mars 1989.

[858] J. DHOMMEAUX, « Le comité des droits de l'homme, 25 ans d'expérience », *op. cit.*, p. 659. ; F. COULEE, « A propos d'une controverse autour d'une codification en cours : les réactions aux réserves incompatibles avec l'objet et le but des traités de protection des droits de l'homme », in *Liberté , Justice, Tolérance, Mélange en hommage au Doyen Gérard COHEN-JONATHAN*, Paris, Bruylant, 2004, p. 504. ; T. CHRISTAKIS, « Human rights from a neo-voluntarist perspective », *in* J. KAMMERHOFER et J. D'ASPREMONT (dirs.), *International legal Positivism in A post-modern world*, Cambridge, Cambridge University Press, 2014, p. 434.

[859] Cour EDH, 29 avril 1989, *Belilos c/ Suisse ;* Voy. G. COHEN-JONATHAN, « Les réserves à la Convention européenne des droits de l'homme », *R.G.D.I.P*, 1989, p. 273.

[860] J.-F. FLAUSS, « Le contrôle de la validité des réserves par le Comité des droits de l'homme des Nations Unies », *R.T.D.H*, 2001, vol. 45, p. 222.

[861] Commission des droits de l'homme, Suivi de la Conférence mondiale sur les droits de l'homme, Évaluation quinquennale de la mise en œuvre de la Déclaration et du Programme d'action de Vienne. Rapport intérimaire du Haut-Commissaire des Nations Unies aux droits de l'homme, Cinquante-quatrième session : E/CN.4/1998/104,20 février 1998, § 59.

[862] P. TAVERNIER, « Le destin du pacte international relatif aux droits civils et politiques vingt ans après son entrée en vigueur », *op. cit.*, p. 482.

[863] P. FRUMER, « Dénonciation des traités et remise en cause de la compétence des organes de contrôle. A propos de quelques entraves étatiques récentes aux mécanismes internationaux

des droits alors même que le PIDCP ou le Protocole facultatif ne prévoit pas cette possibilité ni ne l'interdit. L'avis du Secrétariat des Nations Unies sur le cas de la Corée éclaire cette zone d'ombre. On aura compris que la spécificité du traité en cause l'emporte sur la pratique de la Convention de Vienne sur le droit des traités[864]. La lettre adressée par le CDH à l'État philippin en mars 2017 à la suite de la manifestation de la volonté de cet État de dénoncer le second Protocole facultatif annexé au PIDCP portant sur la peine de mort est un exemple concret qui systématise l'impossibilité de la dénonciation[865]. En effet, l'État philippin manifestait une telle volonté en introduisant un projet de loi à cet effet prétextant la nécessité pour l'État de trouver une réponse aux infractions liées à la drogue sur son territoire. La réaction du CDH face à cette situation fut cinglante. Rappelant l'article 6 (2) du PIDCP, l'organe universel affirme que:

> « (…) Once the death penalty is abolished, through amending domestic law or acceding to the Second Optional protocol, States are barred from reintroducing it. (…) The Second Optional protocol excludes the possibility of denunciation by omitting a denunciation clause to guarantee the permanent non-reintroduction of the death penalty by States that have ratified it. »[866]

296. Il demanda ensuite à l'État de reconsidérer son projet et de se conformer à ses obligations résultant du PIDCP et du second Protocole facultatif en s'abstenant « from Taking retrogressive measures which would only undermine the human rights progress to date. »[867]. Ce raisonnement, le CDH le fonde sur ses directives relatives à *la continuité des obligations des États* contenues dans son *Observation générale* n°26[868] qui précise avec clarté les raisons de cette impossibilité de dénonciation. Sinon, à supposer que la possibilité de dénonciation des traités de droits de l'homme ne soit pas encadrée, cela signifierait de donner systématiquement carte blanche aux États ou créer des « zones de non droits ». En ce moment, libre à eux d'apprécier la portée du texte et d'en faire comme bon leur semble dans une approche

---

de protection des droits de l'Homme », *R.G.D.I.P*, 2000, pp. 939-951. ; J.-F. FLAUSS, « Le contrôle de la validité des réserves par le Comité des droits de l'homme des Nations Unies », *op. cit.* ; W. SCHABAS, *U.N. International Covenant on Civil and Political Rights*, 3rd éd., *op. cit.*, p. 1066. L'auteur fait le bilan des cas dans lesquels la dénonciation s'est produite. Le cas de la Trinité-Tobago, de la Jamaïque et de la Guyane.

[864] J. DHOMMEAUX, « Le comité des droits de l'homme, 25 ans d'expérience », *op. cit.*, p. 672 et suiv. ; T. MEYER, « Good Faith, withdrawal, and the judicialization of International politics. », *Question of International Law,* Vol. 2, 2014, p. 10.

[865] CDH, Doc. *Réf. KF/HRC/119/March/2017* du 27 Mars 2017.

[866] *Ibid.* spéc. para. 5.

[867] *Ibid.* spéc. para. 6.

[868] CDH, *Observation générale* n°26 (1997) continuité des obligations, spéc. 1 à 5.

volontariste[869]. Il faut alors comprendre, à l'aune de cette dernière hypothèse, pourquoi l'appréciation d'une telle liberté des États est mitigée en matière de protection des droits. Dans cette même logique, on comprendrait assez aisément pourquoi le CDH quand l'occasion se présente à lui de diagnostiquer la légalité de la réserve, n'hésite pas à reconduire cette même attitude. La preuve est fournie lors de l'examen des rapports périodiques : il saisit l'occasion pour exhorter les États parties à fournir des efforts pour retirer les réserves émises lors de la ratification de la norme principale[870]. Cette initiative est pertinente et compatible avec sa mission parce qu'en réalité, ces réserves non seulement vident le PIDCP de sa substance mais, de plus, restreignent son champ d'application.

---

[869] F. COULEE, « A propos d'une controverse autour d'une codification en cours : les réactions aux réserves incompatibles avec l'objet et le but des traités de protection des droits de l'homme », *op. cit.*, p. 503.

[870] Voy. CDH, *Observations finales* adressées aux États-Unis 14 avril 2014, Doc. n° CCPR/C/USA/CO/4, spéc ; CDH, *Observations finales* à la France, Doc. n° CCPR/C/FRA/CO/5, spéc. § 5. ; CDH, *Observations finales* des Pays-Bas, 22 août 2019, Doc n° CCPR/C/NLD/CO/5, spéc. § 10. ; CDH, *Observations finales,* pour le Royaume- Uni, du 30 juillet 2008, *Doc.* n° CCPR/C/GBR/CO/6, spéc. § 7.

CHAPITRE II / L'IMPACT NEGATIF DE LA COEXISTENCE DES SYSTEMES ET NORMES JURIDIQUES SUR LE CDH

297. La multiplication des organes de protection de droits de l'homme - d'un ordre juridique ou d'un système juridique à l'autre - n'est plus chose à démontrer. C'est un fait. Il est toutefois important de constater que cette pluralité entraîne des répercussions négatives sur l'activité du CDH. Il a déjà été démontré dans nos précédents développements l'importance que révèle leur communicabilité[871]. Cependant, divers éléments et facteurs révèlent des effets pervers, des contre-effets sur l'effectivité de la protection des droits dont a la charge l'organe onusien dans leur rapport. En effet, si l'on s'en tient à ce qui précède, certaines réalités amènent à croire que cette pluralité produit des effets contraires non escomptés et constitue non seulement un facteur de fragilisation de la mission de CDH, mais aussi un élément de négation voire un frein pour une protection plurielle. Si le temps, est partiellement aussi considéré ici comme un élément de cette fragilisation - en ce qu'il met en porte-à-faux la volonté des États inscrite dans le texte par rapport aux ambitions de l'interprète concernant les droits nouveaux - de la mission du CDH, l'attitude des acteurs juridictionnels de l'ordre juridique interne et régional amène à corroborer cet état d'esprit. Il est important de s'intéresser à la manifestation de l'impacts de la coexistence des normes (**section 1**) puis aux conséquences résultant de la difficulté liée à la réception des normes du CDH au niveau interne ainsi qu'à celles liées au défaut de cohérence de ces acteurs internationaux qui coexistent vis-à-vis de l'organe universel (**section 2**).

SECTION I/ LES EFFETS NEFASTES DE LA COEXISTENCE DES NORMES SUR LA MISSION DU CDH

298. Rappelons que le périmètre d'action du CDH se trouve confronté à certains facteurs tels que la multiplication des organes de contrôle homologues et la consistance de son traité constitutif à pouvoir réguler sans difficultés les nouveaux problèmes du monde contemporain. Ces éléments que nous considérons comme des vecteurs de la fragilisation de son domaine de

---

[871] C. PINELLI, « Sur la communicabilité entre ordres juridiques », in *La communicabilité entre les systèmes juridiques, Liber Amicorum Jean-Claude Escarras*, Bruxelles, Bruylant, 2005, pp. 163-166.

compétence, sont liés premièrement à l'existence de la pluralité de textes conventionnels, tous adoptés dans le même système de protection que le PIDCP, adossée à l'activité normative de leurs organes de contrôle **(Paragraphe 1)**. Secundo, cette fragilisation du domaine de compétence du CDH, situé dans les temps actuels, pourrait provenir de la réelle capacité normative de son traité constitutif à faire face aux problèmes contemporains engendrant de nouveaux droits **(Paragraphe 2)**. C'est précisément de ces points qu'il sera question dans cette section.

PARAGRAPHE I/
L'INCIDENCE NEFASTE DE LA PLURI-NORMATIVITE EN DROIT ONUSIEN DES DROITS DE L'HOMME

299. L'offensive législative des Etats dans le domaine des droits de l'homme au sein des Nations Unies devrait-elle être toujours perçue comme étant une bonne nouvelle sans incidence négative ? Bien attendu que la réponse est négative. Cette réponse ne diffère pas de celle de la Professeure L. BURGORGUE-LARSEN qui s'interrogeait si « la sophistication du droit international des droits de l'homme est-elle le fossoyeur de leur protection ? »[872]. Facteur du chevauchement des normes et de la multiplication des organes de contrôle au sein du système onusien conventionnel de protection des droits de l'homme, cette multiplication des traités de droits de l'homme semble constituée, dans une moindre mesure, un obstacle à l'application normale du PIDCP, instrument à portée généraliste[873], par son organe de contrôle. En effet, le CDH s'est vu contraint de tenir compte de la présence des autres Comités. En réalité, il devra fonctionner en tenant compte du fait qu'il n'est pas le seul. Il est donc question d'un partage de compétences à travers ces organes. Le risque résultant de cette situation n'est pas moindre. La situation impose et commande, pour une cohabitation apaisée, au CDH de fonctionner en mode de *self-restraint*[874] quoiqu'il lui soit reproché d'empiéter toujours sur le domaine d'action des autres Comités conventionnels[875]. Cette

---

[872] L. BURGORGUE-LARSEN, « Propos introductifs », *in* J. ANDRIANTSIMBAZOVINA, L. BURGORGUE-LARSEN et S. TOUZÉ (dirs.), *La protection des droits de l'homme par les cours supranationales. Acte du colloque du 08 et 09 octobre 2015*, (IIDH) Fondation Réne Cassin, Université Toulouse 1, Capitole, Pedone, 2015, p. 213.

[873] Voy. W. KÄLIN et J. KÜNZLI, *The Law of International Human rights Protection,* New York, Oxford University Press, 2019, p. 214.

[874] Voy. dans un sens pareil, l'analyse déployée par le Professeur S. KARAGIANNIS, « La multiplication des juridictions internationales : un système anarchique ? », *op. cit.*, p. 113.

[875] L. HENNEBEL, H. TIGROUDJA et J. DHOMMEAUX, « Aspects de droit international des activités des organes conventionnels des Nations Unies spécialisés dans la protection des

situation l'empêche *ipso facto* de faire son chemin seul bien que d'aucuns aient pu prévenir suffisamment que le procédé d' « autolimitation (...) peut s'avérer comme source d'injustice et prendre, à la limite, cette forme majeure d'injustice que constitue toujours le déni de justice »[876]. Le CDH doit s'autolimiter, faire les choses de concert avec les autres organes contradictoirement au fait que le PIDCP est souvent considéré comme l'instrument international des droits de l'homme à vocation très ouverte c'est-à-dire accordant une protection large aux droits fondamentaux dans son ensemble. Œuvrer de concert avec les autres organes des instruments catégoriels, revient à reconnaitre d'emblée un effritement sinon un émiettement de pouvoirs. Parce que, au lieu que ce soit un seul organe qui détienne ce pouvoir d'interprétation de manière concentrée et consolidée au niveau universel, on se retrouve dans une situation où plusieurs organes se le partagent. En effet, on comptabilise à ce jour 09 organes conventionnels exerçant les compétences presque similaires que le CDH. La grande majorité examine les rapports périodiques présentés par les États parties et reçoivent des communications individuelles à l'exception du Comité des travailleurs migrants (CMW) dont l'activation de la compétence contentieuse reste encore en attente, le *quorum* de ratification envisagé à l'article 77 de sa Convention n'étant toujours pas atteint. On conviendrait à ce moment que, la situation telle que relatée, conduit inévitablement à un risque de chevauchement comparable à la situation que le Professeur J. CARDONNA LLORENS qualifiait d' « anneaux olympique »[877] ou « d' « éclatement de jurisprudence »[878] ou encore

---

droits de l'homme 2013-2016 », *A.F.D.I*, 2016, p. 450. Cette situation d'empiétement de compétence, dans une moindre mesure, paraît tout à fait normal. En effet, on ne peut pas, par exemple, transférer au Comité de lutte contre toutes formes de discrimination à l'égard des femmes une affaire relevant de sa compétence alors même que l'État en cause ne lui reconnait pas une telle compétence. A côté, si l'État reconnait la compétence contentieuse du CDH, il va sans dire que c'est à bon droit que celui-ci connaisse l'affaire au risque de priver le requérant de son droit à un recours.

[876] S. KARAGIANNIS, « La multiplication des juridictions internationales : un système anarchique ? », *op. cit.*, p. 113.

[877] J. CARDONA LLORENS, « Le rôle des traités », *in* R. HUESA VINAIXA et K. WELLENS (dirs.), *L'influence des sources sur l'unité et la fragmentation du droit international, Travaux du séminaire tenu à Palma les 20 et 21 Mai 2005*, Bruxelles, Bruylant, 2006, p. 30.

[878] M. MUBIALA, « Vers la création d'une cour mondiale des droits de l'homme ? », *R.T.D.H*, 2003, n° 96, p. 798. ; sur le risque d'éclatement de jurisprudence, de différence d'interprétation dans un sens plus large, bref sur les conséquences néfastes de la fragmentation : Voy. P.-M. DUPUY, « L'unité de l'ordre juridique international », in *Cours de droit international public (2000)*, tome 297, RCADI, Leiden/Boston, Hague Academy of International Law, 2003, p. 472. ; E. BENVENISTI et G. DOWNS, « The Empire's New Clothes: Political Economy and the Fragmentation of International Law », *Stanford Law Review*, 2007, vol. 60, n° 2, p. 595.

« une cacophonie jurisprudentielle »[879] intrasystémique - parce que ces organes étant de même nature évoluent à l'intérieur d'un même système - comme l'observait M. MUBIALA dans un contexte différent mais adapté à la situation qui prévaut devant les organes de traités. Celui-ci préconisait déjà que, « seul une unité de vues peut renforcer la protection des droits de l'homme. »[880]. Or, ce qui est précisément paradoxal dans le cadre notre réflexion, c'est cette unité de voix ou de vues qui se trouve être justement menacée. La conjoncture dont nous faisons état n'est pas moins concernée lorsqu'on est emmené à évoquer la critique relative à l'efficacité du système actuel et ses répercussions sur la cohérence de l'interprétation[881]. Loin s'en faut, elle fait transparaitre au premier plan la faiblesse du système universel.

300. Pour mieux comprendre une telle réalité, il va de soi que de s'intéresser aux déconvenues du phénomène de la « spécialisation » des instruments internationaux de protection des droits[882] suivi des solutions ayant conduit à la « multiplication », au « déploiement », à la « prolifération »[883] des organes interprètes desdites conventions onusiennes de protection des droits de l'homme. Ce phénomène fait naitre entre organes conventionnels de la concurrence[884], voire « une compétition », dans la mesure où « la logique

---

879 J. FERRERO, *L'interprétation évolutive des conventions internationales de protection des droits de l'homme : contribution à l'étude de la fonction interprétative du juge international*, Paris, Éditions Pedone, 2019, p. 334.

880 M. MUBIALA, « Vers la création d'une cour mondiale des droits de l'homme ? », *op. cit.*, p. 798.

881 ILC, *Yearbook of the International Law Commission II,* 1966, 218, para. 4. La CDI a reconnu d'ailleurs que l'interprétation « *is to some extent an art, not an exact science* ».

882 S. KARAGIANNIS, « La multiplication des juridictions internationales : un système anarchique ? », *op. cit.*, p. 114. ; L. HENNEBEL, H. TIGROUDJA et J. DHOMMEAUX, « Aspects de droit international des activités des organes conventionnels des Nations Unies spécialisés dans la protection des droits de l'homme 2013-2016 », *op. cit.*, p. 451. ; J. FERRERO, *L'interprétation évolutive des conventions internationales de protection des droits de l'homme*, *op. cit.*, p. 331. ; B. SIMMA et D. PULKOWSKI, « Of Planets and the Universe: Self-contained Regimes in International Law », *European Journal of International Law*, juin 2006, vol. 17, n° 3, p. 484.

883 Voy. dans ce même sens L. BURGORGUE-LARSEN, « Le fait régional dans la juridictionnalisation du droit international », *op. cit.*, p. 252. Ces termes sont utilisés par la Professeure pour désigner le phénomène juridictionnel considéré par une partie de la doctrine comme porteur de l'anarchie en droit international. Ils sont empruntés pour être utilisés ici dans un sens analogique pour désigner un phénomène typique dans le cadre des conventions universelle de protection des droits de l'homme et ses conséquences néfastes systématiques sur le Comité des droits de l'homme considéré en ce moment comme le « Comité généraliste », celui à même de pouvoir être en charge de la mise en œuvre de presque tous les droits fondamentaux sans distinction aucune c'est-à-dire que ce soient socio-économique ou culturels, ou les droits des enfants, les droits des femmes, lutte contre la torture, les droits des personnes handicapées, lutte contre les disparitions forcées etc...

884 L. HENNEBEL, « Les références croisées entre les juridictions internationales des droits de l'homme », *op. cit.*, p. 46.

compétitive est consubstantielle à la donne quantitative »[885]. Cette forme de compétition peut s'observer entre le CDH et le Comité des droits des enfants (CRC) sur le plan matériel ou jurisprudentiel par exemple, du fait que le CDH, dans l'exploitation du grand catalogue des droits que lui offre le PIDCP – celui-ci étant un instrument couvrant presque tous les domaines réservés des autres textes conventionnels et dont l'interprétation couvre toutes ces questions –ne peut s'empêcher de ne pas aller au-delà du champ d'application qui lui est réservé. Au regard d'une telle réalité, on s'autoriserait à dire qu'il aurait été plus normal et convenable que ces textes conventionnels parallèles ne soient pas adoptés. À supposer, que l'on soit dans une telle condition, la conclusion est logique à notre sens. Il ne serait pas du tout difficile d'imaginer la plus-value d'autorité que le CDH devrait acquérir en plus. Il est une certitude que dans une telle condition, l'autorité du CDH se verrait à coup sûr renforcée et affermie. Dès ce moment, il pourrait faire œuvre d'une interprétation imaginative très puissante et n'aurait pas les mains liées dans ses actions contentieuses et dans le cadre de l'examen des rapports périodiques. En somme, le caractère décentralisé du droit conventionnel onusien des droits de l'homme n'a pas que des avantages[886], il produit aussi des inconvénients qui non seulement fragilisent le champ d'action du CDH, en ce que plusieurs cas peuvent concurremment relever de la compétence des autres organes de traités[887], mais il impacte sévèrement la cohérence interprétative en la mettant sous tension. Et par la suite, l'incohérence qui résulterait de cette situation créerait une place considérable ou une marge au bénéfice de la volonté des États[888]. La solution à une telle situation serait-il alors de faire des autres Comités des chambres spécialisées du CDH ? Des développements futurs sont consacrés à ce sujet dans cette même étude[889].

---

[885] L. BURGORGUE-LARSEN, « Le fait regional dans la juridictionnalisation du droit international », *op. cit.*, p. 248.

[886] Sur les avantages du caractère décentralisé ou spécialisé des traités conventionnel en droit de l'homme, Voy. B. SIMMA et D. PULKOWSKI, « Of Planets and the Universe », *op. cit.*, p. 524.

[887] Voy. J. FERRERO, *L'interprétation évolutive des conventions internationales de protection des droits de l'homme*, *op. cit.*, p. 333.

[888] P.-M. DUPUY et J.E. VINUALES, « The Challenge of "Proliferation": An Anatomy of the Debate », *in* R. ROMANO, K.J. ALTER et S. YUVAL (éds.), *The Oxford Handbook of International Adjudication*, Oxford, Oxford University Press, 2014, p. 143.

[889] Voy. *Infra*. Para. II, Section II, Chap. II, Titre II, Partie II.

PARAGRAPHE II / LE DESTIN DU PIDCP A L'EPREUVE DE LA COEXISTENCE DES NORMES DANS LE TEMPS

301. Ne faut-il pas reconnaitre qu'il s'agit là du destin du PIDCP dans le temps ? En effet, il n'est pas exagéré de s'interroger si, face aux problèmes contemporains que connait la société internationale et qui engendrent de nouveaux droits au bénéfice de l'individu, ce traité universel en tant que « *l'œuvre du moment de sa création* »[890] ne serait pas tombé en désuétude[891] avec un risque potentiel de mettre à mal la mission protectrice du CDH confronté en ce moment à la volonté des États **(A)** ? Ou carrément devrait-on plutôt dire que, le PIDCP, *in fine*, serait devenu ce que le CDH dit qu'il est ? et que, dès lors la volonté des États inscrite dans ce texte ne ferait plus autorité en raison du type d'interprétation qu'en fait l'organe universel[892], **(B)** si l'on se permet de paraphraser la célèbre formule suivante du Chief Justice Hughes : « We are under a Constitution, but the Constitution is what the judges say it is… »[893]. Ce dernier n'est censé sinon habilité à appliquer que le texte de droit préexistant[894].

A/ La désuétude du PIDCP, un frein potentiel à l'effectivité de la mission du CDH

302. La société internationale n'a eu de cesse de connaitre de grandes mutations durant le demi-siècle passé. De telles transformations ne manquent pas de susciter des inquiétudes. En effet, elles soulèvent de nouveaux problèmes de sociétés. Et puisqu'il ne peut y avoir d'organisation sociale sans droit en vertu de l'adage *Ubi societas ibi jus*, le droit étant souvent présent, il apparait de *facto* comme l'instrument de régulation de celle-ci. Le droit international naturellement n'a pas été en marge de ce processus de transformation. En témoigne l'offensive normative intervenue surtout depuis les années d'après-guerre dans divers domaines. Le DIDH étant évidemment

---

890 T. GEORGOPOULOS, « Le droit intertemporel et les dispositions conventionnelles évolutives - Quelle thérapie contre la vieillesse des traités ? - », *R.G.D.I.P*, 2004, p. 124.

891 R. KOLB, « La désuétude en droit international public », *R.G.D.I.P*, 2007, p. 582. « (…) toute modification d'une norme par une nouvelle norme implique par nécessité logique une désuétude correspondante de l'ancienne. Si l'ancienne norme n'était pas tombée en désuétude, la nouvelle ne pourrait pas s'implanter »

892 *Ibid.*

893 J.E LEAHY, « The Constitution Is What the Judges Say It Is », *North Dakota Law Review*, 1989, Vol, 65. p. 491.

894 Contrairement à cette logique, on observe dans notre cas qu'il s'agit plutôt d'un transfert d'autorité des Etats parties au profit du CDH. Voy. B. ÇALI, *The Authority of International Law Obedience, Respect, and Rebuttal*, *op. cit.*, p. 121.

parmi les branches du droit international les plus concernées, il a de ce fait, également connu des mutations pas des moindres et n'a eu de cesse d'en connaitre de nouvelles. Avouons-le, depuis l'époque du projet d'élaboration de la Charte internationale des droits de l'homme, les problèmes qui minaient la société internationale en matière de protection des droits de l'homme ne sont pas restés inchangés.

303. Néanmoins, il faut s'accorder à dire que les rédacteurs du PIDCP n'avaient pas non plus la science infuse leur permettant d'anticiper tous les problèmes et aléas auxquels la société moderne ferait face aujourd'hui. Il s'agit nommément des problèmes résultant de la bioéthique[895] (notamment la DPA, PMA[896]), les risques de manipulations liées à l'eugénisme, les problèmes liés aux avancées du numérique et de la technologie[897], la question du genre[898], les nouvelles formes de menaces à la paix[899] ainsi que le

---

[895] Voy. S. EL-ZEIN, « Genetic Manipulation: How to Strike the Right Balance between Technology and Respect for Human Rights », *in* A. CASSESE (éd.), *Realizing Utopia : The Future of International Law*, Oxford, Oxford University Press, 2012, p. 487. ; L. BOISSON DE CHAZOURNES, « Être ou ne pas être (humain) ou la quête d'identité du droit de la bioéthique : conclusion générale », *in* S. MALJEAN-DUBOIS (dir.), *La société internationale et les enjeux bioéthiques : Colloque des 3 et 4 décembre 2004, Aix-en-Provence*, Paris, A. Pedone, 2006, pp. 231-235, disponible sur https://archive-ouverte.unige.ch/unige:12669. ; D. SZMCZAK *et al.*, *Bioéthique et droit international et européen des droits de l'homme: actes du colloque de Bordeaux 1er et 2 juin 2017 organisé à l'Université de Bordeaux*, Publications de l'Institut international des droits de l'homme, n° no. 39, Paris, Éditions A. Pedone, 2018, 276 p.

[896] E. DECAUX, « « le respect universel et effectif des droits de l'homme » Quelle universalité ? Quelle effectivité ? », *in* N. ALOUPI *et al.* (dirs.), *Les droits humains comparés, A la recherche de l'universalité des droits humains, Actes du Colloque à la Cour européenne des droits de l'homme des 8 et 9 mars 2018*, (IIDH) Fondation René Cassin, Paris, Pedone, 2019, p. 78.

[897] S. GROSBON, « Travaux préparatoires, travaux prémonitoires ? », *in* S. GROSBON (dir.), *Acte du colloque du 16 décembre 2016 : Résistance et résilience des pactes internationaux de droits de l'homme à l'épreuve d'une société internationale post-moderne*, Paris, Pedone, 2018, p. 37. ; dans le même ouvrage, B. TAXIL et S. GROSBON, « Droits et libertés à l'ère numérique », in *Acte du colloque du 16 décembre 2016 : Résistance et résilience des pactes internationaux de droits de l'homme à l'épreuve d'une société internationale post-moderne*, Cahiers internationaux n°32, CEDIN, CREDOF, Paris, Pedone, 2018, pp. 175-186. ; Voy. aussi A.L. COLLINS, « Caging the Bird Does Not Cage the Song: How The International Covenant on Civil and Political Rights Fails to Protect Free Expression Over the Internet », *Journal of Computer & Information Law*, 2003, pp. 371-402.

[898] S. GROSBON, « Travaux préparatoires, travaux prémonitoires ? », *op. cit.*, p. 30. ; dans le même ouvrage, D. ROMAN, « Parité : des droits asexués aux droits genrés ? », *in* S. GROSBON (dir.), *Acte du colloque du 16 décembre 2016 : Résistance et résilience des pactes internationaux de droits de l'homme à l'épreuve d'une société internationale post-moderne*, Cahiers internationaux n°32, CEDIN, CREDOF, Paris, s.d., pp. 54-71.

[899] S. GROSBON, « Travaux préparatoires, travaux prémonitoires ? », *op. cit.*, p. 38. ; dans le même ouvrage : H. TIGROUDJA, « Droits et libertés protégés par le Pacte international relatif aux droits civils et politiques à l'épreuve du terrorisme global », *in* S. GROSBON (éd.), *Acte du colloque du 16 décembre 2016 : Résistance et résilience des pactes internationaux de droits de l'homme à l'épreuve d'une société internationale post-moderne*, Cahiers internationaux

phénomène migratoire surtout lié aux catastrophes naturelles et les grandes anomalies climatiques[900] pour ne citer que ceux-ci. On comprendra rapidement qu'autant, le PIDCP a couvert une panoplie de droits fondamentaux, autant toutes ces questions faisant l'objet d'une actualité brûlante le laissent formellement silencieux, pas parce qu'ils ne sont pas fondamentaux mais parce que les États les auraient laissés sans précision. Dès ce moment, on pourrait soutenir que le texte devenait formellement inadapté et donc incapable de résoudre toutes sortes de contentieux y afférents. Ce constat constitue assurément un obstacle à l'effectivité des droits fondamentaux[901] en ce qu'il laisse transparaître une tension entre le droit et les faits sociaux qui pourrait rendre invalide le droit du PIDCP faute d'une sécurité normative donc d'une stabilité et d'une continuité comme l'auraient voulu les Etats[902].

304. D'emblée, on aura compris que la mission conférée au CDH s'annonce plus délicate qu'elle ne l'est. Et la question qui se pose naturellement est celle de savoir, face à une telle « impasse » voire un « vide juridique », quelle serait l'utilité de cet organe de contrôle s'il devrait œuvrer dans le strict respect du cadre juridique préalablement défini. Et, si l'on en reste à ce stade, quelles répercussions cette situation produirait sur l'objectif ou le but pour lequel il a été érigé. Répondre à de telles interrogations ne ramène-t-il pas à la logique de notre étude ? À l'évidence, une réponse affirmative l'emporte. Il convient dès lors, de montrer que dans une telle perceptive, regarder dans la stricte direction du PIDCP, c'est-à-dire adopter son interprétation dans un sens littéral limiterait l'organe du contrôle dans ses moyens d'actions à cause d'un manque de consistance du texte dont il a la charge de contrôle. Et nul doute, que l'effectivité de sa mission protectrice serait directement affectée parce que n'étant plus véritablement à même d'être

---

n°32, CEDIN, CREDOF, Paris, Pedone, 2018, pp. 187-195. ; C. LE BRIS, « Des générations présentes aux générations futures », *in* S. GROSBON (dir.), *Acte du colloque du 16 décembre 2016 : Résistance et résilience des pactes internationaux de droits de l'homme à l'épreuve d'une société internationale post-moderne*, Cahiers internationaux n°32, CEDIN, CREDOF, Paris, Pedone, 2018, p. 77.

900 S. GROSBON, « Travaux préparatoires, travaux prémonitoires ? », *op. cit.*, p. 39. ; D. LOCHAK, « Migrants, étrangers, refugiés, une visibilité croissante », *in* S. GROSBON (dir.), *Acte du colloque du 16 décembre 2016 : Résistance et résilience des pactes internationaux de droits de l'homme à l'épreuve d'une société internationale post-moderne*, Cahiers internationaux n°32, CEDIN, CREDOF, Paris, Pedone, 2018, pp. 207-228.

901 Voy. dans ce sens, sur la dimension temporelle du principe d'effectivité : F. TULKENS, « Les techniques interprétatives des organes de protection des droits de l'homme », *op. cit.*, p. 536. ; E. DUBOUT, « L'interprétation téléologique et politique jurisprudentielle de la Cour européenne des droits de l'homme », *R.T.D.H*, 2008, n° 74, p. 392.

902 R. KOLB, « La sécurité juridique en droit international : aspects théoriques », *African Yearbook of International Law*, 2002, vol. 10, p. 112.

à la hauteur des attentes des bénéficiaires directs de son œuvre et au service desquels il a été créé.

305. Dès ce moment, on comprendrait que sa réticence à résoudre des cas sur des bases évolutives des affaires soulevant des questions qui relèveraient des faits de la société actuelle, serait liée au défaut de consistance que son traité constitutif lui offre. Cela amène ainsi à croire que le risque potentiel ici serait la prééminence de la volonté étatique qui l'enfermerait dans le carcan du positivisme et le condamnerait d'office à ne tenir qu'un discours des *pro* conservateurs[903]. Il conviendrait dès lors de noter qu'une telle situation ne serait d'aucune utilité pour l'évolution que connait la société en raison de son incompatibilité à l'intérêt individuel. Le PIDCP se verrait alors enlever sa validité et tomberait en désuétude[904]. Par conséquent, il ferait du CDH un organe inactif, spectateur en marge des réalités contemporaines en matière de protection des droits fondamentaux.

B/ Vers une suprématie de fait des normes du CDH sur celles de son créateur : le PIDCP serait-il devenu ce que le CDH dit qu'il est ?

306. Assurément, la réponse à cette question semble être annoncée dès le départ. Ainsi, fort heureusement, non seulement le principe d'effectivité est-il « une garantie d'ordre et de la stabilité »[905] en ce qu'il donne « valeur juridique aux effets (…) du temps, (…) et aux progrès de la réalité sociale une portée juridique. »[906] ; mais sans doute faut-il voir, aussi dans le caractère objectif ou la spécificité du traité en cause[907], un élément qui offre au CDH une alternative pour dépasser une telle hypothèse. En effet, une telle spécificité exige voire recommande que les organes de contrôle puissent s'émanciper quelque peu des obligations primaires c'est-à-dire se départir des intentions initiales des

---

903 Voy. dans ce sens F. SALVIOLI, « La perspective pro personne : un mécanisme d'interprétation contemporaine des instruments internationaux des droits humains », *op. cit.*, p. 899.

904 « *Cette désuétude par interprétation modificative – (…) - peut frapper un traité dans son ensemble tout comme il peut frapper des normes déterminées, conventionnelles ou coutumières* », R. KOLB, « La désuétude en droit international public », *op. cit.*, p. 583.

905 J. TOUSCOZ, *Le principe d'effectivité dans l'ordre international*, *op. cit.*, p. 257. ; dans le même sens, M. CHEMILLIER-GRENDREAU, « A propos de l'effectivité en droit international », *R.B.D.I*, 1975, vol. 11, p. 42.

906 J. TOUSCOZ, *Le principe d'effectivité dans l'ordre international*, *op. cit.*, p. 257.

907 P. WACHSMANN, « Les méthodes d'interprétations des conventions internationales relatives à la protection des droits de l'homme », *op. cit.*, p. 171. ; dans une logique plus générale Voy. G. DISTEFANO, « L'interprétation évolutive de la norme internationale », *R.G.D.I.P*, 2011, vol. 115, n° 2, p. 378. Cette idée a été cristallisée par le Professeur G. DISTEFANO. Celui-ci pensait que « les volontés qui ont donné vie à l'accord ne sont pas momifiées à jamais dans celui-ci, l'acte juridique qu'est le traité n'est pas sclérosé dans le temps et étant une création humaine évolue aussi. »

États parties aux traités s'ils veulent atteindre l'idéal qu'ils poursuivent. Il leur est donc nécessaire de se donner des normes de références, de « *violer* » cet accord préalable ou le mandat qui les a vu naitre, « dans une logique qui contredit la logique consensuelle du droit des traités »[908].

307. Autrement dit, le CDH pour conserver sa place au sein de l'architecture internationale des organes de protection des droits fondamentaux, se devait d'emprunter au juge international une méthode de travail, certes évidemment peu orthodoxe du point de vue des États parties, à cause des dérives auxquelles cela pourrait conduire, mais bien utile pour atteindre la finalité de la norme protectrice de droits. L'instrument à sa disposition pour parvenir à cette fin est la possibilité de recourir à l'interprétation évolutive du PIDCP en raison du fait que, la finalité première de l'adoption de cette norme est de garantir les droits fondamentaux au niveau universel. La création du CDH a pour but, aux termes du préambule de son acte constitutif[909], d'assurer que les États respectent la norme à travers sa mission de contrôle. Afin d'atteindre ce but qui sous-tend implicitement ici une mission de recherche de l'effectivité des droits, on reste convaincu que seul l'usage de cette méthode interprétative lui permettra de sortir de « l'application mécanique de la règle au fait à partir d'une méthode prédéfinie » et de procéder à une actualisation, une mise à jour permanente du texte[910].

308. En tout état de cause, l'exploitation de cette alternative - la démarche de l'interprétation évolutive poussée consistant à appliquer la norme primaire formulée en des termes trop généraux et abstraits à des cas concrets quelque fois sur des bases non prescrites dans cette norme primaire ou initial - par le CDH conduit inévitablement à une réécriture, une redéfinition du PIDCP à travers la jurisprudence ou les *Observations générales* qu'il déploie[911]. Ce

---

908 O. DE FROUVILLE, « Conclusions : Les Pactes sont-ils entrés dans l'âge de la post-modernité ? », *in* S. GROSBON (dir.), *Acte du colloque du 16 décembre 2016 : Résistance et résilience des pactes internationaux de droits de l'homme à l'épreuve d'une société internationale post-moderne*, Cahiers internationaux n°32, CEDIN, CREDOF, Paris, Pedone, 2018, p. 242. ; Dans le même sens mais de façon plus élargie, Voy. B. ÇALI, « Chapter: 21 Specialized Rules of Treaty Interpretation: Human Rights », *in* D.B. HOLLIS (éd.), *The Oxford guide to treaties*, Oxford, Oxford University Press, 2020, p. 504.

909 Préambule du PIDCP, § 3 : « (…) reconnaissant que, conformément à la Déclaration universelle des droits de l'homme, l'idéal de l'être humain libre, jouissant des libertés civiles et politiques et libéré de la crainte et de la misère, ne peut être réalisé que si des conditions permettant à chacun de jouir de ses droits civils et politiques, aussi bien que de ses droits économiques, sociaux et culturels, sont créées, (…) ».

910 J. FERRERO, *L'interprétation évolutive des conventions internationales de protection des droits de l'homme*, *op. cit.*, p. 185.

911 Les réactions types du gouvernement Suisse à propos du projet d'*Observations générales* n°37 relatif à la liberté d'assemblée en porte témoignage. A cet effet, on notera au point 42 des commentaires de la Suisse sur le paragraphe 87 de ce projet *d'Observations générales* soumis le 17 février 2020 (Doc. Aktenzeichen : 413-1141. Dispo sur le site web du CDH) ce qui suit : « Le Gouvernement considère que cette interprétation de l'article 21 est trop extensive et trop

faisant, il crée pour lui-même un nouveau « droit substantiel » calqué sur l'initial qu'il aura à appliquer à chaque cas d'espèces. Ne faudrait-il pas voir en cette attitude une orientation vers un pseudo « gouvernement des Juges » ? ou devront-on parler d'un « gouvernement des quasi-juges » ? Le doute semble en tout cas levé lorsqu'on maitrise bien le sens et la portée saisissante de cette expression[912] trop connue et devenue un spectre grâce à la Cour suprême des USA.

309. Avec une telle marge de manœuvre dont le CDH fait usage en vue de la revalorisation de la finalité du PIDCP, cet instrument apparaîtra dorénavant comme un instrument « vivant » en ce qu'il a le pouvoir de l'adapter au gré des circonstances sociétales. C'est donc à juste titre que le Professeur S. TOUZE tirait ses conclusions selon lesquelles, « en tant qu'instruments vivants, les traités droits de l'homme doivent être continuellement mis à jour afin de rester dans les aspirations du temps dans lequel ils évoluent, s'appliquent et sont invoqués. »[913] Il est donc possible de dire que le CDH tend vers son paroxysme fonctionnel grâce à cette vision actualisée qu'il donne PIDCP[914].

---

détaillée. Le détail de la mise en œuvre du maintien de l'ordre de chaque réunion est traité par le droit interne et ne relève pas du mandat du Comité. ». Les réactions successives de différents gouvernements que nous ne pourrions toutes étaler ici contre l'orientation interprétative du CDH concernant ce même projet confirment la volonté de celui-ci à restreindre au maximum la liberté de l'Etat partie tout en créant parallèlement de nouveaux droits pour l'individu bénéficiaire. Sur la légitimité de ces *Observations générales*, Voy. H. KELLER et L. GROVER, « General Comments of the Human Rights Committee and their legitimacy », *in* H. KELLER et G. ULFSTEIN (éds.), *UN human rights treaty bodies Law and Legitimacy*, Cambridge, Cambridge University Press, 2012, pp. 116-198, spéc. p. 118 et 119.

912 A propos de la pratique du concept « du gouvernement des juges » en DIDH, rejoindre l'analyse des Professeurs G. COHEN-JONATHAN et J.-F. FLAUSS à propos de la réticence des Etats à la ratification du protocole 13 qui empêche la Cour EDH de pouvoir juger la peine de mort contraire à l'article 3 de la CEDH considérées en ce moment comme constituant des traitements inhumains et dégradants. Une situation que regrettent certains Juges qui considèrent que la Cour était en situation d'établir cette violation à partir d'une interprétation évolutive. A la lumière de telles réaction des Juges, les auteurs concluent que certains Juges « sont disposés à faire fi des principes les mieux établis du droit international des traités pour verser, au nom de la "bonne cause", dans le gouvernement des Juges », Voy. G. COHEN-JONATHAN et J.-F. FLAUSS, « Cour européenne des droits de l'homme et droit international général (2005) », *A.F.D.I*, 2005, vol. 51, n° 1, p. 682. ; de même, T. CHRISTAKIS, « Human rights from a neo-voluntarist perspective », *op. cit.*, p. 435.

913 S. TOUZE, « Les techniques interprétatives des organes de protection des droits de l'homme », *op. cit.*, p. 520. ; D. MOECKLI et N.D. WHITE, « Treaties as "living instruments" », *in* D. KRISTSIOTIS et M.J. BOWMAN (éds.), *Conceptual and Contextual Perspectives on the Modern Law of Treaties*, Cambridge, Cambridge University Press, 2018, pp. 136-171.

914 Voy. *Supra*. Partie 1, Chapitre I. Cette question a été brièvement traitée dans l'angle procédurale.

310. Désormais, le risque qui planait sur sa mission, sus-évoqué au début de ce paragraphe, est mis à rude épreuve et écarté par sa capacité interprétative qui a pour but ici d'enlever les entraves à la jouissance effective des droits inscrits dans l'instrument international. Cela sous-entend que l'étendue des droits protégés par le PIDCP se trouve élargie et de ce fait, dépasse désormais le cadre primaire et la vision définie par les rédacteurs pour être en passe de devenir un texte « fourre-tout » pouvant être invoqué par n'importe qui en vue de la réclamation du respect de tous les droits de l'homme sous quelles que formes que ce soient[915]. Les récentes *Observations générales*[916] ainsi que quelques décisions du CDH[917] enseignent davantage sur la pratique que fait l'organe universel d'un tel instrument.

---

[915] À titre d'exemple : dans une décision d'irrecevabilité de 2005, (CDH, *Eugene Linder c/ Finlande*, 28 octobre 2005, comm. n°1420/2005). Le Comité disait que : « le droit à la santé en tant que tel n'est pas protégé par les dispositions du Pacte. En conséquence, cette partie de la communication est irrecevable « ratione materiae », étant incompatible avec les dispositions du Pacte, conformément à l'article 3 du Protocole facultatif ». Il est vrai que le droit à la santé n'est pas prévu par le PIDCP. Le requérant dans cette affaire invoque l'article 7 à l'appui de sa demande en plus de l'article 26 et 14 du PIDCP. Cependant, il ne remplissait pas les conditions de recevabilité pour n'avoir pas épuisé les voies de recours internes. On considère que, si une telle condition avait été remplie, le CDH aurait pu connaitre cette demande en renversant la charge de la preuve de la résidence Finlandaise du requérant. L'État ayant à sa disposition tous les moyens nécessaires pour prouver que le requérant est résident Finlandais ou non. Puisque la lettre datée du 22 février 2005, du Président de la Commission de recours renvoie cette charge au requérant. Ne pas le faire, empêchant de facto le requérant de ses droits à bénéficier des soins à sa sortie de l'hôpital et du remboursement des frais d'urgences hospitaliers, constituerait une violation du droit à la vie même si l'auteur ne soulevait pas cette disposition à sa cause. Sur l'invocation de l'article 26 du PIDCP, pareillement si la demande avait passé au test de recevabilité, le CDH aurait pu considérer qu'il était victime de la discrimination fondée sur son origine ethnique. Dans ces mêmes conditions et toute chose égale par ailleurs, ce même contentieux devant le CDH aboutirait aujourd'hui sur la base du renversement de la charge de la preuve à l'aune des *Observations générales* adoptées depuis quelques années par le CDH.

[916] Voy. CDH, *Observation générale* n°35(2014) sur l'article 9 (Liberté et sécurité de la personne) ; *Observation générale* n° 36 (2018) sur l'article 6 : droit à la vie, *Observation générale* n° 37 (2020) sur le droit de réunion pacifique (art. 21). Ces *Observations générales* montrent de manière spectaculaire l'interprétation évolutive du PIDCP. Lire également avec profit : S. JOSEPH, « Extending the Right to Life Under the International Covenant on Civil and Political Rights: General Comment 36 », *Human Rights Law Review,* June 2019, pp. 347–368.

[917] Voy. CDH, *Norma Portillo Cáceres c/Paraguay, 25 juillet 2019*, comm. n°2751/2016, spéc. § 7.5 sur la reconnaissance du droit à l'environnement notamment l'impact de l'utilisation des produits chimiques sur l'environnement et son lien avec le droit à la vie. ; Voy. aussi CDH, *Nell Toussaint c/ Canada,* 24 juillet 2018, comm. n° 2348/2014, spéc. § 11.3 dans cette affaire sur l'obligation de fourniture des soins de santé à une personne en situation irrégulière sur le territoire de l'État le CDH, renvoie à son *Observation générale* n°6 (1982) en des termes suivants : « il a noté que le droit à la vie était trop souvent interprété de façon étroite et qu'il ne pouvait pas être entendu de façon restrictive, et que la protection de ce droit exigeait que les États adoptent des mesures positives. Le Comité considère que le droit à la vie recouvre le droit des personnes de ne pas subir d'actes ni d'omissions ayant pour but ou résultat leur décès non naturel ou prématuré, et le droit de vivre dans la dignité. (…) Il peut y avoir violation de *l'article*

311. Il est important qu'une attention particulière soit portée sur sa célèbre décision *Ioane Teitiota c/ Nouvelle Zélande* ayant fait l'objet nombreux commentaires[918]. Dans cette décision, il faut se féliciter de ce que, le CDH, bien que n'ayant pas constaté la violation par la Nouvelle Zélande de ses obligations, en raison du fait que le requérant n'a pas réussi à démontrer le caractère imminent du danger menaçant sa vie, se soit illustré de manière magistrale par sa contribution à la construction d'un régime juridique international en faveur des « refugiés climatiques »[919], lequel régime n'avait pas visiblement été pris en compte lors de l'élaboration de la Convention internationale de Genève du 28 juillet 1951 relative au statut des réfugiés.

312. Une telle attitude du CDH, pour intéressante qu'elle soit pour la finalité de sa mission, mais peu conciliante qu'elle paraît pour les États, suscite

---

6 par les États parties même si de telles menaces ou situations n'ont pas effectivement abouti à la perte de la vie. (…) les États ont au minimum l'obligation de fournir l'accès aux services de soins de santé existants disponibles et accessibles dans des conditions raisonnables, lorsque le fait de ne pas avoir accès à ces soins exposerait une personne à un risque raisonnablement prévisible pouvant aboutir à la perte de la vie. »

[918] Voy. dans ce sens, quelques contributions suivantes : C. COURNIL, « Affaires Greta Thunberg, Teitiota et Torrès (2019-2020) », *in* C. COURNIL (dir.), *Les grandes décisions climatiques*, Confluence des droits [en ligne], n° 10, Aix-en-Provence, Droits International, Comparé et Européen (DICE), 2020, pp. 281-302, disponible sur http://dice.univ-amu.fr/fr/dice/dice/publications/confluence-droits. ; S. MALJEAN-DUBOIS, « Pétitions Inuit Circumpolar Conférence (2005) et Arctic Athabaskan (2013) Un échec pour un succès ? », in *Les grandes affaires climatiques*, Confluence des droits [en ligne], n° 10, Aix-en-Provence, Droits International, Comparé et Européen (DICE), 2020, p. 72, disponible sur http://dice.univ-amu.fr/fr/dice/dice/publications/confluence-droits. ; L. IMBERT, « Premiers éclaircissements sur la protection internationale des « migrants climatiques » », *Rev.D.H , [Online] Actualités Droits-Libertés*, mai 2020, p. 24. ; M. PRIEUR, « Hommage au professeur Stéphane Doumbé-Billé. Le droit de l'environnement du XXIème siècle : progrès et lacunes », *in* K. NERI, G. AÏVO et F. LOZANORIOS (dirs.), *Actes de la journée en hommage au professeur Stéphane Doumbé-Billé*, Les Cahiers de l'EDIEC [en ligne], n° 2, Lyon, Equipe de droit international, européen et comparé (EDIEC), 2020, p. 21, disponible sur http://ediec.univ-lyon3.fr/publications/les-cahiers-de-lequipe-de-droit-international-europeen-et-compare/. ; M. COURTOY, « Le Comité des droits de l'homme des Nations Unies face à l'homme qui voulait être le premier réfugié climatique : une avancée mesurée mais bienvenue », *R.T.D.H*, 2020, n° 124, pp. 941-968. ; J. McADAM, « Protecting People Displaced by the Impacts of Climate Change: The UN Human Rights Committee and the Principle of Non-refoulement », *American Journal of International Law*, October 2020, vol. 114, n° 4, pp. 708-725. ; G. LE MOLI, « The human rights committee, environmental protection and the right to life », *International and Comparative Law Quarterly*, juillet 2020, vol. 69, n° 3, pp. 735-752. ; G. SCIACCALUGA, *International law and the protection of « climate refugees »*, Cham, Switzerland, Palgrave Macmillan, 2020, p. 121, disponible sur https://doi.org/10.1007/978-3-030-52402-9.

[919] En effet, cette jurisprudence « *represents a significant, if imperfect, step forward in patching together a regime of protection for the increasing numbers of people who are being displaced by the effects of climate change* », Voy. BEHRMAN S. et KENT A, « Human Rights Committee's decision on the case *Ieoane Teitiota* v New-Zealand: landmark or will-o'-the-wisp for climate refugees? The *Teitiota* Case and the limitations of the human rights framework », *Question of International Law*, Vol. 75, 2020, p. 25.

quelques interrogations qui semblent pertinentes et mériteraient donc d'être posées à ce niveau de la réflexion quoique ne s'inscrivant pas strictement dans la droite ligne de notre développement. En effet, le choix interprétatif du CDH dans cette affaire dans la détermination de la règle de droit applicable à la situation interpelle à plus d'un titre. Ne sommes-nous pas là en présence d'une « jurisprudence législative »[920] ? le CDH n'est-il pas sorti du cadre d'exercice de son pouvoir de création d'un droit purement jurisprudentiel sinon de son pouvoir normatif jurisprudentiel ?[921] Même s'il convient de laisser la main aux voix les plus autorisées de trancher notamment le « collège invisible des internationalistes »[922] et les États, retenons quoi qu'on dise que, le PIDCP ne protège pas *stricto sensu* le droit à l'environnement. Et même si ce n'est pas la première fois que le CDH se prononce sur le droit à l'environnement[923], le raisonnement est tout à fait nouveau dans cette affaire. Jusqu'ici, les affaires se rapportant au droit à l'environnement devant les organes de contrôle des

---

920 Voy. S. TOUZE, « Les techniques interprétatives des organes de protection des droits de l'homme », *op. cit.*, p. 519. L'auteur dans le développement de sa théorie sur les techniques interprétatives des organes de protection des droits de l'homme, après avoir montré que « le choix de la technique interprétative dépend de la finalité prédéfinie qui oriente vers une protection renforcée des droits (…) », souligne que l'interprétation peut conduire à la dérive. La manifestation d'une telle dérive est l'adoption des « jurisprudences législatives » par laquelle l'organe se substitue aux auteurs des traités. Considérons dans le même sens que la situation dont nous faisons état est très proche de la pratique relatée par le Professeur M. KAMTO en des termes d'une « entreprise inavouée de *jurislation* ». Voy. M. KAMTO, « La volonté de l'État en droit international public », in *RCADI*, t310, Leiden/Boston, Hague Academy of International Law, 2007, p. 290. ; E. EGEDE et P. SUTCH, *The politics of international law and international justice*, Edinburgh, Edinburgh University Press, 2013, p. 52.

921 E. JOUANNET, « Quelques réflexions sur le pouvoir normatif jurisprudentiel du juge international », in *Mélanges offerts à Charles LEBEN : Droit international et culture juridique*, Paris, Pedone, 2015, p. 228. La réflexion consacrée dans cet article par la Professeure est adressée au « juge international ». Nous considérons qu'elle est applicable au CDH du simple fait de sa nature « quasi-judiciaire ». Sur cette base, nous considérons qu'il lui est de même reconnu ce pouvoir normatif jurisprudentiel. D'ailleurs comme nous le verrons plus tard dans le second titre de cette partie de notre étude, bon nombre d'internationalistes, n'ont pas hésité à lui reconnaitre une telle qualité dans leur étude. Voy. dans ce sens : le Chapitre I, Titre II, Partie II. D'ailleurs, De l'avis de G. TIMIST, le juge n'est pas le seul à détenir un pouvoir normatif. Il considère que tout « lecteur » de la norme participe à la détermination du sens de celle-ci, et donc à la détermination de sa juridicité. Voy. G. TIMSIT, *Les figures du jugement*, Voies du droit (les), Paris, PUF, 1993, p. 109.

922 E. JOUANNET, « Quelques réflexions sur le pouvoir normatif jurisprudentiel du juge international », *op. cit.*, p. 231. Cette expression est utilisée pour désigner les éléments composants l'auditoire du juge international. Nous l'empruntons de la Professeure E. JOUANNET pour notre contexte spécifique. Elle l'attribue d'ailleurs à la doctrine anglosaxonne. Voy. O. SCHACHTER, « The Invisible College of International Lawyers », *Nw. ULR*, 1977, pp. 217 et suiv.

923 CDH, *Ilumari Lansman et consorts c/Finlande*, 1994, comm. n° 511/1992.

droits de l'homme sont appréhendées dans le sens d'un droit collectif[924] exception faite de l'interprétation de la Cour EDH qui tend à l'individualiser. Ne s'agirait-il pas d'un comportement proche d'un activisme judicaire ? Le moins qu'on puisse dire c'est qu'à l'occasion de cette décision, il a affirmé l'existence d'un lien incontestable entre le droit à la vie (protégé par l'article 6 du PIDCP) et l'incidence des phénomènes climatiques. Faisant donc appel aux États de prendre des dispositions en adoptant des mesures en conformité de leurs obligations positives[925]. Considérant que cette attitude est une bonne nouvelle pour les victimes, - pour avoir ouvert une voie, en consacrant un principe jurisprudentiel qui pourra servir désormais comme source de droit - le CDH devrait dans la même dynamique ne pas tomber dans les dérives de la pratique interprétative[926].

SECTION II/ LES EFFETS PERVERS DE LA RECEPTION INTERNE ET DU DEFAUT DE COHERENCE REGIONALE VIS-A-VIS DE L'UNIVERSEL

313. Il est affirmé et démontré le rôle « charnière »[927] que jouent les droits fondamentaux dans la « communicabilité » des ordres et systèmes juridiques, grâce à leur capacité à établir une connexion, un « commerce judicaire » entre ces organes à partir du « chassé-croisé des décisions de justices externes »[928]. Cependant, force est d'admettre que, ce « commerce »[929] judiciaire considéré comme outil d'une harmonisation juridictionnelle et d'une cohabitation apaisée de ces instances pourrait dans certaines conditions devenir un outil de

---

[924] L. HENNEBEL et H. TIGROUDJA, *Traité de droit international des droits de l'Homme*, *op. cit.*, p. 1246 et suiv.

[925] CDH, *Ioane Teitiota c/ Nouvelle Zélande,* 7 janvier 2020, comm. n°2728/2016, § 9.4.

[926] Voy. F. OST, « L'herméneutique juridique entre hermétisme et dogmatisme. Le jeu de l'interprétation en droit », *Revue internationale de sémiotique juridique*, 1993, p. 231 et suiv. ; G. ULFSTEIN, « The Human Rights Treaty Bodies and Legitimacy Challenges », *op. cit.*, p. 291.

[927] E. DUBOUT et S. TOUZÉ, « La fonction des droits fondamentaux dans les rapports entre ordres et systèmes juridiques », *op. cit.*, p. 11.

[928] L. BURGORGUE-LARSEN, « L'internationalisation du dialogue des juges : missive doctrinale à l'attention de Bruno Genevois », in *Le dialogue des juges : mélanges en l'honneur du Président Bruno Genevois*, Paris, Dalloz, 2009, p. 99.

[929] L. HENNEBEL et A.V. WAEYENBERGE, « Réflexions sur le commerce transnational entre juges », *op. cit.*

perversion ou de conflit lorsqu'on constate dans quelques cas qu'une telle initiative n'est pas la bienvenue. Cela est vérifiable quel que soit l'ordre juridique dans lequel on se trouve. C'est le cas lorsque l'un des organes devant participer au jeu est issu d'un espace juridique qui ne lui a pas reconnu formellement les qualités d'organe juridictionnel. Cette situation conflictuelle peut également résulter d'une divergence sur un point de droit donné dont les répercussions peuvent être importantes sur l'effectivité des droits. C'est ce que, en tout état de cause, il faut observer dans les relations entre différents acteurs, au niveau interne de la part des juridictions françaises et au niveau régional, de la part Cour EDH à l'égard du CDH. Il est difficile d'affirmer que cette situation n'existerait pas dans les rapports entre ce dernier et d'autres ordres juridiques internes ou régionaux. Il s'agit d'un choix tenant compte du contexte dont la réalité est beaucoup plus perceptible. Le droit fil de notre idée dérive de ce que, de tels comportements ne sont pas de nature à favoriser le respect des engagements étatiques au niveau universel de manière effective. Notre développement sera articulé autour de cette réception et application difficile dans des ordres juridiques spécifiques (**paragraphe 1**), avant de s'intéresser à la répercussion des cas de divergences jurisprudentielles au niveau régional (**paragraphe 2**).

PARAGRAPHE I / LES CAS DE RECEPTION INTERNE DIFFICILE : REFLET D'UNE INDIFFERENCE A L'EGARD DU CDH

314. Cette réception difficile des normes du CDH au sein de certains ordres juridiques internes ou simplement par leur juridictions internes est mise en évidence par la mise en avant de la subsidiarité[930] ou encore par l'entretien d'un flou total autour de la nature moniste de l'Etat partie[931] en matière de

[930] S. BESSON, « Subsidiarity in International Human Rights Law—What is Subsidiary about Human Rights ? », *The American Journal of Jurisprudence*, 2016, pp. 69-107. Précisons que la subsidiarité à laquelle nous faisons cas ici ne doit pas être entendue dans le sens de la marge nationale d'appréciation qui s'applique devant la Cour EDH et que la Professeure S. BESSON appelle par « *Substantive Subsidiarity* » qui renvoie plutôt à « *the intensity and content of the review the international human rights court or body may exercise once the conditions imposed by procedural subsidiarity are fulfilled and it is allowed to exercise its review power* » *Ibid.*, p. 80. mais elle doit s'entendre plutôt comme la « *Remedial Subsidiarity : Remedial subsidiarity protects the States' choice of remedial means after an adverse judgment of an international human rights body or court* » *Ibid.*, p. 82. C'est dans le même sens ce que G. LETSAS appelle par « *structural use of the margin of appreciation* » Voy. G. LETSAS, « Two Concepts of the Margin of Appreciation », *Oxford Journal of Legal Studies*, January 2006, vol. 26, n° 4, p. 706.

[931] J. DHOMMEAUX, « Monismes et dualismes en droit international des droits de l'homme », *A.F.D.I*, 1995, vol. 41, n° 1, pp. 448.

droits de l'homme **(A)**. Un accent sera mis sur le cas français après analyse des conséquences néfastes de cette situation **(B)**.

A/ L'argument tiré de la subsidiarité et du monisme, comme des écueils à la réception des normes du CDH

315. La conduite des rapports entre instances internationales de contrôle des droits de l'homme et les organes juridictionnels de l'ordre juridique interne des États n'est souvent pas chose acquise d'avance en raison du rôle subsidiaire conféré aux premières[932]. Sur cette base, très souvent, les instances juridictionnelles de l'ordre interne affichent une réticence, vis-à-vis de certains organes internationaux, à prendre en compte les décisions de ces derniers dans leurs propres sphères internes. De façon générale, la réception des décisions des organes de contrôle international par les juridictions nationales est fonction de l'approche constitutionnelle que réserve l'État partie aux traités internationaux, ce qui a naturellement pour conséquence que les traités ratifiés par l'État doivent s'appliquer avec effet direct dans l'ordre juridique interne de l'État moniste[933]. Cependant, dans le cadre des traités de droits de l'homme, « The once clearly established line between the monist and the dualist model has become blurred for purposes of implementing human rights standards and the deference to international human rights case law »[934].

316. Comme le souligne cet auteur, on observe plutôt une tendance différente qui veut entretenir une sorte d'ambiguïté qui ne justifie pas toujours la nature moniste de l'État en question. Sachant que dans ces circonstances, si l'Etat n'obtempère pas les exigences requises par l'instrument ou l'organe de contrôle, ce dernier échappe à toute sanction à son encontre[935]. C'est cette même situation qui explique le fait que les relations entre le CDH et certains ordres juridiques internes ne sont pas toujours harmonieuses. Au lieu que ces

---

[932] S. TOUZÉ, « Introduction », *in* E. DECAUX et O. DE FROUVILLE (dirs.), *La dynamique du système des traités de l'ONU en matière des droits de l'homme. Acte du colloque du 10 Novembre 2014*, CRDH, Paris, Pedone, 2015, p. 24. ; A. FOLLESDAL, « Subsidiarity and International Human-Rights Courts: Respecting Self-Governance and Protecting Human Rights—Or Neither? », *Law and Contemporary Problems*, juin 2016, vol. 79, n° 2, p. 149.

[933] R. KOLB, « Réflexions sur le monisme et le dualisme dans les rapports entre systèmes », *The Global Community Yearbook of International Law and Jurisprudence*, 2018, vol. 2017, pp. 107-118.

[934] M. HERDEGEN, « General Overview: Reception and Implementation of International Human Rights Standards and Human Rights Jurisprudence by Domestic Courts and Other National Bodies », *in* T. RENSMANN, S. KADELBACH et E. RIETER (éds.), *Judging International Human Rights, Courts of General Jurisdiction as Human Rights Courts,* Cham, Switzerland, Springer International Publishing, 2019, p. 346. Voy. aussi, R. CARVER, « A New Answer to an Old Question: National Human Rights Institutions and the Domestication of International Law », *Human Rights Law Review*, mars 2010, pp. 2-32.

[935] Voy. J. DHOMMEAUX, « Monismes et dualismes en droit international des droits de l'homme », *op. cit.*, pp. 460-461.

juridictions internes tirent le plus grand bénéfice de la jurisprudence de cet organe universel ayant produit un corpus jurisprudentiel dense sur des questions spécifiques et pertinentes de droit de l'homme pouvant les aider, ces juridictions internes se cantonnent dans une position « d'autosatisfaction »[936]. Au regard d'un tel constat et, exception faite des cas soulevés dans la première partie de ce travail, cette perméabilité difficile des décisions du CDH dans le droit interne de certains États parties au PIDCP et au Protocole facultatif en raison des motifs susmentionnés constitue un frein à la réalisation correcte de la mission qui lui est dévolue. Cela relève d'ailleurs de l'incompris dans la mesure où les juges nationaux sont censés être les premiers acteurs, « le juge de droit commun »[937] qui peut donner vie aux règles de DIDH dans l'ordonnancement juridique national au bénéfice de l'individu. Prenant appui spécifiquement sur certaines pratiques dans l'ordre juridique national des États, on en vient à conclure à une méconnaissance des Juges internes de l'influence ou l'autorité de la jurisprudence du CDH.

B/ L'analyse des conséquences à l'aune de la particularité française

317. En effet, sur le cas français qui attire particulièrement attention, rappelons que la France est un État de tradition moniste (art. 55 de la Constitution française de 1958) au regard du droit international[938]. Cependant, force est d'admettre que le monisme français « is thus a false monism, or rather a hierarchical 'monism' »[939]. En effet, les juridictions françaises de quels que ordres que ce soient, sont longtemps restées inertes face à l'évolution et la nécessité de prise en compte du droit international dans le cadre du contrôle de conventionalité des textes internationaux. Il nous souvient bien évidemment le tollé général qu'a provoqué la décision du Conseil Constitutionnel français « *IVG* » de 1975 porteuse de bonnes nouvelles, en apparence, pour un DIDH en quête d'une reconnaissance

---

936 M. KAMTO, « Les interactions des jurisprudences internationales et des jurisprudences nationales », in *La juridictionnalisation du droit international, Colloque de Lille*, Société française pour le droit international, (SFDI), Lille, Pedone, 2003, p. 416. Voy. aussi M. FORTEAU, « La Cour internationale de justice et les systèmes régionaux. Plaidoyer pour un pluralisme désordonné », *in* E. DUBOUT et S. TOUZE (dirs.), *Les droits fondamentaux charnières entre ordres et systèmes juridiques*, Paris, Pedone, 2010, p. 41.

937 L. HENNEBEL et H. TIGROUDJA, *Traité de droit international des droits de l'Homme*, *op. cit.*, p. 1300.

938 G. DANNENBERG et S. EL BOUDOUHI, « France / Implementation of International Human Rights Decisions in France », *in* S. KADELBACH, T. RENSMANN et E. RIETER (éds.), *Judging International Human Rights, Courts of General Jurisdiction as Human Rights Courts*, Cheltenham, UK, Springer International Publishing, 2019, p. 454.

939 E. DECAUX, « France », *in* D. SHELTON (éd.), *International law and domestic legal systems: Incorporation, Transformation, and Persuasion*, Oxford, Oxford University Press, 2011, p. 208.

suffisante par les autorités étatiques au plan interne. Par la suite, la démarche suivie par le Juge judiciaire[940] et le Juge administratif[941] fut fort intéressante et laissait présager un avenir meilleur. Toutefois, visiblement ce changement de cap n'a pas été véritablement favorable à tous les traités de protection des droits de l'homme[942]. On remarque de façon générale, une attitude réfractaire des juridictions françaises à l'égard des instruments universels de protection des droits de l'homme.

318. Il va sans dire que, si déjà le PIDCP ne constitue pas dans ce cas de figure un grand intérêt à leurs yeux alors, le sort réservé aux prononcés du CDH ne serait pas plus intéressant[943]. Au nom de la souveraineté de l'État et au grand dam de l'application de bonne foi des engagements internationaux auxquels l'État est partie, elles (les juridictions internes) s'en remettent très souvent à leur propre mécanisme exprimant un désintérêt total pour les décisions du CDH. C'est souvent le cas de la haute juridiction administrative française qui n'hésite pas à exprimer son indifférence totale au PIDCP[944]. En revanche, elles réservent une place de choix aux décisions de la Cour EDH sur la seule base de leur caractère obligatoire pour l'État[945]. Cette attitude réfractaire qu'il convient, tout au moins, de dénoncer n'est pas seulement l'apanage de la haute juridiction administrative française. Dans bien de cas, il a été donné de constater que la Cour de cassation sans aucun motif valable, puisque l'effet direct du PIDCP ne fait pas par principe l'objet de contestation de sa part, opère également de la même manière. Elle préfèrerait s'en remettre à l'interprétation développée par la Cour EDH, et ce, même dans certains cas où le requérant l'ayant saisi, fait le choix d'invoquer le PIDCP au soutien de sa demande, parce que certainement le considérant comme mieux protecteur

---

940 Voy. arrêt de la Cour de Cassation française, Ch. Mixte, « *Société des Cafés Jacques Vabre* » le 24 mai 1975.

941 Voy. dans ce sens arrêt « *Nicolo* » de 20 Octobre 1989 du Conseil d'État français.

942 Voy. dans cette perspective les commentaires de A. PELLET, « CE ass., 23 déc. 2011, no 303678, Kandyrine de Brito Paiva », *in* A. PELLET et A. MIRON (dirs.), *Les grandes décisions de la jurisprudence française de droit international public*, Paris, Dalloz, 2015, pp. 652-673. en lien avec l'invocabilité et l'applicabilité de l'article 14 de CEDH.

943 Voy. sur la portée de la célèbre décision du CDH, *Gueye c/France, 1989* : G. COHEN-JONATHAN, « Note sur les décisions et constatations du Comité des droits de l'homme des Nations Unies relatives à la France », *A.F.D.I*, 1989, vol. 35, pp. 424-432.

944 J. MOURGEON, « L'entrée en vigueur des Pactes internationaux relatifs aux droits de l'homme », *op. cit.*, p. 296. Analyse plus récente, Voy. S. KADELBACH, « The Domestic Implementation of Judgments / Decisions of Courts and Other International Bodies That Involve International Human Rights Law », *in* T. RENSMANN, E. RIETER et S. KADELBACH (éds.), *Judging International Human Rights, Courts of General Jurisdiction as Human Rights Courts*, Cham, Switzerland, Springer International Publishing, 2019, p. 81.

945 M. HERDEGEN, « General Overview: Reception and Implementation of International Human Rights Standards and Human Rights Jurisprudence by Domestic Courts and Other National Bodies », *op. cit.*, p. 361. .

pour sa défense. En écartant les moyens de défense du requérant, la haute juridiction semble dénier à celui-ci son droit à pouvoir invoquer un traité de protection des droits de l'homme auquel l'État est pourtant partie autre que la CEDH. L'arrêt de la Chambre criminelle de la Cour de cassation du 26 mai 2004[946] illustre bien cela et enseigne sur l'expression de cette indifférence de la haute juridiction judiciaire française à l'égard des prononcés du CDH. Dans cet arrêt elle a fait le choix de se cantonner dans sa motivation strictement à l'article 6 de la CEDH écartant les dispositions de l'article 14 § 3 du PIDCP pourtant soulevées par le requérant. Or, une simple mise en perspective révèle les potentialités de cette dernière disposition. À la vérité, en la matière, la garantie offerte par cette dernière disposition du PIDCP est plus riche que celle offerte par la première. Au-delà, c'est la tendance à préférer les arrêts de la Cour EDH au détriment des *constatations* du CDH devant son prétoire qui renforce cette différence de traitement[947]. On se serait attendu à ce que les juges de cette Cour tirent toutes les conclusions et le meilleur pour offrir à ce requérant le standard le plus élevé de protection. Ne pas le faire conduirait nécessairement à l'affaiblissement du degré de protection[948]. Cet état de chose donne naturellement à croire que les autorités étatiques se livrent à une hiérarchisation, un traitement préférentiel des engagements internationaux de la France en matière de droit de l'homme en tenant compte de la source de la norme internationale en cause[949]. Suivant cette logique, on est parvenu à la conclusion selon laquelle le traitement réservé aux décisions rendues par la Cour EDH n'est pas identique à celui accordé à celle du CDH. D'ailleurs, la

---

[946] Cour de Cassation, Chambre criminelle, du 26 mai 2004, 03-82.277, Inédit. Il est à noter d'ailleurs qu'une telle situation ne s'arrête pas à la formation criminelle de la Cour de cassation. Puisque à en croire J-P. DOUCET, même si « auprès du juge pénal français, le Pacte international relatif aux droits civils et politiques bénéficie d'une autorité proche de celle de la Convention européenne des droits de l'homme ; il ne semble toutefois pas bénéficier encore du même prestige et n'est qu'assez rarement sollicité, contrairement à la convention européenne ». J.-P. DOUCET, « Convention européenne des droits de l'homme et jurisprudence pénale française », *R.T.D.H*, 1991, n° 6, p. 178.

[947] Pour mieux cerner les contours de cette pratique ayant conduit à la « préséance » du droit de la CEDH et à « *la neutralisation des droits consacrés par les autres traités internationaux protecteurs des droits de l'Homme* », pour reprendre les termes utilisés par l'auteur suivant : Voy. C. LAURENT-BOUTOT, *La Cour de cassation face aux traités internationaux protecteurs des droits de l'homme*, Doctorat en droit, Université de Limoges, 4 décembre 2006, p. 432 et suiv.

[948] F. MARCHADIER, « Le juge judiciaire face à la multiplication des sources des droits fondamentaux », *Revue Droits Fondamentaux*, Le droit des libertés en question(s) - Colloque des 5 ans de la RDLF, 2017, disponible sur http://www.revuedlf.com/cedh/le-juge-judiciaire-face-a-la-multiplication-des-sources/ (Consulté le 14 octobre 2020).

[949] C. CHANET, « La Cour de cassation et les traités internationaux dans le domaine des droits de l'homme », *in* E. DECAUX et O. DE FROUVILLE (dirs.), *La dynamique du système des traités de l'ONU en matière des droits de l'homme. Acte du colloque du 10 Novembre 2014*, CRDH, Paris, Pedone, 2015, p. 46.

Cour de cassation a pu confirmer cette perception en considérant les arrêts de la Cour EDH comme étant des décisions *erga omnes* dont l'application s'impose à tous et non seulement aux deux parties en contentieux[950]. Un tel raisonnement de la Cour de cassation ne laisse aucun doute sur la position incontournable de l'autorité de la Cour EDH dans l'ordonnancement juridique français en opposition avec le cas du CDH dépeint plus haut.

319. Aussi faut-il croire que cette situation a été, tout au moins, aggravée par la réforme de 2008 introduisant les questions prioritaires de constitutionalité (QPC) devant le Conseil Constitutionnel. En effet, la mise en place du nouveau mécanisme crée par ce texte de loi a contribué d'une autre manière à reléguer à la périphérie l'autorité des organes de protection internationale des droits de l'homme pour « une sorte de rapatriement et réappropriation des droits de l'homme »[951]. Il faut croire suivant cette logique que l'objectif serait, dans une certaine mesure, de mieux « interner » le contentieux des droits de l'homme afin de réduire au tant que se peut les effets de son internationalisation à l'encontre de l'Etat devant les organes de contrôle supranationaux.

320. En témoigne les critiques adressées à la France par le CDH lors de son dernier passage dans le cadre de l'examen de son cinquième rapport périodique en 2015. Le CDH considère que l'État français manquait à ses obligations internationales vis-à-vis du PIDCP et du protocole facultatif en ne garantissant pas un recours utile et efficace aux victimes dont la violation de leurs droits a été reconnue. Pour conforter ces critiques, le CDH fit spécifiquement allusion à la suite donnée par l'État à la décision de l'affaire *Singh c/ France* appelant à l'occasion ce dernier à revoir sa position à l'égard des *constatations* adoptées en vertu du premier Protocole facultatif[952]. Plus récemment, c'est la marquante affaire *Vincent Lambert c/ France* ayant écumé l'actualité politico-judiciaire ces dernières années qui montre également le regard indifférent des autorités juridictionnelles aux décisions des organes de traités de l'ONU. Même si dans le cas présent, la décision en soi n'est pas rendue par le CDH mais par le Comité DPH (Comité des droits des personnes handicapée des Nations Unies), elle mérite d'être soulevée en ce qu'elle corrobore notre analyse, venant d'un organe ayant les mêmes caractéristiques que le CDH. En effet, la décision rendue par le Comité DPH, à la suite de la

---

950 Cour de cassation - Assemblée plénière Arrêt n° 589 du 15 avril 2011, n°10-17.049.

951 E. DECAUX, « La perspective internationale au regard des organes de traités sur les droits de l'homme des Nations Unies », *in* J. ANDRIANTSIMBAZOVINA, L. BURGORGUE-LARSEN et S. TOUZÉ (dirs.), *La protection des droits de l'homme par les cours supranationales, Actes du colloque des 08 et 09 octobre 2015*, 31, Publications de l'Institut international des droits de l'homme, Paris, Pedone, 2016, p. 219.

952 CDH, *Observations finales* concernant le cinquième rapport de la France, Doc. CCPR/C/FRA/CO/5, spéc., § 7.

demande de mesures conservatoires par les parents de *Vincent Lambert* n'a en aucun moment retenue l'attention de la juridiction suprême judicaire française malgré l'arrêt de la Cour d'appel du 20 mai 2019 qui autorisait le maintien de l'aide artificielle grâce à laquelle le bénéficiaire, malade, est maintenu en vie. Cette ordonnance en indication des mesures provisoires devait en réalité empêcher que ne soit exécutée la décision du Conseil d'État. À rebours d'une telle position de la Cour d'appel, la Cour de cassation considère qu'il n'appartenait pas à l'État d'ordonner ce maintien, le droit à la vie n'entrant pas dans le champ d'application de l'article 66 de la Constitution française de 1958[953].

PARAGRAPHE II / LES REPERCUSSIONS NEGATIVES DES DISSONANCES JURISPRUDENTIELLES A L'EGARD DU CDH

321. La contrariété des décisions du CDH avec les positions des autorités juridictionnelles nationale et supranationale, souvent une des raisons de l'indifférence des ces dernières à son égard, n'est plus contestable en raison de son activisme en faveur d'une protection renforcée des droits fondamentaux. Un tel activisme du CDH, à finalité protectrice, n'a pas tardé à provoquer de la dissonance, une disparité voire une divergence de ton qui se manifeste par une confrontation directe entre le CDH, les juridictions nationale et supranationale dont la conséquence directe se traduit par la mise « (…) en cause (de) la cohérence des droits de l'homme, c'est-à-dire leur effectivité et leur efficacité »[954]. Elle s'observe ici dans un premier temps avec les autorités juridictionnelles de l'ordre interne **(A)** puis dans un second temps au niveau régional vis-à-vis de la Cour EDH **(B)**.

A/ Les répercussions négatives d'une contrariété relevant de l'ordre interne

322. Pour démontrer cet état de choses, il semble important d'invoquer une décision très connue du Conseil d'État sur le sujet. Il s'agit de son avis *Dame Doukouré*[955]. L'essentiel à retenir ici est que, dans cet avis, le Conseil d'État

---

[953] Cour de cassation, *Assemblée plénière*, arrêt n°647 du 28 juin 2019. Voy. aussi les récents commentaires sur le sujet de la Professeure H. TIGROUDJA, « Procedural Developments at International Human Rights Courts and Bodies », *op. cit.*, p. 311.

[954] E. DECAUX, « La perspective internationale au regard des organes de traités sur les droits de l'homme des Nations Unies », *op. cit.*, p. 227.

[955] CE, avis, 15 avril 1996, *Dame Doukouré*, n°176399. (*Actualité Juridique du Droit administratif* juillet-août 996, pp. 565-566)

a radicalement rejeté l'interprétation autonome et extensive que retient le CDH de l'article 26 du PIDCP en faisant le choix de ne retenir que la version minimaliste que propose le PIDCP. En effet, le CDH, dans son *Observation générale*[956] consacrée au droit à la non-discrimination, affirme que les dispositions de l'article 26 ne sauraient être interprétées uniquement dans le sens des droits civils et politiques. Cela dit, étant un droit consacré à titre autonome, sa jouissance devrait être respectée dans tous les domaines de la vie sociale[957]. À contrario, le Conseil d'État français considère dans sa décision susmentionnée : « qu'il résulte de la coexistence des deux Pactes ouverts à la signature le même jour, que l'article 26 (…) du premier de ces pactes, ne peut concerner que les droits civils et politiques mentionnés par ce pacte et a pour son seul objet de rendre directement applicable le principe de non-discrimination propre à ce pacte ». En décidant ainsi, refusant l'invocabilité de l'article 26 du PIDCP lu conjointement avec l'article 2 du même texte, le Conseil d'État prend directement le contrepied non seulement de la jurisprudence constante[958] du CDH mais des conclusions du Commissaire du gouvernement P. MARTIN et prouve que le contrôle de conventionalité vis-à-vis du PIDCP s'est peu acclimaté devant ce juge. La situation telle que présentée met en difficulté le CDH d'autant plus que cette tendance n'aboutit qu'à une remise en cause de son autorité et témoigne par ailleurs le désintéressement des juridictions nationales dans leurs jugements à prendre au sérieux ses décisions selon les circonstances[959]. Dans un autre cas relatif à l'objection de conscience, le Conseil d'État en vue de rejeter l'argument du requérant, relève que « les constatations du Comité des droits de l'homme, organe non juridictionnel institué par l'article 28 du Pacte international sur les droits civils et politiques, ne revêtent pas de caractère contraignant à l'égard de l'État auquel elles sont adressées (…) »[960]. Sur de

---

956 CDH, *Observation générale* n°18 de 1989 portant sur le droit à la non-discrimination.

957 Voy. notamment O. DE SCHUTTER, « Commentaire de l'article 26 du Pacte », *in* E. DECAUX (dir.), *Le Pacte international relatif aux droits civils et politiques, commentaire article par article,* Economica, Paris, Economica, 2011. ; F. SUDRE, « Le droit à la non-discrimination dans la jurisprudence du Comité des droits de l'homme des Nations Unies », *op. cit.* ; W. SCHABAS, *U.N. International Covenant on Civil and Political Rights*, 3rd éd., *op. cit.*, p. 745. ; P.M. TAYLOR, *A commentary on the International Covenant on Civil and Political Rights*, New York, Cambridge University Press, 2020, p. 732. ; S. KARAGIANNIS, « Considérations sur l'article 26 du Pacte des Nations Unies relatif aux droits civils et politiques, en marge de la jurisprudence du Conseil d'État Français in Les droits de l'homme au seuil du troisième millénaire », *op. cit.*, p. 467.

958 CDH, *Broeks c/ Pays-Bas*, 9 avril 1987 ; CDH, *Wackenheim c/ France*, 26 juillet 2002, comm. n° 854/1999.

959 P. MERETTE et F. SABOURIN, « Les mécanismes de plaintes individuelles au Comité des droits de l'homme de l'ONU », *op. cit.*, p. 534.

960 Conseil d'État, Juge des référés, 11/10/2001, 238849, Publié au recueil Lebon. Ce raisonnement est confirmé en 2015 par la Cour de cassation en ces termes « *les constatations*

telles bases, on conçoit difficilement que des conséquences positives immédiates puissent résulter de l'allocution d'installation du nouveau Président de la Cour de cassation[961]. Bien que ce discours soit porteur d'un message d'espoir et ayant en toile de fond des analyses orientées sur la portée et la nécessité de prise en compte des décisions du CDH, ce renouveau espéré pour l'autorité des *constatations* du CDH, leur prise en considération devant le prétoire de cette cour ne semble pas encore être d'actualité[962]. Pour l'heure, nous pensons qu'aucune autre conclusion contraire à ce qui est perceptible ne peut être tirée. En même temps, la défiance des autorités judiciaires françaises à l'égard du CDH est telle que d'aucuns se demandent si cela est dû au fait que, conformément à son Règlement intérieur, et ce, à la différence des juridictions régionales ou européennes, le CDH ne laisse pas la possibilité à ses membres de participer à l'examen des requêtes dirigées contre l'État dont ils sont ressortissants. Pour justifier cet argument, l'auteur pense que cette règle de procédure - la procédure de récusation - qui les empêche, pourrait constituer « une entorse dommageable au principe selon lequel le juge « national » au sein des juridictions régionales ou européennes « est, par sa présence, en mesure d'éclairer ses collègues sur telle ou telle spécificité du droit national »[963]. Ce constat pourrait bien justifier, selon lui, cette défiance des autorités juridictionnelles françaises à l'égard de l'autorité des *constatations* du CDH.

---

du Comité des droits de l'homme ne constituent pas en elles-mêmes des faits nouveaux au sens des dispositions de l'article 622 du code de procédure pénale ». Voy. Cour de cassation, 10 décembre 2015, 14REV017, Publié au bulletin – Légifrance. ; Cour de cassation, Assemblée plénière, 18 novembre 2016, 15-21.438, Publié au bulletin – Légifrance. ; CAA de LYON, 3ème chambre, 20/10/2020, 19LY04054, Inédit au recueil Lebon. ; Voy. R. VAN ALEBEEK et A. NOLLKAEMPER, « The legal status of decisions by human rights treaty bodies in national law », *op. cit.*, p. 398. ; M. GUYOMAR, « Le juge administratif français et le droit international des droits de l'homme », *in* E. DECAUX et O. DE FROUVILLE (dirs.), *La dynamique du système des traités de l'ONU en matière des droits de l'homme. Acte du colloque du 10 Novembre 2014*, CRDH, Paris, Pedone, s.d., p. 49.

961 Discours de Monsieur Bertrand LOUVEL, premier Président de la Cour de cassation, *Audience solennelle d'installation* du 3 septembre 2018 « Même si cette constatation n'a pas, en droit, de force contraignante, l'autorité qui s'y attache de fait constitue un facteur nouveau de déstabilisation de la jurisprudence qui vient perturber, aux yeux des juges du fond, le rôle unificateur de notre Cour, qui plus est au niveau le plus élevé de son assemblée plénière. C'est pourquoi, il nous faut réfléchir en permanence à de nouveaux mécanismes nécessaires pour intégrer les directives croissantes d'origines diverses, et pas toujours cohérentes, que reçoit notre Cour, et qui, encore une fois, exercent nécessairement une incidence forte sur la motivation de ses arrêts ». Consultable sur le site de la cour : https://www.courdecassation.fr/publications_26/prises_parole_2039/discours_2202/.

962 G. GONZALEZ, « Les constatations du Comité des droits de l'homme des Nations unies en 2018 relatives à la liberté de religion en France », *Revue du droit des religions [En ligne]*, mai 2020, p. 186, disponible sur http://journals.openedition.org/rdr/1157 (Consulté le 12 octobre 2020).

963 *Ibid.*, p. 185.

B/ Les répercussions de la contrariété au niveau régional sur la mission du CDH

323. Au niveau régional, cette contrariété est aussi observée et apparaît encore plus retentissante que celle relevant du niveau national en raison du fait qu'il est question de deux instances supranationales. « La Saga »[964] entre Genève et Strasbourg bien connue dans le contentieux relatif à la liberté religieuse s'est manifestée de manière récurrente durant la décennie en cours contre la France[965]. Très souvent, elle tend à remettre en cause les législations de l'État français ayant pour but de réglementer l'exercice de la liberté religieuse[966] dans une perspective de conformité avec les mesures d'ordre public interne. À l'origine de telles positions contrastées, la prise en compte de la marge nationale d'appréciation des États par la Cour EDH. En effet, dans la pratique, lorsqu'elle est sollicitée à se prononcer sur de telles questions, la Cour a pour habitude de renvoyer au pouvoir discrétionnaire des États[967]. La jurisprudence de la Cour EDH, *SAS c/ France* de 2014 en porte témoignage. Ce faisant, elle laisse la main aux États pour choisir les moyens et les mesures pour solutionner en interne les controverses autour de telles questions. Il va de soi qu'en l'absence de cette théorie de marge nationale d'appréciation dans le contentieux devant l'office du CDH[968], on pouvait légitimement convenir qu'en réalité rien n'empêche celui-ci d'exercer un contrôle poussé des mesures d'ingérence prises par l'État dans l'exercice des droits et libertés par les individus[969]. Dès lors, il est important de comprendre que ce qui « diffère (c'est) l'intensité du contrôle exercé sur l'argumentaire

---

[964] E. BRIBOSIA, I. RORIVE et G. CACERE, « Les signes religieux au cœur d'un bras de fer entre Genève et Paris : la saga Singh », *R.T.D.H*, 2014, n° 98, p. 495.

[965] Cour EDH, *Mann Singh c/ France* du 13 novembre 2008 ; CDH, *Ranjit Singh c/ France* du 27 septembre 2011, comm. n°1876/2009.

[966] Les contentieux y afférents concernent souvent les lois suivantes : la loi n° 2004-228 du 15 mars 2004 *encadrant, en application du principe de laïcité, le port de signes ou de tenues manifestant une appartenance religieuse dans les écoles, collèges et lycées publics* et la loi 2010-1192 du 11 octobre 2011 *portant interdiction de dissimulation dans les espaces publics.*

[967] S. BESSON, « Subsidiarity in International Human Rights Law—What is Subsidiary about Human Rights? », *op. cit.*, p. 72.;

[968] *Ibid.*, p. 70. ; Voy. Dans le même sens, D. MCGOLDRICK, « A defence of the margin of appreciation and an Argument for its application by the human rights Committee », *International and Comparative Law Quarterly*, 2016, p. 22. ;V. ENGSTROM, « Deference and the Human Rights Committee », *Nordic Journal of Human Rights*, 2016, p. 77.; Y. SHANY, « All Roads Lead to Strasbourg?: Application of the Margin of Appreciation Doctrine by the European Court of Human Rights and the UN Human Rights Committee », *Journal of International Dispute Settlement* 1, 2017, p.1 et 2.

[969] Dans ce sens, Voy. N. BACH, « La promotion avérée du pluralisme idéologique par le Comité des droits de l'Homme », *R.G.D.I.P*, 2010, vol. 114, n° 4, p. 837. « *(...) le Comité des droits de l'homme met en évidence une volonté d'optimiser un pluralisme en matière religieuse.* »

étatique »[970], quitte au CDH à bousculer l'orientation des politiques juridiques internes de l'État. Or, c'est justement en raison d'une telle intervention accrue dans la vie de l'État dont le but n'est autre que le renforcement du niveau de protection des droits fondamentaux à l'aune du PIDCP que le CDH va provoquer la dissonance. Cette divergence d'interprétation manifestée par une prise de position systématique du CDH contraire de celle de la Cour EDH, provoque une véritable incohérence, source d'un DIDH fragmenté et malaisé. Il est intéressant d'invoquer ici quelques décisions récentes rendues par le CDH sur fond de contestation de la même disposition législative objet de l'arrêt *SAS c/ France* devant la Cour EDH pour comprendre aisément cette coexistence conflictuelle des deux interprètes : *F.A c/ France*[971] ; *Miriana Hebbadj c/ France*[972] ; *Sonia Yaker c/ France*[973].

324. Il est important de garder à l'esprit que cette dichotomie résultant de la disparité de positions n'est pas sans conséquences. Elle fait naître un danger qui va à l'encontre de la cohérence et de l'effectivité de la protection des droits ; lequel danger produit des conséquences juridiques dommageables pour l'individu victime. En effet, tout porte à croire que pour l'État défendeur, celui-ci n'hésitera pas à exploiter ce climat de conflit pour justifier « son immobilisme face aux injonctions onusiennes »[974] utilisant à l'envi, la décision contraire de la Cour EDH contre les prises de positions du CDH[975]. Toutefois la situation pourrait être diversement appréciée. Effectivement dans le cas où l'État débiteur est de mauvaise foi, il faudrait comprendre que la situation l'arrange en ce qu'il peut l'exploiter directement en sa faveur en mettant en balance la source des normes contradictoires afin de se tirer d'affaire et refuser de

---

970 E. BREMS *et al.*, « Le port de signes religieux dans l'espace public : vérité à Strasbourg, erreur à Genève ? », *Journal des Tribunaux*, 2012, p. 602.

971 CDH, *F.A c/ France, 2018*, comm. n° 2662/2015.

972 CDH, *Hebbadj c/ France*, 2018, comm. n° 2807/2016.

973 CDH, *Sonia Yaker c/ France,* 2018, comm. n° 2747/2016.

974 E. BRIBOSIA, I. RORIVE et G. CACERE, « Les signes religieux au cœur d'un bras de fer entre Genève et Paris : la saga Singh », *R.T.D.H*, 2014, n° 98, p. 506. ; G. GONZALEZ, « Bonne foi et engagements internationaux de la France en matière de liberté de religion », *Revue du droit des religions*, novembre 2016, n° 2, pp. 171-175. ; E. BREM, « Should Pluriform Human Rights Become One? Exploring the Benefits of Human Rights Integration », *European J of Human Rights*, 2014, vol. 4, p. 463.

975 F. TULKENS et S. VAN DROOGHENBROECK, « The Domestics Courts' Response to Divergent Views among International Human Rights Bodies : Thoughts Prompted byt the Singh v. France's Cases », *in* A. ALEN *et al.* (dirs.), *Liberae Cogitationes. Liber Amicoruim Marc Bossuyt*, Cambridge-Anvers, Intersentia, décembre 2013, p. 744. Lire « *Faced With cacophony among the masters, the disciple has thus opted to follow Strasbourg rather than Geneva* ».

mettre en œuvre finalement la décision[976]. Dans ce cas, l'État se prémunit contre les *constatations* du CDH en invoquant l'indétermination de leurs degrés de normativité qui provoque simultanément une hiérarchisation entre les origines de celles-ci[977]. Dans une situation inverse où existerait une réelle volonté de l'État débiteur de se conformer à ses obligations internationales sans considération de la source, il faudrait comprendre également que, la contradiction des deux organes de contrôle (Cour EDH / CDH) rend la situation complexe pour l'État qui ne saura concrètement quelle attitude adoptée. Une telle situation révèle d'ailleurs un effet néfaste du pluralisme des organes de protection des droits de l'homme et amène à s'interroger si, dans certaines circonstances, cette pluralité d'organes de contrôle en droit international ne serait pas de nature à remettre pas en cause la sécurité juridique des destinataires des normes. Pour répondre à cette interrogation, le Professeur L. BALMOND considère à l'affirmative que :

> « Pour les juridictions internationales, du fait de leur multiplicité, l'insécurité peut naître d'abord sur les marges, là où les systèmes juridiques, du fait de leur logique propre ou de l'action des plaideurs, peuvent se rencontrer. Appelés à résoudre le même problème juridique, ils peuvent, forts de leur autonomie, lui donner des solutions différentes voire contradictoires. »[978].

325. Du côté de la victime, cette situation délétère engendre également d'office une insécurité juridique[979] à son égard parce que les deux organes de contrôle en confrontation n'auraient pas créé pour l'État défendeur les conditions optimales de remplir utilement l'obligation à laquelle il a souscrit.

---

[976] D. STAES, « The importation of ''external sources'' by the European Court of Human Rights. Opportunities and challenges in light of legal certainty », *op. cit.*, p. 67.

[977] R. KOLB, « La sécurité juridique en droit international : aspects théoriques », *op. cit.*, p. 121.

[978] L. BALMOND, « Ouverture : dialogue des juges, pluralisme et sécurité juridique », *op. cit.*, p. 5.

[979] R. KOLB, « La sécurité juridique en droit international : aspects théoriques », *op. cit.*, p. 114. « La sécurité de l'exécution » « L'aspect essentiel de cette securitas réside cependant bien dans la mesure dans laquelle les normes juridiques sont respectées ou exécutées en fait. Non seulement l'efficacité (…) du droit, mais en particulier aussi la sécurité juridique sont gravement mises en danger quand on ne peut pas compter sur leur réalisation. »

Conclusion :
Titre 1er, 2ème Partie

326. Il a été montré au départ que le CDH a pris des initiatives et a opéré des innovations sous l'angle procédural ou substantiel afin d'orienter ses actions en vue d'atteindre l'effectivité de sa mission. D'un autre côté, il a réussi à attirer l'attention des autres organes conventionnels sur son œuvre, ce qui a indirectement réhaussé son degré de légitimité et a contribué à stabiliser indirectement son autorité dans l'architecture institutionnelle internationale en la matière. Cependant, il reste que celui-ci est confronté à certaines réalités non négligeables qui contribueraient à affaiblir sa mission principale ainsi que les objectifs qu'il compte atteindre. Dans ce titre, nous avons d'abord tenter, sans prétendre à l'exhaustivité, déceler puis analyser ces handicaps. Tantôt ils dérivent des moyens mis à la disposition de son fonctionnement ou quelques fois des contre-effets du temps ou de sa coexistence avec les organes tiers. Tantôt, ils dérivent de la configuration textuelle, de la nature juridique de ses moyens d'action prescrits par le PIDCP qui souvent peuvent laisser la liberté de choix à l'État partie ou empêchent l'organe de contrôle d'agir en qualité d'organe d'autorité de régulation ayant voix coercitive envers lequel les États destinataires auront un devoir de conformité. Sur la liberté de choix de l'État, nous pouvons par exemple chercher à savoir si le pouvoir qui leur est conféré en toute discrétion pour contrer les circonstances exceptionnelles contenu dans les dispositions de l'article 4 du PIDCP n'est pas de nature à contrevenir à la mission de l'organe de contrôle. L'analyse profonde d'une telle disposition à l'appui des données empiriques donne à croire que, bien que l'exercice de ce pouvoir discrétionnaire n'échappe pas totalement au contrôle du CDH, celui-ci reste une liberté dangereuse entravant la mission protectrice du CDH[980].

[980] Voy. H. TIGROUDJA, « Les normes internationales de droits de l'homme face aux régimes et lois d'exception », *in* A. VIDAL-NAQUET (dir.), *La norme et ses exceptions : Quels défis pour la règle de droit*, A la croisée des droits : Droits international, comparé et européen, Bruxelles, Bruylant, 2015, pp. 179-199. ;

TITRE II/
LES EFFORTS POUR L'EFFECTIVITE DES DROITS DE L'HOMME DANS LE SYSTEME UNIVERSEL CONVENTIONNEL

327. En marge de tout ce qui est écrit et énoncé dans le PIDCP, le CDH dans le cadre de son mandat, a eu à développer des moyens et potentialités pouvant renforcer son pouvoir et par ricochet son autorité ; ce qui l'amène à dépasser quelque peu le mandat à lui confié par son instrument constitutif. À partir de ce moment, il est manifeste de comprendre que seul le renforcement ou encore la rationalisation de son pouvoir lui permettra d'accroitre la portée de ses actions et de garantir la place qu'il occupe dans l'architecture internationale des organes de contrôle de protection des droits de l'homme. C'est nul doute pourquoi le CDH s'inscrit très vite dans le processus de juridictionnalisation aux fins de légitimer ses actions et, par là même, conférer l'autorité nécessaire à ses prononcés afin de favoriser une adhésion convaincante des destinataires de son travail. Toutefois, il s'emploie à s'acquitter de cette entreprise bien que nulle part, il n'est écrit ou mentionné dans la norme mère la création d'une juridiction s'il convient de se fier *stricto sensu*, à titre d'exemple, aux statuts de la CIJ ou de la Cour EDH ou de toute autre instance juridictionnelle internationale. Si une telle attitude participe, comme nous venons de l'aborder et comme il sera développé plus loin, au processus de renforcement et de rationalisation à travers la légitimation de ses activités, elle amène naturellement à s'interroger à l'occasion sur la problématique de l'érection d'une juridiction internationale unique en DIDH au plan universel, qui depuis quelques années encore, redevient un sujet d'actualité et participe dans le même sens à la réflexion sur les possibilités de rendre plus effectifs et efficaces, les mécanismes onusiens de protection des droits de l'homme.

328. Mis à part de telles idées, notre analyse, s'inscrivant dans un contexte plus général qu'on ne saurait ignorer, sera articulée à l'aune des éléments extérieurs au fonctionnement interne du CDH couvrant l'activité de toute la famille des organes de traités des droits de l'homme hébergée par le HCDH des Nations Unies sur fond d'un intérêt particulier pour les réformes entreprises par ce dernier depuis des décennies. Nous n'hésiterons pas à formuler nos réflexions personnelles afin de contribuer à la logique actuelle de rationalisation poussée au service de l'effectivité de la mission protectrice des organes de traités. Pour ce faire, nos idées seront déclinées selon la logique suivante. Dans le (**premier chapitre**), il

sera question de traiter de la juridictionnalisation comme condition de légitimation du CDH et de l'effectivité de sa mission, puis dans le (**second chapitre**), le devoir immédiat de renforcement du système des organes de traités pour une mise en œuvre effective des normes.

CHAPITRE I/
LA JURIDICTIONNALISATION, COMME MOYEN POSSIBLE DE RENFORCEMENT DE LA LEGITIMITE DU CDH ET DE L'EFFECTIVITE DES DROITS DU SYSTEME UNIVERSEL CONVENTIONNEL

329. Qu'est ce qui pourrait inciter un justiciable à se conformer à une règle de droit, à une décision rendue par un organe de contrôle à son encontre, sans qu'il soit forcément nécessaire de recourir à la contrainte, à toute mesure coercitive ?[981] Telle est la question et les réponses sont incertaines. Néanmoins, à l'analyse, un début de réponse semble se loger dans la confiance que ce dernier - le justiciable - a en la norme ou en l'organe auteur de la décision. Cela dit, l'organe ou l'interprète, s'il voulait voir accroitre le degré d'acceptabilité de ses décisions par les destinataires, devrait se comporter de manière à pouvoir gagner la confiance du justiciable[982]. Il est bien là une exigence de légitimité de l'organe et de ses prononcés dans sa politique de recherche de l'effectivité[983]. Ainsi, il faudrait convenir que la légitimité est un élément qui participe au respect d'une norme. Elle est donc une condition de l'effectivité[984]. I. HURD affirmait dans cette perspective ce qui suit :

---

[981] I. HURD, « Legitimacy and Authority in International Politics », *International Organization*, Spring, 1999, vol. 53, n° 2, p. 380.

[982] Voy. dans cette même dynamique, les analyses suivantes sur le rôle de la confiance du public dans la garantie du bon fonctionnement de la justice puis dans la garantie de l'efficacité du contrôle juridictionnel. J. ANDRIANTSIMBAZOVINA, « La « confiance du public » dans la jurisprudence de la Cour européenne des droits de l'homme », in *Les droits de l'homme à la croisée des droits, Mélanges en l'honneur de Frédéric SUDRE*, Paris, LexisNexis, 2018, p. 18. ;N. GROSSMAN *et al.* (éds.), « Legitimacy and International Courts–A Framework », *in* N. GROSSMAN *et al.* (éds.), *Legitimacy and International Courts*, New York, Cambridge University, 2018, p. 4.

[983] Voy. dans ce sens les analyses de A. FLÜCKIGER, « Pourquoi respectons-nous la soft law ? », *op. cit.*, p. 80. ; D. BODANSKY, « Legitimacy in International Law and International Relations », *op. cit.*, p. 325. Ce dernier corrobore cette reflexion et estime que « (...) since an institution's lack of coercive power means that it must rely more on perceived legitimacy as a basis of influence. ». Cependant, bien que nous prenons le côté positif des choses, il est important de ne pas perdre de vue la perception que les usagers (les individus et les Etats) du prétoire du CDH auront sur cette attitude. Certes comme souligné, il est incontesté que le but poursuivi par cette attitude est l'effectivité des droits garantis, mais selon les acteurs en présence, l'appréciation peut évidemment être différente et entraîner des répercussions sur le but visé. Voy. Y. SHANY, « Stronger Together? Legitimacy and Effectiveness of International Courts as Mutually Reinforcing or Undermining Notions », *in* N. GROSSMAN *et al.* (éds.), *Legitimacy and International Courts*, New-York, Cambridge University Press, 2018, p. 370.

[984] Voy. *Supra*. Chapitre Introductive de ce même travail.

> « Legitimacy contributes to compliance by providing an internal reason for an actor to follow a rule. When an actor believes a rule is legitimate, compliance is no longer motivated by the simple fear of retribution, or by a calculation of self-interest, but instead by an internal sense of moral obligation: control is legitimate to the extent that it is approved or regarded as ''right. »[985]

330. Cette partie de notre travail se concentrera d'abord sur l'attitude du CDH qui s'inscrit dans la même démarche ainsi que sur ses conséquences pour son activité contentieuse. Ensuite, la question de la juridictionnalisation étant au cœur de cette réflexion[986], car elle est prônée pour l'amélioration du mécanisme étudié, elle amène à s'intéresser indirectement à une autre question dont la finalité concorde avec l'attitude du CDH observée dans cette étude : la recherche de l'effectivité de la protection des droits, la quête d'une justice internationale plus aboutie. On songe, à proprement parler, à celle de l'institution d'une juridiction internationale unique en matière de droits de l'homme. Il parait opportun d'aborder cette question qui fait l'objet d'une importante réflexion doctrinale. En effet, les mécanismes conventionnels des droits de l'homme créés sous les auspices des Nations Unies, n'ont eu de cesse de subir des critiques, portant spécialement sur l'absence de force obligatoire de leur décision[987] ou comme n'aménageant *in fine* que le volontarisme étatique. La vérité est que, seul l'État décidera d'obtempérer ou non, laissant les victimes de violation des droits dans une position aléatoire. Cette question, loin d'être spécifique aux organes des traités des droits de l'homme de l'ONU dont le CDH bien attendu, est une faiblesse pour le DIDH et pour le droit international général. Il serait tout à fait important de montrer que cette réalisation novatrice serait la bienvenue dans un monde miné, à tout égard, par la violation des droits fondamentaux, les espoirs en une protection effective, grâce à une sanction efficace[988], ayant traversé le temps.

331. D'ailleurs, démontrant que le PIDCP vise avant tout à socialiser le comportement des États et de ce simple fait, serait dépourvu de toute intention normativiste, appelant pour preuve la philosophie stratégique des Comités conventionnels, le Professeur L. HENNEBEL parvient à la conclusion selon

---

985 I. HURD, « Legitimacy and Authority in International Politics », *op. cit.*, p. 387.

986 C. LEBEN, « La juridiction internationale », *Droits*, 1989, n° 9, p. 145. A en croire, le Professeur C. LEBEN, le caractère justiciable de la règle de droit, c'est-à-dire la possibilité pour un tiers de se prononcer là-dessus lors d'un litige, est constitutive de sa juridicité.

987 W. M. COLE, « Institutionalizing Shame: The Effect of Human Rights Committee Rulings on Abuse, 1981–2007 », *Social Science Research,* 2012, vol. 41, pp. 539- 540. ; M. METIN HAKKI, « The Silver Anniversary of the UN Human Rights Committee: Anything to Celebrate ? », *The International Journal of Human Rights*, 2002, vol. 6, p. 85 et 87.

988 Sur la consubstantialité de la « sanction » au « droit », Voy. L. CAVARE, « L'idée de sanction et sa mise en œuvre en droit international », *op. cit.* ; M. SOGNIGBE -SANGBANA, *La sanction internationale de la violation des droits de l'homme*, 38, *op. cit.*, p. 60.

laquelle « aux Nations Unies, on recommande, on dialogue, on négocie, on se félicite, on fait le vœu, on regrette, on n'ordonne pas, on ne sanctionne pas et on ne contraint pas »[989]. Avec ce constat, on en vient naturellement à se demander s'il n'est donc pas propice de sortir de cette « souplesse », de cette « mollesse »[990] ou encore de cette « dilution »[991] de normativité inhérente à la nature des organes conventionnels onusiens pour aller vers un « *hard law* » – un droit dur -. Celui-ci exigerait beaucoup plus des États parties sur la base de normes coercitives prédéfinies devant renforcer la sécurité juridique des victimes pour autant que l'on se range du côté de ceux qui pensent que le « droit dur » offre par excellence la meilleure garantie aux droits fondamentaux[992]. Avant de s'interroger sur la faisabilité de la création d'une juridiction unique internationale pour la protection des droits de l'homme (**section 2**), il sera d'abord question de traiter du profil juridictionnel du contentieux devant le CDH (**section 1**).

---

[989] L. HENNEBEL, « Les Pactes comme instruments de socialisation des États Parties », *in* O. DE FROUVILLE (dir.), *Le système de protection des droits de l'homme des Nations Unies : présent et avenir, Acte du colloque du 7 et 8 novembre 2016*, Centre de recherche sur les droits de l'homme et le droit humanitaire, Paris, Pedone, 2018, p. 41. ; dans ce même sens, Voy. A. PELLET, « La mise en œuvre des normes internationales des droits de l'homme – 'Souveraineté du droit' contre souveraineté de l'État ? », *op. cit.*, p. 119 à 121. ; J. CHARPENTIER, *Le contrôle par les organisations internationales de l'exécution des obligations des états*, Vol. 182, *op. cit.*, p. 217. ; K. VASAK, « Institutions internationales de protection et de promotion des droits de l'homme », in *Les dimensions internationales des droits de l'homme*, Paris, Unesco, 1978, p. 244.

[990] R.-J. DUPUY, « Droit déclaratoire et droit programmatoire : la coutume sauvage à la "soft law" », in *Elaboration du droit international public, Acte du Colloque de Toulouse*, Société française pour le droit international, (SFDI), Paris, Pedone, 1975, p. 140. ; I. DUPLESSIS, « Le vertige et la soft law : réactions doctrinales en droit international », *R.Q.D.I*, 2007, pp. 245-268. Du même auteur I. DUPLESSIS, « La mollesse et le droit international du travail : mode de régulation privilégié pour une société décentralisée », *document de travail Gouvernance, droit international et responsabilité sociétale des entreprises,* DP/182/2007, ISBN 978-92-9014-836-4, Institut international d'études sociales (IIES) de l'OIT, Genève, 2007, p. 8.

[991] P. WEIL, « Vers une normativité relative en droit international », *op. cit.*, p. 7.

[992] A.T. GUZMAN, « A Compliance-Based Theory of International Law », *California Law Review*, 2002, vol. 90, n° 6, pp. 1823-1887. ; K.W. ABBOTT et D. SNIDAL, « Law, Legalization, and Politics: An Agenda for the Next Generation of IL/IR Scholars », in *Interdisciplinary Perspectives on International Law and International Relations, The State of The Art*, Cambridge, New York, Melbourne, Cambridge University Press, 2013, p. 51.

SECTION I/
LE CONTENTIEUX DEVANT LE CDH : UN CONTENTIEUX AU PROFIL DE PLUS EN PLUS JURIDICTIONNEL

332. Le CDH fait l'objet de vives critiques au sein de la famille des organes de protection des droits de l'homme en droit international[993]. Trop souvent, il lui est reproché son incapacité à exiger des États, à se faire respecter des souverains étatiques dans le cadre de sa mission comparativement à d'autres organes, en raison du caractère « *soft* »[994] de son « *negotium* ». Ces critiques, tendent à remettre en cause directement sa légitimité qui normalement constitue l'élément nécessaire, le préalable à toute question d'effectivité d'un organe de contrôle. Et comme l'a bien souligné la Professeure H. TIGROUDJA dans ses propos conclusifs, dans un contexte bien différent mais naturellement transposable dans cette étude, « (...) dans les indices permettant de mesurer la légitimité d'un organe, (...) la qualité de la justice est une composante (...) »[995]. Cette affirmation recontextualisée, trouve certainement ici un point d'ancrage bien plus solide qu'ailleurs, et amène à comprendre aisément la démarche dans laquelle s'inscrit l'orientation actuelle du CDH à l'égard de ses propres décisions rendues à l'issue de son mécanisme contentieux.

333. Cette orientation témoigne de sa volonté d'œuvrer pour dissiper les velléités des États afin de ne pas prêter le flanc à des critiques sévères pouvant remettre en cause son travail. Alors, on s'autoriserait à en déduire ce qui suit : considérant que c'est la légitimité qui fonde l'autorité et que cette dernière doit fonder l'effectivité,[996] il faudrait sans doute comprendre que le CDH s'est lancé dans un chantier de légitimation et de renforcement de son autorité[997] afin de conférer toutes les qualités nécessaires à ses décisions avec l'intention de pouvoir les assimiler, à terme, à de véritables « arrêts » avec toutes les conséquences qui peuvent s'en suivre[998]. S'il sied d'épouser la logique du Professeur F. SUDRE qui considère que : « l'exigence de l'effectivité des droits de l'homme commande l'usage de techniques de contrôle, de techniques

---

993 *Supra.*

994 Sur la définition (du) ou de (la) *Soft law*, Voy. M. AILINCAI, « Propos introductif », *op. cit.*

995 H. TIGROUDJA, « Propos conclusifs : la légitimité du « particularisme interaméricain des droits de l'homme » en question », *op. cit.*, p. 387.

996 D. MARDON, « *Soft Law*, droits fondamentaux et légitimité », *in* M. AILINCAI (dir.), *Soft law et droits fondamentaux, Acte du Colloque du 04 et 05 février 2016*, Publications de l'Institut international des droits de l'homme, Université de Grenoble (CRJ), Pedone, 2017, pp. 129-147. ;

997 M. EUDES, « Rapport général », *op. cit.*, p. 261.

998 Voy dans ce sens : L. HENNEBEL et H. TIGROUDJA, *Traité de droit international des droits de l'Homme*, *op. cit.*, p. spéc. 586.

procédurales »[999], c'est que cette logique confirme notre analyse faisant état de la dimension juridictionnelle qu'induit la lecture holistique du contentieux devant le CDH. Afin de corroborer ces idées[1000], il est nécessaire de mettre en lumière le type de contrôle opéré par le CDH, comme étant le reflet d'un contentieux correspondant typiquement *stricto sensu* à celui des organes juridictionnels de protection des droits et mettant de ce fait, ces derniers en concurrence. Cette réflexion sera abordée sous deux angles différents : d'abord sous l'angle d'une juridictionnalisation actée (**Paragraphe I**), ensuite sous l'angle de la tentative du CDH de vouloir conférer les qualités nécessaires à ses *constatations* afin que celles-ci répondent au modèle des actes dérivés des organes ayant formellement le statut de juridiction (**Paragraphe II**).

PARAGRAPHE I/ UNE JURIDICTIONNALISATION ACTEE : LE CDH, UNE JURIDICTION SANS JUGE[1001]

334. Cette étude tend à dégager l'esprit et les principales orientations qui sous-tendent cette attitude du CDH[1002]. Aujourd'hui, il est de moins en moins sérieux de mettre en doute ou de jeter le voile sur la tendance à la juridictionnalisation de l'activité contentieuse du CDH. Cette tendance est donc bien plus qu'un simple discours de l'interprète universel ; elle poursuit un but précis. La justification d'une telle affirmation s'insère dans ce qui est communément qualifié de phénomène de juridictionnalisation en droit international. Déjà, il convient d'admettre que, du moment que la possibilité lui a été donnée par les États de connaitre des requêtes sur la base du Protocole facultatif, il ne peut lui être totalement interdit de mener à sa guise une mission

---

[999] F. SUDRE, « Conclusions », *op. cit.*, p. 255. ; dans cette même logique, Voy. M. TIGNINO, « Quasi-judicial bodies », *op. cit.*, p. 246. « (…) quasi-judicial bodies have often been at the forefront of changes to procedural rules that define and, in some cases, extend the strict boundaries of their own mandate, motivated by a desire to make their process (…) more effective. »

[1000] C. SANTULLI, *Droit du contentieux international*, Domat droit public, Issy-les-Moulineaux, LGDJ, Lextenso éditions, 2015, 626 p, p. spéc. 84 et suiv. L'auteur qualifie le Comité des droits de l'homme des NU d'organe judiciaire international à vocation universelle.

[1001] L'intitulé de ce paragraphe est inspiré d'une conférence organisée par le CERIC (Centre d'Études et de Recherches Internationales et Communautaires), intitulée, *« une juridictionnalisation sans juridiction : l'activité contentieuse du Comité des droits de l'homme »* à la Faculté de droit d'Aix-en-Provence le 21 Novembre 2017, animée par la Professeure Nathalie RUBIO avec pour intervenant le Professeur Y. BEN ACHOUR, membre du Comité des droits de l'homme. Conférence à laquelle avait participé l'auteur de ce travail.

[1002] R. VAN ALEBEEK et A. NOLLKAEMPER, « The legal status of decisions by human rights treaty bodies in national law », *op. cit.*, p. 404.

de nature juridictionnelle. Dès ce moment, le CDH devient le véritable artisan du contenu concret à donner aux dispositions du PIDCP à travers une méthode de contrôle qui lui semble adéquate. Celui-ci s'attelle à prouver sa capacité à accomplir cette mission en demi-teinte, d'organe quasi-juridictionnel, bien que non conceptualisée dans les textes. Cette détermination ne donnerait-elle pas un écho favorable à l'affirmation selon laquelle « soit une juridiction est, où elle n'est pas (...) » ?[1003] La réponse paraît résulter d'une lecture attentive de son activité calquée sur un *corpus* jurisprudentiel dense qui démontre qu'il a su dégager et mettre en exergue cette perception aux fins de l'effectivité des droits. Avant d'aborder, à proprement parler, ce comportement du CDH, il est indispensable d'élucider dans un premier temps les contours du phénomène de juridictionnalisation, ce qui signifierait en soi de revisiter la notion de juridiction **(A)** avant de revenir sur les éléments distinctifs de confirmation de cette juridictionnalisation par-devant le prétoire du CDH **(B).**

A/ Considérations préliminaires sur la juridictionnalisation du CDH

335. Il est question de retourner à la source tout en reconnaissant que cette sous-partie ne saurait être exhaustive sur un sujet dont la teneur est insusceptible d'être contenue dans un cadre d'étude aussi restreint. Traiter de la question de la juridictionnalisation du CDH suppose dans un premier temps de comprendre ce qu'est une « juridiction ». Rappelons-le, la définition d'une telle notion n'est pas tout à fait arrêtée[1004]. Si elle pourrait paraître simple pour le juriste de droit interne, elle reste incertaine pour le juriste internationaliste pour qui elle est une préoccupation toute particulière. D'emblée, quelques auteurs classiques retiennent particulièrement notre attention. On reconnait communément qu'une juridiction « est un organe qui met fin à un différend par une décision obligatoire c'est-à-dire revêtir de l'autorité de la chose jugée en application du droit »[1005]. Le dictionnaire du Professeur J. SALMON en fournit une autre. Selon ce dernier, une juridiction internationale est « une institution investie du pouvoir de juger c'est-à-dire de trancher des litiges entre États par décision obligatoire qu'il s'agisse d'un organe arbitral ou judiciaire

---

[1003] E. DECAUX, « Que manque-t-il aux quasi-juridictions internationales pour dire le droit », in *Dialogue des juges, Mélanges en l'honneur au président Bruno Genevois*, Paris, Dalloz, 2009, p. 217.

[1004] L. MILANO, « Qu'est-ce qu'une juridiction ? La question a-t-elle encore une utilité ? », *Revue française de droit administratif*, 2014, p. 1119.

[1005] C. SANTULLI, « Qu'est-ce qu'une juridiction internationale ? », *A.F.D.I*, 2000, vol. 46, n° 1, pp. 58-81. ; L. CAVARE, « La notion de juridiction internationale », *A.F.D.I*, 1956, vol. 2, n° 1, pp. 496-509. ; H. ASCENSIO, « La notion de juridiction internationale en question », in *La juridictionnalisation du droit international, La juridictionnalisation et les juridictions internationales*, Lille, S.F.D.I., Pedone, 2003, pp. 163-202.

ou de tout autre organisme disposant de pouvoirs *juridictionnels* »[1006]. En résumé, si l'on s'en tient à ces deux définitions, il est à noter qu'elles dégagent un triptyque – le différend, une décision obligatoire, l'application du droit – et renvoient à la fonction de l'organe. En des termes plus précis, la qualification de juridiction est tributaire des trois éléments cumulatifs, de la nature de la fonction dans laquelle est investi l'organe par sa norme constitutive ou son acte statutaire. Consubstantiellement à cette définition, il est intéressant de dire que l'idée de juridictionnalisation est un phénomène en droit international intrinsèquement liée à la multiplication des juridictions internationales sur la scène internationale depuis une époque fort ancienne[1007]. Peut-être faut-il s'accorder à dire qu'il s'agit du processus qui vise à confier le contrôle d'une situation concrète à un juge international. Le Dictionnaire *Vocabulaire juridique* en apporte quelques précisions de plus : « Procédé consistant à attribuer à des actes qui ne la comporteraient normalement pas la qualification d'acte juridictionnel, afin de leur étendre le régime de ce dernier (autorité de chose jugée) »[1008]. Ce sont sans doute ces dernières précisions qui semblent les plus rattachables à notre réflexion.

336. Se référant aux deux définitions susmentionnées, il est aisé de constater que le CDH ne remplit pas les critères préétablis, nécessaires pour se voir reconnaitre la qualité d'une juridiction. D'ailleurs les dispositions de l'article 28 du PIDCP l'ayant établi ne mentionnent rien pouvant laisser présager la création d'une juridiction internationale. En clair, le CDH n'est pas formellement un « tribunal » au sens du droit international ainsi qu'il a été rappelé sans cesse dans nos précédents développements. Toutefois, peut-on oser dire qu'il l'est, même s'il diffère de la définition générale préétablie ? Quels sont donc les éléments qui peuvent conférer une telle particularité au CDH ? Telles sont les interrogations auxquelles il faut essayer d'apporter des réponses dans nos développements à suivre.

B/ Sur le « mimétisme juridictionnel » opéré par le CDH

337. Il est important de préciser d'entrée que cet exercice ne va pas, peut-être de soi. Cependant, il mérite d'être abordé. En effet, contrairement à ce qui vient d'être dit, aussi surprenant que cela puisse paraitre, on observe un mouvement du CDH tendant à s'inscrire dans une logique de juridictionnalisation ou à prétendre à l'exercice des fonctions

---

[1006] J. SALMON, *Dictionnaire de droit international public*, *op. cit.*, p. 628.

[1007] V. COUSSIRAT-COUSTERE, « Avant-propos », in *La juridictionnalisation du droit international, Colloque de Lille*, Société française pour le droit international, (SFDI), Paris, Pedone, 2003, pp. 3-4. Selon cet auteur, « juridictionnalisation du droit international est un phénomène et un mouvement qui se voient d'abord dans la multiplication des instances désignées pour dire quel est le droit. - (…) »

[1008] G. CORNU, *Vocabulaire juridique*, Paris, PUF, 2018, p. 879.

juridictionnelles[1009] - the court-like function -. Ce constat effectué, il convient de se demander d'abord comment se manifeste un tel processus ou un tel mouvement opéré par le CDH en ressortant les éléments confirmatifs de cette orientation (**1**) avant de s'intéresser à la finalité de cette attitude (**2**).

1) Les éléments confirmatifs du « mimétisme juridictionnel » en question

338. Disons que cette juridictionnalisation découle d'emblée du cadre contentieux créé sur le fondement du 1er Protocole facultatif à partir de son article 1er. En effet, dès lors que les États créent un mécanisme contentieux permettant à un individu de soumettre, une réclamation devant un organe international, faisant de facto de celui-ci un organe de contrôle de règlement des différends, l'autorité constitutive ne peut qu'inciter cet organe à se prêter au processus de juridictionnalisation ou à judiciariser[1010] ses méthodes de fonctionnement. Notons dans ce même registre que, en offrant au CDH la possibilité d'adopter son propre Règlement intérieur[1011], – d'ailleurs dans une disposition qui est, à tout le moins très inspirée du contenu de l'article 21 du Statut de la CIJ – les États n'ont fait indéniablement qu'ouvrir la voie à la juridictionnalisation de son office. À force d'adapter ce Règlement sinon de le modifier au gré des circonstances et de l'évolution du droit, il finira par en faire un véritable « code de procédure » à la manière d'une juridiction statutairement constituée[1012]. Dans la droite ligne de cette réflexion, la réaction audacieuse du CDH dans sa célèbre *Observation générale* n°33 sur le statut qui devrait être accordé à ses décisions interpelle à plus d'un titre. Ainsi, selon le CDH :

> « Même si la fonction conférée au Comité des droits de l'homme pour examiner des communications émanant de particuliers n'est pas en soi celle d'un organe judiciaire, les constatations qu'il adopte en vertu du Protocole facultatif présentent certaines caractéristiques principales d'une décision judiciaire. Elles sont le résultat d'un

---

[1009] A. AMOR, « Le Comité des droits de l'homme des Nations Unies – Aux confins d'une juridiction internationale des droits de l'homme », *op. cit.*, pp. 56-57.

[1010] Dans le cadre de cette étude, nous n'attendons pas faire le distinguo entre les deux concepts suivants : « judiciarisation » et « juridictionnalisation ». Nous en ferons de ce fait, usage indistinctement. Cela signifie que nous leur conférerons un même sens dans le cadre de ce travail.

[1011] Voy. article 39 du PIDCP. « 2. Le Comité établit lui-même son règlement intérieur; celui-ci doit, toutefois, contenir entre autres les dispositions suivantes: a) le quorum est de douze membres; b) Les décisions du Comité sont prises à la majorité des membres présents » ; W. SCHABAS, *U.N. International Covenant on Civil and Political Rights*, 3rd éd., *op. cit.*, p. 876.

[1012] Voy. à partir de l'article 84 à 104 du Règlement intérieur.

examen qui se déroule dans un esprit judiciaire, marqué notamment par l'impartialité et l'indépendance des membres du Comité, l'interprétation réfléchie du libellé du Pacte et le caractère déterminant de ses décisions »[1013].

339. Telle est la position du CDH sur la question du statut ou de la nature réelle de ses décisions, laquelle position renvoie sans doute à une situation que nous proposons d'appeler du « mimétisme juridictionnel »[1014]. C'est à partir de ce mimétisme que se déduit le caractère judiciaire de son activité clairement inspiré et matérialisé par les principes procéduraux. Ainsi donc, « l'esprit judiciaire » dont se prévaut le CDH se manifeste à plusieurs niveaux. L'article 38 du PIDCP[1015] annonçait déjà certains principes d'équivalence judicaire essentiels à un procès équitable avant d'être entériné par le CDH lui-même.

340. En ce qui concerne l'égalité des parties et du principe du contradictoire[1016], il est de notoriété que ce sont des principes essentiels pour la manifestation de la vérité judiciaire et de l'équité de la justice, des principes que d'aucuns qualifient comme le critère même du juridictionnel[1017]. Rappelons qu'en vertu de ces principes, chacune des parties au contentieux doit pouvoir préparer sa cause, recueillir des éléments de preuve et répondre aux arguments de son adversaire dans des conditions similaires. C'est ainsi que faisant montre de créativité, le CDH, a initié et adopté récemment durant sa 120ème session une Directive fort révélatrice. Celle-ci est relative aux instructions et à la présentation d'observations orales concernant une

---

1013 CDH, *Observation générale* n°33 (2008), Les obligations des États parties en vertu du Protocole facultatif se rapportant au Pacte international relatif aux droits civils et politiques, § 11.

1014 Le dictionnaire *Larousse* définit « le mimétisme » comme la particularité des espèces qui, en raison de leur forme et/ou de leur couleur, peuvent se confondre avec l'environnement ou avec les individus d'une autre espèce ou encore la reproduction machinale, inconsciente, de gestes et d'attitudes des gens de l'entourage.

1015 Art. 38 du PIDCP « Tout membre du Comité doit, avant d'entrer en fonctions, prendre en séance publique l'engagement solennel de s'acquitter de ses fonctions en toute impartialité et en toute conscience » ; W. SCHABAS, *U.N. International Covenant on Civil and Political Rights*, 3rd éd., *op. cit.*, p. 873. Sur l'indépendance et l'impartialité Voy. *Infra.* Sect. II de ce même chapitre.

1016 Selon ces principes développés dans la jurisprudence de la Cour EDH, « chaque partie doit se voir offrir une possibilité raisonnable de présenter sa cause dans des conditions qui ne la placent pas dans une situation de désavantage par rapport à son adversaire ». Voy. Cour EDH, *Dombo Beheer B.V. c/ Pays-Bas*, 27 octobre 1993, série A n° 274, § 33 ; Cour EDH, *Bulut c/ Autriche*, 22 février 1996, req. n° 17358/90, § 47 ; Cour EDH, *Foucher c/ France*, 18 mars 1997, req. n° 22209/93, § 34.

1017 Voy. E. JOUANNET, « Le principe du contradictoire devant les juridictions internationales », *in* H. RUIZ FABRI et J.-M. SOREL (dirs.), *Le principe du contradictoire devant les juridictions internationales,* Contentieux International, Paris, Pedone, 2004, pp. 177-195. Soulignons que si l'auteure a tout de même émis des réserves quant à une telle affirmation, ces réserves ne sauraient influer sur notre raisonnement.

communication[1018]. Ce faisant, il semble consacrer le droit d'accès à la vérité et renforce par ricochet le droit de la défense au bénéfice des parties au contentieux. On est en présence de l'institution d'une forme de « plaidoirie », de confrontation verbale, quoique ce soit à huis-clos, confidentiel et exceptionnel[1019] entre les parties au litige, si le CDH l'estime nécessaire en s'appuyant sur les outils de la télécommunication moderne[1020] devant permettre à toutes les parties de pouvoir être à même de participer, même à distance, sur un pied d'égalité[1021]. Il est possible d'analyser cet acte comme s'agissant d'un moyen pour le CDH de ne pas laisser l'individu dans une position plus défavorisée qu'il ne l'est déjà car, très souvent, c'est la partie la moins représentée. On considère dans ces conditions que les victimes n'ont pas les moyens nécessaires pour s'offrir des frais de déplacement et de représentation exorbitants pour elles[1022], ce qui n'est évidemment pas le cas pour les États parties ayant en grande majorité leurs représentations diplomatiques à Genève, siège de l'organe et disposant de surcroît d'un avantage en termes de moyens pour assurer financièrement les honoraires et frais engagés par leur Conseils afférents aux dossiers. Certes, il faut reconnaitre que la pratique devant l'office du CDH fait apparaitre des particularités - confidentialité, caractère exceptionnel - dans l'organisation de sa procédure contradictoire, il reste que la pratique du contradictoire devant les instances internationales de contrôle diffère et présente des originalités[1023].

341. Dans ce même ordre d'idées et à la lumière du constat de la Professeure D. SHELTON faisant état de ce que, le CDH s'intéresse rarement à l'usage du principe bien établi : *jura novit curia*,[1024] on note, en revanche,

---

[1018] Voy. CDH, Document. CCPR/C/159 adopté durant la 120ème session (3–28 July 2017), § 2.

[1019] *Ibid.* § 3 (e).

[1020] *Ibid.* § 3 (c).

[1021] Voy. l'exemple la première jurisprudence sur la mise en œuvre de cette directive : CDH, *Miller et Carroll c/ Nouvelle-Zélande,* 7 novembre 2017, comm. n°2502/2014.

[1022] Voy. M. KAMTO, « L'accès de l'individu à la justice internationale ou le droit international au service de l'homme », *in* M. KAMTO et Y. TYAGI (éds.), *L'accès de l'individu à la justice internationale*, Hague Academy of International Law / Centre de recherche, Leiden/Boston, Brill Nijhoff, 2019, p. 43.

[1023] E. JOUANNET, « Le principe du contradictoire devant les juridictions internationales », *op. cit.*, p. 191.

[1024] D. SHELTON, « Jura Novit Curia in International Human Rights Tribunal », *in* N. BOSCHIERO *et al.* (éds.), *International Courts and the Development of International Law Essays in Honour of Tullio Treves*, s.l., T.M.C. Asser Press, Springer-Verlag Berlin Heidelberg, 2013, p. 194. Voy. aussi la decision: CDH, *Omniayak, Chief of the Lubicon Lake Band c/ Canada*, 1990, comm. n° 267/1984. Sur l'application générale de ce principe en droit international générale, Voy. J. VERHOEVEN, « Jura novit curia et le juge international », *in* P.-M. DUPUY *et al.* (éds.), *Völkerrecht als Wertordnung – Common Values in International Law, Festschrift für/Essays in Honour of Christian Tomuschat*, s.l., N.P. Engel Verlag, 2006, pp. 635-653.

des encouragements à cet égard l'incitant à s'approprier ce principe d'origine judiciaire dont l'application nécessite une sagesse judicaire assez avancée. Pour s'en convaincre, on peut se referrer aux *Opinions dissidentes* formulées par le membre du CDH d'alors, le Professeur F. SALVIOLI sur certaines décisions. Ainsi remarquera-t-on que, par respect au droit d'être entendu dans une procédure contradictoire, il invite l'interprète universel à se départir des moyens de droit développés par les parties en vertu du principe *jura novit curia*,[1025] qu'il considère comme étant appliqué de façon universelle et non controversée dans la jurisprudence internationale générale et spécialement en matière de droits de l'homme. Ce faisant, celui-ci cherche à habiliter, à notre sens, le CDH à ne pas être tenu par les moyens de droit contenus dans une communication lorsque les faits tels que décrits et prouvés dans le cadre de la procédure contradictoire montrent, à l'évidence, qu'il y a violation d'une disposition du PIDCP qui n'est pas invoquée par la partie pétitionnaire[1026]. Il sied de relever que si l'initiative de ce membre est très pertinente, mieux encore louable, tenant compte de la nature de l'organe, elle parait au même moment très audacieuse dans la mesure où, comme nous pouvons l'observer, c'est une pratique usitée spécifiquement par les tribunaux et destinée à raffermir l'office du Juge en assurant l'égalité de traitement des parties au contentieux[1027].

342. Dans la continuité de notre démonstration s'agissant maintenant de l'impartialité et de l'indépendance des membres du CDH, d'aucuns pensent que, « Sans l'assurance que les membres du Comité des DH sont indépendants, impartiaux, et particulièrement compétents dans la matière concernée, la crédibilité de leurs décisions ne peut être ne serait-ce qu'envisagée. »[1028]. Suivant cette logique de pensée, il va de soi de

---

[1025] « *Jura Novit Curia* » est un principe dérivé du droit romain qui signifie qu' « *il revient aux parties de définir l'objet de leur litige, d'apporter les faits au vu desquels elles souhaitent le voir trancher et d'alléguer les preuves destinées à les soutenir, alors qu'il incombe au juge de trancher le litige en droit* » Voy. C. CHAINAIS, « Chapitre 1: Rapport français - Les rôles respectifs des parties et du juge au regard de la matière litigieuse et du droit applicable au litige », *in* C. CHAINAIS *et al.* (dirs.), *L'office du juge – Études de droit comparé*, Bruxelles, Bruylant, 2018, p. 19. La pratique internationale très souvent invoquée à l'appui de cette théorie relève de l'affaire : CIJ, *Affaire de la Compétence en matière de pêcheries,* Recueil 1974, § 17 et 18.

[1026] Voy. les *Opinions dissidentes* du membre F. SALVIOLI, jointes aux décisions suivantes pour plus de détails : CDH, *Anura Weerawansa c/ Sri Lanka*, 10 mars 2005, comm. n° 1406/2005 ; CDH, *Adonis c/ Philippines*, 26 octobre 2011, comm 1815/2008 ; CDH, *Tulzhenkova c/ Bélarus*, 26 octobre 2011, comm. n° 1838/2088 ; CDH, *Khirani c/ Algérie*, le 26 mars 2012, comm. n° 1905/2009.

[1027] D. SHELTON, « Jura Novit Curia in International Human Rights Tribunal », *op. cit.*, p. 210.

[1028] O. DELAS, M. THOUVENOT et V. BERGERON-BOUTIN, « Quelques considérations entourant la portée des décisions du Comité des droits de l'homme », *op. cit.*, p. 29.

s'interroger sur la portée et la place desdits principes essentiels de garantie d'un procès équitable dans la pratique du CDH. Il est important de dire à ce sujet que, l'impartialité et l'indépendance, comme le révèle la pratique devant toute autre instance juridictionnelle, sont des principes aussi bien acquis devant le CDH[1029]. En effet, les membres siègent à titre individuel c'est-à-dire ne représentent pas l'État dont ils sont ressortissants[1030], prêtent serment avant de prendre fonction conformément au contenu de l'article 38 du PIDCP précité et ne peuvent être révoqués[1031] durant leur mandat. Afin de renforcer leur légitimité en raison de leur statut[1032], a ainsi été également adoptée une directive visant à réguler l'exercice de leur fonction[1033]. Les articles 90 et 91 du Règlement intérieur actuel interdisent par ailleurs aux experts, membres du CDH de prendre part à des affaires mettant en cause les États dont ils sont ressortissants ou dans lesquels ils ont un intérêt personnel. Dans ce cas, ils doivent le signaler au Président du CDH lorsqu'ils estiment qu'ils ne devraient pas prendre part à l'examen d'une communication. La prise en compte de ces mesures dans le cadre de l'activité contentieuse du CDH n'est pas chose anodine. Elles visent à obtenir le désintéressement du membre pour une affaire. Pour ce faire, il est normal de s'inspirer des pratiques juridictionnelles afin d'instaurer un climat judicaire serein à travers des mécanismes de préventions des incidents processuels par des méthodes dignes d'une procédure de récusation ou d'abstention d'un « Juge » dans un procès[1034].

343. La pratique des opinions individuelles devant le CDH n'est pas non plus à ignorer (article 104 du Règlement intérieur du CDH). En effet, les opinions individuelles et dissidentes sont un pouvoir, un exutoire bien connu pour les juges dans le système de la *Common law,* qui permet à un Juge de faire constater son accord ou son dissentiment et ne s'applique en réalité qu'aux arrêts, aux avis consultatifs et aux ordonnances. Cela dit, une telle

---

1029 M. IOVANE, « L'indépendance des juges et la nature juridictionnelle de certains organes internationaux », in *Mélanges offerts à Charles LEBEN : Droit international et culture juridique*, Paris, Pedone, 2015, pp. 113-127., spéc. p. 114 et suiv. ; M. TIGNINO, « Quasi-judicial bodies », *op. cit.*, p. 249.

1030 Article 28 § 3 du PIDCP.

1031 W. SCHABAS, *U.N. International Covenant on Civil and Political Rights*, 3rd éd., *op. cit.*, p. 842.

1032 Voy. à ce sujet, G. ULFSTEIN, « The Human Rights Treaty Bodies and Legitimacy Challenges », *op. cit.*, p. 287. ; J. FERRERO, *L'interprétation évolutive des conventions internationales de protection des droits de l'homme*, *op. cit.*, pp. 467-480.

1033 CDH, Document. CCPR/C/61/GUI, A/53/40, Annex III, pp. 91-92.

1034 E. JOUANNET, « Actualité des questions d'indépendance et d'impartialité des juridictions internationales : la consolidation d'un tiers pouvoir international ? », *in* H. RUIZ FABRI et J.-M. SOREL (dirs.), *Indépendance et impartialité des juges internationaux*, Contentieux International, Université Paris 1, Pedone, 2010, pp. 271-302. ; L. SAVADOGO, « Les incidents liés à la composition de la cour ou du tribunal dans le procès international », *Annuaire canadien de droit international*, 2018, pp. 113-179.

pratique usuelle devant les juridictions internationales contribue de façon formelle à sauvegarder leur indépendance[1035], sachant qu'en tout état de cause, une indépendance acquise par un organe ou par une instance de contrôle quelconque, est une garantie processuelle et une source de légitimité pour celui-ci[1036].

344. Dans la droite ligne de ce qui précède, et comme on peut bien le remarquer, les États semblent trahir leur intention originelle quant à la nature réelle de l'organe qu'ils voudraient bien établir. En effet, mis à part le fait que les personnes qui animent la vie de l'organe se sont vues conférées un statut d' « expert » et non de « Juge », et que le *negotium* produit par le CDH soit recouvert d'un caractère de *soft law,* rien, de plus ne contredit en tant que tel un fonctionnement du CDH aux allures juridictionnelles. Ne sommes-nous pas d'ailleurs, en droit de qualifier, compte tenu de telles réalités, ces personnes dont l'organe tient son fonctionnement d' « expert-juges » ou de « quasi-juges » ? L'idée pourrait semblée banale à première vue, mais à la réflexion elle paraît concordante du moins avec l'intention inexprimée du PIDCP lui-même. Tout d'abord « Experts », lorsqu'elles exercent l'activité d'examen des rapports périodiques - un contrôle à connotation plus politique et diplomatique - au titre de l'article 40 du PIDCP et sont ensuite des « Juges » lorsqu'elles exercent leur mandat sur la base du contentieux prévu par le premier Protocole facultatif relatif à l'examen des requêtes individuelles. Cette idée, à notre point de vue, ne devrait pas être considérée comme superflue lorsqu'on sait que même les décisions du CDH sont rendues suivant la règle de la collégialité du délibéré[1037] propre aux Juges.

345. À y voir de plus près, on ne peut pas ne pas être frappé par la très large correspondance et similitude de substance qui existe. Tenant compte de tout ceci, on se permettrait d'en déduire que le CDH n'aurait juste pas eu l'heur de jouir des privilèges résultant de la volonté du législateur international. L'organe serait donc exposé aux dérives de la formalisation du droit, au « poids de la forme »[1038] qui voudrait que priorité soit accordée à la « *lettre* »,

---

1035 F. RIGAUX, « Opinions dissidentes, opinions séparées et opinions convergentes : l'unanimité dans l'exercice de la fonction judiciaire », in *Mélanges Jacques Van Compernolle*, Bruylant, Bruylant, 2004, pp. 573-589. ; G.L. NEUMAN, « Giving Meaning and Effect to Human Rights: The Contributions of Human Rights Committee Members », *in* D. MOECKLI, H. KELLER et C. HERI (éds.), *The Human Rights Covenants at 50: Their Past, Present, and Future*, s.l., Oxford University Press, 2018, p. 39.

1036 Voy. J.L. DUNOFF et M.A. POLLACK, « A Typology of International Judicial Practices », *in* A. FOLLESDAL et G. ULFSTEIN (éds.), *The Judicialization of International Law: A Mixed Blessing?* s.l., Oxford University Press, 2018, p. 104.

1037 Voy. Article 51 du Règlement intérieur.

1038 F. ROUVIERE, « Le formalisme comme essence du raisonnement juridique », *Le Cahier de méthodologie juridique*, Presses universitaires d'Aix-Marseille, 2019, Vol. 5, p. 1909. Dans le même sens, J. D'ASPREMONT, *Formalism and the sources of international law: a theory of the ascertainment of legal rules*, Oxford monographs in international law, Oxford ; New

tenant de ce fait à l'écart l'esprit juridictionnel qu'il tend à véhiculer. En d'autres termes, il aurait le désavantage de ne pas être nommé par ses créateurs comme étant une « Cour » ou un « Tribunal » comme c'est le cas de bien d'autres instances qualifiées ainsi mais investies et exécutant dans une moindre mesure, certaines fonctions similaires[1039]. Cette situation recommande tout simplement de sortir du nominalisme non seulement grâce à la volonté de son créateur mais aussi de celle des bénéficiaires de sa mission qui devraient voir au-delà de cette apparence pouvant, quelquefois, se révéler trompeuse[1040]. En l'absence de cette qualification normative ou textuelle, il n'en demeure pas moins que l'évolution de sa fonction a suffisamment démontré qu'il méritait de se voir conférer une telle qualité en raison de ce que révèle sa « génétique ». Ainsi l'affirmation de l'idée même de la juridictionnalisation du CDH aujourd'hui, ne pourrait-elle plus être considérée comme l' « exagération fantaisiste » qu'elle semblait être à ses débuts[1041].

York, Oxford University Press, 2011, p. 19. L'auteur dans son développement sur le formalisme comme théorie de la neutralité juridictionnelle et de l'intelligibilité immanente des arguments juridiques, pense que : « *(...) formalism is meant to provide predictability in the behaviour of law-applying authorities while simultaneously endowing judicial decisions with a greater legitimacy and authority.* » ; R. KOLB, *Réflexions de philosophie du droit international*, *op. cit.*, p. 41. « *(...) toutes normes élaborées dans les formes prévues pour la production juridique sont nécessairement valables (...) Là où la volonté n'a pas posé de norme, il n'y a pas de droit.* ».

[1039] Nous songeons, par-là, à une mise en perspective. Le fait que la CIJ, la Cour IADH, puissent également donner des avis, certaines parmi elles disposent même d'une procédure de règlement à l'amiable mais on ne nie pas pour autant leur qualité juridictionnelle alors même qu'en droit interne l'existence des organes mixtes c'est-à-dire exerçant et des activités politique, administrative et juridictionnelle à la fois ne pose pas de soucis majeurs. Voy. pour une compréhension plus large de la qualification juridictionnelle attribuée à un organe alors qu'il n'en est pas dans une autre branche du droit international public : L'*Opinion individuelle* du Juge M. PETRÉN sur l'affaire CIJ, *Appel concernant la compétence du conseil de l'OACI* (*Inde c/ Pakistan*), §. 77. aussi : E. JOUANNET, « La notion de jurisprudence internationale en question », in *La juridictionnalisation du droit international, Colloque de Lille*, Société française pour le droit international, (SFDI), Paris, Pedone, 2003, p. 383.

[1040] H. ASCENSIO, « La notion de juridiction internationale en question », *op. cit.*, p. 169.

[1041] Voy. dans ce sens Chap I, Titre I, Partie II. Aussi, Voy. les critiques formulées à son égard en ce sens deux décennies plus tôt, H.J. STEINER, « Individual Claims in a World of Massive Violations : What Role for the Human Rights Committee? », *in* P. ALSTON et J. CRAWFORD (éds.), *The Future of UN Human Rights Treaty Monitoring*, s.l., Cambridge University Press, 2000, p. 29.; G. ULFSTEIN, « The International Judiciary », *in* J. KLABBERS, A. PETERS et G. ULFSTEIN (éds.), *The Constitutionalization of International Law*, Oxford, New York, Oxford University Press, 2009, p. 134.

2) La finalité du « mimétisme juridictionnel » opéré par le CDH

346. Il est fort probable qu'en l'état actuel des choses, le procédé de juridictionnalisation poussée du CDH, de ses actions puisse susciter quelques oppositions des États parties qui le trouveraient au demeurant contraire à leur volonté primaire. Il reste que la finalité d'un tel comportement du CDH est chose bien connue et commune à toutes les instances internationales de contrôle œuvrant dans un sens pareil et donc aurait pu ne pas faire l'objet de discussion. Une telle finalité vise principalement à requérir, quoiqu'il advienne, l'attention des débiteurs du respect de la norme internationale en impactant de manière significative leurs comportements sur la base de facteurs solides. La démarche serait donc un défi de l'interprète universel vis-à-vis de ses créateurs visant à atteindre un but légitime : celui d'accomplir de manière efficace et effective sa mission protectrice des droits individuels. Il faudrait dès lors comprendre sans difficulté qu'il est question de l'émancipation de l'organe de la volonté exclusive initiale de son « créateur »[1042] et de sa tendance à se muer en une juridiction ou à prétendre investi d'une mission digne de celle d'un Juge[1043] afin de renforcer la protection effective des droits fondamentaux. On pouvait donc légitimement conclure que la juridictionnalisation dont il est fait état vise à inciter les États parties, à les persuader à se conformer aux *constatations* du CDH, et par ricochet à leurs engagements souscrits dans le PIDCP. En d'autres termes, le but est de les convaincre, avec cette technique de contrôle, par la cohérence et le bien-fondé des décisions prises à leur encontre afin qu'ils puissent mieux adhérer par leur comportement à la mise en œuvre de leur obligation conventionnelle.

PARAGRAPHE II/
DE L'AUTORITE DE LA « CHOSE CONSTATEE » VERS L'AUTORITE DE LA « CHOSE JUGEE » : LA RECHERCHE D'UNE CONTRAINTE DE FAIT PAR LE CDH

347. L'autorité de la « chose jugée » : la simple mention de cette expression dans un domaine d'étude comme le nôtre pourrait tout au plus être perçue comme hasardeuse. Mais de quoi est-il question et pourquoi en parler

---

[1042] Voy. *Supra*. Sur la critique de la nature douteuse du CDH comme une « juridiction » : Para I, Section II, Chapitre I, Titre I, Partie II

[1043] Y. KERBRAT, « Aspects de droit international général dans la pratique des comités institués au sein des Nations Unies dans le domaine des droits de l'homme (2008-2009) », *A.F.D.I*, 2009, p. 561.

? Le concept de l'autorité de la « chose jugée » (*res judicata)*, nettement différent et autonome de l'autorité de la « chose interprétée » (*res interpreta*)[1044] par ses caractéristiques et dont il n'est pas question ici, impose que, ce qui a déjà été jugé ne doit pas être ignoré ni contesté par les parties[1045], pas même par un autre juge. Ce principe général de droit, vise à assurer la paix sociale par la sécurité et la stabilité juridique. En revanche, l'objectif ici n'est pas d'analyser toute la doctrine développée et son apport à la justice internationale. L'objet de notre analyse est plus restreint. Il est plutôt question d'étudier ses fondements afin de trouver le lien, son incidence externe et procéder à son identification, s'il y a lieu, dans le contentieux devant le CDH. Ainsi qu'il a été soulevé plus haut, notera-t-on que le CDH dans son processus de juridictionnalisation semble donner une autre vision du contentieux se déroulant devant son office. Ce faisant, il dégage une perception comparable au contentieux se déroulant devant les juridictions internationales formellement constituées. Il conviendra de vérifier la solidité d'une telle attitude du CDH qui se logerait indéniablement dans une recherche de l'effectivité des droits. Il est clair que la poursuite d'un tel objectif commande la recherche d'éléments pouvant inciter le destinataire de ses prononcés à adopter les comportements et conduites qu'il aurait requis[1046]. Notre analyse sera dès lors déclinée autour de cette perception de l'autorité de ces prononcés (**A**) avant de considérer cette tendance du CDH à vouloir construire l'*impérium* (**B**).

A/ Le CDH à la quête de la « chose jugée » pour ses prononcés

348. Il est certain que l'intitulé peut paraitre provocateur et moins rigoureux en raison du contraste qu'il véhicule. En effet, *a priori*, il existe une présomption d'absence totale de la « chose jugée » à l'égard des décisions du CDH. Autrement dit, l'autorité de la « chose jugée » ne s'applique pas aux décisions du CDH. Il y a là une négation de principe du caractère exécutoire

---

1044 L'autorité de la « *chose interprétée* » concept bien distinct de l'autorité de « *la chose jugée* » implique la prise en compte par un organe tiers ou externe de l'interprétation de l'organe naturel ou authentique c'est à dire l'organe ayant reçu compétence de surveiller et de contrôler le respect de sa norme constitutive, à des fins autres, telles que argumentatives, de légitimité de l'organe tiers, de sécurité juridique, et à des fins adhésives. Il s'agit en quelque sorte de l'influence de la portée de la « chose interprétée » d'un organe étranger de sa propre norme constitutive de son ordre juridique sur un autre organe. Voy. *Supra.* Chap. II, Titre II cette même étude. Aussi Voy. L. HENNEBEL et H. TIGROUDJA, *Traité de droit international des droits de l'Homme*, *op. cit.*, p. 634. ; C. GIANNOPOULOS, « L'autorité de la chose interprétée des arrêts de la Cour européenne des droits de l'homme », *RDLF, Résumé de Thèse*, novembre 2017, vol. 2018, n° 02, 4 p. ; S. BESSON, « De quelques considérations philosophiques sur la justice internationale », *op. cit.*, p. 23.

1045 J. COMBACAU et S. SUR, *Droit international public*, s.l., LGDJ, Lextenso éditions, 2019, p. 647.

1046 A. FLÜCKIGER, « Pourquoi respectons-nous la soft law ? », *op. cit.*, p. 82. ;

des décisions du CDH. Et cela est dû à son statut ainsi qu'à la nature sinon la valeur juridique attribuée à ses *constatations* qui ne sont juridiquement pas opposables aux États parties[1047]. D'ailleurs, le choix de ce mot par le législateur international n'est pas désintéressé et semble poursuivre la même finalité qui rime si bien avec l'« euphémisme juridique » sinon la vision simpliste[1048]. C'est sans nul doute ce qui a pu donner raison au courant doctrinal qui les considérait comme étant revêtues de l'autorité de la « chose constatée »[1049] à défaut d'être revêtues de la « chose jugée ». Dès lors, tenter d'identifier cette « chose jugée » ressemblerait à une entreprise risquée. Néanmoins, ce statut, réducteur attribué à ces décisions renvoie directement au cadre normatif préétabli inhérent à la mission quasi-juridictionnelle du CDH. Quoi qu'il en soit, les États en ratifiant le Protocole facultatif et au PIDCP s'engageaient en connaissance de cause à les appliquer. Il y a là des obligations juridiques qui se dégagent à leurs égards, quitte au CDH par stratégie de les prendre au pied de la lettre par quelques moyens que ce soient afin de les amener à répondre de leurs actes.

349. On ne peut s'empêcher, dans cette grille de lecture, de rappeler le raisonnement juridique utilisé par la CIJ afin d'aboutir à la conclusion sur la nature juridictionnelle du Tribunal Administratif des Nations Unies (TANU) et de la qualité de « *chose jugée* » de la décision litigieuse. Ce raisonnement attire particulièrement notre attention. En effet, selon la Cour, « Suivant un principe de droit bien établi et généralement reconnu, un jugement rendu par un pareil corps (...) est chose jugée, et a force obligatoire entre les parties au différend »[1050]. À ce titre, il convient de préciser que l'autorité de la « chose jugée » est donc intrinsèquement liée à la fonction de juger exercée dans un système juridique qu'il soit national ou international[1051]. Dans le contexte

---

[1047] Voy. *Supra*.

[1048] Voy. H.V. CONDE, *A handbook of international human rights terminology*, Human rights in international perspective, n° v. 8, Lincoln, University of Nebraska Press, 2004, p. 172. « Because the HRC is a quasi-judicial body, its decisions cannot be called judgments. (See ICCPR, article 42.) The term "views" was chosen by the drafters of the ICCPR because certain states were worried about the legal affect and status of the results of HRC deliberations and decisions on the merits of complaints. »; G. ULFSTEIN, « Chapter 17 : Treaty Bodies and Regimes », *op. cit.*, p. 415.

[1049] Voy. F. SUDRE, *Droit européen et international des droits de l'Homme*, *op. cit.*, p. 606.

[1050] Voir sur ce point CIJ, *Effet de jugements du tribunal administratif des Nations Unies accordant indemnité*, avis consultatif du 13 juillet 1954, CIJ Recueil 1954, p. 53. ; Voy. aussi : J. VELU, « A propos de l'autorité jurisprudentielle des arrêts de la Cour E.D.H. : vues de droit comparé sur des évolutions en cours, » *Nouveaux itinéraires en droit, hommage à F. RIGAUX*, Bruylant Bruxelles 1993, p. 529.

[1051] Voy. F. OST, « Juge-pacificateur, juge-arbitre, juge-entraineur. Trois modèles de justice », *in* P. GERARD, F. OST et M. VAN DE KERCHOVE (dirs.), *Fonction de juger et pouvoir judiciaire, Transformations et déplacements*, Bruxelles, Presses de l'Université Saint-Louis, 1983, p. 31.

judiciaire ou juridictionnel international, l'État défendeur ou le sujet à l'encontre duquel la décision est rendue voit peser sur lui d'office une obligation : celle de reconnaître et d'observer l'autorité de chose jugée de la décision rendue.

350. Cela n'est visiblement pas le cas en ce qui concerne la jurisprudence du CDH, du moins pour ce qu'on lui prête[1052], même si le Protocole facultatif consacrant sa compétence contentieuse et sur la base duquel il est amené à rendre des *constatations* n'est rien autre qu'un traité multilatéral dont la ratification ou l'adhésion emporte l'obligation de respecter le *negotium* de « bonne foi » pour les États parties, de même que ses décisions rendues sur la base du « droit du PIDCP » sont définitives et insusceptibles d'être réexaminées par une autre instance internationale. 351. À rebours de tout ceci, le CDH est considéré comme étant un organe insusceptible de produire des actes de qualités juridictionnelles. Cette thèse, bien que reflétant la traduction d'une part de la vérité, ne saurait être considérée comme étant absolue. Elle nécessite d'être nuancée sur la base de certains éléments qui font penser à une tendance contraire qu'il faudrait essayer de montrer dans les lignes à suivre.

351. À partir des évolutions récentes du contentieux devant cet interprète universel, il semble qu'un tel regard serait réducteur de la portée des décisions du CDH. En effet, il est une certitude que ce dernier s'inscrit, depuis longtemps, dans une démarche de conférer une nouvelle forme d'autorité à sa jurisprudence afin que celle-ci n'ait plus rien à envier à celle de différents « Tribunaux »[1053] et ce, bien que les textes restent à ce jour muets sur cette stratégie et formels sur la valeur des *constatations* c'est-à-dire des recommandations sans pouvoir de contrainte, dépourvues de toute capacité à faire fléchir les États. De toutes les manières, nul n'ignore, que lorsqu'il est question du respect de la parole donnée, les puissances étatiques entendent n'être contraintes que par ce qu'ils ont accepté[1054]. La prégnance du volontarisme restant toujours de mise dans ces circonstances, quoique ce problème soit général en droit international, il n'empêche pas les organes internationaux de contrôle de jouer leur partition de manière proactive.

352. La vision du CDH, s'il faut bien le dire ainsi, est celle d'œuvrer pour sortir de ce paradigme constituant pour lui un obstacle à la réalisation de ses ambitions. Il est en réalité question, à proprement parler, du dépassement du caractère simple des *constatations* pour tendre vers des *constatations* à connotation plus judiciaire à la forme d'un « arrêt » sinon des *constatations*

[1052] Voy. *Supra.* Chap. I, Titre I, Partie II.

[1053] Ici, Tribunaux est utilisé ici dans un contexte large regroupant tous les organes ayant formellement un statut de juridiction. Aussi Pouvons-nous les désigner dans le même sens par les organes juridictionnels tiers.

[1054] H.L.A. HART, *Le concept de droit*, VAN DE KERCHOVE M. (trad.) Bruxelles, Presses de l'Université Saint-Louis, 2005, p. 188, disponible sur DOI : 10.4000/ books.pusl.24975.

véhiculant des contenus similaires à ceux inhérents à une sanction juridique contraignante[1055] très souvent couverte d'une force obligatoire. Le but est d'assigner à cette interprétation une forte portée de contrainte pour ses destinataires en octroyant à ses décisions des traits caractéristiques pouvant recueillir les attributs d'un acte juridictionnel autrement dit de disposer des caractéristiques attachées aux actes juridictionnels[1056]. L'avis du Professeur C. SANTULLI confirme ce point de vue. Celui-ci affirme en effet que :

> « (...) il y a là un malentendu qui tient aux limites spécifiques de ses pouvoirs. Ses constatations sont obligatoires, mais sa fonction est limitée à l'adoption de jugements déclaratoires, il n'accorde pas directement des indemnités. Pour le reste, lorsqu'il constate l'obligation de mettre fin à un comportement illicite, ou de réparer un préjudice, il adopte un acte juridictionnel assez habituel en droit international. »[1057]

353. Ainsi, sans prétention aucune de vouloir mettre en perspective les décisions du CDH et celles de la Cour EDH, de la Cour IADH ou encore de la Cour ADHP, n'en demeure-t-il pas moins notable aujourd'hui que les motivations des décisions du CDH surprennent de plus en plus par leur qualité et leur développement fort intéressant[1058]. En effet, les décisions du CDH ont connu de significatives améliorations pour donner corps à un véritable *corpus* jurisprudentiel international conditionnant leur effectivité. Il n'est pas sans rappeler ici encore la portée ou la plus-value de la création des *Observations*

[1055] J. D'ASPREMONT, « Chapter 5: Bindingness », *in* S. SINGH et J. D'ASPREMONT (éds.), *Concepts for international law : contributions to disciplinary thought*, Cheltenham, UK, Edward Elgar Publishing, 2019, p. 68.

[1056] Sur la notion d'acte juridictionnel Voy, P. LAMPUE, « La notion d'acte juridictionnel », *Revue du droit public et de la science politique en France et à l'étranger*, 1946, pp. 6 et suiv. Aussi Voy. CIJ, *Avis consultatif*, 13 juillet 1954, *Effets des jugements du Tribunal administratif des Nations Unies*, Rec. 1954, p. 53.

[1057] C. SANTULLI, *Droit du contentieux international*, *op. cit.*, p. 32. Ne faut-il pas comprendre dès lors qu'on aurait tort, de croire que le CDH n'adopte pas des actes juridictionnels internationaux parce qu'il n'aurait pas réuni les conditions formelles nécessaires à cet effet ?

[1058] Sur la portée de la fonction légitimatrice de la motivation des décisions des organes de contrôle en droit de l'homme, Voy. A. SCHAHMANECHE, *La motivation des décisions de la Cour européenne des droits de l'Homme*, Publications de l'Institut international des droits de l'homme, n° 22, Paris, Pedone, 2014, p. 59 suiv. ; F. SUDRE, « Préface », in *La motivation des décisions de la Cour européenne des droits de l'Homme*, Publications de l'Institut international des droits de l'homme, n° 22, Paris, Pedone, s.d., p. 3. De façon générale devant les juridictions internationale Voy. E. JOUANNET, « Remarques conclusives », *in* H. RUIZ FABRI et J.-M. SOREL (dirs.), *La motivation des décisions des Juridictions internationales*, Contentieux International, Paris, Pedone, 2008, p. 283. A ce propos, cette dernière considère que *« l'autorité d'une décision ne suffit pas à elle seule, il faut son explication, son argumentation »* *Ibid.*, p. 266.

générales et leurs portées normatives dans la jurisprudence de l'organe[1059]. À travers ces outils, le CDH transfère les données du domaine des rapports périodiques et de ses jurisprudences anciennes aux nouveaux contentieux devant son prétoire. Cela lui permet de synthétiser, d'épurer et d'affiner sa jurisprudence afin d'avoir une certitude sur la solution à donner et de leur application à des cas similaires dans l'avenir. À vrai dire, cette technique qui consiste à assurer la garantie de la cohérence dans ses raisonnements juridiques et à promouvoir la stabilité des décisions, intègre une certaine codification de la règle du précédent[1060] faisant assoir à tout le moins, son autorité jurisprudentielle[1061]. Il convient de soulever de nouveau à titre illustratif le caractère contraignant qu'il estime conférer à ses décisions par le truchement de l'interprétation de la nature et de la substance des obligations des États[1062].

354. Le procédé - l'usage du précédent - se révèle de ce fait loin d'être anodin en ce qu'il contribue à rendre les normes du CDH opposables à l'État partie[1063]. Puisque quelque part, les souverains étatiques ont besoin naturellement de se sentir en sécurité avant toute volonté de mise en œuvre. Ce procédé aide à les convaincre de ce que, la solution qui leur est rendue, est basée sur des cas concrets similaires aux leurs. La portée de ce travail opéré par le CDH, étant donné sa densité et sa subtilité, pourrait amener les États à se voir obligés ou contraints à accepter les décisions dans une certaine mesure

---

[1059] Sur la portée des *Observations générales* : P. LYNCH et B. SCHOKMAN, « Taking Human Rights from the Grassroots to Geneva... and Back: Strengthening the relationship Between UN Treaty Bodies and NGOS », *op. cit.*, pp. 189 et 190. ; P. ALSTON, « The historical origins of the concept of "general comments" in Human rights law », *in* L. BOISSON DE CHAZOURNES et V. GOWLLAND-DEBBAS (éds.), *L'ordre juridique international, un système en quête d'équité et d'universalité. Liber Amicorum Georges ABI-SAAB*, The Hague/London/Boston, Martinus Nijhoff Publishers, 2001, pp. 763-776, spéc. p. 775. ; G. ABLINE, « Les observations générales, une technique d'élargissement des droits de l'homme », *R.T.D.H*, 2008, vol. 74, pp. 449-479.

[1060] N. ALOUPI et C. KLEINER, « Propos introductifs : Le précédent en droit international : Technique pré-normative ou acte normatif? », in *Le précédent en droit international*, Société française pour le droit international, (SFDI), Paris, Pedone, 2016, pp. 15-46. ; M.M. MBENGUE, « Chapter 46 : Precedent », *in* J. D'ASPREMONT et S. SINGH (éds.), *Concepts for international law : contributions to disciplinary thought*, Cheltenham, UK, Edward Elgar Publishing, 2019, pp. 708-718. ; A. VON BOGDANDY et I. VENZKE, « The Spell of Precedents: Lawmaking by International Courts and Tribunals », *in* C.P.R. ROMANO, K.J. ALTER et Y. SHANY (éds.), *The Oxford Handbook of International Adjudication*, Oxford, Oxford University Press, 2013, pp. 503-522.

[1061] N. ALOUPI et C. KLEINER, « Propos introductifs : Le précédent en droit international : Technique pré-normative ou acte normatif ?' », *op. cit.*, p. 42. Selon les auteurs, « le précédent – (…) – peut être considéré comme possédant une « autorité » certaine qui fait de lui « quelque chose » de plus qu'une simple technique pré-normative ».

[1062] CDH, *Observation générale* n°33.

[1063] N. ALOUPI et C. KLEINER, « Propos introductifs : Le précédent en droit international : Technique pré-normative ou acte normatif ?' », *op. cit.*, p. 42.

grâce à cette capacité à créer un pouvoir normatif exempt de toute ambiguïté[1064]. C'est donc un facteur important qui inciterait les États à se pencher sur la nécessité de leur accorder tout le poids juridique nécessaire à travers une prise en compte sérieuse. En retour, c'est une réponse adéquate aux buts visés par l'organe de surveillance : réussir à imposer le respect de ses *constatations* aux États parties.

B/ Le seuil d' « obligatoriété » des *constatations* comme expression de la « chose jugée » : vers une auto-construction de l'*imperium*

355. La volonté du CDH de transformer la « chose constatée » en « chose jugée » en d'autres termes, sa démarche visant à conférer la force de vérité légale aux *constatations* dérive directement d'un « attendu » devenu usuel depuis lors dans ses décisions. On peut très souvent lire explicitement :

> « Étant donné qu'en adhérant au Protocole facultatif, l'État partie a reconnu que le Comité avait compétence pour déterminer s'il y avait eu ou non violation du Pacte et que, conformément à l'article 2 de celui-ci, il s'est engagé à garantir à tous les individus se trouvant sur son territoire et relevant de sa juridiction les droits reconnus dans le Pacte et à assurer un recours utile et exécutoire lorsqu'une violation a été établie, le Comité (..) »

356. À travers ces lignes, semble se dégager la manifestation avec vigueur d'une idée d' « obligation », d'« imposition », d'une sorte de « devoir », d'un « ordre »[1065]. Cette remarque n'est indubitablement pas anodine, elle poursuit un but précis, comme pour dire que, les États parties n'ont plus d'autre choix que de se conformer aux obligations auxquelles ils ont souscrit dont la décision rendue à leur encontre est une conséquence. Dès lors, on comprend sans trop de difficultés qu'il s'agit pour le CDH d'une affirmation officieuse de son autorité au sens impératif du terme. Il oblige les États à faire face à leur responsabilité au nom de l' « effet utile » des droits garantis. Cela signifierait

---

[1064] *Ibid.*, p. 44.

[1065] « L'autorité de la chose jugée représente une qualité spécifique de la décision juridictionnelle, alors que la force exécutoire est un ordre qui lui est surajouté (…), la première interdit tout nouveau débat, (…), tandis que la seconde,(…) tend à l'exécution de la décision,(…).» affirmait L.N.C. BRANT, *L'autorité de la chose jugée en droit international public*, Bibliothèque de droit international et communautaire, n° t. 119, Paris, L.G.D.J, 2003, p. 1. Si l'autorité de la chose jugée est normalement distinguée de la force exécutoire d'une décision internationale, force est de constater qu'en droit international de manière générale, un flou total demeure quant à l'existence de la force exécutoire des actes juridictionnels en raison du défaut de mécanismes centralisés de réalisation forcée ou d'office. Voy. dans ce sens J. COMBACAU et S. SUR, *Droit international public*, *op. cit.*, p. 650. Au regard d'une telle remarque, on est en droit de croire à la tentation du CDH, dans la logique de ce qui est mentionné plus haut, de développer de l'*imperium* qui en ce moment est la somme de la force de chose jugée et de la force exécutoire en droit international.

qu'une *constatation* qui conclut à la violation des droits garantis par le PIDCP devrait emporter toutes les conséquences juridiques qui s'attachent à toute jurisprudence internationale sans distinction statutaire[1066]. On y voit indirectement qu'il tente de faire peser sur les États une obligation de réponse, de conformité dans la droite ligne de leur engagement. Mais il faut noter qu'il n'en a pas fini et fait donc son chemin. Le CDH va étendre son action à la prescription des injonctions, des indications de mesures de réparation lorsqu'il constate une violation sous forme du rétablissement de la victime dans ses droits ou d'une satisfaction morale ou plus encore, en forme de compensation financière[1067]. Ainsi avait-il adopté des Directives[1068] en vertu du Protocole facultatif se rapportant au PIDCP dans le but de rendre sa jurisprudence plus « efficace »[1069] pour reprendre le terme utilisé par le CDH lui-même. On aperçoit à l'analyse que le contenu de ses *constatations* s'apparente finalement à de véritables injonctions ainsi qu'il vient d'être souligné. Il s'agit *in fine* « *des constats qui s'imposent* »[1070]. La phrase suivante extraite d'une récente décision pourrait le confirmer :

[1066] Sur ce concept de « jurisprudence internationale » de façon générale, Voy. E. JOUANNET, « La notion de jurisprudence internationale en question », *op. cit.* ; Cependant, sur la question de savoir si la qualité de « jurisprudence » puisse s'appliquer à des *constatations* du CDH, il est important de rester très prudent quant à la définition à retenir de ce concept aux implications d'ordre sémantiques difficiles. En effet, la critique doctrinale en vient à subordonner l'existence d'une « jurisprudence » à l'existence d'une juridiction. À ce titre, on se limitera à ne retenir ici que les définitions strictement juridiques et non sociologiques fournies par le dictionnaire : *Vocabulaire juridique* de G. CORNU. L'approche du Dictionnaire n'exclut pas, à première vue, la qualité de « jurisprudence » aux *constatations* du CDH. Elles sont formulées de la manière suivante : « Jurisprudence » - 1° « Ensemble des décisions de justice rendue dans une matière, soit dans une branche du Droit, soit dans l'ensemble du Droit. » ou 2° « Ensemble des solutions apportées par les décisions de justice dans l'application du Droit », Voy. G. CORNU, *Vocabulaire juridique*, Paris, PUF, 2018, p. 882. Dans cette même perspective, une partie de la doctrine considère les décisions du CDH comme « une jurisprudence », Voy. P.-M. DUPUY et Y. KERBRAT, *Droit international public*, *op. cit.*, p. 600. Ces derniers parlent de « *la constitution progressive d'une sorte de jurisprudence.* » ; dans le même sens, Voy. J. HARRINGTON, « Punting Terrorists, Assassins and Other Undesirables: Canada, the Human Rights Committee and Requests for Interim Measures of Protection », *Mcgill Law Journal*, 2003, vol. 48, n° 1, p. 66.

[1067] D. MCGOLDRICK, « State Responsibility and the International Covenant on Civil and Political Rights », *op. cit.*, p. 194.

[1068] CDH, Doc. (CCPR/C/158) adopté par le Comité lors de sa 118ème (cent dix-huitième) session (17 octobre-4 novembre 2016).

[1069] *Ibid.* § (1). Il conviendrait de dire ici que le mot « efficacité » choisi par le CDH dans sa Directive n'a pas été fait de façon anodine lorsqu'on note que la chose jugée contribue à l'efficacité de la décision internationale. Voy. L.N.C. BRANT, *L'autorité de la chose jugée en droit international public*, *op. cit.*, p. 4.

[1070] O. DELAS, M. THOUVENOT et V. BERGERON-BOUTIN, « Quelques considérations entourant la portée des décisions du Comité des droits de l'homme », *op. cit.*, p. 40.

« L'État partie est tenu, entre autres : d'indemniser l'auteure de manière adéquate et de prendre des mesures de satisfaction appropriées, incluant une compensation pour la perte d'emploi sans indemnités et le remboursement de tout coût légal, ainsi que de toute perte non pécuniaire encourue par l'auteure en raison des faits de l'espèce. »

357. Ne faudrait-il pas aisément en déduire que, bien que le CDH se garde de donner un montant précis ici, il demande à l'État d'indemniser la victime de violation des dommages subis et n'hésite pas à proposer des alternatives autres que le dédommagement pécuniaire[1071]. Il est manifeste que la préoccupation pour l'organe ne se résume plus à demander simplement sinon laconiquement au défendeur d'accorder « l'effet utile » à la victime. Ce serait plutôt d'octroyer dorénavant une « compensation financière » ainsi que des mesures alternatives de réparations précises[1072]. C'est suivant une telle logique, en plaçant l'intérêt de la victime au centre de son analyse que la Professeure H. TIGROUDJA, dans une étude critique consacrée à quelques-unes de ses jurisprudences, encourage le CDH à avancer dans une telle dynamique de précision[1073].

[1071] *Ibid.* § (2) « Lorsque le Comité constate qu'une communication individuelle fait apparaître des violations des droits consacrés par le Pacte, il préconise des mesures visant à assurer une réparation intégrale aux victimes (restitution, indemnisation, réadaptation et satisfaction), ainsi que d'autres mesures tendant à empêcher que des violations analogues ne se reproduisent (garanties de non-répétition) » ; Voy. de même : CDH, *Observation générale* n° 31, § 6 et 7 « l'obligation juridique énoncée au paragraphe 1 de l'article 2 est à la fois négative et positive. Les États parties doivent s'abstenir de violer les droits reconnus par le Pacte, et toute restriction à leur exercice doit être autorisée par les dispositions pertinentes du Pacte. En vertu de l'article 2, les États parties doivent prendre des mesures d'ordre législatif, judiciaire, administratif, éducatif et autres appropriées pour s'acquitter de leurs obligations juridiques »

[1072] L. HENNEBEL, H. TIGROUDJA et J. DHOMMEAUX, « Aspects de droit international des activités des organes conventionnels des Nations Unies spécialisés dans la protection des droits de l'homme 2013-2016 », *op. cit.*, p. 459. Voy. CDH, *Babkin c/ Fédération de Russie*, 2008, comm. n°1310/2004, CDH, *Hassan Aboushanif c/ Norvège*, 2008, comm. 1542/2007 ; CDH, *Zarif Sattorov c/ Tadjikistan*, 2009, comm. n°1200/2003 ; CDH, *Antonio Carpentero c/ Espagne*, 2009, comm. 1364/2005.

[1073] H. TIGROUDJA, « Ports de signes religieux, 'discrimination croisée' et ingérence de l'État dans la liberté de manifester sa liberté de religion », *RTDH*, 2019, n° 118, p. 495. L'auteure invite le CDH « à se défaire des paragraphes stéréotypes (…) lorsqu'il y a violation du Pacte, et être plus rigoureux à la manière d'un juge international tirant les conséquences d'un fait internationalement illicite. (…) il se doit d'être plus didactique dans les « recours » que l'État doit fournir à la victime et il doit expliquer aux États pourquoi les mesures qu'il prescrit ou recommande sont les plus à même d'apporter un remède aux violations constatées. Si la Cour interaméricaine lui sert de modèle (…) il doit alors s'inspirer *de son raisonnement motivé et* détaillé lorsqu'il se prononce sur la réparation, (…). » ; dans ce même sens, Voy. G. KLETZEL, C.B. MAIA et M. ZWAIG, « Strengthening of UN Treaty Bodies' complaint procedures: Elements for a reform agenda from an NGO perspective », *op. cit.*, p. 211.

358. Il va de soi qu'une telle situation peut paraitre très audacieuse de la part du CDH qui, *proprio motu*, - dans la mesure où ne se trouvent ni dans le PIDCP ni dans le Protocole facultatif des dispositions orientant dans le sens d'une telle ambition - exprime une ferme volonté d'aller au-delà de ce à quoi devraient s'attendre les États. Cela dénote que ses actes ou attitudes ne soient pas de nature à se concilier les bonnes grâces de ces souverains. En se comportant ainsi, ces attitudes donnent naturellement raison de croire en un processus visant à conférer à ses propres décisions les mêmes caractéristiques, quoique de façon officieuse, que celles des décisions revêtues de « chose jugée » au sens formel du terme[1074]. Et nul doute, qu'à partir de cet instant, on s'autoriserait à croire à une démarche qui cherche à imprimer de l'*impérium*[1075] sur ces mêmes décisions afin de favoriser leur adhésion complète au modèle juridictionnel. Cela donne naturellement à croire que, là où les États n'auraient voulu voir en réalité que l'exercice d'une « *fonction* » quasi-juridictionnelle, semble apparaitre, à notre sens, l'exercice ou l'affirmation d'un « *pouvoir* »[1076] quasi-juridictionnel international. On

---

[1074] Cette volonté à vouloir insérer ces prononcés – les *constatations* - dans une sorte de normalité de l'ordre juridique international c'est-à-dire les recouvrir des caractéristiques spécifiques propres d'un acte juridictionnel formel est un choix délibéré, à notre sens, du CDH, en l'absence de toute volonté étatique, de tendre vers l'autorité de la chose jugée. Voy. à ce sujet : C. DE VISSCHER, « La chose jugée devant la Cour internationale de la Haye », *R.B.D.I*, 1965, n° 1, p. 5.

[1075] L'*imperium*, selon le Professeur H. ASCENSIO, doit exister en *amont* et en *aval* d'une décision juridictionnelle pour favoriser l'exécution des décisions. Voy. H. ASCENSIO, « La notion de juridiction internationale en question », *op. cit.*, pp. 179-185. Si dans notre cas, la condition première est remplie - parce que les décisions du CDH sont rendues dans une communauté partielle des États (les États parties au PIDCP), un ensemble inter-étatique, ce qui légitime l'organe - c'est la seconde condition qui pose formellement problème. Puisqu'en réalité, c'est aux États qu'il revient de produire l'*imperium* et de le conférer à l'organe. Le CDH n'a pas reçu cette « onction juridique ». Pour autant, cela semble ne pas l'empêcher d'user de son pouvoir pour en créer voire s'auto-construire cela de façon progressive comme nous le soulignons ci-dessus. Il est donc intéressant de voir émerger cet *impérium* dans les décisions de ce dernier. Ce qui constitue pour le Professeur, qui semble convaincu de ce fait, de la « mutation de l'*impérium* » faisant apparaitre d'« *Imperia* nouveaux », Voy. *Ibid.*, pp. 192-193. Il considère par la suite que l'*imperium* « *couvre à la fois le caractère obligatoire et exécutoire de la décision juridictionnelle* » Voy. *Ibid.*, p. 168. C'est ce que l'on observe à la lecture des décisions du CDH, le renforcement du degré d'obligation pour les États, ici confondu avec une forme d'expression de l'obligation d'exécution. ; Pour en savoir plus sur la question, Voy. C. JARROSSON, « Réflexions sur l'imperium », in *Études offertes à Pierre Bellet*, Paris, Litec, 1991, pp. 245-279.

[1076] Voy. H. ASCENSIO, « La notion de juridiction internationale en question », *op. cit.*, p. 193. ; On observe par-là, la volonté du CDH de se manifester en qualité d'acteur normatif international. En ce sens, J. D'ASPREMONT, « Introduction : Non-state actors in international law: oscillating between concepts and dynamics », *in* J. D'ASPREMONT (éd.), *Participants in the International Legal System Multiple perspectives on non-state actors in international law*, New-York, Routledge, 2011, p. 5. ; J. FERRERO, *L'interprétation évolutive des conventions internationales de protection des droits de l'homme*, *op. cit.*, p. 393. ; J. OLESEN, « Towards a Politics of Hermeneutics », *in* A. BIANCHI, D. PEAT et M. WINDSOR (éds.), *Interpretation*

prendra à témoin les réflexions du Professeur M. ARCARI qui assimile ce type de comportement d'un acteur international à « une route vers la normativité internationale informelle »[1077].

359. Nul besoin de chercher plus loin. Dans une situation presque analogue, on se souvient qu'une fois l'appréciation faite par la CIJ des dispositions (l'examen de l'article 9 texte amendé le 9 décembre 1953) du statut du Tribunal administratif des Nations Unies (TANU) qui autorise celui-ci à fixer l'indemnité compensatoire au requérant pour le préjudice qu'il aurait subi, elle considérait en effet que :

> « Le pouvoir de donner pareils ordres (...) pourrait difficilement avoir été conféré à un organe consultatif ou à un comité subordonné, ces dispositions confirment le caractère judiciaire du tribunal - indépendant et véritablement judiciaire, prononçant des jugements définitifs et sans appel dans le cadre limité de ses fonctions »[1078].

360. Loin de nous toute prétention d'identifier l'organe en cause dans d'avis de la CIJ au CDH ; toutefois par analogie, tout semble être clair au titre du raisonnement de la Cour interprété à la lumière de la posture adoptée par le CDH à l'égard de sa propre jurisprudence. Effectivement et sans ambiguïté, de la logique du CDH, se dégage une intention s'orientant dans le sens de donner des fondements solides devant favoriser voire inciter à l'exécution de sa jurisprudence. Il y a donc lieu de souligner que, bien que l'exécution des décisions du CDH ne relève que des obligations juridiques à la charge des États et non un droit subjectif pour les victimes, - comparaison faite au mécanisme d'exécution des décisions de la Cour IADH[1079] - la pratique en

---

of International Law, Oxford, Oxford University Press, 2015, p. 317. Ce dernier auteur résume notre idée ici à l'expression suivante : « *A Will of Power* ».

[1077] M. ARCARI, « Remarque sur les dynamiques entre acteurs en normativité en droit international », *in* L. BALMOND et M. ARCARI (dirs.), *Diversification des acteurs et dynamique normative en droit international*, Naples, Editoriale Scientifica, 2013, pp. 3-24, spéc., p. 6. ; Dans cette même logique, Voy. C. BROLMANN et Y. RADI, « Introduction: International lawmaking in a global world », *in* C. BROLMANN et Y. RADI (éds.), *Research Handbook on the Theory and Practice of International Lawmaking*, Cheltenham, UK ; Northampton, MA, USA, Edward Elgar Publishing, 2016, p. 5. « *Nowadays a number of (...) quasi-judicial mechanisms such as complaint procedures supervized by treaty bodies, can be said to engage with international lawmaking* ». Pour mieux cerner de manière générale en droit international la capacité des acteurs non-étatiques en tant que producteurs de normes, Voy. A. PETERS, L. KOECHLIN et G.F. ZINKERNAGEL, « Non-state actors as standard setters: framing the issue in an interdisciplinary fashion », *in* A. PETERS *et al.* (éds.), *Non-state actors as Standard setters*, Cambridge, Cambridge University Press, 2009, p. 3.

[1078] Voy. CIJ, *Avis consultatif, Effet des jugements du TANU*, *op. cit.* Voy. aussi *l'Opinion individuelle* concordante du Juge M. B. WINIARSKI annexée à cette même décision., pp. 64-66.

[1079] Voy. dans une démarche comparative : H. TIGROUDJA, « L'obligation d'exécution dans le système interaméricain des droits de l'homme : vers l'affirmation d'un droit subjectif international à l'exécution des décisions de la Cour interaméricaine ? », *R.G.D.I.P*, 2017, vol.

cours devant le CDH, parait prometteuse pour les individus victimes, quoique la responsabilité des États au regard du droit international en matière des droits de l'homme reste limitée[1080]. Cet espoir semble encore plus plausible si l'on considère que « le caractère objectif de vérité juridique des constatations (...) ne peut ne pas se traduire sur le plan subjectif pour les parties. »[1081].

361. L'analyse faite à partir de certaines *Opinions individuelles* des décisions du CDH confirme notre argumentation. En effet, les auteurs de ces opinions essaient d'encourager le CDH à adopter sur le plan substantiel des jurisprudences courageuses, à mettre beaucoup plus l'accent sur les mesures que devra adopter l'État partie aux fins de corriger ou de remédier à l'acte illicite ayant conduit à la violation des droits. Cette pratique ne s'apparente pas moins à une tactique pour indiquer à l'organe universel, les formes adéquates et types de mesures, les normes de conduite à respecter qu'il devra adresser aux États dans les décisions à l'avenir. Il suffirait dans ces perspectives, que l'on se contente d'imaginer l'effet d'enseignements que pourrait avoir ces *Opinions* sur les décisions futures du CDH pour mieux cerner les buts visés par leurs contenus. Puisque la conformité intégrale ou une mise en œuvre satisfaisante des mesures recommandées du CDH par les États parties dépendrait dans une moindre mesure de la fermeté du ton, la qualité de la demande - formulée dans le dispositif - adressée à ce dernier. À titre illustratif, après avoir approuvé les mesures de réparations adressées par le CDH à l'État défendeur, un membre estimait que :

> « Le Comité aurait dû prévoir parmi les réparations à accorder aux victimes, le versement d'une indemnisation suffisante pour la violation de leurs droits. Cette réparation pécuniaire servirait principalement à compenser les frais que les auteurs ont supportés tout au long de la procédure conduite devant les juridictions nationales »[1082].

121, n° 3, pp. 683-688. On note en effet que cette démarche de subjectivisation de l'exécution des obligations des États devant la Cour IADH résulte d'une initiative propre de la Cour IADH elle-même à étendre son pouvoir juridictionnel aux fin de la surveillance des arrêts qu'elle a rendues. Voy. aussi A.-C. FORTAS, *La surveillance de l'exécution des arrêts et décisions des Cours européenne et interaméricaine des Droits de l'Homme: contribution à l'étude du droit du contentieux international*, Publications de l'Institut international des droits de l'homme, Paris, Pedone, 2015, p. 145.

[1080] E. KLEIN, « Individual reparation claims under the international covenant on civil and political rights: the practice of the human rights committee », *in* A. RANDELZHOFER et C. TOMUSCHAT (éds.), *State responsibility and the individual. Reparation in instances of grave violations of human rights*, The Hague, Nijhoff, 1999, p. 29.

[1081] E. DECAUX, « Que manque-t-il aux quasi-juridictions internationales pour dire le droit », *op. cit.*, p. 228.

[1082] Voy. à titre d'exemple CDH, *Yashar Agazade et Rasul Jafarov c/ Azerbaïdjan*, constatation du 27 octobre 2016, comm. n° 2205/2012, *Opinion individuelle* (concordante) de M. F.

362. À partir de cette grille de lecture, on aboutit à la même conclusion que le Professeur O. DE FROUVILLE qui considère que l'idée de distinguer les « constatations » du CDH des « jugements », sous prétexte que ces derniers sont dotés de l'autorité de la chose jugée contrairement aux premières, serait en réalité « l'argument de défense le moins convaincant »[1083] et « juridiquement faux »[1084].

SECTION II / REPENSER UN MECANISME JURIDICTIONNEL UNIVERSEL DE PROTECTION DES DROITS : RISQUE OU NECESSITE ?

363. Résister c'est créer[1085] disait S. HESSEL. Une telle logique de pensée, appliquée à notre domaine d'étude, renvoie nécessairement à la réflexion sur la question de la résilience d'un mécanisme d'intérêt mondial efficace, viable et plus utile pour la cause des droits de l'homme. En vérité, la communauté internationale vit toujours au rythme des violations permanentes des droits de l'homme dans les quatre coins du monde. Quoique de grands efforts aient été déployés pour une reconnaissance sans précédent de la place de l'individu en droit international[1086], en témoigne la multiplication des tribunaux et organes internationaux érigés ici et là pour prendre fait et cause en faveur de ce dernier, il n'est pas rare de constater les lacunes ou un état de faiblesse caractérisé

SALVIOLI, § 3. Voy. aussi : *Opinion commune* des membres du CDH : T. M. ABDO ROCHOLL, A. BULKAN, H. QUEADA CABRERA et H. TIGROUDJA sur la possibilité qu'a le Comité - sur la base des éléments solides mobilisés en droit international de la responsabilité des États et en droit international des droits de l'homme - de demander par exemple aux États parties de présenter des excuses publiques, en particulier dans les cas de violations graves ou systématiques où le préjudice ne peut être entièrement réparé par la restitution ou l'indemnisation uniquement.

[1083] O. DE FROUVILLE, « Pourquoi nous avons besoin d'une Cour des droits de l'Homme des Nations Unies ? », *in* N. ALOUPI *et al.* (dirs.), *Les droits humains comparés. A la recherche de l'universalité des droits humains. Actes du colloque à la Cour européenne des droits de l'homme des 8 et 9 mars 2018*, (IIDH) Fondation Réne Cassin, Paris, Pedone, 2019, p. 137. Dans ce même sens, Voy. W. SCHABAS, « On the Binding nature of The Findings of The Treaty Bodies », *op. cit.*, p. 106. ; S. BESSON, « International Judges as Dispute : Settlers and Law-Enforcers: From International Law without Courts to International Courts without Law », *op. cit.*, p. 38.

[1084] O. DE FROUVILLE, « Pourquoi nous avons besoin d'une Cour des droits de l'Homme des Nations Unies ? », *op. cit.*, p. 151. Voy. aussi H. NEUHOLD, « Variations on the Theme of 'Soft International Law' », *in* I. BUFFARD *et al.* (éds.), *International Law between Universalism and Fragmentation Festschrift in Honour of Gerhard Hafner*, Leiden/Boston, Martinus Nijhoff Publishers, 2008, p. 347.

[1085] S. HESSEL, *Indignez-vous*, Indigène (éd), 2010, p. 18.

[1086] *Supra.* l'introduction de ce même travail.

d'une telle protection internationale des droits de l'homme pouvant faire conclure à un échec[1087]. Aujourd'hui, le DIDH est à la croisée des chemins. Faut-il prendre le risque d'innover voire revitaliser un nouveau mécanisme juridictionnel à l'échelle mondiale ? Ce dont on est certain, c'est que l'hésitation est patente. Le DIDH bute sur cette question très sensible qui, non seulement n'est pas un sujet aux goûts des « faiseurs de systèmes », mais qui a provoqué une controverse totale au sein même de la pensée juridique. Pour autant, parler aujourd'hui de l'effectivité de la protection des droits fondamentaux de la personne humaine à cette même échelle universelle, commande sans ambiguïté de faire preuve d'ingéniosité afin de pouvoir émettre des idées visant à proposer des possibilités de renforcement de ce qui est déjà fait ou de le défaire afin de le refaire. Ne faut-il pas alors dépasser le cadre initial de notre travail, et s'interroger sur la nécessité d'une juridiction internationale unique chargée de contrôler le respect des droits de l'homme ? Suivant cette démarche, notre analyse s'intéressera à la nécessité d'une telle innovation, **(paragraphe 1)** avant de s'interroger sur sa faisabilité (**paragraphe 2**).

PARAGRAPHE I/ DE LA NECESSITE D'UNE INNOVATION INSTITUTIONNELLE D'ENVERGURE

364. Le célèbre théoricien du droit, Hans Kelsen a défendu le projet de la responsabilité internationale individuelle qui s'est vu concrétiser les décennies précédentes par l'implantation de différents mécanismes[1088], et il suffit de faire un détour sur le développement récent de la justice pénale internationale pour s'en convaincre. Certes, ces développements de la responsabilité internationale individuelle ont contribué à faire évoluer les choses, à lutter contre l'impunité mettant sur la sellette les personnes soupçonnées de crimes graves mais ils restent limités au regard des compétences des organes investis à cet effet. L'engagement de la responsabilité internationale des individus dans le cadre universel ne saurait résoudre toute seule la question de la protection internationale des droits fondamentaux[1089], puisqu'elle n'empêche

---

[1087] Voy. R. FREEDMAN, *Failing to protect: the UN and the politicization of human rights*, New York, NY, Oxford University Press, 2015, 222 p.

[1088] Voy. C. LEBEN, « Hans Kelsen et le châtiment des criminels de guerre de l'Allemagne nazie », *Droit et société*, août 2019, n° 2, pp. 447-457.

[1089] G. OBERLEITNER, « Chapter 19 : Towards an International Court of Human Rights? », *in* M.A. BADERIN et M. SSENYONJO (éds.), *International Human Rights Law Six Decades after the UDHR and Beyond*, Surrey, UK, Ashgate Publishing Limited, 2010, p. 364. ; M. NOWAK, « A new World Court of Human Rights: a role for international humanitarian law? », *in* R. KOLB et G. GAGGIOLI (éds.), *Research Handbook on Human Rights and Humanitarian*

pas pour autant le rôle joué par les États et autres entités sur la scène internationale en matière de violation des droits des individus. Pour ne surtout pas les exonérer de cette responsabilité, tenant compte de la situation qui prévaut actuellement dans le système universel, ceux-ci devront dès lors répondre de leurs faits[1090]. Au bénéfice de ce constat, il y a donc lieu de reconnaître que les réalisations internationales effectuées dans ce sens restent incomplètes et inachevées.

La question d'une innovation institutionnelle d'envergure dans le système universel des droits de l'homme semble représenter la touche finale manquante pour que ce système soit effectif et complet[1091]. Une chose est déjà sûre, c'est qu'il existe une défaillance persistante dans l'architecture institutionnelle actuelle que nul ne peut voiler et cela amène à réfléchir pour que ne soit pas banalisée la protection des droits des individus. Les États restent encore en effet au centre de toute question d'atteinte à ces droits garantis par les instruments internationaux, et de toutes les attentions lorsqu'il est question de penser à des projets à finalité protectrice des droits de l'homme. Il revient alors incessamment à l'esprit, *de lege ferenda*, de réfléchir aux alternatives de mise en place du futur mécanisme juridictionnel de protection des droits, mais laquelle ?[1092] **(A)** Sans toutefois prétendre disposer de la solution, nous proposons au même titre que les voix les plus autorisées de créer et, au cas contraire, d'adapter la configuration institutionnelle actuelle, du moins essayer de changer les « choses » afin de faire bouger les lignes **(B)**.

Law, Cheltenham, UK/Northampton, MA, USA, Edward Elgar Publishing, 2013, p. 537. Ce dernier auteur confirme dans cette même perspective que: « *There is presently no equivalent at the global level to hold States, intergovernmental organizations and non-State actors accountable before an international civil, human rights or humanitarian law court with the power to hand down legally binding judgments and provide reparation to the victims of such violations.*»

1090 D.M. CHIRWA, « Chapter 21: State Responsibility for Human Rights », *in* M.A. BADERIN et M. SSENYONJO (éds.), *International Human Rights Law Six Decades after the UDHR and Beyond*, Surrey, UK, Ashgate Publishing Limited, 2010, pp. 397-410.

1091 Il n'est pas inutile de rappeler aussi que la question suscite autant de réactions également parce que, la majorité des observations proposées vient d'une catégorie de personnalités ayant souvent un statut hybride c'est-à-dire qu'elles ne sont pas seulement des professionnels du milieu académique ou universitaire mais aussi des experts et consultants onusiens et membres des organisations régionales cultivant donc des expériences faisant de leur voix une plus-value. Voy. S. GROSBON, « Entretien avec Olivier de Frouville, Professeur de droit international public à l'Université Panthéon-Assas, Membre du Comité des droits de l'Homme des Nations Unies », *La Revue des droits de l'homme. Revue du Centre de recherches et d'études sur les droits fondamentaux*, janvier 2017, n° 11, pp. 1-4.

1092 Voy. G. ABI-SAAB, « Droit international et humanisme juridique : quelles perspectives ? », in *Select Proceedings of the European Society of International Law*, 2e Conférence bisannuelle de la Société Européenne de Droit International, Paris 2006, Portland, Hart Publishing, 2006, p. 398.

A/ Le besoin d'une nouvelle instance internationale de contrôle des droits de l'homme

365. Bien que l'idée d'une nouvelle instance universelle des droits de l'homme devienne de plus en plus une préoccupation, on ne peut balayer d'un revers ce qui a été fait jusqu'ici surtout au niveau régional et qui, à tout le moins, mérite d'être pris en considération. L'apport à la protection internationale reste incontesté au même titre que l'œuvre déployée par les juridictions d'intégrations communautaires ayant fait de la protection des droits fondamentaux leur cause[1093]. Cependant, il faut noter que le droit international tel qu'il est aujourd'hui, censé être au service de tous et auquel devrait se soumettre les États, se trouve de plus en plus affaibli par ceux-là même, et bute de ce fait, sur des questions essentielles. Il suffirait de prendre à témoin l'état actuel des organes conventionnels onusiens de protection[1094] et d'analyser le comportement des États face ces instruments universels de droits de l'homme qu'ils ont ratifiés de bonne foi pour se rendre compte d'une situation qui interpelle à plus d'un titre. Il faut y voir la manifestation de la prévalence de l'éternelle « souveraineté » qui ne semble pas approcher de son déclin. Bien au contraire, la tendance est plutôt orientée vers la fin du modèle kelsenien beaucoup plus respectueux envers la justice internationale et le droit international[1095].

366. Cette situation que nous relevons n'est rien d'autre que la manifestation de ce paradigme qui gouverne le droit international au sens classique du terme. Or, ce droit a connu de grandes mutations, depuis les hécatombes des deux guerres mondiales, ayant abouti aux fondements actuels du DIDH[1096]. Il paraît opportun d'en conclure que les idées qui sous-tendent ces mutations doivent désormais incarner le nouveau paradigme tendant à favoriser une jouissance accrue des droits fondamentaux par les individus. En conséquence, il faut transcrire les droits de l'homme dans la vie sociale à

1093 Sur l'apport des juridictions régionales au droit international, M.M. MBENGUE et C. MAIA, (dirs) *Tribunaux régionaux et développement du droit international, Hommage au Professeur Maurice KAMTO*, Société Africaine de droit international, Paris, Pedone, 2019, 143 p.

1094 S. GROSBON, « Entretien avec Olivier de Frouville, Professeur de droit international public à l'Université Panthéon-Assas, Membre du Comité des droits de l'Homme des Nations Unies », *op. cit.*, p. 4. « *le système conventionnel (...) devient illisible à la fois pour les États et les victimes. C'est comme une courbe en cloche : l'accroissement des procédures a jusqu'à un certain point fait augmenter l'effectivité et l'impact du système. Si l'on continue, on risque d'aboutir à un système ingérable qui deviendra petit à petit insignifiant* ».

1095 Voy. en ce sens T. FLEURY-GRAFF, « La fin du « moment kelsénien » ? Quelques réflexions sur les relations internationales contemporaines A l'aune de Kelsen », *A.F.R.I*, 2019, pp. 623-637.

1096 G. ABI-SAAB, « Droit international et humanisme juridique : quelles perspectives ? », *op. cit.*

l'échelon universel, leur donner un sens beaucoup plus réel, ce qui nécessite que ces droits soient mis au centre de tout le système. Cela implique une sorte de réinvention de la souveraineté des États[1097]. À cet effet, le besoin se fait sentir de manière pressante de quitter la justice facultative, quelque fois à géométrie variable - la justice c'est pour les autres[1098] - qui contraste avec les aspirations réelles, pour une justice obligatoire au nom du respect effectif des droits de l'homme. Une justice plus contraignante pour les États quoique certains démontrent que ce caractère de la justice n'est pas toujours la solution, reste un facteur important pour une justice internationale plus juste et effective, particulièrement dans le domaine des droits de l'homme[1099]. Les exemples sont légion dans ce sens. Il suffirait, à titre d'illustration, de demander à un État d'exécuter une décision rendue, dans une même affaire, par la CIJ et par un Comité conventionnel. On ne serait pas étonné de découvrir un comportement sélectif[1100]. De telles remarques ne justifieraient-elles pas l'avis du Professeur R. CASSIN selon lequel le contrôle de l'application des normes internationales de protection des droits fondamentaux serait mieux accepté et plus approprié s'il était remis à des juridictions ?[1101] Si

---

1097 L. HENKIN, « That "S" Word: Sovereignty, and Globalization, and Human Rights, Et Cetera Lecture: The Robert L. Levine Distinguished Lecture Series », *Fordham Law Review*, 1999, vol. 68, n° 1, pp. 3-8.

1098 Tribune du Professeur J. FERNANDEZ dans le quotidien *Le Monde* du 26 juin 2020 sur l'« *executive order* » américain.

1099 M. NOWAK, « The Right of Victims of Human Rights Violations to a Remedy: The Need for a World Court of Human Rights », *Nordic Journal of Human Rights*, January 2014, p. 15. L'auteur pense que: « *We have come a long way in having defined human rights (...) in having codified them as legally binding (...). But we lack effective mechanisms to enforce them. The creation of a World Court of Human Rights would be a decisive step in narrowing (...) gap between the high aspirations (...) and the sobering reality on the ground.* »

1100 Nous songeons par-là, à titre d'exemple à l'affaire Hissen Habré. Cette affaire a été connue par le Comité contre la torture en 2006, - CAT, *Souleymane Guengueng e.a c/ Sénégal*, comm. n° 181/2001. Voy. *Selected decisions of Committee Against Torture, Eleven to Thirty-Eighth Sessions* (Nov-1993-May 2007) - et à la suite par la CIJ en 2012. – CIJ, 20 juillet 2012, *Affaire relative à des questions concernant l'obligation de poursuivre ou d'extrader* (*Belgique c/ Sénégal*) – L'écart de comportement de l'État est très frappant en ce qu'il a suffi quatre jours après le prononcé de la CIJ pour que celui-ci entame des négociations en vue de l'établissement des chambres extraordinaires africaines au sein des juridictions Sénégalaises afin de l'organisation du procès de l'intéressé. Cet exemple est emprunté de l'analyse de M. MUBIALA, « L'affaire Hissene Habré devant la Cour internationale de justice », *Congo-Afrique*, 2012, pp. 624-630. Ne devrons-nous pas analyser de cette attitude de l'Etat pour conclure à l'aune de cet exemple avec le Professeur M. NOWAK que, « *Final views on communications are nice, but legally binding judgments are simply better..* » Voy. M. NOWAK, « The Right of Victims of Human Rights Violations to a Remedy: The Need for a World Court of Human Rights », *op. cit.*, p. 10.

1101 Cité par G. COHEN-JONATHAN, « Les droits de l'homme, une valeur internationalisée », *op. cit.*, p. 162. Voy. J. ANDRIANTSIMBAZOVINA, « Rapport introductif : Quelques réflexions liminaires sur la protection des droits de l'homme par les Cours supranationales », *in* S. ANDRIANTSIMBAZOVINA (J), L. BURGORGUE-LARSEN et S. TOUZÉ (dirs.), *La*

tant est que cet argument ne fasse pas toujours l'unanimité dans la doctrine - ce que d'aucuns qualifient de « mythe de la judiciarisation »[1102] - en ce sens que l'effectivité des droits ne dépendrait pas « mathématiquement »[1103] du caractère juridictionnel ou non de l'organe, du fait que le dernier mot reviendrait toujours à l'État, il mérite tout de même d'être soulevé et discuté.

367. Par ailleurs, dans cette même dynamique, au nom des fondements du cosmopolitisme institutionnel[1104], tels que, la défense des valeurs, des droits universels, il serait souhaitable qu'un nouveau « Tribunal international » ou un nouveau mécanisme soit mis sur pied pour jouer ce rôle fondamental avec efficacité afin de rendre exigible des États le respect des droits individuels[1105]. Aujourd'hui plus que jamais, le droit des gens doit pouvoir connaître de nouvelles avancées, parfaire le processus d'objectivisation qui prendraient en compte les droits fondamentaux dans tous leurs états en revisitant l'architecture institutionnelle existante. Ce futur organe de contrôle international devra répondre à la nature de l' « organe social compétent » tel qu'il est imaginé par le Professeur G. ABI-SAAB[1106], capable d'assurer la

---

protection des droits de l'homme par les cours supranationales, Actes du colloque des 08 et 09 octobre 2015, 31, Publications de l'Institut international des droits de l'homme, Paris, Pedone, 2016, p. 13. Cette position rejoint celle du Professeur F. SUDRE, *Droit européen et international des droits de l'Homme*, *op. cit.*, p. 89 et suiv. ; G. OBERLEITNER, « Chapter 19 : Towards an International Court of Human Rights ? », *op. cit.*, p. 359.

1102 O. DE FROUVILLE, « Pourquoi nous avons besoin d'une Cour des droits de l'Homme des Nations Unies ? », *op. cit.*, p. 132.

1103 *Ibid.*

1104 Voy. E. ZOLLER, « Le droit cosmopolitique, droit de la « fédération des États libres » du monde. Une mise en perspective fédérale », *in* O. DE FROUVILLE (dir.), *Le cosmopolitisme juridique*, Paris, Pedone, 2015, p. 308. Pour une compréhension profonde du cosmopolitisme juridique, Voy. O. DE FROUVILLE, « Ouverture : Qu'est-ce que le cosmopolitisme juridique ? », *in* O. DE FROUVILLE (dir.), *Le cosmopolitisme juridique*, Paris, Pedone, 2015, pp. 11-54. Rappelons que le projet « de paix perpétuelle » développé par E. KANT intègre la possibilité que la gestion des désaccords soit prise en charge par des cours et institutions intergouvernementales. Dans le même sens, il préconise que les États devraient abandonner exclusivement leurs souverainetés externes aux mains des organisations internationales. Le droit cosmopolitique est un droit destiné essentiellement à la protection de l'individu pris dans son pluriel pour consacrer l'universalité des droits reconnus depuis lors.

1105 Voy. J. HABERMAS, *Droit et démocratie. Entre faits et normes*, Paris, Gallimard, 1997, p. 487. L'auteur s'appuyant sur la théorie Kantienne du cosmopolitisme en droit international, considère que les droits fondamentaux universellement reconnus ne peuvent s'appliquer correctement que s'ils sont confiés à des tribunaux internationaux capables de contenir les velléités des États. ; aussi : M.G. KOHEN, « Manifeste pour le droit international du XXIème siècle », *in* L. BOISSON DE CHAZOURNES et V. GOWLLAND-DEBBAS (éds.), *L'ordre juridique international, un système en quête d'équité et d'universalité. Liber Amicorum Georges ABI-SAAB*, The Hague/London/Boston, Martinus Nijhoff Publishers, 2001, p. 144. ; E. ROUCOUNAS, *A landscape of contemporary theories of international law*, *op. cit.*, p. 221.

1106 G. ABI-SAAB, « De la sanction en droit international. Essai de clarification », *op. cit.*, p. 63. ; dans le même sens, J.S. MARTINEZ, « Towards an International Judicial System », *Stanford Law Review*, novembre 2003, vol. 56, n° 2, p. 461.

justice universelle véritable en droit de l'homme avec des sanctions coercitives[1107].

368. Il faut aussi ajouter que s'inscrire dès lors dans la logique d'une justice internationale en droit de l'homme plus effective[1108] implique de saisir ce tournant décisif pour donner vie au projet originel des pères fondateurs du droit international (Suarez, Grotius, Vattel, De Vittoria) en revalorisant l'accès des individus à une justice internationale[1109].

369. De ce fait, si ce qui est fait jusqu'ici doit être apprécié à sa juste valeur, il convient de relever que la voie à parcourir ne reste pas insignifiante. Pour ce faire, l'organe projeté devra œuvrer afin qu'il n'y ait plus de territoires de « non-droits » qui échapperaient à un contrôle judiciaire international par une instance digne de ce nom à même de déployer son action sur toute activité ou tout comportement présumé illicite d'un État contre les droits individuels. Une situation contraire aura pour conséquence néfaste l'abandon des personnes bénéficiaires de droits, surtout les plus faibles ainsi que des justiciables au point qu'ils seront dans l'impossibilité de faire valoir ces droits et de bénéficier d'une justice internationale qui leur est pourtant garantie depuis des décennies. Il n'est plus difficile dès lors de cerner l'importance de la figure d'un « Juge unique international » sur fond d'un projet politique fort porté par les États eux-mêmes.

370. Les récents comportements à rebours tels la désaffection subie par la Cour ADHP de la part de certains États africains qui n'hésitent pas à dénoncer leur instrument déclaratif d'acceptation de la juridiction de ladite Cour sans même prendre la peine de suivre la procédure prévue à l'article 56 de la Convention de Vienne sur le droit des traités[1110] ; les menaces et cas de retraits

---

1107 M. CHEMILLIER-GRENDREAU, « Une Cour mondiale pour imposer le respect des Droits de l'Homme », *L'autre campagne*, s.d., p. 2.

1108 A.J. GOLDBERG, « The Need for a world court of Human Rights », *Howard Law Journal*, 1965, vol. 11, p. 621.

1109 Voy. A.A. CANÇADO TRINDADE, « Réaffirmation de l'universalité nécessaire et inéluctable des droits inhérents à la personne humaine », *in* N. ALOUPI *et al.* (dirs.), *Les droits humains comparés, A la recherche de l'universalité des droits humains, Actes du Colloque à la Cour européenne des droits de l'homme des 8 et 9 mars 2018*, Publications de l'Institut international des droits de l'homme, Paris, Pedone, 2019, p. 51. ; du même auteur et dans le même sens : A.A. CANÇADO TRINDADE, « Le droit international contemporain et la personne humaine », *R.G.D.I.P*, 2016, n° 3, pp. 497-514. ; A.A. CANÇADO TRINDADE, « Vers un droit international universel : la première réunion des cours régionales », in *XXXVI Curso de derecho internacional organizado por el Comité Juridico Interamericano - 2009*, Washinton D.C, Secretaria General de la OEA, 2010, pp. 103-125.

1110 R. BANZEU, « La Cour africaine des droits de l'homme et des peuples à l'épreuve de la clause facultative d'acceptation de la juridiction obligatoire d'une juridiction internationale par l'État en droit international », *in* M.M. MBENGUE et C. MAIA (dirs.), *Tribunaux régionaux et développement du droit international, Hommage au Professeur Maurice KAMTO*, Paris, Pedone, 2019, p. 106. ; Lire dans la même perspective critique : M.-J. AYISSI, « Introduction note to Guillaume Kigbafori Soro and others v/ Cote d'Ivoire (Afr. Court HRP) », *International*

des États latino-américains du système Inter-ADH (Interaméricain des droits de l'homme) ne sont entre autres qu'une infime illustration de cet état de fait[1111]. Bon nombre d'États, et pas des moindres surtout en Asie, en Amérique du Nord en passant par l'Afrique ne sont parties à aucun système régional[1112], (soit ils sont membres d'un ensemble régional moins opérationnel et limité en termes de champs d'action ou de degré de maturation institutionnelle[1113]) et qui ne croient même pas, de surcroit, à la nécessité d'être liés par la compétence contentieuse des organes de traité des Nations Unies afin d'accorder le minimum de chance à tout individu se trouvant sous leur juridiction et s'estimant lésé dans ses droits de pouvoir prétendre à un ultime recours pour que sa cause soit entendue.

371. Si d'un autre coté les tentatives en vue de régler en partie ces problèmes à travers notamment un appel des organes de protection à opter pour une harmonisation des techniques d'interprétations a été préconisée, il reste que l'inexistence de toute hiérarchie entre les instances internationales œuvrant dans ce sens, provoque nécessairement leur goût voué au développement d'une certaine autonomie organique ou institutionnelle[1114]

Legal Materials, 2020, pp. 1013-1015. ; J. MATRINGUE, « Les politiques juridiques des États africains à l'égard de la Cour africaine des droits de l'homme », *in* F. COUVEINHES-MATSUMOTO et R. NOLLEZ-GOLBACH (dirs.), *Les États face aux juridictions internationales : une analyse des politiques relatives aux juges internationaux*, Paris, Pedone, 2019, pp. 191-209. ; K.J. ALTER, J.T. GATHII et L.R. HELFER, « Backlash Against International Courts in West, East and Southern Africa: Causes and Consequences », *The European Journal of International Law*, 2016, pp. 293-328.

[1111] Du côté de la Cour IADH, Voy. sur les menaces et les cas de retraits concernant spécifiquement : la Trinité-et-Tobago, le Peru, la République Dominicaine et le Venezuela, l'analyse suivante : X. SOLEY et S. STEININGER, « Parting ways or lashing back? Withdrawals, backlash and the Inter-American Court of Human Rights », *International Journal of Law in Context*, 2018, vol. 14, n° 2, pp. 237-257.

[1112] En ce sens, Voy. L. BURGORGUE-LARSEN, « Les systèmes européens et interaméricain à l'heure des défis », *in* N. ALOUPI *et al.* (dirs.), *Les droits humains comparés, A la recherche de l'universalité des droits humains, Actes du Colloque à la Cour européenne des droits de l'homme des 8 et 9 mars 2018*, Publications de l'Institut international des droits de l'homme, Paris, Pedone, 2019, p. 97.

[1113] En ce sens Voy. MUNTARBHORN, « The ASEAN Human Rights Declaration and beyond », in *Réciprocité et universalité - Sources et régimes du droit international des droits de l'homme, Mélanges en l'honneur du Professeur Emmanuel Decaux*, Paris, Pedone, 2017, pp. 873-882. ; de même sur la justification de l'absence de mécanisme régional par les « valeurs asiatiques », Voy. aussi, Y. DE FERRIERE, *La place des droits de la femme et égalité des genres en droit international dans la construction d'un État post-conflit : le cas du Timor-Oriental*, L. BALMOND (dir.), Thèse de Doctorat, Droit international public, Université de Toulon, 13 juillet 2017, p. 168.

[1114] Ainsi que le confirme le Professeur L. BALMOND en ses termes, « *En l'absence d'un gouvernement mondial et donc de juge mondial, les relations entre les différentes juridictions sont fondées sur l'autonomie voire l'indépendance. Elles conduisent ainsi à ce que (...) le juge international soit avant tout le garant de l'acte international qui l'a créé.* » Voy. L.

pouvant conduire à des interprétations contradictoires. Il est donc nécessaire de penser à une stratégie adéquate pour régler ces problèmes afin de favoriser une application effective des droits de l'homme à l'échelle internationale pour que la promesse de l'universalité des droits de l'homme ne devienne pas un vœu pieux. Pour ce faire, il est important de combattre les régimes de protection des droits « à la carte » qui ne prévoient pas de mécanismes aboutis de règlements de différends[1115]. Car, la véritable idée que l'on a de la jouissance d'un « droit » signifie en réalité, selon le Professeur M. NOWAK, que lorsqu'une personne prétend avoir des droits qu'il réclame à une personne autre, cette dernière a le devoir de régulariser la situation. Si celle-ci n'est pas à même de le faire, il faudrait que le titulaire du droit - *the rights-holder* - puisse disposer d'un recours pour engager la responsabilité du débiteur de son droit - *the duty-bearer* -. Autant dire que, le titulaire du droit doit pouvoir attraire le débiteur devant un organe neutre, indépendant qui a le pouvoir de décider de « manière contraignante » si le débiteur a violé ses obligations ou non. Si cet organe conclut à la violation de certaines obligations, il ordonne au débiteur de fournir une réparation au titulaire du droit[1116]. À notre avis, tel est le véritable sens « d'avoir des droits » et la finalité même du pouvoir de rendre justice en toute conformité avec la maxime *Ubi jus, ibi remedium*. Cela amène à conclure avec les propos de l'ancien président de la CIJ, le Juge M. BEDJAOUI qui estimait que :

> « (…) la multiplication des juridictions est une bénédiction et non pas un désastre, (…) toute tentative de juridictionnaliser un secteur de plus (…) doit être la bienvenue. La multiplication des instances juridictionnelles doit être regardée comme autant d'occasions fécondes de faire reculer le domaine fauve de la jungle internationale. »[1117]

BALMOND, « Ouverture : dialogue des juges, pluralisme et sécurité juridique », *op. cit.*, p. 4. ; aussi, R. COLLINS, « Chapter 4 : Autonomy », *op. cit.*

1115 Voy. dans ce sens M.G. KOHEN, « Manifeste pour le droit international du XXIème siècle », *op. cit.*, p. 149.

1116 M. NOWAK, « Eight Reasons Why we need a world Court », *in* G. ALFREDSSON *et al.* (dirs.), *International Human Rights Monitoring Mechanisms, Essays in Honour of Jakob Th. Möller, 2nd Revised Edition*, The Raoul Wallenberg Institute Human Rights Library, Leiden/Boston, Martinus Nijhoff Publishers, 2009, p. 697.

1117 M. BEDJAOUI, « Conclusions générales : La multiplication des tribunaux internationaux ou la bonne fortune du droit des gens », in *La juridictionnalisation du droit international, Colloque de Lille*, Société française pour le droit international, (SFDI), Paris, Pedone, 2003, p. 539. Dans le même sens, Voy. K.J. ALTER, E.M. HAFNER-BURTON et L.R. HELFER, « Theorizing the Judicialization of International Relations », *International Studies Quarterly*, September 2019, vol. 63, n° 3, pp. 449-450. ; dans le même sens, T. BUERGENTHAL, « Proliferation of International Courts and Tribunals: Is It Good or Bad? », *Leiden Journal of International Law*, 2001, vol. 14, n° 2, pp. 271-272.

B/ Le projet de juridiction internationale unique pour les droits de l'homme à la lumière de l'état doctrinal

372. Nous nous proposons dans cette sous-partie de faire tout d'abord état de la diversité doctrinale en cours sur le sujet de la juridiction internationale unique pour les droits de l'homme (**1**) avant de nous pencher ensuite sur le projet consolidé soumis par les experts commis à cet effet et qui a reçu le plus de soutien des acteurs de la communauté internationale (**2**).

1) Le débat doctrinal sur le projet d'une juridiction internationale unique : une « cacophonie » doctrinale

373. Il ne semble pas excessif de considérer que toute idée de projet, d'où qu'elle vienne, surtout lorsqu'il s'agit de supplanter une situation préexistante, de quelle que société que ce soit, suscite toujours un engouement derrière lequel se cachent des inquiétudes et des divergences d'opinions résultant des appréhensions des acteurs de la société en cause. Pour autant, il faut noter que de telles appréhensions sont nécessaires pour la mise sur pied d'une initiative efficace, viable et résistible aux critiques qui lui seront adressées à l'avenir. Sur cette base, les interrogations et incertitudes à propos du projet de création d'une juridiction internationale pour les droits de l'homme ne sauraient pour autant être banalisées. En effet, la controverse doctrinale semble, de ce fait, impérieuse si l'on veut atteindre un objectif idéal acceptable par tous[1118]. Dans cette logique, on comprend aisément la polémique suscitée lorsqu'on tente d'aborder la question de ce projet ambitieux ayant une vocation universelle, l'un des plus révolutionnaires, mais aussi controversé des années d'après-guerre en droit international. Il semble, eu égard à cette situation, difficile de contester le côté cacophonique de ce débat. En effet, la doctrine ne partage pas le même langage.

374. Rappelons au passage que le projet de création d'une juridiction unique en droit de l'homme à l'échelle internationale est une idée déjà ancienne[1119]. Elle n'a été remise véritablement à l'ordre du jour que lors du soixantième anniversaire de la DUDH sur l'initiative du gouvernement Suisse qui a commis des juristes qualifiés de haut niveau pour se pencher sur un tel

---

[1118] F. ROUVIERE, « Le désaccord raisonnable en droit : le point de vue de l'argumentation », *Le Cahier de méthodologie juridique*, Presses universitaires d'Aix-Marseille, 2015, vol. 5, n° 29, p. 2149. « *soutenir que le désaccord montre que l'un des contradicteurs a tort, voire les deux, c'est s'interdire de comprendre le sens d'une argumentation juridique.* »

[1119] Nous songeons par là au projet déposé par le gouvernement australien en 1947 en vue de la création d'un tribunal international des droits de l'homme qui devrait être compétent pour connaitre des différends des citoyens du monde. Voy. Doc. E/CN.4/15, du 5 février 1947 *portant Projet de résolution présenté par le Délégué de l'Australie en vue de la création d'un Tribunal international des droits de l'homme*.

projet dont les conclusions ont été présentées en 2010[1120]. S'il faut souligner qu'il existe, dans le même sens, une pluralité d'initiatives venant des acteurs privés comme des acteurs publics, c'est toutefois ce projet qui a relancé le débat sur sa faisabilité. De là naitra la vague de divergences d'opinions dans la doctrine internationaliste ayant conduit évidemment à un relativisme d'une certaine vision du sujet. Ainsi d'une lecture attentive, se dégagent principalement trois courants doctrinaux dont la synthèse mérite d'être faite car elle permettra d'avoir une idée claire de l'état de la situation.

375. Ainsi qu'il vient d'être souligné, d'un côté, on relève des auteurs qui démontrent toute l'importance des arguments en faveur de l'idée révolutionnaire d'une Cour internationale ou mondiale des droits de l'homme (Cour MDH) ou d'une Cour internationale onusienne des droits de l'homme[1121] tout en soulevant des objections mineures au projet consolidé des experts autour duquel s'organise essentiellement le débat. D'un autre côté, se profile un second courant dont nous qualifions la position de « modérée » ou « intermédiaire ». Enfin, apparaissent ceux qui ne s'estiment pas en accord avec le principe c'est-à-dire ne sont ni favorables au projet lui-même, du

---

[1120] J. KOZMA, M. NOWAK et M. SCHEININ, *A World Court of Human Rights: Consolidated statute and commentary*, Vienne/Graz, 2010.

[1121] En ce sens, Voy. M. NOWAK, « Eight Reasons Why we need a world Court », *op. cit.* ; M. NOWAK, « The Right of Victims of Human Rights Violations to a Remedy: The Need for a World Court of Human Rights », *op. cit.*, p. 10. ; M. NOWAK, « A new World Court of Human Rights: a role for international humanitarian law? », *op. cit.* ; M. NOWAK, « It's time for a world Court of Human Rights », *in* W. SCHABAS et C. BASSIOUNI (éds.), *New Challenges for the UN Human Rights Machinery : What Future for UN Treaty Body System and Human Rights Council Procedures*, Cambridge/Antwerp/Portland/, Intersentia, 2011, pp. 17-34. ; M. NOWAK, « On The Creation of a World Court of Human Rights », *National Taiwan University Law Review*, 2012, vol. 7, pp. 257-229. ; M. NOWAK, « Comments on the UN High Commissioner's Proposals Aimed at Strengthening the UN Human Rights Treaty Body System », *Netherlands Quarterly of Human Rights*, mars 2013, vol. 31, n° 1, pp. 3-8. ; M. SCHEININ, « Towards a World Court of Human Rights - Research report within the framework of the Swiss Initiative to commemorate the 60th anniversary of the Universal Declaration of Human Rights », in *Protecting Dignity: An Agenda for Human Rights*, s.l., European University Institute, 2009, p. 7 et suiv. ; O. DE FROUVILLE, « Pourquoi nous avons besoin d'une Cour des droits de l'Homme des Nations Unies ? », *op. cit.* S.N. RODLEY, « The idea of the World Court on human rights : some comments », *in* O. DE FROUVILLE (dir.), *Le système de protection des droits de l'homme des Nations Unies : présent et avenir, Acte du colloque du 7 et 8 novembre 2016*, Centre de recherche sur les droits de l'homme et le droit humanitaire, Paris, Pedone, 2018, pp. 201-203. ; J. KIRKPATRICK, « A Modest Proposal : A Global Court of Human Rights », *Journal of Human Rights*, may 2014, vol. 13, n° 2, pp. 230-248. ; G. OBERLEITNER, « Chapter 19 : Towards an International Court of Human Rights ? », *op. cit.*, p. 365. ; R. FREEDMAN, *Failing to protect*, *op. cit.*, pp. 141-149. ; G. ULFSTEIN, « Do We Need a World Court of Human Rights? », *in* O. ENGDAHL et P. WRANGE (éds.), *Law at War – The Law as it Was and the Law as it Should Be*, Leiden, Brill Nijhoff, 2008, p. 271.

moins de façon abstraite, et qui ne relèvent pas du courant des « modérés »,[1122] pour des raisons qui leur sont propres, tout aussi valables[1123].

376. On notera dans la lignée des « modérés », une proposition de la création d'une Cour Constitutionnelle internationale basée sur le lien existant entre les droits de l'homme et le droit constitutionnel démocratique. Il résulte de ce courant de pensée que, la proposition en vue devrait être à même de pallier l'inefficacité du système actuel de protection des droits de l'homme en tenant compte en même temps du droit démocratique et du droit des droits de l'homme en raison de l'existence d'un droit constitutionnel international consacré par le droit international - différent de la constitutionalisation du droit international précise l'auteur[1124]. Ce courant s'appuie à titre d'exemple sur une pratique peu connue du CDH et de certains organes régionaux qui ont intégré le corpus et principes de ce droit constitutionnel international les amenant à contrôler la conformité des constitutions et des lois nationales à l'aune des instruments internationaux de protection des droits. En conclusion, ce courant considère qu'il est tout à fait possible de trouver une combinaison entre les deux projets - cour internationale unique des droits de l'homme et cour constitutionnelle des droits de l'homme - afin d'unifier et simplifier le système international actuel de protection des droits[1125]. À l'autre extrême du

---

[1122] Pour cerner une telle position en profondeur, Voy. H. TIGROUDJA, « La création d'une Cour mondiale des droits de l'homme est-elle *contra victima* ? Libres propos introductifs », *in* O. DE FROUVILLE (dir.), *Le système de protection des droits de l'homme des Nations Unies : présent et avenir, Acte du colloque du 7 et 8 novembre 2016*, Centre de recherche sur les droits de l'homme et le droit humanitaire, Paris, Pedone, 2018, pp. 163-174. ; P. ALSTON, « A World Court for Human Rights is Not a Good Idea », November 2013, disponible sur https://www.justsecurity.org/2796/world-court-human-rights-good-idea/.; P. ALSTON, « Against a World Court for Human Rights », *Ethics and International Affairs*, Summer 2014, n° 2, pp. 197-212. ; S. TRECHSEL, « A World Court for Human Rights ? », *Northwestern Journal of International Human Rights*, 2004, n° 1. Consultable sur : scholarlycommons.law.northwestern.edu/njihr/vol1/iss1/3. L'auteur de ce dernier article se dégage comme un précurseur dont les conclusions de son analyse ne sont pas en faveur de ce projet.

[1123] F. ROUVIERE, « Le désaccord raisonnable en droit : le point de vue de l'argumentation », *op. cit.*, p. 2149.

[1124] Y. BEN ACHOUR, « Cour constitutionnelle internationale, droits de l'homme et constitutionalité internationale », *in* O. DE FROUVILLE (dir.), *Le système de protection des droits de l'homme des Nations Unies : présent et avenir, Acte du colloque du 7 et 8 novembre 2016*, Centre de recherche sur les droits de l'homme et le droit humanitaire, Paris, Pedone, 2018, p. 145.

[1125] Voy. Y. BEN ACHOUR, « Cour constitutionnelle internationale, droits de l'homme et constitutionalité internationale », *op. cit.* Voy. Aussi A. AMOR, « Le comité des droits de l'homme des Nations unies et le droit constitutionnel », in *Droit constitutionnel et mutations de la société internationale*, XI, Tunis, RCAIDC, 2003, pp. 1-15. ; A. AMOR, « Le droit Constitutionnel saisit par le droit international. L'approche du Comité des droits de l'homme des Nations Unies » communication présentée à la neuvième Rencontre internationale de Carthage organisée par l'Académie Tunisienne des sciences, lettres et arts du 1er au 5 mars 2005 ; M. KAMTO, « Le contrôle de la mise en œuvre des règles et standards internationaux de la

spectre, il est suggéré la possibilité de faire du bureau du Médiateur du Comité 1267 du Conseil de sécurité, institué pour contrôler les ingérences opérées par les services des Nations Unies dans les droits des particuliers dans le cadre des mesures de lutte contre le terrorisme[1126], une juridiction internationale des droits de l'homme suivant un processus de conversion de son mandat[1127]. Quoi qu'il en soit, les idées suggérées ici et là ne doivent pas à notre sens faire l'objet d'un rejet. Il conviendra au moment opportun aux négociateurs des conventions (diplomates et experts internationaux) de faire des analyses profondes de toutes ces idées afin de dégager des points pertinents pouvant aboutir à une proposition.

2) Le projet de Statut « consolidé » à l'initiative du gouvernement Suisse

377. L'idée ici n'est pas de se prêter à un commentaire du projet dans son ensemble sur lequel existe déjà une littérature abondante. Nous nous limiterons à relever les points qui paraissent novateurs. D'emblée, se manifeste une volonté déterminante de faire quelque chose de nouveau construit autour de l'universalité tant convoitée en prenant en compte presque tous les paramètres de la société internationale actuelle. La future Cour devrait en vérité effacer surtout les failles de l'actuel système qui portent sur la question de la mise œuvre effective des décisions. S'il venait à être concrétisé, il transcenderait les problèmes actuels. En ce sens, les termes du préambule reproduits ici sont assez évocateurs :

> « Determined to address effectively this enormous implementation gap and the lack of effective of international enforcement of human rights, and to this end to establish an independent permanent World Court of Human rights, with comprehensive jurisdiction to decide in final and binding manner about violations of human rights by States

---

démocratie en Afrique. Des chainons manquants ? », *op. cit.*, p. 118. ; A. PETERS, « Are we Moving towards Constitutionalization of the World Community? », *in* A. CASSESE (dir.), *Realizing Utopia : The Future of International Law*, Oxford, Oxford University Press, 2012, p. 134.

[1126] Doc. : S/RES/1267 (1999)) du 15 octobre 1999.

[1127] J. FERRERO et P. ALBUQUERQUE, « Pluralité et viabilité des hypothèses de juridiction universelle des droits de l'homme : entre création et transformation, l'hypothèse du médiateur des Nations Unies », *in* O. DE FROUVILLE (dir.), *Le système de protection des droits de l'homme des Nations Unies : présent et avenir, Acte du colloque du 7 et 8 novembre 2016*, Publications du Centre de recherche sur des droits de l'homme et le droit humanitaire., Paris, Pedone, 2018, pp. 187-199.

and relevant non-State actors and to provide the victims with adequate reparation, »[1128].

378. Ceci, *per se*, est une bonne chose et n'est qu'une mesure de garantie de l'effectivité de la protection des droits fondamentaux à l'échelle universelle. Le projet consolidé sur l'initiative du gouvernement Suisse propose un organe indépendant avec des compétences larges que nous proposons de regrouper en trois idées suivantes : *Sur le droit applicable*, on remarque que les rédacteurs n'ont pas fait économie des instruments auxquels devrait être adossée la future Cour MDH. En tout, on recense en vertu de l'article 5 du Statut, 21 traités multilatéraux déjà adoptés au sein des Nations Unies parmi lesquels toutes les conventions et leurs Protocoles créant les organes de traités des droits de l'homme des Nations Unies auxquelles un grand nombre d'États sont déjà parties. Les États désireux de reconnaitre la compétence de la future cour auront le choix entre les traités dont les obligations devraient leur être opposables. Cela signifie que tous les textes cités ne seront applicables à l'État partie qu'à la condition que celui-ci soit parti au Statut de la Cour c'est-à-dire après sa ratification. Il y transparaît donc une volonté de laisser aux potentiels États parties au Statut une liberté d'action. À ce niveau, le mérite pour ce projet est d'avoir réussi à proposer une alternative qui contourne le dispositif complexe d'amendement prévu dans la Charte des Nations Unies.

379. Sur sa compétence *ratione personae*, le projet innove en élargissant les catégories de sujets pouvant être tenus pour débiteurs des droits fondamentaux donc justiciables devant son prétoire. Il s'agit de la reconnaissance des entités non-étatiques (firmes multinationales) qui à ce jour non pas formellement de statut en droit international mais aussi des organisations intergouvernementales. Une telle innovation qui s'illustre par son caractère inhabituel,[1129] doit son existence à l'article 7 § 5 du projet de Statut de la Cour et consacre de ce fait une extension de la responsabilité internationale au sens classique[1130]. En revanche, si l'acte est à saluer pour une raison évidente - il est remarqué de nos jours qu'une partie importante des violations des droits constatées sont liées aux faits de ces entités non-étatiques dont malheureusement l'irresponsabilité internationale est caractérisée -, il faut signaler un bémol qui réside dans le fait que cette innovation, est assortie d'une condition. En effet, pour que les entités non-étatiques, reconnues par le projet comme débitrices des droits fondamentaux, puissent être attraites

---

1128 J. KOZMA, M. NOWAK et M. SCHEININ, *A World Court of Human Rights: Consolidated statute and commentary*, *op. cit.*, p. 10.

1129 M. SOGNIGBE-SANGBANA, *La sanction internationale de la violation des droits de l'homme*, 38, *op. cit.*, p. 294.

1130 M. MUBIALA, « Vers la création d'une cour mondiale des droits de l'homme ? », *op. cit.*, p. 807.

devant la Cour, elles doivent préalablement reconnaître sa compétence à recevoir des requêtes dirigées à leur encontre conformément à l'article 51 du projet du Statut consolidé. Par ailleurs, la qualité pour agir n'est pas seulement l'apanage de l'individu. Les ONG, les groupes de personnes peuvent également saisir la future Cour pour violation de leurs droits contre un État partie ou contre les Nations Unies, ses agences spécialisées, toute autre organisation intergouvernementale ou encore contre une ONG[1131]. Une autre particularité à relever serait l'inscription dans le Statut de la possibilité pour la future Cour d'octroyer des « aides juridictionnelles » aux requérants devant la Cour sur leur demande dans l'intérêt de la justice[1132]. On remarque par ailleurs un autre élément intéressant même s'il n'est pas véritablement nouveau en droit international : il s'agit de l'épineuse question de la mise en œuvre des décisions de la future Cour qui seront contraignantes[1133]. À l'analyse, le projet de Statut semble trouver une solution à la manière de la procédure d'exécution des décisions rendues par la Cour internationale de Justice devant le CSNU (Conseil de sécurité des Nations Unies) pour ce problème qui mine le droit universel des droits de l'homme. Le projet retient aussi un délai de 3 mois de rigueur dans l'intervalle duquel l'État condamné devrait prendre des mesures réparatrices « unless the Court specifies a different deadline »[1134].

PARAGRAPHE II/ LE PROJET DE JURIDICTION INTERNATIONALE UNIQUE DES DROITS DE L'HOMME : UN PROJET PROBLEMATIQUE A L'AUNE DES REALITES DE L'HEURE ?

380. Une idée assez utopique, diront certains au regard du contexte actuel des relations internationales[1135], une raison de plus pour que cette interrogation revête une importance particulière. En effet, la réflexion sur la faisabilité autour d'un tel projet d'envergure universelle est tout à fait légitime, et s'inscrit dans la même logique que toutes autres perceptions ou regards critiques allant dans ce sens. Cette étude conduit nécessairement à émettre des hypothèses qui s'avèrent importantes. Il faudrait de ce fait comprendre que le choix d'un tel intitulé à la forme interrogative n'est pas anodin car, il renvoie

---

[1131] Article 7 § 1, 2, 3 *du Projet Consolidé.*

[1132] Article 28 du *Projet Consolidé.*

[1133] Article 17 § 1 *Projet Consolidé.*

[1134] Article 17 § 2 du *Projet Consolidé.*

[1135] G. OBERLEITNER, « Towards an International Court of Human Rights? », *in* M.A. BADERIN et M. SSENYONJO (éds.), *International Human Rights Law Six Decades after the UDHR and Beyond*, Surrey, UK, Ashgate Publishing Limited, 2010, p. 359.

à une discussion qui prendra en compte préalablement les obstacles potentiels à la concrétisation d'un tel projet (lesquels ont été soulignés par une partie de la doctrine) (**A**). Ce n'est qu'après cet exercice, que notre développement sera focalisé sur notre approche des éventuelles possibilités qu'offre la réflexion en se basant sur ce qui est déjà fait jusqu'ici (**B**).

A/ La difficile conciliation du projet universaliste avec les réalités et paradigmes contemporains

381. S'il existe un élément à soulever d'emblée, c'est le rôle ambigu du consentement des États en droit international. L'État ne fait rien sous contrainte[1136], les exemples sont légion. Autant de principes tendant à rendre le droit international pusillanime face à certains objectifs de l'heure. Et ce, d'autant plus que nous vivons à une époque où les acquis préservés voire sauvegardés depuis l'après-guerre en matière de protection internationale des droits de l'homme sont censés connaitre de nouvelles avancées notoires parce que n'étant plus efficacement adaptés ou parce que tombés simplement en désuétude.

382. Sans doute faut-il noter dans un premier temps que l'idée de création d'une juridiction internationale est bienvenue en soi. Il va donc de soi que cette idée novatrice, dans une certaine mesure, provoque un sentiment d'intérêt à l'égard de la société au profit de laquelle elle est conçue. On remarquera que de telles réactions sont loin d'être dissimulées dans le cadre du projet discuté. C'est d'ailleurs la raison pour laquelle d'aucuns considèrent que ce projet est la réponse aux défis que rencontre la sanction pour violation des droits de l'homme[1137]. Une telle manifestation d'intérêt à l'égard du projet pourrait se révéler illusoire, quoique nos idées aillent dans le sens du soutien à l'initiative[1138]. Il sied de soulever à tout le moins quelques difficultés d'ordres divers qui n'échappent pas non plus à la vigilance de la doctrine dans son ensemble. Dès cet instant, on gagnerait à traiter le sujet avec beaucoup plus de circonspection pour ne pas tomber dans un optimisme béat.

383. Cela dit, la réflexion sur la faisabilité intéresse à plus d'un titre et suscite des interrogations venant de toute part sur sa légitimité, son effectivité[1139] pour ne surtout pas finalement faire de ce projet, l'arlésienne des mouvements « droits de l'hommiste » du XXIème siècle du fait de son

---

[1136] R. KOLB, « Le degré d'effectivité du droit international », *Jusletter*, 2005, p. 4.

[1137] M. SOGNIGBE-SANGBANA, *La sanction internationale de la violation des droits de l'homme*, 38, *op. cit.*, p. 292.

[1138] Voy. *Supra*, dans cette même Section. A/ Para. I.

[1139] Voy. I. DE LA RASILLA, « The World Court of Human Rights: Rise, Fall and Revival? », *Human Rights Law Review*, 2019, n° 1–19, p. 13.

caractère quelque peu messianique. Dans un monde où le populisme[1140] écume de plus en plus la sphère publique avec des conséquences indéniables sur la justice internationale[1141]. En effet, les tenants de ce mouvement véhiculent un message de repli nationaliste avec un regain d'intérêt particulier pour la souveraineté des Etats afin de lui redonner ainsi qu'à ses attributs, leur place et privilèges d'antan. Au regard de ce constat, il serait judicieux de s'interroger si une telle réticence occupant le fronton des programmes des partis politiques et des gouvernements ne dessinerait pas les dangers en face pour un tel projet de Cour MDH[1142] avec pour risque de voir abandonner ce projet à l'étape de la ratification. Le risque ne devrait pas être minimisé d'autant plus qu'il est bien des cas connus montrant que la majorité des tentatives d'institutionnalisation durant le XXème siècle ont échoué[1143]. Bien qu'il soit

---

[1140] Rappelons que la notion de « populisme » n'a pas une définition toute arrêtée. Cependant se dégage quelques caractéristiques relativement communes à ses mouvements. On notera à partir des travaux de P. ROSANVALLON trois éléments : « une préférence donnée à la démocratie directe (illustrée par la sacralisation du référendum) ; une vision polarisée et hyperélectoraliste de la souveraineté du peuple qui rejette les corps intermédiaires et entend domestiquer les institutions non élues (comme les cours constitutionnelles et les autorités indépendantes) ; une appréhension de la volonté générale comme étant susceptible de s'exprimer spontanément ». Voy. P. ROSANVALLON, *Le Siècle du populisme. Histoire, théorie, critique*, Éditions du Seuil, janvier 2020, p. 8. Sur les conséquences néfastes du populisme sur le système judiciaire. Voy. L. BURGORGUE-LARSEN, « Populisme et droits de l'homme : du désenchantement à la riposte démocratique », *in* E. DUBOUT et S. TOUZÉ (dirs.), *Refonder les droits de l'homme : des critiques aux pratiques, Acte du colloque des 18 et 19 janvier 2018*, CRDH, Paris, Pedone, 2019, p. 229. ;

[1141] À titre d'exemple, invoquons le referendum avorté organisé en Suisse le 25 novembre 2018, rejeté par la suite mais dont le contenu interroge à plus d'un titre. En effet, ce projet proposait de reconnaitre la primauté de la Constitution de l'État sur les traités internationaux. S'il avait abouti, au nom d'un souverainisme déguisé, il aurait pu remettre en cause les institutions supranationales de défense et de protection des droits de l'homme ainsi que les normes à vocation internationales à l'échelle internationale auxquelles fait partie la Suisse. Ces mouvements de façon résumée, n'acceptent plus qu'il y ait des instances extérieures tiers de contrôle et de respect des droits de l'homme. Voy. G.L. NEUMAN, « Populist Threats to the International Human Rights System », in *Human Rights in a Time of Populism: challenges and responses*, s.l., Cambridge University Press, 2020, pp. 7-8. ; L.R. HELFER, « Populism and International Human Rights Law Institutions: A Survival Guide », *in* G.L. NEUMAN (éd.), *Human Rights in a Time of Populism: challenges and responses*, Cambridge, Cambridge University Press, 2020, p. 221 et suiv. ; V. BRENGARTH, « Le souverainisme menace l'universalisation des droits de l'Homme. A propos d'un référendum et quelques décisions récentes », *La Revue des droits de l'homme [En ligne]*, décembre 2018, p. 4. ; Voy dans le même sens : P. ALSTON, « The populist challenge to Human Rights », *Journal of Human Rights Practice*, 2017, pp. 1-15.

[1142] En ce sens Voy. A. CASSESE, « Chap. 11, A Plea for a Global Community Grounded in a Core of Human Rights », *in* A. CASSESE (dir.), *Realizing Utopia: The Future of International Law*, Oxford, Oxford University Press, 2012, p. 141.

[1143] S. KATZENSTEIN, « In the Shadow of Crisis: The Creation of International Courts in the Twentieth Century », *Harvard International Law Journal*, 2014, vol. 55, n° 1, pp. 157-159. Cet article propose un résumé succinct des sept tentatives de création d'une juridiction internationale durant le XXème ayant échoué. Nous les classons en deux groupes distincts : le

important de prendre en considération les contextes sociopolitiques de chaque époque qui ne sont jamais les mêmes, certains projets sont demeurés simplement inachevés, ou même des organes sont entrés en « hibernation ». Et s'il faut s'en tenir aux réalités actuelles mentionnées plus haut, on ne saurait dire avec certitude si les contextes actuels sont plus favorables.

384. Outre ces incertitudes liées à l'aspect politique, il existe un fort doute sur la capacité de la future Cour, par exemple, à pouvoir concilier les niveaux de protection, à trouver un consensus, alors qu'il est question d'une instance qui aura le plus large auditoire, la large couverture géographique et qui embrasserait un ensemble d'instruments internationaux spécifiques et non spécifiques aux droits de l'homme[1144]. Dans cette logique, quelle orientation interprétative devra retenir la future Cour face aux spécificités des systèmes régionaux ? Autant d'interrogations spécifiques qui ont suscité la curiosité de la Professeure H. TIGROUDJA[1145]. Ainsi, elle a manifesté son inquiétude par rapport à sa (la future Cour MDH) réelle capacité à pouvoir résoudre les problèmes les plus complexes portant notamment sur la question de l'avortement, la fin de vie, les personnes atteintes de SIDA dans la mesure où les Juges qui siégeront dans cette juridiction sont censés représenter les différents systèmes juridiques. Encore faut-il par ailleurs reconnaitre que les idées qu'elle défend sont tout aussi partagées par d'autres chercheurs qui vont plus loin.

385. Il est supposé que la future Cour devrait également relever le défi en ce qui concerne le prononcé des jugements axés sur des questions de société, ce qui s'annoncerait délicat pour elle, alors même que les Comités dont les décisions sont dépourvues formellement de force contraignante peuvent se passer sans difficulté[1146]. De même, sur la question de l'ouverture du prétoire aux entités non étatiques considérée comme l'une des plus grandes faiblesses

---

premier groupe est constitué de la Cour des prix internationaux de 1907, le Tribunal du terrorisme de 1937, la Cour pénale internationale des années 1950. Il faut préciser que les traités fondateurs de ces trois cas se caractérisent soit par un arrêt des travaux de rédaction en cours, soit ils ont été adoptés mais ne sont pas entrés en vigueur. Dans le second groupe se trouvent : la Cour de justice arbitrale de 1907, la Cour pénale internationale de 1920, le Tribunal internationale sur le Génocide de 1948, la Cour mondiale des droits de l'homme de 1949. Ces dernières sont restées à l'étape de proposition mais ne sont jamais adoptés. L'auteure a conclu que: « The exclusion of failed attempts creates a problem of selection bias that may create the mistaken impression that if states attempt to create international courts, they will inevitably succeed. »

[1144] H. TIGROUDJA, « La création d'une Cour mondiale des droits de l'homme est-elle contra victima ? Libres propos introductifs », *op. cit.*, p. 169.

[1145] *Ibid.*, p. 173.

[1146] P. ALSTON, « Against a World Court for Human Rights », *op. cit.*, p. 207.

du système international actuel, d'aucuns voient mal comment il n'a pas été tenu compte des entités terroristes exclues dans la liste des entités citées[1147].

386. Dans la logique de ce qui précède, il serait néanmoins plus judicieux de tenter de jeter les bases des idées consolidées que de ne rien faire. C'est en ce sens que tant d'efforts ont été déployés jusqu'ici par les porteurs du projet visant à construire un monde plus juste dans lequel les droits de l'homme seront mieux respectés. Suivant cette perspective, il va de soi que la critique ou l'opposition doctrinale revêt tout son sens dans cette aventure scientifique. Elle mérite une attention particulière pour le bien d'un idéal, d'un avenir commun. D'ailleurs, pour de pareilles raisons, les auteurs du projet, objet de critiques, n'ont pas cru devoir garder un silence coupable. Ils apportent autant que se peut dans ce débat doctrinal des arguments justificatifs de leur position exprimée dans le projet[1148].

Cela dit, nous nous proposons d'analyser et de développer l'idée d'une possible configuration d'une future institution juridictionnelle pour la protection des droits de l'homme à l'aune de l'architecture internationale actuelle tout en se basant sur des propositions existantes, aux prises avec les réalités de la société internationale contemporaine.

B/ L'adaptation de la configuration institutionnelle existante à la future juridiction unique internationale pour les droits de l'homme

387. Bien que la configuration institutionnelle actuelle se révèle très fragmentée[1149], chaque institution juridictionnelle disposant une sphère et un domaine de compétences délimité, il parait néanmoins important de s'entendre sur « quelque chose » auquel le futur conférera toutes les qualités nécessaires, grâce au perfectionnement que de ne s'attendre sur rien du tout. Deux possibilités s'offrent à notre réflexion. Elles seront déclinées de la façon suivante : la première idée sera organisée autour de la possible adaptation de la juridiction judicaire principale des Nations Unies, la CIJ, à la mission de protection des droits de l'homme avec un mandat officiel en lien avec les organes de traités **(1)** puis la seconde réflexion sera menée essentiellement sur la conception d'un organe juridictionnel dans le droit fil du projet de réforme des organes de traités **(2)**.

[1147] *Ibid.*

[1148] M. NOWAK, « A World Court of Human Rights », *in* G. OBERLEITNER et S. HOADLEY (dirs.), *International Human Rights Institutions, Tribunals, and Courts*, Singapore, Springer Nature Singapore Pte Ltd, 2018, pp. 271-289.

[1149] M. GAMBARAZA, « La Cour internationale des droits de l'homme : une idée sans lendemain ? De l'adoption de la Charte des Nations Unies au Conseil des droits de l'homme », in *Réciprocité et universalité - Sources et régimes du droit international des droits de l'homme, Mélanges en l'honneur du Professeur Emmanuel Decaux*, Paris, Pedone, 2017, pp. 1351-1365.

1) Réflexion sur l'éventuel établissement d'un lien entre les organes de traités et la Cour Internationale de Justice

388. Préconisant la sauvegarde de l'unité du droit international, le Juge G. GUILLAUME proposait qu'il ne faille recourir à la création d'une nouvelle juridiction internationale qu'en cas de nécessité pour ne pas « *conduire au chaos* »[1150]. S'il y a bien lieu dès lors, de s'interroger sur l'opportunité de créer une nouvelle institution juridictionnelle, avec toutes les conséquences qui s'en suivront, alors, il faudrait considérer qu'une alternative, encore plus adaptée, s'offre à la communauté internationale. En effet, il nous est automatiquement venu à l'esprit de nous demander s'il n'est pas possible de faire « du neuf avec du vieux » : il s'agit de s'accorder à conférer une compétence à la juridiction principale des Nations Unies qui joue déjà un rôle non officiel pour la protection des droits fondamentaux. Certes les chances de voir aboutir cette idée pourrait paraitre très minces au regard de la sensibilité de la question. En effet, l'idée de vouloir ramener la question des droits de l'homme, dont la seule invocation est par nature un moyen de limitation des pouvoirs de la puissance étatique, dans une sphère dédiée formellement à ceux-ci, pourrait s'annoncer futile mais elle reste une possibilité à étudier.

389. À cet effet, on se souvient d'emblée de l'ambitieux projet de l'ancien Juge Sir H. LAUTERPACHT qui, déjà en 1950, avait émis des idées similaires en faveur de la modification de l'article 34.1 du Statut de la CIJ, (« Seuls les États peuvent être parties aux affaires portées devant la Cour »), afin de permettre sous certaines conditions aux individus et aux personnes privées de faire valoir leurs droits à l'encontre d'un État défendeur[1151]. Il s'agirait en

---

[1150] G. GUILLAUME, « La cour internationale de justice. Situation présente et perspective d'avenir », in *La Cour internationale de justice à l'aube du XXIème siècle, Le regard d'un Juge*, Paris, Pedone, 2003, p. 44.

[1151] H. LAUTERPACHT, *International Law and Human Rights*, USA, Archon Books, 1968, p. 58. Cité par J. GRIMHEDEN, « The international Court of Justice - Monitoring Human Rights », *op. cit.*, p. 260. ; I.G.M. SCOBBIE, « The Theorist as Judge: Hersch Lauterpacht's Concept of the International Judicial Function », *European Journal of International Law*, January 1997, vol. 8, n° 2, p. 268. Rappelons que cette idée, dont il fut le principal promoteur, a été néanmoins défendue par la suite dans la doctrine dans les années 1960 sur fond des critiques quant à l'exclusion totale considérée comme non sensée de l'individu devant le prétoire de la juridiction internationale. Voy. I. BROWNLIE, « The Individual before Tribunals Exercising International Jurisdiction », *International & Comparative Law Quarterly*, July 1962, vol. 11, n° 3, pp. 701-720. ; S. ROSENNE, « Reflections on the Position of the Individual in Inter-State Litigation in the International Court of Justice », *in* P. SANDERS (éd.), *International Arbitration – Liber Amicorum for M. Domke*, The Hague, Nijhoff, 1967, pp. 242-250. ; A.A. CANÇADO TRINDADE, « A century of international justice and prospects for the future », *in* E. BJORGE et M.T. ANDENAS (éds.), *A farewell to fragmentation: Reassertion and Convergence in international law*, Cambridge, Cambridge University Press, 2015, pp. 59-60.

quelque sorte d'une réactualisation de cette suggestion très pertinente, qui replacée dans son contexte, paraît aussi audacieuse que précoce à une époque où on ne badinait pas avec la question de souveraineté. L'esprit westphalien étant encore très présent dans l'esprit des États, le droit international fut placé par ricochet sous le signe d'un volontarisme sans limites de ceux-ci.

390. Si notre réflexion peut sembler inscrite dans la droite ligne de celle du Juge H. LAUTERPACHT qui n'avait pas recueilli d'adhésion enthousiaste du fait de l'égoïsme volontariste des États, elle revêt bien attendu tout son sens aujourd'hui sur la base de faisceaux d'indices qui ont contribué à un certain regain d'intérêt en sa faveur. D'ailleurs les paradigmes ont évolué depuis des décennies et les rapports de force ayant gouverné la société internationale d'antan n'ont pas forcément les mêmes effets et significations aujourd'hui. Comme il a été brièvement question dans notre première partie, il apert que la CIJ a contribué à sa façon à la protection des droits de l'homme à l'échelle mondiale sans spécialement ou formellement avoir ce mandat. Les décisions rendues au fil des années démontrent que celle-ci est devenue une des figures de proue incontournable dans l'ordre international en matière de protection des droits de l'homme[1152]. De tous les cas qu'elle a eu à connaitre, le prononcé dans l'affaire *Ahmadou Diallo* suffisamment relayé dans la doctrine, reste l'un des plus retentissant et attire particulièrement notre attention en raison du raisonnement suivi par la CIJ qui laisse croire de la primauté du DIDH sur le droit traditionnel de la protection diplomatique.

391. À la vérité, la lecture attentive de cette décision fait transparaître indirectement la véritable intention de ce juge à s'ériger en juge de l'universalité des droits de l'homme. Dans sa motivation, la Cour s'est

---

[1152] Référons nous sans prétendre à l'exhaustivité à quelques décisions rendues par la CIJ se rapportant à la protection des droits de l'homme pour étayer ces idées : CIJ, arrêt 1958, *Application de la convention de 1902 pour régler la tutelle des mineurs (Pays-Bas c. Suède) ;* CIJ, 1970, *Barcelona Traction, Light and Power Company, Limited ;* CIJ, 1980, *Personnel diplomatique et consulaire des États-Unis à Téhéran (États-Unis d'Amérique c. Iran) ;* CIJ, 2007, *Application de la convention pour la prévention et la répression du crime de génocide (Bosnie-Herzégovine c. Serbie-et-Monténégro) ;* CIJ, Ord. 1998, *Convention de Vienne sur les relations consulaires (Paraguay c. États- Unis d'Amérique)* ; CIJ, 2001, arrêt, *LaGrand (Allemagne c. États-Unis d'Amérique).* Ces décisions ainsi que bien d'autres ont contribué à l'office de la Cour de dégager aujourd'hui cette notoriété indispensable en matière de protection des droits fondamentaux.

Il est important de noter que cette incursion significative d'une telle matière dans un axe préétabli pour une catégorie de sujets de droits omnipotents bien connus pourrait à bien des égards justifier une réflexion de la pensée juridique qui ouvre une perspective d'amendement du Statut de la Cour afin de conférer à ladite Cour, une compétence claire sur la question. Pour savoir plus sur les débuts d'une telle activité de développement autonome de la protection des droits fondamentaux devant son office ayant conduit à la consécration des « considérations élémentaires d'humanité » par la Cour, Voy. P.-M. DUPUY, « Les "considérations élémentaires d'humanité" dans la jurisprudence de la Cour internationale de Justice », in *Droit et Justice - Mélanges en l'honneur de Nicolas Valticos*, Paris, Pedone, 1999, p. 125.

interrogée non seulement sur l'utilité du PIDCP pour qualifier les faits pour lesquels il saisit mais on note qu'elle a mobilisé tous les instruments internationaux pertinents qu'ils viennent des ensembles régionaux ou onusiens[1153]. La pratique des juridictions installées dans ces ensembles régionaux – la Cour IADH, la Cour EDH, la Comm ADHP -, a de même été un soutien considérable pour la Cour dans son processus décisionnel. Si la finalité de cette technique est d'augmenter l'acceptabilité de la décision à venir, son raisonnement est non seulement une véritable première devant l'office du Juge de la juridiction judiciaire principale des Nations Unies, mais aussi un signal fort à l'égard de toutes ces instances internationales et une manifestation parfaite du rôle de premier plan qu'elle pourrait bien incarner dans la quête de l'universalité des droits de l'homme à travers la technique de la « fertilisation croisée ». Ce faisant, la Cour fait comprendre qu'elle reste préoccupée à traiter les contentieux interétatiques au même titre que tout contentieux impliquant la violation des droits fondamentaux de l'individu. La décision sur les mesures de réparations de l'acte illicite en faveur du sieur *Ahmadou Sadio Diallo* démontre à plus d'un titre cette même logique. Elle confirme sa position d'organe de défense des droits fondamentaux à l'échelle globale. Une telle politique jurisprudentielle, quoique ancrée au niveau des instances régionales de protection des droits et prônée au niveau onusien – au niveau des organes des traités -, pèche par son caractère officieux, ce qui justifie qu'aucune instance internationale des droits de l'homme n'ait l'obligation de procéder à une telle harmonisation si les textes l'ayant institué ne lui donnent pas cette habilitation.

392. Ainsi, un tel niveau de maturation du contentieux des droits de l'homme devant la CIJ pourrait donner à penser qu'il ne serait pas excessif finalement de vouloir la mise en place d'un contentieux international hybride - d'un côté strictement interétatique et de l'autre, entre les personnes privées et l'État - devant le prétoire de la CIJ en attribuant à celle-ci des compétences bien déterminées. La perception dégagée par le Juge A.A CANÇADO TRINDADE semble très pertinente dans ce sens. En effet, ce dernier dans son *Opinion dissidente* sur cette même décision exposant son point de vue sur la nouvelle ère de la justice internationale des droits de l'homme devant la CIJ, considère que :

> « L'individu continue de souffrir une capitis diminutio, puisqu'il doit continuer de s'appuyer sur cet instrument traditionnel pour arriver jusqu'à la Cour, alors qu'il a déjà locus standi in judicio et même jus standi devant d'autres tribunaux internationaux

[1153] Voy. *Opinion individuelle* du Juge A.A CANÇADO TRINDADE, § 243 pp 1737 – 1738. Voy. F. AGNELLO, « The dialogue between the International Court of Justice and specialized judicial and quasi-judicial bodies in matters relating to the protection of human rights », *op. cit.*, p. 31.

contemporains. Il n'existe donc, du point de vue épistémologique, aucun obstacle à la qualité d'agir ou au droit d'agir des individus devant la Cour mondiale également ; le seul élément manquant est le désir de faire en sorte que cela soit possible, étant donné l'inertie qui continue de prévaloir dans les mentalités »[1154].

393. La lecture attentive de ce paragraphe, révèle d'ailleurs qu'il souligne l'obstacle que constitue à l'époque actuelle l'exercice de la protection diplomatique de la CIJ pour l'intérêt individuel tout en reconnaissant la place qu'ils (les individus) pourraient occuper devant elle. La dernière ligne dudit paragraphe semble cacher en réalité une idée inachevée que probablement le Juge ne voudrait pas forcément aborder ou développer dans son argumentaire et donc aurait préféré en faire économie. Il s'agirait de l'idée du processus du droit d'accès officiel, d'un droit de recours explicite des individus afin de faire compter dorénavant la CIJ parmi les organes protégeant spécialement les droits fondamentaux à l'échelon universel. En estimant que : « le seul élément manquant est le désir de faire en sorte que cela soit *possible* », il s'agit d'une intention à peine voilée qui corrobore avec justesse cette réflexion. C'est tout de même une invitation, un appel à la volonté des États à prêter attention à cette réalité, laquelle pourrait prendre corps s'ils sont résolus à le faire en révisant la Charte. Les présents développements constitueraient un des moyens pour y parvenir.

394. Pour ce faire, s'inscrivant dans cette même logique, l'idée de procéder par amendement afin d'élargir la compétence *ratione personae* et *ratione materiae* serait d'une importance capitale. Il nous semble qu'elle devrait prendre une autre forme aujourd'hui, en tenant compte dans une moindre mesure de la susceptibilité des États et de la difficulté de la question, tout en accordant son accès sous certaines conditions aux organes des traités. Il s'agirait par exemple de permettre aux organes de traités de pouvoir adresser à la CIJ des demandes d'avis consultatifs[1155] à la lumière de la pratique des fonctionnaires internationaux à la CIJ (pourquoi ne pas calquer cette initiative

---

[1154] A. A. CANÇADO TRINDADE, *Opinion individuelle* sur l'arrêt, CIJ, Ahmadou Sadio Diallo, 2010, pp. 729 – 811, spéc. p. 807, § 233.

[1155] *Quid* de la nature de cet avis ? me demanderont certains sachant qu'il n'aura pas de force obligatoire. Même en se limitant à l'avis, on le sait il a été démontré que les avis de la CIJ n'ont pas force obligatoire formelle mais dans les faits, ils ont une forte autorité à l'égard des destinataires et produisent des effets escomptés à cause de l'autorité de la Cour. Voy. P. DAILLIER *et al.*, *Droit international public*, *op. cit.*, p. 622, § 549. ; R. WOLFRUM, « Advisory Opinions: Are they a Suitable Alternative for the Settlement of International Disputes? », *in* R. WOLFRUM et I. GATZCHMANN (éds.), *International Dispute Settlement: Room for Innovations?*, Heidelberg, Springer, 2013, p. 64. Par ailleurs, nous pouvons espérer que si une telle réflexion devrait devenir une réalité, que ces avis puissent prendre tout le sens des *Avis consultatifs* rendus par la Cour IADH qui, on le sait, n'ont pas moins de caractères inhérents aux arrêts pris à l'issue d'une procédure contentieuse afin qu'ils soient empreintes de toute l'autorité possible et nécessaire auprès des États pour l'intérêt des justiciables.

sur les objectifs semblables du Protocole additionnel n°16 de la CEDH afin de sauvegarder la cohérence interprétative pilier, de l'effectivité des droits mais cette fois-ci à l'échelon mondial ?), ou encore, alternativement faire de celle-ci une juridiction d'appel[1156].

395. Précisions qu'il serait souhaitable que cet accès qui sera ouvert aux organes des traités des Nations Unies ne soit pas utilisé en rang dispersé. L'exercice de ce droit devrait être encadré surtout que divers instruments types contiennent déjà des clauses compromissoires exercées dans l'axe essentiellement interétatique afin d'éviter une confusion. Ce serait en quelque sorte « un droit collectif » reconnu aux organes des traités de pouvoir saisir la CIJ exceptionnellement sur des questions complexes sinon d'ordre structurelles enregistrées par un organe de traité. L'intérêt de cette proposition est qu'elle procédera à une sauvegarde de la subsidiarité de la compétence des organes onusiens afin de trouver un ajustement entre la volonté étatique - la sensibilité des États sera moins touchée -, ainsi que les intérêts individuels et l'autonomie des organes de contrôle. De ce fait, la Cour aura, lorsqu'elle sera saisie, à se fonder sur une compétence matérielle très large comme elle sait le faire déjà[1157]. Une telle idée ne fera pas d'elle non plus une juridiction hiérarchiquement supérieure dans le domaine des droits de l'homme, mais du moins, elle restera au service de la protection des droits de l'homme. On pense que l'exercice d'une telle compétence légitimerait désormais la Cour dans l'exercice d'un mandat de protection des droits de l'homme.

On peut donc conclure que ce n'est pas parce que la CIJ a été conçue pour trancher particulièrement les différends entre les États qu'elle doit demeurer dans cette vision statique. La situation qui prévaut devant elle lorsqu'elle est amenée à se prononcer sur les intérêts individuels, appelle à une réflexion approfondie sur l'éventualité dont nous venons de faire état.

[1156] Soulignons que cette possibilité n'est nullement chose nouvelle. Elle existe déjà dans le cadre de Convention de Chicago de 1944 créant l'OACI permettent qu'on interjette appel des décisions juridictionnelles de cet organe de la CIJ. Voy. article 84 à 86. Il suffirait d'un sursaut d'orgueil des États pour que ce soit transposé dans le contentieux international des droits de l'homme, ici spécialement les organes de traités des droits de l'homme des Nations Unies. Quitte à mettre des garde-fous, et à mettre la CIJ à un niveau sans précédent dans le règlement des différends internationaux avec tous les moyens et sur tous les plans. Voy. les analyses du G. GUILLAUME, « La cour internationale de justice. Situation présente et perspective d'avenir », in *La Cour internationale de justice à l'aube du XXIème siècle, Regard d'un Juge*, Paris, Pedone, 2003, p. 44. ; dans le même sens, G. ULFSTEIN, « The International Judiciary », *op. cit.*, p. 141.

[1157] Elle pourra utiliser tous les instruments internationaux de protection des droits de l'homme à sa portée pour rendre son avis.

2) Réflexion sur l'éventualité d'une Cour dans le cadre des projets de réformes engagés en faveur des organes des traités onusiens

396. S'inscrivant dans la continuité des idées précédentes, il nous a semblé possible de penser à la création d'une juridiction internationale nouvelle comme le pense une grande partie des internationalistes. Mais ici pour notre entendement, celle-ci devrait avoir pour base matérielle principale la DUDH et s'inscrirait dans la logique des réformes des organes de traités, engagées depuis des années par les Nations Unies. Il y a longtemps que la DUDH, acte concerté non conventionnel, a acquis une valeur coutumière en droit international par le consensus et la pratique constante des États entourant ce texte[1158]. L'intérêt serait de faire de ce texte, *a priori,* à valeur déclaratoire, un texte de base dont la contestation de la positivité en DIDH devient de moins en moins tolérée. C'est tout à son mérite d'avoir incarné la source instigatrice même de l'universalité tant souhaitée des droits de l'homme, devenant la matrice référentielle des textes de protection des droits de l'homme[1159]. Elle réunit les droits civils et politiques et les droits sociaux économiques et culturels en son sein. Ce serait donc une occasion de consolider les acquis interprétatifs de tous les organes internationaux par un organe de référence et de développer ensuite une source interprétative unique du droit des droits l'homme.

397. Dans cet ordre d'idées, cette dernière serait adossée à un Statut constitutif soumis à la ratification des États. Sa compétence pourrait être déclenchée par la saisine des organisations internationales, des États parties au Statut ou par l'œuvre d'un recours de l'institution du Haut-Commissariat des droits de l'homme des Nations Unies. Précisons que cette compétence ne pourrait jouer qu'en dehors du cas de violations massives dans le sens des

---

1158 Aucune démonstration majeure n'est de ce point de vue nécessaire quant à la place coutumière de la DUDH. Bon nombre d'instance juridictionnelle internationale illustrée par la CIJ, (*Personnel diplomatique et consulaire des États-Unis à Téhéran (États-Unis d'Amérique c. Iran)* Recueil 1980, p. 3 ; *Affaire du Sud-Ouest africain (Ethiopie c. Afrique du Sud, Liberia c. Afrique du Sud)* - exceptions préliminaires - (Opinion individuelle du Juge BUSTAMENTE), CIJ, Collection 1962, p. 319) ; la Cour ADHP (*Recueil de Jurisprudences de la Cour Africaine* n°2, (2018) – *RJCA* - Affaire *ANUDO c. Tanzanie* (fond) p. 270) de même que le Juge de la CJ CEDEAO en ont fait systématiquement un outils principal de leur ordonnancement juridique respectif dans le contrôle de l'action étatique.

1159 R. McCORQUODALE, « Chapter 28: A Future for Human Rights Law », *in* M.A. BADERIN et M. SSENYONJO (éds.), *International Human Rights Law, Six Decades after the UDHR and Beyond*, Surrey, UK, Ashgate Publishing Limited, 2010, p. 542. ; M. KAMTO (éd.), *La Charte africaine des droits de l'homme et des peuples et le protocole y relatif portant création de la Cour africaine des droits de l'homme: commentaire article par article*, Collection de droit international, n° 67, Bruxelles, Bruylant [u.a.], 2011, 1628 p., spéc. p 4.

dispositions du Statut de Rome afin d'éviter tout conflit de compétence avec la Cour pénale internationale.

398. L'exercice efficace de sa mission nécessiterait une coordination entre institutions juridictionnelles internationales par le biais de la coopération judiciaire[1160] entre ces juridictions régionales et la juridiction universelle sur la base de la complémentarité et une interaction rigoureuse entre elles pour le droit de la protection. Un tel engagement aurait en effet pour conséquence de réduire la marge d'appréciation des États au bénéfice du respect des droits individuels. Ce faisant, les instances de contrôle contribueraient à supplanter la démarcation existante entre les ordres juridiques - qui faut-il le reconnaitre n'est pas réellement au service d'une protection universelle effective mais prône l'autosuffisance des régimes juridiques de protection - en faveur d'une applicabilité directe des droits indifféremment des régimes ou systèmes juridiques[1161].

399. Mais s'il faut partir de l'idée de faire plus simple, et de tenir compte du perfectionnement des organes des traités, il est possible de procéder au remplacement des Comités par une Cour sans grande modification des obligations des États parties aux conventions onusiennes, surtout ceux ayant déjà reconnu la compétence des Comités conventionnels à connaitre les contentieux dans lesquels ils seront impliqués[1162]. Elle devra être composée de distinguées personnes[1163] évaluées par les pairs, sur vote des organisations

---

1160 B. METOU, « Présentation du colloque », in *Tribunaux régionaux et développement du droit international, Hommage au Professeur Maurice KAMTO*, Société africaine pour le droit international (SADI), Paris, Pedone, 2019, pp. 7-10.

1161 A.A. CANÇADO TRINDADE, « Réaffirmation de l'universalité nécessaire et inéluctable des droits inhérents à la personne humaine », *op. cit.*, p. 51.

1162 O. DE FROUVILLE, « Pourquoi nous avons besoin d'une Cour des droits de l'Homme des Nations Unies ? », *op. cit.*, p. 143. Sur l'argument du financement, le Professeur O. DE FROUVILLE dans son raisonnement a su démontrer en renversant les velléités sur la base des chiffres et en comparaison avec les organes régionaux des droits de l'homme. On retiendra dès lors que les critiques soulevées quant au caractère budgétivore du projet de la Cour mondiale ne tiennent pas totalement la route. En réalité, d'après son analyse, les moyens nécessaires pour son fonctionnement ne devraient pas revenir pas trop couteux comparativement au budget destiné à la CPI pour son fonctionnement. Il estime dès lors qu'il suffirait que les réformes soient bien menées (réaffectation des fonds destinés pour l'examen des communications à la disposition de la future Cour) dans le cadre des organes des traités des droits de l'homme, pour que les ressources soient disponibles pour faire fonctionner le futur organe juridictionnel onusien des droits de l'homme. Une analyse à laquelle nous adhérons. *Ibid.*, p. 148.

1163 Une petite particularité ici devrait s'imposer à notre sens. Les personnes pressenties pour être Juges, devront être des juristes de haut niveau. A la différence du *Projet Kozma et al.* (Commentary Article 5) p. 16, elles doivent avoir acquis, de préférence, de l'expérience soit dans l'un des Comités conventionnels en qualité d'expert ou soit au sein d'une instance régionale en qualité de Juge ou Juge d'une haute juridiction nationale. L'intérêt serait de restreindre autant que se peut la marge de manœuvre des États dans le processus d'élection des juges afin de contribuer indirectement au renforcement de leur indépendance et leur impartialité mais aussi à l'expertise très aboutie sur des questions qu'elles auront à connaitre.

de la société civile et des États. L'acceptation de la compétence de la Cour entrainerait renoncement aux compétences des Comités en matière de requête individuelles (Projet *Kozma et al.* Art 7 § 3).

400. Dans la perspective de cette future Cour, le Professeur O. DE FROUVILLE a formulé des propositions telles que l'institution d'un greffe autonome fonctionnant sous la responsabilité des Juges et suggère que les Comités onusiens puissent toujours être saisis des requêtes individuelles. Si nous adhérons sans doute à ces propositions, c'est sur le point architectural de l'appareil juridictionnel projeté que notre perception semble se différencier. En effet, suivant notre perception, on songe à une éventuelle Cour[1164] ayant la compétence pour connaitre les requêtes individuelles et pour rendre des avis consultatifs sur saisine de toute autre entité définie dans le sens du Projet consolidé de *Kozma et al.* Ces requêtes seront transmises directement uniquement à la Cour après respect des conditions de recevabilité habituelles. Les Comités resteront investis essentiellement de leur mission d'examen des rapports et d'élaboration des *Observations générales* - pertinente pour la compétence matérielle de la future Cour en raison de la force d'interprétation qui leur est reconnue et inscrite dans leur actif -. Une telle procédée allégerait moyennement leur charge de travail. En revanche, lorsque la future Cour serait saisie des questions relevant du domaine de spécialité préétablie des Comités, il serait souhaitable que cette dernière puisse solliciter du Comité en question c'est-à-dire le Comité ayant eu compétence de connaitre le litige en l'espèce, de lui soumettre un rapport. À titre d'exemple, la future Cour pourrait demander au Comité des droits des enfants (CRC), ou celui de l'élimination de la discrimination raciale (CERD), de lui soumettre un rapport d'étude sur tel dossier relatif au droit des enfants ou pareil pour l'autre Comité dans un contentieux relatif à la discrimination raciale. Il en sera de même pour les autres Comités, et ce, seulement si elle (la future Cour) l'estime nécessaire. Le rôle joué par les Comités s'assimilerait en ce moment plus ou moins à celui de l'Avocat général devant la CJUE. Cela signifie indirectement que ce serait un moyen à la seule discrétion de la future Cour. L'idée ne serait pas trop éloignée non plus d'une sorte d'*amicus curiae* ici déguisée qui sera soumis à la Cour. Libre à elle en dernier ressort d'en tenir compte ou non dans sa décision finale. Un tel rapport devrait être soumis dans un délai raisonnable avant qu'elle ne se prononce sur le fond de l'affaire c'est-à-dire après la phase de la recevabilité de la requête, une phase qui respecterait tout aussi les conditions traditionnelles et qui révélerait la nature complémentaire de la Cour.

401. Sur la saisine de la future Cour par les organes de traités, elle restera une possibilité même si l'État défendeur n'est pas partie au Statut constitutif

---

[1164] La dénomination n'est pas en soi un problème à notre sens. « Tribunal » ou « Cour », etc. importe peu.

de la Cour, ce qui voudrait dire que celui-ci reste justiciable devant les Comités à condition qu'il ait reconnu *prima facie* leur compétence en matière contentieuse. Précisons que l'idée n'étant pas d'accorder des privilèges aux États, l'intérêt individuel étant le fil conducteur de notre raisonnement. Dès cet instant, il semble tout à fait normal de réduire le consentement des États à une « portion congrue ». Toutefois, faute d'une solution toute faite, il convient de penser à une alternative, c'est à dire, une solution alternative qui promeut le juste milieu entre la prise en compte de la volonté des États et la nécessité de la protection des droits.

402. Dans ce contexte, peut-être faudrait-il songer à ne leur accorder ce droit de saisine qu'à titre exceptionnel lorsque le contexte révèle que l'État défendeur bien que n'étant pas partie au Statut de la future Cour, serait confronté à des problèmes d'ordre systémique ou structurel[1165]. Cela implique que le CDH à titre d'exemple devra suspendre la prise en considération des demandes pendantes devant lui pour les transférer ensuite à la future Cour. S'il advient que le CDH aurait déjà rendu quelques *constatations* sur le même sujet contre le même État défendeur, il en tiendra compte dans son rapport de renvoi à la juridiction universelle. Cette alternative ressemblerait à une version du mécanisme de renvoi préjudiciel devant la CJUE dont l'inspiration pourrait être d'une grande utilité dans la construction efficace de la future juridiction[1166].

403. L'institution d'un organe efficace, à même de susciter l'engouement des victimes, et de leur donner une certaine confiance sachant que ces dernières sont plus enclines à diriger leurs demandes vers les organes régionaux, c'est donc permettre à la future Cour, de pouvoir adopter une herméneutique qui revendiquerait sa position centrale de juridiction universelle. Il n'y a que de cette façon qu'on préviendra une cohabitation tumultueuse entre elle et les juridictions régionales en œuvrant pour l'harmonie face à cette architecture institutionnelle déjà complexe que connait le domaine de protection des droits de nos jours. Pour ce faire, cette équation délicate ne pourrait être tranchée, à notre sens, que si la future Cour se

---

[1165] Nous songeons à titre exemple à une situation actuelle pendante devant le CDH mettant en cause l'Etat Belarusse en matière de liberté d'assemblée et de manifestation. En effet, le CDH a reçu une avalanche de dossier de communication dans ces dernières années de différentes personnes portant presque toutes sur la même question de droit. L'idée ici serait de donner la carte blanche à la future Cour de pouvoir rendre une décision revêtue d'autorité qui aura toutes les apparences des arrêts pilotes rendus par la Cour EDH. Voy. Fiche thématique sur le sujet – *Qu'est-ce que la procédure de l'arrêt pilote ?* Consultable sur le site de la cour https://www.echr.coe.int.

[1166] Voy. à ce titre les analyses à cet effet à propos de la CIJ du Juge G. GUILLAUME, « La Cour internationale de justice. Situation présente et perspective d'avenir », in *La Cour internationale de justice à l'aube du XXIème siècle*, Paris, Pedone, 2003, p. 45. ; de même dans un similaire, L. BALMOND, « Ouverture: dialogue des juges, pluralisme et sécurité juridique », *op. cit.*, p. 5.

comporte quelque peu comme le CDH dans son interprétation des droits procéduraux et substantiels. Il nous souvient, en effet, que celui-ci procède à l'étape de la recevabilité à un contrôle large sur la question de la litispendance[1167]. Ainsi, elle pourrait faire siens tous les cas n'ayant pas fait l'objet d'un examen approfondi par les juridictions régionale et communautaire avant d'être déclarés irrecevables. Une telle stratégie ne serait pas anodine. Elle constituerait un début de réponse à une éventuelle situation conflictuelle qui pourrait naître entre ces instances de contrôle[1168]. Evidemment, on pouvait légitimement s'attendre à des critiques de la part des États et même des instances régionales. Toutefois, il reviendra à la future Cour de développer des méthodes claires dans ses premières jurisprudences de façon à éviter les risques de confrontation. De telles politiques jurisprudentielles créeraient des critères qui devront aiguillonner l'attitude des États et des particuliers dans leurs actions.

404. En ce qui concerne la question de l'exécution des décisions, il convient de se résoudre à confier ce rôle à l'institution du Haut-commissaire aux droits de l'homme[1169] qui entrerait directement en contact avec les représentants d'États défendeurs afin de solliciter la mise en œuvre efficace et effective des décisions prises à leurs encontre. Il serait également souhaitable que les sessions du mécanisme de l'EPU (Examen Périodique Universel) puissent servir d'occasions ultimes pour les États d'examiner leurs pairs quant aux mesures prises par ces derniers pour mettre en œuvre des décisions de la Cour[1170] sur saisine du Haut-Commissaire. Cette façon de procéder aurait pour mérite de toujours conserver et de miser sur le volet politique dans le processus d'exécution comme cela est de coutume dans d'autres systèmes. Il n'est d'ailleurs pas de notre avis de se tourner vers le Conseil de sécurité, contrairement à l'idée véhiculée dans le projet en cas de refus d'exécution[1171], parce que cela risquerait de créer une autre situation que la Cour ne réussirait à gérer. En effet, en vertu du droit de veto des membres permanents, certains États auront le privilège de peser de tout leur poids pour empêcher le mécanisme de bien fonctionner et la conséquence directe serait une exécution

---

[1167] Voy. Dans ce sens O. DE FROUVILLE, « Pourquoi nous avons besoin d'une Cour des droits de l'Homme des Nations Unies ? », *op. cit.*, p. 144.

[1168] Voy. à propos les solutions proposées par la Juge R. HIGGINS, « A Babel of Judicial Voices? Ruminations from the Bench », *International and Comparative Law Quarterly*, octobre 2006, vol. 55, n° 4, p. 798 et suiv. « *We judges are going to have to learn how to live in this new, complex world, and to regard it as an opportunity rather than a problem* ».

[1169] Article 17 § 4 *du Projet Consolidé.*

[1170] Voy. O. DE FROUVILLE, « Building a universal system for The protection of human rights: The way forward », *op. cit.*, p. 265.

[1171] Article 17 § 5 *du Projet Consolidé*

en « demi-teinte »[1172]. Dès lors, en cas de refus d'exécution, on pourrait mandater un Rapporteur spécial ou un Comité spécial qui ouvrira un dialogue avec les autorités étatiques en cause sur une période raisonnablement appréciable en tenant compte des difficultés que l'État rencontre dans la procédure. Sinon, user de tous autres moyens politiques possible pour y parvenir[1173]. Dans le cas où il est constaté définitivement une mauvaise foi totale, il faudra alors ouvrir une procédure d'astreinte. Ce niveau de pression fera probablement fléchir l'État en cause.

405. Ce cadre de réflexion étant restreint sur ce sujet pouvant être abordé de façon plus approfondie, se propose de n'aborder que les points essentiels du projet de juridiction unique, il reviendra aux négociateurs du Statut constitutif de la future Cour de tenir compte sérieusement du contexte général et de la production suffisante déployée par les spécialistes afin d'intégrer tout autre aspect crucial du projet de création n'ayant pas fait l'objet de réflexion dans le cadre de notre travail. Sinon, notre logique s'alignerait sur la pensée du « projet consolidé (*Kozma et al*) » ayant inclut une saisine de la future Cour par les entités-non étatiques ainsi que les organisations internationales[1174].

406. Quoique les idées développées en faveur restent intéressantes, le projet d'une Cour universelle des droits de l'homme, que nous souhaitons aussi de tous nos vœux, reste toujours un objectif. Il reste encore un idéal à atteindre, mieux un mythe mobilisateur. Les importantes difficultés auxquelles nous avons pu faire cas, ressorties d'analyses d'éminents spécialistes dans cette étude sont la preuve. En attendant, il faut s'attaquer à ce qui semble plus réelle. Le nécessaire et immédiat renforcement du système universel de protection des droits de l'homme tel qu'il fonctionne actuellement.

[1172] M. CHEMILLIER-GRENDREAU, « Le droit international entre volontarisme et contrainte », in *Mélanges Offerts à Hubert thierry L'évolution du droit international*, Paris, Pedone, 1998, p. 100.

[1173] H.P. OLSEN, « International Courts and the Building of Legal Authority beyond the State », *in* P. CAPPS et H.P. OLSEN (éds.), *Legal authority beyond the state*, Cambridge, Cambridge University Press, 2018, p. 90.

[1174] Voy. dans ce sens les commentaires de, M. SOGNIGBE-SANGBANA, *La sanction internationale de la violation des droits de l'homme*, 38, *op. cit.*, pp. 293-296.

CHAPITRE II/
LA NECESSITE IMMEDIATE D'UN RENFORCEMENT DU SYSTEME CONVENTIONNEL ONUSIEN DES DROITS DE L'HOMME

407. Nous estimons dans le cadre de ce chapitre que ces mesures de renforcement sont autant exogènes qu'endogènes. Exogènes dans un premier temps parce qu'elles pourraient bien résulter des initiatives extérieures aux actions propres du CDH, objet principal de notre étude, elles ne contribuent pas moins à notre réflexion. Dans la mesure où le centre de notre analyse se trouvant au cœur de tout un système conventionnel, ces mesures exogènes souvent à l'initiatives des Nations Unies trouvent bien évidemment leur part dans la construction d'une effectivité renouvelée de la protection universelle des droits de l'homme. Endogène ensuite parce que, certaines initiatives ne viendront que du CDH lui-même afin d'apporter une réponse adéquate aux critiques qui lui sont adressées. Ainsi, il sera premièrement question dans ce chapitre de traiter les initiatives de réformes lancées par les Nations Unies par la voix du Haut-Commissariat des Nations Unies aux droits de l'homme (HCDH), ce dernier étant investi, subsidiairement à ses missions politiques[1175], du rôle de secrétariat principal de tous les organes de traités et sous la coupe duquel tous les mécanismes onusiens chargés d'une mission de protection ou de promotion des droits de l'homme fonctionnent. Il faudrait comprendre d'emblée ici que notre analyse se limitera aux organes de traités. Elle exclura d'office toute approche des autres mécanismes tels les Procédures spéciales ou les organes de la Charte[1176]. Dans cette logique, on sera amené à analyser et à développer les possibilités d'amélioration qui semblent judicieuses pour un fonctionnement meilleur du mécanisme des organes des traités. À partir de ce constat, la réflexion sera menée d'abord autour des réformes entreprises relatives aux organes des traités, leur état actuel ainsi que les perspectives (**Section 1**) pour ensuite aboutir aux moyens complémentaires

---

[1175] Pour une compréhension approfondie des origines, et les missions de l'institution du Haut-Commissariat aux droits de l'homme, se reporter, A. CLAPHAM, « Chapter : 19 The High Commissioner for Human Rights », *in* F. MEGRET et P. ALSTON (éds.), *The United Nations and Human Rights A Critical Appraisal*, Oxford, Oxford University Press, 2020, pp. 667-707. ; I. SEIDERMAN, « The UN High Commissioner for Human Rights in the age of global backlash », *Netherlands Quarterly of Human Rights*, mars 2019, vol. 37, n° 1, pp. 5-13. ; B.G. RAMCHARAN, « The Office of UN High Commissioner for Human Rights », *in* G. ALFREDSSON *et al.* (éds.), *International Monitoring Mechanisms: Essays in Honour of Jacob Th. Möller.*, The Raoul Wallenberg Institute Human Rights Library, Leiden/Boston, Martinus Nijhoff Publishers, 2009, pp. 199-204.

[1176] Sur la distinction entre ces mécanismes, Voy. *Supra*. Introduction de cette étude p. 1.

de renforcement de l'application des normes conventionnelles onusiennes en droit de l'homme (**Section 2**).

SECTION I/ LA REFORME DES ORGANES DE TRAITES ONUSIENS DES DROITS DE L'HOMME : ENTRE VOLONTE ET AVANCEES TIMIDES

408. C'est un mouvement général de réforme qui a débuté depuis les années 1980 à la suite des critiques récurrentes formées contre le fonctionnement, le caractère redondant, rébarbatif, inefficace et ineffectif du système conventionnel des droits de l'homme des Nations Unies pris dans sa globalité qui pointait déjà à l'horizon à cette époque-là. Le Bureau du Haut-commissariat des droits de l'homme des Nations Unies (HCDH) crée en 1998 a très vite pris le problème au sérieux. Pour autant, après moult tentatives, le problème est toujours inscrit à l'agenda des Nations Unies. La solution pour pallier les problèmes semble tarder à venir tantôt par manque de volonté des États, tantôt par manque d'audace des organes eux-mêmes. Des réflexions venant de toutes parts y ont été consacrées (milieu universitaire, anciens membres et praticiens, jusqu'aux propositions venant de l'intérieur). Dans cette section, il sera question de traiter de la nécessité de telles réformes en se penchant particulièrement sur ce qui concerne les organes conventionnels. Il en va de l'efficacité du système actuel, de la construction d'un mécanisme viable capable de répondre à la finalité qui sous-tend sa création. Sur cette base, le premier point traitera la rationalisation des moyens et méthodes internes (**paragraphe 1**), le second s'intéressera à la quête de la synergie au sein des organes des traités pour système universel de protection plus effective (**paragraphe 2**).

PARAGRAPHE I/ LA PERSPECTIVE DE RATIONALISATION DES MOYENS ET METHODES D'ACTION INTERNES DES ORGANES DE TRAITES DES DROITS DE L'HOMME

409. La perspective de rationalisation de la mission des organes des traités en général et en particulier celle du CDH appelle à s'intéresser à plusieurs questions. Dans ce paragraphe, sera traitées la nécessaire perfectibilité du rôle des acteurs au service de ces organes (**A**) et de la perfectibilité des méthodes et techniques de contrôle interne de l'organe universel (**B**)

A/ La perfectibilité du rôle des acteurs au service des organes de traités

410. C'est chose connue que la vie de toute institution est animée grâce à la dévotion des personnes qui y sont rattachées. L'impact escompté et l'image de l'institution sont en partie tributaires du dévouement de ces personnes à son service. C'est le degré d'implication de ces personnes qui fait d'elle une institution forte et viable pouvant atteindre le but pour lequel elle a été créée. Il en est assurément de même pour le fonctionnement des organes conventionnels, seuls organes onusiens créés spécifiquement pour prendre fait et cause pour les droits des individus. Tout projet de renforcement de ces organes des traités ne doit pas ignorer cet aspect aussi sérieux de la réalité. Placer l'intérêt des droits de l'homme au-dessus de toute priorité passe aussi par la mobilisation des ressources humaines adéquates et nécessaires ainsi que leur usage de manière efficiente au service d'un intérêt commun : un fonctionnement correct et efficace des Comités conventionnels. Car, il est une certitude que les objectifs fixés par les textes ne sauraient être atteints ou effectifs sans une gestion efficace du potentiel humain au service de ces organes. Cette idée appelle donc à pouvoir compter non seulement sur les cahiers de charges des directions de ressources humaines mais à la fois sur l'implication sans faille des supérieurs hiérarchiques détenteurs de pouvoirs et ordonnateurs des besoins. Leur sens de leadership et managérial est d'une importance capitale pour le bon accomplissement de la mission dévolue aux organes de traités.

411. À cet effet, il parait important de militer pour la suppression de la séparation étanche de fait entre le personnel chargé des communications et des chargés de coordination de l'examen des rapports périodiques. Même s'il est nécessaire comme nous avons eu à le suggérer que le personnel du bureau des *Petitions Units* ait nécessairement une formation juridique, il est tout aussi nécessaire que les missions de ces personnes soient diversifiées mais en tenant compte de leur domaine de prédilection selon leur « background ». En cette période de crise financière sans précédent durant laquelle l'ONU a dû mal à recruter de personnels pour pourvoir aux postes essentiels, cela pourrait aider les Comités à pouvoir remplir efficacement leur mission. Le cas contraire ferait reposer sur quelques personnes une tâche lourde qu'elles ne pourront pas forcément exécuter dans le temps et dans les délais. Cette idée favoriserait la flexibilité des agents en leur évitant tout de même la routine quotidienne qui pourrait se révéler pesante et dont la conséquence impacterait finalement leur productivité. Elle permet à la fois de promouvoir la complémentarité en

termes de compensation d'effectif[1177]. Puisque force est de constater qu'au Secrétariat, certains fonctionnaires disposent des qualités et compétences nécessaires pour apporter leur contribution aux questions de droits dans la section contentieuse mais sont obligés de ne coordonner que les rapports étatiques. Il parait donc qu'un usage efficace et efficient n'est pas tiré de leurs compétences alors qu'ils sont déjà au service de l'institution à temps plein. En même temps, certains agents sont parfois amenés à effectuer des missions ponctuelles, participer de manière spontanée à des réunions étalées sur des journées ce qui peut, à la suite, empêcher l'intéressé à effectuer ses tâches selon son planning et le chronogramme habituel.

412. Abordé autrement, le problème organisationnel afin d'optimiser la productivité du CDH, a fait l'objet de propositions aux fins de créer une cellule ou une chambre interne au sein du CDH composée de sept ou huit experts qui pourraient prendre des décisions au fond. Selon ladite proposition, afin de sauvegarder l'autorité institutionnelle du CDH, les décisions prises par la cellule seront soumises au CDH à la plénière pour validation[1178]. Derrière cette idée, se cache une volonté manifeste de faire accélérer le traitement des requêtes. Même si nous pensons qu'il y a un risque de transfert de compétence du CDH vers la Cellule, et que de nouveau, le problème de ressources humaines se posera, l'idée parait néanmoins bonne et mériterait une profonde évaluation. Ce qui est sûr au regard de tels constats, c'est qu'il urge que les procédures pendantes soient simplifiées pour faciliter la mission du CDH et en même temps augmenter sa productivité.

413. La question de la perfectibilité du rôle des acteurs du CDH ne pourrait s'arrêter à l'optimisation du travail du personnels de l'institution, d'autant plus que, les premiers acteurs, vitrine du fonctionnement de cet organe, ce sont des experts membres du CDH. Il va de soi que toute idée de perfectionnement de l'activité du CDH s'intéresse de plus près à eux. Il est important de noter que, depuis quelques années, des voix s'élèvent pour la révision substantielle du processus de leur élection. Il est souvent noté que des experts pour quelques motifs que ce soient prennent des positions subjectives, peu orthodoxes, par rapport aux règles d'interprétation du texte conventionnel au point que l'on pourrait penser qu'elles sont orientées uniquement vers la sécurisation de leur mandat mais sans réel intérêt pour leur mission principale, protéger les droits

---

[1177] Voy. M. SCHMIDT, « Chapter 22: Servicing and financing human Rights supervisory bodies », *in* P. ALSTON et J. CRAWFORD (dirs.), *The Future of UN Human Rights Treaty Monitoring*, New-York, Cambridge University Press., 2000, p. 494.

[1178] T. BUERGENTHAL, « The Human Rights Committee », *in* P. ALSTON (éd.), *The United Nations and Human Rights: A Critical Appraisal*, 2nd ed., Oxford, 1999. Une telle proposition a été reprise dans le rapport de réforme de 2006: HRI/MC/2006/2 (2006), op.cit., spéc. § 47-48.

fondamentaux[1179]. D'ailleurs, cette remarque conduit d'aucun à les nommer « *d'experts gouvernementaux* »[1180]. Jusqu'ici, ces experts membres du CDH sont élus par les États parties au PIDCP, sur proposition de l'État dont ils sont ressortissants (art. 29 § 2 du PIDCP) et siègent à titre individuel. En vue de garantir leur indépendance et impartialité[1181] des textes ont été adoptés. La mise en œuvre de ces textes au sein du CDH, comparativement aux autres organes conventionnels onusiens, donne à croire que celui-ci a su sauvegarder les bonnes pratiques, le choix étant majoritairement porté sur les enseignants d'universités spécialisés en droit international public et en droits de l'homme ou sur des magistrats nationaux dont la notoriété et expertise ne sont souvent pas sujettes à caution[1182]. Toutefois, d'aucuns pensent que de telles garanties devraient être renforcées, et pour ce faire, transparaître dans leur mode de recrutement qui jusqu'ici était considéré par certains observateurs avertis comme ne tenant pas compte scrupuleusement des qualifications nécessaires des candidats[1183]. En vue de renforcer ces garanties préalables, gages d'une justice équitable au nom de l'effectivité des droits de l'homme, le recrutement doit être rigoureusement basé sur la compétence des candidats et être exempt de toute influence des politiques étatiques. Cela est vivement souhaité en ce qu'il est souvent remarqué des manquements fragrants dans l'application de ces conditions[1184]. C'est la logique qui a commandé l'adoption des « *Principes directeurs d'Addis-Abeba* » de 2012 en guise de moyens de renforcement afin

---

[1179] Voy. V. CARRARO, « Electing the experts : Expertise and Independence in the UN Human rights treaty bodies », *European Journal of International Relations,* 2019, Vol. 25(3) 826–851, spéc. p. 826 ; dans ce même sens, S. TOUZÉ, « Prévenir et réprimer la "torture interprétative" », in *Justice et droits de l'homme, Mélanges en l'hommage à Christine CHANET*, Paris, Pedone, 2019, p. 167.

[1180] A. CLAPHAM, « UN human rights reporting procedures: An NGO perspective », *op. cit.*, p. 188. ; Voy. aussi, R. VAN ALEBEEK et A. NOLLKAEMPER, « The legal status of decisions by human rights treaty bodies in national law », *op. cit.*, p. 405. ; Y. KERBRAT, « Introduction », *in* E. DECAUX et O. DE FROUVILLE (dirs.), *La dynamique du système des traités de l'ONU en matière des droits de l'homme. Acte du colloque du 10 Novembre 2014*, CRDH, Paris, Pedone, 2015, p. 119.

[1181] *Supra.* Chapitre I, Titre II, Partie II.

[1182] A. MAVROMMATIS, « The First Ten Years of the Human Rights Committee » in *G. ALFREDSSON et al.* (éds.), *International Human Rights Monitoring Mechanisms, Essays in Honour of Jakob Th. Möller*, The Hague/Boston/London, Martinus Nijhoff Publishers, 2001, p. 148 et suiv. ; H. KELLER et G. ULFSTEIN (éds.), « Conclusions », *in* H. KELLER et G. ULFSTEIN (éds.), *UN human rights treaty bodies Law and Legitimacy*, Cambridge ; New York, Cambridge University Press, 2012, p. 423.

[1183] J. CRAWFORD, « The un human rights treaty system: A system in crisis », *op. cit.*, p. 9. ; G. ULFSTEIN, « The International Judiciary », *op. cit.*, p. 129.

[1184] Pour en savoir plus sur les manquements à ces conditions de recrutements des experts : Voy. L. HENNEBEL, « Chapter 10 : The Human Rights Committee », *op. cit.*, p. 345. ; S. STAVRINAKI, *Le régime des procédures de communications individuelles dans le système des traités des Nations Unies relatifs aux droits de l'homme*, *op. cit.*, p. 121.

de régler ce problème. Mais il serait souhaitable de s'inspirer du processus de recrutement des experts établi dans le système interaméricain des droits de l'homme ou des modèles de justices transitionnelles en associant la société civile, dont l'implication aujourd'hui dans le fonctionnement correct des missions des organes des traités n'est plus à négliger. Aujourd'hui la société civile constitue un poids influent constitué de personnalités dont les avis peuvent compter dans le choix des experts afin de mieux légitimer les personnalités devant siéger désormais au sein de ces organes[1185].

B/ L'ouverture du prétoire du CDH : une réponse adéquate à la tendance générale aux fins d'une mission plus effective

414. Il est important pour le CDH d'ouvrir son prétoire à la pratique d'autres systèmes qu'ils soient transnationaux, régionaux ou même universels[1186]. Ce n'est pas assez dire que de remarquer déjà que, la pratique de l'herméneutique par un organe de contrôle international dans une démarche solitaire n'est pas, de nos jours, de nature à garantir ou à renforcer l'effectivité des droits dans un cadre contentieux[1187]. Il est temps, semble-t-il, que le CDH accepte et intègre l'idée d'un dialogue, d'ouverture dans sa philosophie. Il lui faut faciliter dorénavant la perméabilité des « éléments étrangers » venant des instances tierces devant son prétoire lorsque les circonstances l'exigent. La logique devrait dans cette perspective s'allier au renforcement de son autorité, à l'exigence de l'effectivité et être commandée par l'effet utile des droits. Autant dire que l'intérêt ou la sauvegarde des droits individuels devrait être au cœur du recours à une telle pratique qu'il a tant renié.

415. D'ailleurs pour trouver un fil conducteur, il serait intéressant d'invoquer ici les propos du Professeur E. DECAUX afin de justifier la nécessité de cette pratique dans une perspective de réciprocité. En effet, on le retrouve dans cette contribution en position de défenseur des organes de traités des droits de l'homme des Nations Unies, en ce qu'il invite à l'occasion les « organes tiers » à leur témoigner une reconnaissance sans faille. Il plaide pour que « tout ce pan entier du contentieux international ne soit réduit au « magma informe », « droit mou »[1188]. Un peu plus loin, et dans une démarche

---

[1185] R. WOLFRUM, « Legitimacy of International Law from a Legal Perspective: Some Introductory Considerations », *op. cit.*, p. 18.

[1186] S. BESSON, « The Influence of the Two Covenants on States Parties Across Regions: Lessons for the Role of Comparative Law and of Regions in International Human Rights Law », *in* D. MOECKLI, H. KELLER et C. HERI (éds.), *The Human Rights Covenants at 50: Their Past, Present, and Future*, Oxford, Oxford University Press, 2018, p. 267 et suiv.

[1187] L.R. HELFER et A.-M. SLAUGHTER, « Towards a Theory of Effective Supranational Adjudication », *op. cit.* ; L. HENNEBEL, « Chapter : 10 The Human Rights Committee », *op. cit.*, p. 392.

[1188] E. DECAUX, « La perspective internationale au regard des organes de traités sur les droits de l'homme des Nations Unies », *op. cit.*, p. 217.

comparative, il exhorte que, « ces traités ne soient plus des nomades isolées, comme les boules de billard de Leibniz »[1189].

416. Si l'on s'en tient à ce raisonnement fortement calqué sur une sorte de militantisme pour la cause des organes des traités visant à leur accorder, plus de considération, un poids juridique équivalent de leurs activités contentieuses par « les tiers » - les organes homologues (juridictionnels ou non) -, il est normal qu'au nom de l'universalité et de l'effectivité des droits de l'homme, le même raisonnement soit encouragé dans le sens contraire sur la base d'une certaine réciprocité dans la reconnaissance. Car un véritable dialogue, « est avant tout un échange de vues, une discussion, un entretien entre deux ou plusieurs personnes (...) Il peut se nourrir de multiples interactions »[1190].

417. Le CDH serait-il jaloux de son expertise, de son autonomie matérielle ou de son projet universaliste ? Un regard extérieur n'en dit pas moins. En effet, il est très souvent critiqué pour son « égocentrisme juridictionnel »[1191], son attitude isolationniste[1192], un fait que d'aucuns considèrent comme dû au caractère universel qu'il incarne aux yeux des États parties ou au nom de la diversité des cultures et civilisations juridiques qu'il représente[1193]. Ainsi contrairement aux arguments démontrés plus-haut dans ce même travail faisant preuve d'une reconnaissance formelle par les organes internationaux de contrôle tiers, l'interprète voulant sauvegarder sa nature universelle, refuse-t-il, à tout le moins, de s'ouvrir à d'autres instances internationales de protection dans la perspective d'une uniformisation des interprétations et de favoriser une circulation complète des jurisprudences ou du « droit étranger »

[1189] *Ibid.*, p. 218. Au soutien de sa démarche, il invoque l'influence intellectuelle prégnante dans ces organes qui se manifeste à travers la mobilité des personnels qui vont enrichir la teneur des jurisprudences des organes tiers. Il prend des exemples tirés des cas de Mmes. H. KELLER et J. MOTOC qui après avoir siégé au CDH, ont été élues Juges à la Cour EDH, pareil pour Mme. R. HIGGINS et pour M. T. BUERGENTHAL du CDH à la Cour International de justice. « *on ne saurait croire qu'ils sont passés de l'ombre à la lumière, du non-droit au vrai droit, en allant de Genève à Strasbourg ou à la Haye* » laisse-t-il entendre.

[1190] L. BURGORGUE-LARSEN, « L'internationalisation du dialogue des juges : missive doctrinale à l'attention de Bruno Genevois », *op. cit.*, p. 97.

[1191] L. BURGORGUE-LARSEN, « Le fait régional dans la juridictionnalisation du droit international », *op. cit.*, p. 258. Précisions que la Professeure définissait cette expression ou formule comme étant « *l'attitude instinctive des juridictions à défendre leur « pré-carré » tant institutionnel que matériel* ». Comparée à l'attitude du CDH dans cette étude, il semble normal que nous puissions l'emprunter pour la lui appliquer.

[1192] Y. KERBRAT et L. HENNEBEL, « Aspect de droit international général dans la pratique des comités institués par les Nations Unies dans le domaine des droits de l'homme (2010-2012) », *A.F.D.I*, 2012, p. 704. ; L. HENNEBEL, « Libres propos autour du projet universaliste du Comité des droits de l'homme des Nations-Unies », in *Mélanges en hommage au Professeur Jean-François FLAUSS, L'homme et le droit*, Paris, Pedone, 2014, p. 399.

[1193] Voy. dans ce sens aussi l'Article 31§ 2 du PIDCP.

des droits de l'homme. D'aucuns concluraient que ce repli est une manière de préservation pour l'interprète de toute « pollution étrangère »[1194].

418. Chercher à justifier cette situation, reviendrait à trouver une réponse déjà très perceptible dans le titre d'article d'un Juge américain[1195] traduisant parfaitement cet état de fait devant le CDH : « *No Thanks, We Already Have Our Own Laws* »[1196]. En fait, ce juge tentait de répondre à la question de savoir si les décisions étrangères ou internationales devraient être considérées comme pertinentes pour les décisions de la Cour suprême des États-Unis. Cette réponse abrupte et frappante, exprime une systématicité de la position de la Cour suprême des États-Unis se refermer sur elle-même. Cette attitude à l'américaine qualifiée « *d'idéologie statique* »[1197], paraît naturellement comparable à la situation qui prévaut depuis fort longtemps devant le CDH.

419. Maintenant, est-ce qu'une telle position isolationniste devrait être absolue ? La réponse doit être négative telle qu'elle est annoncée plus haut. Le CDH gagnerait à s'ouvrir au dialogue, suivre le pas des autres toujours dans une dynamique de renforcement de l'effectivité de sa mission, afin d'assoir sa propre légitimité ainsi que l'autorité de ses propres jurisprudences. À cet égard, le tableau de facteurs déterminants pour le recours aux précédents étrangers peint par le Juge R. BEN ACHOUR dans ses développements autour de la mobilisation des sources externes par la Cour ADHP, n'est pas moins intéressant pour notre contexte et pourrait donc servir de base[1198]. En effet, le Juge déclinait trois hypothèses que la Cour devrait pouvoir adopter. Soit, la position « isolationniste », la position « libre-échangiste », ou la position « dirigiste ». Si d'emblée il faut rejeter la première proposition que d'ailleurs nous combattons ici avec vigueur, la seconde position semble être recommandable pour le CDH alors que la troisième ne nous semble pas utile d'autant plus qu'aucune règle n'impose ou n'institutionnalise cette pratique au CDH. En d'autres termes, cette seconde position qualifiée aussi de libre « commerce »[1199] nécessite d'être promue devant l'office du CDH.

1194 L. HENNEBEL, H. TIGROUDJA et J. DHOMMEAUX, « Aspects de droit international des activités des organes conventionnels des Nations Unies spécialisés dans la protection des droits de l'homme 2013-2016 », *op. cit.*, p. 705.

1195 R. POSNER, « No Thanks, We Already Have Our Own Laws », *Legal Affairs*, July/August 2004, disponible sur https://www.legalaffairs.org/issues/July-August-2004/feature_posner_julaug04.msp.

1196 « *Non, merci. Nous avons déjà notre propre droit.* » (Traduction de l'auteur de ce travail.)

1197 M.-C. PONTHOREAU, « Le recours aux précédents étrangers par le juge constitutionnel / Foreign Precedents in Constitutional Litigation », in *Association internationale de droit constitutionnel*, s.l., Congrès de Vienne 2014, 2014, p. 3. Disponible sur le net.

1198 R. BEN ACHOUR, « La mobilisation des sources extérieures par la Cour africaine : l'exemple de la liberté d'expression », *op. cit.*, p. 226.

1199 L. HENNEBEL et A.V. WAEYENBERGE, « Réflexions sur le commerce transnational entre juges », *in* I. HACHEZ *et al.* (dirs.), *Les sources du droit revisitées - Normes internes*

420. Toutefois, il n'est pas exclu de noter quelques lueurs d'espoir quoique la démarche reste encore timide, elle est prometteuse. Des pas sont en train d'être franchis dans le sens souhaité. L'exemple topique se trouve dans une de ses décisions rendues en 2019[1200]. Le CDH dans son examen au fond de l'affaire, afin de faire le parallèle entre la dégradation grave de l'environnement et la jouissance effective du droit à la vie pour établir la responsabilité de l'État défendeur, n'a pas manqué cette fois-ci à l'appel. Il invoque à cet effet la pratique des juridictions régionales et d'un organe quasi-judiciaire en la matière. Il s'agit respectivement d'un arrêt et un avis consultatif de la Cour IADH[1201], de *l'Observation générale* n°3 de la Commission africaine des droits de l'homme et des peuples (Comm. ADHP)[1202] ainsi que des arrêts de la Cour EDH[1203]. Ces références, précisons-le, sont utilisées ici comme modèle d'inspiration. Il n'est pas inutile de rappeler que, bien avant ce cas sus-évoqué, il y a eu une tentative du CDH à l'ouverture (affaire *Larrañaga c/ Philippines)* sévèrement critiquée par les membres dans leur *Opinions dissidentes*[1204]. À l'origine de cet affrontement

---

infra-constitutionnelles, Vol. 2, Presses de l'Université Saint-Louis, Bruxelles, Anthémis, 2013, pp. 713-739.

[1200] Voy. CDH, *Norma Portillo Cáceres* c/*Paraguay*, 25 Juillet 2019, comm. n°2751/2016, § 7.4: « *The Committee also takes note of developments in other international tribunals that have recognized the existence of an undeniable link between the protection of the environment and the realization of human rights and that have established that environmental degradation can adversely affect the effective enjoyment of the right to life. Thus, severe environmental degradation has given rise to findings of a violation of the right to life.* » Le contenu de ce paragraphe ne démontre pas moins la démarche du CDH à s'inspirer des modèles venus d'ailleurs pour soutenir son raisonnement afin de parvenir à sa conclusion. On assiste dans ce cas à ce qu'il convient d'appeler l'expression d'une volonté manifeste de dialogue.

[1201] Cour IADH, *Avis consultatif*, OC-23/17 du 15 Novembre 2017 l'environnement et les droits de l'homme, série A, n ° 23, § 47 ; Cour IADH, *Kawas Fernández c/ Honduras*, arrêt du 3 Avril 2009, série C, n ° 196, § 148.

[1202] Comm. ADHP, *Observation générale* n° 3 sur la Charte africaine des droits humains et des peuples : Le droit à la vie (article 4), par. 3 (les responsabilités des États de protéger la vie « *étendre à des mesures préventives pour préserver et protéger l'environnement naturel et les réponses humanitaires aux catastrophes naturelles, famines, épidémies de maladies infectieuses ou d'autres situations d'urgence* ».)

[1203] Cour EDH, l'application Nos. 54414/13 et 54264/15, *Cordella et autres c/ Italie*, arrêt du 24 Janvier 2019. Cour EDH, *M. Özel et autres c/ Turquie*, Arrêt du 17 Novembre 2015, § 170, 171 et 200 ; Cour EDH, *Boudaïeva et autres c/ Russie,* arrêt du 20 mars 2008, par. 128-130, 133 et 159 ; Cour EDH, *Öneryildiz c/ Turquie*, arrêt du 30 novembre 2004, § 71, 89, 90 et 118.

[1204] Voy. CDH, *Larrañaga c/ Philippines*, constatation du 24 juillet 2006, comm. n° 1421/2005, *Opinion dissidente* du membre : Mme. R. WEDGWOOD. On remarque dans le dernier paragraphe qu'elle a critiqué la présence de la jurisprudence étrangère européenne dans le cas présent devant le CDH. Selon elle, le consensus qui existait entre les États membres du Conseil de l'Europe sur l'abolition de la peine de mort et qui a valu une interprétation théologique par le Juge Strasbourgeois, n'est pas pareil autour du second Protocole additionnel annexé au PIDCP visant l'abolition de la peine de mort. Cet instrument comptait en ce moment que 57 États parties, une minorité des 156 États parties aux PIDCP. Cette situation n'autorisait pas de

avec les dissidents, un arrêt de la Cour EDH - *Öcalan c/ Turquie*[1205] - a été invoqué dans ladite affaire. Cet espoir d'ouverture au dialogue se manifeste aussi sous une autre forme. On note des réunions informelles entre les membres du CDH avec leurs collègues d'autres Comités onusiens pour discuter des thématiques sur lesquelles il peut y avoir collision. On ne peut que souhaiter des retombées fructueuses[1206]. Dans cette entreprise, le CDH pourrait assurément compter sur la doctrine de certains membres parmi lesquels la Professeure H. TIGROUDJA dont on sait la position très favorable à l'instauration de ce dialogue interinstitutionnel en raison de ses multiples expériences dans les enceintes universelle et régionale. On mettra au crédit de la Professeure dans ce sens, ses interventions lors des discussions sur le projet d'*Observation générale* n° 37 sur la liberté d'assemblée et de manifestation pacifique qui, à peine voilées, laissait présager une telle volonté à inscrire au rang des priorités de son mandat cette politique jurisprudentielle. Elle disait en ses termes :

> « J'ai beaucoup apprécié cette méthodologie très ouverte qui a consisté à utiliser la jurisprudence de la Cour EDH, (...) il faut utiliser d'autres sources régionales, d'autres sources nationales aussi, (...) certaines jurisprudences nationales peuvent nous aider à donner sens à cet article 21 et également les travaux des rapporteurs spéciaux des procédures spéciales du Conseil des droits de l'homme seront également très utiles (...) »[1207].

421. Ce début de l'acceptation de l'ouverture de l'organe universel à ses homologues est à encourager. Mais il est souhaitable qu'il aille plus loin dans cette initiative et consolider cette pratique amorcée. Pour ce faire, elle doit être endossée et partagée par la majorité de ses membres. Toujours dans cette même dynamique, il faut reconnaitre que les Rapports des titulaires de mandats thématiques et des titulaires de mandats par pays offrent une documentation de choix, une « boîte à outils » regorgeant d'informations précieuses et bien outillées en raison de leur permanent contact direct avec le

---

ce fait les membres du CDH à ignorer le texte conventionnel et à faire abstraction du consentement d'États souverains. De même le membre M. N. ANDO considérait cet emprunt comme inapproprié dans son *Opinion dissidente* sur la même décision.

1205 Cour EDH, *Öcalan c/ Turquie,* requête n° 46221/99, 12 mai 2005, § 167 à 175.

1206 CDH, *Rapport annuel*, 2018, p. 10. Doc. (A/73/40).

1207 Voy. L'intervention de la Professeure H. TIGROUDJA, membre du CDH, durant la 126ème session, à la 3625ème réunion du 11 Juillet 2019, discussion sur le projet d'*Observation générale*, n°37 portant sur la liberté d'expression (inédit.). Vidéo, à partir de 01 heure 03 min consultable avec le lien suivant : http://webtv.un.org/search/general-comment-3625th-meeting-126th-session-of-human-rights committee/6058319564001/?term=&lan=english&cat=CCPR&sort=date&page=7. (consulté le 20 déc. 2020)

terrain. Le CDH devrait pouvoir s'abreuver de ces documents pour résoudre des cas. Cela lui permettrait également d'avoir dans un premier temps une vue d'ensemble de la situation qui prévaut sur le territoire de l'État avant de se pencher sur le cas spécifique soumis à son office et assortir sa décision de *constatations* bien ciblées. Il pourrait toujours s'en servir même dans le cadre de l'examen des rapports périodiques afin de viabiliser les recommandations des *Observations finales* qui seront adressées à l'État examiné. À supposer par exemple que le CDH soit saisi d'une affaire soulevant des questions de détention arbitraire, l'idéal serait pour lui de systématiquement considérer les expertises développées par le Groupe de travail des détentions arbitraires (WGAD) même s'il faut reconnaitre que dans le cadre de sa procédure contentieuse, il ne reconnait pas le Groupe de travail comme instance internationale de règlement des différends, il va de soi que ce Groupe au fil des années développe une activité très précieuse pouvant servir d'éléments argumentatifs. Il est par conséquent hautement souhaitable qu'il soit pris en considération. Le CDH doit faire preuve d'une véritable innovation en la matière propre à assurer une protection et garantie achevée au moyen d'une politique jurisprudentielle vivante et féconde. Il devrait ainsi sortir complètement de sa timidité, rompre avec « l'introversion jurisprudentielle »[1208] afin de renforcer sa participation active à cette évolution méthodique d'interprétation en cours. Elle s'inscrit en effet dans un mouvement général de mondialisation, de « juris-globalisation »[1209] ou encore « de décloisonnement »[1210] qui lui permettrait de rattraper son retard et d'entrer définitivement dans la galaxie des interprètes communicants. Pour

---

[1208] R. BEN ACHOUR, « La mobilisation des sources extérieures par la Cour africaine : l'exemple de la liberté d'expression », *op. cit.*, p. 232. Dans la décision suivante relative aux peines infligées à un enfant, CDH, *Bronson Blessington et Matthew Elliot c / Australie,* 22 octobre 2014, comm. n° 1968/2010, § 7.11. Le CDH disait « *Si son rôle principal est de suivre l'application du Pacte, le Comité considère que cette disposition d'un instrument qui a fait l'objet d'une ratification* (la Convention relative aux droits des enfants) *ou d'une adhésion quasiment universelle, y compris par l'État partie, est une source utile pour éclairer son interprétation du Pacte dans la présente affaire* ». Le CDH n'est pas allé plus loin que ça dans son analyse. On aperçoit la prudence de l'interprète du PIDCP à ne pas s'aventurer sur l'interprétation propre donnée par le CRC à la disposition en cause (art. 37 de la Convention relative aux droits des enfants) alors même qu'elle a été présente dans tout le débat.

[1209] F. HOURQUEBIE, « La réception des décisions étrangères », in *Internationalisation du droit, Internationalisation de la justice*, Congrès de l'AHJUCAF, du 21-23 JUIN 2010, Canada, Ottawa, 2010, p. 96.

[1210] L. BURGORGUE-LARSEN, « Introduction générale : L'ère du décloisonnement », *op. cit.* ; Voy. dans ce même sens, M. DELMAS-MARTY, *Le pluralisme ordonné et les interactions entre ensembles juridiques*, Recueil Dalloz, 2006, 951. « *L'échange est inévitable car l'isolement est devenu impossible* ». ; P. LEUPRECHT, « Rapport de synthèse », in O. DELAS, R. COTE, F. CREPEAU, P. LEUPRECHT, *Les juridictions internationales : complémentarités ou concurrences ?* Bruxelles, 2005, p. 181. « *On ne peut pas avoir un système complètement hermétique* ».

des motifs de légitimité[1211] et d'autorité[1212] et sur la base de modèles d'usage bien établis[1213] il démontrerait sa volonté de mieux s'inscrire dans un élan progressiste et universaliste tout en prenant en compte les autres paramètres. Cet argument vaut de même pour les autres Comités conventionnels onusiens et dans un sens de réciprocité intrasystémique[1214]. Sur la question de la discrimination de la femme par exemple, il ne doit surtout pas oublier de consulter les travaux du Comité de lutte contre la discrimination à l'égard de la femme (CEDAW) si nécessaire et si les besoins de l'affaire l'exigent, de même pour le CERD. Il n'est donc pas négligeable que le CDH puisse ouvrir ses horizons dans sa quête de légitimité et de pouvoir afin de construire un ensemble cohérent de normes de références en matière de droits de l'homme, que ce soient des normes d'origine régionale, mais aussi universelle s'il veut « *rendre raison de* (ses propres) *décisions* »[1215].

PARAGRAPHE II/ LA QUETE PERMANENTE DE SYNERGIE AU SEIN DES ORGANES DE TRAITES POUR UN SYSTEME UNIVERSEL DE PROTECTION EFFICACE ET EFFECTIVE

422. En partie, cette situation est due à l'explosion normative qu'a connue l'ONU dans le domaine des droits de l'homme depuis l'après-guerre. Cette explosion normative, conduisant à la création de multiples organes de contrôle contrairement à ce qui se fait sur le plan régional, pourrait sembler être aussi une source de la fragmentation du droit international[1216]. Le Haut-commissariat des droits de l'homme est confronté à la gestion efficace de plusieurs organes créés au fil des ans, dont la finalité première semble peu à peu reléguée au second plan, accordant en revanche, trop souvent de place au

---

[1211] E. DUBOUT et S. TOUZÉ, « La fonction des droits fondamentaux dans les rapports entre ordres et systèmes juridiques », *op. cit.*, p. 18. ; F. HOURQUEBIE, « La réception des décisions étrangères », *op. cit.*, p. 96. ; J. ALLARD et L. VAN DEN EYNDE, « Le dialogue des jurisprudences comme source du droit : Arguments entre idéalisation et scepticisme », *op. cit.*, p. 293.

[1212] *Ibid.*, p. 299.

[1213] L. HENNEBEL et A.V. WAEYENBERGE, « Réflexions sur le commerce transnational entre juges », *in* I. HACHEZ *et al.* (dirs.), *Les sources du droit revisitées - Normes internes infra-constitutionnelles*, Vol. 2, Presses de l'Université Saint-Louis, Bruxelles, Anthémis, 2013, pp. 713-739.

[1214] L. HENNEBEL, H. TIGROUDJA et J. DHOMMEAUX, « Aspects de droit international des activités des organes conventionnels des Nations Unies spécialisés dans la protection des droits de l'homme 2013-2016 », *op. cit.*, p. 451.

[1215] J. ALLARD et L. VAN DEN EYNDE, « Le dialogue des jurisprudences comme source du droit : Arguments entre idéalisation et scepticisme », *op. cit.*, p. 293.

[1216] P.-M. DUPUY, « L'unité de l'ordre juridique international », *op. cit.*, p. 472 et suiv.

consentement étatique. Ce fonctionnement est critiqué comme ne faisant pas suffisamment le poids dans l'architecture internationale de la protection des droits ou parce que faisant du surplace en raison de leur incapacité à obtenir des États des comportements spécifiques en faveur de la protection des droits de l'homme. Comme ce fut le cas de la réforme de la Commission des droits de l'homme devenue Conseil des droits de l'homme en raison principalement de sa politisation à outrance[1217], les organes des traités ne sont pas épargnés de critiques comme il a été rappelé tout au début de ce même chapitre. Ils sont donc au cœur d'un mouvement général de réformes au sein des Nations Unies qui, après tout, tend à remettre l'intérêt de l'individu au cœur du système des organes des traités au-dessus de tout autre paradigme. Non seulement cela a pour but de favoriser la complémentarité des mécanismes, mais aussi de garantir l'effectivité des droits[1218] qui dépend nécessairement d'un fonctionnement efficace du système. Ce paragraphe, pour faire état de la situation, montrera où en sont concrètement ces initiatives (**A**) afin de tenter de présenter quelques idées de base pouvant servir dans la recherche d'une solution viable et efficace pour le système. (**B**).

A/ La coordination des organes de traités de l'ONU : un véritable serpent de mer

423. La volonté de coordination est et reste un synonyme de la préoccupation pour une communauté internationale soucieuse de l'effectivité des droits chèrement acquis dans les divers traités universels. À la suite d'une série de rapports partiels, un rapport final sur la question a été soumis à l'ONU en 1997[1219] par l'expert indépendant commis à cet effet, le Professeur P. ALSTON. Ce dernier a mené une étude sur l'amélioration des mécanismes onusiens des droits de l'homme et recommandait, après un diagnostic de la

---

[1217] Voy. dans ce sens, E. TISTOUNET, *The UN Human Rights Council: a practical anatomy*, Elgar practical guides, Cheltenham, UK ; Northampton, MA, USA, Edward Elgar Publishing, 2020, p. 288 et suiv. ; C. CALLEJON, *La réforme de la Commission des droits de l'homme des NU : de la Commission au Conseil des Droits de l'Homme*, Paris, Pedone, 2008, 427 p. ; il faut cependant remarquer que des critiques se révèlent encore vis-à-vis du conseil des droits de l'homme pour n'avoir pas répondu aux attentes. Voy. O. DE FROUVILLE, « Les organes subsidiaires de la Commission des droits de l'homme des Nations Unies. Rapport général », in E. Decaux, *Les Nations Unies et les droits de l'Homme : enjeux et défi s d'une réforme*, Pedone, coll. "FMDH", 2006, pp. 171–199. La déclaration de sortie de 2018 des USA de cette composante politique est une illustration.

[1218] Voy. M. MONDELICE, « La coordination des mécanismes onusiens de surveillance des droits de la personne à l'ère du processus de Dublin : avancées et défis pour la mise en œuvre de la réforme à l'échelle nationale », *R.Q.D.I*, 2013, vol. 26, n° 1, p. 88.

[1219] Rapport final sur le bon fonctionnement des organes crées en application des instruments des Nations Unies relatifs aux droits de l'homme : Doc. off. E/CN.4/1997/74. du 27 mars 1997. 44 p.

défaillance du fonctionnement du système d'antan[1220], des mesures dont l'on a impression, à ce jour, qu'elles ne l'ont pas réellement changé.

424. À la suite du rapport de l'expert indépendant, on note qu'au cœur des grandes réformes de toute l'organisation initiées par l'ancien Secrétaire général des Nations Unies K. ANNAN, Mme. L. ARBOUR, la Haut-commissaire aux droits de l'homme a présenté un rapport proposant les pistes d'une coordination des organes de traité à la suite des consultations menées auprès de tous les acteurs du système conformément aux recommandations du Secrétaire général. Son idée principale réside, dans la logique de coordination dans la création d'un organe unique[1221], un organe qui aura pour mérite, selon le projet, d'être unificateur. Devant cet organe, un État partie pourra présenter un rapport périodique unique pour examen en fonction du nombre de traités qu'il aura ratifiés. L'organe unique projeté devra renforcer l'efficacité du système en remédiant aux difficultés rencontrées par le système grâce à sa nature permanente[1222] et intégrée[1223], comparativement à la situation qui prévaut en ce moment. Il sera accompagné d'un mécanisme de suivi adéquat pouvant améliorer la phase d'exécution des décisions et recommandations rendues par l'organe unique[1224]. Ces caractéristiques devraient lui assurer plus de visibilité et allégerait la charge de travail pour les États en raison de l'optimisation de la procédure de présentation des rapports périodiques[1225] censée être soldée désormais par un document unique devant contenir les préoccupations et recommandations essentielles pour l'État examiné[1226]. L'organe unique projeté garantirait la cohérence[1227]. On notera également que la proposition est accompagnée de propositions de modèle de construction basé sur le système de chambres ou de groupes de travail. Aussi, les négociateurs du projet auraient-ils le choix entre ces modèles dans la répartition de ses compétences[1228]. En tout cas, on pouvait remarquer que si le

---

1220 Pour un résumé succinct des origines du processus, Voy. F.D. GAER, « The Institutional Future of the Covenants: A World Court for Human Rights? », *in* D. MOECKLI, H. KELLER et C. HERI (éds.), *The Human Rights Covenants at 50: Their Past, Present, and Future*, Oxford, Oxford University Press, 2018, p. 338 et suiv. ; S. EGAN, « Chapter : 18 Reform of the UN Human Rights Treaty Body System », *in* F. MEGRET et P. ALSTON (éds.), *The United Nations and Human Rights A Critical Appraisal*, 2nd éd., Oxford, Oxford University Press, 2020, p. 647.

1221 S. EGAN, « Chapter: 18 Reform of the UN Human Rights Treaty Body System », *op. cit.*, p. 648.

1222 Doc. (HRI/MC/2006/2) du 22 mars 2006 § 27 et 38.

1223 *Ibid.* § 28.

1224 *Ibid.* § 28.

1225 *Ibid.* § 28.

1226 *Ibid.* § 29.

1227 *Ibid.* §30 et 32, 43.

1228 *Ibid.* § 40, 41, 42, 43, 44, 45.

projet n'a pas manqué de mettre en exergue ses avantages dans tous les aspects nécessaires à son fonctionnement, il n'a pas non plus omis de souligner les difficultés pouvant advenir de sa mise en œuvre, telles que la modification de chaque traité conventionnel de droits de l'homme,[1229] l'application concomitante des régimes parallèles de surveillance[1230].

425. Cependant, le projet d'organe unique n'a pas reçu l'assentiment des États parties ni même celui des organes des traités. Non seulement les Comités dans leurs déclarations s'interrogeaient sur l'opportunité[1231] d'un tel projet mais aussi se livraient à une forme de querelle de leadership quant au choix du Comité à qui il reviendrait de jouer ce rôle important digne d'un « Super comité »[1232], le CDH se considérant comme l'organe à même de pouvoir gérer toutes les communications interétatiques[1233] en raison de sa plus grande expérience. C'est sous la houlette du Secrétaire général Ban KI-MOON avec pour Haut-Commissaire aux droits de l'homme, Mme N. PILLAY que plusieurs consultations ont été effectuées de nouveau dont le résultat contenu dans le document de la réunion de *Dublin II* en 2011[1234] a conduit l'AGNU à l'adoption en 2012 de la résolution 66/254 sur le renforcement effectif des organes conventionnels[1235] ouvrant donc un processus intergouvernemental. La Haut-Commissaire soumet un rapport sur le sujet le même mois[1236].

426. On peut donc noter que sur la base des idées réunies à Dublin, le processus de renforcement a pris une nouvelle tournure en raison du foisonnement des propositions obtenues ici et là - la réunion de Dublin était ouverte à un grand nombre d'acteurs internationaux impliqués dans le processus de réformes -[1237]. L'unité recherchée désormais n'est plus menée de

---

[1229] *Ibid.* § 64.

[1230] *Ibid.* § 65.

[1231] CDH, 105 session du 12 July 2012, *Preliminary Statement of the Human Rights Committee on the Strengthening of the United Nations Treaty Bodies*, spéc. para. 6.

[1232] Sur la question des controverses et les motifs du rejet du projet. Voy. S. EGAN, « Chapter: 18 Reform of the UN Human Rights Treaty Body System », *op. cit.*, p. 651.

[1233] Doc. NU : HRI/MC/2007/2 (2007), *Rapport du Groupe de travail sur l'harmonisation des méthodes de travail des organes conventionnels*, §15

[1234] Document de Résultat, Réunion de Dublin II, 10 – 11 novembre 2011, *Renforcement du système des organes de traités des Droits de l'Homme des Nations Unies.*

[1235] Doc. NU (A/RES/66/254) du 23 février 2012, *Processus intergouvernemental de l'Assemblée générale visant à renforcer et améliorer le fonctionnement effectif de l'ensemble des organes conventionnels chargés des droits de l'homme.* Consultable ici : https://www.un.org/en/ga/search/view_doc.asp?symbol=A/RES/66/254&Lang=F.

[1236] Rapport de la Haut-Commissaire N. PILLAY, *Strengthening the United Nations human rights treaty body system: A report by the United Nations High Commissioner for Human Rights,* Juin 2012. Consultable sur : https://www2.ohchr.org/english/bodies/HRTD/docs/HCReportTBStrengthening.pdf.

[1237] Voy. M. MONDELICE, « La coordination des mécanismes onusiens de surveillance des droits de la personne à l'ère du processus de Dublin : avancées et défis pour la mise en œuvre

manière radicale comme ce fut proposé par la Haut-Commissaire en 2006 - nous songeons ici au projet d'organe unique - mais plutôt par le maintien de la pluralité institutionnelle sur la base de l'harmonisation des procédures et des méthodes de travail des organes conventionnels. Il s'agirait ainsi d'une unité dans la diversité puisque, aucune adjonction ne sera faite aux instruments conventionnels dans l'intention de les modifier[1238], contrairement à ce qui devrait être fait si on s'en tenait à la réforme avortée de 2006. On pourrait être amené à croire que les fondements de l'idée actuelle se rapprocherait de l'appel du Professeur P-M. DUPUY à la responsabilité des organes de contrôle, du rôle qui est le leur dans la quête de la cohérence, à l'unité pour la sauvegarde de leur dénominateur commun, l'ordre juridique dont ils tirent leur compétence[1239]. On aurait pu croire que la logique actuelle qui fonde le processus de coordination des organes de traité, tire sa source de cette pensée de P-M DUPUY, pris ici dans un sens intrasystémique, ayant conduit à l'adoption en 2014 de la résolution 68/268[1240] par l'AGNU.

427. L'adoption de cette résolution a fait prendre à tout le système un tournant décisif en instaurant une évaluation biennale du processus de renforcement enclenché depuis des décennies. Cette résolution contient un certain nombre de mesures à l'égard des États puis à l'égard des organes conventionnels dont la finalité est d'aboutir à la construction d'un système efficace. Dans cette dynamique, les organes de traités sont encouragés à procéder à l'élaboration de méthodes harmonisées, à l'adoption de mesures simplifiées de présentations des rapports à proposer aux États qui à leur tour devront étudier la possibilité de leur mise en œuvre, à développer des directives communes pour l'élaboration des *Observations finales*, ciblées et concrètes. Finalement, on note une date critique dans la résolution qui fixe une évaluation globale pour 2020[1241]. Conformément à cette logique, des

---

de la réforme à l'échelle nationale », *op. cit.* ; M. O'FLAHERTY, « Reform of the UN Human Rights Treaty Body System: Locating the Dublin Statement », *Human Rights Law Review*, juin 2010, vol. 10, n° 2, pp. 319-335.

1238 O. DE FROUVILLE, « Introduction », *in* E. DECAUX et O. DE FROUVILLE (dirs.), *La dynamique du système des traités de l'ONU en matière des droits de l'homme. Acte du colloque du 10 Novembre 2014*, CRDH, s.l., Pedone, 2015, p. 157. ; M. EVANS, « The United Nations and Human Rights : Reform through Review? », *op. cit.*, p. 95.

1239 P.-M. DUPUY, « Préface : fragmentation du droit international ou des perceptions qu'on en a ? », *in* R. HUESA VINAIXA et K. WELLENS (dirs.), *L'influence des sources sur l'unité et la fragmentation du droit international : Travaux du séminaire tenu à Palma les 20-21 Mai 2005*, Bruxelles, Bruylant, 2006, p. XI.

1240 Résolution adoptée par l'AGNU du 9 avril 2014. Doc. NU (A/RES/68/268) sur le renforcement et amélioration du fonctionnement de l'ensemble des organes conventionnels des droits de l'homme.

1241 *Ibid.* § 41. « Décide : *d'examiner la situation de l'ensemble des organes conventionnels des droits de l'homme six ans au plus tard à compter de la date de l'adoption de la présente résolution, afin d'évaluer l'efficacité des mesures prises pour garantir leur viabilité et, le cas*

évaluations ont été faites successivement en 2016[1242] et en 2018. Il ressort de l'analyse du document final d'évaluation, l'expression de la satisfaction globale du Secrétaire général des Nations Unies (SGNU) de la mise en œuvre par les organes des traités des mesures résultant de la résolution 68/268[1243]. Tout en se félicitant du degré de renforcement accru qu'ont connu les organes des traités depuis l'enclenchement du processus, il se dit décidé à prendre des mesures complémentaires allant dans la même dynamique de renforcement et d'amélioration sur le fonctionnement de l'ensemble des organes conventionnels jusqu'en 2020[1244]. À notre avis, les conclusions de la seconde évaluation de 2018[1245] ne diffèrent pas grandement de la précédente.

428. Au niveau interne, c'est-à-dire au sein des organes de traités, la question reste une préoccupation pour les Comités. À l'initiative des deux Comités des Pactes qui ont instauré des réunions sur le processus de réformes conduisant à des réunions plus inclusives regroupant les points focaux des Comités et les autres présidents de Comités, la réunion annuelle des présidents des Comités a adopté en juin 2019 un document sur leur « vision »[1246] dans un agenda prévisionnel pour l'année 2020 et au-delà, relative à l'avancement de la réforme du système conventionnel. À travers ce document, on peut percevoir qu'un accent particulier a été mis sur l'alignement par les organes conventionnels de leurs méthodes et procédures simplifiées relatives à l'examen des rapports périodiques - parmi lesquelles l'adoption des calendriers communs d'examen des rapports des États, la détermination des dates de soumissions des réponses pour la « Liste des questions » avant examen, le développement des outils numériques pour aider les nouveaux membres des organes à se familiariser avec les méthodes d'examen des rapports, etc..[1247] -, suivi de la position commune de ces derniers sur les réformes en cours à soumettre à leurs organes respectifs et qui pourra être mise

échéant, de décider de prendre de nouvelles mesures visant à en renforcer et à en améliorer le fonctionnement. » Voy. dans ce même sens : Doc. NU Résolution (A/RES/73/162). Voy. I. SALAMA, « Présentation du processus de renforcement des organes conventionnels », *in* E. DECAUX et O. DE FROUVILLE (dirs.), *La dynamique du système des traités de l'ONU en matière des droits de l'homme. Acte du colloque du 10 Novembre 2014*, CRDH, Paris, Pedone, 2015, p. 163.

1242 Voy. Doc. NU (A/71/118) du 18 juillet 2016 de la soixante et onzième session portant situation du système des organes conventionnels des droits de l'homme, Rapport du Secrétaire général.

1243 *Ibid.* § 87 à 89.

1244 *Ibid.* § 93.

1245 Voy. Doc. AGNU, (A/73/309) du 30 août 2018

1246 Voy. Doc. AGNU, (A /74/256) du 30 juillet 2019 portant Rapport de la 31ème réunion annuelle des présidents des Comités conventionnels en 2019.

1247 *Ibid.*, Annexe p. 17-18.

en application dans un intervalle de un à deux ans toujours dans la droite ligne de la résolution 68/628[1248].

B / Les organes de traités des Nations Unies relatifs aux droits de l'homme à la croisée des chemins : quelles perspectives ?

429. Il est manifeste que les organes de traité des Nations Unies sont à la quête d'une synergie introuvable. En effet, la recherche d'une synergie entre ces organes conventionnels, nécessaire pour leur meilleur fonctionnement et une bonne productivité afin de s'acquitter convenablement de leur mission, continue d'être un sujet préoccupant pour les spécialistes qui nourrissent continuellement un fort intérêt pour le sujet. On peut y voir par-là, qu'il s'agit pour eux de ne pas abandonner tant qu'une solution viable et durable pour l'intérêt des droits individuels ne sera pas trouvée. Comme il a été mentionné plus haut, l'année 2020 a été annoncée comme l'année de toutes les solutions par l'AGNU dans la droite ligne de la résolution 68/628. Toutefois, bien que de minimes améliorations aient été notées durant les premières évaluations, les résultats ne sont pas vraiment au rendez-vous, ce qui pourrait expliquer le fait que le problème puisse continuer d'être au centre de toutes les attentions. Les réflexions sont menées ici et là par des plateformes universitaires[1249] mobilisées à cet effet, sans compter l'apport individuel de certain(e)s professeur(e)s chevronné(e)s et très impliqué(e)s sur le sujet. Elles écument de même le milieu des ONG intéressées par la réforme de l'activité des organes de traités : ISHR[1250] et bien d'autres organisations membres d'un mouvement de la société civile[1251]. Il est important de faire état de nos observations sur le dernier *Rapport biennal* (**1**) avant de proposer une analyse sur l'avenir des organes de traités (**2**).

1) Considérations sur le dernier Rapport biennal d'évaluation publié en 2020

430. De l'analyse du dernier rapport d'évaluation publié en janvier 2020, il ressort une volonté d'harmonisation poussée des méthodes de travail de

---

[1248] *Ibid.*, Annexe p. 19-21.

[1249] À titre d'exemple, l'Académie de droit international humanitaire et de droits humains, à Genève ; le CRDH (Centre des droits de l'homme de l'Université Paris)

[1250] International Service on Human Rights, *What Strategy Ahead of the 2020 Review*? September 2017.

[1251] Voy. *Joint Civil Society Submission Co-facilitation process on the 2020 review of the UN human rights treaty body system* 6 July 2020. (une contribution de plus de 80 organisations de la société civile impliquées dans le processus de réformes encours)

l'ensemble des Comités conventionnels[1252]. L'accent a été fortement mis sur la méthode de travail, notamment sur les procédures simplifiées de présentation des rapports périodiques déjà testée au sein de certains Comités. C'est le cas par exemple de l'examen des rapports en l'absence d'un État partie non-soumissionnaire, conformément aux informations dont dispose le Comité concerné ; c'est aussi le cas de l'élaboration et de la coordination entre Comités de la « *Liste des questions à traiter* » (LOIPR) avant l'examen. Par exemple, les présidents des Comités établis par les deux Pactes de 1966 (le CDH et le CDESC) envisagent de rallonger la périodicité de l'examen des rapports périodiques à huit ans de manière synchronisée tout en laissant aux autres Comités la possibilité de continuer à examiner les rapports périodiques selon leurs calendriers cycliques à raison de quatre années d'intervalle[1253]. L'objectif final d'une telle initiative serait d'alléger la charge de travail, d'éradiquer les problèmes de doublons et aussi de favoriser la fluidité ainsi que la cohérence dans l'examen des différents rapports périodiques des États.

431. Le processus d'amélioration n'est plus chose inconnue. Bien au contraire, il l'est plutôt surtout en raison de la multiplication des initiatives à cet effet au fil des ans. Néanmoins, il faut admettre également qu'il est pris dans une sorte d'engrenage révélateur consistant à faire du surplace depuis des décennies sans que des changements significatifs soient toujours observables. Le processus devient un phénomène qui s'enlise dans la mesure où il est à noter au même moment que, les *Rapports d'évaluation biennales* ne sont pas si prometteurs que cela puisse paraitre. Ils font plutôt état de l'augmentation sensible du taux de ratifications des traités de droits de l'homme par les États, ce qui en soi, est une bonne nouvelle puisque cette augmentation, est un acte de manifestation de la volonté d'engagement des États vis-à-vis de la communauté internationale en matière des droits de l'homme. Cependant, cette nouvelle cache en réalité des conséquences dommageables dont certaines ont fait déjà l'objet d'analyse dans nos précédents développements[1254]. Les informations recueillies dans le *Rapport biennal*[1255] signalent concomitamment à la ratification, une augmentation accrue du nombre des communications individuelles (80 %) adressées au Comités ayant compétence en la matière dont la majorité sont adressées principalement au CDH[1256]. Cela provoquerait par ricochet un allongement du délai de traitement des

---

[1252] Voy. Doc. AGNU, Soixante-quatorzième session (A/74/643), 23 janvier 2020, *Situation du système des organes conventionnels des droits de l'homme*, *Rapport du Secrétaire général*.

[1253] *Ibid.*

[1254] *Supra*. Chap. I, Titre I, Partie II de ce travail.

[1255] Doc. AGNU, Soixante-quatorzième session (A/74/643), 23 janvier 2020, *Situation du système des organes conventionnels des droits de l'homme*, Rapport du Secrétaire général.

[1256] *Ibid.* § 45 et 53.

communications[1257]. S'il est constaté une légère diminution des rapports périodiques devant être soumis aux différents Comités et qui souffraient du retard du fait des États parties, le travail restant demeure encore important. De surcroit, l'ONU ne parvient toujours pas à régler la question du besoin crucial du manque de personnel adéquat devant être au service des organes conventionnels afin que ceux-ci puissent s'acquitter de leurs obligations avec efficacité. Les propositions de recrutement formulées par le SGNU n'ont pas reçu totalement l'assentiment des États lors du dernier examen du projet de budget[1258]. On note dans cette perspective que, malgré l'augmentation du temps de travail des organes de traités, celui-ci n'a pas pu être exploité faute de disponibilité en ressources humaines.

432. D'ailleurs, à l'analyse de la globalité du processus de réforme, on a l'impression que la réforme a beaucoup priorisé le respect par les États de leur obligation en matière d'examen des rapports plus que leur obligation résultant de l'examen des communications individuelles. En effet, il ne ressort pas de cet examen de mesures adéquates et concrètes en faveur de l'examen des communications en terme organisationnel. On en veut pour preuve le fait que la légère diminution du nombre des rapports périodiques en attente de soumission ait conduit à la diminution du temps total de réunion des Comités conventionnels alors même que la charge de travail dans le cadre des communications n'a de cesse d'augmenter[1259]. Quoiqu'une légère augmentation budgétaire soit prévue, en prévision, dans le projet de budget-programme pour 2021, le SGNU en même temps a exprimé des doutes sur le fait que celle-ci puisse régler le problème dans les années à suivre[1260]. Il n'est donc nullement mentionné dans le document une action conséquente en faveur de la *Petition Unit* (la cellule de traitement des communications). Cet état de choses semble préoccupant pour l'avenir du mécanisme contentieux des organes de traités dont la crédibilité risque d'être complètement remise en cause.

433. Sous le bénéfice de telles remarques, il est nécessaire tout de même de se féliciter du travail fait jusqu'ici sur lequel devrait se baser les éventuelles propositions et réflexions. Toutefois, sans pour autant être pessimiste, la démarche actuelle reste encore très conservatrice et ne fera que perpétuer les mêmes problèmes. Les résultats escomptés sont attendus pour une période indéterminée. À cet effet, il semble qu'il serait dans l'intérêt de tous que les parties prenantes revisitent les projets consécutifs des organes des traités pour diverses raisons. On pensera par exemple notamment au projet du « rapport

---

[1257] *Ibid.* § 55.

[1258] *Ibid.* § 42.

[1259] *Ibid.* § 49.

[1260] *Ibid.* § 53.

unique », d'un « organe unique », bref, de tous les projets ayant précédé la résolution 68/628. Ils peuvent encore être une source de réflexions majeures bien que n'ayant pas été acceptés, afin que ce qui se fera à l'avenir puisse avoir une efficacité durable comme le souhaitent tous les protagonistes de ce mouvement de réformes. Peut-être comportent-ils des lacunes mais un meilleur parti pourrait toujours être tiré d'eux. La position conservatrice adoptée actuellement ne peut que conduire à une dérive du système qui ne mise que trop sur l'examen des rapports périodiques.

2) Pistes de réflexions sur l'avenir des organes de traités des droits de l'homme de l'ONU

434. Avant tout, il semble judicieux de préciser que compte tenu de la complexité du sujet et de son étendue, il est difficile de prétendre disposer d'une solution toute faite ou meilleure à toute autre. Nous nous proposons dans le cadre de ce travail et comme bien d'autres l'ont fait, d'explorer quelques pistes pouvant servir de modèle de solution.

Dans cette optique, si l'option faite aux États parties et aux organes des traités de franchir le cap pour instaurer un moyen unique de règlement juridictionnel international en la matière semble définitivement ne pas recevoir leur assentiment, du moins pour l'heure[1261], il faudrait néanmoins songer à repenser tout le système de façon à le rendre plus performant suivant une approche relativement radicale, plus neuve qui puisse donner encore plus de motivations, de façon à susciter l'intérêt et l'engouement pour les victimes.

435. Cela étant dit, à moyen terme, l'idée d'organes de traités du système conventionnel onusien plus coordonné devrait être expérimentée mais de façon à tenir compte des expériences passées. Ainsi, on devrait peut-être songer à un organe unifié différemment conçu jumelant par exemple : le CDH, et le Comité des droits socio-économique et culturel (CDESC). Jusque-là, on considère que la faisabilité ne devrait pas poser de problèmes majeurs. Le CDESC ayant été créé par simple résolution du Conseil économique et social (ECOSOC) et non par un texte conventionnel en bonne et due forme comme ce fut le cas des autres Comités, transférer ses compétences à un autre organe devrait pouvoir se réaliser sans de trop grandes contraintes. Le nouvel organe aura un nom librement choisi, mais à défaut, pour sauvegarder l'intégrité des textes, il est souhaitable que le nom : « Comité des droits de l'homme » puisse être gardé. En réalité, le « Comité des droits de l'homme » actuel aurait pu été appelé le « Comité des droits civils et politiques » en vertu du nom de son instrument fondateur, comme tous les autres organes dont les noms dérivent directement de leurs textes fondateurs. À défaut de conserver ce nom, le

---

[1261] Voy. *Supra.* Nos développements sur le projet d'une juridiction unique internationale.

nouvel organe pourrait aussi être désigné par le nom « Comité des Pactes ». Ce nouveau Comité projeté, siégera de manière permanente et sera composé de 18 membres. Le choix de ceux-ci sera basé sur des critères de sélections qui impliqueront désormais toutes les parties prenantes y compris la société civile[1262] devenue depuis des décennies un partenaire incontournable du système et dont la légitimité à participer à un tel processus ne devrait plus faire l'objet d'aucune discussion[1263]. Il aura pour compétence de recevoir et examiner un seul rapport périodique par État partie. En effet, devant ce nouvel organe, les États parties auront à présenter un seul rapport qui tiendra compte des mesures prises pour donner effets aux droits garantis dans les deux Pactes sur la base d'un rapport succinct. Il sera également compétent pour examiner les communications à lui adressées sur la base des deux Pactes. A côté, les autres Comités des droits catégoriels resteront investis de leurs rôles habituels.

436. Cette proposition aura pour mérite de ne pas s'exposer à un rejet automatique de la part des parties prenantes dont le motif majeur concerne souvent celui de la modification des traités fondateurs[1264], une crainte directement liée à la procédure complexe prévue dans la Charte des Nations Unies. Mais, il aura aussi pour mérite d'avoir finalement réalisé l'idéal du projet c'est-à-dire celui de l'indivisibilité des droits de l'homme dont est porteur la DUDH en remédiant au « *péché originel* », selon les termes du Professeur L. HENNEBEL, qu'aurait commis les États en divisant les deux Pactes[1265]. Et au même moment, elle réduirait en partie le problème des arriérés des rapports étatiques et allègerait de même la lourde charge pour les États et enfin renforcerait la cohérence.

437. Mais face à l'augmentation sans cesse constante des communications ayant consubstantiellement comme conséquence l'augmentation exponentielle de la charge de travail, dépassant la capacité de gestion des mesures prévisionnelles, l'hypothèse suivante serait plus radicale. Il pourrait être nécessaire de faire un petit recul pour s'inspirer des projets avortés et se

---

[1262] Voy. *Supra.* nos développements à ce sujet sur la perfectibilité des acteurs au service des organes de traités.

[1263] Voy. *Supra.* dans ce même document, Section II, Chap. II, Titre I, Partie I.

[1264] I. SALAMA, « Strengthening The UN human rights Treaty Body System : Prospects of a work in progress », *in* O. DE FROUVILLE (dir.), *Le système de protection des droits de l'homme des Nations Unies : présent et avenir, Acte du colloque du 7 et 8 novembre 2016*, Centre de recherche sur les droits de l'homme et le droit humanitaire, Paris, Pedone, 2018, p. 100.

[1265] L. HENNEBEL, « Les Pactes comme instruments de socialisation des États Parties », *op. cit.*, p. 36. ; Voy. dans ce même sens, l'analyse de l'auteur suivant des propos de l'ancien haut-commissaire aux droits de l'homme Zeid Ra'ad Al Hussein lors de la commémoration du 50ème anniversaire des deux Pactes, B. G. RAMCHARAN, « The Covenants », *in* S. CHESTERMAN, D. M. MALONE et *al.* (ed.), *The Oxford Handbook of United Nations Treaties*, Oxford University Press, 2019, p. 399.

tourner vers la création d'un organe unique avec un système de chambres[1266]. L'organe unique sera chargé de rendre des décisions sur la base des requêtes individuelles adressées à tous les organes conventionnels et siégera de façon permanente[1267]. Le plus grand intérêt ici relèvera du rôle accru qui serait attribué à la *Pétition Unit* qui fonctionnera à la manière d'un greffe d'une juridiction internationale directement sous l'autorité de l'organe unique[1268] avec toutes les ressources indispensables à sa disposition, tels le capital humain, les moyens financiers et la logistique.

438. Quelle que soit la démarche qui sera suivie, un mécanisme solide de suivi des *constatations* et *Observations finales* doit pouvoir trouver place au sein de la nouvelle configuration projetée. Cela est d'autant plus important que le projet de réforme en cours en parle peu. Or, la procédure de suivi de la mise en œuvre devrait être la priorité parce qu'elle fait partie des difficultés principales dont souffre tout le système. En réalité, c'est le dispositif censé être le plus directement bénéfique à l'individu victime d'une violation. Il parait que, mis à part le rôle crucial que jouent et joueront les ONG dans cette mission, le mécanisme approprié serait l'Examen Périodique universel (EPU) qui servirait d'organe de suivi de la mise en œuvre des décisions et recommandations des organes de traité[1269]. La procédure pourrait consister à

[1266] Notre idée sera symbolisée par un organe unifié sous la forme d'un pedigree généalogique à deux niveaux. En sa tête : l'organe unifié (le CDH+CDESC) adossé à la *Pétitions Unit*, et au second niveau les Comités catégoriels qui seront amputés partiellement de leur compétence en matière d'examen des communications individuelles au profit de l'organe unifié. Partiellement parce que, selon les affaires et si l'organe unifié le juge nécessaire, le traitement de l'affaire fera intervenir un membre des Comités subsidiaires ou spécialisés de préférence le président ou un membre désigné par lui.

[1267] F.D. GAER, « The Institutional Future of the Covenants », *op. cit.*, p. 353.

[1268] Voy. l'idée de chambre spécifique chargée d'examiner les communications individuelles ici M.-V. BRAS GOMES, « Cinq ans deux pactes internationaux et trente-six experts dans un monde pluri-polaire. Table ronde », *in* S. GROSBON (dir.), *Résistance et résilience des pactes internationaux de droits de l'homme à l'épreuve d'une société internationale post-moderne, Acte du colloque organisé le 16 décembre 2016*, Cahiers internationaux n°32, CEDIN, CREDOF, Université Paris Nanterre, Pedone, 2018, p. 240.

[1269] O. DE FROUVILLE, « Un chaînon manquant : quelles relations entre les organes de traités et le Conseil des droits de l'Homme? », in *Edition spéciale (10ème anniversaire du Conseil des droits de l'Homme), in Service International pour les Droits de l'Homme, (ISHR)*, Genève, 5 juin 2016. Le Professeur O. DEFROUVILLE pense dans cette même dynamique que : « Pour éviter que l'EPU ne duplique en moins bien le travail des experts, en lui faisant ombrage, il vaudrait mieux conférer à ce mécanisme une fonction exclusive de suivi de leurs recommandations. Ainsi l'EPU aurait-il une vraie valeur ajoutée par rapport aux autres mécanismes existants, et le Conseil rempirait-il plus efficacement son mandat consistant à encourager le respect intégral des obligations souscrites par les Etats dans le domaine des droits de l'homme. » ; le même auteur a déjà développé ailleurs les arguments qui montrent que le mécanisme de l'UPR fait ombrage sur les organes des traités résumés en ces termes : « The "complementarity" and the "added value" of the UPR is far from being proved » aussi en raison de leur dépendance « *upon the good will of the state under review* » : Voy. O. DE FROUVILLE,

organiser, en prélude à l'examen d'un État partie devant le Comité, une rencontre entre cet État et les membres de l'EPU afin de s'assurer que les mesures prises en l'encontre de l'État ont été passées au crible et documentées par ce dernier en réponse aux décisions et recommandations. Ainsi, on fera d'une pierre deux coups ; les sessions normales de l'EPU servant en même temps d'occasion de suivi de l'État en examen des suites des décisions rendues par les Comités sur demande formulée par le Haut-Commissaire. Cependant, dans le cas où il est avancé que, faire de l'EPU le mécanisme de suivi des décisions des organes de traités fragiliserait ces derniers en raison de son fonctionnement politique et diplomatique, contrairement aux Comités qui sont eux appelés à jouer un rôle plus proactif, en ce moment, il ne restera aux organes de traité qu'à user de leur influence sur leurs représentants afin que ceux-ci fassent passer le message aux États en cause en leur demandant des comptes. Cela dit, les Comités gagneront encore plus à l'égard de l'opinion nationale en ce que, ce type de suivi permettra aux ONG de se saisir automatiquement du dossier sur le plan national[1270].

439. Comme il a été précisé plus haut, ces idées ne sont pas des solutions toutes faites. Elles peuvent paraitre pour certains trop réalistes si nous prenons en compte les critiques faites au projet d'organe unique de l'ancien Haut-Commissaire aux droits de l'homme Mme. L. ARBOUR, mais elles trouvent toutes leur intérêt. En effet, elles pourraient aider à changer la donne de la situation actuelle devenue redondante. Dans ce même sens, on est conscient que l'obstacle majeur sera encore une fois, la procédure de modification des textes conventionnels suivi de la ratification d'un éventuel statut procédural - selon le cas -, ou encore le problème habituel de financement mais ce sera l'effort ultime à déployer par les États pour marquer notre époque positivement d'un changement fondamental de paradigme, et ce, si la protection internationale des droits de l'homme reste une priorité de la communauté internationale.

SECTION II/
LES MOYENS COMPLEMENTAIRES NECESSAIRES AU RENFORCEMENT DE L'APPLICATION DU PIDCP

440. Au regard, de ce qui précède, il est possible de dire que la réflexion sur l'effectivité ne serait pas accomplie si les idées qui fondent le

---

« Building a universal system for The protection of human rights: The way forward », *op. cit.*, pp. 250-255.

1270 Voy. Dans ce dernier sens l'analyse de, B.G. RAMCHARAN, *Modernizing the UN human rights system*, Vol. 127, International studies in human rights, Leiden ; Boston, Brill Nijhoff, 2019, pp. 172-175.

soubassement d'une telle recherche se limitent essentiellement à la recherche d'une réforme institutionnelle efficace. Certes, celle-ci est capitale mais il existe diverses autres mesures et actions dont la coexistence ou la prise en compte s'avère indispensable pour une réponse efficace dans l'intérêt des droits individuels contre la situation qui prévaut actuellement. Dans cette logique, que l'option juridictionnelle ou quasi-juridictionnelle soit retenue, indépendamment de la nature juridique de l'organe, il est important non seulement de faire connaitre son travail à des fins de confiance des victimes dans l'organe mais aussi dans sa crédibilité. Cela nécessiterait la mobilisation de tous les moyens pouvant lui permettre de mener à bien la mission dévolue. La finalité serait d'inciter les États à donner effets à son travail au bénéfice de l'individu avec la contribution de toutes les parties prenantes. Pour parvenir à ces fins, la publicité et l'accessibilité accrue sont un moyen non-négligeable (**Paragraphe** I), ainsi que tout mécanisme d'encouragement politique (**Paragraphe II).**

PARAGRAPHE I/
LA PUBLICITE ET L'ACCESSIBILITE COMME MOYENS DE CONTRIBUTION A L'APPLICATION DES NORMES UNIVERSELLES DE DROITS DE L'HOMME

441. Eu égard à ce qui précède, il est évident que la solution institutionnelle, certes est l'une des solutions majeures du processus de renforcement des organes de l'application des traités, mais elle n'est pas suffisante en soi. Cette logique institutionnelle nécessite d'autres leviers. À vrai dire, la question de la visibilité du système dans sa globalité, objet de préoccupation de divers acteurs et usagers du système, semble être en partie l'une des solutions au problème. De ce fait, il faut reconnaitre que des initiatives ont été prises et il faut les encourager mais il faut aussi adopter des dispositions complémentaires. Aussi faut-il envisager de mettre l'accent ici d'abord sur la question de la publicité et de la médiatisation (**A**) ensuite, celle relative aux dispositifs de renforcement des capacités sera au centre de notre attention (**B**).

A/ La médiatisation, facteur contributeur de la construction de l'effectivité

442. En DIDH, « le silence est le meilleur ami des États »[1271]. Et donc, par argument à contrario, la publicité est une arme redoutable contre les États, et donc un facteur pour l'effectivité du droit international[1272]. Cette déclaration sous-entend l'importance de la publicité des *constatations* et prononcés des organes de contrôle des droits énoncés dans les instruments internationaux de protection des droits de l'homme pour ne surtout pas oublier les enseignements kantiens selon lesquels « Toutes les actions relatives aux droits d'autrui, dont la maxime n'est pas susceptible de publicité, sont injustes »[1273]. Autrement, les États responsables des violations des droits de l'homme se complairaient dans la situation sans chercher à l'améliorer, ni à procéder aux changements nécessaires par la mise œuvre des mesures idoines dans leur ordonnancement juridique afin de pallier les maux qui menacent les droits et libertés de leurs ressortissants ou de toute autre personne se trouvant sous leur juridiction effective. Les souverains étatiques restent en effet très soucieux de leur image sur la scène internationale même si en réalité aucun État ne peut se prévaloir d'être parmi les « Justes », ce qui reviendrait à se voiler la face. Des États réputés vertueux perpétuent parfois des violations graves.

443. En 2006, la Haut-Commissaire dans son rapport sur le renforcement de l'activité des organes de traité soulevait ceci :

> « En dépit des réalisations obtenues, celui-ci est peu connu en dehors des milieux universitaires, des administrations et des fonctionnaires publics qui sont directement en contact avec les organes conventionnels ainsi que des juristes et des ONG spécialisés. Le système conventionnel est rarement perçu comme un mécanisme accessible et efficace pour conduire à des changements. Les victimes de violations des droits de l'homme et les acteurs de la société civile ne connaissent pas les procédures complexes du système ou n'ont pas conscience de ses potentialités. Les médias en parlent peu et les

---

1271 La déclaration faite par F. HAMPSON, membre de la sous-Commission de la promotion et de la protection des droits de l'homme, lors de la cinquante-troisième session de cette Sous-Commission, 2001. Aussi démontre-t-il à suffisance les vives réactions récentes du président américain Donald Trump qui signe un décret de sanctions à l'encontre des magistrats en fonction à la CPI pour avoir décidé d'ouvrir des enquêtes sur les violations possibles des droits de l'homme par l'armée américaine dans le conflit en Afghanistan. C'est une illustration topique. L'administration américaine agissant ainsi, a cru bien faire de ne pas accepter prendre le risque de subir de l'opprobre si jamais les rapports d'une enquête révéleraient au grand jour des dossiers de violations massives pouvant ternir complètement leur image sur la scène internationale. Par conséquent, la solution pour elle est de dissuader, intimider la justice internationale de ne pas avancer sur ce point. Une justice à double vitesse ? dans tous les cas, ce n'est pas ce qui nous intéresse ici.

1272 R. KOLB, « Le degré d'effectivité du droit international », *op. cit.*, p. 4.

1273 E. KANT cité par : M.G. KOHEN, « Manifeste pour le droit international du XXIème siècle », *op. cit.*, p. 143.

juristes et les organes judiciaires nationaux ne se réfèrent que de façon limitée à la jurisprudence des organes conventionnels »[1274].

444. Ces remarques doivent particulièrement interpeller et doivent être prises sérieusement en considération si l'on veut que les organes de traités deviennent des acteurs clés de changements dans la vie des victimes de violation des droits. La visibilité de ces organes est plus que nécessaire. Elle doit pouvoir servir d'outils exploitables pour les instances tierces, et être à la disposition des individus, des ONG et de l'opinion publique nationale pour faire connaitre réellement ce qui est afin que cela puisse servir également d'outils de dissuasion contre les États. Au cas contraire, comme le laissait entendre A. WEBER :

> « Rien ne sert de conclure au manquement d'un État à ses obligations si cette conclusion n'est ensuite pas divulguée, disséminée : il est primordial de dénoncer publiquement, le cas échéant, la non-application d'une convention et d'attirer l'attention de l'opinion publique internationale sur les violations commises »[1275].

445. Cela signifie indirectement que les organes de contrôle doivent intensifier leur communication, tenir par exemple des conférences de presse surtout à la fin des sessions. Pour ce faire, il faut convoquer les médias reconnus, à même de pouvoir leur consacrer du temps surtout ceux disposant d'un large auditoire. L'usage des réseaux sociaux peuvent aussi contribuer et être d'une grande utilité dans le monde qui est le nôtre pour faire connaître la réalité à l'opinion internationale et contribuer à faire changer les comportements défaillants des États. À notre connaissance par exemple, au moment où nous écrivons, à part le compte officiel *twitter* du Comité des travailleurs migrants (CMW) pour ses activités propres, tous les autres organes font partager leurs décisions et communiqués via le seul compte officiel du Haut-Commissariat des droits de l'homme. Il en faut plus que cela. Cela dit, les autres Comités devraient suivre le pas.

446. Par ailleurs, « Il faut que le système arrête de fonctionner comme un vase clos en favorisant la transparence, la réactivité et l'effectivité »[1276] disait le Professeur E. DECAUX appelant indirectement à plus d'accessibilité des

---

[1274] Rapport de la Haut-Commissaire des Nations Unies, Doc. HRI/MC/2006/2, p. 12.

[1275] A. WEBER, *Les mécanismes de contrôle non contentieux du respect des droits de l'homme*, Publications de la fondation Marangopoulos pour les droits de l'homme, n° no. 12, Paris, France, Pedone, 2008, p. 262.

[1276] E. DECAUX, « Pistes de réflexions et perspectives de travail pour 2020 », *in* O. DE FROUVILLE (dir.), *Le système de protection des droits de l'homme des Nations Unies : présent et avenir, Acte du colloque du 7 et 8 novembre 2016*, Centre de recherche sur les droits de l'homme et le droit humanitaire, Paris, Pedone, 2018, p. 128.

informations sur les organes des traités. Comprenons que cette accessibilité passe aussi par une mise à jour régulière des sites internet avec des catalogues bien précis pour les organes de traités[1277]. La recherche sur les bases de données jurisprudentielles des Comités conventionnels demeure à ce jour une corvée comparativement à la base des données de la Cour EDH qui est exemplaire dans sa fluidité de navigation. Le grand intérêt est de se faire connaitre beaucoup plus auprès du grand public en donnant une visibilité accrue aux travaux des organes des traités afin qu'ils restent moins ignorés même de la communauté scientifique. Favoriser la divulgation des rapports annuels, des documents officiels de organes devrait motiver en partie de telles initiatives. Aujourd'hui encore, c'est avec regret qu'on remarque que même dans le cercle des internationalistes, des juristes ou parfois des diplomates et experts de l'ONU continuent encore à confondre par exemple le Comité des droits de l'homme et le Conseil des droits de l'homme, ou à ignorer simplement la compétence contentieuse des organes de traités. Encore plus regrettable, le fait que d'aucuns vont jusqu'à considérer le Conseil des droits de l'homme comme l'organe de surveillance du PIDCP. Ce n'est pas nécessairement leur faute. Cela est en partie dû au caractère très décentralisé du système qui amène souvent l'utilisateur ou l'observateur externe à s'y perdre. Une visibilité accrue aiderait à réduire ce niveau d'ignorance, et ce serait dans l'intérêt de tout le système. On remarque aussi que le sujet fait partie des mesures à prendre dans le cadre de la procédure de renforcement. Cependant le fait que le rapport final d'évaluation de 2020 le classe encore dans la rubrique des difficultés est une preuve que l'idéal est toujours loin d'être atteint. Par conséquent, il urge que le sujet fasse l'objet d'une attention particulière de la part des acteurs des reformes[1278].

447. Le sujet traité invite à s'interroger de même sur la pratique linguistique qui conduit à une demande de la revalorisation de la langue. Il n'est pas inutile de rappeler que les Nations Unies ont reconnu officiellement deux langues (le français et l'anglais) comme langues officielles. À ce jour, si l'on est tout de même d'accord avec la tendance au multilinguisme comme pratique internationale avec dominance de l'anglais, très appréciée dans ces milieux, cette dernière ne doit pas apparaitre comme la langue unique de l'organisation. Un effort supplémentaire doit être fait afin que les documents soient publiés à intervalle de temps court dans les deux langues officielles

---

[1277] Voy. P. LYNCH et B. SCHOKMAN, « Taking Human Rights from the Grassroots to Geneva... and Back: Strengthening the relationship Between UN Treaty Bodies and NGOS », *op. cit.*, p. 191.

[1278] Sur l'utilisation de la technologie au service du renforcement de l'efficacité du système dans le Rapport biennal d'évaluation : Voy. Doc. AGNU Ref. (A/74/643) du 23 Janvier 2020, *Situation du système des organes conventionnels des droits de l'homme, Rapport du Secrétaire général,* § 57.

avant la langue officielle de l'État concerné dans le cas où elle diffère de celles qui sont officielles. En bref, un juste milieu doit être trouvé pour se conformer aux règles de la Charte des Nations Unies. Ce problème se pose avec acuité pour les chercheurs non bilingues qui ont du mal à accéder à la documentation par exemple des décisions ou rapports exploitable pour la recherche.

448. La mise en œuvre de telles propositions devrait mettre l'accent également sur le côté positif du mécanisme contentieux moins connu aussi du grand public. Or l'accès à l'information est un facteur fondamental pour la visibilité et l'efficacité du système. Les réformes en cours devraient mettre en valeur, à la disposition du grand public, sur les sites web du HCDH ou à travers les comptes officiels des Comités conventionnels sur les réseaux sociaux dont l'audience peut atteindre un grand nombre de personnes, des contenus sur la base des exemples tirés des cas positifs ayant impacté positivement la vie des victimes grâce à leur usage du système[1279]. La conséquence directe serait qu'en mettant en avant les intérêts ou l'avantage que des précédentes victimes ont pu tirer de l'usage des mécanismes du système conventionnel, à coup sûr, cela encouragerait à l'avenir d'autres personnes, d'abord, à lui faire confiance et ensuite, à y recourir. L'accessibilité impliquerait aussi, comme le CDH le rappelle aux États de pouvoir publier le PIDCP dans toutes les langues officielles de l'État[1280]. Il est aussi important que les États fassent pareillement dans les langues locales écrites, (s'agissant des États dont une grande partie des populations ne parlent pas forcément les langues officielles très souvent utilisées uniquement dans les milieux éducatifs ou administratifs) sinon qu'ils fassent passer les messages publicitaires audios par les canaux de radiodiffusion pour permettre aux individus de toutes catégories sociales même les plus vulnérables de connaitre leurs droits

B/ Les programmes de « Renforcements des capacités », dispositif contributif au processus de rationalisation du système

449. L'efficacité du mécanisme dépend également de la connaissance au niveau national de l'existence des procédures aux fins de la protection des droits fondamentaux au sein des Nations Unies, de leurs qualités et de ses résultats. Cela suppose donc que l'ONU mette à la disposition du HDCH des moyens pour accomplir cette mission. Pour que le fonctionnement des organes de traités connaisse davantage de succès, les parties prenantes doivent être capables de participer et de suivre toutes les étapes de l'office de ces organes

---

[1279] Une telle idée peut également être retrouvée dans les propositions de: C. CALLEJON, K. KEMILEVA, F. KIRCHMEIER, « Treaty bodies individual Communication procedures: Providing redress and reparation to victims of human rights violations », The Geneva Academy of International Humanitarian Law and Human Rights May 2019.

[1280] CDH, *Observation générale* n° 3 de 1981, Mise en œuvre du Pacte dans le cadre national remplacée par l'Obs N° 31.)

sans trop grandes difficultés. En effet, force est de reconnaitre que les mécanismes conventionnels onusiens sont basés sur des instruments de droit et le débat est très souvent juridique. Les acteurs nationaux, les fonctionnaires des ministères des affaires étrangères, toutes les autorités administratives et judiciaires doivent se familiariser avec les outils de fonctionnement du système de façon à pouvoir jouer efficacement leurs rôles et en même temps, apprendre à connaitre les réelles obligations que l'État partie a contractées en vertu des instruments conventionnels. Il en est de même pour les ONG participants aux activités dont il est fait mention dans la première partie de cette étude. Cela est d'autant plus important qu'il s'agit de débats durant lesquels une mauvaise connaissance des rouages et procédures du système par des acteurs peut s'avérer contreproductive pour l'efficacité de son fonctionnement et impacter son effectivité. Dans une certaine mesure, cela pourrait être la cause principale pour certains États de ne pas pouvoir s'acquitter convenablement de leurs obligations conventionnelles.

450. Très souvent, certains États invoquent le manque de moyens pour mener ces actions pourtant très utiles pour tout le système. Ainsi, on peut noter que lors de la présentation et l'examen des rapports périodiques, des représentants d'État ne maitrisent pas la réalité du dialogue, et de ce fait, ne pouvent pas répondre de manière adéquate aux attentes des experts membres des organes de contrôle.

451. Dans la dynamique de la résolution 68/628, le Haut-Commissariat a initié des programmes de renforcement de capacités[1281]. Selon le document de rapport biennal rendu en 2018 sur l'exercice 2015 et 2017, trois cent cinquante hauts responsables ont bénéficié des formations de renforcement de capacités initiées sous les auspices du Haut-Commissariat. « Ces responsables sont à leur tour devenus des instructeurs qualifiés en matière de présentation de rapports aux organes conventionnels et font partie de réseaux sous-régionaux de représentants des États »[1282]. Le rapport fait ensuite état des retombées de ces formations de renforcement de capacités organisées en constatant un regain d'intérêt pour certain pays à vouloir créer des mécanismes de suivi des *Observations finales* issues de l'examen des rapports périodiques au moment où d'autres renouent avec le dialogue en essayant de rattraper les retards accusés dans le respect de leur obligation[1283]. Le dernier rapport d'évaluation de 2020 couvrant la période de 2018 jusqu'au 31 octobre 2019 fait état de ce que, les programmes de formation ont organisé deux cent quatre-vingt-cinq (285) activités dans quatre-vingt-quinze (95) pays et ont atteint trois-mille-

---

[1281] I. SALAMA, « Présentation du processus de renforcement des organes conventionnels », *op. cit.*, p. 162.

[1282] Rapport biennal 2018 § 29

[1283] *Ibid.* 29.

huit-cent-trente (3830) personnes[1284]. Les résultats sont également probants. Des modules de formations sur la procédure de présentation des rapports ont été établies sur et disponibles en plusieurs langues officielles de l'ONU[1285]. Le Rapport fait également observer que grâce aux activités de promotion des droits durant le renforcement de capacité, certains États ont retiré des réserves aux traités et ont ratifié d'autres instruments de droits de l'homme.

452. Au vu de ces résultats, on ne peut que se réjouir des initiatives prises par le Haut-Commissariat et encourager l'institution à continuer dans ce sens. Mais il est important de noter qu'une telle mission aurait pu aussi être déléguée aux ONG ayant des assises locales qui seront à même d'œuvrer pour une continuité de ses sessions de formations de façon cyclique afin que les acteurs soient à jour et connaissent mieux les changements ou les réformes menées au sein du système.

PARAGRAPHE II/ L'ENCOURAGEMENT NECESSAIRE A UNE VOLONTE POLITIQUE ACCRUE DES ETATS

453. Par-delà, il faut reconnaitre qu'on ne saurait traiter le sujet de l'amélioration et de renforcement en se bornant à la recherche des solutions visant à rétablir l'efficacité de l'ordre institutionnel du système conventionnel au travers essentiellement des engagements juridiques. Ce serait faire abstraction d'un élément crucial sans lequel toute idée aussi pertinente soit-elle ne se traduirait pas dans les faits : la volonté politique. Rappelons que le droit international et ses branches spécifiques sur la base desquelles fonctionnent les organes de contrôle internationaux, restent, dans une moindre mesure, dominé par la volonté étatique. De l'élaboration des textes, leur adoption à la mise en place des institutions, suivi de l'application voire la mise en œuvre des normes, cette dernière reste un élément omnipotent. Dans le cadre spécifique de notre travail, il est nécessaire pour un bon fonctionnement et une meilleure réception et mise en œuvre des instruments de droit de l'homme au niveau universel, que les États accompagnent leurs engagements juridiques d'une réelle volonté politique les conduisant à l'action de diverses manières afin de ne pas considérer ces engagements internationaux « as formal deference to the utopian expectations of the general public »[1286]. Il serait de la responsabilité de toute institution ou organes de contrôle érigés pour assurer

---

[1284] Rap 2020 § 28.

[1285] *Ibid.* § 28 et 30.

[1286] M. KOSKENNIEMI, *The Politics of International Law*, Oxford, Hart Publishing, 2011, p. 282.

cette mission d'amener les États à faire usage de cette volonté politique en s'investissant davantage sur le terrain de la coopération en matière de de droits de l'homme pour faciliter le bon accomplissement de leur mission. Cela supposerait naturellement une restriction de la manifestation accrue de la « *raison d'État* »[1287] sur le plan international pour une application plus aboutie du droit universel des droits de l'homme. C'est un travail qui doit suffisamment être fait en aval et en amont sur plusieurs plans via les mécanismes de coopérations internationales (**A**) incluant les missions d'assistances techniques plus orientées (**B**).

A/ L'importance des mesures de coopération entre les États et les organes des traités

454. Le souhait d'encourager l'assouplissement de la séparation entre le contexte intérieur et international appelle à une obligation d'ingérence en matière des droits de l'homme. Dans une société de plus en plus mondialisée[1288] dont l'une des raisons principales est la sauvegarde et le respect des droits de l'homme, l'invocation du sacro-saint principe de souveraineté ou toutes autres raisons aux fins d'étouffer les revendications des mesures d'application des engagements internationaux devient de plus en plus impertinente, contestée et considérée comme un acte de mauvaise foi. Cela dit, il tombe sous le sens que c'est à travers une volonté politique manifeste de coopérer avec les institutions et organes internationaux ayant vocation à défendre les droits fondamentaux que la mission de ceux-ci se verrait utile et effective. Ce qui est d'autant plus important surtout si les engagements pris par les États dans l'ordre international ne l'ont pas été dans la pure intention de se donner un brevet de démocratie ou de faire bonne presse[1289]. Il est d'autant plus nécessaire dans cette dynamique que les États acceptent les mécanismes internationaux qui tendent à entraver leur volonté[1290].

1287 M.G. KOHEN, « Manifeste pour le droit international du XXIème siècle », *op. cit.*, p. 145. ; Voy. M. DELMAS-MARTY (dir.), *Raisonner la raison d'État*, Paris, PUF, 1989, 512 p. ; *Le Monde, La raison d'État, de quel droit ?* publication du 23 février 2017.

1288 C.-A. MORAND, « La souveraineté, un concept dépassé à l'heure de la mondialisation? », *in* L. BOISSON DE CHAZOURNES et V. GOWLLAND-DEBBAS (éds.), *L'ordre juridique international, Un système en quête d'équité et D'universalité Liber Amicorum Georges Abi-Saab*, The Hague/London/Boston, Martinus Nijhoff Publishers, 2001, p. 153. ; L. BOISSON DE CHAZOURNES, « Gouvernance et régulation au 21ème siècle : quelques propos iconoclastes », *op. cit.*, p. 27.

1289 Voy. C. HEYNS et F. VILJOEN, « The Impact of the United Nations Human Rights Treaties on the Domestic Level », *op. cit.*, p. 491.; C. MIN WOTIPKA et K. TSUTSUI, « Global Human Rights and State Sovereignty: State Ratification of Human Rights Treaties, 1965– 2001' », *Sociological Forum*, 2008, vol. 23, n° 4, p. 724.

1290 C.-A. MORAND, « La souveraineté, un concept dépassé à l'heure de la mondialisation ? », *op. cit.*, p. 167.

455. La manifestation ou l'expression de cette coopération amène à combattre la tendance de certains États parties à se prévaloir, encore en ces jours, des différences culturelles, politiques et même historiques dont l'unique but est de se permettre de déroger à l'application des garanties des droits fondamentaux à l'international[1291]. Il est donc nécessaire de faire comprendre aux États le désintérêt manifeste de la communauté internationale vis-à-vis des appels à un retour aux valeurs traditionnelles contraires à l'affirmation de l'universalité des droits de l'homme afin de contrer cette tendance actuelle qui voudrait encourager une position contraire. Dans un esprit promotionnel de l'indivisibilité des droits de l'homme, il est capital que nul n'oublie les bonnes intentions de la Conférence de Vienne de 1993 sur les droits de l'homme : « s'il convient de ne pas perdre de vue l'importance des particularismes nationaux et régionaux et la diversité historique, culturelle et religieuse, il est du devoir des États, quel qu'en soit le système politique, économique et culturel, de promouvoir et de protéger tous les droits de l'homme et toutes les libertés fondamentales »[1292]. Le message est donc clair, la communauté internationale doit faire diligence à traiter les droits fondamentaux dans leur globalité sans prétention aucune du relativisme.

456. Dans le même sens que les initiatives de renforcement des capacités organisées sous les auspices du Haut-commissariat aux droits de l'homme de connivence avec les États, ceux-ci doivent pouvoir coopérer avec les organes onusiens de manière plus directe et efficace. La réussite d'une telle coopération passe d'abord par le recrutement des fonctionnaires bien formés et spécialisés sur les questions de droit international et droits de l'homme qui peuvent leur fournir les conseils nécessaires et les aider à répondre aux correspondances des organes de contrôles de façon efficace. Faire fi de cette nécessité, contribuerait à mettre en difficulté les activités de ces organes qu'ils auraient mis en place eux-mêmes. De façon illustrative, le CDH n'a eu de cesse de déplorer une indifférence manifeste de certains États dans ce sens. Tout comme les cas de retards excessifs dans la soumission des rapports périodiques par les États et dans une moindre mesure, l'absence des représentants d'État lors de l'examen, de pareils comportements sont également décriés dans le cadre de l'examen des communications individuelles. En effet, certains États refusant de faire diligence à l'égard des organes de contrôle, s'illustrent négativement par ce comportement réfractaire à l'accomplissement normal de la mission qui est la leur. Dans plusieurs cas, le CDH « se déclare préoccupé par le fait que, malgré les cinq rappels qui lui

---

1291 B. ÇALI, « Influence of the ICCPR in the Middle East », *op. cit.*, p. 127.

1292 Déclaration finale de la Conférence de Vienne de 1993 sur les droits de l'homme, I § 5.

ont été envoyés, l'État partie ne lui a adressé aucune information ou observation sur la recevabilité ou le fond de la communication »[1293].

457. Par ailleurs, dans la même logique, on constate une faible contribution des États africains au corpus jurisprudentiel des organes de traités. En effet, il faut noter que, les trois-quarts des États membres de l'Union Africaine ont ratifié le premier Protocole additionnel au PIDCP[1294], mais sur les plus de trois mille affaires dont a été saisi le CDH, et sur plus de deux mille décisions qu'il a rendues actuellement, le moteur de recherche des Nations Unies fournit un résultat de quatre-vingt-deux décisions rendues contre les États précités, ce qui est vraiment faible surtout si l'on devrait prendre en compte certaines réalités sur le continent. Le motif tiré d'un foisonnement de juridictions sous-régionales sur le continent pouvant entrainer un *forum shopping* semble excessif et donc discutable dans la mesure où, certaines d'entre elles ne sont plus fonctionnelles[1295], rares sont celles qui connaissent le contentieux des droits de l'homme ou en revanche, ce sont très peu d'États qui ont accepté la compétence de la juridiction continentale (Cour ADHP). Sous le bénéfice de telles remarques, il tombe sous le sens que la voie onusienne devrait constituer un recours stratégique pour les victimes de violation et leurs conseils.

458. Bien qu'il faille admettre que la saisine internationale ne relève pas de l'initiative des États - exception faite des recours interétatiques - et que ce constat ne devrait pas leur être directement imputable, il est en revanche de leur devoir de faire connaitre à leurs ressortissants le contenu de leurs obligations internationales (vulgarisations des décisions rendues à leur

---

[1293] CDH, *Youcif Almegaryaf et Hisham Matar c/ Lybie*, Comm n° 2006/2010, § 6.3. ; « Le Comité rappelle que, aux termes du paragraphe 2 de l'article 4 du Protocole facultatif, un État partie est tenu de coopérer en soumettant au Comité, en toute bonne foi et dans les délais impartis, tous les renseignements dont il dispose afin de permettre au Comité d'examiner la communication en tenant compte de tous les éléments de l'espèce et des arguments des deux parties. Le Comité regrette que l'État partie ait manqué à cette obligation découlant du Protocole facultatif qui engage l'État partie. » *CDH, N. D. M. c/ République démocratique du Congo* décision du 30 mars 2015, comm. 1971/2010. ; CDH, *Yan Melnikov c/Belarus*, constatation du 14 juillet 2017, comm. n° 2147/2012, § 6.1 et 6.2. Dans l'affaire précédente, on y voit une rupture totale de toute volonté de coopération de la Biélorussie envers le CDH menaçant de se désolidariser de la constatation qui serait prise si éventuellement le CDH venait à enregistrer la requête à lui soumise. ; de même dans cette décision on observe un défaut de coopération du même État partie, CDH, *Tyvanchuk et al c/ Belarus*, 2018, comm. n° 2201/2012. Adressées au même Etat : CDH, *Pavel Levinov c/ Bélarus*, comm. n°1867/2009 et consorts, § 8.2. ; CDH, *Anatoly Poplavny, c/ Bélarus*, 5 novembre 2015, comm. n°2019/2010, § 6.2 ; CDH, *Svetlana Goldade c/ Belarus*, 6 novembre 2020, comm. n°2330/2014, § 4.3 et 6.1. ; CDH, Dmitry *Koreshkov c/ Belarus*, 23 juillet 2020, comm. n° 2482/2014, § 4. ; CDH, *Siarhei Malashenak c/ Belarus,* 23 juillet 2020, comm n° 2486/2014, § 4.

[1294] Nous avons décompté 33 États africains membre de l'Union africaine et parties au premier Protocole facultatif annexé au PIDCP.

[1295] L'exemple concret du tribunal de la SADC qui n'est plus en activité depuis 2012. En effet, les États membres de l'organisation ont suspendu ses activités en lui ôtant sa compétence contentieuse lui refusant par-là, l'accès direct des individus à son prétoire.

encontre par les instances régionales ou universelles – *constatations* et recommandations issues des *Observations finales*). À notre avis, une telle faible contribution résulterait implicitement de ce que, les mécanismes contentieux des organes de traités sont très peu connus du grand public sur le continent ou c'est plutôt leur accessibilité qui semble poser problème pour les citoyens et les avocat-conseils. Pour parer à cette situation, les États doivent accomplir leur obligation d'information vis-à-vis de toute personne vivant sur leur territoire sur les moyens et recours disponibles en leur faveur en mettant en place les centres d'informations juridiques gratuits, l'assistance et conseils juridiques, la création de maisons de justice[1296]. À cet effet, un véritable mouvement de divulgation, de sensibilisation sur ces mécanismes doit être porté à l'attention des populations de façon plus active. Cet état de chose permettra aux avocats conseils et à toute personne de mieux s'outiller sur l'usage qu'ils peuvent faire de cette voie de recours pour la réclamation du respect de leur droit. Les Comités conventionnels de leurs côtés, devraient de plus en plus marteler aux États la nécessité que l'information parvienne à toutes les personnes vivant sur leur territoire. Toutes opportunités de rencontres avec les autorités étatiques, surtout lors des suivis des *Observations finales* ou des *constatations* doivent servir d'occasions à les inviter à plus de coopération. Mais il faut, en même temps, reconnaitre qu'une telle initiative ne produirait d'effets souhaitables que si les ONG, acteurs de coopération par excellence, se saisissaient aussi de telles questions[1297]. Dans cette dynamique nous pouvons témoigner ici le travail considérable de l'ONG Trial-International basée à Genève et qui mène des activités concentrées principalement dans la région australe du monde. Outre la mission opérée par les ONG dans le cadre du suivi des *Observations finales* et dans l'accompagnement de l'élaboration les rapports périodiques par la société civile locale, d'autres organisations de la société civile devraient pouvoir investir également ce terrain des recours contentieux afin de contribuer dans ce sens de façon significative. À cette époque où le numérique envahit le domaine de la communication et de la technologie, les ONG devraient exploiter cette aubaine pour atteindre même les coins les plus reculés pour déployer et s'enquérir des cas litigieux et les porter à la connaissance des

---

[1296] Voy. R. DE GOUTTES, « Le renforcement et l'harmonisation des procédures nationales et internationales en matière de protection des droits de l'homme », in *Des droits de l'homme au droit international pénal : Etudes en l'honneur d'un juriste africain, feu le juge Laïty Kama*, Leiden/Boston, Martinus Nijhoff Publishers, 2007, p. 733.

[1297] Dans ce sens, Voy. M. PALMA, « The Possible Contribution of International Civil Society to the Protection of Human Rights », *in* A. CASSESE (éd.), *Realizing Utopia: The Future of International Law*, Oxford, Oxford University Press, 2012, p. 81.

organes de contrôle. Ce serait une autre manière très efficace de contribuer à la garantie des droits procéduraux et des droits substantiels aux victimes[1298].

459. À côté des mesures mentionnées ci-dessus, il est judicieux que les États impliquent mieux les autres institutions nationales dans la mise en œuvre de leurs obligations internationales. Très souvent, à part les fonctionnaires des ministères des affaires étrangères, les autres institutions nationales participent très peu ou pas du tout à l'application des obligations étatiques en droits de l'homme, quitte à croire que ces obligations internationales de l'État ne sont qu'une affaire de l'exécutif et n'engagent que lui. Il serait plutôt souhaitable que les assemblées parlementaires étatiques soient amenées à jouer un rôle en la matière de même que les institutions nationales de droits de l'homme. Il est une tradition que la question de la mise en œuvre des décisions rendues contre les États relève très souvent de la compétence de la sphère politique autant que juridique. Néanmoins, parmi les institutions nationales pouvant influencer ou inciter les politiques à l'action, se trouvent les assemblées parlementaires. Il serait intéressant au regard de tout cela, que soient instituées des Commissions parlementaires dans les États où elles n'existent pas avec une compétence d'examen du contenu des obligations internationales de l'État en matière des droits de l'homme afin que celles-ci puissent rapporter et s'approprier le débat au sein des hémicycles. Les discussions lors des séances parlementaires favoriseront une récupération politique des questions de mise en œuvre des *constatations* et recommandations rendues à l'encontre de l'État. Cette récupération politique qui pourrait l'inciter à se conformer à ses obligations internationales. À la lecture d'une étude récente effectuée sur le rôle des assemblées parlementaires dans trois États européens, (la Nouvelle-Zélande, la Finlande, et le Pays-Bas,) on note que les assemblées parlementaires sont des actrices clés dans la mise en œuvre des *Observations finales*, leur contribution à leur mise en œuvre est importante. Bien que des exceptions puissent exister[1299], leurs pressions sur les gouvernements respectifs apportent des changements notoires bien que les actions menées diffèrent selon les États. Leur engagement participe directement à l'effectivité des *Observations finales* des Comités conventionnels à travers les modifications législatives[1300], des projets de lois, les pressions des parlementaires dans les médias pour faire réagir les gouvernements sur les

---

[1298] Ce faisant, les ONG contribueraient dans cette perspective à la « *availability of the right of individual petition to human rights* » et participant à la « The democratization of the invoking function that is occurring as a result of the right of individual petition », Voy. L.-C. CHEN, « Chapter 25: Human Rights and World Public Order: Major Trends of Development, 1980–2010 and Beyond », *op. cit.*, p. 457.

[1299] J. KROMMENDIJK, « National Parliaments: Obstacles or Aid to the Impact of International Human Rights Bodies? », *in* M. WIND (éd.), *International courts and domestic politics*, New York, Cambridge University Press, 2018, p. 244.

[1300] *Ibid.*, p. 239.

Observations finales.[1301] De telles actions doivent être encouragées dans les différents États parties à ces conventions.

460. Conscient toutefois que le degré d'implication des institutions nationales dépendrait nécessairement du contexte politique national ou encore du niveau de maturité démocratique de l'État et qu'il est aussi consubstantiel à l'image que celui-ci voudrait bien défendre devant l'opinion internationale[1302]. Ces mesures doivent être encouragées comme moyens de coopération mis en place par l'État à l'égard des organes de contrôle pour faciliter la mise en œuvre de ses obligations internationales en droits de l'homme. D'ailleurs, d'aucuns voient dans le processus actuel de réforme des organes de traités (les suites de la résolution 68/628), une occasion pour les protagonistes de renforcer le lien entre les organes conventionnels et les Institutions nationales de droits de l'homme (INDH) afin que ceux-ci, de concert, puissent contribuer à la mise en œuvre des obligations internationales des États dans l'ordre juridique interne[1303]. Une telle idée corrobore notre analyse d'autant plus que, la capacité d'exécution des engagements étatiques bien qu'elle soit dérivée directement d'une institution ou d'un mécanisme installé par l'État, peut aussi émaner d'autres acteurs, grâce à leur « *soft power* » qui peuvent contribuer à atteindre cet objectif.

461. Dans le même sens, le rôle de tout le système judiciaire national n'est pas moindre. Si le rôle du système judiciaire dans son ensemble est beaucoup plus situé dans la réception des décisions des juridictions supranationales ou des organes de contrôle international pour en demander leur mise en œuvre conformément à la place qu'occupent les traités internationaux dans l'ordonnancement juridique interne de chaque État, les juridictions internes des États parties au PIDCP, dans une perspective coopérative, devraient être encouragées à réserver davantage de place dans leurs motivations aux normes venues des organes des traités tout en l'adaptant à leur pré carré[1304]. Pour parvenir à ce résultat, on aura compris que le profil, le champ d'expertise des magistrats qui siègent au sein de ses juridictions constitue un facteur déterminant. De ce fait, l'État doit pouvoir de façon régulière organiser des

---

1301 *Ibid.*, p. 254.

1302 Sur la relativité du respect des droits de l'homme en fonction du degré de démocratisation de l'État en cause, Voy. E.A. POSNER, *The twilight of human rights law*, *op. cit.*, p. 61. ; E. NEUMAYER, « Do International Human Rights Treaties Improve Respect for Human Rights ? », *Journal of Conflict Resolution*, 2005, vol. 49, n° 6, pp. 925-953.

1303 D. ZIPOLI, « NHRI Engagement with UN Human Rights Treaty Bodies: A Goal-based Approach », *Nordic Journal of Human Rights*, July 2019, vol. 37, n° 3, pp. 259-280.

1304 Voy. par exemple: R. MURRAY et D. LONG, *The implementation of the findings of the African Commission on Human and Peoples' Rights*, *op. cit.*, p. 93. ; C. HILLEBRECHT, « The Domestic Mechanisms of Compliance with International Human Rights Law : Case Studies from the Inter-American Human Rights System », *Human Rights Quarterly*, 2012, vol. 34, n° 4, p. 970.

sessions de formations ou de recyclage à leur intention incluant des modules spécifiques sur l'évolution du droit des droits de l'homme afin de les familiariser avec les outils juridiques internationaux disponibles, exploitables à des fins utiles.

462. De façon subsidiaire mais indispensable, parce que n'étant pas à proprement parler dans l'ordre de la coopération horizontale (États - organes de protection) mais de la coopération verticale, l'apport des ONG est aussi important à cause de leur capacité à investir à suffisance le domaine de la mise en œuvre des droits de l'homme. L'État est appelé ici à renforcer et à développer sa coopération avec ces organisations de la société civile en favorisant par exemple leur travail et en leur donnant l'accès au territoire sur la base des principes qui priment désormais sur la non-ingérence dans les affaires internes des États[1305].

B/ Le développement des missions d'Assistances techniques

463. Invoquer ici l'importance des missions d'assistances techniques est une façon d'affirmer l'impact que ces missions pourraient avoir sur la mise en œuvre des droits de l'homme tels que garantis par les textes conventionnels onusiens. C'est donc une continuité de la promotion des techniques de coopération internationale mais de façon plus orientée. Il ne peut être ignoré que le respect par les États de leurs obligations internationales leur génère des contraintes de toutes sortes[1306]. Nous avons souligné quelques-unes un peu plus haut dans cette même étude. Au regard de ce constat, les missions d'assistances apporteraient des appuis aux institutions et structures des États, surtout celles des États fragiles, en manque de la technicité ou de ressources humaines et logistiques nécessaires ou par tous autres moyens adéquats pour renforcer leurs liens avec les institutions internationales ou organes de contrôle international. Il est donc dans l'ordre normal des choses que ces États puissent nouer des relations sur des bases bilatérales ou multilatérales avec d'autres États disposants de tels atouts ou par le biais des Instituts, ONG internationales ainsi que des OI disposant de telles capacités et expertises adéquates pour les accompagner dans leurs efforts. Ainsi ces moyens et mesures d'assistance peuvent être organisés autour de l'éducation aux droits

---

[1305] L. BOISSON DE CHAZOURNES, « Gouvernance et régulation au 21ème siècle : quelques propos iconoclastes », *op. cit.*, p. 27. ; L.-C. CHEN, « Chapter 25 : Human Rights and World Public Order: Major Trends of Development, 1980–2010 and Beyond », *op. cit.*, p. 455.

[1306] M.A. REITERER, « Some Thoughts on Compliance with International Obligations », *in* I. BUFFARD *et al.* (éds.), *International Law between Universalism and Fragmentation Festschrift in Honour of Gerhard Hafner*, Leiden/Boston, Martinus Nijhoff Publishers, 2008, p. 945.

de l'homme qui est également un moyen pour atteindre l'effectivité d'une telle mission[1307]. En effet,

> « L'éducation aux droits de l'homme reste la meilleure illustration de cette obligation de promouvoir les droits de l'homme, à travers des efforts de formations, d'informations, de sensibilisation, qui dépasse le cadre scolaire ou professionnel. Faire connaitre la substance des droits, mais aussi la nature des garantis qui sont disponibles, est en effet la condition même de leur effectivité. »[1308]

464. Les États se doivent de faciliter l'accès des citoyens à la connaissance de leurs droits par la mise en place de formations spécialisées. À défaut de disposer de formations, ou d'outils adéquats, les accords de coopération et d'assistance devraient servir dans ce sens. Les rôles des ONG ou des Instituts de formation sont d'une grande utilité à destination prioritairement des populations. C'est ici l'occasion de témoigner une reconnaissance aux remarquables activités délocalisées organisées par l'Institut René Cassin de Strasbourg ainsi que les programmes de l'Institut de droits de l'homme et de la paix de Caen ou encore les Cours d'été sur la pratique du droit international des droits de l'homme de l'IEHI de Marseille, qui offrent une opportunité unique aux jeunes de différents horizons du monde d'apprendre non seulement sur ces mécanismes onusiens, mais de manière générale sur le fonctionnement de la justice internationale en leur donnant l'occasion de se prêter à la pratique par l'entremise des exercices de procès simulés. Le but est de permettre à tout individu où qu'il soit de connaitre ses droits et de savoir par quels moyens il devrait pouvoir réclamer leurs respects par les autorités nationales. Ces jeunes formés seront à leur tour, des ambassadeurs dans leur régions respectives et transmettront leurs connaissances. Comme le disait si bien le Professeur E. DECAUX, « le premier des droits est de connaitre ses droits, d'avoir accès aux recours internes et aux recours internationaux »[1309].

465. Dans cette même démarche des assistances techniques, les bureaux régionaux du Haut-commissariat doivent évidemment renforcer leurs rôles. Ils peuvent servir d'intermédiaires entre les organes de traités et les États et ainsi assurer des missions techniques pour les États qui en ont besoin. Ainsi, les mandats des Missions de terrains (FOTCD) du Haut-Commissariat ayant le maximum de connaissances et d'informations sur l'état des droits de l'homme dans les États de leurs missions spécifiques devraient être réaménagés dans leur rapport avec les organes des traités. Dans le cas de la MINUSMA[1310],

---

[1307] E. DECAUX, « L'éducation et droits humains », *op. cit.*

[1308] *Ibid.*, p. 268.

[1309] *Ibid.*

[1310] La force multidimensionnelle des Nations Unies pour la stabilisation du Mali créée par la *Résolution 2100 du 25 avril 2013 du Conseil de sécurité.*

l'ONU a confié à la Division des droits de l'homme intégrée aux opérations de maintien de paix au Mali un mandat parallèle pour porter assistance et soutenir l'État malien dans ces efforts pour la promotion et le respect des droits de l'homme. Le rôle de cette Division étant de prêter de diverses manières assistances techniques à l'État dans ses efforts en matière de respect des droits de l'homme, devrait intégrer des mesures en faveur des organes de traités en facilitant les relations entre l'État et ceux-ci dans la mise en œuvre des décisions et recommandations rendues contre l'État sur le territoire duquel elle exécute son mandat[1311].

[1311] Voy. W.G. O'NEILL, « The UN High Commissioner for Human Rights and Field Operations », *in* G. OBERLEITNER (éd.), *International Human Rights Institutions, Tribunals, and Courts*, s.l., Springer International Publishing, 2018, pp. 82-83.

Conclusion :
2ème Titre, 2ème Partie

466. L'idée de renforcement sous-tend en réalité toutes les perspectives, moyens et techniques pouvant conduire à la réalisation des objectifs fixés dans les instruments conventionnels de protection des droits au sein des Nations Unies. On a pu apercevoir à travers ce titre que certains moyens de ce processus de rationalisation sont inhérents à tout organe de traité, en l'occurrence, le CDH, tel le développement des méthodes et techniques propres à l'interprète : la juridictionnalisation comme moyens de rationalisation de sa légitimité et de l'effectivité de sa mission. Si une telle auto-attribution de compétence ne trouve pas certainement sa source dans les idées véhiculées par les États dans la norme, elle s'allie à la finalité, à l'effectivité de sa mission et devrait moins faire l'objet de contestation que d'être encouragée pour les mêmes objectifs. À la fois, la réflexion conduit à s'intéresser à d'autres éléments certes non directement rattachables à l'activité du CDH mais non moins intéressants car constituant une partie intégrante, de façon plus globale, dans la recherche au niveau universel des solutions, de moyens efficaces pouvant rendre le système plus performant et plus à même de s'acquitter convenablement de sa mission. C'est donc la raison qui conduit à s'interroger sur la faisabilité ainsi que les possibilités visant à instaurer un mécanisme universel juridictionnel de protection des droits de l'homme.

467. Somme toute, s'il faut soutenir et encourager une telle alternative de recherche de moyens plus aboutis de règlement de différends à cette échelle, il sied de rappeler que cela ne signifie nullement qu'il faut remettre totalement en cause les mécanismes quasi-juridictionnels implantés au risque de contrevenir à notre propre raisonnement. D'autant plus que nos développements précédents montrent à suffisance que ces derniers ont fait leurs preuves. Dès lors, de façon plus objective, on considère que la mise en avant de la thèse d'une juridiction unique à l'échelon universel en matière de droit de l'homme est consubstantielle au fait que ce modèle de règlement de différends est souvent plus à même d'influencer le comportement des États en raison aussi de son bénéficie d'une présomption de légitimité. Mis à part un tel projet que nous suggérons, il n'est toutefois pas impossible de repenser tout le système conventionnel sur la base des considérations d'efficacité que nous avons essayé de démontrer et qui semblent d'ailleurs être au cœur des réformes entreprises sous l'égide des Nations Unies. Ainsi donc, ce processus devra faire intervenir et faire participer de façon plus significative, comme il a été souligné, la société civile dont le rôle devient de plus en plus indispensable pour l'atteinte des missions protectrices des organes de traités onusiens de droits de l'homme.

468. À l'issu de ce travail, il est important de remarquer d'abord que le DIDH dans son ensemble et le droit universel des droits de l'homme en particulier ont connu de fortes mutations au fil des ans. Il faut reconnaitre ensuite que le CDH en tant qu'organe universel, dans sa position de tiers impartial, est l'un des organes internationaux de contrôle les plus actifs à jouer une mission de protection internationale et l'un des plus sollicités de la famille de tous ces organes conventionnels[1312]. Ainsi qu'il a été souligné, pour atteindre ses buts, l'organe de contrôle universel a œuvré de manière active en orientant ces moyens d'action dans la recherche de l'effectivité de la mission à lui dévolue par le PIDCP. Malgré la très dense architecture institutionnelle internationale au sein de laquelle les interprètes évoluent et se livrent de plus en plus à une activité très concurrentielle, le CDH a su contribuer significativement à l'accès de l'individu à la justice internationale par le prisme de son pouvoir interprétatif dont il s'est servi pour restreindre de manière significante les effets néfastes de la volonté des États sur sa mission principale : celle de rendre justice au nom du respect des droits de l'homme. À travers cet outil, il a su développer des techniques de garanties procédurales, des techniques de suivi et exécutives de ses *constatations* et recommandations parfois en étroite collaboration avec les organisations de la société civile. Ce faisant, il a participé au renforcement de la personnalité juridique de l'individu[1313] sur l'échiquier international. Un tel niveau de maturation de son activité lui a valu naturellement une attention particulière des autres organes tiers œuvrant dans la même dynamique de protection des droits tant à l'échelle régionale, communautaire, et même au niveau universel ; ce qui renforce la légitimité internationale de son œuvre protectrice déployée après plus de quatre décennies d'activité. Toutefois, au regard des critiques assenées à tout le système universel, particulièrement aux organes des traités, la logique a conduit à en relever quelques-unes pouvant constituer la source potentielle de remise en cause des objectifs assignés particulièrement au CDH et de façon générale aux organes des traités. Par la suite, on a étudié les possibilités offertes à la communauté internationale, si tant est qu'une nouvelle étape cruciale devrait être franchie, telle la perspective de l'édification d'une

---

[1312] Voy. H. KELLER et C. HERI, « The Committees on Human Rights and Economic, Social and Cultural Rights », *in* S. CHESTERMAN, D. M. MALONE et *al.* (ed.), *The Oxford Handbook of United Nations Treaties*, Oxford University Press, 2019, p. 416.

[1313] Voy. N. CHAEVA, « La personnalité internationale de l'individu, condition de son accès aux juridictions internationales ? », *in* M. KAMTO et Y. TYAGI (dirs.), *L'accès de l'individu à la justice internationale*, Hague Academy of International Law / Centre de recherche, Leiden/Boston, Brill Nijhoff, 2019, p. 175.

juridiction internationale unique en la matière. La finalité étant d'augmenter les probabilités d'atteinte effective des buts visés en matière de protection internationale des droits de l'homme, notre raisonnement s'est tout d'abord intéressé non seulement au processus de juridictionnalisation amorcé par le CDH témoignant cette logique, avant d'organiser nos idées autour du débat encours sur la faisabilité d'un tel projet de juridiction unique internationale en la matière, lesquelles idées ont été accompagnées de quelques pistes de réflexions à ce propos.

469. Tout porte à croire en revanche au bout de l'analyse que, les critiques adressées au CDH concernent en réalité moins son œuvre protectrice déployée au fil des quatre décennies d'activités pour laquelle d'ailleurs, il n'a eu de cesse de chercher des alternatives d'amélioration pouvant assurer les usagers de son office. D'ailleurs, comme le montre notre étude, c'est avant tout des limitations apportées voire imposées par la norme constitutive à sa mission que relève son état de faiblesse. À cet égard, on ne saurait ignorer sa partition sinon celle de tous les organes conventionnels des droits de l'homme des Nations Unies non des moindres à la construction de l'édifice internationale de protection des droits de l'homme. En revanche, si les initiatives engagées jusqu'ici visant à renforcer tout le système des organes conventionnels des Nations Unies sont à saluer - on pense notamment aux projets consécutifs et les réformes entreprises et mises en œuvre depuis des décennies -, il reste que les retombées concrètes et efficaces sont toujours attendues de manière significative par les bénéficiaires de leurs mandats. Il est toujours attendu d'eux de réels impacts dans la vie des populations des États parties. Cela amènerait à dire que, la mission de protéger internationalement des droits de l'homme à travers des mécanismes mis en place par les États auxquels ils ont accepté de s'y soumettre, au risque de se réduire à un vœu pieux, ne saurait être réalisée sans investissements et sacrifices majeurs de leurs parts.

470. En effet, aucun sacrifice de la part des États ne serait trop grand si véritablement volonté y est de traduire effectivement dans les faits les objectifs fixés et inscrits dans les textes. D'autant plus que l'effectivité des droits de l'homme ou de la justice internationale pour les droits de l'homme ne peut se réaliser que grâce aux projets politiques forts engagés des États[1314]. Et comme le remarquait fort bien le Professeur G. ABI-SAAB, « en droit international public, ce n'est pas la connaissance ni les modèles qui manquent mais le degré de solidarité ou de volonté sociale requise pour passer à une

---

[1314] Voy. A. SOUSSAN, « From Law as a Means to Law as an End: About the Influence of International Human Rights Law on the Structure of International Law Rules », *in* J.-M. THOUVENIN et N. WEIB (éds.), *The Influence of Human Rights on International Law*, New-York, Dordrecht London, Springer International Publishing, 2015, p. 6. ; M. KOSKENNIEMI, *The Politics of International Law, op. cit.*, p. 156 et suiv.

structure plus perfectionnée de gestion juridique. »[1315]. Les États ne devraient ménager aucun effort surtout financier, les autres moyens étant légion, pour atteindre ces buts nobles. Il n'est juste qu'une question de volonté politique. L'accès des individus à la justice internationale restant à ce jour tributaire du bon vouloir des puissances étatiques, il leur revient la responsabilité de s'acquitter des obligations qui sont les leurs dans ce tournant stratégique du siècle pour faire de la protection universelle des droits une réalité beaucoup plus concrète.

1315 G. ABI-SAAB, « Cours général de droit international public », *op. cit.*, p. 127.

BIBLIOGRAPHIE

OUVRAGES GENERAUX ET DICTIONNAIRES

ANDRIANTSIMBAZOVINA J., GAUDIN H., MARGUENAUD J-P. *et al.*, *Dictionnaire des droits de l'Homme*, 1ère., Paris, PUF, 2008, 1074 p.

ARNAUD A-J, *Dictionnaire encyclopédique de théorie et de sociologie du droit*, 2ème., [s. l.], L.G.D.J, 1993.

CARBONNIER J., *Flexible droit : pour une sociologie du droit sans rigueur*, 10e éd., Paris, L.G.D.J, 2001, 493 p.

ÇALI B., *The Authority of International Law Obedience, Respect, and Rebuttal*, Oxford, Oxford University Press, 2015, 197 p.

COMBACAU J. et SUR S., *Droit international public*, [s. l.], LGDJ, Lextenso éditions, 2019, 882 p.

CONDE H. V., *A handbook of international human rights terminology*, 2nd ed., Lincoln, University of Nebraska Press, 2004, 393 p.

CORNU G., *Vocabulaire juridique*, 12ème., Paris, PUF, 2018, 1612 p.

DAILLIER P., FORTEAU M., PELLET A. *et al.*, *Droit international public*, 8e édition., Paris, L.G.D.J., Lextenso éditions, 2009, 1709 p.

D'ASPREMONT J., *Formalism and the sources of international law: a theory of the ascertainment of legal rules*, Oxford; New York, Oxford University Press, 2011, 266 p.

DECAUX E. et FROUVILLE O. de (dir.), *Droit International Public*, vol. 8, Dalloz., [s. l.], [s. n.], 2012, 512 p.

DUPUY P-M. et KERBRAT Y, *Droit international public*, 13e édition., Paris, Dalloz, 2018, 956 p.

FRANCK T. M., *The power of legitimacy among nations*, New York, Oxford University Press, 1990, 303 p.

KOLB R., *Réflexions de philosophie du droit international : problèmes fondamentaux du droit international public : théorie et philosophie du droit international*, Bruxelles [Belgium], Bruylant : Université de Bruxelles, 2003, 434 p.

ROUCOUNAS E., *A landscape of contemporary theories of international law*, Leiden; Boston, Brill Nijhoff, 2019, 713 p.

SALMON J., *Dictionnaire de droit international public*, Bruxelles, Bruylant, [s. n.], 2001, 1200 p.

SANTULLI C., *Droit du contentieux international*, 2ème., Issy-les-Moulineaux, LGDJ, Lextenso éditions, 2015, 626 p.

VIRALLY M, « Le phénomène juridique », *Le droit international en devenir : Essais écrits au fil des ans*, Genève, Graduate Institute Publications, 2015, p. 31-74.

WEIL P., « Le droit international en quête de son identitée », *Cours général de droit international public*, vol. 237, [s. l.], NBrill | Nijhoff, 1992, p. 9-370.

OUVRAGES SPECIALISES

BEITZ C., *The Idea of Human Rights*, OUP., Oxford, New York, [s. n.], 2009, 250 p.

CANÇADO TRINDADE A.A, *Évolution du droit international au droit des gens : l'accès des individus à la justice internationale – Le regard d'un juge*, Paris, Pedone, 2008, 188 p.

DECAUX E., *Le Pacte international relatif aux droits civils et politiques, Commentaire article par article*, Paris, Economica, 2012, 996 p.

FREEDMAN R., *Failing to protect: the UN and the politicization of human rights*, New York, NY, Oxford University Press, 2015, 222 p.

HENNEBEL L. et TIGROUDJA H., *Traité de droit international des droits de l'Homme*, 2ème, Paris, Editions Pedone, 2018, 1695 p.

KÄLIN W. et KÜNZLI J., *The Law of International Human rights Protections*, New York, Oxford University Press, 2nd. Éd. 2019, 641 p.

LOCHAK D., *Les droits de l'homme*, 4ème., [s. l.], La Découverte, 2018, 127 p.

MUBIALA M., *Le système régional africain de protection des droits de l'homme*, Bruxelles, Bruylant, 2005, 299 p.

MURRAY R. et LONG D., *The implementation of the findings of the African Commission on Human and Peoples' Rights*, Cambridge, United Kingdom, Cambridge University Press, 2015, 300 p.

POSNER E. A., *The twilight of human rights law*, Oxford, UK; New York, NY, Oxford University Press, 2014, 185 p.

RAMCHARAN B. G., *Modernizing the UN human rights system*, vol. Vol. 127, Leiden; Boston, Brill Nijhoff, 2019, 241 p.

SCHABAS W., *U.N. International Covenant on Civil and Political Rights: Nowak's CCPR commentary*, 3rd éd., Kehl, Germany, N.P. Engel, Publisher, 2019, 1171 p.

SHANY Y., *Assessing the effectiveness of international courts*, First edition., Oxford; New York, Oxford University Press, 2014, 322 p.

TAYLOR P. M., *A commentary on the International Covenant on Civil and Political Rights*, New York, Cambridge University Press, 2020, 893 p.

TISTOUNET E., *The UN Human Rights Council: a practical anatomy*, Cheltenham, UK; Northampton, MA, USA, Edward Elgar Publishing, 2020, 364 p.

TOMUSCHAT C., *Human rights: between idealism and realism*, 2nd ed., Oxford; New York, Oxford University Press, 2008, 414 p.

THESES

FERRERO J., *L'interprétation évolutive des conventions internationales de protection des droits de l'homme : contribution à l'étude de la fonction interprétative du juge international*, Paris, Éditions Pedone, 2019, 619 p.
MUTZENBERG P., *Agir pour la mise en œuvre des droits civils et politiques : l'apport du Comité des droits de l'homme*, Thèse de Doctorat, Droit international public, L'Harmattan, 2014, 299 p.
SOGNIGBE SANGBANA M., *La sanction internationale de la violation des droits de l'homme*, vol. 38, Paris, Pedone, 2018, 376 p.
STAVRINAKI S., *Le régime des procédures de communications individuelles dans le système des traités des Nations Unies relatifs aux droits de l'homme*, Thèse de Doctorat, Droit international public, Pedone, 2016, 618 p.
TURGIS S., *Les interactions entre les normes internationales relatives aux droits de la personne*, Paris, Pedone, 2012, 640 p.
WEBER A, *Les mécanismes de contrôle non contentieux du respect des droits de l'homme*, Paris, France, Pedone, 2008, 411 p.

MONOLOGUES, CHAPITRES, CONTRIBUTIONS

ABBOTT K.W. et SNIDAL D., « Law, Legalization, and Politics: An Agenda for the Next Generation of IL/IR Scholars », *Interdisciplinary Perspectives on International Law and International Relations, The State of The Art*, Cambridge, New York, Melbourne, Cambridge University Press, 2013, p. 33-56.
ABI-SAAB G., « Chapitre seize : La métamorphose de la fonction juridictionnelle Internationale », in ALLAND D., CHETAIL V., DE FROUVILLE O., et al. (éds.), *Unité et Diversité du Droit International : Ecrits en L'honneur du Professeur Pierre-Marie Dupuy*, Leiden/Boston, Martinus Nijhoff, 2014, p. 377-398.

- Id., « Droit international et humanisme juridique: quelles perspectives? », *Select Proceedings of the European Society of International Law*, Portland, Hart Publishing, 2006, p. 391-399.
- Id., « De la sanction en droit international. Essai de clarification », *Theory of International Law atthe Threshold of the 21 st Century. Essays in Honour of K. Skubiszewski*, La Haye, Kluwer, 1996, p. 61-77.
- Id., « Eloge du droit assourdi. Quelques réflexions sur le rôle de la soft Law en droit international contemporain », *Nouveaux itinéraires en droit : Hommage à François Rigaux*, Bruxelles, Bruylant, 1993, p. 137-144.
- Id., « Cours général de droit international public », *RCADI*, vol. tome 207, Leiden/Boston, Martinus Nijhoff Publishers, 1987, p. 15-463.

ADJOVI R., « La valeur juridique des actes des procédures spéciales », in

Réciprocité et universalité - Sources et régimes du droit international des droits de l'homme, Mélanges en l'honneur du Professeur Emmanuel Decaux, Paris, Pedone, 2017, pp. 119-1127.
AGNELLO, F., « The dialogue between the International Court of Justice and specialized judicial and quasi-judicial bodies in matters relating to the protection of human rights », in ARCARI, M., BALMOND, L. (dir.), *Le dialogue des juridictions dans l'ordre juridique international. Entre pluralisme et sécurité juridique*, Naples, Editoriale Scientifica, 2014, pp. 29-60.
AHANHANZO G., « Un Zoulou au Palais Wilson », *Towards Implementing Universal Human Rights: Festschrift for the Twenty-fifth anniversary of the Human Rights Committee*, vol. Vol.18, Leiden/Boston, Martinus Nijhoff Publishers, 2004, p. 61-70.
ALLAND D., « L'emprise de l'interprétation sur le droit international », *L'interprétation du droit international public*, vol. 362, Brill | Nijhoff, Leiden | Boston, Hague Academy of International Law, 2013, p. 63-223.
ALLARD J. et VAN DEN EYNDE L., « Le dialogue des jurisprudences comme source du droit : Arguments entre idéalisation et scepticisme », in HACHEZ I., CARTUYVELS Y., DUMONT H., et al. (éds.), *Les sources du droit revisitées - vol. 3*, [s. l.], Anthemis, 2012, p. 285-315.
ALOUPI N et KLEINER C. (eds.), « Propos introductifs : Le précédent en droit international : Technique pré-normative ou acte normatif ? », *Le précédent en droit international*, Paris, Pedone, 2016, p. 15-46.
ALSTON P., « The historical origins of the concept of "general comments" in human rights law », in BOISSON DE CHAZOURNES L. et GOWLLAND-DEBBAS V. (éds.), *L'ordre juridique international, un système en quête d'équité et d'universalité. Liber Amicorum Georges ABI-SAAB*, The Hague/London/Boston, Martinus Nijhoff Publishers, 2001, p. 763-776.
AMOR A., Le Comité des droits de l'homme des Nations Unies – Aux confins d'une juridiction internationale des droits de l'homme, *Towards Implementing Universal Human Rights: Festschrift for the Twenty-fifth anniversary of the Human Rights Committee*, vol. Vol.18, Leiden/Boston, Martinus Nijhoff Publishers, 2004, p. 41-60.

- Id., « Le comité des droits de l'homme des Nations unies et le droit constitutionnel », *Droit constitutionnel et mutations de la société internationale*, vol. XI, Tunis, RCAIDC, 2003, p. 1-15.

ANDO N., « The Development of the Human Rights Committee's Procedure to Consider States Parties' Reports Under Article 40 of the International Covenant on Civil and Political Rights », in KOHEN M G. (éd.), *La promotion de la justice, des droits de l'homme Et du règlement des conflits par le droit International, Liber Amicorum Lucius Caflisch*, Leiden, Boston, Martinus Nijhoff Publishers, 2007, p. 17-32.
ANDRIANTSIMBAZOVINA J., « L'autorité de la chose interprétée et le dialogue des juges : entre théorie et en pratique un couple inséparable », *Le*

dialogue des juges : mélanges en l'honneur du Président Bruno Genevois, Paris, Dalloz, 2009, p. 11-28.

ARCARI I, « Remarque sur les dynamiques entre acteurs en normativité en droit international », BALMOND L. et ARCARI I. (dirs.), *Diversification des acteurs et dynamique normative en droit international*, Naples, Editoriale Scientifica, 2013, p. 3-24.

- Id., « En guise de… complément. Dialogue, dialectique ou conflit de juridictions ? », in ARCARI, M., BALMOND, L. (dir.), *Le dialogue des juridictions dans l'ordre juridique international. Entre pluralisme et sécurité juridique*, Naples, Editoriale Scientifica, 2014, pp. 319-333.

ASCENSIO H., « La notion de juridiction internationale en question », *La juridictionnalisation du droit international, La juridictionnalisation et les juridictions internationales*, Lille, S.F.D.I., Pedone, 2003, pp. 163-202.

BALMOND L., « Ouverture : dialogue des juges, pluralisme et sécurité juridique », *in* M. ARCARI et L. BALMOND (éds.), *Le dialogue des juridictions dans l'ordre juridique international : entre pluralisme et sécurité juridique*, Naples, Editoriale Scientifica, 2014, pp. 3-7

BANZEU R., « La Cour africaine des droits de l'homme et des peuples à l'épreuve de la clause facultative d'acceptation de la juridiction obligatoire d'une juridiction internationale par l'Etat en droit international », *Tribunaux régionaux et développement du droit international, Hommage au Professeur Maurice KAMTO*, Paris, Pedone, 2019, p. 93-110.

BEDJAOUI M., « Conclusions générales : La multiplication des tribunaux internationaux ou la bonne fortune du droit des gens », *La juridictionnalisation du droit international, Colloque de Lille*, Paris, Pedone, 2003, pp. 529-545.

BEN ACHOUR R., « La mobilisation des sources extérieures par la Cour africaine : l'exemple de la liberté d'expression », *in* BURGORGUE-LARSEN L. (dir.), *Les défis de l'interprétation et de l'application des droits de l'homme : de l'ouverture au dialogue*, Paris, Pedone, 2017, pp. 223-239.

BEN ACHOUR Y., « Cour constitutionnelle internationale, doits de l'homme et constitutionalité internationale », *Le système de protection des droits de l'homme des Nations Unies : présent et avenir, Acte du colloque du 7 et 8 novembre 2016*, Paris, Pedone, 2018, pp. 175-186.

BENCHIKH M., « Droit de l'homme et souveraineté des Etats : une relecture », *Réciprocité et universalité - Sources et régimes du droit international des droits de l'homme, Mélanges en l'honneur du Professeur Emmanuel Decaux*, Paris, Pedone, 2017, pp. 89-105.

BESSON S, « Chapter 5, The Holders of Human Rights: The Bright Side of Human Rights? », in BROOKS T. (éd.), *The Oxford Handbook of global justice*, Oxford, Oxford University Press, 2020, pp. 99-121.

- Id., « The Influence of the Two Covenants on States Parties Across Regions: Lessons for the Role of Comparative Law and of Regions in

International Human Rights Law », in MOECKLI D., KELLER H. et HERI C. (dir.), *The Human Rights Covenants at 50: Their Past, Present, and Future*, Oxford, Oxford University Press, 2018, pp. 243-276.

- Id., « Chapter 39, Sources of international Human rights law: How general is general international law? », in BESSON S. et D'ASPREMONT J. (éd.), *The Oxford Handbook on the sources of international law*, Oxford, Oxford University Press, 2017, p. 837-870.
- Id., « Human Rights and Constitutional Law Patterns of Mutual Validation and Legitimation », in CRUFT R., LIAO S. M. et RENZO M. (éd.), *Philosophical Foundations of Human Rights*, Oxford, Oxford University Press, 2015, pp. 279-299.
- Id., « Legal Philosophical Issues of International Adjudication: Getting Over the amour impossible between International Law and Adjudication », in ROMANO C. P. R., ALTER K. J. et SHANY Y. (éd.), *The Oxford Handbook of International Adjudication*, [s. l.], [s. n.], 2014, pp. 414-434.
- Id., « Structure et nature des droits de l'homme », in HERTIG RANDALL M. et HOTTELIER M. (éd.), *Introduction aux droits de l'homme*, Genève, Québec, Paris, Schulthess, LGDJ, 2014, pp. 19-38.
- Id., « The legitimate authority of international human rights », in FOLLESDAL A., SCHAFFER J. K. et ULFSTEIN G. (éd.), *The Legitimacy of International Human Rights Regimes: Legal, Political and Philosophical Perspectives*, Cambridge, Cambridge University Press, 2014, pp. 32-83.
- Id., « De quelques considérations philosophiques sur la justice internationale : Ou comment dépasser l'amour impossible entre droit international et justice internationale », in BESSON S et ZIEGLER A. (éd.), *Le juge en droit européen et international - The Judge in European and International Law*, [s. l.], LGDJ, 2013, pp. 15-41.
- Id., « The Right to Have Rights – From Human Rights to Citizens' Rights and Back' », *Hannah Arendt and the Law*, Oxford, Hart Publishing Ltd, 2012, pp. 335-355.
- Id., « L'effectivité des droits de l'homme : du devoir être, du pouvoir être et de l'être en matière de droits de l'homme », *L'Homme et son droit, Mélanges en l'honneur de Marco Borghi à l'occasion de son 65e anniversaire*, Faculté de l'Université de Fribourg/Schulthess, Zurich/Bâle/Genève, [s. n.], 2011, pp. 53-83.

BODANSKY D., « Legitimacy in International Law and International Relations », in DUNOFF J. L. et POLLACK M. A (éd.), *Interdisciplinary Perspectives on International Law and International Relations, The State of The Art*, Cambridge, New York, Melbourne, Cambridge University Press, 2013, pp. 321-341.

BOISSON DE CHAZOURNES L., « Être ou ne pas être (humain) ou la quête d'identité du droit de la bioéthique : conclusion générale », in S. MALJEAN-DUBOIS (dir.), *La société internationale et les enjeux bioéthiques : Colloque des 3 et 4 décembre 2004, Aix-en-Provence*, Paris, Pedone, 2006, pp. 231-235.

- Id., « Gouvernance et régulation au 21ème siècle : quelques propos iconoclastes », in L. BOISSON DE CHAZOURNES et R. MEHDI (dirs.), *Une société internationale en mutation : quels acteurs pour une nouvelle gouvernance ?* Bruylant, Bruylant, 2005, pp. 19-40.

BOISSON DE CHAZOURNES L. et MBENGUE M. M., « Suivi et contrôle », in E. LAGRANGE et J.-M. SOREL (dirs.), *Traité de droit des organisations internationales*, Paris, L.G.D.J, 2013, pp. 800-818.

BOUMGHAR M., « Londres et Moscou : deux exemples de fragilisation du pouvoir de contrôle de la Cour européenne des droits de l'homme », *in* COUVEINHES-MATSUMOTO F. et NOLLEZ-GOLBACH R. (dirs), *Les Etats face aux juridictions internationales : une analyse des politiques relatives aux juges internationaux*, Paris, Pedone, 2019, pp. 167-190.

BROLMANN C. et RADI Y., « Introduction: International lawmaking in a global world », in BROLMANN C. et RADI Y. (éd.), *Research Handbook on the Theory and Practice of International Lawmaking*, Cheltenham, UK; Northampton, MA, USA, Edward Elgar Publishing, 2016, pp. 1-9.

BUCHANAN A., « Why International Legal Human Rights? », in CRUFT R., LIAO S. M. et RENZO M. (éd.), *Philosophical Foundations of Human Rights*, Oxford, Oxford University Press, 2015, pp. 244-262.

- Id., « Chapter 3: The legitimacy of international law », in BESSON S. et TASIOULAS J. (éd.), *The philosophy of international law*, Oxford; New York, Oxford University Press, 2010, pp. 79-96.

BUCHANAN A. et KEOHANE R. O., « The Legitimacy of Global Governance Institutions », in WOLFRUM R. et ROBEN V. (éd.), *Legitimacy in International Law*, Berlin, Heidelberg, New York, Springer, 2008, pp. 25-62.

BURGORGUE-LARSEN L., « Les systèmes européens et interaméricain à l'heure des défis », *Les droits humains comparés, A la recherche de l'universalité des droits humains, Actes du Colloque à la Cour européenne des droits de l'homme des 8 et 9 mars 2018*, Paris, Pedone, 2019, pp. 85-108.

- Id., « Populisme et droits de l'homme : du désenchantement à la riposte démocratique », DUBOUT E. et TOUZÉ S. (dirs.), *Refonder les droits de l'homme : des critiques aux pratiques, Acte du colloque des 18 et 19 janvier 2018*, Paris, Pedone, 2019, pp. 199-261.
- Id. (dir.), « Introduction générale : L'ère du décloisonnement », *Les défis de l'interprétation et de l'application des droits de l'homme : de l'ouverture au dialogue*, Paris, Pedone, 2017, pp. 21-28.
- Id., « Le droit international des droits de l'homme existe-t-il ? », *Le droit des libertés en question(s), Colloque des 5 ans de la RDLF*, vol. 8, [s. l.], R.D.L.F, 2017, p. 13.

- Id., « L'internationalisation du dialogue des juges : missive doctrinale à l'attention de Bruno Genevois », *Le dialogue des juges : mélanges en l'honneur du Président Bruno Genevois*, Paris, Dalloz, 2009, pp. 95-130.
- Id., « Le fait régional dans la juridictionnalisation du droit international », *La juridictionnalisation du droit international,* Paris, Pedone, 2003, p. 203-264.

BYRNES A., « An Effective Complaints Procedure in the Context of International Human Rights Law », in BAYEFSKY A.F. (éd.), *The UN Human Rights Treaty System in the 21st Century*, The Hague, Kluwer Law International, 2000, pp. 139-162.

ÇALI B., « Chapter: 21 Specialized Rules of Treaty Interpretation: Human Rights », in HOLLIS D. B. (éd.), *The Oxford guide to treaties*, 2nd., Oxford, Oxford University Press, 2020, pp. 504.

- Id., « Chapter 3: Authority », in D'ASPREMONT J. et SINGH S. (éd.), *Concepts for international law: contributions to disciplinary thought*, Cheltenham, UK, Edward Elgar Publishing, 2019, pp. 30-53.
- Id., Influence of the ICCPR in the Middle East, in MOECKLI D., KELLER H. et HERI C. (dir.), *The Human Rights Covenants at 50: Their Past, Present, and Future*, Oxford, Oxford University Press, 2018, pp. 124-150.
- Id., « The legitimacy of international interpretative authorities for human rights treaties: an indirect-instrumentalist defence », in FOLLESDAL A., SCHAFFER J. K. et ULFSTEIN G. (éd.), *The Legitimacy of International Human Rights Regimes: Legal, Political and Philosophical Perspectives*, Cambridge, Cambridge University Press, 2014, pp. 141-164.

ÇALI B., ELIBOL Z et MCGREGOR L., « The International Court of Justice as an Integrator, Developer and Globaliser of International Human Rights Law », in SCHEININ M. (éd.), *Human rights norms in « other » international courts: studies on international courts and tribunals*, Cambridge, Cambridge University Press, 2019, pp. 62-86.

CANÇADO TRINDADE A. A., « Vers un droit international universel : la première réunion des cours régionales », *XXXVI Curso de derecho internacional organizado por el Comité Juridico Interamericano - 2009*, Washington D.C, Secretaria General de la OEA, [s. n.], 2010, pp. 103-125.

- Id., « Une ère d'avancées jurisprudentielles et institutionnelles : souvenirs de la Cour interaméricaine des droits de l'homme », *Le particularisme interaméricain des droits de l'homme*, Paris, Pedone, 2009, pp. 7-74.
- Id., « Les mesures provisoires de protection dans la jurisprudence de la cour interaméricaine des droits de l'homme », *Mesures conservatoires et droits fondamentaux*, vol. 65, Strasbourg, Bruylant/ Némésis, 2005, pp. 145-163.

- Id., « Réaffirmation de l'universalité nécessaire et inéluctable des droits inhérents à la personne humaine », *Les droits humains comparés, A la recherche de l'universalité des droits humains, Actes du Colloque à la Cour européenne des droits de l'homme des 8 et 9 mars 2018*, Paris, Pedone, 2019, pp. 49-67.
- Id., « Some Reflections on the Right of Access to Justice in Its Wide Dimension, Contemporary Developments in International Law », in WOLFRUM R., SERSIC M. et ŠOSIC T. M. (éd.), *Essays in Honour of Budislav Vukas*, Leiden, Brill | Nijhoff, 2016, pp. 458.
- Id., « A century of international justice and prospects for the future », in BJORGE E. et ANDENAS M.T (éd.), *A farewell to fragmentation: Reassertion and Convergence in international law*, Cambridge, Cambridge University Press, 2015, pp. 56-86.

CARBONNIER J., « Chapitre III : Effectivité et ineffectivité de la règle de droit », *Flexible droit : pour une sociologie du droit sans rigueur*, [s. l.], L.G.D.J, 2001, pp. 136-148.

CASSESE A., « Chap. 11, A Plea for a Global Community Grounded in a Core of Human Rights », *Realizing Utopia: The Future of International Law*, Oxford, Oxford University Press, 2012, pp. 136-144.

- Id., « La prise en compte de la jurisprudence de Strasbourg par les juridictions pénales internationales », *Le rayonnement international de la jurisprudence de la cour européenne des droits de l'homme*, Bruxelles, Bruylant, 2005, pp. 29-82.
- Id., « La valeur actuelle des droits de l'homme », *Humanité et droit international, Mélange René-Jean DUPUY,* Paris, Pedone, 1991, p. 65-76.

CASSESE A. et CONDORELLI L., « Is Leviathan Still Holding Sway over International Dealings? », in CASSESE A. (éd.), *Realizing Utopia the Future of International Law*, Oxford, Oxford University Press, 2012, pp. 14-25.

CHAEVA N., « La personnalité internationale de l'individu, condition de son accès aux juridictions internationales ? », *L'accès de l'individu à la justice internationale*, Leiden/Boston, Brill Nijhoff, 2019, pp. 137-175.

CHAMPEIL-DESPLATS V., « Effectivité et droits de l'homme : approche théorique », *À la recherche de l'effectivité des droits de l'homme*, Nouvelle édition [en ligne]., Paris, Presses universitaires de Paris Nanterre, 2008, p. 11-26.

CHANET C., « La Cour de cassation et les traités internationaux dans le domaine des droits de l'homme », *La dynamique du système des traités de l'ONU en matière des droits de l'homme. Acte du colloque du 10 Novembre 2014*, Paris, Pedone, 2015, pp. 43-46.

- Id., « Le système des communications et l'avenir du contentieux. », *Les Nations Unies et les droits de l'homme : enjeux et défis d'une réforme*, Paris, Pedone, 2006, pp. 271-276.

CHAN-TUNG L., « Soft law et théorie volontariste du droit international »,

Soft law et droits fondamentaux, Acte du Colloque du 04 et 05 février 2016, Université de Grenoble (CRJ), Pedone, 2017, pp. 109-128.
CHASSIN C.-A., « Le Lotus est-il mort ? des droits de l'homme confrontés à la souveraineté des Etats », *Mélange en hommage au Professeur Jean Dhommeaux : Humanisme et droit*, Paris, Pedone, 2013, pp. 169-182.
CHEMILLIER-GRENDREAU M., « Le droit international entre volontarisme et contrainte », *Mélanges Offerts à Hubert Thierry L'évolution du droit international*, Paris, Pedone, 1998, pp. 93-105.
CHIRWA D. M., « Chapter 21: State Responsibility for Human Rights », in BADERIN M. A. et SSENYONJO M. (éd.), *International Human Rights Law Six Decades after the UDHR and Beyond*, Surrey, UK, Ashgate Publishing Limited, 2010, pp. 397-410.
CHRISTAKIS T., « Human rights from a neo-voluntarist perspective », *International legal Positivism in A post-modern world*, Cambridge, Cambridge University Press, 2014, pp. 421-450.
CLAPHAM A., « Chapter: 19 The High Commissioner for Human Rights », in MEGRET F. et ALSTON P. (éd.), *The United Nations and Human Rights A Critical Appraisal*, Oxford, Oxford University Press, 2020, pp. 667-707.

- Id., « UN human rights reporting procedures: An NGO perspective », in ALSTON P. et CRAWFORD J. (éd.), *The Future of UN Human Rights Treaty Monitoring*, New York, Cambridge University Press, 2000, pp. 175-198.

COHEN H. G., « International Precedent and the Practice of International Law », in HELFAND M. (éd.), *Negotiating State and Non-State Law: The Challenge of Global and Local Legal Pluralism*, Cambridge, Cambridge University Press, 2015, pp. 172-194.

- Id., « Theorizing Precedent in International Law », in BIANCHI A., PEAT D. et WINDSOR M. (éd.), *Interpretation in International Law*, Oxford, Oxford University Press, 2015, pp. 268-288.

COHENDET M-A, « Légitimité, effectivité, et validité », *Mélanges en l'honneur de Pierre Avril*, Paris, Montchrestien, 2001, p. 201-234.
COHEN-JONATHAN G., « Conclusions générales », *Mesures conservatoires et droits fondamentaux*, vol. 65, Paris, Bruylant/ Némésis, 2005, pp. 283-307.

- Id., « Conclusions générales », *La protection des droits de l'homme et l'évolution du droit international*, Colloque de Strasbourg, Pedone, 1998, pp. 307-341.
- Id., « L'évolution du droit international des droits de l'homme », *Mélanges offerts à Hubert Thierry, l'évolution du droit international*, Pedone., Paris, [s. n.], 1998, pp. 107-125.
- Id., « Quelques observations sur le comité des droits de l'homme des Nations Unies », *Humanité et droit international, Mélange René-Jean DUPUY*, Paris, Pedone, 1991, pp. 83-98.
- Id., « Les rapports entre la Convention européenne des droits de

l'Homme et le Pacte des Nations Unies sur les droits civil et politiques », *Régionalisme et universalisme en droit international : Colloque de Bordeaux*, Bordeaux, [s. n.], 1977, pp. 313-321.

CONFORTI B., « The Specificity of Human Rights and International Law », in FASTENRATH U., GEIGER R., KHAN D-E., et al. (éd.), *From Bilateralism to Community Interest: Essays in Honour of Judge Bruno Simma*, Oxford, Oxford University Press, 2011, pp. 433-442.

- Id., « L'interaction des normes internationales relatives à la protection des droits de l'homme », *La protection des droits de l'homme et l'évolution du droit international*, Strasbourg, Pedone, 1998, pp. 121-132.

COULEE F., « A propos d'une controverse autour d'une codification en cours : les réactions aux réserves incompatibles avec l'objet et le but des traités de protection des droits de l'homme », *Liberté, Justice, Tolérance, Mélange en hommage au Doyen Gérard COHEN-JONATHAN*, Paris, Bruylant, 2004, pp. 501-521.

COUSSIRAT-COUSTERE V., « Sur quelques traces de réciprocité dans le droit international conventionnel des droits de l'homme contemporain », *Réciprocité et universalité - Sources et régimes du droit international des droits de l'homme, Mélanges en l'honneur du Professeur Emmanuel Decaux*, Paris, Pedone, 2017, pp. 37-58.

COUVEINHES-MATSUMOTO F. (dir.), « Les politiques des Etats à l'égard des juridictions internationales : ni pour, ni contre, bien au contraire », *Les Etats face aux juridictions internationales : une analyse des politiques relatives aux juges internationaux*, Paris, Pedone, 2019, pp. 5-69.

CRAWFORD J., « The UN human rights treaty system: A system in crisis », in ALSTON P. et CRAWFORD J. (éd.), *The Future of UN Human Rights Treaty Monitoring*, New-York, Cambridge University Press, 2000, pp. 1-14.

DANNENBERG G., « L'articulation entre les procédures de plaintes et de communication devant les organes de contrôle », *La dynamique du système des traités de l'ONU en matière des droits de l'homme. Acte du colloque du 10 Novembre 2014*, Paris, Pedone, 2015, pp. 185-204.

DANNENBERG G. et EL BOUDOUHI S., « France/ Implementation of International Human Rights Decisions in France », in KADELBACH S., RENSMANN T. et RIETER E. (éd.), *Judging International Human Rights, Courts of General Jurisdiction as Human Rights Courts*, Cheltenham, UK, Springer International Publishing, 2019, pp. 453-470.

D'ASPREMONT J., « Chapter 5: Bindingness », in SINGH S. et D'ASPREMONT J. (éd.), *Concepts for international law : contributions to disciplinary thought*, Cheltenham, UK, Edward Elgar Publishing, 2019, pp. 67-82.

- Id., « La déformalisation dans la théorie des sources du droit international », *Les sources du droit revisitées - Théorie des sources du droit*, vol. Vol. 4, Bruxelles, Anthemis, 2012, pp. 265-301.

- Id., « Introduction: Non--state actors in international law: oscillating between concepts and dynamics », in D'ASPREMONT J. (éd.), *Participants in the International Legal System Multiple perspectives on non-state actors in international law*, New-York, Routledge, 2011, pp. 1-21.

DE FROUVILLE O., « La responsabilité des Etats pour les activités extraterritoriales des entreprises et l'interprétation de la notion de "juridiction" par le Comité des droits de l'homme », *Justice et droits de l'homme, Mélanges en l'hommage à Christine CHANET*, Paris, Pedone, 2019, pp. 67-86.

- Id., « Pourquoi nous avons besoin d'une Cour des droits de l'Homme des Nations Unies ? » in N. ALOUPI et al. (dirs.), *Les droits humains comparés. A la recherche de l'universalité des droits humains. Actes du colloque à la Cour européenne des droits de l'homme des 8 et 9 mars 2018*, Paris, Pedone, 2019, pp. 129-161.
- Id., « Conclusions : Les Pactes sont-ils entrés dans l'âge de la post-modernité ? », *Acte du colloque du 16 décembre 2016 : Résistance et résilience des pactes internationaux de droits de l'homme à l'épreuve d'une société internationale post-moderne*, Paris, Pedone, 2018, pp. 241-247.
- Id., « Soft law et hard law des droits de l'Homme à l'ONU ? Perspectives pratique, dialectique et théorique », *Soft law et droits fondamentaux, Acte du Colloque de Grenoble (CRJ) du 04 et 05 février 2016*, Paris, Pedone, 2017, pp. 205-221.
- Id., « Ouverture : Qu'est-ce que le cosmopolitisme juridique ? », *Le cosmopolitisme juridique*, Paris, Pedone, 2015, pp. 11-54.
- Id., « Building a universal system for The protection of human rights: The way forward », *in* C. BASSIOUNI et W. SCHABAS (éds.), *New Challenges for the UN Human Rights Machinery: What Future for UN Treaty Body System and Human Rights Council Procedures*, Cambridge/Antwerp/Portland/, Intersentia, 2011, pp. 241-266.

DE GOUTTES R., « Le renforcement et l'harmonisation des procédures nationales et internationales en matière de protection des droits de l'homme », *Des droits de l'homme au droit international pénal : Etudes en l'honneur d'un juriste africain, feu le juge Laïty Kama*, Leiden/Boston, Martinus Nijhoff Publishers, 2007, pp. 731-741.

DE SENA P., « Juridiction étatique et imputation des violations extraterritoriales des droits de l'homme : quelques observations », in ALLAND D., CHETAIL V., DE FROUVILLE O., et al. (éds.), *Unité et diversité du droit international/Unity and Diversity of International Law, Ecrits en l'honneur du professeur Pierre-Marie Dupuy*, Leiden/Boston, Martinus Nijhoff Publishers, 2014, pp. 785-801.

DECAUX E., « « le respect universel et effectif des droits de l'homme » Quelle universalité ? Quelle effectivité ? », in N. ALOUPI et al. (dirs.), *Les droits humains comparés, A la recherche de l'universalité des droits humains,*

Actes du Colloque à la Cour européenne des droits de l'homme des 8 et 9 mars 2018, Paris, Pedone, 2019, pp. 69-83.

- Id., « Pistes de réflexion et perspectives de travail pour 2020 », in O. DE FROUVILLE (dir.), *Le système de protection des droits de l'homme des Nations Unies : présent et avenir, Acte du colloque du 7 et 8 novembre 2016*, Paris, Pedone, 2018, pp. 113-131.
- Id., « La perspective internationale au regard des organes de traités sur les droits de l'homme des Nations Unies », in J. ANDRIANTSIMBAZOVINA, L. BURGORGUE-LARSEN et S. TOUZÉ (dirs.), *La protection des droits de l'homme par les cours supranationales, Actes du colloque des 08 et 09 octobre 2015*, vol. 31, Paris, Pedone, 2016, pp. 215-230.
- Id., « L'impératif de cohérence, entre intégrité du système et efficacité du droit », *La dynamique du système des traités de l'ONU en matière des droits de l'homme. Acte du colloque du 10 Novembre 2014*, Paris, Pedone, 2015, pp. 165-184.
- Id., « L'éducation et droits humains », *Mélanges en hommage au Professeur Jean-François FLAUSS. L'homme et le droit*, Paris, Pedone, 2014, pp. 256-269.
- Id., « France », in SHELTON D. (éd.), *International law and domestic legal systems: Incorporation, Transformation, and Persuasion*, Oxford, Oxford University Press, 2011, pp. 207-239.
- Id., « Que manque-t-il aux quasi-juridictions internationales pour dire le droit », *Dialogue des juges, Mélanges en l'honneur au président Bruno Genevois*, Paris, Dalloz, 2009, pp. 217-232.
- Id., « Coordination et suivi dans le système de protection des droits de l'homme des Nations Unies », *L'effectivité des organisations internationales, Mécanismes de suivi et de contrôle*, Paris, Pedone, 1999, pp. 234-237.
- Id., « De la promotion à la protection des droits de l'homme : droit déclaratoire et droit programmatoire », *La protection des droits de l'homme et l'évolution du droit international*, Paris, Pedone, 1998, pp. 81-119.

DEMICHEL F., « Le rôle de la souveraineté dans les relations internationales contemporaines », *Mélanges offerts à Georges Burdeau, Le pouvoir*, Paris, LGDJ, 1977, pp. 1053-1071.

DHOMMEAUX J., « Le forum shopping devant les organes conventionnels dans le système des Nations Unies », in J.-F. FLAUSS et S. TOUZE (dirs.), *Le contentieux international des droits de l'homme et le choix du forum : Les instances internationales de contrôle face au forum shopping*, Bruxelles, Bruylant/ Némésis, 2012, pp. 13-50.

- Id., « Le Comité des droits de l'homme, 25 ans d'expérience », *Liberté, Justice, Tolérance, Mélange en hommage au Doyen Gérard COHEN-JONATHAN*, vol. 1, Bruxelles, Bruylant, 2007, pp. 653-676.

- Id., « Les recours individuels devant les neufs organes conventionnels des Nations Unies », *L'Homme et le droit, Mélange en hommage au Professeur J-François FLAUSS*, Bruxelles, Bruylant, [s. d.], pp. 271-292.

DIMITRIJEVIC V. et MILANOVIC M., « Human rights before international criminal », in GRIMHEDEN J. et RING R. (éd.), *Human rights law: from Dissemination to application, Essays in honour of Göran Melander*, Vol. 26, Leiden/Boston, Martinus Nijhoff Publishers, 2006, pp. .149-168.

DOMINICE Ch. et BELHUMEUR J., « L'émergence de l'individu en droit international public », *L'ordre juridique international entre tradition et innovation : théorie générale du droit des gens,* Septembre 2014., Genève, Graduate Institute Publications, 2014, pp. 109-124.

DONNELLY J., « The virtues of legalization », in MECKLED-GARCIA S. et ÇALI B. (éd.), *The Legalization of Human Rights Multidisciplinary perspectives on human rights and human rights law*, New York, Routledge, 2005, pp. 61-74.

DOUMBE-BILLE S., « La juridictionnalisation des droits de l'homme en Afrique », *L'homme dans la société internationales, Mélanges en l'honneur du Professeur Paul Tavernier*, Bruxelles, Bruylant, 2013, pp. 693-706.

- Id., « Un quart de siècle de protection des droits de l'homme en Afrique », *Les droits de l'homme en évolution : Mélanges en l'honneur du Professeur PETROS J. PARARAS*, Bruxelles, Bruylant, 2009, pp. 133-141.

DUBOUT E. et TOUZÉ S. (dirs.), « La fonction des droits fondamentaux dans les rapports entre ordres et systèmes juridiques », *Les droits fondamentaux charnières entre ordres et systèmes juridiques*, vol. Série 15, Paris, Pedone, 2010, pp. 11-35.

DUCOULOMBIER P., « La pertinence d'une cour internationale des droits de l'homme en question », in N. ALOUPI et al. (dirs.), *Les droits humains comparés. A la recherche de l'universalité des droits humains. Actes du colloque à la Cour européenne des droits de l'homme des 8 et 9 mars 2018*, Paris, Pedone, 2019, pp. 117-128.

DUGARD J., « The role of human rights treaty standards in domestics law: The Southern African Experience », *The Future of UN Human Rights Treaty Monitoring*, Cambridge; New York, Cambridge University Press, 2000, pp. 269-286.

DUNOFF J. L. et POLLACK M. A, « A Typology of International Judicial Practices », in FOLLESDAL A. et ULFSTEIN G. (éd.), *The Judicialization of International Law: A Mixed Blessing?* Oxford, Oxford University Press, 2018, pp. 86-106.

DUPUY P-M., « Préface : fragmentation du droit international ou des perceptions qu'on en a ? », *L'influence des sources sur l'unité et la fragmentation du droit international : Travaux du séminaire tenu à Palma les 20-21 Mai 2005*, Bruxelles, Bruylant, 2006, pp. V-XXII.

- Id., « L'unité de l'ordre juridique international », *Cours de droit international public (2000)*, vol. tome 297, Martinus Nijhoff Publishers., Leiden/Boston, Hague Academy of International Law, 2003, pp. 9-489.
- Id., « Les "considérations élémentaires d'humanité" dans la jurisprudence de la Cour internationale de Justice », *Droit et Justice - Mélanges en l'honneur de Nicolas Valticos*, Paris, Pedone, 1999, pp. 117-130.

DUPUY P-M. et VINUALES J. E., « The Challenge of "Proliferation": An Anatomy of the Debate », in ROMANO R., ALTER K. J. et YUVAL S. (éd.), *The Oxford Handbook of International Adjudication*, Oxford, Oxford University Press, 2014, pp. 135-157.

DUPUY R.-J., « Droit déclaratoire et droit programmatoire : la coutume sauvage à la « soft law » », *Elaboration du droit international public, Acte du Colloque de Toulouse*, Paris, Pedone, 1975, pp. 132-148.

EBOBRAH S. T., « Courts of Regional Economic Communities in Africa and Human Rights Law », in KADELBACH S., RENSMANN T. et RIETER E. (éd.), *Judging International Human Rights, Courts of General Jurisdiction as Human Rights Courts*, Cham, Switzerland, Springer International Publishing, 2019, pp. 223-254.

- Id., « Human Rights Realisation in the African Sub-Regional Institutions », in SSENYONJO M. (éd.), *The African Regional Human Rights System, 30 Years after the African Charter on Human and Peoples' Rights*, Leiden/Boston, Martinus Nijhoff Publishers, 2012, pp. 283-300.

EGAN S., « Chapter: 18 Reform of the UN Human Rights Treaty Body System », in MEGRET F. et ALSTON P. (éd.), *The United Nations and Human Rights A Critical Appraisal*, 2nd éd., Oxford, Oxford University Press, 2020, pp. 645-664.

EL-ZEIN S., « Genetic Manipulation: How to Strike the Right Balance between Technology and Respect for Human Rights », in CASSESE A. (éd.), *Realizing Utopia: The Future of International Law*, Oxford, Oxford University Press, 2012, pp. 482-495.

FERCOT C., « Soft law, droit de l'homme et effectivité », *Soft law et droits fondamentaux, Acte du colloque du 4 et 5 février 2016*, vol. 33, Paris, Pedone, 2017, pp. 55-73.

FLAUSS J-F., « La protection des droits de l'homme et les sources du droit international », *La protection des droits de l'homme et l'évolution du droit international*, Paris, Pedone, 1998, pp. 11-79.

FORTEAU M., « Les Nations Unies et l'abolition universelle de la peine de mort : actions et défis », *L'abolition universelle de la peine de mort, Actes du colloque des 9 et 11 octobre 2014*, Paris, Pedone, 2016, pp. 11-28.

- Id., « La Cour internationale de justice et les systèmes régionaux. Plaidoyer pour un pluralisme désordonné », *Les droits fondamentaux charnières entre ordres et systèmes juridiques*, Paris, Pedone, 2010, pp. 39-64.

FERRERO J. et ALBUQUERQUE P., « Pluralité et viabilité des hypothèses de juridiction universelle des droits de l'homme : entre création et transformation, l'hypothèse du médiateur des Nations Unies », *Le système de protection des droits de l'homme des Nations Unies : présent et avenir, Acte du colloque du 7 et 8 novembre 2016*, Paris, Pedone, 2018, pp. 187-199.

FRYDMAN B., « Conclusion : le dialogue international des juges et la perspective idéale d'une justice universelle », *Le dialogue des juges. Actes du colloque organisé le 28 avril 2006*, vol. 9, Bruxelles, Bruylant, 2007, pp. 148-164.

GAER F. D., « The Institutional Future of the Covenants: A World Court for Human Rights? », in MOECKLI D., KELLER H. et HERI C. (dir.), *The Human Rights Covenants at 50: Their Past, Present, and Future*, Oxford, Oxford University Press, 2018, pp. 334-356.

GERARD P., « Les règles de reconnaissance et l'identification des normes juridiques valides », *Les sources du droit revisitées - Théorie des sources du droit*, vol. Vol. 4, Bruxelles, Anthemis, 2012, pp. 19-49.

GILLIBERT P., « Le Comité des droits de l'homme et les organisations non gouvernementales », in E. DECAUX, *Le Pacte international relatif aux droits civils et politiques, Commentaires article par article,* Paris, Pedone, 2012, pp. 55-67.

GOODWIN-GILL G. S, « The Extra-Territorial Reach of Human Rights Obligations : A Brief Perspective on the Link to Jurisdiction », in L. BOISSON DE CHAOURNES et M.G. KOHEN (dirs.), *Le droit international et la quête de sa mise en œuvre*, Leiden, Brill | Nijhoff, Leiden | Boston, 2010, pp. 293-308.

GRIFFIN J., « Chapter: 16 Human Rights and the Autonomy of International Law », in BESSON S. et TASIOULAS J. (éd.), *The philosophy of International Law*, Oxford, Oxford University Press, 2010, pp. 339-355.

GRIMHEDEN J., « The international Court of Justice - Monitoring Human Rights », in ALFREDSSON G., GRIMHEDEN J., RAMCHARAN B., et al. (éd.), *International Human Rights Monitoring Mechanisms: Essays in Honour of Jakob Th. Moller,* 2nd Revised Edition., Leiden/Boston, Martinus Nijhoff Publishers, 2009, pp. 251-261.

GROS ESPIELL H., « Le système interaméricain comme régime régional de protection international des droits de l'homme », *Système interaméricain*, vol. Vol. 2, [s. l.], Martinus Nijhoff Publishers, 1975, pp. 1-56.

GROSBON S. (dir.), « Travaux préparatoires, travaux prémonitoires ? », *Acte du colloque du 16 décembre 2016 : Résistance et résilience des pactes internationaux de droits de l'homme à l'épreuve d'une société internationale post-moderne*, Paris, Pedone, 2018, pp. 11-41.

GROSSMAN N., COHEN H. G., FOLLESDAL A. *et al.* (dir.), « Legitimacy and International Courts–A Framework », *Legitimacy and International*

Courts, New York, Cambridge University, 2018, pp. 1-40.
GUILLAUME G., « La cour internationale de justice. Situation présente et perspective d'avenir », *La Cour internationale de justice à l'aube du XXIème siècle, Le regard d'un Juge*, Paris, Pedone, 2003, pp. 33-45.

- Id., « Progrès et limite de la Justice internationale », *La Cour internationale de justice à l'aube du XXIème siècle, Le regard d'un Juge*, Paris, Pedone, 2003, pp. 24-32.
- Id., « Le suivi de l'exécution des décisions de la Cour internationale de justice au sein des organisations internationales », *L'effectivité des organisations internationales, Mécanismes de suivi et de contrôle*, Athènes, Pedone, 2000, pp. 123-134.

GUYOMAR M., « Le juge administratif français et le droit international des droits de l'homme », in E. DECAUX et O. DE FROUVILLE (dirs.), *La dynamique du système des traités de l'ONU en matière des droits de l'homme. Acte du colloque du 10 Novembre 2014*, Paris, Pedone, [s. d.], pp. 47-57.
HELFER L. R., « Populism and International Human Rights Law Institutions: A Survival Guide », in NEUMAN G. L. (éd.), *Human Rights in a Time of Populism: challenges and responses*, Cambridge, Cambridge University Press, 2020, pp. 218-249.
HENNEBEL L., « Chapter: 10 The Human Rights Committee », in MEGRET F. et ALSTON P. (éd.), *The United Nations and Human Rights: A Critical Appraisal*, 2nd éd., New-York, Oxford University Press, 2020, pp. 339-392.

- Id., « Les Pactes comme instruments de socialisation des Etats Parties », O. DE FROUVILLE (dir.), *Le système de protection des droits de l'homme des Nations Unies : présent et avenir, Acte du colloque du 7 et 8 novembre 2016*, Paris, Pedone, 2018, pp. 29-41.
- Id., « Libres propos autour du projet universaliste du Comité des droits de l'homme des Nations-Unies », *Mélanges en hommage au Professeur Jean-François FLAUSS, L'homme et le droit*, Paris, Pedone, 2014, pp. 387-401.
- Id., « La Cour Interaméricaine Des Droits De L'Homme : Entre Particularisme Et Universalisme », *Le particularisme interaméricain des droits de l'homme*, Paris, Pedone, 2009, pp. 75-119.
- Id., « Les références croisées entre les juridictions internationales des droits de l'homme », *Le dialogue des juges. Actes du colloque organisé le 28 avril 2006*, vol. 9, Université Libre de Bruxelles, Bruylant/ Bruxelles, 2007, pp. 31-76.

HENNEBEL L. et WAEYENBERGE A. V, « Réflexions sur le commerce transnational entre juges », *Les sources du droit revisitées - Normes internes infraconstitutionnelles*, vol. 2, Bruxelles, Anthemis, 2013, pp. 713-739.
HERDEGEN M., « General Overview: Reception and Implementation of International Human Rights Standards and Human Rights Jurisprudence by Domestic Courts and Other National Bodies », in RENSMANN T., KADELBACH S. et RIETER E. (éd.), *Judging International Human Rights,*

Courts of General Jurisdiction as Human Rights Courts, Cham, Switzerland, Springer International Publishing, 2019, pp. 346-384.

HERTIG RANDALL M., « The History of the Covenants Looking Back Half a Century and Beyond », in MOECKLI D., KELLER H. et HERI C. (éd.), *The Human Rights Covenants at 50: Their Past, Present, and Future*, Oxford, Oxford University Press, 2018, pp. 7-30.

- Id., « Histoire des droits l'homme », *Introduction aux droits de l'homme*, Genève, Québec, Paris, Schulthess, LGDJ, 2014, pp. 4-18.
- Id., « La typologie des droits de l'homme », *Introduction des droits de l'homme*, Yvon Blais., Genève, Québec, Paris, Schulthess, LGDJ, 2014, pp. 39-52.

HESSLER K., « Equality, human rights, and political legitimacy », in FOLLESDAL A., SCHAFFER J. K. et ULFSTEIN G. (éd.), *The legitimacy of International Human rights Regimes*, Cambridge, Cambridge University Press, 2014, pp. 117-140.

HEUSCHLING L., « Effectivité' 'efficacité', 'efficience' et 'qualité' d'une norme/du droit. Analyse des mots et des concepts », in M. STEFANINI FATIN-ROUGE, L. GAY et A. VIDAL-NAQUET (dirs.), *L'efficacité de la norme juridique. Nouveau vecteur de légitimité?* Bruxelles, Bruylant, 2012, pp. 27-59.

HEYNS C., « Civil and political rights in the African Charter », in EVANS M. D. et MURRAY R. (éd.), *The African charter on human and Peoples' rights the system in practice, 1986–2000*, Cambridge, New York, Melbourne, Cambridge University Press, 2002, pp. 137-177.

IDA R., « Formation des normes internationales dans un monde en mutation critique de la notion de soft Law », *Le droit international au service de la paix, de la justice et du développement, Mélanges Michel Virally*, Paris, [s. n.], 1991, pp. 333-340.

IOVANE M., « L'influence de la multiplication des juridictions internationales sur l'application du droit international », *La distinction entre fonctions juridictionnelles, politiques et administratives*, vol. Vol. 383, Brill | Nijhoff, Leiden | Boston, Hague Academy of International Law, 2017, pp. 322-367.

- Id., « L'indépendance des juges et la nature juridictionnelle de certains organes internationaux », *Mélanges offerts à Charles LEBEN : Droit international et culture juridique*, Paris, Pedone, 2015, pp. 113-127.

IWASAWA Y., « The domestic impact of international human rights standards: The Japanese Experience », *The Future of UN Human Rights Treaty Monitoring*, Cambridge; New York, Cambridge University Press, 2000, pp. 245-267.

JACQUÉ J-P., « Acte et norme en droit international public », *RCADI*, vol. tome 227, Martinus Nijhoff Publishers., Leiden/Boston, Hague Academy of International Law, 1991, pp. 361-417.

JOUANNET E., « Quelques réflexions sur le pouvoir normatif jurisprudentiel du juge international », *Mélanges offerts à Charles LEBEN : Droit international et culture juridique*, Paris, Pedone, 2015, pp. 209-233.

- Id., « Actualité des questions d'indépendance et d'impartialité des juridictions internationales : la consolidation d'un tiers pouvoir international ? », *Indépendance et impartialité des juges internationaux*, Université Paris 1, Pedone, 2010, pp. 271-302.
- Id., « Remarques conclusives », *La motivation des décisions Des Juridictions internationales*, Paris, Pedone, 2008, pp. 251-285.
- Id., « Incertitudes sur le tiers et désordres de la justice internationale », *Le tiers à l'instance devant les juridictions internationales*, Paris, Pedone, 2005.
- Id., « Le principe du contradictoire devant les juridictions internationales », *Le principe du contradictoire devant les juridictions internationales,* Paris, Pedone, 2004, pp. 177-195.
- Id., « L'idée de communauté humaine à la croisée de la communauté des Etats et de la communauté mondiale », *La mondialisation entre l'Illusion et l'Utopie*, vol. Tome 47, Paris, [s. n.], 2003, pp. 191-232.
- Id., « La notion de jurisprudence internationale en question », *La juridictionnalisation du droit international, Colloque de Lille*, Paris, Pedone, 2003, pp. 343-391.
- Id., « Quelques observations sur la signification de la notion d'urgence », *Le contentieux de l'urgence et l'urgence dans le contentieux devant les juridictions internationales : regards croisés*, [s. l.], Pedone, 2002, pp. 205-209.

KADELBACH S., « The Domestic Implementation of Judgments / Decisions of Courts and Other International Bodies That Involve International Human Rights Law », in RENSMANN T., RIETER E. et KADELBACH S. (éd.), *Judging International Human Rights, Courts of General Jurisdiction as Human Rights Courts*, Cham, Switzerland, Springer International Publishing, 2019, pp. 52-81.

KALIN W., « Examination of State Reports », in KELLER H. et ULFSTEIN G. (dirs.), *The UN human rights treaty bodies: law and legitimacy*, Cambridge, Cambridge University Press, 2012, pp. 16-72.

KAMTO M., « L'accès de l'individu à la justice internationale ou le droit international au service de l'homme », in KAMTO M. et TYAGI Y. (éd.), *L'accès de l'individu à la justice internationale*, Leiden/Boston, Brill Nijhoff, 2019, pp. 2-53.

- Id., « Le contrôle de la mise en œuvre des règles et standards internationaux de la démocratie en Afrique. Des chainons manquants ? », *La Démocratie en question(s), Mélanges en l'honneur du Professeur Théodore HOLO*, Toulouse, PUTC, 2017, pp. 95-119.
- Id., « La volonté de l'Etat en droit international public », *RCADI*, t310, Martinus Nijhoff Publishers., Leiden/Boston, Hague Academy

of International Law, 2007, pp. 23-427.
- Id., « Les interactions des jurisprudences internationales et des jurisprudences nationales », *La juridictionnalisation du droit international, Colloque de Lille*, Lille, Pedone, 2003, pp. 393-460.

KARAGIANNIS S., « La multiplication des juridictions internationales : un système anarchique ? », *La juridictionnalisation du droit international, La juridictionnalisation et les juridictions internationales*, Lille, Pedone, 2003, pp. 7-161.
- Id., « Considérations sur l'article 26 du Pacte des Nations Unies relatif aux droits civils et politiques, en marge de la jurisprudence du Conseil d'Etat Français in Les droits de l'homme au seuil du troisième millénaire », *Les droits de l'homme au seuil du troisième millénaire, Mélange en hommage à Pierre Lambert*, Bruxelles, Bruylant/ Bruxelles, 2000, pp. 465-497.

KAUFMANN C., « Chapter 13: The Covenants and Financial Crises », in MOECKLI D., KELLER H. et HERI C. (dir.), *The Human Rights Covenants at 50: Their Past, Present, and Future*, Oxford, Oxford University Press, 2018, pp. 303-333.

KELLER H. et ULFSTEIN G. (dir.), « Conclusions », *UN human rights treaty bodies Law and Legitimacy*, Cambridge; New York, Cambridge University Press, 2012, pp. 414-425.
- Id. (dir.), « Introduction », *UN human rights treaty bodies Law and Legitimacy*, Cambridge; New York, Cambridge University Press., 2012, pp. 1-15.

KISS A., « La protection des droits de l'homme et les techniques de mise en œuvre du droit international », *La protection des droits de l'homme et l'évolution du droit international*, Paris, Pedone, 1998, pp. 135-156.

KJAERUM M., « State Reports », in ALFREDSSON G., GRIMHEDEN J., RAMCHARAN B. G., et al. (éd.), *International Monitoring Mechanisms: Essays in Honour of Jacob Th. Möller.*, 2nd ed., Leiden/Boston, Martinus Nijhoff Publishers, 2009, pp. 17-24.

KLEIN E, « Individual reparation claims under the international covenant on civil and political rights: the practice of the human rights committee », in RANDELZHOFER A et TOMUSCHAT C. (éd.), *State responsibility and the individual. Reparation in instances of grave violations of human rights*, The Hague, Nijhoff, 1999, pp. 27-41.

KLETZEL G., MAIA C. B. et ZWAIG M., « Strengthening of UN Treaty Bodies' complaint procedures: Elements for a reform agenda from an NGO perspective », in BASSIOUNI C. et SCHABAS W. (éd.), *New Challenges for the UN Human Rights Machinery: What Future for UN Treaty Body System and Human Rights Council Procedures*, Cambridge/Antwerp/Portland/, Intersentia, 2011, pp. 193-236.

KOHEN M G., « Manifeste pour le droit international du XXIème siècle », in BOISSON DE CHAZOURNES L. et GOWLLAND-DEBBAS V. (éd.),

L'ordre juridique international, un système en quête d'équité et d'universalité. Liber Amicorum Georges ABI-SAAB, The Hague/London/Boston, Martinus Nijhoff Publishers, 2001, pp. 123-152.
KROMMENDIJK J, « National Parliaments: Obstacles or Aid to the Impact of International Human Rights Bodies? », in WIND M. (éd.), *International courts and domestic politics*, New York, Cambridge University Press, 2018, pp. 227-261.
LACHS M., « Quelques réflexions sur la communauté internationale », *Le droit international au service de la paix, de la justice et du développement Mélanges Michel Virally*, Paris, Pedone, 1991, pp. 349-357.
LAGRANGE E., « Pairs et experts dans le système onusien de suivi du respect des droits de l'homme : deux procédures de contrôle sur rapport, une même substance ? », *Substance et procédure en droit international public : dialectique et influences croisées*, Paris, Pedone, 2019, pp. 139-173.
LAMBERT-ABDELGAWAD E., « Le rayonnement de la jurisprudence de la Cour européenne à l'égard de la commission africaine des droits de l'homme et des peuples. Analyse empirique des références à la Cour européenne dans les communications de la Commission africaine », *Le rayonnement international de la jurisprudence de la Cour européenne des droits de l'homme,* Bruxelles, Bruylant, 2005, pp. 139-184.

- Id., « Les Tribunaux Pénaux pour l'ex-Yougoslavie et le Rwanda et l'appel aux sources du droit international des droits de l'homme », in DELMAS-MATY M., FRONZA E. et LAMBERT-ABDELGAWAD E. (éd.), *Les sources du droit international pénal*, Paris, L.G.D.J, 2005, pp. 97-134.

LAMOUR M., « Are Human Rights Law Rules "Special"? Study on Interactions Between Human Rights Law Rules and Other International Law Rules », in THOUVENIN J-M et WEIB N. (éd.), *The Influence of Human Rights on International Law*, Switzerland, Springer International Publishing, 2015, pp. 27-39.
LE BRIS C., « Des générations présentes aux générations futures », in S. GROSBON (dir.), *Acte du colloque du 16 décembre 2016 : Résistance et résilience des pactes internationaux de droits de l'homme à l'épreuve d'une société internationale post-moderne*, Paris, Pedone, 2018, pp. 73-88.
LE FLOCH G., « Le revirement de jurisprudence en droit international : Convergences et divergences des politiques jurisprudentielles des juridictions internationales », in M. LEMEY et G. LE FLOCH (dirs.), *Le revirement de jurisprudence en droit international, Actes du colloque de Rennes du 27 et 28 juin 2019*, [s. l.], Pedone, 2021, pp. 15-59.
LEBEN C., « La fragmentation du droit applicable Aux relations internationales : Remarques introductives de l'internationaliste publiciste », *La fragmentation du droit applicable aux relations internationales. Regards croisés d'internationalistes privatistes et publicistes.*, Paris, Pedone, 2011, pp. 21-26.

- Id., « Retour sur la notion de contrat d'Etat et sur le droit applicable à celui-ci », *Mélanges offerts à Hubert Thierry, l'évolution du droit international*, Paris, Pedone, 1998, pp. 248-280.

LOCHAK D., « Migrants, étrangers, refugiés, une visibilité croissante », in S. GROSBON (dir.), *Acte du colloque du 16 décembre 2016 : Résistance et résilience des pactes internationaux de droits de l'homme à l'épreuve d'une société internationale post-moderne*, Paris, Pedone, 2018, pp. 207-228.

LYNCH P. et SCHOKMAN B., « Taking Human Rights from the Grassroots to Geneva... and Back: Strengthening the relationship Between UN Treaty Bodies and NGOS », in BASSIOUNI C. et SCHABAS W. (éds.), *New Challenges for the UN Human Rights Machinery: What Future for UN Treaty Body System and Human Rights Council Procedures*, Cambridge/Antwerp/Portland/, Intersentia, 2011, pp. 173-192.

MAISON R., « Le droit international des droits de l'homme et les juridictions internationales pénales », *Droit international, droits de l'homme et juridictions internationales, Actes de la table ronde du 10 juillet 2003*, Bruxelles, Bruylant/ Némésis, 2004, pp. 121-137.

MARDON D., « Soft law, droits fondamentaux et légitimité », *Soft law et droits fondamentaux, Acte du Colloque du 04 et 05 février 2016*, Université de Grenoble (CRJ), Pedone, 2017, pp. 129-147.

MAROTTI, L., « The International Court of Justice rôle in Influencing the approach of other Courts on Fundamental Procedural Matters, » in ARCARI, M., BALMOND, L. (dir.), *Le dialogue des juridictions dans l'ordre juridique international. Entre pluralisme et sécurité juridique*, Naples, Editoriale Scientifica, 2014, pp 7-27.

MARTIN C., « La mobilisation des sources extérieures par la Cour interaméricaine des droits de l'homme : L'exemple du droit à la vie », in L. BURGORGUE-LARSEN (dir.), *Les défis de l'interprétation et de l'application des droits de l'homme : de l'ouverture au dialogue*, Paris, Pedone, 2017, pp. 241-269.

MCCORQUODALE R., « Chapter 28: A Future for Human Rights Law », in BADERIN M. A. et SSENYONJO M. (éd.), *International Human Rights Law, Six Decades after the UDHR and Beyond*, Surrey, UK, Ashgate Publishing Limited, 2010, pp. 541-552.

- Id., « The Individual and International legal system », in EVANS D. (éd.), *International Law*, Oxford, Oxford University Press, 2003, pp. 299-325.

MCGOLDRICK D., « State Responsibility and the International Covenant on Civil and Political Rights », in FITZMAURICE M. et SAROOSHI D. (éd.), *Issues of State Responsibility before International Judicial Institutions*, Oxford, Hart Publishing, 2004, pp. 161-199.

MERON T., « Les principes des droits de l'homme dans la jurisprudence des juridictions pénales internationales », *Dialogue entre juges, Actes du séminaire du 25 janvier 2013*, Strasbourg, CEDH, [s. n.], 2013, pp. 38-43.

MOECKLI D. et WHITE N. D., « Treaties as "living instruments" », in KRISTSIOTIS D. et BOWMAN M. J. (éd.), *Conceptual and Contextual Perspectives on the Modern Law of Treaties*, Cambridge, Cambridge University Press, 2018, pp. 136-171.

MORAND C-A, « La souveraineté, un concept dépassé à l'heure de la mondialisation ? », in BOISSON DE CHAZOURNES L. et GOWLLAND-DEBBAS V. (éd.), *L'ordre juridique international, Un système en quête d'équité et D'universalité Liber Amicorum Georges Abi-Saab*, The Hague/London/Boston, Martinus Nijhoff Publishers, 2001, pp. 153-176.

MUNTARBHORN V., « The ASEAN Human Rights Declaration and Beyond », *Réciprocité et universalité - Sources et régimes du droit international des droits de l'homme, Mélanges en l'honneur du Professeur Emmanuel Decaux*, Paris, Pedone, 2017, pp. 873-882.

MUTZENBERG P., « NGOs: Essential Actors for Embedding the Covenants in the National Context », in MOECKLI D., KELLER H. et HERI C. (dir.), *The Human Rights Covenants at 50: Their Past, Present, and Future*, Oxford, Oxford University Press, 2018, pp. 75-95.

- Id., L'apport de la société civile aux travaux des organes conventionnels, *Le système de protection des droits de l'homme des Nations Unies : présent et avenir, Les Pactes sur les droits de l'homme : 50 ans après*, Paris, Pedone, 2016, pp. 63-69.

NASH K., « Human Rights, Global Justice, and the Limits of Law », in FASSBENDER B. et TRAISBACH K. (éd.), *The Limits of Human Rights*, New-York, Oxford University Press, 2019, pp. 69-80.

NEUHOLD H., « Variations on the Theme of 'Soft International Law' », in BUFFARD I, CRAWFORD J., PELLET A., et al. (éd.), *International Law between Universalism and Fragmentation Festschrift in Honour of Gerhard Hafner*, Leiden/Boston, Martinus Nijhoff Publishers, 2008, pp. 343-360.

NEUMAN G. L., « Populist Threats to the International Human Rights System », *Human Rights in a Time of Populism: challenges and responses*, [s. l.], Cambridge University Press, 2020, pp. 1-19.

- Id., « Giving Meaning and Effect to Human Rights: The Contributions of Human Rights Committee Members », in MOECKLI D., KELLER H. et HERI C. (dir.), *The Human Rights Covenants at 50: Their Past, Present, and Future*, [s. l.], Oxford University Press, 2018, pp. 31-47.

NOWAK M., « A World Court of Human Rights », *International Human Rights Institutions, Tribunals, and Courts*, Singapore, Springer Nature Singapore Pte Ltd, 2018, pp. 271-289.

- Id., « A new World Court of Human Rights: a role for international humanitarian law? », in KOLB R. et GAGGIOLI G. (éd.), *Research Handbook on Human Rights and Humanitarian Law*, Cheltenham, UK/Northampton, MA, USA, Edward Elgar Publishing, 2013, pp. 531-539.
- Id., « It's time for a world Court of Human Rights », in SCHABAS

W. et BASSIOUNI C. (éd.), *New Challenges for the UN Human Rights Machinery: What Future for UN Treaty Body System and Human Rights Council Procedures*, Cambridge/Antwerp/Portland/, Intersentia, 2011, pp. 17-34.
- Id., « Eight Reasons Why we need a world Court », *International Human Rights Monitoring Mechanisms, Essays in Honour of Jakob Th. Môller, 2nd Revised Edition*, Leiden/Boston, Martinus Nijhoff Publishers, 2009, pp. 697-706.

NWAUCHE E. S, « Regional economic communities and human rights in West Africa and the African Arabic countries », in BÖSL A. et DIESCHO J. (éd.), *Human Rights in Africa Legal Perspectives on their Protection and Promotion*, Windhoek / Namibia, Macmillan Namibia, 2009, pp. 319-347.

OBERLEITNER G., « Chapter 19: Towards an International Court of Human Rights? », in BADERIN M. A. et SSENYONJO M. (éd.), *International Human Rights Law Six Decades after the UDHR and Beyond*, Surrey, UK, Ashgate Publishing Limited, 2010, pp. 359-370.

O'FLAHERTY M., « Reform of the UN Human Rights Treaty Body System: locating the Dublin Statement », *The Delivery of Human Rights, Essays in Honour of Professor Sir Nigel Rodley*, New-York, Routledge, 2011, pp. 68.

O'FLAHERTY M. et TSAI P-L., « Periodic Reporting: The Backbone of The UN Treaty Body Review Procedures », in BASSIOUNI C. et SCHABAS W. (éd.), *New Challenges for the UN Human Rights Machinery: What Future for UN Treaty Body System and Human Rights Council Procedures*, Cambridge/Antwerp/Portland/, Intersentia, 2011, pp. 37-56.

OLESEN J., « Towards a Politics of Hermeneutics », in BIANCHI A., PEAT D. et WINDSOR M. (éd.), *Interpretation of International Law*, Oxford, Oxford University Press, 2015, pp. 311-327.

OLSEN H P., « International Courts and the Building of Legal Authority beyond the State », in CAPPS P. et OLSEN H P. (éd.), *Legal authority beyond the state*, Cambridge, Cambridge University Press, 2018, pp. 81-101.

O'NEILL W. G., « The UN High Commissioner for Human Rights and Field Operations », in OBERLEITNER G. (éd.), *International Human Rights Institutions, Tribunals, and Courts*, [s. l.], Springer International Publishing, 2018, pp. 69-94.

OTTO D., « Chapter 17: Institutional Partnership or Critical Seepages? The Role of Human Rights NGOs in the United Nations », *International Human Rights Law Six Decades after the UDHR and Beyond*, Surrey, UK, Ashgate Publishing Limited, 2010, pp. 317-335.

OUGUERGOUZ F., « La jurisprudence de la Cour africaine des droits de l'homme et des peuples - un juste hommage à l'action normative de l'organisation des Nations Unies », *Réciprocité et universalité - Sources et régimes du droit international des droits de l'homme, Mélanges en l'honneur du Professeur Emmanuel Decaux*, Paris, Pedone, 2017, pp. 859-872.
- Id., Les articles 60 et 61 de la Charte africaine des droits de l'homme

et des peuples, *Les défis de l'interprétation et de l'application des droits de l'homme : de l'ouverture au dialogue*, Paris, Pedone, 2017, pp. 135-156.

PALMA M., « The Possible Contribution of International Civil Society to the Protection of Human Rights », in CASSESE A. (éd.), *Realizing Utopia: The Future of International Law*, Oxford, Oxford University Press, 2012, pp. 76-88.

PANOUSSIS I., « Les incidences du droit international des droits de l'homme sur l'organisation de la procédure devant la CPI », in MAZE L. (éd.), *Statut de Rome de la Cour pénale internationale, commentaire article par article*, Paris, Pedone, 2012, pp. 227-240.

- Id., « L'évolution de la "juridiction (iuris dictio) des cours supranationales », *La protection des droits de l'homme par les cours supranationales, Actes du Colloque du 8 et 9 Octobre 2015*, Paris, Pedone, 31-54.

PELLET A., « Les réserves en matière de droits de l'homme », *Justice et droits de l'homme, Mélanges en l'hommage à Christine CHANET*, Paris, Pedone, 2019, pp. 123-134.

- Id., « Les raisons du développement du soft law en droit international : choix ou nécessité ? », *Regards croisés sur la soft law en droit interne, européen et international*, [s. l.], LGDJ, Lextenso éditions, 2018, pp. 177-192.
- Id., « Les traités des droits de l'homme entre banalité et spécificité », *Réciprocité et universalité - Sources et régimes du droit international des droits de l'homme, Mélanges en l'honneur du Professeur Emmanuel Decaux*, Paris, Pedone, 2017, pp. 59-74.
- Id., « Reservations to treaties and the integrity of human rights », in RODLEY S. N. et SHEERAN S. (éd.), *Routledge Handbook of International Human Rights Law*, New York, Routledge, 2013, pp. 323-338.
- Id., Table ronde : L'unité ou la fragmentation du système juridique international ? *La protection des droits de l'homme et l'évolution du droit international : Colloque de Strasbourg*, Paris, Pedone, 1998, pp. 294-298.
- Id., La mise en œuvre des normes internationales des droits de l'homme – 'Souveraineté du droit' contre souveraineté de l'État ? *Droit international et droits de l'homme*, Paris, Montchrestien, 1990, pp. 101-140.

PETERS A., « Are we Moving towards Constitutionalization of the World Community? », *Realizing Utopia: The Future of International Law*, Oxford, Oxford University Press, 2012, pp. 118-135.

PINTO M., « Commentaires sur la prééminence normative dans le domaine des droits de l'homme », *Réciprocité et universalité : sources et régimes du droit international des droits de l'homme : mélanges en l'honneur du professeur Emmanuel Decaux*, Paris, Pedone, 2017, pp. 119-134.

QUIRICO O., Droit ≪ flou ≫, droit ≪ doux ≫ ou droit ≪ mou ≫ ? Brèves réflexions sur la ≪ texture ≫ des mesures conservatoires et des constatations dans les procédures individuelles devant le Comité des droits de l'homme, *Unité et diversité du droit international / Unity and Diversity of International Law, Ecrits en l'honneur du Professeur Pierre-Marie Dupuy*, Leiden, Brill | Nijhoff, 2014, pp. 875-887.

RAMCHARAN B. G., « The Office of UN High Commissioner for Human Rights », in ALFREDSSON G., GRIMHEDEN J., RAMCHARAN B. G., et al. (éd.), *International Monitoring Mechanisms: Essays in Honour of Jacob Th. Möller.*, 2nd rev. edn., Leiden/Boston, Martinus Nijhoff Publishers, 2009, pp. 199-204.

RANGEON F, Réflexion sur l'effectivité du droit, *Les usages sociaux du droit*, Paris, PUF/Publications du CURAPP, 1989, pp. 126-149.

RANJEVA R., « Les organisations non gouvernementales et le droit international des droits de l'homme », in COHEN-JONATHAN G. et FLAUSS J-F. (éd.), *Les organisations non gouvernementales et le droit international des droits de l'homme*, Bruxelles, Bruylant, 2005, pp. 1-21.

REITERER M. A., « Some Thoughts on Compliance with International Obligations », in BUFFARD I, CRAWFORD J., PELLET A., et al. (éd.), *International Law between Universalism and Fragmentation Festschrift in Honour of Gerhard Hafner*, Leiden/Boston, Martinus Nijhoff Publishers, 2008, pp. 943-958.

REUTER P., « Quelques remarques sur la situation juridique des particuliers en droit international », *La technique et le droit public, Etudes en l'honneur de Georges Scelle*, vol. II, Paris, [s. n.], 1950, pp. 535-552.

RODLEY S. N., « The Idea of the World Court on Human rights : some comments », *Le système de protection des droits de l'homme des Nations Unies : présent et avenir, Acte du colloque du 7 et 8 novembre 2016*, Paris, Pedone, 2018, pp. 201-203.

- Id., « On the Human rights committee at 40 », *Réciprocité et universalité - Sources et régimes du droit international des droits de l'homme, Mélanges en l'honneur du Professeur Emmanuel Decaux*, Paris, Pedone, 2017, pp. 1039-1052.
- Id., « La Cour internationale de Justice et les Comités conventionnels des Nations Unies », *La dynamique du système des Traités de l'ONU en matière de droits de l'homme*, Paris, Pedone, 2015, pp. 131-136.
- Id., « The International Court of Justice and Human Rights Treaty Bodies », in BJORGE E. et ANDENAS M.T (éd.), *A farewell to fragmentation Reassertion and Convergence in international law*, Cambridge, Cambridge University Press, 2015, pp. 87-108.

ROMAN D., « Parité : des droits asexués aux droits genrés ? », *Acte du colloque du 16 décembre 2016 : Résistance et résilience des pactes internationaux de droits de l'homme à l'épreuve d'une société internationale*

post-moderne, Paris, [s. n.], [s. d.], pp. 54-71.
ROMANO C. P. R., « The Rule of Prior Exhaustion of Domestic Remedies: Theory and Practice in International Human Rights Procedures », in BOSCHIERO N., SCOVAZZI T., PITEA C., et al. (éd.), *International Courts and the Development of International Law Essays in Honour of Tullio Treves*, The Hague, The Netherlands, T.M.C. Asser Press, Springer-Verlag Berlin Heidelberg, 2013, pp. 561-572.
ROSENNE S., « Reflections on the Position of the Individual in Inter-State Litigation in the International Court of Justice », in SANDERS P. (éd.), *International Arbitration – Liber Amicorum for M. Domke*, The Hague, Nijhoff, 1967, pp. 242-250.
RUNAVOT M-C, « La fonction consultative de la Cour interaméricaine des droits de l'homme : splendeurs et misères de l'avis du juge interaméricain », in H. TIGROUDJA et L. HENNEBEL (dirs.), *Le particularisme interaméricain des droits de l'homme*, Paris, Pedone, 2009, pp. 121-149.
SALAMA I., « Strengthening The UN Human rights Treaty Body System : Prospects of a Work in Progress », in O. DE FROUVILLE (dir.), *Le système de protection des droits de l'homme des Nations Unies : présent et avenir, Acte du colloque du 7 et 8 novembre 2016*, Paris, Pedone, 2018, pp. 95-111.
- Id., « Présentation du processus de renforcement des organes conventionnels », in E. DECAUX et O. DE FROUVILLE (dirs.), *La dynamique du système des traités de l'ONU en matière des droits de l'homme. Acte du colloque du 10 Novembre 2014*, Paris, Pedone, 2015, pp. 161-164.

SALLES L., « International tribunals' discretion to (not) exhaust principal jurisdiction and forum shopping », *Forum Shopping in International Adjudication: The Role of Preliminary Objections*, Cambridge, Cambridge University Press, 2014, pp. 180-226.
- Id., « The rise of forum shopping », *Forum Shopping in International Adjudication: The Role of Preliminary Objections*, Cambridge, Cambridge University Press., 2014, pp. 16-46.

SALVIOLI F., « Cinquante ans après l'adoption du PIDCP : les défis du Comité des droits de l'homme », in O. DE FROUVILLE (dir.), *Le système de protection des droits de l'homme des Nations Unies : présent et avenir, Acte du colloque du 7 et 8 novembre 2016*, Paris, Pedone, 2018, pp. 55-61.
- Id., « La perspective pro personne : un mécanisme d'interprétation contemporaine des instruments internationaux des droits humains », *Réciprocité et universalité - Sources et régimes du droit international des droits de l'homme, Mélanges en l'honneur du Professeur Emmanuel Decaux*, Paris, Pedone, 2017, pp. 897-910.
- Id., « The United Nations Human Rights Committee: decisions taken in the proceeding of examination of periodic reports, to give useful reflect to the international covenant on civil and political rights », *Mélanges en hommage au Professeur Jean-François FLAUSS.*

L'homme et le droit, Paris, Pedone, 2014, pp. 649-671.
SCHABAS W., « On the Binding nature of The Findings of The Treaty Bodies », in BASSIOUNI C. et SCHABAS W. (éd.), *New Challenges for the UN Human Rights Machinery: What Future for UN Treaty Body System and Human Rights Council Procedures*, Cambridge/Antwerp/Portland/, Intersentia, 2011, pp. 97-106.
SCHAFFER J. K., FOLLESDAL A. et ULFSTEIN G. (dir.), « International human rights and the challenge of legitimacy », *The Legitimacy of International Human Rights Regimes: Legal, Political and Philosophical Perspectives*, Cambridge, Cambridge University Press, 2014, pp. 1-31.
SCHEININ M., « How and Why to Assess the Relevance of Human Rights Norms in 'Other' International Courts », in SCHEININ M. (éd.), *Human rights norms in « other » international courts: studies on international courts and tribunals*, Cambridge, Cambridge University Press, 2019, pp. 27.
- Id., « Monitoring Human Rights Obligations and the Fight against Terrorism: Whose Obligations? And Monitored How? », in ALFREDSSON G., GRIMHEDEN J., ZAYAS A., et al. (éd.), *International Human Rights Monitoring Mechanisms*, vol. Vol.35, Leiden/Boston, Martinus Nijhoff Publishers, 2009, pp. 407-420.
- Id., « The International Covenant on Civil and Political Rights », in ULFSTEIN G., ZIMMERMANN A. et MARAUHN T. (éd.), *Making Treaties Work: Human Rights, Environment and Arms Control*, [s. l.], Cambridge University Press, 2009, pp. 48-69.
- Id., « Towards a World Court of Human Rights - Research report within the framework of the Swiss Initiative to commemorate the 60th anniversary of the Universal Declaration of Human Rights », *Protecting Dignity: An Agenda for Human Rights*, [s. l.], European University Institute, 2009, pp. 53.
- Id., « Domestic implementation of human rights treaties: Nordics et Baltic experiences », *The Future of UN Human Rights Treaty Monitoring*, Cambridge; New York, Cambridge University Press, 2000, pp. 229-243.

SCHLUTTER B., « Aspects of human rights interpretation by the UN treaty bodies », in KELLER H. et ULFSTEIN G. (éd.), *UN Human Rights Treaty Bodies Law and Legitimacy*, Cambridge; New York, Cambridge University Press, 2012, pp. 261-319.
SCHMIDT G., « Commentaire de l'article 41 du Pacte », *Le Pacte international relatif aux droits civils et politiques, commentaire article par article*, Economica., [s. l.], [s. n.], 2011, pp. 731-736.
- Id., « La portée et suivi des constatations, *La protection des droits de l'homme par le Comité des droits de l'homme des Nations Unies : les communications individuelles »*, Montpellier, IDEDH, 1995, pp. 157-169.

SCHMIDT M., « Chapter 22: Servicing and financing human Rights supervisory bodies », *The Future of UN Human Rights Treaty Monitoring*, New-York, Cambridge University Press., 2000, pp. 481-498.

SCHOMBURG W. et NEMITZ J. C., « The Protection of Human Rights of the Accused before the International by Criminal Tribunal for Rwanda », *Des droits de l'homme au droit international pénal: Etudes en l'honneur d'un juriste africain, feu le juge Laïty Kama*, Leiden/Boston, Brill | Nijhoff, 2007, pp. 89-108.

SCOBBIE I., « Rhetoric, Persuasion, and Interpretation in International Law », in BIANCHI A., PEAT D. et WINDSOR M. (éd.), *Interpretation in International Law*, Oxford, Oxford University Press, 2015, pp. 61-77.

SEFERIADES S., « Le problème de l'accès des particuliers a des juridictions internationales », vol. Vol. 051, Leiden/Boston, Hague Academy of International Law, 1935, pp. 5-117.

SEIBERT-FOHR A., « The UN Human Rights Committee », in OBERLEITNER G. (éd.), *International Human Rights Institutions, Tribunals, and Courts*, Singapore, Springer Nature Singapore Pte Ltd, 2018, pp. 117-137.

SERMET L., « Le développement des méthodes d'interprétation et des méthodes de contrôle des traités relatifs aux droits de l'homme par les juridictions supranationales », in J. ANDRIANTSIMBAZOVINA, L. BURGORGUE-LARSEN et S. TOUZÉ (dirs.), *La protection des droits de l'homme par les cours supranationales, Actes du Colloque du 8 et 9 Octobre 2015*, vol. 31, Paris, Pedone, 2016, pp. 55-86.

SHANY Y., « Stronger Together? Legitimacy and Effectiveness of International Courts as Mutually Reinforcing or Undermining Notions », in GROSSMAN N., COHEN H. G., FOLLESDAL A., et al. (éd.), *Legitimacy and International Courts*, New-York, Cambridge University Press, 2018, pp. 354-371.

- Id., « Chapter 37: Sources and the Enforcement of International Law: What Norms Do International Law- Enforcement Bodies Actually Invoke? », in BESSON S. et D'ASPREMONT J. (éd.), *The Oxford Handbook on the sources of international law*, Oxford, Oxford University Press, 2017, pp. 789-811.
- Id., « Compliance with Decisions of International Courts as Indicative of their Effectiveness: A Goal-based Analysis », in CRAWFORD J. et NOUWEN S. (éd.), *Select Proceedings of the European Society of International Law*, vol. Third Volume, Oxford, Hart Publishing, 2012, pp. 229-241.

SHELTON D., « Jura Novit Curia in International Human Rights Tribunal », in BOSCHIERO N., SCOVAZZI T., PITEA C., et al. (éd.), *International Courts and the Development of International Law Essays in Honour of Tullio Treves*, [s. l.], T.M.C. Asser Press, Springer-Verlag Berlin Heidelberg, 2013, pp. 189-211.

- Id., « Introduction: Law, Non-Law and the Problem of 'Soft Law' »,

Commitment and Compliance: The Role of Non-Binding Norms in the International Legal System, Oxford, Oxford University Press, 2003, pp. 1-18.
SICILIANOS L-A., « Le précédent et le dialogue des juges : l'exemple de la Cour européenne des droits de l'homme », *Le précédent en droit international*, Paris, Pedone, 2016, pp. 225-241.
- Id., « Les ONG et l'évolution future du droit international des droits de l'homme », in COHEN-JONATHAN G. et FLAUSS J-F. (éd.), *Les organisations non gouvernementales et le droit international des droits de l'homme*, Bruxelles, Bruylant, 2005, pp. 233-251.

SIMMA B., « Chapter 40, Sources of international Human rights law: human rights treaties », in BESSON S. et D'ASPREMONT J. (éd.), *The Oxford Handbook on the sources of international law*, Oxford, Oxford University Press, 2017, pp. 871-888.
- Id., « Human Rights before the International Court of Justice: Community Interest Coming to Life? », in TAMS C. et SLOAN J. (éd.), *The Development of International Law by the International Court of Justice*, Oxford, Oxford University Press, 2013, pp. 277-603.

SKANDER GALAND A., « The Systemic Effect of International Human Rights Law on International Criminal Law », in SCHEININ M. (éd.), *Human Rights Norms in 'Other' International Courts: Studies on International Courts and Tribunals*, Cambridge, Cambridge University Press, 2019, pp. 87-131.
SOUSSAN A., « From Law as a Means to Law as an End: About the Influence of International Human Rights Law on the Structure of International Law Rules », in THOUVENIN J-M et WEIB N. (éd.), *The Influence of Human Rights on International Law*, New-York, Dordrecht London, Springer International Publishing, 2015, pp. 3-12.
SPERDUTI G., « L'accès des individus à des instances internationales », *L'individu et le droit international*, vol. 90, Leiden/Boston, Hague Academy of International Law, 1956, pp. 788-820.
- Id., « Le principe de l'effectivité et l'interprétation des normes internationales se rapportant aux individus », *L 'individu et le droit international*, vol. 90, Leiden/Boston, Hague Academy of International Law, 1956, pp. 748-760.

STARR S. B., « Chapter 25: The Right to an Effective Remedy: Balancing Realism and Aspiration », in BADERIN M. A. et SSENYONJO M. (éd.), *International Human Rights Law, Six Decades after the UDHR and Beyond*, Surrey, UK, Ashgate Publishing Limited, 2010, pp. 478-498.
STAES, D., « The importation of ''external sources'' by the European Court of Human Rights. Opportunities and challenges in light of legal certainty », in ARCARI, M., BALMOND, L. (dir.), *Le dialogue des juridictions dans l'ordre juridique international*. Entre pluralisme et sécurité juridique, Naples, Editoriale Scientifica, 2014, pp. 61-89
STEINER H. J., « International protection of Human Rights », in EVANS D.

(éd.), *International Law*, 1er éd., Oxford, Oxford University Press, 2003, pp. 757-786.

- Id., « Individual Claims in a World of Massive Violations: What Role for the Human Rights Committee? », in ALSTON P. et CRAWFORD J. (éd.), *The Future of Un Human Rights Treaty Monitoring*, [s. l.], Cambridge University Press, 2000, pp. 15-55.

SUDRE F., « Conclusions », in J. ANDRIANTSIMBAZOVINA, L. BURGORGUE-LARSEN et S. TOUZE (dirs.), *La protection des droits de l'homme par les cours supranationales. Actes du colloque du 08 et 09 octobre 2015*, vol. 31, Paris, Pedone, 2016, pp. 245-268.

- Id., « Le droit à la non-discrimination dans la jurisprudence du Comité des droits de l'homme des Nations Unies », *La protection des droits de l'homme par le Comité des droits de l'homme des Nations Unies : les communications individuelles*, Montpellier, IDEDH, 1995, pp. 33-59.

SUNGA L., « NGO involvement in international Human Rights monitoring », in COHEN-JONATHAN G. et FLAUSS J-F. (éd.), *Les organisations non gouvernementales et le droit international des droits de l'homme*, Bruxelles, Bruylant, 2005, pp. 41-69.

TASIOULAS J., « Chapter 4: The legitimacy of international law », in BESSON S. et TASIOULAS J. (éd.), *The philosophy of international law*, Oxford; New York, Oxford University Press, 2010, pp. 97-116.

TAVERNIER P., « Les ambiguïtés de l'universalité des droits de l'homme à propos de l'adoption du Statut de la cour arabe des droits de l'homme », *Réciprocité et universalité - Sources et régimes du droit international des droits de l'homme, Mélanges en l'honneur du Professeur Emmanuel Decaux*, Paris, Pedone, 2017, pp. 883-895.

- Id., « L'attitude de la Commission et de la cour africaine des droits de l'homme », *Le contentieux international des droits de l'homme et le choix du forum : Les instances internationales de contrôle face au forum shopping*, Bruxelles, Bruylant/ Némésis, 2012, pp. 93-107.
- Id., « La régionalisation du droit international, les droits de l'homme », *La régionalisation du droit international*, Bruxelles, Bruylant, 2012, pp. 58-70.
- Id., « Réussite ou échec 40 ans après l'adoption des pactes internationaux relatifs aux droits de l'homme ? », *Droit international et diversité des cultures juridiques*, Paris, Pedone, 2008, pp. 413-419.
- Id., « Les Tribunaux pénaux internationaux et le droit international des droits de l'homme », *Les sources du droit international pénal : l'expérience des Tribunaux Pénaux Internationaux*, Paris, L.G.D.J, 2005, pp. 395-401.
- Id., « Le destin du pacte international relatif aux droits civils et politiques vingt ans après son entrée en vigueur », *Mélanges Pouvoir et liberté : Etudes offertes à Jacques Mourgeon*, [s. l.], [s. n.], 1998,

pp. 479-493.
TAVERNIER P. et DRZEMCZEWSKI A., « L'exécution des "décisions" des instances internationales de contrôle dans le domaine des droits de l'Homme », *La protection des droits de l'Homme et les techniques de mise œuvre du droit international*, Colloque de Strasbourg, Paris, Pedone, 1998, pp. 197-270.
TAXIL B. et GROSBON S., « Droits et libertés à l'ère numérique », *Acte du colloque du 16 décembre 2016 : Résistance et résilience des pactes internationaux de droits de l'homme à l'épreuve d'une société internationale post-moderne*, Paris, Pedone, 2018, pp. 175-186.
TERAYA K., « Implementation of International Human Rights by Japanese Courts », in KADELBACH S., RENSMANN T. et RIETER E. (éd.), *Judging International Human Rights, Courts of General Jurisdiction as Human Rights Courts*, Cham, Switzerland, Springer International Publishing, 2019, pp. 512-539.
THIRLWAY H, « Chapter 2: Provisional Measures: How "Provisional" Is "Provisional"? », in PALOMBINO F. M, VIRZO R et ZARRA G. (éd.), *Provisional Measures Issued by International Courts and Tribunals*, The Hague, The Netherlands, T.M.C. Asser Press, Springer-Verlag Berlin Heidelberg, 2021, pp. 9-17.
TIGNINO M., « Quasi-judicial bodies », in BROLMANN C. et RADI Y. (éd.), *Research Handbook on the Theory and Practice of International Lawmaking*, Cheltenham, UK; Northampton, MA, USA, Edward Elgar Publishing, 2016, pp. 242-261.
TIGROUDJA H., « Droits et libertés protégés par le Pacte international relatif aux droits civils et politiques à l'épreuve du terrorisme global », *Acte du colloque du 16 décembre 2016 : Résistance et résilience des pactes internationaux de droits de l'homme à l'épreuve d'une société internationale post-moderne*, Paris, Pedone, 2018, pp. 187-195.

- Id., « La création d'une Cour mondiale des droits de l'homme est-elle *contra victima* ? Libres propos introductifs », in O. DE FROUVILLE (dir.), *Le système de protection des droits de l'homme des Nations Unies : présent et avenir, Acte du colloque du 7 et 8 novembre 2016*, Paris, Pedone, 2018, pp. 163-174.
- Id., « Propos introductifs », *Vers un nouveau jus Gentium, Recueil des Opinions individuelles du Juge A. A. Cançado,* Paris, L'Harmattan, 2018, pp. 17-19.
- Id., « L'(in)efficacité des mesures provisoires internationales en matière de prévention des violations des droits de l'homme », in E. DECAUX et S. TOUZÉ (dirs.), *Articulation entre mécanismes de prévention des droits de l'homme*, Paris, Pedone, 2015, pp. 143-157.
- Id., « Le renvoi aux décisions des Comités conventionnelles des Nations Unies dans la pratique des organes régionaux de protection des droits de l'homme », in E. DECAUX et O. DE FROUVILLE (dirs.),

La dynamique du système des traités de l'ONU en matière des droits de l'homme. Acte du colloque du 10 Novembre 2014, Paris, Pedone, 2015, pp. 137-149.

- Id., « Les normes internationales de droits de l'homme face aux régimes et lois d'exception », *La norme et ses exceptions : Quels défis pour la règle de droit*, Bruxelles, Bruylant, 2015, pp. 179-199.
- Id., « Le système africain de protection des droits de l'homme : Un laboratoire pour des droits universels. Analyse des sources utilisées dans la jurisprudence de la Commission africaine des droits de l'homme et des peuples », *Mélange en hommage au Professeur Jean Dhommeaux : Humanisme et droit*, Paris, Pedone, 2013, pp. 409-425.
- Id., « The Inter-American Court of Human Rights and international humanitarian law », in KOLB R. et GAGGIOLI G. (éd.), *Research Handbook on Human Rights and Humanitarian Law*, Cheltenham, UK/Northampton, MA, USA, Edward Elgar Publishing, 2013, pp. 466-479.
- Id., « La fonction consultative de la Cour interaméricaine des droits de l'homme », in ONDOUA A. et SZYMCZAK D. (éd.), *La fonction consultative des juridictions internationales*, Paris, Pedone, 2009, pp. 67-85.
- Id., « Propos conclusifs : la légitimité du « particularisme interaméricain des droits de l'homme » en question », *Le particularisme interaméricain des droits de l'homme en l'honneur du 40e anniversaire de la convention américaine des droits de l'homme*, Paris, Pedone, 2009, pp. 383-413.
- Id., « L'attitude des organes interaméricains de protection des droits de l'homme à l'égard du forum shopping », *Le forum shopping en droit international des droits de l'homme*, [s. l.], Bruylant / Bruxelles, [s. d.].

TOMUSCHAT Ch., « Les Observations générales », *Le Pacte international relatif aux droits civils et politiques, commentaire article par article*, Paris, Economica, 2011, pp. 11-25.

- Id., « The European Court of Human Rights Overwhelmed by Applications: Problems and Possible Solutions », *The European Court of Human Rights Overwhelmed by Applications: Problems and Possible Solutions - International Workshop Heidelberg, December 17–18, 2007*, Berlin/Heidelberg/New York, Springer, 2008, pp. 1-18.

TOUZÉ S., « Prévenir et réprimer la "torture interprétative" », *Justice et droits de l'homme, Mélanges en l'hommage à Christine CHANET*, Paris, Pedone, 2019, pp. 165-186.

- Id., « La remise en cause de l'autorité des cours supranationales », in J. ANDRIANTSIMBAZOVINA, L. BURGORGUE-LARSEN et S. TOUZE (dirs.), *La protection des droits de l'homme par les cours supranationales, Actes du colloque des 08 et 09 octobre 2015*, vol.

31, Paris, Pedone, 2016, pp. 195-210.
- Id., « Introduction », in E. DECAUX et O. DE FROUVILLE (dirs.), *La dynamique du système des traités de l'ONU en matière des droits de l'homme. Acte du colloque du 10 Novembre 2014*, Paris, Pedone, 2015, pp. 23-42.
- Id., « La notion de prévention en droit international des droits de l'homme », in E. DECAUX et S. TOUZÉ (dirs.), *La prévention des violations des droits de l'homme*, Paris, Pedone, 2015, pp. 19-36.

TULKENS F. et VAN DROOGHENBROECK S., « The Domestics Courts' Response to Divergent Views among International Human Rights Bodies: Thoughts Prompted byt the Singh v. France's Cases », *Liberae Cogitationes. Liber Amicoruim Marc Bossuyt*, Cambridge-Anvers, Intersentia, 2013, pp. 733---752,

TULKENS F., VAN DROOGHENBROECK S. et KRENC F., « Le soft law et la Cour européenne des droits de l'homme. Questions de légitimité et de méthode », *Les sources du droit revisitées, normes internationales et constitutionnelles*, vol. 1, Bruxelles, Presses de l'Université Saint-Louis, 2012, pp. 381-431.

TYAGI Y., « Influence of the ICCPR in Asia », in MOECKLI D., KELLER H. et HERI C. (dir.), *The Human Rights Covenants at 50: Their Past, Present, and Future*, Oxford, Oxford University Press, 2018, pp. 184-214.

ULFSTEIN G., « Chapter 17: Treaty Bodies and Regimes », in HOLLIS D. B. (éd.), *The Oxford Guide to Treaties*, 2nd éd., Oxford, Oxford University Press, 2020, pp. 414-431.
- Id., « The International Judiciary », in KLABBERS J., PETERS A. et ULFSTEIN G. (éd.), *The Constitutionalization of International Law*, Oxford, New York, Oxford University Press, 2009, pp. 126-152.
- Id., « Do We Need a World Court of Human Rights? », in ENGDAHL O. et WRANGE P. (éd.), *Law at War – The Law as it Was and the Law as it Should Be*, Leiden, Brill Nijhoff, 2008, pp. 261-273.

VALTICOS N., « La notion de droits de l'homme en droit international », *Le droit international au service de la paix, de la justice et du développement, Mélanges Michel Virally*, Paris, [s. n.], 1991, pp. 483-491.
- Id., « Droit international du travail et souverainetés étatiques », *Mélanges Fernand Dehousse, Les progrès du droit des gens*, vol. 1, Fernand Nathan., Paris/Bruxelles, [s. n.], 1979, pp. 123-132.
- Id., « Le contrôle périodique d'office sur la base des rapports des gouvernements », *Un système de contrôle international : la mise en œuvre des conventions internationales du travail*, vol. 123, Brill, Nijhoff, Leiden, Boston, Boston, Hague Academy of International Law, 1968, pp. 311-407.
- Id., « Les systèmes de contrôle non judiciaire des instruments internationaux relatifs aux droits de l'homme », *Mélanges offerts à P. Modinos (Problèmes des droits de l'homme et de l'unification*

européenne), [s. l.], [s. n.], 1968, pp. 331-356.
VAN AGGELEN J., « State Obligations Under Universal Human Rights Treaties / Obligations Imposed by the International Covenants and Other Universal Human Rights Treaties with Regard to the Implementation of Human Rights by Domestic Courts », in KADELBACH S., RENSMANN T. et RIETER E. (éd.), *Judging International Human Rights Courts of General Jurisdiction as Human Rights Courts*, Cham, Switzerland, Springer Nature Singapore Pte Ltd, 2019, pp. 257-277.
VAN ALEBEEK R. et NOLLKAEMPER A., « The legal status of decisions by human rights treaty bodies in national law », in KELLER H. et ULFSTEIN G. (éd.), *UN Human Rights Treaty Bodies Law and Legitimacy*, Cambridge, New York, Melbourne, Cambridge University Press, 2012, pp. 356-413.
VASAK K., « Institutions internationales de protection et de promotion des droits de l'homme », *Les dimensions internationales des droits de l'homme*, Paris, Unesco, 1978, pp. 237-252.

- Id., « Vers un droit international spécifique des droits de l'homme », *Les dimensions internationales des droits de l'homme*, Paris, Unesco, 1978, pp. 707-715.
- Id., « Contenu et délimitation du droit international des droits de l'homme », *Le droit international des droits de l'homme*, vol. 140, Hague Academy of International Law., [s. l.], Brill | Nijhoff, Leiden, Boston, 1974, pp. 343-356.
- Id., « Les ponts entre le droit international général et le droit international des droits de l'homme », *Le droit international des droits de l'homme*, vol. 140, Hague Academy of International Law., [s. l.], Brill | Nijhoff, Leiden | Boston, 1974, [s. d.].

VENZKE I, « Chapter 54: Semantic authority », in D'ASPREMONT J. et SINGH S. (éd.), *Concepts for international law: contributions to disciplinary thought*, Cheltenham, UK, Edward Elgar Publishing, 2019, pp. 815-826.
VERHOEVEN J., « Jura novit curia et le juge international », in DUPUY P-M., FASSBENDER B., SHAW M. N., et al. (éds.), *Völkerrecht als Wertordnung – Common Values in International Law, Festschrift für/Essays in Honour of Christian Tomuschat*, [s. l.], N.P. Engel Verlag, 2006, pp. 635-653.

- Id., « A propos de la fonction de juger en droit international public », *Fonction de juger et pouvoir judiciaire. Transformations et déplacements*, Bruxelles, Presses de l'Université Saint-Louis, 1983, pp. 362-379. DOI: 10.4000/books.pusl.7505

VILJOEN F., « Chapter 22: State Compliance with the Recommendations of the African Commission on Human and Peoples' Rights », in BADERIN M. A. et SSENYONJO M. (éd.), *International Human Rights Law, Six Decades after the UDHR and Beyond*, Surrey, UK, Ashgate Publishing Limited, 2010, pp. 411-430.
VIRALLY M., « La valeur juridique des recommandations des organisations

internationales », *Le droit international en devenir Essais écrits au fil des ans*, Genève, Graduate Institute Publications, 1990, pp. 169-194.

- Id., « Extension et limites des pouvoirs étatiques », *Panorama du droit international contemporain : Cours général de droit international public*, vol. 183, Brill | Nijhoff, Leiden | Boston., Boston, Hague Academy of International Law, 1983, pp. 47-137.
- Id., « Le principe de réciprocité dans le droit conventionnel », *Le principe de réciprocité dans le droit international contemporain*, vol. Vol. 122, [s. l.], Brill | Nijhoff, Leiden | Boston, 1967, pp. 22-47.

VON BOGDANDY A et VENZKE I, « The Spell of Precedents: Lawmaking by International Courts and Tribunals », in ROMANO C. P. R., ALTER K. J. et SHANY Y. (éd.), *The Oxford Handbook of International Adjudication*, Oxford, Oxford University Press, 2013, pp. 503-522.

WECKEL P., « Les mesures conservatoires devant les juridictions internationales de caractères universel », *Mesures conservatoires et droits fondamentaux*, vol. 65, Strasbourg, Bruylant/ Némésis, 2005, pp. 33-53.

WECKEL P. et RINALDI K., « Relativisme culturel ou universalité des droits de l'homme ? », *Droit international et diversité des cultures juridiques*, Paris, Pedone, 2008, pp. 420-431.

WHEATLEY S., « Introduction to Human Rights Institutions: Legitimacy and Authority », in OBERLEITNER G. (éd.), *International Human Rights Institutions, Tribunals, and Courts*, Singapore, Springer Nature Singapore Pte Lt, 2018, pp. 2-20.

- Id., « On the legitimate authority of international human rights bodies », in FOLLESDAL A., SCHAFFER J. K. et ULFSTEIN G. (éd.), *The legitimacy of International Human rights Regimes*, Cambridge, Cambridge University Press, 2014, pp. 84-116.

WOLFRUM R., « Advisory Opinions: Are they a Suitable Alternative for the Settlement of International Disputes? », in WOLFRUM R. et GATZCHMANN I. (éd.), *International Dispute Settlement: Room for Innovations?* Heidelberg, Springer, 2013, pp. 35-67.

- Id., « Legitimacy of International Law from a Legal Perspective: Some Introductory Considerations », in WOLFRUM R. et ROBEN V. (éd.), *Legitimacy in International Law*, Berlin, Heidelberg, New York, Springer, 2008, pp. 1-24.

YAKUSHIJI K., « Jurisdiction ratione temporis over a continuing violation and a violation of procedural obligation under the international covenant on civil and political rights », *Réciprocité et universalité - Sources et régimes du droit international des droits de l'homme, Mélanges en l'honneur du Professeur Emmanuel Decaux*, Paris, Pedone, 2017, pp. 411-441.

ZYBERI G., « Chapter 15: Human Rights in the International Court of Justice », in OBERLEITNER G., BADERIN M. A. et SSENYONJO M. (éd.), *International Human Rights Law Six Decades after the UDHR and Beyond*, Surrey, UK, Ashgate Publishing Limited, 2010, pp. 289-304.

ARTICLES DE REVUES ET DE JOURNAUX

ABLINE G., « Les observations générales, une technique d'élargissement des droits de l'homme », *R.T.D.H*, 74, 2008, pp. 449-479.

ADAMS N. P., SCHERZ A. et SCHMELZLE C., « Legitimacy beyond the state: institutional purposes and contextual constraints », *Critical Review of International Social and Political Philosophy*, 23, 2020, n° 3, pp. 281-291.

AHMED T. et DE JESUS BUTLER I., « The European Union and Human Rights: An International Law Perspective », *European Journal of International Law*, 17, 2006, n° 4, pp. 771-801.

AILINCAI M., « La soft law est-elle l'avenir des droits fondamentaux ? », *R.D.L.F*, 2017, n° chron. n°20, pp. 1-17.

ALLAND D., « A titre de conclusion : Qu'est-ce que l'exécution d'une décision juridictionnelle internationale et qui l'assume ? », *R.G.D.I.P*, 121, 2017, n° 3, pp. 863-873.

ALSTON P., « The populist challenge to human Rights », *Journal of Human Rights Practice*, Vol. 9, 2017, pp. 1-15.

- Id., « Against a World Court for Human Rights », *Ethics and International Affairs*, Vol. 28, Summer 2014, n° 2, pp. 197-212.
- Id., « A World Court for Human Rights is Not a Good Idea » [en ligne], November 2013. https://www.justsecurity.org/2796/world-court-human-rights-good-idea/

ALTER K. J., GATHII J. T. et HELFER L. R., « Backlash Against International Courts in West, East and Southern Africa: Causes and Consequences », *The European Journal of International Law*, Vol. 27, 2016, n° n° 2, pp. 293-328.

ALTER K. J., HAFNER-BURTON E. M. et HELFER L. R., « Theorizing the Judicialization of International Relations », *International Studies Quarterly*, 63, 2019, n° 3, pp. 449-463.

ALTER K. J., HELFER L. R. et MCALLISTER J. R., « A new international human rights court for west Africa: the ecowas community court of justice », *The American Journal of International Law*, 107, 2013, pp. 737-779.

ANTANGANA AMOUGOU J-L, « Avancées et limites du système africain de protection des droits de l'homme et des peuples », *Revue Droits Fondamentaux*, décembre 2003, n° 3, [consulté le 15 mai 2016].

BACH N., « La promotion avérée du pluralisme idéologique par le Comité des droits de l'Homme », *R.G.D.I.P*, 114, 2010, n° 4, pp. 829-842.

BARELLI M., « The role of soft law in the international legal system: the case of the United Nations declaration on the rights of indigenous peoples », *International & Comparative Law Quarterly*, 58, Cambridge University Press, 2009, n° 4, pp. 957-983.

BEN ACHOUR R., « Le droit à l'autodétermination en tant que droit fondamental de l'homme et des peuples à la lumière de l'avis de la Cour internationale de Justice sur l'archipel des Chagos », *Annuaire Africain des*

Droits de l'Homme, 2019, pp. 344-353.
BENVENISTI E. et DOWNS G., « The Empire's New Clothes: Political Economy and the Fragmentation of International Law », *Stanford Law Review*, 60, 2007, n° 2, pp. 595-631.
BESSON S., « Subsidiarity in International Human Rights Law—What is Subsidiary about Human Rights? », *The American Journal of Jurisprudence*, Vol. 61, 2016, n° Iss. 1, pp. 69-107.

- Id., « The Law in Human Rights Theory », *Zeitschrift für Menschenrechte - Journal for Human Rights*, vol. 7, 2013, n° n°1, pp. 120-150.
- Id., « International Judges as Dispute: Settlers and Law-Enforcers: From International Law without Courts to International Courts without Law », *Loyola of Los Angeles International and Comparative Law Review*, Vol. 34, 2011, n° iss1/3, pp. 33-52.

BOREFIJN I., « Establishing state responsibility for breaching Human rights treaty obligations: avenues under UN Human rights treaties », *Netherlands International Law Review*, LVI, 2009, pp. 167-205.
BOSSUYT M., « Les travaux du Comité des droits de l'homme des Nations Unies », *R.T.D.H*, 1994, pp. 31-40.

- Id., « Le règlement intérieur du Comité des droits de l'homme. », *R.B.D.I*, 14, 1978, pp. 105-156.

BREMS E., BRIBOSIA E., RORIVE I. *et al.*, « Le port de signes religieux dans l'espace public : vérité à Strasbourg, erreur à Genève ? », *Journal des Tribunaux*, 2012, pp. 602-603.
BRIBOSIA E., RORIVE I. et CACERE G., « Les signes religieux au cœur d'un bras de fer entre Genève et Paris : la saga Singh », *R.T.D.H*, 2014, n° 98, pp. 495-513.
BROWNLIE I., « The Individual before Tribunals Exercising International Jurisdiction », *International & Comparative Law Quarterly*, 11, 1962, n° 3, pp. 701-720.
BUERGENTHAL T., « Proliferation of International Courts and Tribunals: Is It Good or Bad? », *Leiden Journal of International Law*, 14, 2001, n° 2, pp. 267-275.

- Id., « The U.N. Human Rights Committee », *Max Planck Yearbook of United Nations Law*, Vol.5, 2001, pp. 341-398.

CANÇADO TRINDADE A.A, « Le droit international contemporain et la personne humaine », *R.G.D.I.P*, Tome 120, 2016, n° 3, pp. 497-514.

- Id., « The Consolidation of the Procedural Capacity of Individuals in the Evolution of the International Protection of Human Rights: Present State and Perspectives at the Turn of the Century », *Columbia Human Rights Law Review*, 30, 1998, pp. 1-27.
- Id., « Exhaustion of Local Remedies in International Law Experiments Granting Procedural Status to Individuals in the First Half of the Twentieth Century », *Netherlands International Law*

Review, 24, 1977, n° 3, pp. 373-392.
CARBONNIER J., « Effectivité et ineffectivité de la règle de droit », Presses Universitaires de France (éd.), *L'Année sociologique (1940/1948-)*, 9, n° 1957-58, pp. 3-17.
CARVER R., « A New Answer to an Old Question: National Human Rights Institutions and the Domestication of International Law », *Human Rights Law Review*, Vol. 10, mars 2010, n° Iss. 1, pp. 2-32.
CAVARE L., « La notion de juridiction internationale », *A.F.D.I*, 2, 1956, n° 1, pp. 496-509.
- Id., « L'idée de sanction et sa mise en oeuvre en droit international », *R.G.D.I.P*, 1937, pp. 385-445.

CAZALA J., « Le Soft Law international entre inspiration et aspiration », *Revue interdisciplinaire d'études juridiques*, 66, 2011, n° 2011/1, pp. 41-84.
CLARK I., « Legitimacy in a Global Order », *Review of International Studies*, 29(S1), 2004, pp. 75-95.
COHEN-JONATHAN G., « Les droits de l'homme, une valeur internationalisée », *Revue Droits Fondamentaux*, 1, décembre 2001, pp. 157-164.
- Id., « Les réserves dans les traités relatifs aux droits de l'homme », *R.G.D.I.P*, 1996, pp. 930-935.

COHEN-JONATHAN G. et FLAUSS J-F., « Cour européenne des droits de l'homme et droit international général (2005) », *A.F.D.I*, 51, Persée - Portail des revues scientifiques en SHS, 2005, n° 1, pp. 675-698.
COLLINS A. L., « Caging the Bird Does Not Cage the Song: How The International Covenant on Civil and Political Rights Fails to Protect Free Expression Over the Internet », *Journal of Computer & Information Law*, Vol. 21, 2003, n° Issue 3, pp. 371-402.
CRAWFORD J. et KEENE A., « Interpretation of the human rights treaties by the International Court of Justice », *The international journal of human rights*, 2019, pp. 22.
D'AMATO A., « The Concept of Human Rights in International Law », *Columbia Law Review*, 82, Columbia Law Review Association, Inc., 1982, n° 6, pp. 1110-1159.
D'ASPREMONT J., « La doctrine du droit international face à la tentation excessive de judiciarisation sans limites », *R.G.D.I.P*, 2008, pp. 849-866.
- Id., « Softness in International Law : A Self-Serving Quest for New Legal Materials », *The European Journal of International Law*, Vol. 19, 2008, n° n°5, pp. 1075-1093.

DE FROUVILLE O., « Le changement en droit international public : la souveraineté est-elle toujours au fondement du droit international ? », *Revue du Droit d'Assas*, 2015, n° No10 Février 2015, pp. 199-202.
- Id., « Une société servile à l'ONU ? », *R.G.D.I.P*, 2006, n° 2, pp. 391-434.

DE LA RASILLA I., « The World Court of Human Rights: Rise, Fall and

Revival? », *Human Rights Law Review,* 2019, n° 1–19.
DE ZAYAS A., « Les procédures de communications individuelles devant le Comité des droits de l'homme des Nations Unies. », *R.T.D.H,* 1990, pp. 339-351.
DECAUX E., « La décision du Comité pour l'élimination de la discrimination raciale relative à sa compétence adoptée le 12 décembre 2019 au regard de la communication interétatique déposée par l'État de Palestine », *R.T.D.H,* 2021, n° 126, pp. 215-232.
DELAS O., THOUVENOT M. et BERGERON-BOUTIN V., « Quelques considérations entourant la portée des décisions du Comité des droits de l'homme », *R.Q.D.I,* 30, 2017, n° 2, pp. 1-50.
DELIYANNI-DIMITRAKOU C., « Droit comparé et dialogue des jurisprudences dans les affaires portant sur la violation des droits fondamentaux », *Annuaire international des droits de l'homme*, IX/2015-2016, 2015, pp. 47-79.
DEPREZ C., « The Admissibility of Multiple Human Rights Complaints: Strasbourg and Geneva Compared », *Human Rights Law Review*, 19, 2019, pp. 517-536.
DHOMMEAUX J., « Les engagements souscrits par la France », *Les Petites Affiches*, mai 2000, n° 104, pp. 3.
- Id., « Monismes et dualismes en droit international des droits de l'homme », *A.F.D.I,* 41, 1995, n° 1, pp. 447-468.

DISTEFANO G., « L'interprétation évolutive de la norme internationale », *R.G.D.I.P,* 115, 2011, n° 2, pp. 373-396.
- Id., « Fait continu, fait composé et fait complexe dans le droit de la responsabilité », *A.F.D.I,* Vol. 52, 2006, pp. 1-54.

DRZEMCZEWSKI A., « La prévention des violations des droits de l'homme : les mécanismes de suivi du Conseil de l'Europe », *R.T.D.H,* 2000, 2000, n° 43, pp. 385-428.
DUPLESSIS I., « Le vertige et la soft law : réactions doctrinales en droit international », *R.Q.D.I,* Hors-série, Société québécoise de droit international (SQDI), 2007, pp. 245-268.
EBA NGUEMA N., « La Commission africaine des droits de l'homme et des peuples et sa mission de protection des droits de l'homme » [en ligne], *La Revue des droits de l'homme [En ligne]*, janvier 2017, n° 11. http://revdh.revues.org/2844.
EMERIC N., « Droit souple + droit fluide = droit liquide. Réflexion sur les mutations de la normativité juridique à l'ère des flux », *R.I.E.J,* 79, 2017, n° 2017/2, pp. 5-38.
FIERENS J., « La Charte Africaine des droits de l'homme et des peuples », *R.T.D.H,* n°3, 1990, pp. 235-248.
FITZMAURICE M, « Dynamic (Evolutive) Interpretation of Treaties, Part I », *The Hague Yearbook of International Law*, 2008, n° 21, pp. 101-153.
FLAUSS J-F., « Le contrôle de la validité des réserves par le Comité des droits

de l'homme des Nations Unies », *R.T.D.H*, 45, 2001, pp. 221-237.
FLÜCKIGER A., « Pourquoi respectons-nous la soft law ? Le rôle des émotions et des techniques de manipulation », *Revue européenne des sciences sociales*, Librairie Droz, mai 2009, n° XLVII-144, pp. 73-103.
FOLLESDAL A., « Subsidiarity and International Human-Rights Courts: Respecting Self-Governance and Protecting Human Rights—Or Neither? », *Law and Contemporary Problems*, 79, juin 2016, n° 2, pp. 147-163.
- Id., « The Legitimacy of International Human Rights Review: The Case of the European Court of Human Rights », *Journal of Social Philosophy*, Vol. 40, 2009, n° 4, pp. 595-607.

FOURET J. et PROST M., « La multiplication des juridictions internationales : de la nécessité de remettre quelques pendules à l'heure », *R.Q.D.I*, 15-2, 2002, pp. 117-138.
FRUMER P., « Dénonciation des traités et remise en cause de la compétence des organes de contrôle. A propos de quelques entraves étatiques récentes aux mécanismes internationaux de protection des droits de l'Homme », *R.G.D.I.P*, 2000, pp. 939-951.
FRYDMAN B., « Vers un statut de la société civile dans l'ordre international », *Droits Fondamentaux*, juillet-décembre, 2001, n° n° 1, pp. 149-156.
GAGNE D., « Comprendre l'effectivité d'une norme : quand l'aboutissement de la démarche empirique permet de s'affranchir d'un courant existant dans un domaine d'étude », *Approches inductives : Travail intellectuel et construction des connaissances*, 5, 2018, n° 1, pp. 11.
GAGNON S., « La saisine individuelle du Tribunal des droits de la personne : un recours utile et effectif », *R.Q.D.I*, 14, 2001, n° 2, pp. 189-206.
GEORGOPOULOS T., « Le droit intertemporel et les dispositions conventionnelles évolutives - Quelle thérapie contre la vieillesse des traités ? - », *R.G.D.I.P*, 2004, pp. 123-147.
GERBER P. et GORY J., « The UN Human Rights Committee and LGBT Rights: What is it Doing? What Could it be Doing? », *Human Rights Law Review*, 14, Oxford Academic, 2014, n° 3, pp. 403-439.
GHANDHI P. R., « Some Aspects of the Exhaustion of Domestic Remedies Rule under the Jurisprudence of the Human Rights Committee Comments », *German Yearbook of International Law*, 44, 2001, pp. 485-497.
GHANDHI S., « Human Rights and the International Court of Justice The Ahmadou Sadio Diallo Case », *Human Rights Law Review*, Vol. 11, 2011, n° 3, ppp. 527-555.
GOLDBERG A. J., « The Need for a world court of Human Rights », *Howard Law Journal*, 11, 1965, pp. 621.
GONZALEZ G., « Les constatations du Comité des droits de l'homme des Nations unies en 2018 relatives à la liberté de religion en France » [en ligne], *Revue du droit des religions [En ligne]*, mai 2020, [consulté le 12 octobre 2020]. http://journals.openedition.org/rdr/1157

- Id., « Bonne foi et engagements internationaux de la France en matière de liberté de religion », *Revue du droit des religions*, Presses universitaires de Strasbourg, novembre 2016, n° 2, pp. 171-175.

GOODMAN R. et JINKS D., « How to influence States: Socialization and international Human rights law », *Duke Law Journal*, Vol. 54, 2004, n° n°3, pp. 623-702.

GROS ESPIELL H., « Le système interaméricain comme régime régional de protection internationale des droits de l'homme » [en ligne], *RCADI*, Volume 145, décembre 1975.

GROSSMAN N., « The Normative Legitimacy of International Courts », *Temple Law Review*, 86, 2013, pp. 62-104.

GUILLAUME G., « L'unité du droit international public est-elle aujourd'hui en danger ? », *Revue internationale de droit comparé*, Vol. 55, 2003, n° 1, pp. 23-30.

- Id., « La Cour internationale de Justice et les droits de l'Homme », *Droits fondamentaux*, 1, 2001, pp. 23-29.
- Id., « La Cour internationale de Justice- Quelques propositions concrètes à l'occasion du cinquantenaire », *R.G.D.I.P*, 100, 1996, n° 2, pp. 323-333.

GUYOMAR G., « Nations Unies et organisations régionales dans la protection des droits de l'homme », *R.G.P.I*, 1964, pp. 687-707.

GUZMAN A. T., « A Compliance-Based Theory of International Law », *California Law Review*, 90, California Law Review, Inc., 2002, n° 6, pp. 1823-1887.

HACHEZ I., « Balises conceptuelles autour des notions de « source du droit », « force normative » et « soft law » », *Revue interdisciplinaire d'études juridiques*, Volume 65, 2010, n° 2, pp. 1-64.

HARRINGTON J., « Punting Terrorists, Assassins and Other Undesirables: Canada, the Human Rights Committee and Requests for Interim Measures of Protection », *Mcgill Law Journal*, 48, 2003, n° 1, pp. 55-87.

HELFER L. R., « Forum Shopping for Human Rights », *University of Pennsylvania Law Review*, 148, 1999, n° 2, pp. 285-400.

HELFER L. R. et SLAUGHTER A.-M., « Towards a Theory of Effective Supranational Adjudication », *Yale Law Journal*, Vol. 107, 1997, pp. 273-392.

HENKIN L., « That S Word: Sovereignty, and Globalization, and Human Rights, Et Cetera Lecture: The Robert L. Levine Distinguished Lecture Series », *Fordham Law Review*, 68, 1999, n° 1, pp. 1-14.

HENNEBEL L., « The Inter-American Court of Human Rights: The Ambassador of Universalism », *R.Q.D.I*, 2011, n° Hors-Série, pp. 57-97.

- Id., « L'"humanisation" du droit international des droits de l'homme (commentaire de l'avis consultatif no 18 de la Cour interaméricaine relatif aux droits des travailleurs migrants), » *R.T.D.H*, 2004, n° n° 59, pp. 747-756.

HENNEBEL L., TIGROUDJA H. et DHOMMEAUX J., « Aspects de droit international des activités des organes conventionnels des Nations Unies spécialisés dans la protection des droits de l'homme 2013-2016 », *A.F.D.I*, LXII, 2016, pp. 450-476.
HEYNS C. et VILJOEN F., « The Impact of the United Nations Human Rights Treaties on the Domestic Level », *Human Rights Quarterly*, 23, 2001, n° 3, pp. 483-535.
HIGGINS R., « A Babel of Judicial Voices? Ruminations from the Bench », *International and Comparative Law Quarterly*, Vol. 55, 2006, n° 4, pp. 791-804.

- Id., « Interim Measures for the Protection of Human Rights », *Columbia Journal of Transnational Law*, 36, 1998, pp. 91.
- Id., « Time and the Law: International Perspectives on an Old Problem », *International and Comparative Law Quarterly*, Vol. 46, 1997, n° Iss. 3, pp. 501-520.
- Id., « Conceptual thinking about the individual in International Law », *New York Law School Law Review*, 24, 1978, n° 01, pp. 11-30.

HILL D. W., « Avoiding Obligation: Reservations to Human Rights Treaties », *Journal of Conflict Resolution*, Vol. 60, 2016, n° 6, pp. 1129-1158.
HILLEBRECHT C., « Normative Consensus and Contentious Practice: Challenges to Universalism in International Human Rights Courts », *Human Rights Quarterly*, 41, 2019, n° 1, pp. 190-194.

- Id., « The Domestic Mechanisms of Compliance with International Human Rights Law: Case Studies from the Inter-American Human Rights System », *Human Rights Quarterly*, 34, The Johns Hopkins University Press, 2012, n° 4, pp. 959-985.

HOFER A., « Application of the International Convention on the Elimination of all Forms of Racial Discrimination (Qatar v. United Arab Emirates): Request for the Indication of Provisional Measures (I.C.J.) », *International Legal Materials*, 57, Cambridge University Press, 2018, n° 6, pp. 973-1030.
HOLMES B., « Non-universal Human Rights? How Article 6 (2) of the International Covenant on Civil and Political Rights Undermines Human Rights », *International Human Rights Law Review*, 9, 2020, n° 1, pp. 99-117.
HURD I., « Legitimacy and Authority in International Politics », *International Organization*, 53, 1999, n° 2, pp. 379-408.
JACKSON J. H., « Status of Treaties in Domestic Legal Systems: A Policy Analysis », *The American Journal of International Law*, Vol. 86, 1992, n° 2, pp. 310-340.
JOSEPH S., « Extending the Right to Life Under the International Covenant on Civil and Political Rights: General Comment 36 », *Human Rights Law Review,* Vol. 19, 2019, n° Issue 2, pp. 347-368.
KATZENSTEIN S., « In the Shadow of Crisis: The Creation of International Courts in the Twentieth Century », *Harvard International Law Journal*, 55, 2014, n° 1, pp. 151-209.

KAVANAGH A., « What's so weak about "weak-form review"? The case of the UK Human Rights Act 1998 », *International Journal of Constitutional Law*, n° 4, Vol. 13, 2015, pp. 1008-1039.
KAYE D., « State Execution of the International Covenant on Civil and Political Rights », *UC Irvine Law Review*, n° 3, 2013, n° 1, pp. 95.
KERBRAT Y., « Aspects de droit international général dans la pratique des comités institués au sein des Nations Unies dans le domaine des droits de l'homme (2008-2009) », *A.F.D.I*, Vol. 55, 2009, pp. 559-573.

- Id., « Aspects de droit international général dans la pratique des comités établis au sein des Nations Unies dans le domaine des droits de l'homme (2006-2007) », *A.F.D.I*, 53, 2007.

KERBRAT Y. et HENNEBEL L., « Aspect de droit international général dans la pratique des comités institués par les Nations Unies dans le domaine des droits de l'homme (2010-2012) », *A.F.D.I*, LVIII, 2012, pp. 699-713.
KIRKPATRICK J., « A Modest Proposal: A Global Court of Human Rights », *Journal of Human Rights*, Vol. 13, 2014, n° 2, pp. 230-248.
KOH H. H., « How Is International Human Rights Law Enforced? », *Indiana Law Journal*, 74, 1998, n° 9, pp. 1397-1417.

- Id., « Why Do Nations Obey International Law? », *Yale Law Journal*, 106, 1997, n° 8, pp. 2599-2659.

KOLB R., « Réflexions sur le monisme et le dualisme dans les rapports entre systèmes », *The Global Community Yearbook of International Law and Jurisprudence*, 2017, 2018, pp. 107-118.

- Id., « La désuétude en droit international public », *R.G.D.I.P*, 2007, n° n°3, pp. 577-608.
- Id., « Le degré d'effectivité du droit international », *Jusletter*, 2005, n° 14, pp. 1-9.
- Id., « La sécurité juridique en droit international : aspects théoriques », *African Yearbook of International Law*, 10, 2002, pp. 103-142.

LAMPUE P., « La notion d'acte juridictionnel », *Revue du droit public et de la science politique en France et à l'étranger*, Tome 62, 1946, pp. 5-67.
LE MOLI G., « The human rights committee, environmental protection and the right to life », *International and Comparative Law Quarterly*, Vol. 69, 2020, n° 3, pp. 735-752.
LEBEN C., « La juridiction internationale », *Droits*, 1989, n° 9, pp. 143-155.
LEMONDE L., « Le rôle des organisations non-gouvernementales », *R.Q.D.I*, 11, 1998, n° 2, pp. 207-214.
LENAERTS K, « Fundamental rights in the European Union », *European Law Review*, 25, 2000, n° 6, pp. 575-600.
LEROY Y., « La notion d'effectivité du droit », *Droit et société*, 3, 2011, n° n° 79, pp. 715-732.
LETSAS G., « Two Concepts of the Margin of Appreciation », *Oxford Journal of Legal Studies*, Vol. 26, 2006, n° 4, pp. 705-732.

L'HEUREUX-DUBE C., « The dissenting opinion: voice of the future ? », *Oosgode Hall Law Journal*, 2000, n° 38, pp. 495-516.
MALINVERNI G., « Les mécanismes de contrôle international du respect des droits de l'homme », *Les cahiers des droits public*, 1989, pp. 157-167.
MARGUERITTE Th. et PROUVEZE R., « Le droit international et la doctrine saisis par le fait : la diversification des sujets du droit international sous l'effet de la pratique », *R.Q.D.I*, Mars 2016, 2016, n° Hors-série, pp. 159-189.
MARTINEZ J. S., « Towards an International Judicial System », *Stanford Law Review*, Vol. 56, 2003, n° 2, pp. 429-530.
MAZZUOLLI V. de O., « The Pro Homine principles as a fundamental aspect of International Human Rights Law », *Journal of Global studies*, 47, 2016, pp. 9.
MCADAM J., « Protecting People Displaced by the Impacts of Climate Change: The UN Human Rights Committee and the Principle of Non-refoulement », *American Journal of International Law*, 114, Cambridge University Press, 2020, n° 4, pp. 708-725.
MCCANN T. M, « The American Convention on Human Rights: Toward Uniform Interpretation of Human Rights Law », *Fordham International Law Journal*, Volume 6, 1982, n° Issue 3, pp. 28.
MCDOUGALL G., « Inter-State Communication Submitted by the State of Palestine against State of Israel (U.N. Committee on the Elimination of Racial Discrimination) », *International Legal Materials*, Vol. 59, Cambridge University Press, 2020, n° 6, pp. 922-940.
MCGROGAN D., « On the Interpretation of Human Rights Treaties and Subsequent Practice », *Netherlands Quarterly of Human Rights*, Vol. 32, 2014, n° 4, pp. 347-378.
MECHLEM K, « Treaty bodies and the interpretation of human rights. », *Vanderbilt Journal of Transnational Law*, 42, 2009, pp. 905-947.
MEGRET F., « L'étatisme spécifique du droit international », *R.Q.D.I*, n° 24, 2011, n° 1, pp. 105- 129.
MILANOVIC M., « From Compromise to Principle: Clarifying the Concept of State Jurisdiction in Human Rights Treaties », *Human Rights Law Review*, 8, 2008, n° 3, pp. 411-448.
MILLARD E., « Précision et effectivité des droits de l'homme », *Revue des droits de l'homme*, mai 2015, n° 7 | 2015, pp. 8.
MIN WOTIPKA C. et TSUTSUI K., « Global Human Rights and State Sovereignty: State Ratification of Human Rights Treaties, 1965– 2001' », *Sociological Forum*, Vol. 23, 2008, n° 4, pp. 724-754.
MONDELICE M., « La coordination des mécanismes onusiens de surveillance des droits de la personne à l'ère du processus de Dublin : avancées et défis pour la mise en œuvre de la réforme à l'échelle nationale », *R.Q.D.I*, n° 26, 2013, n° 1, pp. 83-122.
MOURGEON J., « L'entrée en vigueur des Pactes internationaux relatifs aux

droits de l'homme », *A.F.D.I*, 1976, n° 22, pp. 290-304.

- Id., « Les pactes internationaux relatifs aux droits de l'homme », *A.F.D.I*, 1967, pp. 326-363.

MUBIALA M., « Vers la création d'une cour mondiale des droits de l'homme ? », *R.T.D.H*, 2003, n° 96, pp. 795-810.

NALDI G. J., « Interim Measures in the UN Human Rights Committee », *The International and Comparative Law Quarterly*, Vol. 53, 2004, n° 2, pp. 445-454.

NEUMAN G. L., « Import, Export, and Regional Consent in the Inter-American Court of Human Rights », *European Journal of International Law*, Vol. 19, 2008, n° 1, pp. 101-123.

NEUMAYER E., « Qualified Ratification: Explaining Reservations to International Human Rights Treaties », *Journal of Legal Studies*, Vol. 36, 2007, n° 2, pp. 397-430.

- Id., « Do International Human Rights Treaties Improve Respect for Human Rights? », *Journal of Conflict Resolution*, 49, 2005, n° 6, pp. 925-953.

NOWAK M., « The Right of Victims of Human Rights Violations to a Remedy: The Need for a World Court of Human Rights », *Nordic Journal of Human Rights*, Vol. 32, 2014, n° Iss. 1, pp. 3-17.

- Id., « Comments on the UN High Commissioner's Proposals Aimed at Strengthening the UN Human Rights Treaty Body System », *Netherlands Quarterly of Human Rights*, 31, mars 2013, n° 1, pp. 3-8.
- Id., « On the Creation of a World Court of Human Rights », *National Taiwan University Law Review*, 7, 2012, pp. 257-229.
- Id., « The need for a world court of human rights », *Human Rights Law Review*, 7, 2007, n° 1, pp. 251-259.

O'FLAHERTY M., « Reform of the UN Human Rights Treaty Body System: Locating the Dublin Statement », *Human Rights Law Review*, n° 10, 2010, n° 2, pp. 319-335.

- Id., « The Concluding Observations of United Nations Human Rights Treaty Bodies », *Human Rights Law Review*, n°6, 2006, n° 1, pp. 27-52.

OLINGA D.A., « L'effectivité de la Charte africaine des droits de l'Homme et des peuples », *Afrique 2000*, 1997, n° 10, pp. 171-185.

- Id., « Les emprunts normatifs de la Commission africaine des droits de l'homme et des peuples aux systèmes européens et interaméricains de garantis des droits de l'homme », *R.T.D.H*, 62, n° 2005, pp. 499-537.

ONDO T., « La jurisprudence de la Cour africaine des droits de l'homme et des peuples : entre particularisme et universalité », *Annuaire Africain des Droits de l'Homme*, 2017, n° 1, pp. 244-262.

OPSAHL T. et MOSE E., « The Optional Protocol to the International Covenant on Civil and Political Rights », *Santa Clara Law Review*, Vol. 21,

1981, pp. 271-331.
OST F., « L'herméneutique juridique entre hermétisme et dogmatisme. Le jeu de l'interprétation en droit », *Revue internationale de sémiotique juridique*, Vol. VI, 1993, n°18, pp. 227-247.
OUGUERGOUZ F., « La Cour africaine des droits de l'homme et des peuples. Gros plan sur le premier organe judiciaire africain à vocation continentale », *A.F.D.I*, 52, 2006, pp. 213-240.

- Id., « Les mécanismes continentaux de protection des droits de la personne humaine en Afrique. Gros plan sur la Commission africaine des droits de l'homme et des peuples », *L'observateur des Nations Unies*, 2001, n° 10, pp. 103-139.

PANOUSSIS I., « L'obligation générale de protection des droits de l'homme dans la jurisprudence des organes internationaux. », *R.T.D..H*, 70, n° 2007, pp. 427-461.
PASQUALUCCI Jo M., « Interim Measures in International Human Rights: Evolution and Harmonization », *Vanderbilt Journal of Transnational Law*, 38, 2005, n° 1.
PELLET A., « Droit-de-l'hommisme" et droit international », *Droits fondamentaux*, décembre 2001, n° 1, pp. 167-179.
PONTUAL (D) S-B., « ONG et évolutions du droit international », *Revue Projet*, 313, 2009, n° 6, pp. 61-69.
POSNER R., « No Thanks, We Already Have Our Own Laws » [en ligne], *Legal Affairs*, août 2004. https://www.legalaffairs.org/issues/July-August-2004/feature_posner_julaug04.msp
RAO G., « The Application of the International Covenant on Civil and Political Rights to Hong Kong », *Washington International Law Journal*, Vol. 2, 1993, n° 1, pp. 9-35.
RIETER E., « Provisional Measures: Binding and Persuasive? Enabling Human Rights Adjudicators to Follow up on State Disrespect », *Netherlands International Law Review*, Vol. 59, 2012, n° 2, pp. 165-198.
RIETIKER D., « The Principle of "Effectiveness" in the Recent Jurisprudence of the European Court of Human Rights: Its Different Dimensions and Its Consistency with Public International Law – No Need for the Concept of Treaty Sui Generis », *Nordic Journal of International Law*, 04 Vol. 79, 2010, n° Iss. 2, pp. 245-277.
RINGELHEIM J., « Le rôle des ONG dans le contentieux international des droits de l'homme », *Journal européen des droits de l'homme*, 2018, n° 2, pp. 71-83.
SANTULLI C., « L'obligation d'exécuter les décisions juridictionnelles internationales », *R.G.D.I.P*, 2017, n° 3, pp. 561-573.

- Id., « Les techniques interprétatives de la norme internationale : Rapport général », *R.G.D.I.P*, 115, 2011, n° 2, pp. 297-308.
- Id., « Qu'est-ce qu'une juridiction internationale ? », *A.F.D.I*, 46, 2000, n° 1, pp. 58-81.

SCHABAS W., « Reservations to Human Rights Treaties: Time for Innovation and Reform », *Canadian Yearbook of International Law*, 32, Cambridge University Press, 1995, pp. 39-81.

- Id., « Les réserves des Etats Unis au Pacte international relatif aux droits civils et politique en ce qui concerne la peine de mort », *R.U.D.H*, 4-6, septembre 1994, pp. 137-150.
- Id., « Extradition et peine de mort : le Canada renvoie deux fugitifs au couloir de la mort », *R.U.D.H*, 1992, n° 04, pp. 65.

SCHEININ M., « International Organizations and Transnational Corporations at a World Court of Human Rights », *Global Policy*, 3, 2012, n° Issue4, pp. 488-491.

SCHWELB E., « Civil and Political Rights: The International Measures of Implementation », *American Journal of International Law*, 62, 1968, n° 4, pp. 827-868.

SCOBBIE I. G.M., « The Theorist as Judge: Hersch Lauterpacht's Concept of the International Judicial Function », *European Journal of International Law*, Vol. 8, 1997, n° 2, pp. 264-298.

SEIDERMAN I., « The UN High Commissioner for Human Rights in the age of global backlash », *Netherlands Quarterly of Human Rights*, 37, SAGE Publications Ltd STM, mars 2019, n° 1, pp. 5-13.

SERVERIN E. et LASCOUMES P., « Théories et pratiques de l'effectivité du droit », *Droit et société, Revue internationale de théorie du droit et sociologie juridique*, 2, 1986, pp. 101-124.

SHAFFER G. C et POLLACK M. A, « Hard vs. Soft Law: Alternatives, Complements, and Antagonists in International Governance », *Minnesota Law Review*, 2010, pp. 706-799.

SHELTON D., « Normative Hierarchy in International Law », *American Journal of International Law*, 04 Vol.100, 2006, n° Iss. 2, pp. 291-323.

- Id., « State Practice on Reservations to Human Rights Treaties », *Canadian Human Rights Yearbook*, 1983, 1983, pp. 205-234.

SHEPPARD D., « The International Criminal Court and "Internationally Recognized Human Rights": Understanding Article 21(3) of the Rome Statute », *International Criminal Law Review*, 20, 2010, pp. 43-71.

SHIKHELMAN V., « Implementing Decisions of International Human Rights Institutions – Evidence from the United Nations Human Rights Committee », *European Journal of International Law*, 30, 2019, n° 3, pp. 753-777.

SIMMA B. et PULKOWSKI D., « Of Planets and the Universe: Self-contained Regimes in International Law », *European Journal of International Law*, 17, 2006, n° 3, pp. 483-529.

SIMMONS B., « Civil Rights in International Law: Compliance with Aspects of the "International Bill of Rights" », *Indiana Journal of Global Legal Studies*, Vol. 16, 2009, n° 2, pp. 437.

SOARES P. P., « Tangling Human Rights and International Criminal Law:

The Practice of International Tribunals and the Call for Rationalized Legal Pluralism », *Criminal Law Forum*, Vol. 23, 2012, n° 1-3, pp. 161-191.
SOLEY X. et STEININGER S., « Parting ways or lashing back? Withdrawals, backlash and the Inter-American Court of Human Rights », *International Journal of Law in Context*, 14, 2018, n° 2, pp. 237-257.
TARDIF É., « Le système interaméricain de protection des droits de l'homme : particularités, percées et défis », *La Revue des Droits de l'Homme*, 6 | 2014, décembre 2014, pp. 23.
TARDU E., « Quelques questions relatives à la coexistence universelles et régionales de plainte individuelle dans le domaine des droits de l'homme », *R.D.H*, 1971, pp. 589-625.
TAVERNIER P, « L'Onu et l'affirmation de l'universalité des droits de l'homme », *R.T.D.H*, 1997, pp. 379-393.
TAVERNIER P., « Le droit à un procès équitable dans la jurisprudence du Comité des droits de l'homme des Nations Unies », *R.T.D.H*, N°, 1996, pp. 4-22.
TIGROUDJA H., « Procedural Developments at International Human Rights Courts and Bodies », *The Law and Practice of International Courts and Tribunals*, 19, 2020, pp. 304-341.

- Id., « Ports de signes religieux, 'discrimination croisée' et ingérence de l'Etat dans la liberté de manifester sa liberté de religion », *R.T.D.H*, April, 2019, n° 118.
- Id., « L'obligation d'exécution dans le système interaméricain des droits de l'homme : vers l'affirmation d'un droit subjectif international à l'exécution des décisions de la Cour interaméricaine ? », *R.G.D.I.P*, 121, 2017, n° 3, pp. 683-688.
- Id., « La Cour interaméricaine des droits de l'homme au service de « l'humanisation du droit international public ». Propos autour des récents arrêts et avis », *A.F.D.I*, 52, 2006, n° 1, pp. 617-640.
- Id., « La force obligatoire des mesures provisoires indiquées par la Cour européenne des droits de l'homme » », *R.G.D.I.P*, 2003, pp. 613-616.
- Id., « Le juge administratif français et l'effet direct des engagements internationaux », *R.F.D.A*, 2003, n° 1-p, 154, pp. 22.

TIGROUDJA H. et HENNEBEL L., « Chronique des décisions rendues par la cour interaméricaine des droits de l'homme (2008-2009) », *R.T.D.H*, 84, 2010, pp. 815-851.

- Id., « La Convention américaine des droits de l'homme et la protection universelle des droits de l'homme : une filiation retrouvée », *L'observateur des Nations Unies*, 25, septembre 2008, n° 2008-2, pp. 28.

TISTOUNET E., « Amélioration des procédures conventionnelles des NU en matière des droits Humain », *R.U.D.H*, 5, 1993, pp. 145-155.

- Id., « Rapport sur la nature, les fonctions et les activités du Comité

des droits de l'homme des Nations Unies », *R.U.D.H*, Vol. 1, 1989, pp. 50-60.
TOUZÉ S., « Si la compétence l'emportait sur le territoire ? Réflexions sur l'obsolescence de l'approche territoriale de la notion de juridiction », *R.Q.D.I*, 2020, n° Hors-série, pp. 189-200.
- Id., « L'exécution des constatations des comités conventionnels des Nations Unies », *R.G.D.I.P*, 121, 2017, n° 3, pp. 645-660.
- Id., « Les techniques interprétatives des organes de protection des droits de l'homme », *R.G.D.I.P*, Vol. 115, 2011, n° 2, pp. 517-532.
TRECHSEL S, « A World Court for Human Rights? », *Northwestern Journal of International Human Rights*, Vol. 1, 2004, n° 1.
TULKENS F., « Les techniques interprétatives des organes de protection des droits de l'homme », *R.G.D.I.P*, 115, 2011, n° 2, pp. 533-540.
UENO M., « Multiplication des garanties et juges dans la protection des droits fondamentaux : coexistence ou conflits entre les systèmes constitutionnels, internationaux et régionaux ? Evolution d'une décennie : Japon », *Annuaire international de justice constitutionnelle*, Vol. 29, 2014, n° 2013, pp. 341-348.
VENZKE I, « Between Power and Persuasion: On International Institutions' Authority in Making Law' », *Transnational Legal Theory*, 4, 2013, pp. 354-373.
- Id., « Understanding the authority of international courts and tribunals: on delegation and discursive construction », *Theorical Inquiries in Law*, vol 14, 2013, n° 2, pp. 381-409.
VILJOEN F., « Fact-Finding by UN Human Rights Complaints Bodies – Analysis and Suggested Reforms », *Max Planck Yearbook of UN Law*, Vol. 8, 2004, pp. 49-100.
- Id., « State Reporting under the African Charter on Human and Peoples' Rights: A Boost from the South », *Journal of African Law*, 44, 2000, n° 1, pp. 110-118.
VIRALLY M., « La distinction entre textes internationaux de portée juridique et texte internationaux dépourvus de portée juridique (à l'exception des organisations internationales) », *Ann. IDI*, 60, 1983, n° I, pp. 328-357.
VIRALLY M, « La valeur juridique des recommandations des organisations internationales », *A.F.D.I*, 2, 1956, pp. 66-96.
WACHSMANN P., « Les droits civils et politiques. Actes des journées d'études sur la Charte des droits fondamentaux de l'Union européenne », *R.U.D.H*, 2000, pp. 15-21.
WATERS M., « Normativity in the "New" Schools: Assessing the Legitimacy of International Legal Norms Created by Domestic Courts », *Yale Journal of International Law*, 32, 2007, n° 2, pp. 455-484.
WEIL P., « Vers une normativité relative en droit international », *R.G.D.I.P*, 86, 1982, pp. 5-47.
WIEBRINGHAUS H., « La règle de l'épuisement préalable des voies de recours internes dans la jurisprudence de la Commission européenne des

Droits de l'Homme », *Annuaire Français de Droit International*, 5, 1959, n° 1, pp. 685-704.
ZIPOLI D., « NHRI Engagement with UN Human Rights Treaty Bodies: A Goal-based Approach », *Nordic Journal of Human Rights*, 37, Routledge, 2019, n° 3, pp. 259-280.
ZWART T., « Safeguarding the Universal Acceptance of Human Rights Through the Receptor Approach », *Human Rights Quarterly*, 36, Johns Hopkins University Press, 2014, n° 4, pp. 898-904.

JURISPRUDENCES INDICATIVES DU COMITE DES DROITS DE L'HOMME

CDH, *Elena Pronina c/ France*, 2014, comm., n° 2390/2014
CDH, *Z. Z c/ Australie*, 2017, comm. n° 2941/2017
CDH, *O. K. c. Lettonie*, 2014, comm. n° 1935/2010.
CDH, *Valetov c. Kazakhstan*, comm. n° 2104/2011.
CDH, *A.P.A c/ Espagne*, comm. n° 433/1990.
CDH, *T. J c/Lituanie*, 2013, comm. n° 1911/2009
CDH, *Paksas c/ Lituanie*, comm. n° 2155/2012
CDH, *Smirnova c/ Fédération de Russie*, 2004, comm. n° 712/1996.
CDH, Hoyos c/ Espagne, 2004, n° 1008/2001
CDH, *O. J. c/ Finlande*, comm. n° 419/90. ;
CDH, *Jean Emmanuel Kandem Foumbi c/ Cameroun*, 2014, comm. n° 2325/2013
CDH, *Shirim Aumeeruddy- Czifffra et 19 autres c/ Ile Maurice*, comm. n° 35/1978
CDH, *Yassin et consorts c/ Canada*, 2017, comm. n° 2285/2013.
CDH, *C. et al. c/ Italie*,1984 comm. n° 163/1984
CDH, *Almas Kusherbaev c/ Kazakhstan*, 2013, comm. n° 2027/2011
CDH, *Mika Miha c/ Guinée équatoriale*, 1994, comm. n° 414/1990
CDH, *Mohammad Munaf c/ Roumanie*, 2009, comm. n° 1539/2006
CDH, *C c/ Australie*, 28 mars 2017, comm. n° 2216/2017
CDH, *Ch. H. O c/ Canada*, 2016, comm. n° 2195/2012
CDH, *Brychta c. République tchèque*, 2009, comm. n° 1618/2007
CDH, *Gunaratna c/ Sri Lanka*, 2009, comm. n ° 1432/2005
CDH, *N. D c/ Russie,* 2017, comm. n° 2161/2012.
CDH, *Singh c/ Canada*, 2006, comm. n° 1315/2004
CDH, *W. K. c/ Canada*, 2018, comm. n° 2292/2013
CDH, *Jama Warsame c/ Canada*, 2011, comm. n° 1959/2010;
CDH, *K.A.L. et A.A.M.L. c/ Canada*, 2012, comm. 1816/2008
CDH, *Arzuaga Gilboa c/ Uruguay*, 1984, comm. n°147/83
CDH, *Phillip c/ Jamaique*, comm. 594/92
CDH, *Pratt et Morgan c/ Jamaique*, comm. 210/86

CDH, *Min-Kyu Jeong et consorts c. République de Corée*, 2011, comm. n° 1642-1741/2007
CDH, *M. Ati Antoine Randolph c/ Togo*, 2003, comm. n° 910/2000
CDH, *Ibrahim Aboubakr Al Khazmi* c/ Libya, 2008, comm. n° 1832/2008
CDH, *Karim Wade c/ Sénégal*, 2018, comm. n° 2783/2016
CDH, *Casanovas c/ France*, 1994, comm. n° 441/1990
CDH, *Miriana Hebbadj c/France*, 2018, comm. n° 2807/2016
CDH, *Sonia Yaker c/ France*, 2018, comm. n° 2747/2016
CDH, *Nikolai Alekseev c/ République de Russie*, 2013, comm. n° 1873/2009, § 8.3.
CDH, *Ory c/ France*, 2014, comm. no 1960/2010
CDH, *Semey c/ Espagne*, 2003, comm. no 986/2001,
CDH, *Rafael Rodríguez Castañeda c/ Mexique*, 2013, comm. n° 2202/2012.
CDH, *E. M. E. H. c/ France*, 1991, comm. n° 409/1990
CDH, *Broeks c/ Pay-Bas*, 1987, comm. n° 172/1984
CDH, *Sarma c/Sri Lanka*, 2003, comm. n° 950/2000.
CDH, *Alzery c/ Suède*, 2006, comm. n° 1416/2005.
CDH, *M. A. Estrella c/ Uruguay*, 1983 comm. n° 74/1980.
CDH, *Gueye c/ France, 1989*, comm. 16/1985
CDH, *Toonen c/ Australie*, 1994, comm. n° 488/1992
CDH, *Felicia Gilboe c/Uruguay*, 1984, comm. n° 147/198.
CDH, *Gobin c/ Maurice*, 2001, comm. n°787/1997
CDH, *Peter et Eva Gratzinger c/ République tchèque*, 2007, comm. n° 1463/2006,
CDH, *Persan c/ République tchèque*, 2009, comm. n° 1479/2006
CDH, *Jaroslav et Alena Slezák c/ République Tchèque*, 2009, comm. n° 1574/2007
CDH, *Tyvanchuk et al c/ Belarus*, 2018, comm. n° 2201/2012.
CDH, *Mohammad Munaf c/ Roumanie*, 2009, comm. n°1539/2006
CDH, *Kuok Koi c/ Portugal*, comm. n° 1134/2002
CDH, *Semey c. Espagne, 2003*, comm. no 986/2001,
CDH, *Rafael Rodríguez Castañeda c/ Mexique*, 2013, comm. n° 2202/2012
CDH, *E. M. E. H. c/ France*, 1991, comm. n° 409/1990
CDH, *Mohammad Munaf c/ Roumanie*, 2009, comm. n°1539/2006
CDH, *Stewart c/ Canada,* 1996, comm. n° 538/1993.
CDH, *Piandiong, Jesus Morallos et Archie Bulan c/ Philippines*, 2000, comm. n ° 869/1999
CDH, *Kindler c/ Canada*, 1993, comm. n° 470/1991
CDH, *Keun-Tae Kim c/ République de Corée*, 1999, comm. n° 574/1994
CDH, 2014, *Dexter Eddie Johnson c/ Ghana*, comm. n° 2177/2012
CDH, *F. A c/ France*, 2018, comm. n° 2662/2015.
CDH, *Shingara Mann Singh c/ France*, 2013, comm. n° 1928/2010.
CDH, *Ranjit Singh c/ France*, comm. n° 1876/2009.
CDH, *M. Correia de Matos c/ le Portugal* comm. n° 1123/2002

CDH, *Zamora / Venezuela* 7, novembre 2017, comm. n° 2203/2012
CDH, *Klemetti Käkkäläjärvi et al c/ zela*, 2019, comm. n° 2950/2017
CDH, *Erkki Hartikainen c/ Finlande*, 1981, comm n° 40/1978
CDH, *Bholi Pharaka c/ Népal*, 15 juillet 2019, comm. n° 2773/2016
CDH, *Leonīd Raihman c/ Lettonie*, 2010, comm. n°1621/2007
CDH, *Corinna Horvath c/ Australie*, 27 mars 2014, comm. n° 1885/2009.
CDH, *Massera c/ Uruguay*, 1979, comm. n° 55/77
CDH, *Yan Melnikov c/Belarus*, 14 juillet 2017, comm. n° 2147/2012
CDH, *Eugene Linder c/ Finlande*, 28 octobre 2005, comm. n°1420/2005
CDH, *Norma Portillo Cáceres c/Paraguay*, 25 Juillet 2019, comm. n°2751/2016
CDH, *Nell Toussaint c/ Canada*, 24 juillet 2018, comm. n° 2348/2014
CDH, *Ilumari Lansman et consorts c/Finlande*, 1994, comm. n° 511/1992
CDH, *Ioane Teitiota c/ Nouvelle Zélande*, 7 janvier 2020, comm. n°2728/2016
CDH, *Wackenheim c/ France*, 26 juillet 2002, comm. n° 854/1999
CDH, *Larrañaga c/ Philippines*, constatation du 24 juillet 2006
CDH, *Bronson Blessington et Matthew Elliot c / Australie*, 22 octobre 2014, comm. n° 1968/2010.
CDH, Horvath c/ Australie, 2014, comm. n° 1885/2009;
CDH, *Lederbauer c/Autriche*, 2007, comm. n° 1454/2006;
CDH, *Al Gertani, c/ Bosnie-Herzégovine*, 2013, comm. n° 1955/2010.
CDH, *X c/ Danemark*, 2014, comm. n° 2007/2010
CDH, *Hill c/ Espagne, 1997*, comm. n° 526/1993
CDH, *Perez Vargas c/ Chili*, 26 juillet 1999, comm. n° 718/1996.
CDH, *Acuna Inostroza et consorts c/ Chili*, 28 juillet 1999, comm. n° 717/1996.
CDH, *Leonīd Raihman c/ Lettonie*, 2010, comm. n°1621/2007
CDH, *M. Benge c/ Zaïre*
CDH, *Yashar Agazade et Rasul Jafarov c/ Azerbaïdjan*, constatation du 27 octobre 2016, comm. n° 2205/2012
CDH, *Babkin c/ Fédération de Russie*, comm. n°1310/2004
CDH, *Hassan Aboushanif c/ Norvège*, 2008, comm. 1542/2007
CDH, *Zarif Sattorov c/ Tadjikistan*, 2009, comm. n°1200/2003
CDH, *Antonio Carpentero c/ Espagne*, 2009, comm. 1364/2005.
CDH, *Pathmini Peiris et consorts c/ Sri Lanka*, 2011, comm. n° 1862/2009
CDH, *Barell Sulcliffe c/ Jamaique*, 1992, comm. n° 270/1988.
CDH, *Youcif Almegaryaf et Hisham Matar c/ Lybie*, Comm n° 2006/2010
CDH, *N. D. M. c/ République démocratique du Congo*, 30 mars 2015, comm. 1971/2010.
CDH, *Pavel Levinov c/ Bélarus*, comm. n°1867/2009 et consorts
CDH, *Anatoly Poplavny, c/ Bélarus*, 5 novembre 2015, comm. n°2019/2010
CDH, *Svetlana Goldade c/ Belarus*, 6 novembre 2020, comm. n°2330/2014
CDH, *Dmitry Koreshkov c/ Belarus*, 23 juillet 2020, comm. n° 2482/2014
CDH, *Siarhei Malashenak c/ Belarus*, 23 juillet 2020, comm n° 2486/2014

CDH, *Leirvag et autres c/ Norvège*, 2004 comm. n° 1155/2003
CDH, *A. R. J. c/ Australie*, 1997, comm. n° 692/1996
CDH, *Judge c/ Canada*, 2002, comm. n° 829/1998

Sélection d'Observations générales du Comité des droits de l'homme

CDH, *Observation générale n° 18 de 1989* portant sur le droit à la non-discrimination
CDH, *Observation générale n° 33 (2008)*, Les obligations des États parties en vertu du Protocole facultatif se rapportant au Pacte international relatif aux droits civils et politiques
CDH, *Observation générale n° 35(2014)* sur l'article 9 (Liberté et sécurité de la personne)
CDH, *Observation générale n° 36 (2018)* sur l'article 6 : droit à la vie,
CDH, *Observation générale n° 37 (2020)* sur le droit de réunion pacifique (art. 21)
CDH, *Observations générale* n° 34 à propos de l'article 19
CDH, *Observation générale* n° 9 et 21 sur l'article 10.
CDH, *Observation générale* n° 12 de 1984 sur l'article 1er des Pactes : droit des peuples à disposer d'eux-mêmes
CDH, *Observation générale* n° 25, article 25 (Participation aux affaires publiques et droit de vote).
CDH, *Observation générale* n° 31(80) du 24 mars 2004.
CDH, *Observation générale* n° 26 (1997) *Continuité des obligations*
CDH, *Observation générale* n° 15, *Situation des étrangers au regard du Pacte*
CDH, *Observation générale* n° 24, *Questions touchant les réserves formulées au moment de la ratification du Pacte ou des Protocoles facultatifs y relatifs ou de l'adhésion à ces instruments, ou en rapport avec des déclarations formulées au titre de l'article 41 du Pacte*

Sélection d'Observations finales et Rapports d'Etats parties

CDH, *Observations finales* adressées aux États-Unis, 2014, Doc. CCPR/C/USA/CO/4
CDH, *Observations finales* sur les États-Unis, 2006, Doc. CCPR/C.USA/CO/ 3
CDH, *Observations finales* de la France, 2015, Doc. CCPR/C/FRA/CO/5,
CDH, *Observations finales* du Soudan, 2018, Doc. CCPR/C/SDN/CO/5
CDH, *Observations finales* du Soudan, 2002, Doc. CCPR/CO/76/EGY
CDH, *Observations finales* du 25 août 2009, Doc. CCPR/C/NLD/CO/4
CDH, *Observations finales*, Mexique du 7 avril 2010, Doc. CCPR/C/MEX/CO/5
CDH, *Observations finales* de la Nouvelle-Zélande, 2016, Doc. CCPR/C/NZL/QPR/6

CDH, Observations finales des Pays-Bas, 22 août 2019, Doc n° CCPR/C/NLD/CO/5.
CDH, *Observations finales*, le Royaume-Uni, 2008, Doc. CCPR/C/GBR/CO/6
CDH, *Observations finales*, Libéria, 2018 Doc. CCPR/C/LBR/CO/1.
CDH, *Observations finales*, pour la Belgique, 18 novembre 2010, Doc. CCPR/C/BEL/CO/5
CDH, *Observations finales* sur la Belgique, (2004) UN doc. CCPR/CO/81/BEL
CDH, *Observations finales*, Sénégal, 2019, Doc. CCPR/C/SEN/CO/5
CDH, *Observations finales Portugal,* 2018, Doc. CCPR/C/PRT/CO/5
CDH, *Observations finales,* Canada, CCPR/C/CAN/CO/6, 2 août 2015
CDH, *Observations finales*, Ghana, CCPR/C/GHA/CO/1, 9 août 2016
CDH, *Rapport de l'Etat Portugais* (Doc. CCPR/C/PRT/5)
CDH, *Rapport du Sénégal* CDH, Doc. CCPR/C/SEN/5, Aout 2018
CDH, *Rapport de l'État partie Canada*, CCPRCCAN6
CDH, *Liste des points à traiter*, 10 avril 2019, Doc. CCPR/C/SEN/Q/5 du
CDH, *Liste de points pour la Belgique*, 2016, Doc. CCPR/C/BEL/QPR/6
CDH, *Réponse à la liste des points à traiter du Sénégal*, CCPR/C/SEN/Q/5/Add.1
Comité DPH, *Doc. CRPD/C/EU/1* du 3 décembre 2014.

Jurisprudence et avis de la Cour Internationale de Justice

CIJ, *LaGrand (USA c/ Allemagne) de 2001*
CIJ, *Avena (Mexique c/ USA)*
CIJ, *Affaire Ahmadou Sadio Diallo, (République de Guinée c/République démocratique du Congo) Recueil,* 2010
CIJ, *Arrêt, Application de la convention pour la prévention et la répression du crime de génocide, exceptions préliminaires*, du 11 juillet 1996
CIJ, *Affaire Issa Habré, Questions concernant l'obligation de poursuivre ou d'extrader (Belgique c/ Sénégal) du 20 juillet 2012*
CIJ, *Avis consultatif du 9 juillet 2004 sur Les conséquences juridiques de l'édification du mur en Territoire palestinien occupé*
CIJ, Avis consultatif, 25 février 2019, Sur Les effets juridiques de la séparation de l'archipel des Chagos de Maurice en 1965

Cour pénale internationale, TPIY, TPIR

Décision n° ICC-01/04-01/06 OA12, *Le Procureur c/ Thomas Lubanga Dyilo*, Arrêt relatif à l'appel interjeté par le Procureur contre la décision de la Chambre de première instance I
TPIY, Chambre d'appel, arrêt du 21 juillet 2000, *Le Procureur c/Anto Furundzija*, Aff. n° IT-95-17/1-A

TPIY, *Le Procureur c/ Tadic*, Chambre d'appel, 2 octobre 1995, arrêt relatif à l'Appel de la Défense concernant l'exception préjudicielle d'incompétence
TPIY, *Procureur/Prlic et al.*, IT-04-74-T, Décision portant sur la Demande de mise en liberté provisoire de Jadranko Prlic, Chambre de première instance III, TPIY, 21 avril 2011.

Cour Européenne des droits de l'homme

Cour EDH, *Mamakulov et Askarov c/ Turquie*, 4 février 2005
Cour EDH, *Shingara Mann Singh c/ France*, 27 novembre 2008
Cour EDH, *Correia de Matos c/ Portugal*, 4 avr. 2018,
Cour EDH, *Perincek c/Suisse*, 2015
Cour EDH, *Khoroshenco c/ Russie*, 2015
Cour EDH, *Groppera Radio AG et autres c/ Suisse*, 28 mars 1990,
Cour EDH, *J. et autres c/ Autriche*, 2017
Cour EDH, *Garib c/ Pays-Bas*, 6 novembre 2017

Cour EDH, Bellilos, c/ Suisse, 1988 (132) Série A
Cour EDH, *Loizidou c/ Turiquie*, 1995
Cour EDH, *Cordella et autres c/ Italie*, 24 janvier 2019.
Cour EDH, *M. Özel et autres c/ Turquie*, 17 novembre 2015
Cour EDH, *Boudaïeva et autres c/ Russie*, 20 mars 2008,
Cour EDH, *Öneryildiz c/ Turquie*, 30 novembre 2004
Cour EDH, *Dombo Beheer B.V. c/ Pays-Bas*, 27 octobre 1993,
Cour EDH, *Bulut c/ Autriche*, 22 février 1996,
Cour EDH, *Foucher c/ France*, 18 mars 1997

Cour africaine des droits de l'homme et des peuples

Cour ADHP, *Arrêt (fond), Lohé Issa Konaté c/ Burkina Faso*, requête 004/2013 du 5 décembre 2014
Cour ADHP, *Sébastien Germain Marie Aïkoue Ajavon c/ Benin*, n°062/2019 du 4 Décembre 2020
Cour ADHP, *Ayant droits de feus Norbert Zongo et autres c/ Bourkina* Faso,
Cour ADHP, *Rev. Christopher Mtikila c/ Tanzania*, 14 juin 2013
Cour. ADHP, *Dexter Eddie Johnson c/ Ghana*, n°16/2017, décision du 28 mars 2019
Cour ADHP, *Recueil de jurisprudence de la Cour africaine*, Vol. 1, (2006-2016), (PULP), 2019.

Commission africaine des droits de l'homme

Comm. ADHP, *Thomas Kwoyelo c/ Uganda*, n° 431/12, 2018

Comm. ADHP, 2016, *Hossam Ezzat & Rania Enayet (represented by Egyptian Initiative for Personal Rights & INTERIGHTS) c/ The Arab Republic of Egypt*, n° 355/07
Comm. ADHP, *Civil Liberties Organisation, Legal Defence Centre, Legal Defence and Assistance Project / Nigeria.* n° 218/98
Comm. ADHP, *Media Rights Agenda c/ Nigéria,* nov. 2000
Comm. ADHP, *Lawyers Committee for Human Rights c/ Zaïre,* n° 47/90.
Comm. ADHP, *Jean Yaovi Degli (on behalf of Caporal N. Bikagni), Union interafricaine des droits de l'Homme, Commission international de juristes c/ Togo.*
Comm. ADHP, *Purohit et Moore c/ Gambie*, n° 241/2001.

Cour Interaméricain des droits de l'homme

Cour IADH, *Avis consultatif* du 24 septembre 1982, Les « autres traités » objets de la fonction consultative de la Cour (art. 64) de la Convention américaine.
Cour IADH, *Avis consultatif*, OC-23/17 du 15 Novembre 2017 l'environnement et les droits de l'homme, série A, n ° 23
Cour IADH, *Aff. Les communautés autochtones membres de l'Association Lhaka Honhat (Notre Terre) c/ Argentine*, 6 février 2020, fond, réparations et dépens.
Cour IADH, *Aff. Barbani Duarte, c/ Uruguay* arrêt 13 octobre 2011, fond réparations, séries, C, n°234.
Cour IADH, *Aff Atala Riffo et filles c/ Chilie,* arrêt 24 février 2012 fond et réparations Séries, C n°239
Cour IADH, *Quintana Coello et autres c/ Équateur*, 2013, Séries C n° 266
Cour IADH, *Kawas Fernández c/ Honduras*, arrêt du 3 Avril 2009, série C, n ° 196
Cour IADH, *Hermanas Serrano c/ El Salvador*, 23 novembre 2004, Série C, n° 118

Cour de justice de l'Union Européenne

CJUE, *Affaires jointes C-391/16, C-77/17 et C-78/17*
CJUE, *Affaires jointes C-71/11 et C-99/11, Bundesrepublik Deutschland c/ Y (C-71/11), Z (C-99/11),*
CJCE, *Arrêt, Stauder, n° 29-69, 12 novembre 1969*
CJCE, *Arrêt, Internationale Handelsgesellschaft, n°11-70, 17 décembre 1970.*
CJCE, *Arrêt, Nold, n°4-73 du 14 mai 1974*
CJCE, *Grant c/ South-West trains Ltd*, 1998, Aff. n° C-249/96
CJCE, *Arrêt, Orkem / Commission, 374/87 du 18 octobre 1989*

CJCE, *Arrêt, Dzodzi, C-297/88 du 18 Octobre 1990.*
CJUE, *Arrêt Dynamic Mdien, aff. C-244/06 du 14 février 2008*
CJUE, *Arrêt Parlement c/ Conseil, aff. C-540/03 du 2 Juin 2006*
CJUE, *Arrêt Commission européenne c/ République de Pologne, aff. C-192/18 du 5 novembre 2019*

Cour de justice de la CEDEAO

CJ-CEDEAO, *Arrêt ECW/CCJ/JUD/04/18, Federation of African Journalists and others c/ Gambia*
CJ-CEDEAO, Arrêt ECW/CCJ/JUD/05/17, Benson Olua Okomba c/ Benin, Octobre 2017.
CJ-CEDEAO, *Arrêt ECW/CCJ/JUG/16/15, Congrès pour la Démocratie et le Progrès (CDP) & Autres c/ Burkina Faso, Juillet 2015.*
CJ-CEDEAO, *Arrêt ECW/CCJ/JUD/06/15 Pascal Bodjona c/ Togo, Avril 2015*
CJ-CEDEAO, *Arrêt EWC/CCJ/03/13, Simon Ehivet et Michel Gbagbo c/ Côte d'Ivoire, février 2013.*
CJ-CEDEAO, *Arrêt ECW/CCJ/JUD/17/18, Khaliffa Sall et autres c/ Sénégal du 29 juin 2018*
CJ-CEDEAO, *Arrêt ECW/CCJ/JUD/06/10, Habré c/ Sénégal du 18 novembre 2010*
CJ-CEDEAO, *Arrêt ECW/CCJ/JUG/01/12, El hadj Mame Abdou GAYE c/ Sénégal du 26 janvier 2012*

Décisions des juridictions nationales ordinaires et spécialisées

CE, *Juge des référés*, 11/10/2001, 238849
CE, avis, 15 avril 1996, *Dame Doukouré*, n°176399
Cour de cassation, 10 décembre 2015, 14REV017, Publié au bulletin – Légifrance.
Cour de cassation, *Assemblée plénière, 18 novembre 2016, 15-21.438*, Publié au bulletin – Légifrance.
Cour de cassation, *Assemblée plénière, arrêt n°647 du 28 juin 2019.*
Cour de Cassation, Ch crim, du 26 mai 2004, 03-82.277
CAA de *Lyon*, 3ème ch, *20/10/2020, 19LY04054*, Inédit au recueil Lebon
Cour supreme Argentine, Nardelli, Pietro Antonio s/ extradición, affaire n°1.XXXI, 5-11-1996 (Corte Suprema de Justicia de la Nación – República Argentina)
Cour supreme Sud-africaine, National Coalition for Gay and Lesbian Equality v. Minister of Justice, Case n° CCT 11/98, [1998] Z.A.C.C. 15, 1999 (1) S.A. 6, 1998 (12) B.C.L.R. 1517
Trib. De Tokyo, *Jugement du 15 juillet 1994, Hanrai Jiho*

New Zealand, Court of Appeal, Nicholls v. Registrar of the Court of Appeal, 4 May 1998, [1998] 2 NZLR 385, 405
Cour d'appel de Tokyo, *Jugement, du 23 juin 1993, Kuminsho*
TDPQ, *Commission des droits de la personne c/ Bronzage évasion*, le 4 juin 2007,
TDPQ, *Commission des droits de la personne et des droits de la jeunesse c/ Laval (Ville de)*, le 22 septembre 2006
TDPQ, *Commission des droits de la personne et des droits de la jeunesse c/ Remorquage Sud-Ouest (9148-7314 Québec inc.)*, 2010

Autres Documents des Nations Unies et des organes de traités

CDH, *Doc. (CCPR/C/158) adopté par le Comité lors de sa 118ème (cent dix-huitième) session (17 octobre-4 novembre 2016.*
CDH, Doc. CCPR/C/159 adopté durant la 120ème session (3–28 July 2017
CDH, *Doc. CCPR/C/104/3 de mars 2012*
CDH, *Doc. CCPR/C/66/GUI/Rev.2*
CDH, Doc. CCPR/C/61/GUI, A/53/40, Annex III
CDH, Doc. CCPR/C/JPN/Q/6/Add.1
CDH, Rapport annuel, CDH, n° A/32/44.
CDH, Rapport annuel, 2018, Doc. n° A/73/40
CDH, Rapport annuel 1998, Doc. A/53/40 (vol. I)
CDH, Rapport annuel, A/60/40 Vol. 1, 2014.
CDH, *Directives concernant les rapports soumis par les États parties conformément à l'article 40 du Pacte international relatif aux droits civils et politiques*, CCPR/C/2009/1, 22 novembre 2010
CDH, *Rapports ciblés établis sur la base des réponses aux listes de points à traiter : application de la nouvelle procédure facultative pour la soumission des rapports* (procédure consistant à établir les listes des points à traiter avant la soumission des rapports), CCPR/C/99/4, 29 septembre 2010
CDH, *105ème session du 12 juillet 2012, Preliminary Statement of the Human Rights Committee on the Strengthening of the United Nations Treaty Bodies*
Doc. NU : *HRI/MC/2007/2 (2007), Rapport du Groupe de travail sur l'harmonisation des méthodes de travail des organes conventionnels*
Doc. NU *(A/RES/66/254) du 23 février 2012, Processus intergouvernemental de l'Assemblée générale visant à renforcer et améliorer le fonctionnement effectif de l'ensemble des organes conventionnels chargés des droits de l'homme.*
Résolution adoptée par l'AGNU du 9 avril 2014. Doc. NU (A/RES/68/268) sur *le renforcement et amélioration du fonctionnement de l'ensemble des organes conventionnels des droits de l'homme*

Rapport de la *Haut-Commissaire N. PILLAY, Strengthening the United Nations human rights treaty body system: A report by the United Nations High Commissioner for Human Rights, Juin 2012*

Doc. *NU (A/71/118) du 18 juillet 2016 de la soixante et onzième session portant situation du système des organes conventionnels des droits de l'homme*, Rapport du Secrétaire général

Doc. *AGNU, Soixante-quatorzième session (A/74/643), 23 janvier 2020, Situation du système des organes conventionnels des droits de l'homme, Rapport du Secrétaire général*

TABLE DES MATIERES

Structures éditoriales du groupe L'Harmattan

L'Harmattan Italie
Via degli Artisti, 15
10124 Torino
harmattan.italia@gmail.com

L'Harmattan Hongrie
Kossuth l. u. 14-16.
1053 Budapest
harmattan@harmattan.hu

L'Harmattan Sénégal
10 VDN en face Mermoz
BP 45034 Dakar-Fann
senharmattan@gmail.com

L'Harmattan Cameroun
TSINGA/FECAFOOT
BP 11486 Yaoundé
inkoukam@gmail.com

L'Harmattan Burkina Faso
Achille Somé – tengnule@hotmail.fr

L'Harmattan Guinée
Almamya, rue KA 028 OKB Agency
BP 3470 Conakry
harmattanguinee@yahoo.fr

L'Harmattan RDC
185, avenue Nyangwe
Commune de Lingwala – Kinshasa
matangilamusadila@yahoo.fr

L'Harmattan Congo
219, avenue Nelson Mandela
BP 2874 Brazzaville
harmattan.congo@yahoo.fr

L'Harmattan Mali
ACI 2000 - Immeuble Mgr Jean Marie Cisse
Bureau 10
BP 145 Bamako-Mali
mali@harmattan.fr

L'Harmattan Togo
Djidjole – Lomé
Maison Amela
face EPP BATOME
ddamela@aol.com

L'Harmattan Côte d'Ivoire
Résidence Karl – Cité des Arts
Abidjan-Cocody
03 BP 1588 Abidjan
espace_harmattan.ci@hotmail.fr

Nos librairies en France

Librairie internationale
16, rue des Écoles
75005 Paris
librairie.internationale@harmattan.fr
01 40 46 79 11
www.librairieharmattan.com

Librairie des savoirs
21, rue des Écoles
75005 Paris
librairie.sh@harmattan.fr
01 46 34 13 71
www.librairieharmattansh.com

Librairie Le Lucernaire
53, rue Notre-Dame-des-Champs
75006 Paris
librairie@lucernaire.fr
01 42 22 67 13

www.ingramcontent.com/pod-product-compliance
Lightning Source LLC
LaVergne TN
LVHW021143061026
849535LV00002B/342
* 9 7 8 2 1 4 0 3 1 6 6 8 5 *